도서관서비스의 효율성
어떻게 측정할 것인가

도서관서비스의 효율성 어떻게 측정할 것인가

| 조정원 지음

한국학술정보(주)

서 문

　2006년 『도서관법』의 개정과 더불어 2007년 『도서관정보정책위원회』의 출범으로 인하여 도서관계에도 활발한 변화의 움직임이 일고 있다. 우리나라 또한 도서관이 단순히 책을 대출·반납하는 장소에서 다양한 문화의 재생산 공간으로 활용되어 가고 있는 과정에 있음을 보여 주고 있는 것이다. 이는 도서관 현장에서 10년 넘게 근무하고 있고 또한 느끼는 바가 많은 사서로서 크게 환영할 만한 사회변화 현상이다.

　본 연구는 한국도서관협회에서 발간한 한국도서관연감의 2003년에서 2006년까지 4년간의 공공도서관 182(728)개, 대학도서관 97(388)개, 특수·전문도서관 43(172)개의 데이터를 바탕으로 전통적 개념의 도서관서비스를 산출과 투입요소로 활용하여 각 도서관 간의 도서관서비스 효율성을 비교 측정하였다.

　본서는 총 5장으로 구성하였다. 제1장은 서론, 제2장은 도서관서비스 효율성 측정에 관한 이론적 고찰로서 도서관서비스의 의의, 효율성의 개념, 효율성의 측정방법, AHP 측정방법에 대하여 설명하였다. 제3장은 도서관서비스의 효율성 측정모형 설정으로서 국내·외 도서관 관련 DEA 선행 연구, 도서관서비스 측정을 위한 투입과 산출요소 선정, 연구모형 및 조사절차를 정리하였고 제4장은 도서관서비스의 효율성 측정 및 비교분석으로서 전체 선정 도서관의 효율성의 분석 결과, 효율적·비효율적 도서관들의 사례를 중점적으로 다루었으며 제5장은 본서를 정리하는 의미에서 앞으로 각 관종별로 도서관들이 하여야 할 정보 정책, 기능 및 연구의 한계 및 향후 연구방향을 담았다. 또한 본서는 필자의 박사학위논문의 내용들을 일부분 보완하여 출판하는 것임을 밝혀 둔다.

급변하는 사회 변화 속에서 사서들 스스로 역량과 자질을 향상하여 사서직이 전문직이라는 인식을 더욱 견고히 하고 또한 시민들 생활에 가까이 다가서는 도서관서비스가 실행되길 기대하며 본서의 내용 중 다소 미흡한 부분이 있더라도 이해를 부탁한다. 또한 문헌정보학을 공부하는 예비 후배 사서들, 현장의 동료들 그리고 선배님들께 조금이라도 도움이 되었으면 하는 바람을 가져 본다.

끝으로 공부를 하는 동안 옆에서 끊임없이 응원을 보내 주신 소중한 부모님과 형제자매, 충북대학교 최영출 교수님, 최재숙 관장님, 박영선 관장님, 권오동 관장님을 비롯한 직원 분들 그리고 심혜경 선생님께 깊은 감사를 드린다.

2009년 2월

저자 씀

차례

Contents

제5장　결론　　　　　　　　　　　　　　　　　　　　　　　　421

제1장

서론

제1장 연구의 목적 및 필요성

제1절 연구의 목적 및 필요성

   21세기를 첨단과학시대라고 한다. 고대 철학자인 소크라테스는 "유일한 참된 지식이란 자신이 아무것도 모른다는 것을 아는 것이다."라고 하였다. 진정으로 지혜 있는 사람은 자기만족과 자신에 찬 지식이 아니라 순수한 호기심과 열린 마음으로 진리를 찾는 사람이다. 여기에서 진리를 탐구하는 데 제일 중요한 것은 순수하고 열린 마음의 자세와 태도이다(권일찬, 2006: 23 - 24).

   오늘날의 정보는 과거에 비하여 보다 세분된 전문적 지식정보로 변화되었고, 교육은 창의성이 강조되는 열린교육과 평생교육으로 전환되고 있으며, 문화는 시민생활과 근접하여 일체감을 이루는 형태로 나타났다. 이에 도서관은 정보와 문화, 평생교육에 필요한 사항을 제공하기 위하여 사서의 전문적인 정보서비스와 함께 이용자의 학습능력 배양을 강조해 왔다. 그러나 수적으로 부족한 도서관과 질적으로 열악한 운영으로 이러한 기능을 쉽게 발휘하지 못하는 것이 현실이다. 따라서 적정한 도서관 수와 내부적인 시설과 장비, 자료 현황 및 인적 자원, 예산 등을 비롯한 여러 가지 사항들은 상기에 언급한 기능들을 수행하기 위하여 필요한 내용으로 효율적인 운영과 매우 밀접한 관계를 지니고 있다(최홍식, 2006).

   이렇게 급변하는 지식정보환경에서 도서관이 보다 높은 경쟁력을 유지하기 위해서는 대내외적인 환경의 변화와 도서관 내부의 여건들을 고려하여, 적절한 전략과 실행계획을 통하여 도서관에 주어진 본연의 사명과 목적을 달성하여야 한다. 즉, 보다 안정적이고 미래지향적인 도서관 발전을 위하여 중·장기적 관점에서 이루어진 도서관의 전략적 계획을 수립하고 이에 근거하여 도서관 운영이 이루어져야 한다(노동조, 2006).

2006년 현재 전국적으로 공공도서관 564개소, 대학도서관 516개소, 전문·특수도서관 663개소 등이 개관하여 운영되고 있다. 이러한 도서관의 양적인 증가에도 불가하고 공공도서관이 사회적 책임을 다하기에는 열악한 지자체의 재정 상황과 지자체와 교육청으로 이분화되어 있는 구조로 인하여 상호간의 협력을 통한 발전의 걸림돌이 되고 있다. 또한 대학도서관은 제공되는 정보량은 증가하고 있으나 전문 인력 및 자료이용은 줄어들고 있어서 장차 양질의 도서관서비스에 차질을 가져올 수 있다는 우려를 낳고 있으며, 학교도서관은 초등학교의 경우 26개 학교에 한 명 정도의 사서가 배치가 될 정도로 열악한 실정이다. 또한 전문도서관은 100,000권 이상 장서를 가진 도서관이 총 19개 관으로 3.2%에 불과한 실정이다(한국도서관연감, 2007).

도서관은 관종에 따라 그 성격이 다르다고 하더라도 기본적으로 공공서비스의 특성을 가지고 있다. 일반적으로 공공서비스 혹은 공공 시스템의 역할은 첫째, 국민의 삶의 질 향상을 들 수 있다. 둘째, 국가의 경쟁력 강화를 들 수 있다. 셋째, 지속적이고 능동적인 변화의 필요성에 부합하는 효율적인 시스템의 구축을 들 수 있다(배정환, 2007: 1 - 2). 이러한 공공서비스의 역할을 충실히 이행하기 위해서는 제한된 자원을 활용하여 가장 효율적으로 사용할 수 있는 시스템의 구축이 가장 중요한 과제이다. 그러나 그동안 도서관은 열악한 환경을 이유로 양적인 측면과 질적인 측면에서 성공적인 성과를 올리지 못하고 있다.

도서관서비스에 대한 외국의 DEA 연구는 대학도서관에 관한 연구로는 Shim(2003)의 학술연구도서관의 도서관 평가를 위한 DEA기법의 적용에 관한 연구, Chen(1997)의 대학도서관의 자원 활용 효율성 평가에 대한 연구, Kao와 Liu(2000, 2003)의 대만 대학도서관의 결측 데이터(missing data)를 이용한 DEA분석, Reichmann & Sommersguter - Reichmann(2006)의 DEA를 활용한 대학도서관의 국제적인 비교 연구 등이 있으며, 학교도서관에 관한 연구는 Easun(1994)의 캘리포니아 학교도서관의 DEA 적용에 관한 연구가 있으며, 공공도서관에 관한 연구로는 Vitaliano(1998)의 DEA를 이용한 공공도서관 효율성에 대한 접근, Worthington(1999)의 공공도서관의 성과척도와 효율 측정에 관한 연구 등이 있다.

국내의 연구로 고상순(1996)은 65개 대학도서관의 운영 효율성 분석을 위해 투입요소로 보유 좌석수, 직원수, 장서수를 이용하였고, 산출요소로는 연간이용책수, 연간이용자수를 선정하여 CCR분석을 중심으로 PC용 LINDO release 5.0(1991)을 이용해 분석하였다. 서재원(2006)은 1994년부터 2004년까지 M&A가 이루어진 국내 대학 5개, 2002년부터 2004년까지 M&A가 이루어진 일본의 국립대학 10개를 선정하여 이 기간 동안 대학도서관의 효율성을 비교분석하였다. 이 이외에도 곽영진(1999), 한두완·홍봉영(2002), 김선애(2005)의 서울 소재 21개 공공도서관을 대상으로 하는 연구 등이 있다.

도서관이 제공하는 서비스의 효율성을 분석한 논문의 특징은 첫째, 1년간의 투입과 산출을 기준으로 하는 연구가 많았다는 점이다. 둘째, 관종별로 볼 때, 하나의 관종만을 연구대상으로 하는 연구가 대부분이었다. 대학도서관, 공공도서관, 전문·특수도서관 등은 성격이 다소 상이하기 때문에 효율성의 측정에서도 다소 다른 결과가 도출될 수 있다. 셋째, 투입과 산출요소의 선정에 있어 다양성을 확보하지 못하고 대부분의 연구들이 제한적이고 유사한 지표를 사용하고 있었다. 넷째, DEA분석은 투입요소와 산출요소 이외에도 도서관 운영에 영향을 미칠 수 있는 특성변수(혹은 환경변수)에 대한 세밀한 검토가 필요함에도 이러한 연구가 거의 이루어지지 않고 있다는 점이다. 다섯째, DEA분석을 통한 효율성 검증은 분석의 기본 단위가 되는 관종별 분석에 대한 통계분석이 필요함에도 불구하고 기초적인 통계분석을 하지 않은 연구가 다수 있었다. 여섯째, 기존의 도서관 관련 DEA 연구는 사례수가 매우 제한적으로 이루어진 경우가 많았다.

따라서 본 연구는 기존의 선행 연구를 토대로 각 관종별 도서관서비스의 효율성을 제고하기 위하여 다음과 같은 구체적인 목표를 수립하였다.

첫째, 도서관 관종별로 공공도서관, 대학도서관, 전문·특수도서관의 효율성에 대한 기초자료를 제공한다. 둘째, 도서관의 효율성 분석에 있어 보다 다양한 투입요소 및 산출요소를 산출한다. 셋째, 도서관 관종별로 4년간의 시계열 분석을 실시하여 흐름을 파악한다. 넷째, 최종적으로 효율성이 떨어지는 도서관에 대한 효율성 제고 방안을 제시한다.

제2절 연구의 범위 및 방법

1. 연구의 범위

본 연구는 전국 도서관의 서비스 유형에 따른 효율성을 측정하기 위한 실증적 연구로서 연구의 대상과 범위는 다음과 같다.

첫째, 본 연구의 대상인 도서관은 한국도서관협회에서 발행하는 한국도서관연감에 포함된 것으로 한정하였으며, 2003년에서 2006년까지 4년간의 자료를 분석대상으로 하였다. 도서관은 관종별로 공공도서관, 대학도서관, 학교도서관, 전문도서관, 특수도서관 등으로 분류가 가능하나 학교도서관은 분석에 사용될 투입과 산출에 대한 정확한 통계자료의 확보가 어렵다는 측면에서 분석에서 제외하였으며, 전문도서관과 특수도서관은 서비스의 성격상 유사한 점이 많아 동일한 분석대상으로 분류하였다. 이렇게 선택된 연구대상은 다양성에도 불구하고 투입과 산출의 측면에서 상대적인 비교가 가능하며, 비효율성의 제고를 위한 시사점 도출에 적합할 것으로 판단된다.

둘째, 선택된 연구대상이 제공하는 도서관서비스를 투입과 산출로 구분하여 2003년부터 2006년까지의 선행 연구를 기반으로 하였다. 4년간의 자료를 연구범위로 사용한 것은 관종별로 제공하는 서비스의 상대적 효율성 변화를 시간적으로 분석하여 분석결과의 적절성과 타당성을 높여 정책적 개선점과 시사점을 도출하기 위함이다. 최종적으로 사용된 데이터는 4년간 투입요소와 산출요소에서 영(Zero Value)과 마이너스 값이 발견된 DMU를 제외하고 공공도서관 182개(4년간 728개), 대학도서관 97개(4년간 388개), 전문·특수도서관 43개(172개 도서관)이다. 또한 신설 도서관의 경우, 4년에 걸쳐 공공도서관이 93개, 대학도서관이 81개, 전문·특수도서관이 115개 증가하였으나, 2003년부터 시작되는 시계열적 데이터의 분석이 불가능하므로 최종적인 분석에서는 제외하였고, 공공도서관의 경우 분관은 제외하였다.

<표 1-1> 연도별 도서관 숫자와 분석에 사용된 도서관

구 분	공공도서관	대학도서관	특수·전문도서관
2003년	471	435	548
2004년	487	438	570
2005년	514	478	589
2006년	564	516	663
분석 도서관	182(728)	97(388)	43(172)

셋째, 도서관서비스는 투입과 산출의 측면에서 다양한 접근이 가능하나 모든 도서관이 투입과 산출에 대한 명확한 기초자료를 제공하지 않고 있거나 도서관 관종별 혹은 특성에 상대적인 효율성 분석이 불가능한 경우가 있으므로 모든 도서관을 분석대상에 포함시킬 수 없다. 투입의 측면에서 도서관의 연면적, 열람석, 직원, 자격증, 장서수, 연속간행물, 신문, 예산액 등이 포함될 수 있고, 산출의 측면에서 연간증가책수, 연간대출책수, 연간이용자수 등이 포함될 수 있으나 공공도서관, 대학도서관, 전문·특수도서관에서 제공하는 투입요소와 산출요소가 상이하다. 따라서 관종별로 가능한 많은 투입·산출요소를 포함한 분석을 먼저 실시하고, 관종별로 상대적 효율성의 비교분석을 위해 투입요소 7개(연면적, 열람석, 장서수, 연속간행물, 연간증가책수, 직원수, 예산액)와 산출요소 2개(연간이용자수, 연간대출책수)를 최종지표로 선정하였다.

넷째, 위에서 제시한 3가지 연구의 범위는 도서관서비스의 투입과 산출의 상대적인 효율성(efficiency)을 양적인 비교를 통해 도출하고자 하는 것이다. 일반적으로 질적인 측면의 접근은 결과 위주의 접근, 즉 효과(effectiveness) 위주의 비교가 이루어지기 쉽기 때문에 객관적인 결론의 도출이 어렵다는 측면에서 본 연구는 양적인 접근이 그 효용성이 높다고 할 수 있다. 또한 양적인 접근은 본 연구와 같이 관종별 비교 등 보다 다양한 접근이 가능하고, 투입과 산출의 구체적인 내용들을 수치적으로 확인할 수 있기 때문에 도출된 결론의 이해를 돕는다는 측면에서도 보다 타당한 접근방법으로 판단된다.

2. 연구의 방법

본 연구는 전국에 소재한 도서관의 관종에 따른 효율성을 측정하기 위한 것으로, 효율성의 측정이 중요한 이유로는 다음과 같은 두 가지를 생각해 볼 수 있다.

첫째, 효율성을 성공의 지표로서 조직을 평가하는 데 사용할 수 있다는 점이다. 두 번째로는 효율성을 측정하고 여기서 생산환경의 영향을 분리함으로써 효율성 차이의 원인에 관한 가설을 검정해 볼 수 있다. 효율성 차이의 원인을 파악하는 것은 성과를 개선하기 위한 공공 부문 및 민간 부문의 정책 및 전략수립에 필수적인 것이다(김성호·최태성·이동원, 2007: 3). 이러한 효율성의 측정에 관한 연구로 Farrell(1957)은 Koopmans(1951)와 Debreu(1951)의 영향을 받아 실증적인 연구를 시도하였다. Farrell의 연구는 1960년대 후반 이후 Aigner and Chu(1968)에 의해 효율성 측정을 위한 모수적 방법으로 발전하였고 1970년 후반 Charnes, Cooper, and Rhodes(1978)에 의해 효율성 측정을 위한 비모수적 방법으로 발전하였다. 일반적으로 효율성 분석으로 가장 대표적인 DEA모형에 대한 설명은 CCR모형으로부터 시작되는데 이것은 CCR모형이 가장 널리 활용된 모형이라는 점과 다양한 해석을 할 수 있다는 점 때문이다. CCR모형은 1978년에 Abraham Charnes, William W. Cooper 및 Edwardo Rhodes 등이 Charnes, Cooper, and Rhodes(1978)에서 소개한 가장 기본적인 자료포락분석(data envelopment analysis: DEA)이다. CCR모형은 표현되는 형태에 따라 비율모형(ratio model), 승수모형(multiplie model), 그리고 포락모형(envelopment model) 등으로 구별된다. CCR 비율모형에 변수변환을 취하면 CCR 승수모형이 된다. 이때 변환에 사용되는 변수가 투입변수인가 아니면 산출변수인가에 따라 투입방향의 CCR 승수모형과 산출방향의 CCR 승수모형으로 구별된다. 따라서 그 쌍대모형이 정의될 수 있다. CCR모형의 쌍대모형을 CCR 포락모형이라 한다. CCR 포락모형은 전통적으로 경제학 분야에서 논의되어 온 생산함수의 개념과 연관시켜 해석할 수 있다. DEA모형은 다수의 투입요소를 사용하여 다수의 산출물을 생산하는 생산조직의 효율성을 평가하기 위한 모형이다. DEA 문헌에서는 생산조직을 의사결정단위(decision making unit: DMU)라는 용어로 부른다(김성호 외, 2007: 7).

이에 따라 다음과 같은 구체적인 연구방법을 설정하였다.

첫째, 본 연구의 수행을 위한 기초자료는 산출과 투입요소의 선정이 선행연구에서 나타난 효율성 이론을 토대로 한다는 점에서 최대한 많은 선행 연구를 수집·확보하고자 하였다. 이를 위해 선행연구논문, 선행학위논문, 각 기관의 연구보고서, 정부간행물, 각 시·도의 통계연보, 통계청의 통계자료, 한국도서관협회의 한국도서관연감 등의 자료를 수집·분석하였다.

둘째, 자료포락분석(Data Envelopment Analysis: DEA) 모형은 다수의 투입요소를 사용하여 다수의 산출물을 생산하는 생산조직의 효율성을 평가하기 위한 모형이며(김성호 외, 2007: 8). 유사한 조직 간의 상대적 효율성을 측정하고 공공조직이나 비영리조직과 같이 투입과 산출을 결합할 수 있는 시장가격이 존재하지 않은 경우와 비교의 준거가 모호할 경우에 상대적인 효율성을 측정할 수 있는 가장 효과적인 방법이다(배정환, 2007: 6). 또한 DEA를 이용한 대학도서관에 관한 연구로는 Shim(2003), Chen(1997), Kao와 Liu(2000; 2003), Reichmann과 Sommersguter-Reichmann(2006) 등이 있으며, 학교도서관에 관한 연구는 Easun(1994), 공공도서관에 관한 연구로는 Vitaliano(1998), Worthington (1999) 등이 있다. 이러한 측면에서 DEA분석은 다양한 도서관에 적용될 수 있는 효과적인 연구방법으로 판단된다.

셋째, 효율성 측정이 중요한 이유로 일단 효율성을 성공의 지표로서 생산조직을 평가하는 데 사용할 수 있다는 점이며, 여기에서 생산조직은 재화와 서비스를 생산하는 조직을 모두 포함하는 광의의 개념으로 사용될 수 있다.

두 번째로 효율성을 측정하고 여기서 생산환경의 영향을 분리함으로써 효율성 차이의 원인에 대한 가설을 검정해 볼 수 있다. 효율성 차이의 원인을 파악하는 것은 성과를 개선하기 위한 공공 부문 및 민간 부문의 정책 및 전략 수립에 필수적인 것이다(김성호 외, 2007: 3). 이러한 효율성의 측정을 위해서는 투입 혹은 산출 중에서 하나를 고정시킨 후에 이루어져야 한다. 따라서 본 연구는 도서관서비스의 상대적 효율성 측정을 하기 위해 도서관의 장서 수, 예산, 인력을 중심으로 투입요소를 선정하였으며, 도서관서비스가 유형의 재화보다는 무형의 서비스가 중심적인 기능이라는 측면에서 투입의 최소수준이 반드시 산출을 평가하는 지표가 아니라는 점을 분석에 반영할 것이다.

넷째, 선정된 투입과 산출요소의 상대적 효율성의 비교를 위해 그래픽 위주의 소프트웨어인 Frontier Analyst Professional Edition을 사용하였다. 자료포락분석방법을 위한 이 통계 패키지는 영국 Banxia사가 개발한 DEA 전용 소프트웨어로 여러 의사결정단위의 효율성을 평가하는 데 가장 앞선 소프트웨어로 평가받고 있다. 또한 DEA분석 S/W 중에서 무료로 제공되고 사용범위가 비교적 넓은 EMS를 추가적으로 사용하였다. EMS를 사용한 이유는 Frontier Analyst Professional Edition이 그래픽 위주로 접근이 용이하나, 시계열 분석 시에 연도별 포함된 DMU를 개별 DMU로 분석하는 윈도 분석 시(Window Analysis)에 공공도서관과 대학도서관의 DMU의 숫자가 사용범위를 초과하기 때문이다.

다섯째, 투입요소와 산출요소의 상대적 중요성을 평가하는 AHP분석을 위해 Expert Choice를 사용하였다.

또한 수집된 자료의 사전 정리(Data Preparation)를 위해 Microsoft사의 Excel 2007을 추가적으로 사용하였으며, 기초적인 빈도분석(Frequency Analysis), 기술통계분석(Descriptive Analysis), 투입요소와 산출요소의 관계를 직관적으로 이해하기 위한 상관관계분석(Correlation Analysis), 시각화(Visualization)를 위해 SPSS PC+ 13.0 Ver.을 사용하였다.

제2장 도서관서비스 효율성 측정에 관한 이론적 고찰

제2장 도서관서비스 효율성 측정에 관한 이론적 고찰

제1절 도서관서비스의 의의

1. 도서관서비스의 개념 및 특징

1.1 도서관의 정의

도서관이라는 용어는 영어의 library, 독일어의 biblothek, 프랑스어의 bibliotheque 등을 번역한 것으로 이들은 모두 책에서 유래되었다. 도서관이 책을 두는 장소라는 어원을 가지고 있는 만큼 이러한 의미를 담고 있는 정의가 보편적이다. 그러나 오늘날의 도서관은 책을 보관하는 것은 물론 각종 도서와 정보자료를 수집하여 국민들의 교양, 오락 및 조사, 연구에 크게 이바지하고 있기 때문에 더욱 넓은 의미로 사용되고 있다(정동열·조찬식, 2007: 51).

도서관은 사전적으로 "온갖 종류의 도서, 문서, 기록, 출판물 따위의 자료를 모아 두고 일반이 볼 수 있도록 한 시설(국어대사전)", "도서(圖書)·회화(繪畵) 및 기타 자료를 수집·정리·보관하여, 이용자의 요구에 따라 신속하고 효과적이며 창조적으로 활용할 수 있도록 봉사하는 기관(두산백과사전)", "책, 잡지, 영상 매체, 마이크로필름 등의 다양한 정보를 공공기관, 단체나 개인이 수집·정리하여 민간 또는 특정 사용자들이 열람, 대출 등의 이용을 할 수 있도록 한 시설(위키백과사전)", "a building in which collections of books, CDs, newspapers, etc are kept for people to read, study or borrow

(Oxford advanced learner's dictionary)"

2006년 개정된 우리나라의 『도서관법』*의 제2조 1항에서는 "도서관이라 함은 도서관 자료를 수집·정리·분석·보존·축적하여 공중에게 제공함으로써 정보이용·조사·연구·학습·교양·평생교육 등에 이바지하는 시설을 말한다."라고 정의하고 있다.

도서관은 불특정 다수인에게 서비스를 제공하는 유무형의 서비스 공간이다. 인터넷 접속으로 정보서비스를 제공받는 시대로 도래하면서 인근 지역 주민에게만 책 대출·반납 등의 단순한 서비스를 제공하는 소극적 서비스 개념의 도서관이 아니라 언제, 어디서든, 다양한 정보통신 기술을 통해서 정보를 제공받을 수 있는 Ubiquitous library의 확장된 도서관서비스의 개념으로 변모되었다. 인터넷으로 인한 '접속' 시대는 적시에 적재 정보를 제공받을 수 있게는 하지만 사람 간의 관계 접촉을 저해하고 있다. 사람 간의 관계접촉을 하게 하기 위한 도서관의 노력이 어우러져야 한다. 퇴직 후 시간적 여유가 있는 노인들에 대한 독서 토론모임·독서문화 프로그램 공간 부여 등, 핵가족화되면서 잃어버린 가족 개념을 일깨워 주기 위한 가족 단위 개념의 문화 프로그램, 자원봉사자 운영 등 '인간 접촉 및 문화 공간'의 개념으로서 책, 정보, 평생교육, 문화 등이 어우러지는 문화 향유지로서의 중심기능을 수행해야 할 것이다.

1.2 도서관서비스의 의의

1) 서비스의 개념과 특징

도서관의 서비스를 정의 내리기 이전에 '서비스'의 개념에 대해 먼저 알아보면, '서비스'란 구체적인 형태를 띠고 있지는 않지만 사람의 욕구를 충족시키는 것, 개인적으로 남을 위해 여러 가지로 봉사하는 것 등으로 정의를 내릴 수 있을 것이다. 사전적 정의로는 행위, 과정, 성과라고 할 수 있는데

---

* 법률 제8029호, 2006년 10월 4일 개정, 입법 취지는 인터넷 정보유통과 지식기반 사회에 부응하기 위한 국민의 정보 기본권 보장, 국가의 도서관정보정책 수립 및 집행기능 강화, 지방분권 패러다임을 수용한 지방자치단체 및 지역대표도서관의 정책기능 강제, 지식정보격차 해소, 취약 및 소외계층(시각장애인 등)을 위한 도서관 정보서비스의 강화에 있다.

이것을 확장해서 의미를 알아보자면 최종 산출물이 물리적인 제품이나 구조물과 같은 형태로 나타나는 것이 아니고, 생산되는 동시에 소비되고 편의성, 적시성, 즐거움, 안락함, 혹은 건강함 등과 같은 형태로 나타나 부가가치를 제공해 주는 모든 경제활동이라고 볼 수 있다(http://www.cafe.daum.net/tourebiz).

서비스에 대한 학자들의 정의를 살펴보면, 1960년 미국마케팅학회(AMA, 1960)는 "서비스는 독자적으로 판매되거나 제품의 판매에 연계되어 제공되는 행위, 편익 혹은 만족"으로 정의하였으며, 베리(Berry, 1980)는 "서비스는 산출물이 유형재나 구조물이 아니며, 생산시점에서 소명되며 구매자에게 무형적인 형태(예를 들면, 편리함, 즐거움, 적시성, 편안함 또는 건강)의 가치를 제공하는 모든 경제적 활동이 포함된다."라고 하였으며, 레티넨(Lehtinen, 1983)은 "고객만족을 제공하려는 고객접촉 종업원이나 장비의 상호작용 결과로 일어나는 활동 혹은 일련의 활동"으로 정의하고 있으며, 코틀러(Kotler, 1998)는 "서비스는 직접 또는 간접 구매되는 무형의 편익이며 유형적이거나 기술적 부분을 포함한다."라고 하였다.

서비스의 특성으로는 그 자체의 성격상 형태가 없는 무형성(intangibility), 생산과 소비가 동시에 발생하는 비분리성(inseparability), 생산 및 제공과정에서 여러 가지 가변적인 요소가 많은 이질성(heterogeneity), 생산되는 즉시 소비되는 소멸성(perishability) 등이 있다(안운석 외, 2005).

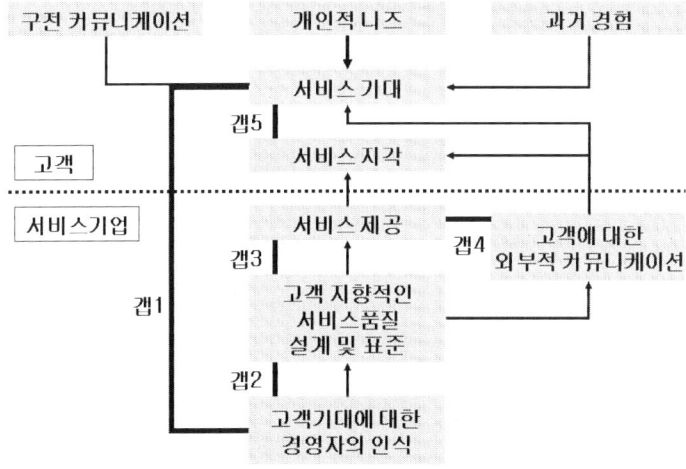

<그림 2-1> 고객의 기대와 경영자 인식과의 차이

이러한 서비스의 특성은 다양한 문제점을 발생시킬 수 있다. 일반적으로 고객들은 그들이 받은 서비스를 그들이 기대했던 서비스와 비교하게 된다. 이러한 서비스 품질평가를 수학적으로 표시해 본다면 그 식은 'P-E'가 될 것이다. 여기에서 P는 고객이 받은 서비스의 지각된 수준(Perceived level)을 의미하며, E는 서비스를 받기 전 고객의 기대(Expectation)를 의미한다. 이 값이 양(+)일 경우 받은 서비스의 수준이 고객의 기대를 상회했음을 의미한다. 여기에는 고객 내부에서 발생하는 1개의 갭과 서비스 제공기업과 관계에서 발생하는 4개의 갭이 존재하는데 서비스 GAP 분석 모델은 <그림 2-1>과 같다. 도서관이 서비스기업이라면 다음의 GAP을 좁히기 위한 노력이 필요할 것이다.

이에 따른 대응전략을 준비할 필요성이 있다. 서비스 특성에 따른 문제점과 대응전략을 제시하면 다음의 <표 2-1>과 같다.

<표 2-1> 서비스의 특성에 따른 문제점과 대응전략

서비스 특 징	문 제 점	대 응 전 략
무형성	• 저장 불가능 • 특허를 통한 서비스 보호 불가능 • 진열 및 커뮤니케이션을 할 수 없음 • 가격설정 기준이 모호함 • 표본추출 곤란	• 유형적 단서 제공 • 인적 원천을 통한 정보제공에 사용 • 구전 커뮤니케이션의 활성화 • 강력한 기업이미지 창출 • 대고객 접촉빈도 제고 • 제공되는 효익 강조 • 구매 후에도 커뮤니케이션에 관여
비분리성	• 서비스 제공자의 현존 • 서비스 생산에 고객 참여 • 직접 판매만이 가능 • 집중화된 대규모생산 곤란	• 종업원 선발 및 교육에 비중을 둠 • 서비스 제공자의 자동화 강화 • 세심한 고객관리 필요 • 복수점포 입지전략 사용
이질성	• 표준화 및 품질통제가 곤란함	• 서비스 표준의 설계 및 수해 • 사전 패키지 서비스 제공 • 서비스의 기계화·산업화 강화 • 서비스의 맞춤화 시행
소멸성	• 저장 및 재판매 불가능 • 수요 및 공급의 균형문제	• 수급 및 제공능력의 동시조절 • 비수기의 수요변동에 대한 대비

2) 도서관서비스의 개념과 종류

위의 일반적인 개념의 서비스에 대한 개념을 직접적으로 도서관에 적용하기는 힘들다. 왜냐하면 도서관은 일반적인 서비스기업의 상이한 특성들을 가지고 있기 때문이다. 또한 도서관서비스는 시대에 따라 다양한 해석이 가능하기 때문에 이에 대한 명확한 정의를 하고 있는 경우가 거의 없는 실정이다. 이에 따라 도서관서비스에 대한 개념과 종류를 정리하면 다음과 같다.

『도서관법』 제2조 3항에 의하면 "도서관서비스라 함은 도서관이 자료와 시설을 활용하여 국민에게 제공하거나 지원하는 대출·열람·서비스·각종 시설과 정보기기의 이용서비스, 자료입수 및 정보해독력 강화를 위한 이용지도교육, 국민독서활동 지원 등 일체의 유·무형의 서비스를 말한다."라고 정의하고 있으며, 도서관용어사전에는 "도서관서비스란 도서관 혹은 정보시스템이 이용자들에게 제공하는 서비스를 말한다."라고 정의 내리고 있다.

도서관서비스에는 다양한 종류의 서비스가 존재하며, 여기에는 정보서비스, 문화서비스, 평생교육서비스 등의 개념이 있다.

첫째, 정보서비스(Information service)는 모든 종류의 도서관에서 기본적으로 제공되는 서비스로서 이용자가 요구하는 자료에 사서가 제공하는 서비스라 할 수 있다. 그 예로서는 열람봉사, 대출봉사, 참고·정보봉사, 서지확인(bibliographic verification), 상호대차(ILL: inter library loan)와 문헌복사서비스(document delivery service), 정보안내서비스(information & referral service), 정보의 선택적 배포(SDI: selective dissemination of information), 데이터베이스탐색(database searching) 등이 있다.

둘째, 문화서비스(Culture service)는 대학이나 특수·전문도서관보다는 공공도서관에서의 역할이 크다. 대부분의 공공도서관에서는 도서관주간 및 독서의 달 행사 등을 포함한 다양한 문화행사 프로그램, 도서관 체험프로그램, 독서 관련 강좌, 독서모임, 등을 운영하고 있다. 문화서비스는 공공도서관이 지역사회 구성원의 문화적 욕구를 충족시키기 위하여 제공하는 프로그램 및 이를 실행하기 위한 제반활동으로 정의할 수 있다. 다시 말하면 문화행사, 문화예술강좌, 독서지도 및 독서모임 운영 등 독서문화진흥과 관련된 활동,

즉 문화를 통하여 지역사회 주민에게 다가가는(outreach service) 문화서비스
이다. 특히 대도시에 비하여 문화 인프라가 열악한 지역의 공공도서관에는
지역주민의 전반적 삶의 질을 향상시킬 수 있는 기회를 제공하는 중요한 서
비스라고 할 수 있다. 상대적으로 문화 인프라가 갖추어진 지역의 공공도서
관 입장에서도 선택받은 소수를 위한 제한된 이미지에서 벗어나 소외계층을
포함하여 지역사회 구성원의 다수가 체험할 수 있는 서비스를 제공할 수 있
게 하는 기회가 되기도 한다(이소연, 2003: 23).

셋째, 교육서비스(Education service)는 주민들과의 거리가 밀접한 공공도서
관과 가장 가까운 연계가 있는 평생교육(life-long education) 개념으로서의
교육기능이 있다. 문헌정보학 용어사전에서는 "평생교육이란 한 개인의 생애
전 단계에 걸쳐 이루어지는 정규·비정규의 모든 교육활동으로서 가정교
육·학교교육·사회교육 등이 유기적으로 통합되어야 한다는 교육원리를 말
한다. 학교교육을 포함하고 있으므로 학교 외 교육을 뜻하는 사회교육보다
넓은 개념이다."라고 정의하고 있으며 『평생교육법』에서는 "평생교육이란 정
규교육과정을 제외한 학력보완교육, 성인 기초·문자해독교육, 직업능력 향
상교육, 인문교양교육, 문화예술교육, 시민참여교육 등을 포함하는 모든 형태
의 조직적인 교육활동을 말한다."라고 정의를 내리고 있다. 또한 평생교육의
방향은 주민들의 문화적응·생활개선·직업확장·여가선용의 기회를 확대하
고 이와 함께 주민들의 실현감·성취감·자아발전·참여의식을 고취하며 나
아가 사회적으로 지역연대·지역정체성·공동체의식을 창출하는 데 두어야
한다(곽동철, 2005: 75).

미래의 도서관서비스는 인터넷의 활성화와 전자자원의 확대로 인하여 다
음과 같은 서비스가 시행될 것이다.

첫째, 이용자는 자신이 갖고 있는 휴대용 단말기를 활용하여, 도서관의 다
양한 전자정보서비스를 이용하게 될 것이다. 휴대용 도서관 시대를 열게 될
것이다. 둘째, 도서관은 자관이 보유하고 있는 이용자 정보를 최대한 활용하
여 개인에게 적합한 정보를 단말기를 통하여 실시간으로 서비스하게 될 것
이다. 셋째, 저작권 문제가 해결됨에 따라 이용자 지향적인 서비스를 지향하

는 도서관들이 다양한 전자정보의 수집을 희망하게 되므로 전자출판사와 전자출판 유통업체들은 전자책, 화상, 동영상 등의 다양한 형태의 전자정보를 더욱 많이 생산하게 되어 전자정보 시장이 더욱 활성화될 것이다. 넷째, 이용자는 도서관의 다양한 전자정보서비스에 만족하며, 보다 나은 서비스를 받기 위해 도서관에 개인들의 신상정보를 적극적으로 제공하게 될 것이다. 이를 통해 도서관은 보다 성능이 우수한 개인별 맞춤정보서비스를 제공하고, 이용자는 이에 만족하게 되어 더욱 만족도가 높은 이용자서비스가 개발될 것이다(노문자 외, 2007: 268 - 269).

협의적으로 도서관서비스가 발전하고, 또한 광의적으로 도서관이 발전하자면 도서관정책이 중요 국가정책으로 부각되어 국가 예산이 수반되어야 하고, 정보문화 마인드를 가진 지방자치단체장의 관심이 기울여지고 특히 특수·전문 도서관들의 경우 전문성을 가진 사서직원들을 채용하고 사서직원들의 역량을 키우기 위해 지속적인 교육이 필요하며 이러한 모든 제반 사항이 어울려야 미래형 지식문화정보서비스 센터로서의 도서관서비스의 발전이 이루어질 것이다.

이상에서 21세기에 적합한 도서관서비스에 대한 정의가 필요하며, 도서관에서 제공하는 서비스가 차츰 다양화되는 현실을 반영하여야 한다. 이에 따라 도서관서비스의 개념을 정의하기 위해서는 다음과 같은 요소가 포함되어야 한다.

첫째, 도서관이 제공하는 서비스를 핵심서비스와 보조서비스로 세분화하여야 한다. 21세기의 도서관이 정보기술의 발달 등으로 인해 과거에 비해 다양한 방식의 서비스를 제공한다 하더라도, 도서관의 핵심적인 가치가 변화하는 것은 아니다. 따라서 이러한 개념을 도서관서비스에 반영하여야 한다.

둘째, 도서관서비스는 서비스의 제공 주체와 서비스를 제공받는 이용자 혹은 고객의 상호관계 속에서 형성된다. 이에 따라 제공 주체의 역할과 이용자의 욕구를 적절히 조화시킬 수 있어야 한다.

이에 따라 도서관서비스는 "다양한 목적을 가진 도서관 운영의 주체들이 자료, 시설, 인력을 활용하여 설립목적과 도서관 이용자들의 욕구에 맞는 정보서비스, 문화서비스, 교육서비스 등을 제공하기 위한 모든 유·무형의 서비스"라고 정의할 수 있다.

이러한 도서관서비스는 전통적인 개념에서 새로운 형태로 변화·발전하고 있으며, 수동적인 역할에서 이용자를 적극적으로 유치하기 위한 능동적인 역할로 차츰 변모하고 있으며, 정보기술의 발달 등으로 인해 누구나 쉽게 도서관이 보유한 자료와 도서관에 관한 정보를 획득할 수 있게 되었으며, 공공도서관과 대학도서관을 비롯한 대부분의 도서관들은 모든 이용자들이 이용할 수 있는 지식·문화·정보서비스센터의 기능을 수행하기 위한 노력을 하고 있다. 그리고 본 연구에서 사용된 효율성 분석은 상대적인 개념에서의 효율성을 의미하므로, 분석에 포함된 모든 도서관들은 서로 경쟁적인 관계에 놓여 있다고 할 수 있다. 따라서 각 도서관들은 더 많은 이용자를 유인하기 위해 적극적인 활동이 필요하며, 이용자의 욕구를 적극적으로 수용하기 위해 고객을 세분화하고 이에 맞는 서비스를 개발해야 하며, 이를 뒷받침할 수 있는 정책적 대안을 창출해 나가야 할 것이다.

1.3 도서관서비스의 변화

도서관은 정보를 둘러싼 내·외부 환경의 변화에 민감하게 반응해야 하는 공익기관이므로 더 이상 과거의 전통적인 형태의 도서관서비스만으로는 이용자를 만족시킬 수 없게 되었다. 신속하고 다양하게 변화하는 이용자들의 요구에 부응하기 위해서 새로운 방법으로의 정보서비스의 제공이 필요하게 되었으며 그 결과 대출·열람·봉사 등의 전통적인 도서관서비스가 도서관 전산화를 거쳐 디지털도서관서비스로 변화하게 되었다. 이에 따라 온라인 열람목록(OPAC: Online Public Access Catalog)을 이용한 자료검색과 원문제공 (Full-text), 전자책(e-book), 웹데이터베이스(web database) 등 다양한 온라인서비스 제공으로 이용자들은 도서관을 방문하는 대신 인터넷을 통해 원격지에서 도서관에 접속할 수 있게 되었다. 이에 따라서 디지털도서관으로서의 변모, 원격이용 가능, 인터넷의 보편화 등 도서관 안팎에서 일어나고 있는 정보환경의 변화는 도서관 업무 및 조직의 변화, 이용자 정보요구의 변화,

이용자에 대한 도서관서비스 변화를 촉구하고 있다.

이는 정보환경으로부터 발생하게 된 도서관 내의 변화로서 도서관 정보화와 더불어 생긴 변화의 범위는 <표 2-2>와 같이 정의할 수 있다.

<표 2-2> 도서관의 변화(한상완, 1998: 116)

세 대	도서관 호칭	도서관의 주 기능	도서관 정보형태
제1세대	기존 도서관	수작업의 정리 열람	대출 관내 중심의 종이 / 책자 인쇄정보
제2세대	통합 온라인 전산화 도서관	온라인 / 상호대차, 원격 DB검색, 전자우편, FAX 서비스	인쇄매체, 컴퓨터매체
제3세대	전자 도서관	LAN, WAN 등에 의한 전자정보 전송과 네트워크 서비스	전자문헌, 전자메시지 정보, 전자매체정보
제4세대	디지털 도서관	디지털, 멀티미디어 정보제공과 서비스의 연계	원격 공유성의 문서 DB, 네트워크화된 멀티미디어정보
제5세대	가상 도서관	지능형컴퓨터와 초고속망에 의한 개인별 정보 네트워크 구축	네트워크 하이퍼미디어 정보

미래의 정보환경은 인터넷의 활성화와 전자 자원의 확대 등으로 인해 시·공간을 초월하여 정보에 접근하고 이용할 수 있는 환경으로 변모하고 있다. 즉 미래의 정보환경은 모바일과 유비쿼터스 환경으로 대표되며, 이들을 통하여 언제나(anytime), 어디에서나(anywhere), 어떠한 기기(any device)를 이용해서라도 다양한 미디어(any media)를 이용할 수 있는 정보환경으로 변모할 것이다(노동조, 2004: 368).

1) 정보봉사의 질적 변화

정보통신기술의 발전과 유·무선 인터넷의 보급으로 우리가 살고 있는 사회적인 정보환경은 빠르게 그리고 끊임없이 변화하고 있다. 이러한 정보환경의 영향으로 다양하게 변화하는 이용자들의 요구를 충족시키기 위한 새로운 정보서비스의 제공이 필요하게 되었으며 그 결과 전통적인 도서관서비스가 도서관 전산화를 거쳐 디지털도서관서비스로 변화하게 되었다(한국문헌정보학회, 2004: 643).

인터넷은 사서와 이용자 간의 의사소통 과정을 변화시켰을 뿐 아니라 전자정보원의 출현으로 인해 전자정보봉사가 도서관의 업무에 자연스럽게 포함되었다. 그리하여 전통적인 업무는 정보센터 내의 여러 가지 자동화로의 변화에 따라 원격 이용자에 대한 서비스가 확대되는 등 업무의 질적 변화와 더불어 사서의 역할과 기능에 커다란 변화가 생기게 되었다.

사회 전반에 걸친 정보환경의 변화는 정보센터를 이용하는 행태나 요구에 있어서도 변화를 갖도록 함으로써, 정보사서의 업무는 과거 반복적이며 단순한 노동집약적 수준에서부터 인터넷과 정보통신을 이용해야 하는 수준까지 요청하게 된 것이다.

이용자의 정보요구 수준이 각종 검색엔진을 동원하고 최첨단 전자적 기법을 활용하여 응답해야 하는 수준으로까지 달라지고 있기 때문이다. 도서관의 소장자료 또한 텍스트 중심의 인쇄기록물 형태에서 다양한 유형의 전자매체를 이용한 멀티미디어 정보에 이르기까지 그 범위가 다양하고 넓어졌으며 새로운 정보유통이 가능한 인터넷과 네트워크 환경이 구축되어 웹 브라우저를 이용하여 글로벌 정보검색을 하기에 이르렀다. 정보센터의 봉사가 질적으로 달라질 수밖에 없는 이유는 정보자료의 형태적 변화와 정보유통의 혁신적 개발을 피해 갈 수 없는 정보센터의 사회적 기구로서의 역할 때문이다.

2) 사서의 역할 변화

온라인 정보봉사에서는 사서의 탐색전문성이 확보되는 경우에 비로소 최적의 탐색이 성취될 수 있다. 전통적 정보봉사의 성공적인 수행을 위해서는 자료에 대한 지식, 질문의 정확한 파악을 위한 유능한 상담역, 정보요구를 적절한 자원에 인계하는 능력이 요구되었다. 그러나 점차 달라지고 있는 정보환경하에서는 탐색 전략에 대비한 이용자의 논리적 조작, 적합성과 재현성을 통한 인용결과의 분석, 비교적 복잡한 인터페이스에서의 노련함 등의 전문적 역할기능이 요구되고 있다.

정보환경의 변화는 무엇보다 이용자들의 이용 행태에 커다란 변화가 오도록 하였다. 이용자들은 도서관에 올 필요 없이 온라인 목록을 비롯하여 전자우편이나 웹 서비스 등의 액세스를 통해 도서관 자원과 만날 수 있게 됨으로써 실제적으로는 사서의 역할이 더욱 확대되고 있다.

지난 20여 년 동안 도서관 자동화는 도서관의 많은 직무를 재구조화하고 새로운 직무를 만들어 냈으며 이에 따른 업무의 재편성도 불가피하게 되었다. 특히 다양한 기술을 보유한 숙련 인력을 확보하는 데 많은 어려움이 따르고, 질 높은 정보봉사를 제공하기 위하여 더욱 다양하고 많은 기술을 필요로 하며, 변화되는 이용자의 요구와 더불어 더욱 수준 높은 서비스와 신속한 변화 적응능력이 요구되는 것이다.

이는 곧 효율적인 서비스를 기대하는 이용자 요구에 적절한 대처를 해야 한다는 것을 의미한다. 자동화와 정보기술의 발전은 기술업무 위주였던 도서관 조직을 주제 중심 또는 이용자 중심의 구조로 바꾸고, 역할의 우선순위가 자료정리와 보존의 업무에서 정보봉사의 영역인 서비스 지향적으로 나아가도록 유도하고 있다.

정보통신의 발달과 최근 정보의 바다로 불리는 인터넷 사용의 일반화로 기하급수적으로 증가하는 정보량을 한정된 인원의 사서가 감당하기에는 정보의 요구량이나 검색기법에 있어 벅찬 일이 되었다.

이러한 지식기반 사회는 사서직의 역할 증대를 기대하며 실제로 사서직이 지식사회를 선도하려면 고도의 전문적인 지식을 갖추어야 한다. 이용자의 현재적 요구는 물론 잠재적 이용 가능성을 조사 · 분석하여 적절한 자료를 적시에 적자에게 제공할 수 있는 정보제공자로서의 역할과 수집된 정보자료를 체계적으로 정리 · 축적 · 분석 · 가공하여 맞춤정보 형태로 정보의 효용가치 및 부가가치를 창출하는 사서로서 정보 수집가, 정보 선택자, 정보 전달자, 정보 관리자, 정보 중개인, 정보 전문가, 정보 해석자, 정보 균등 분배자, 가상사서(cybrarian)로서의 역할을 수행하여야 한다.

2. 도서관서비스의 유형

2.1 국가도서관

국가도서관이란 국가가 설립, 운영하며 그 나라 국민 전체를 대상으로 봉사하는 도서관을 일컫는다. 우리나라의 국가도서관 역할은 국립중앙도서관에서 수행하고 있다. 국립중앙도서관은 662만여 책에 달하는 방대한 자료를 소장하고 있으며 국가의 지적 문화유산을 총체적・체계적으로 수집・보존하여 이를 후세에 전승시키는 문화전달자로의 책무를 수행하고 있는 우리나라 문헌정보의 총보고이다(http://www.nl.go.kr).

『도서관법』 제19조(업무)에서는 국립중앙도서관 업무를 "① 국립중앙도서관은 다음 각 호의 업무를 수행한다. 1. 종합계획에 따른 관련 시책의 시행 2. 국내외 자료의 수집・제공・보존관리 3. 국가 서지 작성 및 표준화 4. 정보화를 통한 국가문헌정보체계 구축 5. 도서관 직원의 교육훈련 등 국내 도서관에 대한 지도・지원 및 협력 6. 외국도서관과의 교류 및 협력 7. 도서관 발전을 위한 정책 개발 및 조사・연구 8. 그 밖에 국가대표도서관으로서 기능을 수행하는 데 필요한 업무 ② 제1항 제7호의 업무수행을 위하여 국립중앙도서관에 도서관연구소(이하 '연구소'라 한다)를 둔다. ③ 연구소의 설립・운영 및 업무에 관해서는 대통령령으로 정한다. ④ 국립중앙도서관은 그 업무를 효율적으로 수행하기 위하여 국회도서관과 협력하여야 한다."고 규정짓고 있다.

2.2 공공도서관

도서관은 21세기 지식정보사회의 대표적인 정보문화센터이며 국민의 정보 접근권과 알 권리의 보장, 지식정보 취약계층의 정보격차 해소 등을 통해 국가발전에 이바지하여 할 사회적 책임을 지닌 정보서비스 기관이다. 이 중에서도 특히 공공도서관은 독서를 통한 국민의 창의력 향상과 평생교육문화활동공간으로 지식사회에서의 그 역할과 비중이 점차 커지고 있다. 지역의 도서관은 그 지역의 역사와 풍토 그리고 행정 관련 자료 등을 조사발굴, 수집, 보전하면서 그 지역 발신의 문화를 생산・저장하는 거점이 된다. 인터넷망이 탄탄대로로 닦아 놓은 고속도로와 같은 것이라면, 고속도로를 달리는 자동차는 정보와도 같은 것이다. 그리고 이러한 비유에 있어서 인터넷망에서 흐르는 지역의 정보와 지역도서관의 관계는 마치 자동차와 그 제조회사와의 관계와도 같다고 할 수 있다(강형기, 2001: 253). 그러나 공공도서관은 열악한 지자체의 재정 상황과 함께 지자체와 교육청으로 이분화되어 있는 구조로 인하여 상호간의 협력을 통한 발전의 걸림돌이 되고 있다. 이에 공공도서관이 지역사회의 정보·문화공간으로서 순기능을 적극적으로 수행하기 위해서는 행정체계의 일원화와 도서관서비스 체계의 개선이 시급하다.

아울러 도서관서비스의 핵심인 장서확충에 필요한 자료구입비가 절대적으로 부족하여 국내 발행 자료의 충분한 수집도 어려운 형편으로, 보다 많은 다양한 이용자층을 공공도서관으로 끌어들이기 위해서는 자료구입비의 획기적 지원과 함께 모든 도서관이 보유하고 있는 장서를 공동으로 활용할 수 있는 방안의 모색이 절실하다고 하겠다(한국도서관연감, 2007).

이에 대한 제도적인 해결사항으로 국립중앙도서관에서는 이용자가 원하는 자료가 거주지역 내 공공도서관에 없을 경우, 다른 지역의 도서관에 신청하여 소장 자료를 이용할 수 있도록 해 주는 전국도서관 상호대차서비스(ILL: Inter Library Loan Service)인 "책바다"*를 2007년도에 개발하여, 현재 295개 공공도서관으로 확대하여 활발한 활동을 펼치고 있다.

2.2.1 공공도서관 진흥정책의 변천

우리나라에서 독립된 시설을 갖춘 도서관은 근대 이후의 일이며, 그 전까지는 대체로 교육기관, 출판기관, 연구소, 도서관 등 여러 가지 요소가 복합된 것이었다. 신문화운동으로 평양에 설립된 『평양서관』, 서울에 설립된 『동지문예관』은 근대식 서구적인 도서관이었다. 특히 이것이 사립이지만 무료로 공개된 공공도서관이라는 점이 주목할 만하다(김세익, 1992). 일제하 조선총독부 도서관 설립을 계기로 전국에 공공도서관이 설립되었다. 궁극적으로는 문화정책으로 민족의식을 약화시키고자 의도된 것이지만, 서구식 근대 도서관이 생기게 되었고, 도서관 문화가 형성되었다.

광복 이후 도서관에 관한 운영체계를 살펴보면, 1945년 10월 일제시대의 사회교육과를 고쳐 학무국 내에 문화과를 설치하여 도서관 업무를 포함시켰

---

* 공공도서관의 열악한 장서 보유량에 대한 해결기반을 마련하고 이용자가 원하는 자료가 거주지역 내 도서관에 없을 경우, 다른 지역의 도서관에 신청하여 소장 자료를 이용해 줄 수 있도록 해 줌으로써 이용자 편의성을 높이기 위한 시스템이다.

고, 12월에는 문화과를 예술계와 종교계로 구분하였으며, 도서관 업무를 예술계가 맡도록 하였다(권영찬, 2001). 이때의 도서관은 도서관 고유의 교육적·문화적 기관으로서의 역할을 다하는 것이 아니라 일제의 도서관 운영의 연장선상에서 학생의 학습을 위한 시설물로만 이용되었다. 해방 직후에는 국립도서관을 포함하여 17개의 공공도서관이 있었으나 거의 휴관 또는 폐관 상태로 명목상의 도서관이었고 경제적 어려움으로 새로운 도서관 설립은 기대할 수 없었으며 시설을 그대로 유지·관리하는 데 급급했을 뿐이다.

1950년 한국전쟁으로 인해 전국의 많은 공공도서관들이 파괴되었고 장서가 소실되면서 기본적인 업무 유지도 어려운 상황이었다. 1953년 7월 휴전 성립 후에도 경제적 빈곤과 사회불안으로 공공도서관들은 대부분 휴관하고 있었으며, 개관한 도서관의 경우에도 열람업무만 가능하였다(권영찬, 2000: 49). 그러다가 1964년 1월 1일부터 교육자치제가 도를 단위로 한 대단위 자치제로 개편되고 교육자치제의 부활로 공공도서관의 관할도 내무부와 문교부로 분할되어 버렸다. 이때 공공도서관은 사회교육제도의 하나로 이해되어 도서관행정을 교육행정의 일부로 여겨 문교부가 관장하였지만 이는 도서관행정의 일원화를 의미하는 것이 아니었다. 즉 내무부(시·군·구청 소속)로 있던 도서관이 1964년 교육자치에 따라 점차적으로 문교부 소속으로 이관되었으며, 내무부 자체에서는 시·군·구청의 자치단체를 통해 새로운 도서관을 계속 늘려 나간 것이다. 사실상 이때부터 도서관 행정의 이원화가 시작되었다고 볼 수 있다(김포옥, 1992: 66).

공공도서관 행정이 아주 큰 변화를 겪게 된 것은 1990년 1월 문화정책을 전담하는 독립된 부서인 문화부가 탄생하면서부터이다. 그동안 교육정책의 한 부분으로 성인교육을 중심으로 하는 사회교육의 차원에서 접근되었던 도서관정책은 문화부의 설치와 함께 문화정책의 한 분야로 포함되게 된 것이다. 이는 도서관이라는 시설에 대한 인식이 교육시설에서 문화시설로 바뀌어 가도록 하는 계기를 마련하였다는 점에서 중요한 의미를 가진다. 이러한 변화에 따라 1990년 10월 공공도서관 및 각종 도서관의 정책과 행정을 담당할 전담부서인 도서관정책과가 문화부 문화정책 내에 설치되기에 이르렀다. 이것은 도서관만을 전담하는 독립된 행정단위가 문화부의 설립과 함께 문화정책의 핵심 분야 중 하나로 도서관 영역을 인정했다는 것이다(김세훈, 2002: 116).

1990년 문화부로 도서관정책 이관 이후에도 여전히 문화부는 전체 도서관 중에서 국립중앙도서관과 공공도서관정책을 담당하는 부처로 인식되었으며, 학교도서관과 대학도서관은 교육부에서 담당하는 것으로 이해되었다. 뿐만 아니라 교육청 소속이 아닌 각 지역의 공공도서관들은 지방자치단체에 의해 운영됨으로써 이를 관장하는 행정자치부가 문화부보다 더 큰 영향력을 행사함으로써 도서관정책의 주무부처는 문화부로 규정되었지만 실제 수립된 정책을 일관되게 집행할 수 있는 체계가 갖추어지지 못했다고 할 수 있다.

1990년 도서관업무가 문화부로 이관된 것은 도서관정책 담당행정부서가 변화되었다는 사실 외에 도서관정책의 지향과 관련하여 더욱 중요한 의미를 지니는데 이는 도서관이 일방적으로 주어지는 교육적 공간이 아니라 스스로 학습하는 공간으로, 개인의 자율성과 주체성이 강조되는 공간으로 강조의 초점이 옮겨졌음을 의미한다. 이러한 도서관의 변화는 이용자들을 위하여 도서관이 다양한 여가활동과 문화활동 프로그램을 제공하여야 한다는 인식을 진작시켰으며 도서관에 대한 인식이 개인의 삶의 질 향상이라고 하는 측면에서 접근될 수 있는 환경을 마련하였다(김세훈, 2003: 117).

그러다가 1997년 말에 몰아닥친 IMF 한파는 도서관계에도 영향을 미쳐 조직개편을 통한 인원감축, 예산의 축소 등 도서관 발전에 위기를 가져왔다. 한 도서관 내의 조직을 통합하여 단위를 줄이거나 지역 내 도서관을 통합하여 본관과 분관체제로 전환하거나 민간위탁을 하기도 하였으며, 다른 문화기관에 도서관 기능만을 포함시킨 채 도서관을 폐관하는 경우도 있었다.

급기야는 2004년 11월 11일(대통령령 제18588호) 문화관광부(현재: 문화체육관광부)와 그 소속기관직제 개정을 통하여 다원적인 문화사회와 역동적인 문화국가를 실현할 수 있는 새로운 문화정책을 추진할 수 있도록 하기 위하여 그 조직과 기능을 미래 전략적인 핵심기능으로 재편한다는 명분하에 공공도서관의 설립 및 육성과 관련된 기능을 그 소속기관인 국립중앙도서관으로 이관하였다.

이와 같이 도서관정책의 주무부처로서 문화관광부는 과거 도서관박물관과에서 도서관정책을 추진하여 오다가, 2004년 시설 관련 정책 기능을 국립문화시설로 이전함에 따라 국립중앙도서관에서 도서관정책 기능을 이관받아 수행하게 되었다. 문화관광부의 도서관정책은 주로 공공도서관을 중심으로 이루어졌으며 지방자치단체와 교육청 소속 공공도서관을 통하여 관련 정책이 추진되었다. 이와 달리 관종별 도서관정책은 도서관 종류에 따라 여러 부처가 연계되어 있다. 공공도서관 정책은 문화관광부, 행정자치부, 교육인적자원부, 대학 및 학교도서관 정책은 교육인적자원부, 전문도서관은 각각의 행정부처로 나뉘어 있다. 이처럼 문화관광부가 주로 공공도서관을 중심으로 도서관정책을 수립·추진하여 온 데 비해, 다른 관종의 도서관 정책은 관련 부처나 공공정책 일반 영역에서 상대적으로 소홀이 다루어져 왔다고 할 수 있다(김세훈, 2007: 17 - 18).

도서관정책의 주무부처가 문화관광부이기는 하였지만 그동안 많은 수를 차지하는 학교도서관이나 대학도서관, 전문도서관 등에 대해 행정행위가 미치지 않아 문화관광부 중심 도서관정책은 주로 국립중앙도서관과 공공도서관을 중심으로 수립·추진되어 왔다. 이와 같은 제약점을 해소하면서 도서관을 지식정보기반 사회의 핵심 인프라로 육성하기 위하여 2006년 새로이 개정된 『도서관법』은 중앙정부 차원에 대통령 소속 도서관정보정책위원회를 설립토록 하였으며, 이를 실무적으로 뒷받침할 도서관 정보정책기획단을 문화관광부 내에 설치토록 하였으며(김세훈, 2007: 10), 국립중앙도서관에 설치된 도서관연구소는 국가대표도서관으로서의 국립중앙도서관의 역량과 역할을 강화함과 동시에 도서관정보정책위원회와 긴밀한 관계아래 '위원회'의 정책 수립 및 심의·조정활동을 지원하는 데에 중요한 역할을 담당토록 구상되었다(김세훈, 2007: 11).

2.2.2 공공도서관 기능의 변천

도서관은 시대의 흐름에 따라 주어진 기능들이 제 역할을 다하지 못하고 일부 기능만이 강조되어 발전해 옴으로써 시대와 상황에 따라 도서관의 역할이 다르게 나타나고 있다. 과거에는 도서관의 기능이 단순히 문헌을 보관하는 데 역점을 두었다면 오늘날은 민중의 문해능력 향상과 정보접근의 자유, 그리고 출판문화의 급속한 발전으로 홍수시대로 이어지면서 도서관의 기능은 정보관으로 그 기능과 역할이 확대되어 왔다(김종서 외, 2000: 240).

공공도서관은 설립 초기에 단순한 자료의 수집과 보존을 위한 기능만을 수행하였으나 산업혁명과 정보혁명의 큰 사회적 변화를 겪으면서 그 기능에 대한 수정이 불가피하게 되었다. 더욱이 평생학습 시대에 있어서 도서관은 정보관으로서의 기능 이외에도 학습자의 실질적인 요청에 의해 풍부한 정보원을 바탕으로 평생교육적 기능과 문화적 기능을 동시에 수행함으로써 그 기능과 역할이 더욱 광범위해져 가고 있다.

1) 전통적인 기능

도서관의 기능에는 자료의 수집, 자료의 조직, 분류와 편목, 자료의 축적, 자료의 제공 즉, 봉사 등을 포함한다(최성진, 1997: 119). 따라서 간단히 직접 정보를 전달하는 기관이라고 하기보다는 정보전달에 대비해서 정보자료의 효과적인 이용을 조장하는 기관이라고 볼 수 있다. 이용하는 집단을 기준으로 구분해 볼 때, 공공도서관이라 함은 일반 공중을 대상으로 한다.

공공도서관은 제공하는 장서와 봉사가 지역사회의 모든 주민에게 무료로 공평하게 제공된다. 이러한 공공도서관은 지역사회 안의 개인이나 집단이 교육, 정보, 자아실현, 오락 등을 추구하는 데 또는 사회에서 맡은 바 역할을 수행하는 데 필요한 문헌을 제공하려는 목적을 이루기 위하여 다음과 같은 기능을 수행하여 왔다.

① 이용자들에게 필요한 문헌을 최대한으로 수집하여, 그것을 검색하기 쉽고 이용하기 편리하도록 조직하고, 체계적으로 배열한다.
② 이용자들이 각각 편리한 시간에 편리한 곳에서 읽을 수 있도록 문헌을 대출한다.
③ 이용자들이 서가에서 원하는 문헌을 찾을 때 또는 문헌 속에서 원하는 정보를 찾을 때 그 일을 도와주거나 찾는 요령을 가르친다.
④ 신문, 방송을 통한 광고, 도서전시회의 개최, 우수 도서목록 배포, 어린

이들을 위한 이야기 시간 마련, 텔레비전 방송에 서평시간 마련, 독서회 운영 등으로 도서관 이용을 권장한다.

⑤ 이용자로부터 직접 문의된 것은 물론 전화, 서신, Web 형식으로 접수된 질의에 대하여 그 답을 제공한다.

⑥ 지역사회 안의 각종 교육기관, 사회단체, 문화단체들의 활동에 필요한 문헌을 제공한다. 그 기능이 성공적으로 수행되려면 그 단체들의 활동 속에 새로이 일어나는 요구가 그때그때 즉시 파악되어 적절한 문헌이 신속히 수집 제공되도록 하여야 한다.

⑦ 어린이도서관, 청소년도서관 등 분관 이용자들이 계획하는 각종 문화행사를 후원한다.

⑧ 향토자료를 수집하여 보존한다.

⑨ 이용자가 원하나 그 도서관에 없는 자료를 상호대출 절차를 밟아 다른 도서관에서 입수하여 제공한다.

⑩ 분관 설립, 이동문고 운영 등으로 지역사회의 모든 곳에 도서관 봉사가 미치게 한다.

⑪ 전문적이고 능률적인 봉사를 제공하기 위하여 제별 열람실, 연령층별 열람실 등을 마련하여 운영한다.

⑫ 지역사회 안의 다른 도서관(예컨대 학교도서관) 등과 기능적 측면에서 협동한다(최성진, 1997: 177).

이러한 모든 기능을 통한 정보제공이나 교육적 목적을 추구하는 데 있었다. 도서관은 자료를 수집, 조직, 보존하고 이를 이용하는 데 도움이 되도록 하는 것을 주요한 기능으로 하는 사회기관이다. 이러한 기능은 지식의 전파와 보급이라는 역할을 맡고 있는 자료에 이용자가 자유로이 접근할 수 있도록 배려하고, 자료의 기능을 효과적으로 발휘할 수 있도록 하는 것을 목적으로 하고 있다. 따라서 자료를 수집하고, 수집된 자료를 효과적으로 이용시키기 위한 공공도서관은 자료의 축적 기관이자 모든 사람들이 평등하게 자료를 공유할 수 있는 기관으로 인식되어 왔다. 이러한 책을 통한 정보제공 및 교육 기능은 도서관의 전통적이고 고유한 기능이라고 할 수 있다.

2) 새로운 패러다임에서의 기능

최근 지식경영시대 정보매체의 다변화로 인한 이용자의 다양한 정보 욕구 변화를 수용하고 나아가 변화를 창출하는 공공도서관의 역할과 기능이 확장되고 있다. 정보기술의 발달로 공공도서관은 교육, 정보 및 문화의 중심기관으로서의 역할이 크게 증대되고 있다. 특히 지역산업 발전과 지역개발 지원을 위한 연구적 기능, 지식의 반감기로 인한 평생교육의 장으로서의 역할과 지역사회 특성에 맞는 교육지원을 위한 공공 교육적 기능, 지역사회 지식 향상과 지역문화 중심기관으로서의 역할을 위한 다양한 방향으로 그 기능을 확대시켜 나가도록 요구하고 있다.

또한 지역정보화에 편승하여 보다 광범위한 정보로의 접근을 제시하여 이용자의 정보욕구에 대하여 각종 첨단기술을 이용하여 보다 신속하고 광범위한 형태로 정보를 제공하게 되었다(이진영, 2001: 48). 따라서 사회적 패러다임 변화에 따른 도서관의 기능 강화와 함께 지식기반 사회, 문화복지 국가 구현과 국민의 지식정보 이용 활성화를 위한 공공도서관의 기능과 역할을 정리해 보면 다음과 같다.

① 지식정보센터로서의 기능

21세기 조직의 패러다임은 지식경영이다. 지식경영 사회에서 중요한 것은 지식의 공유이다. 이러한 지식기반경영 사회에서의 공공도서관은 첫째, 이용자에게 광범위한 지식을 제공해 주는 정거장으로 생각할 수 있다. 둘째, 공공도서관이 갖고 있는 물리적 공간은 어떤 계층의 사람들이라도 평등하게 모일 수 있다는 기본전제를 제시할 수 있으며, 셋째, 지식·정보 인프라 달성을 통해 정보와 지식을 주민들에게 널리 보급하는 독특한 기능을 수행하는 기관으로 자리 잡고 있다. 지식경영은 조직과 개인에게 체계화되어 있는 지식의 창출, 공유, 학습, 축적의 전체 프로세스로서 조직 활동의 목표는 지식 자산의 양과 질의 확대를 뜻하며(Tichy & Sherman, 1992: 341), 지역사회의 지식경영체로서 공공도서관은 지식정보와 문화 인프라 구축을 필요로 한다.

따라서 공공도서관이 지식정보센터로서의 기능을 충실하게 수행하기 위해서는 가능한 많은 양의 정보를 수집하고 수집된 정보의 과학적인 관리와 신속하고 적절한 제공이 요구된다. 특히 현대는 정보의 홍수시대이기 때문에 정보의 과학적 관리가 절실히 요구되고 있고, 획기적인 정보통신기술의 발달로 저장매체의 발달과 더불어 이용자들의 정보접근이나 검색 또한 과거와는 전혀 다른 양상을 보이고 있다(김형각, 2001: 9).

그러므로 공공도서관은 정보의 주체기관으로서의 모든 형태의 정보가 각 가정과 사회에 공급되는 정보의 원천지 역할을 해야 한다. 즉, 공공도서관은 지식과 경험의 자료를 축적하는 동시에 유효적절한 봉사를 통해 지역사회 주민에게 전파하는 사회적 책임기관이라 할 수 있다.

② 평생교육센터로서의 기능

21세기 지식기반경영 사회에서는 지식과 정보의 양이 폭발적으로 증가하는 한편 그 생성과 소멸 주기가 빨라지기 때문에 이 시대를 살아갈 국민들은 더 나은 삶을 영위하기 위해 평생을 걸쳐 끊임없이 학습해 나가야 한다. 따라서 평생교육, 평생학습의 수요가 지금보다 더욱 증대되고 일반화되는 시대가 될 것이다. 이러한 시대에 공공도서관은 공중의 정보이용과 교양을 위해 지역사회의 평생교육센터로서의 기능을 가진다(김형각, 2001: 11 – 13).

우리나라의 경우 현재 평생교육을 담당하는 사회적 기구는 산재해 있고, 그 수도 매우 많다. 그러나 평생교육이 갖는 특성에서 살펴볼 때 개인단위, 자율성 등의 관점에서 보면 공공도서관이 가장 효율적인 평생교육기관이라 할 수 있다. 공공도서관은 개인이나 집단이 어떤 교육수준에 있건 자기 개발을 위한 여건을 조성하고 제공하며, 개인과 기록된 지식 사이의 간격을 좁히고, 전 생애를 통한 교육을 담당해야 할 책무를 지니고 있다.

그래서 공공도서관은 지역주민의 자기교육활동에 필요한 다양한 자료를 제공하거나 교육프로그램, 장소 등을 제공하며 학생들의 공식적 학습과정을 보조하며 또한 취학 전 어린이와 노인, 부녀자, 정규교육의 기회를 갖지 못한 사람들을 위한 특별한 프로그램을 실시할 필요가 있다(조은숙, 2004: 20). 따라서 공공성과 개방성, 그리고 무료성의 3대 기본원칙과 풍부한 정보원을 바탕으로 실질적인 평생교육 실천도장으로서의 역할을 수행할 수 있는 곳이 공공도서관이다.

③ 문화센터로서의 기능

문화는 인간과 환경 간의 상호교류의 통합적 요소이며, 경제적 지속 가능성과 환경적 지속 가능성의 달성을 지원할 수 있다. 문화적으로 지속 가능한 커뮤니티의 지적, 도덕적, 미적 기준뿐 아니라 공유의 아이디어와 믿음, 가치에 의해 형성된 이에 미치는 영향을 고려한 개발을 의미한다. 그리고 문화적 지속 가능성을 증진하는 데 있어서 내재된 것은 문화적 다양성의 가치이고 문화보존의 가치이다. 따라서 공공도서관이 지역사회 문화의 발전에 일조하기 위해서는 구성원인 주민의 지역문화에 대한 자부심과 애착심을 고취시킴으로써 자발적 참여를 유도하여야 한다(조은숙, 2004: 21).

지식·정보사회에서의 공공도서관은 정보자료의 수집, 보존이라는 전통적인 기능 이외에도 개인의 지적 활동과 문화향유 및 여가선용의 극대화를 도모하고 지역사회 주민들이 문화프로그램을 적극적으로 활용할 수 있도록 자극하는 문화센터로 거듭나야 할 것이다. 결국 공공도서관은 주민들에게 세계 각국의 문화를 이해시키고 타 지역의 문화적인 특징을 주민에게 알리고 나아가 소속된 지역의 문화에 대한 교육 및 홍보를 위한 다양한 프로그램을 개발하고 전 세계 모든 인류와 교류할 수 있는 기반을 마련해야 한다.

④ 레크리에이션의 기능

지식이 부의 척도로 자리를 잡아 감에 따라 기존의 노동력을 요구하는 사회구조의 변화가 도래하였다. 따라서 공공도서관은 이러한 변화에 능동적으로 대응하여 지역주민이 작업시간 외에 여유 있는 삶을 즐기며 아이디어를 재창조하는 기능을 수행해야 한다(이진영, 2001: 68).

공공도서관은 지역 내 커뮤니티 기관으로서 부대시설의 운영과 전문가를 활용한 스포츠·레저프로그램 운영 등의 직접 봉사를 제공해야 한다. 또한 재정이나 기타 운영상의 어려움이 있을 경우 지역 내의 스포츠나 레저 관련 센터와의 연계와 운동시설의 활용을 통해 간접적으로 지역주민의 여가에 대한 요구에 호응해야 한다. 즉, 지역주민이 원하는 생활정보의 유형에서 건강의료정보는 지역사회가 발전함에 따라 중요한 분야를 이루고 있다. 이러한 시대적 변화에 따라 선진 각국에서는 이미 공공도서관이 건강보조센터로서의 기능 봉사를 시행하고 있다(조은숙, 2004: 23).

⑤ 생활편의센터로서의 기능

지역사회의 공공도서관은 주민의 다양한 민원서비스를 지역자치단체와 병행하여 대행하는 기능과 다양한 생활정보를 유기적으로 구축하여 제공하는 기능기술정보화에 따라 변화하는 사회에서 요구되는 기능이다. 또한 공공도서관은 지역정보의 입장과 주민의 입장을 고려하여 모든 민원행정을 대행할 수 없을지라도 이용 빈도에 따라 적합한 민원행정에 대한 지역정보를 대행기관으로서의 역할도 요구되고 있다. 따라서 공공도서관은 다양한 정보의 수집을 통해 이용자의 편의를 도모하는 생활편의센터로서의 기능이 요구된다.

2.3 대학도서관

대학도서관의 사명은 캠퍼스의 학술정보를 총괄하는 심장으로서의 정체성을 유지하고 대학의 모든 교육적·연구적·사회봉사적 기능을 적극적으로 지원하는 데 있다. 대학도서관은 대학의 교육 및 연구활동에 유용한 모든 학술자료와 디지털정보를 체계적으로 수집·접근·다운로드·정리·보존·제공하여 대학의 임무를 달성하는 데 기여한다. 대학도서관은 자관의 소장자료뿐만 아니라 미소장자료에도 접근·검색·이용할 수 있도록 캠퍼스의 정보게이트웨이 역할을 수행한다. 대학도서관은 한국교육학술정보원(KERIS) 및 다른 도서관과의 협력을 통하여 상호 학술자료를 제공하고 분담수집, 분담주제정보서비스를 실시하고 있다. 대학도서관은 자료와 시설을 다른 도서관 및 지역사회에 최대한 개방함으로써 정보욕구의 충족과 지식문화의 발전에 이바지하고 있다(한국도서관연감, 2007).

2.3.1 대학도서관 조직의 특수성

1) 봉사기관으로서의 조직

오석홍(1993)에 따르면 도서관은 이용자에게 원하는 각종의 정보를 제공하는 주된 수혜의 대상이 도서관 이용자이므로 대학도서관은 봉사기관이라 할 수 있다. 그리고 조직의 구성원이나 도서관 관리자가 아닌 교수, 학생, 도서관 네트워크 관계자, 서지적 서비스 기관의 직원, 데이터 서비스 공급자 등 조직의 외부인들이 도서관의 의사결정에 깊숙이 개입하여 조직의 정책방향을 좌우하게 될 개연성이 농후하다고 하겠다. 바로 이러한 점이 도서관 조직의 특수성 중의 하나이고 동시에 도서관을 일반적인 봉사조직과 구별시켜주는 요소이다(강진백, 1994: 96).

2) 부속기관으로서의 조직

대학도서관은 캠퍼스 내에서 이루어지는 학습활동과 조사·연구활동을 지원해 주는 반자율적인 지원시설인 동시에 모기관에 부속되어 있는 부속기관이라는 점이 또 하나의 특수성이라고 할 수 있다. 그리고 도서관이 본래의 기능을 다하기 위해서는 자금배정, 직원 충원은 물론이고 정보관리문제에 관한 도서관의 관심사와 요구사항을 대학당국에 효과적으로 반영시킬 수 있도록 노력하여야 할 뿐만 아니라 교수와 학생 그리고 정보 관련 기관과 여하한 협조체제를 수립하느냐 하는 점이 효율적인 도서관 관리와 질 높은 도서관 봉사를 유도할 수 있는 관건이라 하겠다(강진백, 1994: 96-97). 그러나 대학도서관은 대학의 부속기관이라는 제도적인 문제로 말미암아 항상 운영에 어려움이 따른다.

3) 다양한 구성원의 조직

대학도서관에서는 대학의 다른 부서에서 보통 수행되는 구매, 교육, 조사, 연구, 직접적인 고객봉사 그리고 컴퓨터 조작업무 등의 제반 활동이 수행되고 있으며 이들 업무를 담당하는 다양한 직원들이 공존하고 있다. 바로 이 점이 도서관이 항상 어떠한 규칙에 대해서도 예외라는 아주 어려운 상황으로 유도한다. 뿐만 아니라 이와 같이 수행하는 업무상의 차이점과 각양각색의 직원이 공존한다는 사실이 커뮤니케이션과 조정상에 문제점을 초래하여 효율적인 관리의 장애요인이 될 뿐만 아니라 기관 내외로부터 비난의 대상이 되고 있는 것이다.

2.3.2 대학도서관 조직의 기능

일반적으로 대학도서관의 역할과 활동범위는 대학의 설립목적과 성격에 의해 결정되어 왔으며, 기본적인 기능은 자료 수집과 정리, 대출 및 봉사, 그리고 자료 보존이었다. 그러나 오늘날 대학도서관이 수행해야 하는 기능은 대학환경과 정보매체 및 이용자 요구가 다변화함에 따라 종래의 기본적인 기능과 더불어 시대적 조류를 반영하는 봉사 지향적 기능들이 추가되어 매우 복잡 다양한 양상을 띠고 있다(윤희윤, 1996: 21).

<표 2-3> 대학도서관 업무내용의 변화양상

업 무	과　　　　거	현　　　　재
수 서	· 자료수집과 장서구입 위주 · 예산배정을 학술지보다 일반도서 중심으로 · 도서관의 독자적인 자료수집	· 장서개발 및 관리 기능 · 예산배정을 일반도서보다 학술지 중심으로 · 분담 수집 및 협동수서로 확대·발전
정 리	· 수작업에 의한 목록카드 작성 · 카드의 목록화 · 독자적인 목록 시스템 구축 · 수작업 대출-반납시스템 · 폐가제 위주의 수동적 봉사	· 서지나 유틸리티를 통한 다운로딩 · 목록의 DB화(OPAC) · 분담목록시스템 지향 · 자동대출-무인반납시스템 · 개가제 중심의 능동적 봉사

봉 사	· 카드목록·장서목록·색인 및 초록을 이용한 서
	  시정보의 제한적 검색
	· 우편방식에 의한 도서 위주의 상호대차
	· 보존 중심의 소극적 봉사
		· OPAC, CD-ROM, 인터넷을 이용한 서지
		  및 전문정보의 망라적 검색·출력·다운로드
		· 우편, 팩스, 전자우편을 통한 모든 자료의
		  상호대차 원문제공
		· 이용자 중심의 적극적 정보봉사

보 존	· 실물보존(수서, 재 제본, 소독, 폐기)과
	  마이크로화
		· 실물보존(수선, 제본, 대량탈산, 폐기)와
		  매체 변환(마이크로화, 디지털화)

『도서관법』 제35조는 ① 대학교육에 필요한 각종 정보자료의 수집·정리·보존 및 서비스 제공 ② 효율적 교육과정의 수행을 위한 지원 ③ 다른 도서관 및 관련 기관과의 상호 협력과 서비스 제공 ④ 그 밖에 대학도서관으로서의 기능수행에 필요한 업무를 대학도서관의 업무로 규정짓고 있다.

대학도서관의 업무는 내용 면에서 매우 다양하고 복잡하게 변화하고 있다. 변화의 양상을 수서, 정리, 봉사, 보존업무로 구분하여 제시하면 <표2-3> 과 같다(한국문헌정보학회, 2004: 388).

2.3.3 대학도서관 조직구조 유형

대학도서관 조직의 기본 형태는 조직의 경영조직화 과정과 조직화 요소에 의하여 편성되어 조직화 원칙을 어떻게 수용하느냐에 따라 여러 조직형태가 나타나게 된다. 이렇게 형성된 조직형태는 조직 내의 조직단위의 통합, 도서관 하부조직의 세분화와 신설 등으로 나타나며, 이러한 조직형태는 조직 규모의 증가, 정보통신기술의 도입과 도서관 자동화, 이용자 요구변화 등 조직 환경의 요인에 의하여 변화가 이루어지고 있다. 대학도서관의 조직구조는 전통적인 조직구조 형태인 직능구조적 조직구조가 있으며 특히 최근에 주목받고 있는 전략적 조직구조와 새로운 정보환경에 필요한 조직구조가 있는데 이를 중심으로 살펴보고자 한다.

1) 직능구조에 따른 유형

직능구조는 모든 조직의 가장 본질적인 구조로서, 조직의 성과를 극대화하기 위하여 구성원들이 수행해야 할 업무를 중심으로 분화하거나 결합한 구성체를 말한다. 직능은 도서관의 목적을 달성하기 위하여 수행해야 할 업무를 의미하고, 직능구조는 직원들의 업무구조, 즉 목적 지향적인 업무구조로서 직위(Position) 내지 직무(Job)로 구체화된다.

이러한 직능구조는 직능분화 과정을 통하여 전체직능이 부분직능으로 나뉘고 다시 하위의 부분직능으로 세분되며, 마지막으로 직원 개개인의 직능으로 편성되는데, 이에 따른 조직형태는 기능별 조직, 이용자별 조직, 주제별 조직, 자료별 조직, 지역별 조직, 혼합형 조직으로 구분할 수 있다(윤희윤, 1996: 72 - 75).

2) 통제구조에 따른 유형

대학도서관 조직구조의 통제구조에 따른 유형의 관리 형식은 관리운영, 재정, 의사결정권한 및 업무의 집중과 분산을 취급하는 집중제, 분산제 그리고 이 두 가지를 혼합한 부분집중제가 있다.

첫째, 집중제란 관리운영의 권한이 중앙도서관에 집중되어 중앙도서관에서 대학도서관의 장기적 방침 내지 계획, 조직, 인사, 지휘, 조정, 보고, 예산편성 등의 권한을 보유하여 대학도서관을 일괄적으로 운영하는 조직을 의미한다. 집중제의 장점으로는 중앙의 관리기관에서 단위도서관의 관리통제가 수직적으로 행해지고 균형 잡힌 예산관리, 인사노무관리가 이루어지며 도서관 자료의 중복이나 불필요한 장소의 유지에 따른 비용이 없어지고 목록업무의 집중으로 비용이 감소된다(김현수, 1993: 65).

둘째, 분산제는 도서관 관리운영의 권한이 중앙도서관에만 있지 않고 소속 단과대학, 연구소, 학과에 집중되어 자료의 수집, 정리, 예산, 인사 등이 중앙도서관과는 관계없이 독립적으로 운영되는 형태이다. 분산제에서의 도서관 건물의 지리적 분산은 이용자의 근처에 도서와 연구장소를 제공하여 도서관에 더 많은 이용자가 용이하게 접근하고 장서구성에 있어서 교수의 참여를 유도할 수 있고, 전문직원의 확보가 용이하며 도서선정을 위한 책임이 분관에 있으므로 도서선정의 정책을 입안할 수 있고 중앙도서관보다 수서와 목록업무를 신속히 처리할 수 있는 장점을 가지고 있다.

셋째, 부분집중제는 도서관 관리운영의 권한이 중앙도서관과 소속 단과대학, 연구소 또는 학과 등에 분산되어 양쪽의 지휘, 통솔을 받는 형태이다. 부분집중에로 운영되는 분관은 자료의 구입, 정리는 중앙도서관의 통솔을 받으나 그 기능의 일부분 즉 인사 및 분관 운영 면에서 소속 단과대학의 통솔을 받게 된다. 부분집중제는 자료의 구입, 정리업무는 중앙도서관에서 일률적으로 수행되거나 지휘, 통솔을 받기 때문에 전체 장서를 파악하기 쉽고 통일적으로 정리할 수 있다(김명옥, 1975: 36).

3) 전략적 유형

1990년도 이후에 본격적으로 나타난 전략적 조직으로 문제해결을 위해 전문가로 형성된 애드호크러시(Adhocracy) 조직이 나타나고 있다. 이는 관료제 조직뿐만 아니라 수평조직의 보조적인 구조로서 변화를 요하는 업무에 활용하며, 의사결정권이 분권화되어 있으며 도서관 조직에도 영향을 끼치고 있다. 애드호크러시를 활용하는 대표적인 조직구조로는 매트릭스조직, 프로젝트조직(태스크포스), 위원회조직이 있다(김성국, 1996: 344).

4) 새로운 정보환경에 필요한 유형

전자정보환경에 정보기술을 활용함으로써 새로운 조직형태, 즉 수평(평행) 조직구조, 네트워크 조직, 혼성조직, 분산조직이 발생하는데 구체적인 내용은 다음과 같다.

첫째, 수평(평행)구조는 도서관자동화와 통합시스템의 출현으로 인하여 벽 없는 도서관 즉, 업무단위에 의한 명확한 구분이 필요 없는 도서관으로 변화되어야 한다는 인식이 늘고 있다. 이것은 현재 도서관의 계층형 수직구조를 신속하게 수평구조로의 변화를 의미한다. 이는 자료처리 과정에 얽매어 계층적 통제기능으로서 관리되고 구조화되었던 이전의 모형인 전통적 기능별 조직은 현시점에서는 취약점을 보이기 때문이다(한상완 외, 1995: 63 - 139).

둘째, 네트워크조직은 기존의 전통적인 수직구조에 대비되는 개념이다. 조직의 위계서열과는 무관하게 조직구성원 개개인의 전문적 지식에 근거한 자율권을 기초로 개인 능력발휘의 극대화와 제반 기능 간, 업무부분 간의 의사소통의 활성화를 도모하기 위한 신축적인 조직운영 형태이다.

셋째, 혼성조직(Hybrid organization)은 집중화가 가지고 있는 장점과 단점, 분권화가 가지고 있는 장점과 단점을 고려하여 두 가지의 장점을 모두 취한 조직이다. 즉 정보시스템조직이 재집중화 현상을 통해 다양한 조직구성원리를 병용하는 혼합형 조직구조이다. 이 조직은 분산제와 집중제가 동시에 유지되므로 각각의 장점을 흡수에 따른 효과를 동시에 거둘 수 있는 장점을 가지고 있다.

넷째, 분산조직이 있다. 커뮤니케이션에 물리적 거리의 중요성이 줄어들었다는 것은 조직 내에 직원들이 동시에 있을 필요가 없다는 것을 의미한다. 이러한 형태의 조직을 분산조직(Scattered organization)이라 한다.

2.4 학교도서관

2.4.1 학교도서관의 정의

우리나라 『도서관 및 독서진흥법』(1994. 3. 24. 법률 제4746호) 제2조 6항에 "학교도서관이라 함은 고등학교 이하의 각급 학교에서 교원과 학생의 교수·학습활동을 지원함을 주된 목적으로 하는 도서관 또는 도서실을 말한다."고 정의하고 있다. 한편 2006년 9월 8일 국회 본회의에서 '도서관 및 독서진흥법 개정법률안'이 표결 처리되었다. 『도서관법』(2006. 10. 4. 법률 제8029호) 제2조 6항에 "학교도서관이라 함은 초·중등교육법 제2조의 규정에 따른 고등학교 이하의 각급 학교에서 교사와 학생, 직원에게 도서관서비스를 제공하는 것을 주된 목적으로 하는 도서관을 말한다."라고 정의하고 있다. 이러한 도서관의 정의는 시대에 따라서 그 내용과 중요성이 변화되어 오늘에 이르고 있다. 사회의 문화가 특정집단에 의해 향유되고 전달되고 있던 시대의 도서관은 자료축적 또는 개인문고로서 역할만 하면 충분한 것이었고 이용보다는 계승이라는 측면에서 의의가 있었다. 반면 근대사회로 접어든 이후의 도서관은 민중의 인권과 자유 그리고 배울 수 있는 권리와 기회의 산물로서 계승보다는 오히려 이용이라는 의미를 가지게 되었던 것이다.

조진화(1994)는 학교교육에서도 교과서를 절대시하고 소정의 지식과 기능의 전달만을 강조하는 주입식 교육에서는 암기, 기억, 이해 등과 같은 수동적이고 타율적인 활동이 주가 되었기 때문에 도서관의 존재의의는 독서 장소로서 충분하였다고 주장하였다. 그러나 교육이 학생의 흥미와 관심을 중시하고 자주적인 학습을 통하여 개성을 신장시키려고 할 때의 도서관은 자료센터로서 핵심적인 위치를 점유하게 된 것이다. 우리의 교육 현장에서 전반적으로 모든 것을 수용할 수 없지만 선진국에서 이미 수년 전부터 미디어센터로서 기능을 수행하고 있는 점을 감안한다면 새로운 인식의 전환과 교육의 질적 향상을 제고하기 위하여 학교도서관은 필수 시설임을 알 수 있다(박애진, 2007).

2.4.2 학교도서관의 목적

학교도서관의 기본적인 목적은 그 학교의 교육목적과 일치한다. 따라서 학교도서관은 학교 교육에 필요한 자료를 수집·정리·보존하여 학생과 교사의 이용에 제공함으로써 학교 교육과정 전개에 기여함과 동시에 학생들의 건전한 교양을 육성하여 높은 시민성을 기르는 데 주안점을 두어야 한다. 구체적인 목표로 첫째, 학습에 필요한 지식정보의 제공처로 자율학습, 탐구학습 활동을 돕는다. 둘째, 자료의 검색 및 이용 지도로 자율적 조사, 연구, 탐구능력을 배양한다. 셋째, 교사의 조사 연구활동을 도와 학교교육의 질적 향상에 기여한다. 넷째, 학생의 지적 수준, 정서함양에 중요한 독서기회 제공과 독서의 생활화를 유도한다. 다섯째, 학생의 과외활동을 돕고 건전한 취미와 여가활용 기회를 제공한다. 여섯째, 지역사회의 각급 도서관과 협력하여 도서관 문화 발전에 기여한다(서울특별시교육청, 2001: 8).

한국도서관협회(2003)에서 제시한 한국도서관기준에 의한 학교도서관의 목적은 다음과 같다. 첫째, 학교도서관은 교수·학습활동에 필요한 다양한 정보자료, 기기, 시설을 갖추고, 사서교사의 전문적인 봉사를 통하여 학생중심의 열린 교육과 자기 주도적 학습을 실현한다. 둘째, 학교도서관은 학생에게 과제해결에 필요한 정보 및 자료의 선택과 수집, 분석과 종합, 평가와 해석, 표현능력을 길러 주어 평생학습의 기틀을 마련한다. 셋째, 학교도서관은 학생 개개인의 능력과 수준에 알맞은 다양한 정보와 매체를 활용 할 수 있도록 지원함으로써 탐구학습과 창의력 개발에 기여한다. 넷째, 학교도서관은 교과학습, 특별활동, 학교행사 등 교육활동과 연계한 독서교육을 실시하여 학생의 인성교육에 기여한다. 다섯째, 학교도서관은 학생들의 도서관 활용을 통하여 민주시민의 태도와 공공심을 길러 준다. 여섯째, 학교도서관은 교직원과 학생의 이용에 지장이 없는 범위 내에서 지역주민에게 시설과 자료를 개방함으로써 지역문화 발전에 이바지한다.

『도서관법』 제37조*에서 학교도서관 설치를 의무화하였으며, 동법 제38조**에 학교도서관의 업무를 학교교육에 필요한 자료의 수집·정리·보존 및 이용서비스 제공, 학교소장 교육자료의 통합 관리 및 이용 제공 등으로 규정하고 있다.

---

* 제37조(설치) 『초·중등교육법』 제2조의 규정에 따라 학교에는 학교도서관을 설치하여야 한다.
** 제38조(업무) 학교도서관은 학생 및 교원 등의 교수, 학습활동을 지원하기 위하여 다음 각 호의 업무를 수행한다.
   1. 학교교육에 필요한 자료의 수집·정리·보존 및 이용서비스 제공
   2. 학교소장 교육자료의 통합 관리 및 이용 제공
   3. 시청각 자료 및 멀티미디어 자료의 개발·제작 및 이용 제공
   4. 정보관리시스템과 통신망을 이용한 정보공유체계의 구축 및 이용 제공
   5. 도서관 이용의 지도 및 독서교육, 협동수업 등을 통한 정보 활용의 교육
   6. 그 밖의 학교도서관으로서 해야 할 기능수행에 필요한 업무

2.4.3 학교도서관의 역할 및 기능

학교도서관은 학교 내의 교육시설과 함께 교육목적을 효과적으로 달성시킬 수 있는 학교 교육에 있어서 없어서는 안 될 기초적인 설비이다. 학교도서관의 이용자는 교직원과 학생, 그리고 학부모를 포함한 지역사회 주민이라 할 수 있는데 이용자에 따라 학교도서관의 이용 목적이 다르고 학교도서관 역시 이용자에 따라 그들에 대한 봉사 내용이 달라야 하므로 이용자들의 이용 행태와 요구를 정확히 파악하는 일은 학교도서관의 서비스를 성공적으로 이끄는 데 있어서 무엇보다도 기초가 되는 첫걸음이 될 수 있다. 학교도서관은 단지 책을 보관하고 대출하는 단순한 기능에서 한 걸음 더 나아가 교수-학습에 필요한 다양한 정보자료를 제공하는 기능을 담당하여, 자기 주도적 학습을 가능하게 하는 학교교육의 핵심인 동시에 학교 교육과정 운영을 위한 필수적인 역할을 하는 곳으로 그 기능을 아래와 같이 제시할 수 있다.

첫째, 학교도서관은 자기 주도적 학습능력을 함양하기 위한 실천의 장이다. 학생들의 사고력과 창의성을 키워 주기 위한 교육은 학습자가 주체가 되어 스스로 가치를 발견해 나가도록 유도하는 자기 주도적 학습에 의하여 이루어질 수 있다. 이것은 주제학습을 위한 자료탐구, 혹은 과제 수행을 위한 소집단 활동 등을 필요로 하게 되며, 이에 따라 학교도서관의 공간이나 인터넷, 인쇄매체, 각종 전자매체 등 학교도서관의 각종 자료가 많이 필요하게 된다. 그러므로 전담 관리자는 이러한 교육현장의 변화에 부응할 수 있도록 수요자 중심의 다양한 자료를 준비해야 하며, 디지털자료와 네트워크를 통하여 학교도서관을 교수-학습의 핵심공간이 되도록 해야 할 것이다.

둘째, 학교도서관은 교수-학습의 열린 장이다. 학교도서관은 교수-학습 활동의 열린 장으로서 전담 관리자는 원활한 학습활동을 위하여 그것을 위한 공간과 자료구성을 함으로써 학교도서관이 교수-학습의 열린 장이 되도록 하고, 교수-학습의 진정한 동반자가 될 수 있도록 해야 할 것이다. 또한 교과목은 교사들의 교수-학습 자료를 수집, 정리, 축적하여 활용할 수 있도록 함으로써 교사들의 교수-학습 자료에 대한 정보 공유를 가능하게 하고, 교수 도구의 개발에 관한 아이디어를 나눌 수 있도록 해야 한다. 이를 위하여 사서교사는 교수-학습과정 참여와 지원을 위한 학교도서관 협력수업 프로그램을 개발하고 실천해야 한다.

셋째, 학교도서관은 학교사회의 정보흐름을 주도하는 중심축이며, 학교 구성원들의 정보탐색과 활용 능력을 키우는 교육의 장이다. 학교도서관의 일차적인 기능은 다양한 주제와 형태의 자료를 수집하고 정리하고 축적함으로써 이용자의 정보요구에 부응하는 것이며, 이것은 곧 학교사회의 정보화를 이루는 기본적 바탕이 된다. 더욱이 21세기의 도서관은 디지털도서관이 중심이 되어 소유보다는 접근을 더 강조하게 될 것이다. 학교도서관도 역시 나날이 발전하는 정보통신기술의 발달에 따라 사이버상의 정보교류와 이용을 중심으로 한 도서관으로 탈바꿈하게 될 것이고, 학생들의 정보 활용 능력은 과거 문자 해독력에 대한 기대만큼이나 절대적으로 필요한 생활의 기본 수단이며 지식 획득의 수단으로 이해될 것이므로 학교도서관의 학교구성원에 대한 정보 활용 교육은 앞으로 더욱 강조될 것이다.

넷째, 학교도서관은 독서활동의 중심 장이다. 독서교육은 나날이 쏟아져 나오는 다양한 정보를 습득하게 하고 정서의 순화, 올바른 가치관의 정립, 바람직한 인격 형성, 자각적인 생활태도를 육성하기 위한 지도과정으로서 인식되어 왔지만 정보화 시대에 임하여 학교도서관에서 독서지도나 독서교육에 대한 이해는 독서를 정보 활용 능력의 하나로 이해해야 한다는 면에서 새롭게 인식할 필요가 있다. 즉 인격 형성과 수양이라는 차원에서 고전만을 대상으로 하여 규범적인 태도로 시도되던 종래의 독서교육과는 달리 정보화 시대의 독서교육은 정보의 수집과 정리, 새로운 지식의 창출이라는 과정까지 포함시키고 확대되어야 하기 때문에 국어 교과목과 같은 곳에서 진행되는 독서지도와는 다른 차원의 독서지도가 학교도서관을 중심으로 구현되어야 한다.

다섯째, 학교도서관은 정의적 영역에 대한 교육의 장이며 문화적 공간이 되어야 한다. 현대의 교육은 인지적 영역만을 강조하던 과거와는 달리 정의적(affective)이며 감성적인 측면에 대한 교육을 강조하고 있다. 그런데 정의적 영역에 대한 교육은 교과서나 수업시간의 교육활동을 통하여 이룰 수 있는 것은 아니며, 오랜 시간 스스로 느끼고 경험하는 것을 통해 발달시켜 나갈 수 있는 것이다. 학교도서관은 학습이나 교양에 관련된 자료뿐 아니라 진로나 오락, 취미활동에 관련된 자료 및 과외활동에 필요한 공간을 제공함으로써 정의적 영역에 대한 교육을 수행할 수 있다(이희수, 2002: 30–32).

이상과 같이 학교도서관의 기능을 요약하면, 학교도서관은 교사와 교과서를 중심으로 이루어지는 교실 수업의 관행에서 벗어나 무한한 지식정보의 세계에서 다양한 체험을 통해 학생 스스로 능동적으로 참여하는 탐구학습, 자기 주도적 학습을 할 수 있는 공간으로 활용되도록 해야 한다. 그리고 교수–학습활동의 열린 장으로서 교사와 학생들이 도서관을 활용하여 수업할 수 있는 능력도 갖추어야 한다. 학교도서관은 21세기 지식기반 사회에서 이용자의 정보 요구에 부응할 수 있도록 다양한 주제와 형태의 자료를 수집·정리하고 축적하여, 학교의 정보흐름을 주도하고 학교구성원들의 정보탐색과 활용 능력을 키우는 교육의 장이 되도록 하여야 한다. 또한 독서교육을 통해 학생들이 올바른 가치관을 확립하고 바람직한 인격 형성을 할 수 있는 독서의 장이 되도록 한다.

교육인적자원부(2003: 6–7)에서 발간한 학교도서관 운영편람에서는 학교도서관의 역할을 기술하고 있는데 그 내용을 살펴보면 다음과 같다. 첫째, 학교도서관은 다양한 교수–학습활동에 필요한 기기 및 정보자료, 사서교사의 전문성을 제공하여 학생중심의 열린 교육과 자기 주도적 학습을 실현한다. 둘째, 학교도서관은 학생들에게 과제해결에 필요한 정보의 선택, 수집, 분석, 평가, 종합, 표현능력을 길러 주어 평생학습의 기틀을 마련해 준다. 셋째, 학교도서관은 다양한 자료를 학생 개개인의 능력과 수준에 알맞게 활용할 수 있도록 지원함으로써 탐구학습과 창의력 개발에 기여한다. 넷째, 학교도서관은 학습활동, 특별활동, 학교행사 등 교과학습과 연계한 독서교육을 실시하여 학생들의 인성교육을 실시한다. 다섯째, 학교도서관은 학생들의 도서관 활용을 통하여 민주시민의 태도와 공공심을 길러 준다. 여섯째, 학교도서관은 교직원과 학생들의 이용에 지장이 없는 범위 내에서 지역사회 주민에게 개방되어 지역사회의 정보문화센터로 활용된다는 것이다.

따라서 학교도서관의 본질적인 역할과 기능은 '학교 교육과정의 실현에 기여함으로써 학교 교육 목표 달성을 완성하는 것'이라고 함축할 수 있다. 그리고 학교도서관 기능 중 가장 기본적이며 필수적인 기능인 교수-학습을 위한 다양한 정보의 용이한 접근과 효율적 이용으로 자율적이고 주체적인 학습능력을 향상시키는 도서관 이용교육과 창조적 사고의 능력과 바람직한 인격 형성에 커다란 영향에서 더욱 중요한 기능으로 인식되고 있다.

학교도서관은 근본 기능에 있어 다양한 자료를 활용하여 학생들의 자발적인 경험과 참여를 보장함으로써 교실과 교과서에만 한정된 교수학습의 경계를 확장하고 유연하게 하는 기능을 지향하는 교수학습 지원센터이다.

따라서 학교도서관은 전통적인 개념에서 탈피하여 다음 <표 2-4>와 같이 지식기반 사회에서의 학교도서관으로 탈바꿈하고 있다.

특히 학교도서관의 경우 일반적인 도서관 기능 이외에 독서지도 및 도서관 이용을 지도할 뿐만 아니라, 개방된 교육의 장으로 학생들에게 친근감을 줄 수 있는 분위기를 조성하도록 한다.

<표 2-4> 학교도서관의 변화

종래의 학교도서관	지식기반 사회의 학교도서관
· 공급자 중심의 단순정보제공	· 수요자 중심의 다양한 자료제공
· 인쇄매체 중심의 자급자족형	· 디지털 · 네트워크화
· 교육의 단순 보조적 역할	· 교수-학습의 핵심 공간
· 장서소장 및 관리	· 지식 / 정보서비스

(http://www.keris.or.kr)

<표 2-4>의 지식기반 사회의 학교도서관은 다음과 같은 학교도서관의 역할에 주력하여 시스템 확충을 위한 노력이 필요하다.

첫째, 지식정보사회에 따른 교육환경의 변화에 능동적으로 대응하여 교육의 목표달성에 기여하고 교육과정 전개에 필요한 다양한 정보를 제공하는 종합적인 학습공간으로서의 학교도서관

둘째, 교수-학습활동에 필요한 인쇄매체, 영상매체, 전자매체 등 다양한 형태의 정보자원을 갖추어 학생들 자신의 능력과 수준에 적합한 정보자료를

활용할 수 있도록 개별학습을 지원하는 교육지원시설로서의 학교도서관

셋째, 교육과정과 밀접한 자료를 제공하여 자료중심교육을 실현함으로써 열린교육과 자기 주도적 학습을 지원하고 과제학습능력을 육성하여 평생교육의 기초를 마련하는 학급시설로서 학교도서관의 기능이 있다.

그리고 교육인적자원부가 2002년에 마련한 학교도서관 시설·설비 모형계획안을 살펴보면, 학교구성요소는 <표 2 - 5>와 같다.

<표 2 - 5> 학교도서관 공간 구성별 기능

공 간	기 능	요 소
문헌자료공간	인쇄매체 관리 열람, 개별학습공간	서가, 열람대, 잡지대, 대출용 PC대
영상자료공간	시청각자료 열람, 개별 혹은 집단열람	VTR, DVD, CD - ROM부스, 개별청취장치
인 터 넷 공간	인터넷 정보검색	학생 및 교사용 PC, 전자자료 보관함, 레이저프린터
모둠학습공간	전자자료 활용수업	빔프로젝터(선택사항), 알림대, 소파, 실물화상기, VTR
안내관리공간	사서교사 업무, 교사열람실, 교수 - 학습자료 제작, 편집	도서검색대, 업무용 PC, 허브장치, 멀티미디어, 제작용 PC, 스캐너 등

2.5 전문도서관

2.5.1 전문도서관의 개념

『도서관법』제2조 제7항은 "전문도서관이라 함은 그 설립기관·단체의 소속직원 또는 공중에게 특정 분야에 관한 전문적인 도서관 봉사를 제공함을 주된 목적으로 하는 도서관을 말한다."고 정의하고 있다. 그리고 문헌정보학용어사전(사공철, 1996: 314)은 전문도서관을 "그 설립기관·단체의 소속원 또는 공중에게 특정 분야에 관한 전문적인 도서관 봉사를 제공함을 주된 목적으로 하는 도서관으로서 전문적인 연구를 수행하는 데 필요한 전문주제의 지식정보를 정확히 파악하고, 깊이 있는 자료를 수집, 정리, 축적하여 이를 연구자에게 신속히 제공하는 기능을 가진 조직이다. 예를 들면, 연구소, 기업체, 공장, 조사기관, 입법·사법·행정의 정부기관, 특수법인조직, 지방자치단체, 대학의 부설연구기관 등에 소속된 도서관이 전문도서관의 기능을 수행하고 있다."고 정의하고 있다.

2.5.2 전문도서관의 특징

전문도서관은 모기관의 경영목표 달성을 지원하기 위해 설립되어 모기관의 목적에 관련된 정보자료를 수집, 축적, 관리, 유통시키는 기관이다. 여기에 새로운 정보를 분석하는 기능도 추가된다. 특정 주제 분야의 업무를 수행하는 기관에 설치되어 특정그룹의 이용자에게 봉사하는 기관이며, 봉사영역과 장서의 내용은 모체조직의 목적과 관심영역에 따라 한정된다(Ashworth, 1979: 21). 이처럼 전문도서관의 주요업무는 모기관 임직원, 그룹사 임직원, 회원기관 회원 등 제한된 이용자를 대상으로 특정한 주제 분야 범위 내에서 이용자가 필요로 하는 정보를 제공하는 것이다.

모기관에서 수행하고 있는 프로젝트 등에 관련한 기초 데이터 탐색, 관심 주제별 도서목록, 서지 등을 작성하고, 전문DB, 웹자원 검색 등 온라인정보봉사를 하며, 학술잡지 목차서비스나 신착자료속보 등의 '최신정보주지서비스(Current Awareness Service)'를 실시한다(한국도서관협회, 1996: 643 – 644). 기타 색인, 초록, 번역업무 및 다른 전문도서관과 협력하여 자체 정보제공 한계를 넓혀 나가고 있다. 전문도서관의 업무는 모기관의 규모나 특성에 따라 다양한데 규모가 큰 전문도서관의 경우 정보자료실, 전산실, 출판팀이 도서관이라는 형태로 묶여 있으며 데이터베이스 개발, 홈페이지 유지 및 관리, 대외서비스, 회원관리, 출판물 보급, 기관지 발행 등의 경영지원업무를 수행하기도 한다.

기업체, 연구기관의 소규모 정보자료실의 경우 이용자 업무지원, 지식제공서비스를 하고 있지만 전문도서관의 기능을 단지 자료를 구비하고 관리한다는 전통적인 개념으로만 인식하기 때문에 조직의 생산성과 이윤추구에 가시적인 공헌을 하지 못하고 기여도가 낮다고 판단하는 경향이 많다. 따라서 호황인 경우는 도서관 예산을 늘려 운영을 활성화하지만 불황인 경우는 눈에 보이는 수익을 창출하지는 않고 투자만 해야 하는 도서관의 경우 구조조정 1순위로 생각하는 경우가 많아 전문도서관에 대한 안정적 지원이나 실질적 중요도는 낮게 인식되고 있는 실정이다.

성과물을 내기 위해 전문도서관을 실질적으로 이용하고 정보자료를 활용하는 이용자 개개인의 경우 전문도서관의 중요성을 인식하고 있다 하더라도 경영자의 입장에서는 이를 이용자 개개인의 성과물로만 인식할 뿐 사서의 기여도는 고려하지 않고 있기 때문에 전문도서관의 중요성을 인지하지 못할 수 있다. 따라서 지식을 배포하고 유통시키는 활동을 좀 더 가시적으로 조직화할 필요가 있다(전충곤, 1994: 17). 기관장의 도서관에 대한 인식에 따라 도서관의 운영형식이 좌지우지되고 있으며(김용곤, 2001: 4 – 7), 상당수의 전문도서관들은 소속기관의 행정부서의 과나 실에 속해 있어서 그 전문성과 독자성을 살릴 수 없을 뿐만 아니라 경영자와의 의사소통 통로가 자유롭지 못하고 조직 내 경영상 의사반영을 할 수 없다는 점에서 조직 내에서 실질적인 중요성을 인정받지 못하고 있는 경우도 많다. 이러한 전문도서관의 활동은 『도서관법』에서도 설치와 운영에 관한 기본 규정이 없이 모기관의 방침에 따라 좌우된다. 즉 모기관 조직구조상 어디에 속해 있느냐에 따라 도서관의 기능과 위치가 정해지며 활동범위에 크게 영향을 받는다. 또한 실무자에는 사서가 포함되나 실질적으로 행정적 책임을 지는 위치는 사서보다 비사서 행정직원인 경우도 많다. 이러한 경우 보다 전문적인 교육을 수료하고 지식을 함유한 사서가 경영상 책임과 영향력을 발휘하는 것이 가장 바람직한 체계 형태라 할 수 있다.

21세기에 들어 정보화와 국제화로 전문도서관의 모체기관 자체의 존립, 경영자의 방침과 경영방식이 급속하게 변화해 가고 있고 전문도서관에서도 2분화 현상이 일어나고 있다. 대기업, 관공청, 학회협회 등 가운데 조직내부 및 관련 기관, 관련 기업의 이용자가 많아져 재정적 기반이 확실해지고 있는 도서관과, 소규모 전문도서관 중에서도 특별한 전문주제 분야가 확립된 경우는 금후에도 전문도서관으로 존속해 갈 것이다. 그러나 많은 전문도서관은 예산, 인원, 공간의 축소 문제에 직면해 있다(宮川隆泰, 2002: 9 – 10).

2.5.3 전문도서관의 직무내용

전문도서관은 일반 도서관과는 달리 관공서, 연구기관, 기업체 등에 속해 있는 조직의 일부로서 각 기관의 활동에 필요한 정보를 조직적으로 수집하고 이를 정리·소장하며, 필요에 따라 자료화하여 제공하는 기능을 수행한다고 할 수 있으며, 그 구체적인 서비스 내용을 살펴보면 다음과 같다(최성진, 1988: 183).

첫째, 연구자들에게 필요한 문헌들을 조기에 인지하여 수집, 조직, 축적하고 문헌이 청구되면 지체 없이 제공한다.

둘째, '최신정보주지서비스(Current Awareness Service)'를 실시한다. 즉, 신착문헌의 내용을 살펴보고 각 문헌에 대한 정보를 비평기사, 초록, 목차 등의 형식으로 관심을 가질 만한 이용자들에게 제공한다.

셋째, 2차 자료를 제공한다. 즉, 관련 분야에서 출판된 서지, 목록, 색인지, 초록지 등과 각종 데이터베이스를 광범위하게 수집하여 비치하며, 이용자들이 개별적으로 요구하는 주제별 서지를 작성하여 제공한다.

넷째, 참조서비스(referral service)를 제공한다. 즉, 다른 전문도서관과 함께 협동 체제를 구성하여 자관에 없는 자료를 제공하며, 외국문헌의 번영과 복사서비스 등도 제공한다.

<표 2-6> 관종별 직무내용 대비표

관종 업무	전문도서관	대학도서관	공공도서관
특화업무	• 최신정보주지서비스 • 주제정보서비스 • 간행물 발간 및 배포 • 원문구축 및 서비스 • 전자저널 및 전자보고서 시스템 구축운영 • 특수자료 및 대외비 자료관리 • 자료보급 유료화 회원제 운영 • e-mail을 통한 기술정보 Push-Service 운영 • 산학연 공동사업 수행	• 대학사 자료수집 및 관리 • 상호대차 및 문헌복사 • 원문구축 및 서비스 • 주제정보서비스 • 개인문고 및 고서관리 • 장애인 정보지원서비스	• 자료실 운영 • 열람실 운영 • 독서교실 운영 • 문화교실 운영 • 평생학습강좌 운영 • 향토자료실 운영 • 이동도서관 및 순회문고 운영 • 장애인 책 배달 서비스 • 학교도서관 운영지원 • 디지털 자료실 운영
공통업무	• 기획 및 예산편성 • 대출 및 반납 • 신착자료 안내 • 홈페이지 운영	• 자료 수집 및 정리 • 연속간행물 관리 • 참고봉사 • 국내·외 학술교류 및 학·협회 참여	• DB구축 • 각종 통계유지 • 자료관리

이러한 전문도서관의 직무내용을 다른 관종의 직무내용과 상호 비교하면 <표 2-6>에 집약한 바와 같이 그 규모는 작지만 일반도서관과 차별화되

는 업무를 수행하고 있다. 그 이유는 전문도서관의 경우, 모체의 성격에 따라 설립동기, 목적과 기능, 운영방식 등에서 상당한 차이가 있어 다른 관종, 예컨대 공공도서관이나 대학도서관처럼 합일적일 수 없으며 정책의 방향과 목표도 포괄적이고 총체적이기 때문이다.

한편, 과거에는 전문도서관에 도입된 정보기술이 도서관의 정보제공 방법과 수단을 고도화하는 데 기여함으로써 도서관 직원의 위상을 정보전문가로 격상시키는 데 크게 도움이 되었지만, 현재는 다음에 적시한 것처럼 새로운 과제에 직면하고 있다(細野公男, 1993: 19).

첫째, 정보기술의 적절한 선택과 이용에 관한 지식, 기술, 경험의 입수와 축적이 있어야 한다.

둘째, 보다 다양한 정보입수와 이용이 있어야 한다.

셋째, 새로운 도서관 기능의 모색이 필요하다.

넷째, 고도의 정보처리 기술을 개발하여야 한다.

2.6 특수도서관

2.6.1 특수도서관의 정의

사전적으로 특수도서관은 "장애인 기타 대통령령이 정하는 자에게 학습·교양·조사연구 및 문화활동 등을 할 수 있도록 하기 위하여 설립된 도서관"을 말한다. 일반적으로 특수도서관도 전문도서관의 일종으로 보고 있으나 봉사 대상자가 특수한 집단이라는 데 차이를 두고 있다. 그러나 전문도서관의 대상도 일종의 특수집단이기 때문에 두 도서관의 구별이 명확하지 않아 하나의 범주에 넣어 전문·특수도서관이라고 칭하기도 한다(두산백과사전).

그 특징은 교육 및 교양보다는 이용자가 필요로 하는 정보를 제공하는 데 있으며, 도서관 봉사와는 유리된 다른 주요 목적을 가진 모체조직에 속해 있다는 점이다. 또한 봉사영역과 장서의 내용은 모체조직의 목적과 관심영역에 따라 한정되며, 이용자의 요구에 따라 소장 자료를 직원이 해석·분석·제공하게 되므로 직원 자신들이 1차적인 도서관 이용자가 된다는 점이다. 따라서 그 기본임무가 이용자에 대한 정보의 직접제공에 있으므로 요구된 정보를 탐색하여 서목·초록 등을 지체 없이 제공할 뿐만 아니라 도서관에 수집되는 문헌을 미리 분석 평가한 후 관련 이용자에게 안내하며, 최근의 출판문헌·신착문헌 등에 대해서도 적극적으로 홍보한다. 또한 없는 문헌도 타 도서관과 협력하여 상호대출 절차를 밟아 제공한다.

2.6.2 특수도서관의 분류

2006년 10월 4일 『도서관 및 독서진흥법』이 전면 개정되면서 그동안 특수도서관으로 분류되었던 점자도서관, 병원도서관, 병영도서관, 교도소도서관이 모두 공공도서관의 범주에 속하게 되었다. 이용대상이 다를 뿐이고 환경이 다를 뿐이지 공공도서관의 목적과 서비스에 부합한다고 해서 모두 공공도서관과 같은 범주로 분류하게 된 것이다. 이 부류의 도서관 이용자들은 모두가 지식정보소외계층에 속하며 이들을 위해 특별히 신『도서관법』에는 국립장애인도서관지원센터가 설립 운영될 예정이어서 법의 발효와 함께 많은 변화가 있을 것으로 예상되고 있다. 도서관을 세부적으로 분류해 보면 다음과 같다(한국도서관연감, 2007).

첫째, 장애인에게 도서관서비스를 제공하는 것을 주된 목적으로 하는 장애인도서관이 있다. 장애인도서관이라 함은 시력 상실로 인하여 일반 정보에의 접근이 불가능한 시각장애인과 시력은 상실되지 않았지만 일반 인쇄물에의 접근이 불가능한 독서장애인에게 서비스하는 것을 말한다. 독서장애인은 중증신체장애인, 상지체장애인, 학습장애인, 난독증, 문맹인, 노인 등을 말하며 이 외에도 병중에 있는 환자를 포함할 수 있다. 현재까지는 장애인도서관 하면 시각장애인과 독서장애인에게 서비스하는 도서관으로 점자도서관만이 설립되어 운영되고 있었으나 새로운 『도서관법』에 따라 향후에는 다른 유형의 장애인 도서관이 설립될 가능성도 배제할 수 없게 되었다. 또한 최근에는 기존의 점자도서관도 시각장애인도서관이라고 그 명칭을 변경하고 있는 추세이다. 그 이유로는 21세기 지식정보화 사회를 맞이하여 자료가 전통적인 점자도서에 국한되어 있지 않기 때문이라고 생각하고 다양한 자료와 폭넓은 서비스를 지향함에 있기 때문이다.

둘째, 의료기관에 입원 중인 사람에게 도서관서비스를 제공하는 것을 주된 목적으로 하는 병원도서관이 있다. 병원도서관은 환자들이 주로 이용하는 도서관 또는 문고를 말하는 것으로 의사나 간호사들이 이용하는 전문도서관과 구분하여 환자도서관, 문고라고도 칭한다. 대부분의 환자도서관은 종교단체 등에서 운영하고 있는 편이어서 그 현황 등이 잘 드러나지 않고 있었다. 그러나 2006년에는 국내 대형병원들의 고객만족도 높이기에 도서관과 책들이 한몫을 차지하는 것으로 나타났다. 서울 아산, 삼성 서울, 전남대, 영남대병원 등의 도서관이 환자와 보호자에게 큰 호응을 얻고 병원 이미지 개선에 기여한 것으로 평가되었다.

셋째, 육군, 해군, 공군 등 각급 부대의 병영 내 장병들에게 도서관서비스를 제공하는 것을 주된 목적으로 하는 병영도서관이 있다. 2003년 병영도서관의 법제화가 이루어진 이후 꾸준히 활성화되어 가고 있는 가운데 2006년에도 사랑의 책 나누기 운동본부를 통해 9개의 도서관이 새로 개관되었다. 은혜의 책 보내기 운동본부는 철원 6사단 산하 19개 전 부대에 도서관을 개관하고 20,000권의 책을 기증하였다. 특히 사랑의 책 나누기 운동본부는 다양한 사회단체와 함께 도서관 개관뿐만 아니라 '책과 문화가 있는 병영'이라는 슬로건을 걸고 캠페인을 크게 펼쳤다. '책과 문화가 있는 병영'이란 책과 문화를 통해 자기 계발을 하며 보람 있게 군대 생활을 하게 하려는 것이고, 이를 통해 군대에서 발생하는 극단적인 사고들을 불식시키는 데 있다. 이는 취침 30분 전 독서하기, 독서수첩 배포 등을 통하여 독서를 장려하고 다양한 문화를 체험하게 하며 외국어 학습, 리더십 개발 학습 등으로 자기 계발의 기회를 주었다.

넷째, 교도소에 수용 중인 사람에게 도서관서비스를 제공하는 것을 주된 목적으로 하는 교도소도서관이 있다. 2006년에도 사랑의 책 나누기 운동본부가 부산구치소 내 '부경서헌' 도서관을 개관하여 서비스를 시작하였다. 교도소 도서관의 절대 부족과 자료의 절대 부족으로 인하여 일부 수형자들은 국가인권위원회에 자신들이 필요한 자료를 요청하여 제공받고 있는 것으로 나타났다.

제2절 효율성의 개념

1. 효율성의 개념 및 의의

"치열한 경쟁하에서 기업경영자, 경제정책수립 담당자들에게 기업 및 산업의 효율성 제고는 가장 중요한 과제 중 하나가 되었다. 특히 우리나라는 기업뿐 아니라 정부기관의 효율성 제고도 국가적인 관심사다. 효율성을 높이기 위한 의사결정 및 정책수립에 있어서 효율성 측정이 선행되어야 함은 당연하다. 효율성 측정의 선구자인 M. J. Farrell은 효율성 측정의 필요성에 대해 다음과 같이 설명하고 있다. 산업의 효율성을 측정하는 문제는 경제학자 및 경제정책수립 담당자 모두에게 중요한 일이다. 어떤 경제시스템이 다른 경제시스템보다 상대적으로 효율적이라는 이론적 주장이 실증적으로 검증되기 위해서는 실제로 효율성을 측정할 수 있어야만 한다. 또한 특정 산업에 대한 경제계획 수립 자체가 관심대상인 경우 그 산업에 추가적 자원 투입 없이 단순히 효율성을 개선함으로써 어느 정도로 산출을 증가시킬 수 있는가를 아는 것이 중요하다(김성호 외, 2007: 1)."

이러한 효율(效率)의 사전적 의미는 "출력과 입력의 비를 백분율로 나타낸 것" 혹은 "기계의 일한 양과 공급되는 에너지와의 비(比)"이다. 또한 Oxford Advanced Learner's Dictionary에는 효율(efficiency)의 개념을 "the quality of doing sth well with no waste of time of money" "the relationship between the amount of energy that goes into a machine or an engine, and the amount that it produces"라고 정의하고 있다. 국어와 영어의 개념 모두 사람, 조직, 기계, 물리 등을 중심으로 투입과 산출의 비율을 효율이라고 정의하고 있다는 것을 알 수 있다. 효율성은 여기에 성(性)이라는 의미가 추가된 것으로, 성(性)은 어떠한 성질이나 경향임을 나타내는 의미로 사용된다. 따라서 효율성의 사전적인 의미는 "다양한 투입요소에 대한 산출요소의 비율(정도)"이라고 정의할 수 있을 것이다. 그러나 이러한 사전적 의미를 실제 생활에 접목

하기 위해서는 보다 구체적인 정의가 필요하다.

효율성에 대한 개념과 정의는 다양하지만 일반적으로 생산성으로 언급되는 투입량과 산출량의 비율로 정의되고 식(1)과 같이 나타낼 수 있다.

$$효율성 = \frac{산출물}{투입물} \text{─────────────── 식(1)}$$

생산성의 예로는 노동시간당 산출물, 종업원 1인당 산출물 등을 들 수 있다. 그러나 이러한 개념은 개별 생산성 측정(partial productivity measures)인 단일 투입물과 단일 산출물의 효율성의 평가에는 유용하나 총요소생산성측정(total factor productivity measures)인 다수의 투입물과 다수의 산출물을 고려하지 못한다는 단점이 있다. 다수의 투입물과 다수의 산출물을 고려하기 위해서 식(2)과 같이 투입물과 산출물의 가중합의 비율로 나타낼 수 있다.

$$효율성 = \frac{산출물의 가중합}{투입물의 가중합} \text{─────────────── 식(2)}$$

이 효율성 측정의 초기 가정은 모든 단위에 공통의 가중치를 요구하고 있으며 어떻게 공통의 가중치를 구하느냐가 문제가 되는데 공통의 가중치를 구하는 데 두 가지의 어려움이 있다. 첫 번째는 투입물이나 산출물의 가치를 측정하기가 어렵다. 예를 들면, 재화를 생산하는 데 노동력과 비용이라는 투입물이 있다고 가정을 할 때, 이러한 노동력이나 비용의 가중치를 측정하는 것은 어렵다. 두 번째로 각 조직은 경영방식과 경영환경이 다르므로 공통의 가중치를 준다는 것은 타당하지 않다.

Charnes, Cooper and Rhodes(1978)는 상대적 효율성을 결정하기 위해 가중치의 공통집합을 찾는 어려움을 인식하고 각 DMU(Decision Making Unit: 평가대상)에 따라 각자에게 최선의 가중치를 선택해야 한다고 하며 DEA(Data Envelopment Analysis) 모형을 제시했다. DEA모형은 사전에 가중치를 정할 필요가 없고 비모수적인 접근방법으로서 다수의 투입물과 다수의 산출물을 가진 조직의 상대적인 성과를 측정하는 선형계획법으로 식(3)과 같이 나타낼 수 있다.

$$DMU_j \text{의 효율성} = \frac{v_1 y_1 + u_2 y_2 + \cdots}{v_1 x_1 + v_2 x_2 + \cdots} \qquad\qquad \text{식(3)}$$

여기서, u_1 = 산출물 1의 가중치

$\quad\quad y_{1j}$ = DMU_j의 산출물 1의 산출량

$\quad\quad v_1$ = 투입물 1의 가중치

$\quad\quad x_{1j}$ = DMU_j의 투입물 1의 투입량

2. 효율성 측정의 문제

효율성의 개념과 관련하여 다음과 같은 3가지 질문에 대한 합리적인 답변이 필요하다(Lovell, 1993). (1) 생산조직의 투입요소가 (산출물이) 다수일 때 어떤 투입요소를 (산출물을) 분석에 포함시켜야 하는가? (2) 어떤 방법으로 총괄해야 하는가? (3) 생산조직의 잠재능력을 어떻게 결정해야 하는가?(김성호 외, 2007: 1).

Knight(1993)는 첫 번째 및 두 번째 질문에 대해서 다음과 같이 설명하고 있다. 만약 생산조직이 사용하는 모든 투입요소와 생산하는 모든 산출물을 분석에 포함시킨다면 에너지 보존법칙에 따라 모든 생산조직의 효율성 비율이 1의 값을 갖게 될 것이다. 따라서 효율성 개념은 투입요소에 대한 유용한 산출물의 비율로 다시 정의되어야 한다. 효율성에 대한 Knight의 재정의를 유용한 투입요소에 대한 유용한 산출물의 비율로 확장하고 유용성을 시장가격을 반영한 가중치로 나타낸다면 이는 현대 의미의 효율성 개념이 된다(Knight, 1993). 그러나 실질적으로 문제가 되는 것은 모든 투입요소와 산출물을 분석에 포함시켰을 때가 아니라 오히려 충분한 투입요소와 산출물을 포함시키지 못했을 때이다. Stigler(1976)가 지적했듯이 비효율성은 포함시켜

야 할 변수와 제약이 누락된 결과일 수도 있으며 생산조직의 경제적 목적을 옳게 반영하지 못한 결과일 수도 있다(Stigler, 1976: 213 - 216). Stigler의 이러한 견해는 Kopp, Smith, and Vaughan(1982)에 의해 뒷받침된 바 있다. 그럼에도 불구하고 이러한 부분적 효율성 개념이 유용하며 필요할 때가 있다(김성호 외, 2007: 1 - 2).

생산조직의 목적 또는 제약이 미지이거나 논쟁의 대상일 때 부분적 효율성 개념이 유용하다. 일반적인 연구전략은 생산조직을 전통적인 목적(예를 들면, 이윤최대화, 비용 최소화 등)에 대해서 무제약 최적화를 추구하는 조직으로 보고 이러한 무제약 환경에서의 비효율성이 제약환경에서의 효율성과 일치하는가를 검증하는 것이다. 부분적 효율성의 측정 필요성이 관련 자료가 부족한 상황에서 입증된 바 있다. 바람직한 산출물(desirable output)의 생산에 대한 기록은 이루어지지만 바람직하지 않은 부산물(undesirable byproducts)의 발생에 대해서는 기록되지 않는 상황에서 부분적 효율성의 측정은 중요한 정책적 의미를 갖는다. 다른 예로는 정부자본서비스(government capital services)의 사용이 기록되지 않는 경우를 들 수 있다. 이러한 경우 효율성 측정치는 원래 측정하고자 했던 것과는 매우 다를 수 있다. 모든 관련된 투입요소와 산출물이 포함된 경우라 할지라도 시장가격이 존재하지 않을 수 있으며 시장가격이 존재하는 경우이지만 그 값이 유용성(usefulness)에 대한 적합한 지표가 되지 못할 수 있다.

세 번째 질문에 대한 답을 구하는 것이 가장 어렵다. 분석자가 생산조직의 잠재능력을 실증적으로 결정하는 것은 생산조직인 자신의 잠재능력을 발휘하는 것만큼이나 어려운 일이다. 이러한 어려움이 과거 관련 문헌에서 효율성 부분을 무시해 왔던 이유 중의 하나라고 판단된다. 생산조직의 잠재능력을 결정하는 문제를 효율성 관련 문헌에서 진지하게 다루기 시작한 것은 매우 최근의 일이다.

효율성 측정이 중요한 이유로 다음과 같은 두 가지를 생각해 볼 수 있다. 일단 효율성을 성공의 지표로서 생산조직을 평가하는 데 사용할 수 있다는 점이다. 두 번째로는 효율성을 측정하고 여기서 생산환경의 영향을 분리함으로써 효율성 차이의 원인에 관한 가설을 검정해 볼 수 있다. 효율성 차이의 원인을 파악하는 것은 성과를 개선하기 위한 공공 부문 및 민간 부문의 정책 및 전략수립에 필수적인 것이다(김성호 외, 2007: 3). 또한 거시적인 성과는 미시적 성과에 따라 달라지면 이러한 논리는 국가의 성장에 관한 연구에 적용할 수 있다.

제3절 효율성의 측정방법

1. 효율성의 측정방법

효율성 성과평가는 책임성을 담보할 수 있는 제도적 장치 중 하나로서 평가대상 기관의 강점과 약점을 파악함으로써 성과의 개선을 통해 공공서비스의 질을 향상시킬 수 있다는 점에서 매우 중요하다(Ammons, 1995; 박기관, 2001; 박광덕, 2001). 특히 평가는 기관의 목적 달성 정도와 현존 활동에 대해 환류적 정보를 제공해 주기 때문에 매우 중요하며, 이를 통해 해당 서비스의 질적 향상에 공헌하며 서비스를 효과적으로 집행하게 도와준다는 점에서 또한 매우 중요하다.

조직의 성과평가에서 효율성(efficiency)은 산출과 투입의 비율로 정의되며, 일반적으로 기술적 효율성(technical efficiency), 배분의 효율성(allocative efficiency), 규모의 효율성(scale efficiency)으로 분류된다(Farrell, 1957).

기술적 효율성은 일정량의 산출물을 생산할 때 투입물을 가장 적게 사용하는 기업의 생산요소 벡터에 대한 모든 기업의 생산요소 벡터의 상대적 비율로 측정된다. 배분의 효율성은 생산요소를 두 가지 이상 사용하는 경우 일정량의 산출물 생산을 위해 총생산비용을 극소로 하는 생산요소의 배합을 말한다. 기술적 효율성은 규모효율성과 순수기술효율성으로 구분 할 수 있다. 규모효율성은 기업의 생산규모가 사회적으로 최적 규모 상태인가를 측정하는 것이며 순수기술효율성은 기술적 효율성에서 규모효율성의 효과를 제거한 것이다. 이러한 효율성을 측정하는 모형은 함수적 접근법, 생산성 지수법, 비율분석법이 주축을 이루고 있으며, 이와 더불어 최근에 DEA 측정모형이 있다.

함수적 접근법은 회귀분석(regression analysis), Cobb-Douglas 모형, 지수법(index approach)이 있다. 회귀분석은 독립변수와 종속변수의 선형결합관계를 유도해 줌으로써 독립변수와 종속변수 간의 상호관련성의 여부와 상관관계가 있을 경우 그 관계가 어느 정도인지를 알 수 있게 해 주며 변수들 간의 종속관계의 성격을 알려 주는 기법이며, Cobb-Douglas 모형은 총생산물지수의 함수형태인 $Q = a \, L\alpha \cdot K\beta$를 일반화한 모형이며, 지수법은 기업의 경영성과나 재무상태를 단일지수 또는 종합점수로 나타내어 기업 경영의 양부를 종합적으로 평가하는 방법으로 부문생산성 지수법, 총요소생산성 지수법, 총생산성 지수법으로 대별된다.

생산성 지수법은 생산시스템에서 만들어진 것과 그것을 만들기 위해서 쓰인 것과의 비율인 생산성이라는 개념을 사용하여 효율성을 측정하는 기법으로 산출량을 물량기준으로 하는가 아니면 금액기준으로 하는가에 따라 물적생산성과 가치생산성으로, 투입물을 단일 생산요소로 하는가 아니면 전체 생산요소로 하는가에 따라 요소생산성과 총요소생산성으로 구분한다.

비율분석법 각 사업단위의 재무상태 및 영업실적을 파악하는 데 널리 이용되는 비율분석(ratio analysis)을 사용하여 효율성을 측정하는 모형이다. 대부분 회계자료를 이용한 재무비율분석 자료를 주로 사용하고 있으며 비재무비율 분석은 보완으로 사용하고 있다. 일반적으로 재무제표를 대상으로 비율분석을 하기 때문에 재무제표분석이라는 용어를 사용한다.

2. 자료포락분석(DEA)에 의한 효율성 측정

2.1 DEA 정의 및 특징

DEA(Data Envelopment Analysis)는 유사한 서비스를 제공하는 조직의 효율성을 평가하는 데 효과적인 선형계획기법이다. 통계학적으로 회귀분석법과는 달리 사전적으로 구체적인 함수형태를 가정하고 모수(parameter)를 추정하는 것이 아니고 일반적으로 생산가능 집합에 적용되는 몇 가지 기준하에서 평가대상의 경험적인 투입요소와 산출물 간의 자료를 이용해 경험적 효율성 프런티어를 평가대상으로 비교하여 평가대상의 효율치를 측정하는 비모수적 접근방법이다(손승태 외, 1993: 715 – 717). DEA(Data Envelopment Analysis)는 단위기간별로 행정서비스의 상대적 효율성 또는 능률성을 평가하기 위하여 개발된 유력한 기법 중의 하나로 간주되고 있다(남궁근·하혜수, 2004: 1).

DEA는 원래 Charnes, Cooper & Rhodes(1978)에 의해 비영리적 목적으로 개발된 방법으로 투입과 산출들을 결합할 수 있는 시장가격은 존재하지 않는 것이 대개의 DMU(Decision Making Unit)가 처한 현실이며, 이럴 경우 효율성은 차선적인 차원, 즉 상대적인 관점에서 측정될 수밖에 없고 효율적 DMU들이 경험적으로 형성하는 효율성 프런티어를 통해 각 DMU의 상대적 효율성을 측정할 수 있다고 본다. DEA는 최선의 실무에 입각한 효율적 프런티어를 도출하고 보편적으로 알려진 선형계획모델에 근거하여 개별 DMU를 최적화하는 변수 양태를 제시하여 종전의 평가방식에 비해 새로운 관리적·이론적 통찰력을 제공한다.

DEA의 장점을 요약하면 다음과 같다. ① 단일 종합성과 측정치와 비교대상의 준거집단 정보를 제공한다. 투입요소(독립변수)를 활용하여 바람직한 산출물을 생산하는 관점에서 피평가 단위인 각 DMU의 종합적 효율수치를 제시함으로써 효율성 정도가 파악될 뿐 아니라 준거집단으로 선정된 DMU를 알 수 있어서 벤치마킹 대상이 누구인지를 그리고 이들 집단과의 격차를 알수 있다. ② 회귀분석과 같이 모집단의 평균 수치를 이용하는 대신에 효율적

DMU의 개별적 관찰에 초점을 둠으로써 개선가능성에 대한 유용한 정보를 제공한다. 특히, 투입 및 산출 (또는 양쪽 측면)에서의 필요한 변화에 대한 구체적인 측정치를 현시된 최선의 실무 프런티어에 근거하여 제공한다. ③ 가치계산이 불필요하다. 즉, 투입 및 산출변수의 상대적 중요성(가중치)에 대한 지식이나 규정이 불필요하다. ④ 측정 단위에 무관하며 모델 자체가 복수의 투입과 산출을 동시에 종합적으로 고려하는 가운데 각 DMU의 상대적 평가에 엄격하고 공평한 기준을 적용한다. ⑤ 지리적 위치나 경쟁 환경의 심화 정도 등 외생 변수를 고려하거나 조정하는 것이 가능하다. 또한 필요한 경우 경영자 또는 실무자 등의 판단을 수용할 수 있다. ⑥ 피평가 단위 간에 그룹화를 꾀하기 위한 목적에서 범주적 변수(categorical variable)를 도입할 수 있다. ⑦ 효율수치 계산에 이용되는 투입과 산출을 연결 짓는 생산관계의 함수적 형태에 제약이 없다.

또한 DEA는 효율성 측정에서 다음과 같은 장점을 가지는 것으로 생각된다. 첫째, 가장 큰 장점은 다투입－다산출의 생산구조에서 생산성(기술적 효율성)을 하나의 측정지표로 나타낼 수 있다는 점이다. 둘째, 각 생산주체 간의 상대적 효율성을 측정하므로 생산이론이 요구하는 절대적 기준이 필요 없다. 상대 평가이므로 생산주체 간의 객관적 비교가 가능하다. 이 특성은 DEA의 이론적 단점인 동시에 장점이기도 하다. 셋째, 생산함수를 추정하지 않고도 효율성의 평가가 가능하므로, 투입과 산출 간의 함수적(통계적) 관계나 모수에 대한 가정이 불필요하다. 넷째, 병원산업과 같이 비용 관련 자료의 수집이 불가능한 경우가 많은데 DEA는 비용자료에 의존하지 않고 실물 단위로 측정된 투입자료만을 필요로 한다. 따라서 그만큼 활용도가 크다고 볼 수 있다. 다섯째, 회귀분석이 중앙 집중성을 나타내는 데 비해 DEA는 관측된 자료 중에서 효율적 경계 면(frontier)을 제시한다. 마지막으로 자신의 평가에 사용된 비교집단(reference set)을 제시하고, 효율성 개선의 방향과 방법을 제공한다. 이것이 DEA만이 가지는 고유한 장점 중의 하나라고 볼 수 있다(남궁근·하혜수, 2004: 1－2).

위와 같은 장점을 갖는 DEA는 다음과 같은 한계를 갖는다. ① 모델에 이용된 변수들에 따라 DMU의 상대적 효율치가 달라질 수 있다는 점이다. DEA는 선정된 투입 및 산출 변수들만을 이용하여 이들 변수들 간의 관계를 실제로 이용되는 자료를 토대로 파악하는 실증적 모델이다. 따라서 특정 DMU에 독특한 산출변수가 평가모델에 포함될 경우 비교 기준의 대상 DMU가 존재하지 않거나 상대적으로 우위에 서게 되어 유리한 결과를 얻게 된다. 이처럼 DEA가 변수 선정에 민감한 결과를 보일 수 있음을 고려하는 연구자들은 민감도 분석을 병행하기도 한다. ② DEA 모델에서 이용되는 자료에서 비롯되는 한계점이다. DEA는 상대적 평가모델로서 많은 변수를 고려할 수 있기 위해서는 충분한 수의 표본이 가능해야 한다. 또한 DEA 모델은 회귀분석과 같은 통계적 모델이 아니라 확정적 모델인바 통계적 오류가 허용되지 않는다. 따라서 모델에 이용되는 실증자료에 통계적 오류가 포함되어 있을 경우 DEA 결과는 동 오류가 미치는 효과를 담고 있게 된다. ③ DEA 모델이 갖는 본질적인 특징에 기인한 한계이다. 즉, DEA는 상대적 효율성 평가모델이므로 DEA에서 효율적인 단위로 평가된 DMU라 하더라도 개선의 여지가 없는 절대적인 효율단위로 간주하여서는 안 된다. 자칫 우수한 DMU가 분석대상에서 빠질 경우 전반적인 효율성 수치는 동 DMU가 포함되었을 경우에 비해 높은 수치를 보이게 된다. 상대적 평가의 특징상 우수그룹 내에서는 돋보이기 힘들어도 상대적으로 열위에 있는 DMU들과 비교될 경우에는 그만큼 높은 성적을 얻게 되기 때문이다.

2.2 DEA 효율성의 개념

개별 DMU는 보유하고 있는 기술을 활용하여 이용 가능한 투입요소를 산출물로 변환시키는데 이때 생산된 산출물의 크기로 효율성을 측정할 수 있다. 즉 생산기술은 보통 생산지수를 통하여 모형화되고, 이 모형에 의해 투입요소 벡터(vector)에 의한 달성 가능한 최대 산출량을 구할 수 있다. 그런데 실제 기업의 생산과정을 보면 측정 불가능한 많은 내외적 요소들이 투입단계에 영향을 미치고 있어 동질적인 생산기술을 갖고 동일한 제품을 생산하는 기업들 간에 또는 동일기업의 기간별 투입 – 산출 간의 관계가 같지 않은 경우가 많다. 이러한 산출량의 차이는 기업의 경영과정에 비효율성이 존재함을 의미하는데, 이때 기업의 실제 산출량이 이론적인 최대 산출량에 접근하는 정도를 생산의 기술적 효율성이라 한다.

기술적 효율성을 측정하기 위하여 여러 개별 생산주체의 투입물과 산출물의 양에 따라 적절한 차원의 공간의 점들로 표시하면, 이 점들의 집합으로 이루어지는 볼록 폐쇄를 형성할 수 있는데, 이 볼록 폐쇄 표면의 적절한 부분을 효율적인 생산지수의 추정치로 사용하자는 것이다. 즉, 한 가지의 생산물을 생산하기 위하여 n개의 투입물을 사용할 때, 산출량을 Y로 투입량을 x1, x2,……, xn으로 나타내면 그때 각 기업은 n차원 공간에서 (x1 / Y, x2 / Y,……, xn / Y)인 점으로 표현된다. 이때 이 점들의 집합은 볼록폐쇄를 형성한다고 볼 수 있으며, 볼록폐쇄의 표면을 효율적 생산지수의 추정치로 본다는 것이다.

이와 같은 생산지수의 추정으로 개별 기업의 생산효율성을 측정할 수 있다. 이를 다음의 그림을 통해 설명해 보면 기술적 효율성은 규모에 대한 수확불변(CRS) 기술적 효율성과 규모에 대한 가변수확(VRS) 기술적 효율성으로 나누어 살펴볼 수 있다. 설명의 단순화를 위해 기업들이 한 종류의 투입물(x)을 이용하여 단일 산출물(y)을 생산한다고 하자.

이 경우 <그림 2 - 2>에서 보듯이 CRS기술수준의 프런티어(frontier)는 직선의 형태를 취하지만, VRS기술수준의 프런티어는 실선으로 표시된 바와 같이 굴곡된 형태를 취하게 된다. 특정 기업의 투입물 - 산출물 조합이 P점으로 표시될 때, 투입물 기준 기술적 효율성(input - oriented TE)은 CRS기준에서는 AB / AP로, 그리고 VRS기준에서는 AC / AP로 표시될 수 있다. 그리고 AB / AC는 해당기업의 규모 효율성(scale efficiency)을 표시하게 된다. 따라서 CRS기준의 기술적 효율성은 VRS기준의 순수 기술적 효율성(pure technical efficiency: PTE)과 규모 효율성(scale efficiency: SE)의 곱으로 구해진다.

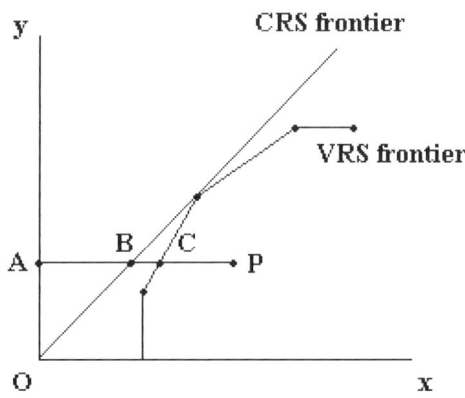

<그림 2-2> CRS기술적 효율성과 VRS기술적 효율성

한편, DEA에 의해 기술적 비효율이 존재한다는 것은 바로 파레토 최적에 도달하지 못하는 것이 가능함을 의미한다. DEA가 의미하는 '파레토 효율성(pareto efficiency)'의 개념은 다음과 같다.

① 특정 DMU의 경우 만약 어떠한 투입의 증가나 산출물의 감소를 수반함이 없이 일부 산출물을 증가시킬 수 있다면 동 DMU는 비효율적이다. ② 마찬가지로 만약 특정 DMU의 산출물을 감소시키거나 다른 투입물의 증가를 수반하지 않고서 특정한 투입물을 감소시킬 수 있을 때 동 DMU는 비효율적이다. ③ ① 또는 ②가 적용되지 않는 경우에 DMU는 효율적이다. 상기 정의를 파레토 효율성 개념과 일치시키기 위해서는 분석상 고려되는 모든 투입물과 산출물이 최소한 '정의 값(positive value)'을 갖는 것으로 가정해야 한다.

2.3 CCR모형과 BCC모형

DEA에 의한 효율성의 측정모형은 다음과 같이 규모에 대한 수확불변을 가정하는 CCR모형과 규모에 대한 가변수확을 가정하는 BCC모형으로 나누어 살펴볼 수 있다.

1) CCR모형

Charnes, Cooper and Rhodes(1978)(이후로 CCR모형이라고 부름)은 Farrell의 능률성 개념을 다수의 투입물과 다수의 산출물이 있는 경우로 확장함으로써 오늘날 CCR모형이라고 불리는 DEA모형을 제시하고 있다. 다수의 투입물과 산출물이 있는 경우, 효율성은 산출물의 가중평균을 투입물의 가중평균으로 나누어 계산하는데, CCR모형은 이때 사용될 가중치를 어떻게 결정하여야 하는가에 대한 대답을 제시하고 있다.

우선 N개 DMU가 K개의 생산요소를 이용해서 M개의 산출물을 생산한다고 가정하고, j번째 DMU는 생산요소 벡터 xi를 활용하여 산출물 벡터 yi를 생산한다고 하자. 그러면 행렬 X는 $K*N$의 생산요소투입행렬, Y는 $M*N$ 산출물 행렬이 된다. 그러면 행렬 X, Y는 N개 기업의 모든 자료를 나타내게 된다.

즉,

$$Min_{\theta, \lambda} \theta$$

$$s.t. \quad -y_i + Y\lambda \geq 0$$
$$\theta x_i - X\lambda \geq 0$$
$$\lambda \geq 0$$

..........................0

여기서 θ는 스칼라, λ는 N*1 상수 벡터를 나타낸다. 구해진 θ는 I번째 DMU의 효율성 지표가 되는데 $\theta \leq 1$을 만족하고 만약 그 값이 1일 경우 프런티어상에 있게 되어 기술적으로 효율적이 된다. 이상의 선형계획문제는 모든 DMU에 대해 N번의 해가 구해지게 되고 그에 따라 모든 기업에 대해 θ가 구해지게 되는 것이다.

2) BCC모형

Banker, Charnes and Cooper(1984)(이하 BCC모형이라 부름)는 CCR모형에서 가정하는 규모에 대한 수확불변의 가정을 완화한 BCC모형을 제시하였다. 현재 사용되고 있는 투입−산출 규모가 효율적인가를 측정하는 척도로서,

CCR모형의 효율성 측정치(B_{ccr})를 BCC모형의 효율성 측정치(E_{bcc})로 나눈 값을 규모의 효율성(scale efficiency), E_{scale}로 정의한다.

$$E_{scale} = \frac{E_{ccr}}{E_{bcc}} = \frac{ECRS}{EVRS}$$

E_{scale}이 1보다 작으면 현재의 투입–산출 조합이 규모의 효율성을 최대한으로 달성하고 있지 못함을 의미한다.

산출극대화 능률성 평가점수는 자원 등의 투입을 임의로 통제 불가능하다고 가정하고, 투입을 고정한 채 산출을 극대화한 점수이며, 투입과 산출 간의 관계는 비선형 관계를 상정하는 경우 가변규모수확 산출극대화 모형(VRSO Max: Variable Returns to Scale Output Maximization Model), 투입과 산출 간의 관계는 선형 관계를 상정하는 경우 고정규모수확 산출극대화 모형(CRSO Max: Constant Returns to Scale Output Max Model)으로 나눌 수 있다.

같은 논리로 투입극소화 효율성 평가점수는 자원 등의 투입을 임의로 통제할 수 있다고 가정하고 산출을 고정한 채 투입을 극소화한 점수로, 투입과 산출 간의 관계는 비선형 관계를 상정하는 경우 가변규모수확 투입극소화 모형(VRSI Min: Variable Returns to Scale Input Minimization Model), 투입과 산출 간의 관계는 선형 관계를 상정하는 경우 고정규모수확 투입극소화 모형(CRSI Min: Constant Returns to Scale Input Minimization Model)으로 나눌 수 있다.

규모에 대한 수확불변의 가정은 모든 기업이 최적규모(optimal scale)에서 생산활동을 하고 있을 때, 즉 기업이 장기평균비용곡선의 수평인 부분에서 가동하고 있을 때에만 타당하다. 하지만 시장이 불완전하거나, 재무상 제약조건 등이 있을 경우에는 각 기업은 최적규모에서 가동할 수 없게 된다. 이런 점에 착안하여 Banker, Charnes와 Cooper(1984)는 DEA모형을 규모에 대한 가변수확의 경우에까지 분석범위를 넓히게 된 것이다. 이 경우의 수리계획문제는 CRS 선형계획 문제에 볼록성의 제약조건(convexity constraints), N1을 부과함으로써 규모에 대한 가변수확(VRS) DEA모형으로의 변환이 가능하게 된다.

$$Min_{\theta, \lambda} \theta$$

$$s.t. \quad -y_i + Y\lambda \geq 0$$
$$\theta x_i - X\lambda \geq 0$$
$$M\lambda = 0$$
$$\lambda \geq 0$$

여기서 N1은 N*1의 단위벡터(unit vector)이다.

따라서 규모에 대한 가변수확(VRS)을 가정하는 BCC모형으로 구해진 기술적 효율성 추정치는 규모에 대한 수확불변(CRS)을 가정하는 CCR모형하에서 구해진 효율성 추정치의 크기와 같거나 큰 값을 가지게 된다.

제4절 AHP 측정방법

1. AHP 기법의 기본개념

1.1 의사결정 문제

H. A. Simon에 의하면 의사결정 과정은 정보활동, 구상활동, 선택활동의 세 단계로 구분되며, 이 세 단계의 체계화, 객관화 정도에 따라 의사결정 문제들의 유형이 구조적(structured), 준구조적(semi–structured) 또는 비구조적(unstructured) 문제들로 구별된다(이성근, 1994: 1).

의사결정을 모형화하려는 목적은 결정자의 통찰력에 의존하는 비구조적 또는 준구조적 결정과제들을 구조적 문제로 전환하려는 데 그 의의를 갖는다고 할 수 있다. 의사결정 분석에서 구조분석의 중요성은 의사결정 과제가 복잡하면 복잡할수록 큰 의미를 가지며, 복잡한 형태의 과제를 구조적으로 분석함으로써 얻게 되는 커다란 이점은 과제를 분해(decomposition)할 수 있는 가능성이라 할 수 있다.

분해에서 문제가 되는 것은 각각의 기준, 특성 또는 다목적 의사결정(multi-objectives decision making) 분야에 있어서 주요한 관심사로서 많은 기법들이 연구되어 왔으며(황주승, 1984: 92-93). 중요도를 결정하는 방법론 중에서 제 요소들을 계층적으로 분해하여 중요도를 결정하는 계층분석 과정기법이 다양한 분야에서 응용되어 왔다(황주승, 1989: 83).

1.2 계층적분석 의사결정기법의 기본개념

계층적분석 의사결정기법(Analytic Hierarchy Process: 이하 AHP)은 복잡한 다기준 의사결정 상황에서 수치화가 가능한 정량적 요소(경제적 이해득실 등)만이 아니라 계량화가 어려운 정성적 요소(서비스 이용 편의성 등)를 동시에 합리적이고 체계적인 방법으로 의사결정에 반영할 수 있도록 할 뿐만 아니라, 이해 당사자 또는 의사결정 참여자가 다수인 경우에 그룹의사결정의 도출이 가능하도록 지원하는 의사결정방법이다.

1970년대 초반 T. Satty에 의하여 개발된 AHP는 의사결정 계층구조를 구성하고 있는 요소 간의 쌍대비교(pairwise comparison)에 의한 판단을 통하여 평가자의 지식, 경험 및 직관을 포착하고자 하는 하나의 새로운 의사결정방법론이다. AHP는 이론의 단순성 및 명확성, 적용의 간편성 및 범용성이라는 특징으로 말미암아 여러 의사결정 분야에서 널리 응용되어 왔으며, 이론구조 자체에 관해서도 활발한 연구가 진행되고 있다.

일반적으로 의사결정 문제는 서로 상반된 기준과 불완전한 정보 및 제한된 자원하에서 최적의 대안을 선택해야 하는 문제를 내포하고 있다. AHP는 이러한 다수 기준하에서 평가되는 다수 대안들의 우선순위를 선정하는 문제를 다루며, 기존의 의사결정이론 체계에서는 다속성 의사결정 분석(multi-attribute decision making)의 선호보정이 있는 모형(compensatory preference model)으로서 그 속성을 위치시킬 수 있다(조근태 외, 2003: 3).

AHP는 상위계층에 있는 요소(element: 속성 attribute이라고도 함)를 기준으로 하위계층에 있는 각 요소의 가중치를 측정함으로써 상위계층의 요소하에서 각 하위요소가 다른 하위요소에 비하여 우수한가 열등한가를 나타내

주는 수치로 구성되는 쌍대비교 행렬(pairwise comparison matrix)을 작성하는 기법이다. 이 행렬을 이용해 고유치 해석법(eigen-value method)을 이용하여 계층의 각 레벨마다 정규화한 하나의 우선순위 벡터를 산출한다. 마지막으로 계층의 최상위에 위치한 의사결정의 목적을 달성할 수 있도록 해 주는 최하위 단계에 있는 대안들의 상대적인 우선순위를 나타내 주는 전체 계층에 대한 하나의 복합 우선순위 벡터(priority vector)를 산출하게 된다. 즉, 의사결정과 관련된 제 요소(목표, 평가기준, 대안 등)에 대하여 일련의 간단한 1:1 쌍대비교를 통하여 우선순위를 도출함으로써 효율적 의사결정을 할 수 있도록 하며, 이 과정에서 의사결정 참여자의 판단의 논리적 일관성을 자동 검증하여 줌으로써 합리적, 과학적 의사결정을 가능하도록 지원한다.

AHP는 의사결정자들의 다양한 시각과 문제인식을 포용하며, 이를 통해 지식을 자산화할 수 있게 하며, 의사결정자의 확신과 제3자에 대한 설득력을 제고함으로써 의사결정 사항의 실행력을 높여 준다. 또한 쌍대비교 외에 절대비교 기능을 함께 수용하여 많은 수의 대안에 대하여 판단 및 결정을 해야 할 때 매우 유용하게 활용할 수 있으며, 나아가 도출된 우선순위 또는 중요도(priority)에 근거하여 예산, 인력 등의 자원을 배분함으로써 자원 활용을 최적화할 수 있게 지원한다(Satty, 1980).

이러한 AHP 분석은 첫째, 한 번에 비교해야 할 지표의 수가 많으며, 평가지표 체계에 포함되어 있는 지표들이 다수이며 복합적이어서, 의사결정 시에 체계적인 비교를 하기가 쉽지 않다. 이러한 경우에 AHP 분석은 의사결정 문제를 단순화·체계화시킴으로써 합리적인 의사결정 도구로서의 역할을 한다. 또한 각 계층에서 각 기준 또는 하위 기준 간의 상대적 중요도를 측정하는 것이 필요한데, 이것은 이원비교행렬(pairwise comparison matrix)을 통해 일관성 있게 유도될 수 있다. 둘째, 상대적 중요도를 판단할 때 일관성의 정도(consistency ratio)를 알려 주어 일관성이 결여되었을 때에는 수정 작업이 가능하다(Satty, 1980; Sayrs, 1989). 셋째, 항상 한 번에 두 개의 지표만을 비교하기 때문에 중요도의 판단을 더 용이하게 할 수 있다(최영출 외, 2006: 114-115).

1.3 AHP 분석의 기본전제

AHP 분석은 다음과 같은 4가지 공리(axioms)에 의하여 논리적 타당성에 대한 이론적 배경을 마련하고 있다(조근태 외, 2005: 5 – 6).

① 공리 1. 역수성(reciprocal)

의사결정자는 동일한 계층 내에 있는 2개의 요인을 짝지어 비교할 수 있어야만 하고, 그 중요성의 강도를 표현할 수 있어야 한다. 이러한 중요성의 강도는 역수 조건을 만족시켜야만 한다. 즉, A가 B보다 x배 중요시된다고 하면 B는 A보다 1 / x배 중요하다는 의미가 된다.

② 공리 2. 동질성(homogeneity)

중요도는 제한된 범위 내에서 정해진 척도(boundedscale)에 의하여 표현한다.

③ 공리 3. 종속성(dependency)

한 계층의 요소들은 인접한 상위계층의 요소에 대하여 종속적이어야 한다. 그러나 상위계층의 모든 요소에 대하여 인접한 하위계층 내의 모든 요소들 간에 독립성이 확보되는 것은 아니다.

④ 공리 4. 기대성(expectations)

의사결정의 목적에 관한 사항을 계층이 완전하게 포함하고 있다고 가정한다.

2. AHP 분석기법의 적용절차

2.1 AHP 분석기법의 적용절차

AHP 기법은 다기준의사결정 문제에 있어서 상충되는 기준에서 최적의 대안을 선택하는 방법을 정하는 가장 대표적인 이론이며, 우선순위 결정뿐 아니라 자원의 분배도 가능하다. AHP기법의 일반적인 적용절차는 다음과 같은 네 단계의 작업으로 수행된다(조근태, 2005: 7 – 12).

① 1단계 : 의사결정 문제를 상호 관련된 의사결정 사항들의 계층으로 분류하여 의사결정계층(decision hierarchy)을 설정한다. AHP의 적용에서 가장 중요한 단계라 할 수 있는 첫 번째 단계에서 의사결정 분석자는 상호 관련되어 있는 여러 의사결정 사항들을 계층화한다.

계층의 최상층에는 가장 포괄적인 의사결정의 목적이 놓이며, 그 다음의 계층들은 의사결정의 목적에 영향을 미치는 다양한 요소들로 구성된다. 이들 요소는 낮은 계층에 있는 것일수록 구체적인 것이 된다. 여기서 한 계층 내의 각 요소들은 서로 비교 가능한 것이어야 한다. 계층의 최하층은 선택의 대상이 되는 여러 의사결정 대안들로 구성된다.

② 2단계 : 의사결정 요소들 간의 쌍대비교로 판단자료를 수집한다. 이 단계에서는 상위계층에 있는 요소들의 목표를 달성하는 데 공헌하는 직계 하위계층에 있는 요소들을 쌍대 비교하여 행렬을 작성한다. 쌍대비교를 통하여 상위요소에 기여하는 정도를 <표 2-7>과 같이 9점 척도*로 중요도를 부여하는데, 직계 하위계층이 n개의 요소로 구성되어 있다면 모두 n(n-1)/2회의 비교를 필요로 한다.

<표 2-7> 쌍대비교의 척도

중요도	정 의	설 명
1	비슷함 (Equal Importance)	어떤 기준에 대하여 두 활동이 비슷한 공헌도를 가진다고 판단됨
3	약간 중요함 (Moderate Importance)	경험과 판단에 의하여 한 활동이 다른 활동보다 약간 선호됨
5	중요함 (Strong Importance)	경험과 판단에 의하여 한 활동이 다른 활동보다 강하게 선호됨
7	매우 중요함 (Very Strong Importance)	경험과 판단에 의하여 한 활동이 다른 활동보다 매우 강하게 선호됨
9	극히 중요함 (Extreme Importance)	경험과 판단에 의하여 한 활동이 다른 활동보다 극히 선호됨
2, 4, 6, 8	위 값들의 중간 값	경험과 판단에 의하여 비교 값이 위 값들의 중간 값에 해당한다고 판단될 경우 사용함
역수 값	역수 값 활동 i가 활동 j에 대하여 위의 특정 값을 갖는다고 할 때, 활동 j는 활동 i에 대하여 그 특정 값의 역수 값을 가진다.	
1.1~1.9	동등한 활동 (For Tied Activities)	비교요소가 매우 비슷하여 거의 구분할 수 없을 때 사용하는 값으로서, 약간 동등은 1.3, 약간 차이가 나는 경우는 1.9를 사용함

* 9점 척도: 엄밀하게 말하면 1/9~9로 17점 척도임.

③ 3단계 : 고유치방법을 사용하여 의사결정 요소들의 상대적인 가중치를 추정한다.

가중치 추정을 위한 방법으로는 산술평균, 기하평균, 최소자승법, 조화평균, 평균치변환 등의 방법이 있으나 본 연구에서는 일관성이 완전하지 않을 때의 가중치 추정방식으로서 고유치방법이 최적임을 지적하는 Satty(1983)의 고유치 방법을 이용한 계산 소프트웨어를 이용하여 요소들의 상대적인 가중치를 추정한다.

④ 4단계 : 평가대상이 되는 여러 대안들에 대한 종합순위를 얻기 위하여 의사결정 요소들의 상대적인 가중치를 종합한다. 이 단계에서는 평가대상이 되는 여러 대안들에 대한 종합순위를 얻기 위하여 의사결정 요소들의 상대적인 가중치를 종합화하고, 결론을 도출하게 된다.

2.2 AHP 분석의 단계

AHP는 이론의 단순성 및 명확성, 적용의 간편성 및 범용성이라는 특징으로 인해 의사결정 분야에서 널리 사용되고 있다. AHP를 통한 의사결정은 일반적으로 다음의 6단계를 거치게 된다.

① 목표의 설정 및 의사결정 요소의 도출

이 단계에서는 브레인스토밍, 문헌조사, 전문가 의견수렴 등을 통하여 평가의 목표(goal)를 정의하고, 평가의 대상이 되는 대안들(alternatives)을 도출한 후, 각 대안들을 평가하기 위한 적합한 평가기준(criteria)들을 도출한다. 또한 반드시 충족되어야 하는 기준으로 'musts' 기준을 설정하고 'musts' 기준을 만족시키지 못하는 대안들을 제거한다.

② 의사결정모델의 설정

목표, 평가기준, 하위판단기준, 대안 등 의사결정 요소 모두를 포함하는 계층구조의 형태로 의사결정모델(decision hierarchy)을 구축하며, 다양한 다른 요소(행위자, 시나리오 등)들을 포함시킬 수도 있다. 이때 동일한 평가기준에 대하여 비교될 대상이 9개를 넘지 않도록 하는 것을 권고하고 있다. 예를 들어, 목표에 대하여 비교될 최상위 평가기준의 수가 9개를 넘지 않도록 하거나, 특정 최상위 평가기준에 대하여 비교될 하위 평가기준의 수가 9개를 넘지 않도록 한다.

③ 쌍대비교를 통한 요소들의 평가

각 의사결정 요소들이 상위요소에 대하여 얼마나 중요한지 또는 선호되는지 등을 1:1 쌍대비교를 통하여 평가한다. 즉 목표에 대하여 상위 평가기준을, 상위 평가기준에 대하여 하위 판단기준을, 하위 평가기준에 대하여 대안들을 평가하며, 가능한 한 많은 사실적 자료를 활용하고 지식, 경험, 직관 등을 활용하여 문제의 정성적 부분까지도 평가한다.

이때 1점에서 9점까지의 척도를 사용한다. 그 다음에 고유치 벡터법을 이용하여 요소들의 가중치를 구한다. 마지막으로 각 레벨에서 구한 요소들의 가중치를 상위레벨에서 하위레벨로 곱하여 의사결정 대안에 대한 최종가중치를 산출하게 된다. 그러나 본 연구에서와 같이 대안 및 평가 기준의 수가 많을 경우, 즉 대안이 10개 이상일 경우에는 쌍대비교 횟수가 기하급수적으로 증가하게 된다.

④ 논리적 일관성의 검증

분석적 사고의 다음단계는 의사결정 참여자(또는 설문응답자)들의 판단이 얼마나 논리적 일관성을 유지하는가를 판단하는 것으로 쌍대비교를 통한 요소들에 대한 평가결과에 대하여 비일관성 비율을 확인함으로써 논리적 일관성을 개선하는 것이다. 실험과 검증결과, 비일관성 비율이 0.1을 넘는 경우에는 판단의 비일관성이 수용할 수 있는 수준을 넘는 것으로 판단한다. 따라서 비일관성 비율이 0.1보다 높은 경우에는 쌍대비교 결과를 다시 한 번 검토, 비논리적 부분의 판단을 수정하는 것이 필요하다.

⑤ 통합 및 그룹 평가결과 도출

쌍대비교를 통한 요소들에 대한 평가결과를 통합하여 평가기준 간 중요도의 도출 및 최적의 대안을 도출하거나 대안 간 우선순위 및 중요도를 도출한다. 이를 위해 모든 쌍대비교 매트릭스로부터 수학의 고유치 계산을 통하

여 요소들의 최종 우선순위(priority또는 중요도)를 도출하게 된다. 또한 의사
결정자가 다수인 경우에는 의사결정자 모두의 의견을 통합하며, 이때 다수
의사결정자의 의견 통합은 기하평균 값을 활용한다. 때에 따라서는 대안 없
이 평가기준들의 중요도 도출만을 하기도 한다.

⑥ 민감도 분석 및 피드백

통합 및 그룹 판단결과를 면밀히 살펴보고 평가기준의 중요도 변화에 대
한 최종결과의 변화 정도를 살펴보는 민감도 분석을 수행한다. 의사결정결과
가 특정 요소에 민감하게 반응할 경우에는 필요한 자료의 추가 수집이나 신
중한 검토 등을 통해 위 과정을 다시 수행한다. 또한 의사결정 결과를 직관
으로 가지고 있던 판단에 비추어 보아, 양자의 차이가 큰 경우에는 왜 차이
가 발생했는지에 대하여 검토해 보고, 그 이유를 모델 내에서 찾을 수 없을
경우에는 모델이나 판단 자체를 재검토해 봄으로써 일반적으로 모델과 직관
모두가 조금씩 변하여 서로 수렴할 수 있도록 하는 것이 바람직하다.

제3장

도서관서비스 효율성

측정모형 설정

제**3**장 도서관서비스 효율성 측정모형 설정

효율성의 개념과 관련하여 다음과 같은 3가지 질문에 대한 합리적인 답변이 필요하다(Lovell, 1993). (1) 투입요소가 다수일 때 어떤 투입요소를 분석에 포함시켜야 하는가? (2) 어떤 방법으로 총괄해야 하는가? (3) 잠재능력을 어떻게 결정해야 하는가?(김성호 외, 2007: 1) 이러한 개념을 완벽히 포함하는 모형의 수립은 매우 어려운 과정이며 현실적으로 거의 불가능하다. 왜냐하면 이러한 효율성의 개념은 생산성과 그 맥을 같이하는데, 정부활동에 의해 생산 및 공급된 다양한 공공산출물에는 질에 있어서도 같지 않으며, 각각 산출의 질적 내용도 그 평가척도도 또한 다르다(이상엽, 1997: 143). 하지만 선행연구 등을 토대로 가장 합리적이고 효율적인 모형의 선정은 가능하며, 이에 따라 도서관서비스의 상대적 효율성을 측정하기 위한 조사절차의 설정과 함께 투입과 산출요소의 선정, 이를 바탕으로 하는 측정모형은 다음과 같다.

제1절 기존 도서관 관련 DEA 연구사례

1. 외국의 도서관 관련 DEA 연구

외국의 DEA를 활용한 연구는 재무·금융(은행, 은행지점, 신용조합, 상호기금), 의료·보건(병원, 요양소, 1차진료기관, 약물중독자치료소, 약국, 의사), 교육·학교(대학교, 대학학과, 대학도서관, 학교도서관, 초등학교, 학군, 교육프로그램), 공공서비스(산림구역, 공공도서관, 경찰서비스, 교도소, 법원, 상수

도, 지방정부), 에너지(발전소 / 산업, 전기유통 / 공급업, 석유회사, 광산), 교통
(항공사 / 항공산업, 공항, 항공기 정비기술, 철도), 기타(대리인, 통신, 도시,
국가, 농기업, 야구선수, 논문집, 중소기업개발센터, 제품) 등 매우 다양한 분야
에서 이루어지고 있다. 자료포락분석은 1978년에 Abraham Charnes, William
W. Cooper 및 Rhodes 등이 Charnes, Cooper, and Rhodes(1978)에서 소개한
가장 기본적인 모형이 소개된 이후로 최근까지 매우 다양한 DEA모형이 여
러 학자들에 의해 개발되고 소개되어 활용된 바 있다(김성호 외, 2007: 7).
또한 DEA이론에서 CCR모형이 가장 널리 활용된 모형으로 다양한 해석을
할 수 있다는 장점을 가지고 있다.

<표 3-1> 외국의 주요 도서관 관련 효율성 연구

평가대상	투입변수	산출변수	분석방법	연구자	
네덜란드 공공도서관 45개	① 장서수 ② 직원수 ③ 개관시간 ④ 좌석수	① 총 이용책수	계량 경제학적 방법	Goudriann, Moolenaar (1995)	
대만 대학도서관 23개	① 직원수 ② 도서구입비 ③ 도서관 면적	① 이용책수 ② 이용자수 ③ 상호대차수 ④ 참고봉사수	DEA	Chen (1997)	
미국 뉴욕 공공도서관 235개	① 운영비용 ② 직원의 인건비	① 이용책수 ② 총 개관시간 ③ 연간구입장서수	계량 경제학적 방법	Vitaliano (1997)	
미국 뉴욕 공공도서관 184개	① 장서수 ② 총 개관시간 ③ 정기간행물수 ④ 구입도서수	① 총 이용건수	DEA	Vitaliano (1998)	
호주 공공도서관 168개	① 총 운영비용	① 이용책수	DEA	Worthington (1999)	* 환경변수 (거주인구수, 면적, 학생수, 연령대별 인구수, 문맹인구, 사회경제지수)
영국 공공도서관 152개	① 총 운영비용	① 이용책수 ② 시청각자료 이용 건수 ③ 정보요구 수	계량 경제학적 방법	Hammond (1999)	
영국 공공도서관 99개	① 개관시간 ② 장서수 ③ 정기간행물수 ④ 구입도서수	① 개관시간 ② 정보요구수 ③ 조회수	DEA	Hammond (2002)	* 환경변수 (거주인구. 면적, 인구밀도)

평가대상	투입변수	산출변수	분석 방법	연구자	
미국 연구도서관 95개	〈4가지 처분변수〉 ① 총장서수 ② 해당연도추가장서수 ③ 구매한 모노그래 프수 ④ 논문집 총수	① 도서관연간대여건수 ② 도서관대출건수 ③ 참조서비스건수 ④ 자료대출건수 ⑤ 도서관교육 참가 총원	DEA	Shim (2003)	〈3가지 비처분변수〉 ① 전문직원수 ② 비전문직원수 ③ 근로학생수
미국 플로리다 도서관 94개	① 장서수 ② 전자도서화율 ③ 새장서구매 ④ 연속간행물보유수 ⑤ 풀타임 사서수	① 대차대출비율 ② 참조 횟수 ③ 도서순환율 ④ 대출장서수 ⑤ 이용제안수	DEA	Wonsik Shim (2003)	
불가리아 대학도서관 5개	① 직원수 ② 인쇄자료구입비 ③ 전자자료구입비 ④ 건물면적 ⑤ 인건비 ⑥ 시설	① 등록이용자수 ② 봉사대상수 ③ 대출책수	DEA	Stancheva & Angelova (2004)	
호주, 오스트리아, 캐나다, 독일, 스위스, 미국 대학도서관 118개	① 정규직원수 ② 장서수	① 정기간행물 구독종수 ② 총 이용책수 ③ 주당 개관시간 ④ 연간 증가책	DEA	Reichmann & Sommersguter – Reichmann (2006)	

　도서관서비스에 대한 외국의 DEA 연구 중에서 대학도서관에 관한 연구로
는 Shim(2003)의 학술연구도서관의 도서관 평가를 위한 DEA기법의 적용에
관한 연구, Chen(1997)의 대학도서관의 자원 활용 효율성 평가에 대한 연구,
Kao와 Liu(2000; 2003)의 대만 대학도서관의 결측 데이터(missing data)를 이
용한 DEA분석, Reichmann와 Sommersguter–Reichmann(2006)의 DEA를 활용
한 대학도서관의 국제적인 비교 연구 등이 있으며, 학교도서관에 관한 연구
는 Easun(1994)의 캘리포니아 학교도서관의 DEA 적용에 관한 연구가 있으
며, 공공도서관에 관한 연구로는 Vitaliano(1998)의 DEA를 이용한 공공도서
관 효율성에 대한 접근, Worthington(1999)의 공공도서관의 성과척도와 효율
측정에 관한 연구 등이 있다.

2. 국내의 도서관 관련 DEA 연구

국내의 DEA를 활용한 연구도 외국의 경우보다는 조금 늦었지만 매우 다양한 분야에서 이루어지고 있다. 그러나 위의 외국의 사례에서 열거한 것에 비해 아직까지 적용분야가 상당히 협소한 편이다. 특히 도서관을 대상으로 하는 DEA 연구는 아직까지 매우 미진한 상태이다.

고상순(1996)은 65개 대학도서관의 운영효율성 분석을 위해 투입요소로 보유 좌석수, 직원수, 장서수를 이용하였고, 산출요소로는 연간이용책수, 연간이용자수를 선정하여 CCR분석을 중심으로 PC용 LINDO release 5.0(1991)을 이용해 분석하였다.

서재원(2006)은 1994년부터 2004년까지 M&A가 이루어진 국내 대학 5개, 2002년부터 2004년까지 M&A가 이루어진 일본의 국립대학 10개를 선정하여 이 기간 동안 대학도서관의 효율성을 비교분석하였다.

한두완·홍봉영(2002)은 서울 소재 29개 대학도서관을 대상으로 하는 연구를 실시하였으며, 곽영진(1999)은 충남 소재 47개 공공도서관을 대상으로 하는 연구를 실시하였으며, 김선애(2005)는 서울 소재 21개 공공도서관을 대상으로 하는 연구를 실시하였다.

도서관이 제공하는 서비스의 효율성을 분석한 논문의 특징은 첫째, 1년간의 투입과 산출을 기준으로 하는 연구가 많았다는 점이다. 1년을 분석 단위로 할 경우에 도서관 관종별로 특수 목적의 사업에 의해 효율성의 편차가 커질 수 있다는 단점을 가지고 있으며, 효율성의 흐름을 파악할 수 없다는 단점이 있을 수 있다.

<표 3-2> 국내의 주요 도서관 관련 DEA 연구

평가대상	투입변수	산출변수	연구자
대학도서관 65개	① 보유 좌석수 ② 직원수 ③ 장서수	① 연간이용책수 ② 연간이용자수	고상순(1996)
충남 공공도서관 47개	① 좌석수 ② 장서수 ③ 직원수	① 이용자수 ② 이용책수	곽영진(1999)
서울 대학도서관 29개	① 면적 ② 직원수 ③ 장서수	① 이용책수 ② 이용자수	한두완·홍봉영(2002)
서울 공공도서관 21개	① 장서수 ② 연속간행물수 ③ 연간증가장서수	① 총 이용책수 ② 이용자수	김선애(2005)
M&A 대학도서관 한·일 비교	① 장서수 ② 직원수 ③ 도서관 면적 ④ 보유 좌석수 ⑤ 개관시간	① 대출책수 ② 이용자수	서재원(2006)
서울 및 6대 광역시 공공도서관 102개	① 직원 ② 장서수 ③ 자료구입비 ④ 면적	① 이용자수 ② 이용책수 ③ 연간증가책수 ④ 연속간행물구독종수	김선애(2007)

둘째, 관종별로 볼 때, 하나의 관종만을 연구대상으로 하는 연구가 대부분이었다. 대학도서관, 공공도서관, 전문·특수도서관 등은 성격이 다소 상이하기 때문에 효율성의 측정에서도 다소 다른 결과가 도출될 수 있다. 즉 도서관 관종별 특성에 따른 효율성의 개념을 제시하지 못하고 있기 때문에 계량적인 비교분석이 어렵다는 한계가 있다.

셋째, 투입과 산출요소의 선정에 있어 다양성을 확보하지 못하고 대부분의 연구들이 제한적이고 유사한 지표를 사용하고 있었다. <표 3-2>에 제시된 6개의 연구에서도 투입요소는 비교적 다양함에도 불구하고 산출변수는 거의 동일한 것을 알 수 있다. 투입과 산출요소는 도서관서비스의 효율성을 분석하기 위해 가장 적합한 요인들이라 하더라도 산출근거가 부족한 연구들이 많았다.

넷째, DEA분석을 통한 효율성 검증은 분석의 기본 단위가 되는 관종별 및 지역별 분석에 대한 통계분석이 필요함에도 불구하고 기초적인 통계분석을 하지 않은 연구가 다수 있었다. 분석의 기본단위가 되는 관종, 시간(연도)

의 관점에서 보다 다양한 분석이 이루어져야 할 것이다.

다섯째, 기존의 도서관 관련 DEA 연구는 사례수가 매우 제한적으로 이루어진 경우가 많았다. 보다 다양한 결과를 산출하고, 효율성이 떨어지는 도서관에 대한 개선점을 도출하기 위해서는 비교가 가능한 다양한 결과의 도출이 필요하며, 이를 위해서는 보다 구조화된 사례의 확보가 필요할 것이다.

3. 선행 연구와 본 연구의 차이점

본 연구는 선행 연구에서 선정된 투입·산출요소 및 분석방법에 의해 이루어졌다. 그러나 몇 가지 측면에서 기존 연구와 상이점이 있다.

첫째, 기존 연구들은 공공도서관, 대학도서관, 전문도서관, 학교도서관 등의 관종의 구분에 의한 연구를 실시했으나, 본 연구는 공공도서관, 대학도서관, 전문·특수도서관을 함께 분석함으로써 도서관 관종에 따른 효율성 분석의 유사점과 차이점에 대한 비교를 제공할 수 있다.

둘째, 기존 연구들은 투입요소와 산출요소의 선정에 있어 매우 제한적인 경우가 많았으나, 본 연구는 관종에 따라 최대한의 투입요소와 산출요소를 선정함으로써 분석결과의 설명력을 높이려고 하였다. 또한 AHP 분석 등을 통해 투입요소와 산출요소의 가중값을 제시함으로써 각 요소들의 중요성을 제시하고 있다.

셋째, 기존 연구들은 상이한 형태의 도서관에 대한 교차비교를 실시하지 않았다. 그러나 관종 간 비교가 가능하도록 투입요소(7개)와 산출요소(2개)를 선정하여 2003년부터 2006년까지 통합 분석을 실시하여, 서로 상이한 관종의 도서관에서 효율성을 높일 수 있는 준거집단을 찾아내고 이를 사례연구에 적용하였다. 따라서 각 도서관들이 다양한 도서관의 형태의 장점을 취할 수 있도록 하였다. 또한 관종을 통합하여 분석할 때 너무 많은 DMU가 포함될 경우, 해석에 어려움이 있을 수 있으며 도서관을 대규모도서관(10만 권 이상), 중규모도서관(1만 권 - 10만 권 미만), 소규모도서관(1만 권 미만)으로 구분하여 분석하였다.

제2절 효율성 측정을 위한 지표의 선정

1. 도서관서비스 측정을 위한 지표의 선정

1.1 투입요소

　도서관서비스의 효율성을 측정하기 위한 투입요소는 서비스의 생산과 관련된 모든 요소들이 포함될 필요성이 있다. 그러나 현실적으로 산출요소에 영향을 미치는 모든 투입요소들을 명확히 구분하는 것은 매우 어려우며, 이를 계량적으로 수치화하는 과정은 더욱 어렵다. 또한 일반적인 분석에서는 경제성의 원칙이 적용되므로 최소한의 투입요소로 최대한의 효과를 발휘할 수 있는 지표의 선정이 매우 중요하다. 이는 도서관서비스의 복잡성과 분석의 효율성을 함께 고려해야 하기 때문이다.

　따라서 기존의 참고문헌을 통해 다양한 투입요소의 확인과 연구목적에 적합한 투입요소를 먼저 선정하였다. 도서관서비스를 측정한 경우 가장 많이 사용하는 투입지표로는 보유 좌석수, 직원수, 장서수가 있다(고상순, 1996; 곽영진, 1999; 한두완·홍봉영, 2002; 서재원, 2006). <표 3-3>은 도서관서비스 제공을 위한 일반적인 투입요소를 정리한 것이다.

　<표 3-3>에서 제시된 7개 투입요소 중에서 건물은 가장 대표적인 하드웨어로 연면적과 좌석수는 비례하지 않기 때문에 지표로 사용할 경우 함께 고려해야 한다. 직원수는 도서관 조직이 기본적으로 서무, 수서, 정리의 분야로 구분되며 주된 활동사항은 장서와 자료의 구입, 보존, 대출, 타 기관 간 상호이용, 질의응답, 교육 등이 포함되므로 노동집약적인 서비스의 특성상 중요한 투입요소가 될 것이다. 또한 자격증 소지는 직원의 능력과 절대적인 상관관계가 있다고 할 수 없으나 직원의 능력을 평가할 방법론이 현실적으로 존재하지 않기 때문에 간접적으로 직원의 능력을 평가하는 기준이 될 수 있을 것이다. 장서수는 많은 선행 연구에서 사용되는 대표적인 투입 지표로서 연속간행물과 연간증가책수 등이 함께 고려되어야 할 것이다. 마지막으로

예산액은 도서관의 간접적인 투입을 전반적으로 포착할 수 있다는 장점이 있다는 측면에서 중요한 투입요소가 될 것이다.

<표 3-3> 도서관서비스 제공을 위한 일반적인 투입요소

구 분		측 정 지 표	자 료
투입 요소	건물	연면적, 좌석수	한국도서관연감, 고상순(1996), 곽영진(1999), 한두완·홍봉영(2002), 서재원(2006)
	직원	사서, 행정직, 기타	
	자격증	1급정사서, 2급정사서, 준사서	
	장서수	국내서, 국외서, 고서	
	연속간행물	인쇄형, 전자형	
	연간증가책수	도서, 비도서, 연속간행물	
	예산액	인건비, 도서구입비, 기타	

1.2 산출요소

일반적으로 비영리조직의 경우 대부분이 화폐척도를 부여하기 어렵다. 이러한 어려움 때문에 영리조직의 효율성 평가에 이용되는 ROI 등을 이용한 평가가 불가능하다. 그러나 도서관은 도서의 열람이라는 특정 목적을 위해 설립된 조직이므로 산출요소가 일반적으로 명확한 편이다.

<표 3-4> 도서관서비스 제공을 위한 일반적인 산출요소

구 분		측 정 지 표	자 료
산출 요소	연간이용자수	외부 / 내부, 학생 / 교직원 등으로 구분	한국도서관연감, 고상순(1996), 곽영진(1999), 한두완·홍봉영(2002), 서재원(2006)
	연간이용책수	열람 / 대출 등으로 구분	
	개관시간	하절기 / 동절기 등으로 구분	
	교육건수		
	도서관 간 자료의 상호이용건수		
	질의응답건수		

도서관의 산출물로 고려될 수 있는 요소는 연간이용자수, 이용책수, 질의응답건수, 도서관 간 자료의 상호이용건수, 기타의 교육, 개관시간 등의 서비스 활동을 들 수 있다. 여기서 연간이용자수와 이용책수(특히 대출책수)는 이용대상자와 밀접한 관계를 유지하는 것으로 볼 수 있으나, 질의응답건수나

상호이용건수는 대학도서관, 공공도서관, 전문·특수도서관의 규모와 특성에 따라 많은 차이가 존재하는 것으로 판단되고, 이러한 요인을 간과한 상태에서 평가한 결과는 신뢰성에 영향을 미칠 것으로 판단되어 연간이용자수와 대출책수만을 변수의 선정에 고려하는 것이 좋을 것으로 판단된다. 또한 개관시간은 특수한 경우를 제외하고 주 5~6일을 기준으로 09:00~18:00까지 개관하는 경우가 대부분으로 도서관 관종별 상대적인 비교에 있어 큰 의미가 없는 것을 알 수 있다.*

1.3 최종지표의 선정을 위한 전문가 AHP 조사**

선행 연구를 통해 선정한 투입과 산출요소는 공공도서관이 총투입 11개, 총산출 3개, 대학도서관이 총투입 8개, 총산출 2개, 전문·특수도서관이 총투입 7개, 총산출 2개이다. 다양한 투입과 산출요소를 모두 평가한다는 것은 도서관의 서비스 능력과 환경적 요인, 그리고 분석의 타당성을 저해할 수 있는 부분이 있기 때문에 관종별로 적합한 투입과 산출요소의 선정은 매우 중요하다. 효율성 분석을 위해 다양한 투입과 산출요소의 적용은 그 평가의 정확성을 높일 수 있지만, 현실적으로 모든 요소들을 확보하기에는 현실적인 어려움이 따른다. 또한 2003년부터 2006년까지의 데이터를 시계열적으로 분석하기 위해서는 투입과 산출요소가 모두 포함되어 있어야 한다는 제약이 함께 따르게 된다. 따라서 이러한 예비선정 지표들을 도서관의 분류기본상 대표할 수 있는 지표를 선정하기 위하여 전문가 설문조사를 실시하였다. 전문가 조사의 방법은 AHP방법론을 사용하였으며 각 부분의 가중값을 고려하여 도서관서비스 분류별로 지표를 재선정하였다.

---

* 2007년 1월부터 국정과제 회의 시 대통령지시(2004. 5. 27.) 『도서관 및 독서진흥법』 제16조(국립중앙도서관 업무), 『원문』 제22조(공립공공도서관의 운영)에 의거 주간에 도서관을 이용하기 어려운 지역주민을 위하여 공공도서관 개관시간을 연장함으로써 공공도서관의 대국민 서비스 및 일자리 마련 기회 확대를 위하여 개관시간을 자료실(18:00~22:00), 열람실(18:00~23:00)로 지역 대표 공공도서관 및 광역단위 지역 공공도서관에서 연장 운영하고 있으나 소수 도서관으로 점수가 과부여될 수 있는 관계로 개관시간은 제외하였다.

** 본 연구에서 사용된 AHP 분석의 투입과 산출요소는 전통적인 개념으로, 현대적 도서관 개념인 유비쿼터스 도서관 개념의 웹 콘텐츠, 모바일 라이브러리 시스템, 평생학습 축제, 독서 진흥 활동(작가와의 만남, 장애인 방문 대출, 독서퀴즈대회, 독후감상화대회, 도서관 체험 학습, 도서관 주간, 독서의 달 행상 등) 지표들은 개별 도서관에 과점수가 부여될 수 있고, 각 도서관별로 데이터의 확보가 어려운 관계로 제외하였다.

AHP는 한 명 혹은 여러 명의 의사결정자가 참여하는 다기준 의사결정 (Multiple − criteria decision − making) 문제에서 평가기준과 대안을 계층적인 구조로 파악하여 최적 대안을 선택하는 방법으로 Thomas Satty(1980)에 의해 개발되었다. AHP는 정성적이거나 정량적인 평가기준을 처리할 수 있으며, 평가기준의 중요도가 되는 쌍비교 행렬의 고유벡터 (eigenvector)와 판단의 일관성을 측정하는 일관성 비율(consistency ratio)이 주요 특징이다. 평가기준이 20개를 초과할 때 AHP는 다른 다속성 의사결정 방법들보다 유용하다.

가중값의 경우, 측정지표가 많아지면 평균적인 가중값이 감소하게 되며 지표의 선택에 대한 일반적인 기준이 존재하지는 않는다. 다만 본 연구에서는 전문가들이 인식하고 있는 각 구성지표의 중요성의 정도를 파악하기 위해 AHP분석을 실시하였으며, 도서관의 효율성을 분석하기 위해 가능한 많은 지표를 분석에 포함하였다.

수집된 자료를 놓고 논리적 일관성 여부를 검토하기 위하여 일관성 비율 (consistency ratio: CR)을 구하였다(최영출, 2002: 87). 일반적으로 AHP의 일관성(Inconsistency)을 나타내는 지표는 0.1 이하(10%)일 경우에 응답의 일관성이 있는 것으로 판단한다(홍명근, 2008). 따라서 본 연구의 투입요소는 공공도서관이 0.01, 대학도서관이 0.02, 전문·특수도서관 0.00으로 일관성이 있는 것을 알 수 있으며, 산출요소는 공공도서관이 0.10, 대학도서관이 0.00, 전문·특수도서관이 0.00으로 분석되어 일관성이 있는 것을 알 수 있다.

전문가 조사의 실시는 <표 3 − 5>와 같이 2008년 4월 10일부터 4월 16일까지 일주일간 실시하였으며 대상자는 현직 도서관 관련 교수 및 각종 연구소 연구원, 도서관 사서를 무작위로 선정하여 설문을 진행하였다. AHP 방법에 의한 설문은 전문지식을 가지고 있는 대상자들에게 실시하므로 많은 수를 대상으로 할 필요가 없다(최영출, 2004: 36). 본 연구의 조사대상자를 직업적으로 구분할 때, 교수 4명, 사서 5명, 공무원 5명이었으며, 조사방법은 연구자가 직접 방문하거나, 전화연락, 이메일 등의 방법을 사용하여 자료를 수집하였다.

<표 3-5> 투입요소 선정을 위한 AHP 조사결과

관종	구분	측정지표	가중값	순위
공공도서관	공간적 서비스 (.241)	부지(.163)	0.031	11
		연면적(.332)	0.063	8
		열람석(.505)	0.096	5
	도서서비스 (.391)	장서수(.442)	0.155	1
		연속간행물(.112)	0.041	10
		비도서수(.116)	0.043	9
		연간증가책수(.349)	0.128	4
	운영서비스 (.367)	직원수(.200)	0.089	6
		인건비(.150)	0.067	7
		도서구입비(.323)	0.143	3
		예산액(.327)	0.145	2
대학도서관	공간적 서비스 (.160)	연면적(.365)	0.041	8
		열람석(.635)	0.072	7
	도서서비스 (.549)	장서수(.329)	0.224	2
		연속간행물(.183)	0.124	4
		비도서수(.127)	0.086	5
		연간증가책수(.362)	0.246	1
	운영서비스 (.291)	직원수(.368)	0.076	6
		예산액(.632)	0.131	3
전문·특수 도 서 관	공간적 서비스 (.166)	연면적(.517)	0.085	5
		열람석(.483)	0.079	6
	도서서비스 (.495)	장서수(.395)	0.234	2
		연속간행물(.177)	0.105	4
		연간증가책수(.428)	0.253	1
	운영서비스 (.339)	직원수(.292)	0.071	7
		예산액(.708)	0.173	3

※Inconsistency: 공공도서관＝0.01, 대학도서관＝0.02, 전문·특수도서관＝0.00

<표 3-6> 산출요소 선정을 위한 AHP 조사결과

관종	측정지표	가중값	순위
공공도서관	연간이용자수	.401	1
	연간열람책수*	.295	3
	연간대출책수	.303	2
대학도서관	연간이용자수	.580	1
	연간대출책수	.420	2
전문·특수도서관	연간이용자수	.636	1
	연간대출책수	.364	2

※Inconsistency: 공공도서관＝0.10, 대학도서관＝0.00, 전문·특수도서관＝0.00

<표 3-7> AHP 조사대상자, 기간, 조사방법

구분	세 부 내 용		
기간	2008년 4월 10일-4월 16일		
직업	교수(4명)	문헌정보학과 1명, 행정학과 3명	
	사서(5명)	전문·특수도서관 사서 4명, 대학도서관 사서 1명	
	공무원(5명)	도서관 관련 공무원 5명	
조사방법	직접방문, 이메일, 전화		

공공도서관의 AHP 조사결과에서 공간적 서비스는 부지, 연면적, 열람실의 3가지 요소가 투입요소로 선정되었으며, 도서서비스는 장서수, 연속간행물, 비도서수, 연간증가책수의 4가지 요소가 투입요소로 선정되었고, 운영서비스는 직원수, 인건비, 도서구입비, 예산액의 4가지 요소가 투입요소로 결정되었다. 또한 산출요소에서는 연간이용자수, 연간열람책수, 연간대출책수의 3가지가 최종지표로 선정되었다.

대학도서관의 AHP 조사결과에서 공간적 서비스는 연면적, 열람석의 2가지 요소가 선정되었고, 도서서비스는 장서수, 비도서수, 연속간행물, 연간증가책수의 4가지 투입요소가 선정되었으며, 운영서비스에서는 직원수, 예산액의 2가지 요소가 최종 투입요소로 결정되었다. 또한 산출요소로는 연간이용자수, 연간대출책수의 2가지가 최종지표로 선정되었다.

전문·특수도서관의 AHP 조사결과에서 공간적 서비스는 연면적, 열람석의 2가지 요소가 선정되었고, 도서서비스는 장서수, 연속간행물, 연간증가책수의 3가지가 선정되었고, 운영서비스에서는 직원수와 예산액의 2가지가 선정되었다. 또한 산출요소로는 연간이용자수, 연간대출책수의 2가지가 최종지표로 선정되었다.

1.4 투입요소와 산출요소의 선정

가장 이상적인 효율성 측정이 되기 위해서는 모든 투입요소와 산출요소들을 망라하여 측정하는 것이 바람직할 것이다. 그러나 현실적으로 자료의 제

---

* 도서관 내에서의 열람을 의미함(관내열람).

약이나 자유도의 문제 때문에 불가피하게 몇 가지의 투입 및 산출요소만을 포함한 모형을 설정해야 하는 경우가 많다(장혜숙, 2001: 47). 그렇더라도 모형의 타당성을 높이기 위해서는 가장 중요한 의미를 지니는 투입과 산출요소를 선정하기 위한 노력이 중요하다. 특히 확실한 유의성 검정 방법이 없는 DEA의 경우 이러한 요소선정 작업은 가장 핵심적인 중요성을 지닌다. 따라서 본 연구에서 사용하는 투입변수 및 산출변수의 선정은 우선 관련 문헌상에서 선택한 변수가 무엇인지를 살펴보고 업무 전문가의 의견을 참작하여 결정하도록 하였다. 투입변수와 산출변수의 선정에 앞서 본 연구에서는 투입과 산출을 다음과 같이 해석하였다.

첫째, 효율성의 정도는 주어진 산출물을 생산하기 위한 투입의 최소화를 의미할 뿐 아니라 주어진 투입요소를 사용하여 얻어진 산출물의 최대화를 의미할 수도 있다.

둘째, 투입과 산출에 사용되는 요소들의 단위가 공통단위일 필요가 없기 때문에 동일한 단위를 사용한 환산 과정을 전제로 하지 않는다.

셋째, 다원적인 투입과 산출요소를 고려함에 있어, 본 연구와 같이 윈도 분석(DEA Window Analysis)을 실시할 경우에는 연구대상이 되는 시계열적 측면의 모든 데이터를 모두 확보하지 못한다면 분석에 포함할 수 없다.

넷째, 투입은 여러 가지 인적·물적 자원의 소비를 의미하고, 산출은 주어진 목표의 달성 정도를 의미한다. 따라서 도서관의 목표가 다원적이므로 투입 및 산출변수 역시 다수가 될 수 있으며 이들이 동시적으로 고려되어야 한다.

DEA를 이용하여 효율성을 측정하고자 할 때 가장 어려운 문제는 제한된 수의 투입변수와 산출변수들을 선택하고 이들을 변수집합으로 구성하는 일이다. 이에 따라 관종별 도서관서비스를 비교분석하여 효율성을 제고하기 위해 사용될 최종적인 투입·산출요소는 다음의 <표 3-8>과 같다. 공공도서관의 투입요소로는 공간적 부지, 연면적, 열람석, 장서수, 연속간행물, 비도서수, 연간증가책수, 직원수, 인건비, 도서구입비, 예산액이 선택되었으며, 산출요소로는 연간이용자수, 연간열람책수, 연간대출책수가 선택되었다. 대학도서관의 투입요소로는 연면적, 열람석, 장서수, 비도서수, 연속간행물, 연간증가

책수, 직원수, 예산액이 선택되었으며, 산출요소로는 연간이용자수, 연간대출
책수가 선정되었다. 마지막으로 전문·특수도서관의 투입요소로는 연면적,
열람석, 장서수, 연속간행물, 연간증가책수, 직원수, 예산액이 선택되었으며,
산출요소로는 연간이용자수, 연간대출책수가 선택되었다.

<표 3-8> 도서관서비스 투입·산출요소

투입요소			산출요소
관종	구분	측정지표	
공공도서관	공간적 서비스	부지(m^2)	연간이용자수 연간열람책수 연간대출책수
		연면적(m^2)	
		열람석(석)	
	도서서비스	장서수(권)	
		연속간행물(종)	
		비도서수(종)	
		연간증가책수(권)	
	운영서비스	직원수(명)	
		인건비(천 원)	
		도서구입비(천 원)	
		예산액(천 원)	
대학도서관	공간적 서비스	연면적(m^2)	연간이용자수 연간대출책수
		열람석(석)	
	도서서비스	장서수(권)	
		연속간행물(종)	
		비도서수(종)	
		연간증가책수(권)	
	운영서비스	직원수(명)	
		예산액(천 원)	
전문·특수 도 서 관	공간적 서비스	연면적(m^2)	연간이용자수 연간대출책수
		열람석(석)	
	도서서비스	장서수(권)	
		연속간행물(종)	
		연간증가책수(권)	
	운영서비스	직원수(명)	
		예산액(천 원)	

2. 연구모형 및 조사절차

관종별 도서관서비스의 효율성 비교분석을 통한 개선방안 도출을 위해 다음의 <그림 3-1>과 같이 연구모형을 설정하고 원활한 연구진행을 위한 조사절차를 <그림 3-2>와 같이 설정하였다.

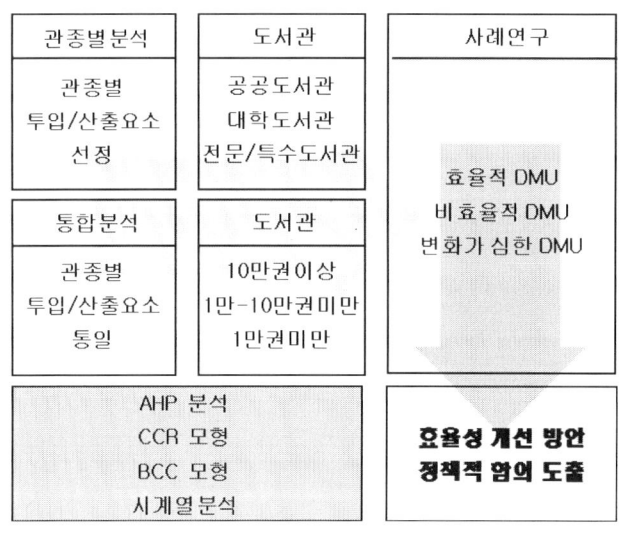

<그림 3-1> 연구모형

본 연구는 일반적으로 공공서비스의 양적 연구가 어려운 경우가 많고, 그 동안 도서관의 유형에 따른 효율성을 비교분석한 연구가 상대적으로 매우 미진하여, 성과의 측면에서 비교분석이 어려웠던 점에 초점을 맞추고 있다. 따라서 관종별 도서관의 비교분석을 통해 효율성 저하 요인을 규명하고 개선방안을 도출하고자 하였다.

이와 같이 본 연구의 목적을 달성하기 위하여 각 도서관(공공, 대학, 전문·특수)이 제공하는 도서관서비스의 개념을 투입과 산출의 비율을 통해 효율성이 높은 도서관을 기준으로 효율성이 낮은 도서관의 개선점을 도출하였다. 또한 교육의 중요성이 갈수록 증대되는 상황에서 각 도서관들이 4년간 어떠한 변화가 있었는지 분석함으로써 향후 개선방향을 제시하였다.

아래의 연구모형을 살펴보면 공공도서관(투입 11개, 산출 3개), 대학도서관(투입 8개, 산출 2개), 전문·특수도서관(투입 7개, 산출 2개)에 대해 각각 투입요소와 산출요소를 선정하여 분석을 실시한 후, 관종을 통합하여 투입요소 7개와 산출요소 2개로 통일하여 분석을 실시하게 된다. 또한 관종별 분석과 통합 분석을 통해 도출된 사례 중에서 효율적 DMU, 비효율적 DMU, 효율성의 변화가 심한 DMU를 선정하여 사례연구를 실시한 후에 효율성 개선을 위한 방안을 도출함과 함께 정책적 함의를 위한 논의를 진행하였다.

또한 효율성 분석을 위해 AHP분석을 통해 기본적으로 투입요소와 산출요소의 중요도를 파악하고, CCR분석과 BCC분석을 함께 실시함으로써 도서관 규모에 따른 규모효율성을 함께 파악하기 위해 노력하였으며, 시계열 분석(윈도 분석)을 통해 본 연구에서 사용된 4년간의 데이터의 흐름을 파악하였다.

본 연구절차에 대한 구체적인 내용을 살펴보면 다음과 같다.

첫째, 연구의 초기에 다양한 국내외 및 다양한 정보원천들로부터 수집된 자료를 토대로 다양한 문헌연구를 수행하였다. 여기서 기존의 효율성 연구방법인 DEA 연구들은 다각적으로 검토하고 연구의 적합성 검증을 실시하였다.

둘째, 문헌연구를 통해 선별된 효율성 분석방법인 자료포락분석을 실행하기 위하여 기존의 투입요소와 산출요소를 재검토하고, 관종별로 도서관서비스 측정지표의 최종적인 선정을 위해 14명의 전문가를 대상으로 하는 AHP 분석을 실시하였다. 이러한 결과는 위의 <표 3 - 8>과 같다.

셋째, 투입요소와 산출요소가 선정되었더라도 분석에 사용될 데이터의 선택은 매우 중요하다. 왜냐하면 자료포락분석이 시계열 분석(윈도 분석) 등과 같이 다양한 방향으로 사용되기 위해서는 모든 투입요소와 산출요소가 완벽한 형태를 갖추고 있어야 한다. 일반적으로 데이터에 제로 값(Zero Value)이나 마이너스 값이 존재하게 되면 분석결과에 매우 민감한 영향을 미치므로 이러한 DMU는 분석에서 제외하는 것이 일반적이다. 또한 이러한 데이터의 선별은 관종별로 이루어져야 하며, 본 분석에서 사용된 4년간의 데이터 모두에서 이루어져야 한다.

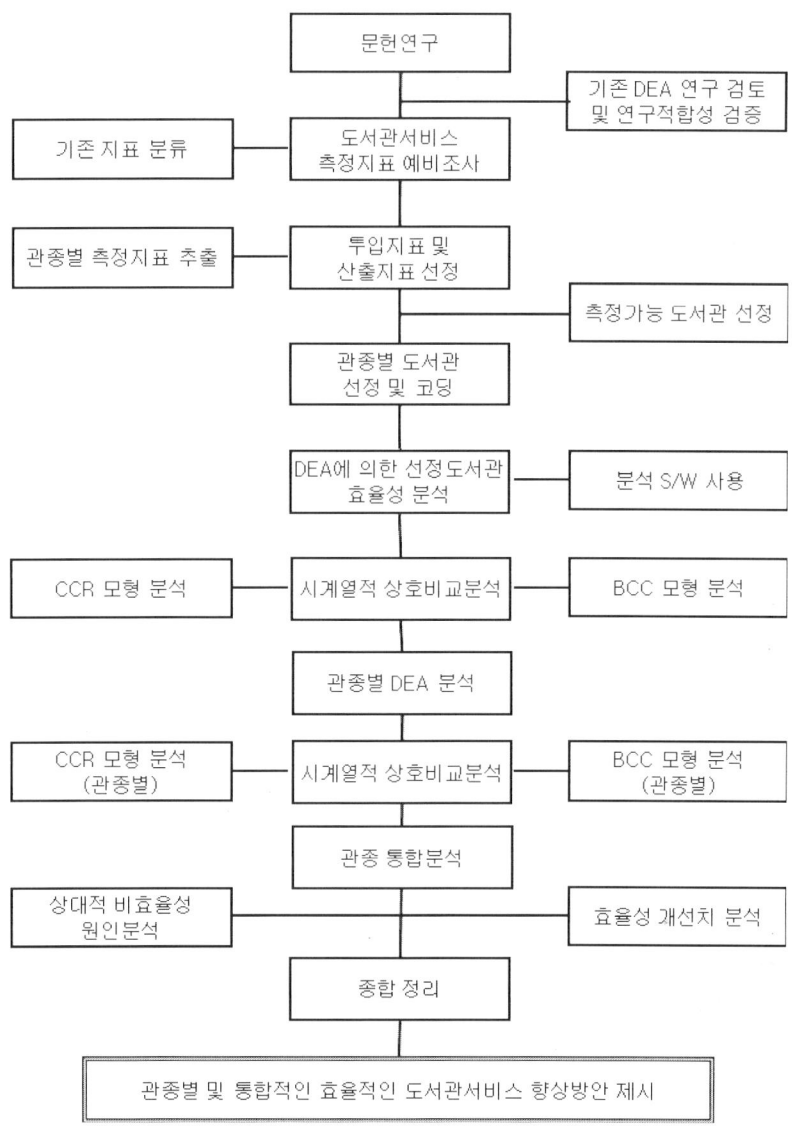

<그림 3-2> 연구절차

넷째, 분석을 위한 S / W의 선정도 매우 중요한 과정 중에 하나이다. 일반적으로 시중에 나와 있는 소프트웨어들은 분석에 사용될 DMU와 투입·산출요소가 제한된 경우가 많으며, 텍스트 위주의 분석은 분석결과의 이해도를 떨어뜨리거나 분석의 비효율적 요소를 포함하게 된다. 따라서 본 연구에서는 그래픽 위주의 소프트웨어인 Banxia사의 Frontier Analyst Professional Edition과 DEA분석 S / W 중에서 무료로 제공되고 사용범위가 비교적 넓은 EMS를 추가적으로 사용하였다.

다섯째, 위의 과정을 토대로 대표적인 DEA분석방법인 CCR분석과 BCC분석을 관종 및 연도별로 실시하고, 시계열적 관점에서 윈도 분석을 실시하여 효율성을 추이를 비교·검토한 후, 동일한 투입요소(7개)와 산출요소(2개)를 가지고 관종을 통합한 분석을 실시하여, 도서관 규모에 따른 관종 간의 직관적인 비교가 가능하도록 하였다.

여섯째, 이러한 분석결과를 가지고 최종적으로 사례연구를 위한 도서관을 관종별로 선정하여, 효율성 증대방안에 대한 논의를 진행하였다.

제4장

도서관서비스 효율성 측정
및 비교분석

제 4 장 도서관서비스 효율성 측정 및 비교분석

제1절 전체 선정 도서관의 효율성 평가결과

1. 총괄적 기초통계 분석

1.1 공공도서관의 투입·산출요소의 기초통계량

1) 선정된 전체 공공도서관 투입·산출요소의 기초통계량

2003년에서 2006년까지 선정된 182개 공공도서관의 4년간 728개로 도서관의 총괄적인 기술통계량은 위의 <표 4-1>과 같다. 먼저 투입요소를 살펴보면, 부지의 평균값은 6,286(m^2)이고, 연면적은 3,614(m^2)이며, 열람석은 615석, 장서수는 116,978권, 연속간행물수는 501종, 비도서수는 6,704권, 연간증가책수는 13,156권, 직원수는 평균 17명, 인건비는 574,922(천 원), 도서구입비는 114,209(천 원), 예산액은 1,109,722(천 원)로 나타났다. 산출요소는 연간이용자수의 평균이 442,050명, 연간열람책수가 433,307권, 연간대출책수가 175,802권으로 나타났다.

<표 4-1> 선정된 전체 공공도서관 투입·산출요소의 기술통계

		최솟값	최댓값	평균	표준편차
투입요소	부지	165	99,000	6,286.34	7,904.31
	연면적	455	48,627	3,614.22	3,748.76
	열람석	16	8,191	614.80	597.77
	장서수	105	1,120,954	116,978.60	98,140.96
	연속간행물수	2	84,137	501.41	3,753.00
	비도서수	61	93,237	6,704.42	8,512.19
	연간증가책수	198	1,111,892	13,156.19	42,944.97
	직원수	2	196	17.53	14.74
	인건비	242	3,740,249	574,922.06	540,208.81
	도서구입비	141	1,168,630	114,209.85	101,152.64
	예산액	48,223	15,451,483	1,109,722.80	1,144,928.46
산출요소	연간이용자수	3,950	11,687,100	442,050.53	586,205.86
	연간열람책수	1,541	11,497,168	433,307.62	658,397.17
	연간대출책수	2,680	1,325,607	175,802.21	159,675.89

<표 4-2>는 선정된 공공도서관의 4년간 투입·산출요소를 대상으로 상관관계분석을 실시한 결과이다. 상관관계분석의 결과는 DEA의 해석에 직접적인 영향을 미치지는 않지만 각 측정지표 간의 관계에 대한 통찰력을 제공할 수 있다는 측면에서 의의가 있다고 할 수 있다. 구체적인 내용을 살펴보면, 투입요소 간에는 직원수와 장서수가 가장 높은 상관관계(.892)를 나타내는 것으로 분석되었으며, 투입요소와 산출요소 간에는 인건비와 연간대출책수가 가장 높은 상관관계(.563)가 있는 것으로 나타났으며, 산출요소 간에는 연간대출책수와 연간이용자수가 가장 높은 상관관계(.531)가 있는 것으로 나타났다.

<표 4 – 2> 선정된 전체 공공도서관 투입 · 산출요소의 상관관계 분석결과

	1	2	3	4	5	6	7	8	9	10	11	12	13	14
1. 부지	1													
2. 연면적	.411(**)	1												
3. 열람석	.062	.202(**)	1											
4. 장서수	.310(**)	.707(**)	.145(**)	1										
5. 연속간행물수	.015	.080(*)	.014	.129(**)	1									
6. 비도서수	.202(**)	.637(**)	.164(**)	.687(**)	.101(**)	1								
7. 연간증가책수	.121(**)	.261(**)	.026	.118(**)	.011	.090(*)	1							
8. 직원수	.330(**)	.823(**)	.221(**)	.892(**)	.133(**)	.661(**)	.147(**)	1						
9. 인건비	.400(**)	.636(**)	.145(**)	.721(**)	.101(**)	.544(**)	.115(**)	.754(**)	1					
10. 도서구입비	.317(**)	.374(**)	.080(*)	.462(**)	.121(**)	.306(**)	.121(**)	.438(**)	.454(**)	1				
11. 예산액	.444(**)	.592(**)	.136(**)	.573(**)	.090(*)	.442(**)	.125(**)	.623(**)	.782(**)	.573(**)	1			
12. 연간이용자수	.247(**)	.445(**)	.146(**)	.430(**)	.082(*)	.307(**)	.080(*)	.506(**)	.465(**)	.357(**)	.472(**)	1		
13. 연간열람책수	.246(**)	.412(**)	.108(**)	.416(**)	.135(**)	.240(**)	.091(*)	.477(**)	.483(**)	.366(**)	.458(**)	.477(**)	1	
14. 연간대출책수	.292(**)	.423(**)	.189(**)	.532(**)	.090(*)	.415(**)	.132(**)	.550(**)	.563(**)	.434(**)	.514(**)	.531(**)	.487(**)	1

2) 공공도서관의 2003년 투입·산출요소의 기초통계량

2003년의 182개 공공도서관의 기술통계량은 아래의 <표 4-3>과 같다. 먼저 투입요소를 살펴보면, 부지의 평균값은 6,639(m^2)이고, 연면적은 3,462(m^2)이며, 열람석은 659석, 장서수는 101,841권, 연속간행물수는 296종, 비도서수는 3,999권, 연간증가책수는 17,264권, 직원수는 평균 17명, 인건비는 498,226(천 원), 도서구입비는 129,284(천 원), 예산액은 997,706(천 원)으로 나타났다. 산출요소는 연간이용자수의 평균이 382,521명, 연간열람책수가 501,018권, 연간대출책수가 139,054권으로 나타났다.

<표 4-3> 공공도서관의 2003년 투입·산출요소의 기술통계

		최솟값	최댓값	평균	표준편차
투입요소	부지	165	99,000	6,639.86	10,018.89
	연면적	455	22,428	3,462.20	3,349.43
	열람석	58	3,104	659.57	541.02
	장서수	4,150	488,202	101,841.39	85,156.05
	연속간행물수	3	4,243	296.63	489.78
	비도서수	61	41,906	3,999.15	4,915.90
	연간증가책수	933	1,111,892	17,264.75	82,183.08
	직원수	3	72	17.26	13.38
	인건비	987	2,410,000	498,226.07	461,886.93
	도서구입비	6,000	562,000	129,284.13	112,163.55
	예산액	76,258	4,296,000	997,706.79	818,010.68
산출요소	연간이용자수	9,678	1,752,234	382,521.78	373,689.65
	연간열람책수	9,522	5,292,498	501,018.82	633,084.44
	연간대출책수	8,370	667,311	139,054.31	115,250.85

<표 4-4>는 선정된 공공도서관의 2003년 투입·산출요소를 대상으로 상관관계분석을 실시한 결과이다. 상관관계분석의 결과는 DEA의 해석에 직접적인 영향을 미치지는 않지만 각 측정지표 간의 관계에 대한 통찰력을 제공할 수 있다는 측면에서 의의가 있다고 할 수 있다. 구체적인 내용을 살펴보면, 투입요소 간에는 직원수와 장서수가 가장 높은 상관관계(.881)를 나타내는 것으로 분석되었으며, 투입요소와 산출요소 간에는 예산액과 연간이용자수가 가장 높은 상관관계(.808)가 있는 것으로 나타났으며, 산출요소 간에는 연간대출책수와 연간이용자수가 가장 높은 상관관계(.721)가 있는 것으로 나타났다.

<표 4-4> 선정된 2003년 공공도서관 투입·산출요소의 상관관계 분석결과

	1	2	3	4	5	6	7	8	9	10	11	12	13	14
1. 부지	1													
2. 연면적	.435(**)	1												
3. 열람석	.403(**)	.789(**)	1											
4. 장서수	.256(**)	.619(**)	.671(**)	1										
5. 연속간행물수	.128	.350(**)	.354(**)	.655(**)	1									
6. 비도서수	.163(*)	.591(**)	.666(**)	.705(**)	.411(**)	1								
7. 연간증가책수	.100	.361(**)	.035	.005	.022	.011	1							
8. 직원수	.351(**)	.795(**)	.827(**)	.881(**)	.571(**)	.718(**)	.092	1						
9. 인건비	.379(**)	.708(**)	.723(**)	.764(**)	.484(**)	.637(**)	.119	.811(**)	1					
10. 도서구입비	.303(**)	.405(**)	.358(**)	.410(**)	.390(**)	.375(**)	.052	.409(**)	.402(**)	1				
11. 예산액	.468(**)	.781(**)	.789(**)	.720(**)	.478(**)	.652(**)	.147(*)	.812(**)	.865(**)	.645(**)	1			
12. 연간이용자수	.419(**)	.700(**)	.699(**)	.613(**)	.471(**)	.501(**)	.065	.782(**)	.700(**)	.540(**)	.808(**)	1		
13. 연간열람책수	.348(**)	.520(**)	.531(**)	.547(**)	.465(**)	.402(**)	.064	.619(**)	.550(**)	.396(**)	.594(**)	.675(**)	1	
14. 연간대출책수	.297(**)	.482(**)	.558(**)	.486(**)	.351(**)	.413(**)	.148(*)	.606(**)	.505(**)	.488(**)	.651(**)	.721(**)	.664(**)	1

3) 공공도서관의 2004년 투입·산출요소의 기초통계량

2004년의 182개 공공도서관의 기술통계량은 아래의 <표 4-5>와 같다. 먼저 투입요소를 살펴보면, 부지의 평균값은 5,853(m^2)이고, 연면적은 3,759 (m^2)이며, 열람석은 722석, 장서수는 117,242권, 연속간행물수는 253종, 비도서수는 6,987권, 연간증가책수는 12,302권, 직원수는 평균 18명, 인건비는 572,404(천 원), 도서구입비는 114,968(천 원), 예산액은 1,065,521(천 원)로 나타났다. 산출요소는 연간이용자수의 평균이 418,833명, 연간열람책수가 409,965권, 연간대출책수가 178,188권으로 나타났다.

<표 4-5> 공공도서관의 2004년 투입·산출요소의 기술통계

		최솟값	최댓값	평균	표준편차
투입요소	부지	165	34,183	5,853.41	6,038.18
	연면적	455	48,627	3,759.62	4,727.81
	열람석	16	8,191	721.98	802.36
	장서수	4,150	1,120,954	117,242.41	116,760.40
	연속간행물수	7	1,598	253.10	266.71
	비도서수	116	93,237	6,987.07	10,015.50
	연간증가책수	198	106,520	12,302.46	13,248.83
	직원수	3	196	18.24	18.70
	인건비	2,204	2,523,211	572,404.94	501,495.56
	도서구입비	2,300	708,400	114,968.76	93,166.21
	예산액	48,223	5,120,692	1,065,521.82	896,688.20
산출요소	연간이용자수	3,950	2,223,151	418,833.46	406,071.34
	연간열람책수	3,107	11,497,168	409,965.58	927,696.44
	연간대출책수	4,777	1,116,686	178,188.37	162,911.22

<표 4-6>은 선정된 공공도서관의 2004년 투입·산출요소를 대상으로 상관관계분석을 실시한 결과이다. 상관관계분석의 결과는 DEA의 해석에 직접적인 영향을 미치지는 않지만 각 측정지표 간의 관계에 대한 통찰력을 제공할 수 있다는 측면에서 의의가 있다고 할 수 있다. 구체적인 내용을 살펴보면, 투입요소 간에는 직원수와 장서수가 가장 높은 상관관계(.926)를 나타내는 것으로 분석되었으며, 투입요소와 산출요소 간에는 예산액과 연간이용자수가 가장 높은 상관관계(.822)가 있는 것으로 나타났으며, 산출요소 간에는 연간대출책수와 연간이용자수가 가장 높은 상관관계(.667)가 있는 것으로 나타났다.

<표 4-6> 선정된 2004년 공공도서관 투입·산출요소의 상관관계 분석결과

	1	2	3	4	5	6	7	8	9	10	11	12	13	14
1. 부지	1													
2. 연면적	.358(**)	1												
3. 열람석	.024	.179(*)	1											
4. 장서수	.342(**)	.816(**)	.111	1										
5. 연속간행물수	.211(**)	.539(**)	.140	.722(**)	1									
6. 비도서수	.305(**)	.781(**)	.177(*)	.795(**)	.522(**)	1								
7. 연간증가책수	.390(**)	.628(**)	.094	.635(**)	.438(**)	.569(**)	1							
8. 직원수	.303(**)	.902(**)	.197(**)	.926(**)	.696(**)	.787(**)	.602(**)	1						
9. 인건비	.419(**)	.535(**)	.125	.650(**)	.598(**)	.462(**)	.305(**)	.668(**)	1					
10. 도서구입비	.261(**)	.311(**)	.051	.423(**)	.453(**)	.313(**)	.485(**)	.372(**)	.488(**)	1				
11. 예산액	.448(**)	.567(**)	.141	.593(**)	.546(**)	.444(**)	.410(**)	.618(**)	.867(**)	.635(**)	1			
12. 연간이용자수	.354(**)	.491(**)	.223(**)	.500(**)	.540(**)	.377(**)	.432(**)	.536(**)	.706(**)	.586(**)	.822(**)	1		
13. 연간열람책수	.116	.248(**)	.071	.277(**)	.316(**)	.154(*)	.204(**)	.289(**)	.396(**)	.283(**)	.417(**)	.486(**)	1	
14. 연간대출책수	.371(**)	.324(**)	.239(**)	.398(**)	.418(**)	.338(**)	.351(**)	.403(**)	.550(**)	.481(**)	.585(**)	.667(**)	.361(**)	1

4) 공공도서관의 2005년 투입·산출요소의 기초통계량

2005년의 182개 공공도서관의 기술통계량은 아래의 <표 4-7>과 같다. 먼저 투입요소를 살펴보면, 부지의 평균값은 6,289(m^2)이고, 연면적은 3,650 (m^2)이며, 열람석은 684석, 장서수는 121,156권, 연속간행물수는 963종, 비도서수는 7,600권, 연간증가책수는 11,671권, 직원수는 평균 17명, 인건비는 560,769(천 원), 도서구입비는 107,210(천 원), 예산액은 1,108,353(천 원)으로 나타났다. 산출요소는 연간이용자수의 평균이 517,771명, 연간열람책수가 388,027권, 연간대출책수가 190,344권으로 나타났다.

<표 4-7> 공공도서관의 2005년 투입·산출요소의 기술통계

		최솟값	최댓값	평균	표준편차
투입요소	부지	165	58,586	6,289.43	7,549.45
	연면적	455	22,429	3,650.46	3,392.16
	열람석	96	2,700	684.05	539.00
	장서수	105	542,956	121,156.46	92,775.11
	연속간행물수	2	84,137	963.81	6,837.85
	비도서수	120	72,661	7,600.20	8,450.38
	연간증가책수	294	185,495	11,671.84	15,585.35
	직원수	3	69	17.29	13.10
	인건비	242	2,691,133	560,769.95	549,072.98
	도서구입비	141	456,000	107,210.96	82,340.09
	예산액	94,459	8,438,794	1,108,353.29	1,135,014.82
산출요소	연간이용자수	11,270	11,687,100	517,771.45	940,072.05
	연간열람책수	1,541	2,854,345	388,027.95	448,089.97
	연간대출책수	2,680	1,325,607	190,344.52	184,361.62

<표 4-8>은 선정된 공공도서관의 2005년 투입·산출요소를 대상으로 상관관계분석을 실시한 결과이다. 상관관계분석의 결과는 DEA의 해석에 직접적인 영향을 미치지는 않지만 각 측정지표 간의 관계에 대한 통찰력을 제공할 수 있다는 측면에서 의의가 있다고 할 수 있다. 구체적인 내용을 살펴보면, 투입요소 간에는 직원수와 장서수가 가장 높은 상관관계(.864)를 나타내는 것으로 분석되었으며, 투입요소와 산출요소 간에는 직원수와 연간열람책수가 가장 높은 상관관계(.695)가 있는 것으로 나타났으며, 산출요소 간에는 연간대출책수와 연간열람책수가 가장 높은 상관관계(.598)가 있는 것으로 나타났다.

<표 4-8> 선정된 2005년 공공도서관 투입·산출요소의 상관관계 분석결과

	1	2	3	4	5	6	7	8	9	10	11	12	13	14
1. 부지	1													
2. 연면적	.498(**)	1												
3. 열람석	.373(**)	.678(**)	1											
4. 장서수	.355(**)	.644(**)	.656(**)	1										
5. 연속간행물수	-.011	.042	.047	.056	1									
6. 비도서수	.248(**)	.579(**)	.472(**)	.617(**)	.079	1								
7. 연간증가책수	.245(**)	.273(**)	.293(**)	.469(**)	.007	.308(**)	1							
8. 직원수	.368(**)	.754(**)	.813(**)	.864(**)	.120	.593(**)	.316(**)	1						
9. 인건비	.445(**)	.661(**)	.686(**)	.714(**)	.049	.577(**)	.262(**)	.783(**)	1					
10. 도서구입비	.436(**)	.527(**)	.514(**)	.624(**)	.153(*)	.428(**)	.407(**)	.605(**)	.572(**)	1				
11. 예산액	.379(**)	.611(**)	.668(**)	.581(**)	.052	.481(**)	.259(**)	.672(**)	.735(**)	.593(**)	1			
12. 연간이용자수	.153(*)	.367(**)	.440(**)	.353(**)	.028	.205(**)	.149(*)	.455(**)	.257(**)	.315(**)	.265(**)	1		
13. 연간열람책수	.341(**)	.605(**)	.670(**)	.576(**)	.165(*)	.383(**)	.299(**)	.695(**)	.613(**)	.612(**)	.542(**)	.563(**)	1	
14. 연간대출책수	.291(**)	.457(**)	.612(**)	.619(**)	.054	.444(**)	.325(**)	.643(**)	.560(**)	.538(**)	.453(**)	.400(**)	.598(**)	1

5) 공공도서관의 2006년 투입·산출요소의 기초통계량

2006년의 182개 공공도서관의 기술통계량은 아래의 <표 4-9>와 같다. 먼저 투입요소를 살펴보면, 부지의 평균값은 6,362(m^2)이고, 연면적은 3,584 (m^2)이며, 열람석은 393석, 장서수는 127,674권, 연속간행물수는 492종, 비도서수는 8,231권, 연간증가책수는 11,385권, 직원수는 평균 17명, 인건비는 668,287(천 원), 도서구입비는 105,375(천 원), 예산액은 1,267,309(천 원)으로 나타났다. 산출요소는 연간이용자수의 평균이 449,075명, 연간열람책수가 434,218권, 연간대출책수가 195,621권으로 나타났다.

<표 4-9> 공공도서관의 2006년 투입·산출요소의 기술통계

		최솟값	최댓값	평균	표준편차
투입요소	부지	165	58,586	6,362.65	7,536.30
	연면적	455	22,429	3,584.62	3,364.75
	열람석	36	2,414	393.58	374.98
	장서수	17,204	555,875	127,674.13	93,975.64
	연속간행물수	3	40,874	492.11	3,031.03
	비도서수	62	75,528	8,231.24	9,195.37
	연간증가책수	800	185,342	11,385.70	14,563.09
	직원수	2	68	17.35	13.11
	인건비	2,801	3,740,249	668,287.30	625,246.28
	도서구입비	5,500	1,168,630	105,375.54	112,693.05
	예산액	86,665	15,451,483	1,267,309.32	1,569,766.81
산출요소	연간이용자수	13,719	2,730,861	449,075.44	426,674.72
	연간열람책수	5,159	3,778,860	434,218.13	521,258.67
	연간대출책수	6,394	1,025,514	195,621.62	163,171.38

<표 4-10>은 선정된 공공도서관의 2006년 투입·산출요소를 대상으로 상관관계분석을 실시한 결과이다. 상관관계분석의 결과는 DEA의 해석에 직접적인 영향을 미치지는 않지만 각 측정지표 간의 관계에 대한 통찰력을 제공할 수 있다는 측면에서 의의가 있다고 할 수 있다. 구체적인 내용을 살펴보면, 투입요소 간에는 직원수와 장서수가 가장 높은 상관관계(.896)를 나타내는 것으로 분석되었으며, 투입요소와 산출요소 간에는 직원수와 연간이용자수가 가장 높은 상관관계(.714)가 있는 것으로 나타났으며, 산출요소 간에는 연간열람책수와 연간이용자수가 가장 높은 상관관계(.745)가 있는 것으로 나타났다.

<표 4-10> 선정된 2006년 공공도서관 투입·산출요소의 상관관계 분석결과

	1	2	3	4	5	6	7	8	9	10	11	12	13	14
1. 부지	1													
2. 연면적	.454(**)	1												
3. 열람석	.338(**)	.695(**)	1											
4. 장서수	.369(**)	.674(**)	.652(**)	1										
5. 연속간행물수	.057	.224(**)	.183(*)	.353(**)	1									
6. 비도서수	.190(*)	.578(**)	.570(**)	.617(**)	.184(*)	1								
7. 연간증가책수	.191(**)	.328(**)	.204(**)	.285(**)	.118	.199(**)	1							
8. 직원수	.378(**)	.764(**)	.692(**)	.896(**)	.296(**)	.602(**)	.311(**)	1						
9. 인건비	.427(**)	.748(**)	.619(**)	.798(**)	.231(**)	.567(**)	.260(**)	.879(**)	1					
10. 도서구입비	.301(**)	.358(**)	.334(**)	.517(**)	.211(**)	.310(**)	.253(**)	.479(**)	.455(**)	1				
11. 예산액	.560(**)	.624(**)	.507(**)	.553(**)	.166(*)	.384(**)	.264(**)	.634(**)	.760(**)	.576(**)	1			
12. 연간이용자수	.339(**)	.648(**)	.514(**)	.601(**)	.273(**)	.469(**)	.311(**)	.714(**)	.710(**)	.362(**)	.650(**)	1		
13. 연간열람책수	.282(**)	.561(**)	.389(**)	.528(**)	.406(**)	.311(**)	.266(**)	.626(**)	.610(**)	.362(**)	.565(**)	.745(**)	1	
14. 연간대출책수	.309(**)	.528(**)	.433(**)	.634(**)	.196(**)	.430(**)	.321(**)	.692(**)	.610(**)	.391(**)	.503(**)	.742(**)	.663(**)	1

1.2 대학도서관의 투입·산출요소의 기초통계량

1) 선정된 전체 대학도서관 투입·산출요소의 기초통계량

2003년에서 2006년까지 선정된 97개 대학도서관의 4년간 388개로 도서관의 총괄적인 기술통계량은 위의 <표 4-11>과 같다. 먼저 투입요소를 살펴보면, 연면적의 평균값은 8,008(m^2)이고, 열람석은 1,488석, 장서수는 342,732권, 연속간행물수는 1,237종, 비도서수는 27,444권, 연간증가책수는 19,044권, 직원수는 11명, 예산액은 759,080(천 원)으로 나타났다. 또한 산출요소는 연간이용자수는 283,714명, 연간대출책수의 평균이 104,589권으로 분석되었다.

<표 4-11> 선정된 전체 대학도서관 투입·산출요소의 기술통계

		최솟값	최댓값	평균	표준편차
투입요소	연면적	242	58,311	8,008.16	7,955.73
	열람석	60	11,782	1,488.86	1,447.49
	장서수	1,090	2,316,522	342,732.97	347,253.32
	연속간행물수	42	12,189	1,237.10	2,001.56
	비도서수	121	875,130	27,444.54	78,553.40
	연간증가책수	155	208,859	19,044.99	21,083.56
	직원수	1	55	11.45	10.07
	예산액	4,500	7,365,415	759,080.02	926,255.44
산출요소	연간이용자수	229	8,343,830	283,714.12	756,520.49
	연간대출책수	1,300	698,128	104,589.60	120,855.61

<표 4-12>는 선정된 대학도서관의 4년간 투입·산출요소를 대상으로 상관관계분석을 실시한 결과이다. 상관관계분석의 결과는 DEA의 해석에 직접적인 영향을 미치지는 않지만 각 측정지표 간의 관계에 대한 통찰력을 제공할 수 있다는 측면에서 의의가 있다고 할 수 있다. 구체적인 내용을 살펴보면, 투입요소 간에는 장서수와 열람석이 가장 높은 상관관계(.867)를 나타내는 것으로 분석되었으며, 투입요소와 산출요소 간에는 장서수와 연간대출책수가 가장 높은 상관관계(.802)가 있는 것으로 나타났으며, 산출요소 간에는 연간대출책수와 연간이용자수가 비교적 높은 정(+)의 상관관계(.598)가 있는 것으로 나타났다.

	1	2	3	4	5	6	7	8	9	10
1. 연면적	1								.594(**)	.706(**)
2. 열람석	.778(**)	1							.666(**)	.737(**)
3. 장서수	.807(**)	.867(**)	1						.666(**)	.802(**)
4. 연속간행물수	.542(**)	.577(**)	.656(**)	1					.514(**)	.571(**)
5. 비도서수	.251(**)	.224(**)	.276(**)	.185(**)	1				.173(**)	.238(**)
6. 연간증가책수	.616(**)	.673(**)	.729(**)	.436(**)	.202(**)	1			.516(**)	.682(**)
7. 직원수	.776(**)	.809(**)	.861(**)	.548(**)	.294(**)	.734(**)	1		.591(**)	.780(**)
8. 예산액	.780(**)	.773(**)	.832(**)	.570(**)	.243(**)	.630(**)	.744(**)	1	.705(**)	.714(**)
9. 연간이용자수									1	
10. 연간대출책수									.598(**)	1

2) 대학도서관의 2003년 투입 · 산출요소의 기초통계량

2003년의 97개 대학도서관의 기술통계량은 위의 <표 4 - 13>과 같다. 먼저 투입요소를 살펴보면, 연면적의 평균값은 7,549(m^2)이고, 열람석은 1,477석, 장서수는 315,880권, 연속간행물수는 1,226종, 비도서수는 21,449권, 연간증가책수는 19,591권, 직원수는 12명, 예산액은 707,514(천 원)로 나타났다. 또한 산출요소는 연간이용자수는 305,828명, 연간대출책수의 평균은 111,481권으로 분석되었다.

<표 4 - 13> 대학도서관의 2003년 투입 · 산출요소의 기술통계

		최솟값	최댓값	평균	표준편차
투입요소	연면적	242	39,605	7,549.49	7,178.95
	열람석	60	7,728	1,477.89	1,334.08
	장서수	10,608	1,749,378	315,880.69	324,289.72
	연속간행물수	42	10,355	1,226.40	1,990.64
	비도서수	225	443,889	21,449.52	59,790.53
	연간증가책수	445	99,527	19,591.96	19,438.47
	직원수	1	49	12.05	10.69
	예산액	13,200	5,955,704	707,514.80	868,605.47
산출요소	연간이용자수	229	8,343,830	305,828.41	910,487.49
	연간대출책수	1,300	611,461	111,481.96	128,407.10

<표 4 - 14>는 선정된 대학도서관의 2003년 투입 · 산출요소를 대상으로 상관관계분석을 실시한 결과이다. 상관관계분석의 결과는 DEA의 해석에 직

접적인 영향을 미치지는 않지만 각 측정지표 간의 관계에 대한 통찰력을 제공할 수 있다는 측면에서 의의가 있다고 할 수 있다. 구체적인 내용을 살펴보면, 투입요소 간에는 장서수와 열람석이 가장 높은 상관관계(.907)를 나타내는 것으로 분석되었으며, 투입요소와 산출요소 간에는 예산액과 연간이용자수가 가장 높은 상관관계(.754)가 있는 것으로 나타났으며, 산출요소 간에는 연간대출책수와 연간이용자수가 비교적 높은 정(+)의 상관관계(.540)가 있는 것으로 나타났다.

<표 4 - 14> 선정된 2003년 대학도서관 투입·산출요소의 상관관계 분석결과

	1	2	3	4	5	6	7	8	9	10
1. 연면적	1								.600(**)	.625(**)
2. 열람석	.841(**)	1							.667(**)	.649(**)
3. 장서수	.845(**)	.907(**)	1						.681(**)	.718(**)
4. 연속간행물수	.636(**)	.694(**)	.708(**)	1					.574(**)	.534(**)
5. 비도서수	.230(*)	.131	.241(*)	.080	1				.098	.122
6. 연간증가책수	.680(**)	.743(**)	.803(**)	.478(**)	.275(**)	1			.495(**)	.602(**)
7. 직원수	.774(**)	.835(**)	.863(**)	.583(**)	.238(*)	.798(**)	1		.551(**)	.670(**)
8. 예산액	.827(**)	.778(**)	.847(**)	.628(**)	.148	.674(**)	.751(**)	1	.754(**)	.603(**)
9. 연간이용자수									1	
10. 연간대출책수									.540(**)	1

3) 대학도서관의 2004년 투입·산출요소의 기초통계량

2004년의 97개 대학도서관의 기술통계량은 위의 <표 4 - 15>와 같다. 먼저 투입요소를 살펴보면, 연면적의 평균값은 7,585(m^2)이고, 열람석은 1,468석, 장서수는 327,723권, 연속간행물수는 1,257종, 비도서수는 31,357권, 연간증가책수는 17,523권, 직원수는 11명, 예산액은 770,052(천 원)로 나타났다. 또한 산출요소는 연간이용자수는 260,995명, 연간대출책수의 평균이 108,379권으로 분석되었다.

<표 4-15> 대학도서관의 2004년 투입·산출요소의 기술통계

		최솟값	최댓값	평균	표준편차
투입요소	연면적	242	39,777	7,585.32	7,213.76
	열람석	60	8,495	1,468.14	1,367.47
	장서수	1,090	1,727,285	327,723.80	330,584.31
	연속간행물수	42	12,189	1,257.08	2,123.55
	비도서수	245	875,130	31,357.41	105,543.69
	연간증가책수	155	101,515	17,523.07	17,472.07
	직원수	1	45	11.63	10.02
	예산액	4,500	5,360,209	770,052.69	898,942.93
산출요소	연간이용자수	230	3,500,000	260,995.42	545,984.39
	연간대출책수	1,315	683,851	108,379.09	127,673.56

<표 4-16>은 선정된 대학도서관의 2004년 투입·산출요소를 대상으로 상관관계분석을 실시한 결과이다. 상관관계분석의 결과는 DEA의 해석에 직접적인 영향을 미치지는 않지만 각 측정지표 간의 관계에 대한 통찰력을 제공할 수 있다는 측면에서 의의가 있다고 할 수 있다. 구체적인 내용을 살펴보면, 투입요소 간에는 장서수와 열람석이 가장 높은 상관관계(.920)를 나타내는 것으로 분석되었으며, 투입요소와 산출요소 간에는 장서수와 연간대출책수가 가장 높은 상관관계(.782)가 있는 것으로 나타났으며, 산출요소 간에는 연간대출책수와 연간이용자수가 비교적 높은 정(+)의 상관관계(.589)가 있는 것으로 나타났다.

<표 4-16> 선정된 2004년 대학도서관 투입·산출요소의 상관관계 분석결과

	1	2	3	4	5	6	7	8	9	10
1. 연면적	1								.643(**)	.684(**)
2. 열람석	.846(**)	1							.720(**)	.744(**)
3. 장서수	.852(**)	.920(**)	1						.765(**)	.782(**)
4. 연속간행물수	.588(**)	.645(**)	.727(**)	1					.711(**)	.607(**)
5. 비도서수	.325(**)	.371(**)	.423(**)	.223(*)	1				.397(**)	.398(**)
6. 연간증가책수	.562(**)	.681(**)	.722(**)	.428(**)	.356(**)	1			.491(**)	.749(**)
7. 직원수	.810(**)	.839(**)	.870(**)	.571(**)	.410(**)	.692(**)	1		.655(**)	.741(**)
8. 예산액	.761(**)	.782(**)	.818(**)	.607(**)	.463(**)	.603(**)	.732(**)	1	.723(**)	.679(**)
9. 연간이용자수									1	
10. 연간대출책수									.589(**)	1

4) 대학도서관의 2005년 투입·산출요소의 기초통계량

2005년의 97개 대학도서관의 기술통계량은 위의 <표 4-17>과 같다. 먼저 투입요소를 살펴보면, 연면적의 평균값은 8,184(m^2)이고, 열람석은 1,488석, 장서수는 351,538권, 연속간행물수는 1,285종, 비도서수는 29,287권, 연간증가책수는 19,379권, 직원수는 11명, 예산액은 771,140(천 원)으로 나타났다. 또한 산출요소는 연간이용자수는 243,815명, 연간대출책수의 평균이 99,283권으로 분석되었다.

<표 4-17> 대학도서관의 2005년 투입·요소의 기술통계

		최솟값	최댓값	평균	표준편차
투입요소	연면적	242	39,777	8,184.73	7,397.51
	열람석	60	8,972	1,488.18	1,484.56
	장서수	6,477	1,767,346	351,538.20	348,254.90
	연속간행물수	47	10,704	1,285.63	2,093.73
	비도서수	247	465,689	29,287.04	73,258.70
	연간증가책수	155	87,684	19,379.16	18,827.61
	직원수	1	45	11.04	9.45
	예산액	8,600	5,579,301	771,140.61	929,274.38
산출요소	연간이용자수	348	3,500,000	243,815.04	559,492.98
	연간대출책수	1,465	648,453	99,283.37	111,860.39

<표 4-18>은 선정된 대학도서관의 2005년 투입·산출요소를 대상으로 상관관계분석을 실시한 결과이다. 상관관계분석의 결과는 DEA의 해석에 직접적인 영향을 미치지는 않지만 각 측정지표 간의 관계에 대한 통찰력을 제공할 수 있다는 측면에서 의의가 있다고 할 수 있다. 구체적인 내용을 살펴보면, 투입요소 간에는 장서수와 열람석이 가장 높은 상관관계(.877)를 나타내는 것으로 분석되었으며, 투입요소와 산출요소 간에는 장서수와 연간대출책수가 가장 높은 상관관계(.889)가 있는 것으로 나타났으며, 산출요소 간에는 연간대출책수와 연간이용자수가 비교적 높은 정(+)의 상관관계(.682)가 있는 것으로 나타났다.

<표 4-18> 선정된 2005년 대학도서관 투입·산출요소의 상관관계 분석결과

	1	2	3	4	5	6	7	8	9	10
1. 연면적	1								.583(**)	.815(**)
2. 열람석	.789(**)	1							.721(**)	.786(**)
3. 장서수	.869(**)	.877(**)	1						.672(**)	.889(**)
4. 연속간행물수	.468(**)	.492(**)	.604(**)	1					.469(**)	.551(**)
5. 비도서수	.290(**)	.227(*)	.214(*)	.089	1				.189	.155
6. 연간증가책수	.685(**)	.651(**)	.737(**)	.406(**)	.128	1			.542(**)	.705(**)
7. 직원수	.836(**)	.790(**)	.878(**)	.475(**)	.264(**)	.714(**)	1		.602(**)	.830(**)
8. 예산액	.816(**)	.750(**)	.828(**)	.489(**)	.126	.600(**)	.709(**)	1	.652(**)	.782(**)
9. 연간이용자수									1	
10. 연간대출책수									.682(**)	1

5) 대학도서관의 2006년 투입·산출요소의 기초통계량

2006년의 97개 대학도서관의 기술통계량은 위의 <표 4-19>와 같다. 먼저 투입요소를 살펴보면, 연면적의 평균값은 8,713(m^2)이고, 열람석은 1,521석, 장서수는 375,789권, 연속간행물수는 1,179종, 비도서수는 27,684권, 연간증가책수는 19,685권, 직원수는 11명, 예산액은 787,611(천 원)로 나타났다. 또한 산출요소는 연간이용자수는 324,217명, 연간대출책수의 평균이 99,213권으로 분석되었다.

<표 4-19> 대학도서관의 2006년 투입·산출요소의 기술통계

		최솟값	최댓값	평균	표준편차
투입요소	연면적	242	58,311	8,713.09	9,794.22
	열람석	60	11,782	1,521.22	1,609.69
	장서수	1,090	2,316,522	375,789.18	385,016.69
	연속간행물수	45	10,821	1,179.27	1,813.30
	비도서수	121	569,592	27,684.18	68,839.63
	연간증가책수	445	208,859	19,685.78	27,407.66
	직원수	1	55	11.07	10.22
	예산액	23,500	7,365,415	787,611.99	1,014,250.89
산출요소	연간이용자수	428	6,981,280	324,217.59	928,858.16
	연간대출책수	1,422	698,128	99,213.97	116,012.61

<표 4-20>은 선정된 대학도서관의 2006년 투입·산출요소를 대상으로 상관관계분석을 실시한 결과이다. 상관관계분석의 결과는 DEA의 해석에 직

접적인 영향을 미치지는 않지만 각 측정지표 간의 관계에 대한 통찰력을 제공할 수 있다는 측면에서 의의가 있다고 할 수 있다. 구체적인 내용을 살펴보면, 투입요소 간에는 직원수와 장서수가 가장 높은 상관관계(.868)를 나타내는 것으로 분석되었으며, 투입요소와 산출요소 간에는 직원수와 연간대출책수가 가장 높은 상관관계(.906)가 있는 것으로 나타났으며, 산출요소 간에는 연간대출책수와 연간이용자수가 비교적 높은 정(+)의 상관관계(.682)가 있는 것으로 나타났다.

<표 4 - 20> 선정된 2006년 대학도서관 투입·산출요소의 상관관계 분석결과

	1	2	4	6	5	7	3	8	10	9
1. 연면적	1								.607(**)	.761(**)
2. 열람석	.697(**)	1							.664(**)	.794(**)
3. 장서수	.717(**)	.797(**)	1						.655(**)	.864(**)
4. 연속간행물수	.535(**)	.512(**)	.617(**)	1					.432(**)	.604(**)
5. 비도서수	.190	.128	.200(*)	.350(**)	1				.091	.197
6. 연간증가책수	.576(**)	.658(**)	.703(**)	.481(**)	.108	1			.548(**)	.740(**)
7. 직원수	.749(**)	.794(**)	.868(**)	.572(**)	.247(*)	.767(**)	1		.634(**)	.906(**)
8. 예산액	.747(**)	.783(**)	.837(**)	.580(**)	.152	.656(**)	.794(**)	1	.746(**)	.817(**)
9. 연간이용자수									1	
10. 연간대출책수									.682(**)	1

1.3 전문·특수도서관의 투입·산출요소의 기초통계량

1) 선정된 전체 전문·특수도서관의 투입·산출요소의 기초통계량

2003년에서 2006년까지 선정된 43개 전문·특수도서관의 4년간 172개로, 도서관의 총괄적인 기술통계량은 위의 <표 4 - 21>과 같다. 먼저 투입요소를 살펴보면, 연면적의 평균값은 1,279(m^2)이고, 열람석은 57석, 장서수는 34,943권, 연속간행물수는 282종, 연간증가책수는 2,245권, 직원수는 5명, 예산액은 236,339(천 원)로 나타났다. 또한 산출요소는 연간이용자수는 25,964명, 연간대출책수의 평균이 11,033권으로 분석되었다.

<표 4-21> 선정된 전체 전문·특수도서관 투입·산출의 기술통계

		최솟값	최댓값	평균	표준편차
투입요소	연면적	30	22,537	1,279.60	3,666.22
	열람석	4	1,255	57.53	187.30
	장서수	173	243,952	34,943.35	47,664.08
	연속간행물수	6	3,386	282.08	361.41
	연간증가책수	65	12,536	2,245.95	2,525.30
	직원수	1	92	5.06	8.88
	예산액	2,160	2,648,000	236,339.44	520,951.99
산출요소	연간이용자수	215	2,047,081	25,964.23	125,086.12
	연간대출책수	15	111,900	11,033.81	19,083.12

<표 4-22>는 선정된 전체 전문·특수도서관의 투입·산출요소를 대상으로 상관관계분석을 실시한 결과이다. 상관관계분석의 결과는 DEA의 해석에 직접적인 영향을 미치지는 않지만 각 측정지표 간의 관계에 대한 통찰력을 제공할 수 있다는 측면에서 의의가 있다고 할 수 있다. 구체적인 내용을 살펴보면, 투입요소 간에는 예산액과 열람석이 가장 높은 상관관계(.703)를 나타내는 것으로 분석되었으며, 투입요소와 산출요소 간에는 열람석과 연간대출책수가 가장 높은 상관관계(.806)가 있는 것으로 나타났으며, 산출요소 간에는 연간대출책수와 연간이용자수가 비교적 높은 정(+)의 상관관계(.494)가 있는 것으로 나타났다.

<표 4-22> 선정된 전체 전문·특수도서관 투입·산출요소의 상관관계 석결과

	1	2	3	4	5	6	7	7	8
1. 연면적	1							.075	.219(**)
2. 열람석	.158(*)	1						.606(**)	.806(**)
3. 장서수	.510(**)	.597(**)	1					.351(**)	.685(**)
4. 연속간행물수	.182(*)	.395(**)	.312(**)	1				.206(**)	.335(**)
5. 연간증가책수	.197(**)	.270(**)	.616(**)	.188(*)	1			.118	.374(**)
6. 직원수	.296(**)	.375(**)	.619(**)	.299(**)	.233(**)	1		.281(**)	.604(**)
7. 예산액	.161(*)	.703(**)	.474(**)	.336(**)	.171(*)	.419(**)	1	.675(**)	.551(**)
8. 연간이용자수								1	
9. 연간대출책수								.494(**)	1

2) 전문·특수도서관의 2003년 투입·산출요소의 기초통계량

2003년의 43개 전문·특수도서관의 기술통계량은 위의 <표 4-23>과 같다. 먼저 투입요소를 살펴보면, 연면적의 평균값은 1,088(m^2)이고, 열람석은 57석, 장서수는 33,778권, 연속간행물수는 265종, 연간증가책수는 2,229권, 직원수는 5명, 예산액은 227,609(천 원)로 나타났다. 또한 산출요소는 연간이용자수는 25,903명, 연간대출책수의 평균이 10,294권으로 분석되었다.

<표 4-23> 전문·특수도서관의 2003년 투입·산출요소의 기술통계

		최솟값	최댓값	평균	표준편차
투입요소	연면적	30	19,961	1,088.09	3,186.95
	열람석	4	1,255	57.35	188.99
	장서수	1,124	220,000	33,778.07	44,628.40
	연속간행물수	6	1,211	265.12	271.29
	연간증가책수	124	9,990	2,229.40	2,441.50
	직원수	1	28	4.86	6.34
	예산액	2,160	2,648,000	227,609.00	514,384.42
산출요소	연간이용자수	215	829,000	25,903.47	126,221.99
	연간대출책수	15	111,900	10,294.70	17,918.81

<표 4-24>는 선정된 2003년 전문·특수도서관의 투입·산출요소를 대상으로 상관관계분석을 실시한 결과이다. 상관관계분석의 결과는 DEA의 해석에 직접적인 영향을 미치지는 않지만 각 측정지표 간의 관계에 대한 통찰력을 제공할 수 있다는 측면에서 의의가 있다고 할 수 있다. 구체적인 내용을 살펴보면, 투입요소 간에는 예산액과 열람석이 가장 높은 상관관계(.720)를 나타내는 것으로 분석되었으며, 투입요소와 산출요소 간에는 열람석과 연간대출책수가 가장 높은 상관관계(.873)가 있는 것으로 나타났으며, 산출요소 간에는 연간대출책수와 연간이용자수가 비교적 높은 정(+)의 상관관계(.267)가 있는 것으로 나타났다.

<표 4-24> 전문·특수도서관의 2003년 투입·산출요소의 상관관계 분석결과

	1	2	3	4	5	6	7	8	9
1. 연면적	1							.022	.142
2. 열람석	.189	1						.340(*)	.873(**)
3. 장서수	.360(*)	.643(**)	1					.183	.633(**)
4. 연속간행물수	.166	.535(**)	.427(**)	1				.078	.475(**)
5. 연간증가책수	.111	.274	.656(**)	.364(*)	1			-.006	.432(**)
6. 직원수	.134	.535(**)	.664(**)	.451(**)	.367(*)	1		.345(*)	.488(**)
7. 예산액	.189	.720(**)	.482(**)	.391(**)	.126	.609(**)	1	.844(**)	.610(**)
8. 연간이용자수								1	
9. 연간대출책수								.267	1

3) 전문·특수도서관의 2004년 투입·산출요소의 기초통계량

2004년의 43개 전문·특수도서관의 기술통계량은 위의 <표 4-25>와 같다. 먼저 투입요소를 살펴보면, 연면적의 평균값은 1,088(m^2)이고, 열람석은 57석, 장서수는 34,209권, 연속간행물수는 271종, 연간증가책수는 2,125권, 직원수는 5명, 예산액은 281,132(천 원)로 나타났다. 또한 산출요소는 연간이용자수는 25,876명, 연간대출책수의 평균이 10,237권으로 분석되었다.

<표 4-25> 전문·특수도서관의 2004년 투입·산출요소의 기술통계

		최솟값	최댓값	평균	표준편차
투입요소	연면적	30	19,961	1,088.09	3,186.95
	열람석	4	1,255	56.98	189.07
	장서수	173	220,000	34,209.81	46,608.92
	연속간행물수	6	1,211	271.09	279.44
	연간증가책수	124	9,990	2,125.09	2,274.82
	직원수	1	28	4.58	6.13
	예산액	2,160	2,648,000	281,132.07	627,494.71
산출요소	연간이용자수	220	829,000	25,876.72	126,223.50
	연간대출책수	15	111,900	10,237.51	17,877.93

<표 4-26>은 선정된 2004년 전문·특수도서관의 투입·산출요소를 대상으로 상관관계분석을 실시한 결과이다. 상관관계분석의 결과는 DEA의 해석에 직접적인 영향을 미치지는 않지만 각 측정지표 간의 관계에 대한 통찰

력을 제공할 수 있다는 측면에서 의의가 있다고 할 수 있다. 구체적인 내용을 살펴보면, 투입요소 간에는 예산액과 직원수가 가장 높은 상관관계(.692)를 나타내는 것으로 분석되었으며, 투입요소와 산출요소 간에는 열람석과 연간이용자수가 가장 높은 상관관계(.984)가 있는 것으로 나타났으며, 산출요소 간에는 연간대출책수와 연간이용자수가 높은 정(+)의 상관관계(.901)가 있는 것으로 나타났다.

<표 4-26> 전문·특수도서관의 2004년 투입·산출요소의 상관관계 분석결과

	1	2	3	4	5	6	7	8	9
1. 연면적	1							.188	.146
2. 열람석	.188	1						.984(**)	.878(**)
3. 장서수	.353(*)	.614(**)	1					.618(**)	.657(**)
4. 연속간행물수	.330(*)	.516(**)	.424(**)	1				.524(**)	.458(**)
5. 연간증가책수	.109	.306(*)	.611(**)	.345(*)	1			.297	.448(**)
6. 직원수	.136	.562(**)	.518(**)	.505(**)	.285	1		.563(**)	.504(**)
7. 예산액	.143	.578(**)	.474(**)	.354(*)	.250	.692(**)	1	.577(**)	.467(**)
8. 연간이용자수								1	
9. 연간대출책수								.901(**)	1

4) 전문·특수도서관의 2005년 투입·산출요소의 기초통계량

2005년의 43개 전문·특수도서관의 기술통계량은 위의 <표 4-27>과 같다. 먼저 투입요소를 살펴보면, 연면적의 평균값은 1,355(m^2)이고, 열람석은 57석, 장서수는 35,398권, 연속간행물수는 273종, 연간증가책수는 2,102권, 직원수는 6명, 예산액은 201,331(천 원)로 나타났다. 또한 산출요소는 연간이용자수는 26,284명, 연간대출책수의 평균이 12,836권으로 분석되었다.

<표 4-27> 전문·특수도서관의 2005년 투입·산출요소의 기술통계

		최솟값	최댓값	평균	표준편차
투입요소	연면적	30	19,961	1,355.00	3,661.98
	열람석	4	1,255	57.53	188.95
	장서수	173	222,888	35,398.30	48,545.03
	연속간행물수	6	1,211	273.88	275.26
	연간증가책수	124	9,990	2,102.86	2,262.50
	직원수	1	92	6.67	14.69
	예산액	2,160	2,648,000	201,331.21	416,174.73
산출요소	연간이용자수	247	829,000	26,284.35	126,165.37
	연간대출책수	15	111,900	12,836.23	22,496.04

<표 4-28>은 선정된 2005년 전문·특수도서관의 투입·산출요소를 대상으로 상관관계분석을 실시한 결과이다. 상관관계분석의 결과는 DEA의 해석에 직접적인 영향을 미치지는 않지만 각 측정지표 간의 관계에 대한 통찰력을 제공할 수 있다는 측면에서 의의가 있다고 할 수 있다. 구체적인 내용을 살펴보면, 투입요소 간에는 예산액과 열람석이 가장 높은 상관관계(.907)를 나타내는 것으로 분석되었으며, 투입요소와 산출요소 간에는 열람석과 연간이용자수가 가장 높은 상관관계(.982)가 있는 것으로 나타났으며, 산출요소 간에는 연간대출책수와 연간이용자수가 높은 정(+)의 상관관계(.707)가 있는 것으로 나타났다.

<표 4-28> 전문·특수도서관의 2005년 투입·산출요소의 상관관계 분석결과

	1	2	4	5	6	3	7	9	8
1. 연면적	1							.151	.387(*)
2. 열람석	.149	1						.982(**)	.673(**)
3. 장서수	.572(**)	.586(**)	1					.594(**)	.829(**)
4. 연속간행물수	.237	.523(**)	.574(**)	1				.525(**)	.503(**)
5. 연간증가책수	.054	.311(*)	.490(**)	.381(*)	1			.307(*)	.346(*)
6. 직원수	.498(**)	.207	.754(**)	.428(**)	.165	1		.226	.737(**)
7. 예산액	.256	.907(**)	.600(**)	.590(**)	.267	.233	1	.904(**)	.606(**)
8. 연간이용자수								1	
9. 연간대출책수								.707(**)	1

5) 전문·특수도서관의 2006년 투입·산출요소의 기초통계량

2006년의 43개 전문·특수도서관의 기술통계량은 위의 <표 4-29>와 같다. 먼저 투입요소를 살펴보면, 연면적의 평균값은 1,587(㎡)이고, 열람석은 58석, 장서수는 36,387권, 연속간행물수는 318종, 연간증가책수는 2,526권, 직원수는 4명, 예산액은 235,285(천 원)로 나타났다. 또한 산출요소는 연간이용자수는 25,792명, 연간대출책수의 평균이 10,766권으로 분석되었다.

<표 4-29> 전문·특수도서관의 2006년 투입·산출요소의 기술통계

		최솟값	최댓값	평균	표준편차
투입요소	연면적	30	22,537	1,587.21	4,563.30
	열람석	4	1,255	58.26	188.84
	장서수	173	243,952	36,387.23	52,199.04
	연속간행물수	6	3,386	318.21	550.01
	연간증가책수	65	12,536	2,526.47	3,097.22
	직원수	1	27	4.12	4.90
	예산액	2,160	2,648,000	235,285.47	519,633.06
산출요소	연간이용자수	219	829,000	25,792.37	126,180.61
	연간대출책수	15	111,900	10,766.79	18,201.37

<표 4-30>은 선정된 2006년 전문·특수도서관의 투입·산출요소를 대상으로 상관관계분석을 실시한 결과이다. 상관관계분석의 결과는 DEA의 해석에 직접적인 영향을 미치지는 않지만 각 측정지표 간의 관계에 대한 통찰력을 제공할 수 있다는 측면에서 의의가 있다고 할 수 있다. 구체적인 내용을 살펴보면, 투입요소 간에는 직원수와 장서수가 가장 높은 상관관계(.755)를 나타내는 것으로 분석되었으며, 투입요소와 산출요소 간에는 열람석과 연간이용자수가 가장 높은 상관관계(.984)가 있는 것으로 나타났으며, 산출요소 간에는 연간대출책수와 연간이용자수가 높은 정(+)의 상관관계(.879)가 있는 것으로 나타났다.

<표 4-30> 전문·특수도서관의 2006년 투입·산출요소의 상관관계 분석결과

	1	2	3	4	5	6	7	8	9
1. 연면적	1							.109	.165
2. 열람석	.130	1						.984(**)	.857(**)
3. 장서수	.658(**)	.559(**)	1					.544(**)	.607(**)
4. 연속간행물수	.116	.259	.119	1				.249	.169
5. 연간증가책수	.369(*)	.219	.687(**)	−.006	1			.187	.336(*)
6. 직원수	.320(*)	.728(**)	.755(**)	.216	.437(**)	1		.718(**)	.664(**)
7. 예산액	.118	.708(**)	.402(**)	.256	.092	.747(**)	1	.715(**)	.620(**)
8. 연간이용자수								1	
9. 연간대출책수								.879(**)	1

2. 전체 선정 도서관의 연도별 CCR 효율성 분석결과

2.1 공공도서관의 연도별 CCR 효율성 분석결과

1) 2003년 공공도서관의 CCR 효율성 분석결과

<표 4-31> 2003년 공공도서관의 CCR 효율성 분석결과(효율성 : 100)

56개
춘천평생교육정보관(전), 광명하안, 서귀포종합(전), 개포, 고척, 양주시립, 도봉, 동대문, 송파, 양천, 서부, 고성동부, 고덕평생학습관, 마포평생학습관, 성남시중원문화정보센터, 성동문화, 광진정보, 김해칠암, 속초평생교육정보관(전), 관악문화도서관, 마산시립합포, 의왕시립, 시흥시립, 반송, 해운대, 진주연암, 서동, 창원시립, 사하, 당진, 보령공공, 안산, 양산, 울산중부, 용인시립, 유성, 동부, 갈마, 남지, 가오, 효목, 천안중앙, 함안, 울산남부, 성남시중앙문화정보, 밀양, 진영, 부안, 북구일곡, 김해, 울산울주, 김천시립, 경북교육정보(전), 울산동부, 광주학생교육문화회관, 해남군립

<표 4 - 32> 2003년 공공도서관의 CCR 효율성 분석결과(효율성 : 80.00~99.99)

DMU	효율성	준거집단	DMU	효율성	준거집단
연산	98.87	광진정보, 사하, 안산, 천안중앙, 마산시립합포	두류	88.48	관악문화도서관, 효목, 유성, 안산, 창원시립, 마산시립합포
안양시립평촌	98.32	도봉, 광진정보, 관악문화도서관, 안산, 의왕시립, 창원시립, 마산시립합포	성북정보	88.25	송파, 광진정보, 관악문화도서관, 시흥시립
화도진	97.51	고척, 도봉, 성동문화	북부	87.88	고척, 관악문화도서관, 서부, 효목, 유성, 안산, 김해
밀양시립	96.93	관악문화도서관, 북구일곡, 유성, 안산, 시흥시립, 김해	제천시립	87.52	송파, 고덕평생학습관, 관악문화도서관, 마산시립합포
명장	96.85	도봉, 동대문, 천안중앙	해운대반여	87.46	관악문화도서관, 보령공공, 밀양, 마산시립합포
중계평생학습관	96.28	도봉, 송파, 고덕평생학습관, 안산	서귀포시립(전)	87.27	양천, 관악문화도서관, 의왕시립, 경북교육정보(전), 마산시립합포
강남	96.25	도봉, 관악문화도서관, 해운대, 천안중앙	통영	87.02	관악문화도서관, 유성, 안산, 시흥시립, 김해, 마산시립합포
성남시수정문화정보센터	95.03	관악문화도서관, 의왕시립, 마산시립합포	제주	86.77	관악문화도서관, 유성, 시흥시립, 밀양, 남지
충주학생	94.90	고척, 관악문화도서관, 안산, 밀양, 마산시립합포	남해	86.41	고척, 송파, 사하, 유성
거제	94.75	송파, 유성, 시흥시립, 천안중앙, 진영	광양공공	86.28	도봉, 광진정보, 북구일곡, 유성, 안산, 시흥시립, 의왕시립
기장도서관	93.80	송파, 관악문화도서관, 용인시립, 시흥시립, 마산시립합포	예산	85.60	도봉, 송파, 광진정보, 안산, 시흥시립, 의왕시립
부천시립 중앙	92.23	관악문화도서관, 의왕시립, 천안중앙, 남지, 창원시립	강릉평생교육정보관(전)	84.78	유성, 안산, 김해, 고성동부
신탄진	92.16	송파, 성동문화, 광진정보, 관악문화도서관, 서부, 북구일곡	경주시립	84.73	사하, 유성, 안산, 천안중앙
주안	91.60	관악문화도서관, 서부, 효목, 유성, 안산, 김해, 마산시립합포	영도	83.98	관악문화도서관, 서부, 유성, 안산, 김해, 마산시립합포
북구	90.66	송파, 광진정보, 관악문화도서관, 서부, 북구일곡, 유성, 성남시중앙문화정보, 마산시립합포	군위	83.77	동대문, 광진정보, 천안중앙
도립과천	90.47	고척, 관악문화도서관, 안산, 창원시립, 마산시립합포	구덕	82.58	고척, 도봉, 창원시립
성주	89.61	성동문화, 광진정보, 춘천평생교육정보관(전), 천안중앙, 밀양	사천	82.21	관악문화도서관, 유성, 안산, 시흥시립, 김해, 마산시립합포
중앙	89.45	송파, 성동문화, 관악문화도서관, 서부, 효목, 안산, 창원시립	도립중앙	80.72	안산, 울산울주, 천안중앙
부전	89.41	고척, 도봉, 관악문화도서관, 마산시립합포	양산웅상	80.02	관악문화도서관, 안산, 의왕시립

DMU	효율성	준거집단	DMU	효율성	준거집단
괴산	49.08	송파, 관악문화도서관, 안산, 의왕시립	예천	39.18	안산
동두천시립	48.29	관악문화도서관, 유성, 시흥시립, 의왕시립, 양주시립	삼척평생교육정보관(전)	38.59	송파, 광진정보, 창원시립
마산	47.30	양천, 성동문화, 관악문화도서관, 의왕시립, 천안중앙, 마산시립합포	진동	37.15	송파, 안산, 용인시립, 시흥시립, 진영
금산	46.06	도봉, 송파, 광진정보, 관악문화도서관, 유성, 안산, 시흥시립, 의왕시립	의성군립안계	36.60	송파, 관악문화도서관, 광주학생교육문화회관, 유성, 안산, 시흥시립, 천안중앙
충북중앙	45.31	송파, 광진정보, 관악문화도서관, 서부, 안산, 김해	울진	35.25	송파, 광진정보, 안산, 용인시립, 시흥시립
고성	45.30	도봉, 시흥시립, 의왕시립, 천안중앙, 진영	정읍시립	35.20	관악문화도서관, 유성, 안산, 김해, 남지, 창원시립, 마산시립합포
제천학생(전)	45.04	관악문화도서관, 김해, 밀양, 남지	철원	35.08	도봉, 송파, 광진정보, 관악문화도서관, 유성, 시흥시립, 양주시립
남구	44.68	송파, 광진정보, 서부, 북구일곡, 유성, 창원시립	산청	31.96	관악문화도서관, 사하, 울산울주, 천안중앙
한밭	44.66	송파, 광진정보, 김해, 창원시립	우당	31.31	도봉, 송파, 양천, 광진정보, 안산, 의왕시립, 마산시립합포
정선	44.63	북구일곡, 안산, 용인시립, 시흥시립, 마산시립합포	제남	29.89	관악문화도서관, 시흥시립, 부안, 김해
서천	43.37	유성, 안산, 시흥시립, 김해	청원	29.78	송파, 관악문화도서관, 안산, 의왕시립, 창원시립, 마산시립합포
음성	42.82	관악문화도서관, 유성, 안산, 시흥시립, 김해, 마산시립합포	밀양하남	23.93	고척, 관악문화도서관, 유성, 안산, 시흥시립, 의왕시립, 마산시립합포
중앙	42.64	고척, 송파, 광진정보, 관악문화도서관, 창원시립, 마산시립합포	점촌	23.36	고척, 도봉, 유성, 안산, 천안중앙
태백	42.31	송파, 유성, 안산, 용인시립, 시흥시립, 마산시립합포	양양	23.23	관악문화도서관, 북구일곡, 유성, 안산, 시흥시립, 의왕시립, 김해
영일	41.92	고척, 유성, 안산, 울산울주, 천안중앙, 마산시립합포	담양	22.95	도봉, 광진정보, 유성, 안산
춘성	41.25	유성, 안산, 용인시립, 시흥시립, 마산시립합포	도계	22.80	도봉, 송파, 관악문화도서관, 시흥시립, 의왕시립
고성	40.92	사하, 천안중앙, 함안	청송	22.12	관악문화도서관, 유성, 안산, 시흥시립, 의왕시립, 김해, 창원시립, 마산시립합포
서귀포학생	39.68	관악문화도서관, 안산, 창원시립	신안군립	20.46	유성, 안산, 용인시립, 시흥시립

먼저, Charens, Cooper, and Rhodes가 개발한 DEA의 기본모형인 CCR모형은 복수의 투입과 산출요소들을 일정한 가중치에 의해 합산함으로써 단일투

입과 단일산출 상황으로 만든다. 이러한 전제하에 본 연구에서는 CCR분석은 동일수준의 산출을 생산해 내기 위해 소요되는 투입을 최소하고 산출은 투입수준에 따라 영향을 받는 조건하에서 분석을 실시하였다.

<표 4-31>에서 <표 4-33>은 선정된 182개 공공도서관이 수행한 2003년 자료를 CCR분석을 통해 효율성을 분석한 결과이다. 선정된 182개 공공도서관 중에서 상대적으로 효율적이라고 분석된 공공도서관은 56개로 나타났다. 다시 말해 182개 공공도서관 중에서 56개의 효율적인 공공도서관이 경험적으로 효율성 프런티어를 형성하고 있으며, 나머지 126개 공공도서관의 효율성이 이러한 프로티어와의 관계 속에서 상대적으로 측정되었다는 의미이다. 효율성이 50%도 안 되는 공공도서관은 36개로 나타났다.

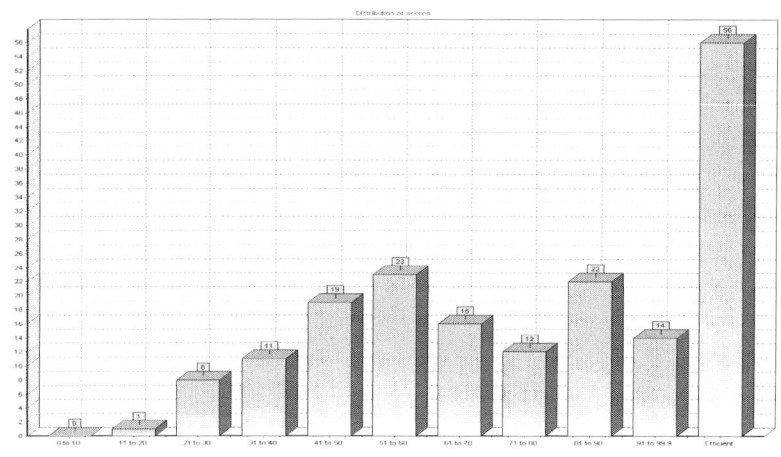

<그림 4-1> 2003년 공공도서관의 CCR 효율성 점수 분포

2003년 CCR분석에서 효율성이 높게 나와 준거집단으로 활용된 DMU는 43개 공공도서관이며, 준거 DMU로 설정되는 빈도가 높다는 것은 비효율적인 DMU들이 그 DMU를 모범모형(role model)으로 삼는 빈도가 높다는 것을 의미한다. DEA에 있어 준거집단에 대한 분석은 다음 두 가지 점에서 그 의의를 가진다고 볼 수 있다. 첫째, DEA에서 효율성 측정은 준거집단과의 비교를 통해 이루어지며 준거집단을 구성하는 것은 효율적 DMU들이다(Smith &

Mayston, 1978: 181 – 189). 둘째, 비효율적인 DMU는 도출된 준거집단의 실태를 참조로 하여 효율성 향상을 도모할 수 있다(김건위, 2003: 102).

<표 4-34> 2003년 공공도서관의 CCR분석 준거집단의 참조 횟수

DMU	참조 횟수	DMU	참조 횟수	DMU	참조 횟수
관악문화도서관	82	용인시립	15	당진	2
안산	72	남지	12	양주시립	2
유성	54	사하	11	김천시립	2
마산시립합포	54	성동문화	11	해운대	2
시흥시립	49	밀양	8	동부	2
송파	42	효목	7	성남시중원문화정보센터	2
광진정보	39	양천	7	함안	2
의왕시립	37	보령공공	6	부안	2
김해	33	진영	6	김해칠암	2
도봉	32	울산울주	5	갈마	1
천안중앙	29	고덕평생학습관	4	광주학생교육문화회관	1
창원시립	23	경북교육정보(전)	4	고성동부	1
고척	22	동대문	4	서귀포종합(전)	1
북구일곡	18	성남시중앙문화정보	3		
서부	16	춘천평생교육정보관(전)	3		

준거집단에 대한 논의는 다음의 두 가지 측면에서도 설명될 수 있다. 첫째, 효율적 DMU의 준거집단으로 출현한 준거 횟수가 많은 경우를 고찰한다. 준거 횟수란 효율적 DMU가 비효율적인 DMU의 효율성 측정을 위해 비교된 횟수이다. 준거집단(reference group)에 여러 번 포함된 공공도서관이 투입산출의 구조 면에서 보편적인 성격을 띠고 있어서 벤치마킹 대상이 되기에 용이하다(최적의 벤치마킹 대상이다.)는 것이고, 준거 횟수가 많은 효율적 DMU일수록 효율적이라고 판정된 그 효율성 값은 신뢰할 만하므로, 준거집단으로 출현한 횟수가 많은 DMU일수록 '진정으로' 효율적일 가능성이 높다 (Smith & Mayston, 1987: 181 – 189). 효율성이 100이면서 준거집단에 한 번도 포함되지 않은 공공도서관의 경우에는 투입산출의 구조가 특이한 상태이기 때문에 효율성이 자체 비교되고 만 것으로, 이는 벤치마킹 대상이 되기 어려울 뿐만 아니라 100의 효율성을 보인다는 평가 자체를 신뢰하기 힘든

상태라고 할 수 있다(윤경준 외, 2004: 95). 둘째, 각각의 비효율적 DMU에 대하여 직접적인 준거집단이 되는 DMU들에 관한 것이다. 이를 위해서 다음과 같이 준거집단 참조 횟수를 정리하였다.

위의 <표 4 - 34>에서 보듯이 관악문화도서관이 2003년 CCR분석에서 가장 많은 준거집단으로 사용된 것을 알 수 있으며, 다음으로 안산도서관, 유성, 마산시립합포 등의 순으로 많은 것을 알 수 있다.

다만 DEA모형이 상대적인 효율성을 측정하는 모형이기 때문에 유사한 집단끼리 비교·평가했을 때의 결과가 좀 더 신빙성이 있으므로 182개 공공도서관을 좀 더 세분하여 평가할 경우 더욱 정밀한 결과가 도출될 수 있다.

2) 2004년 공공도서관의 CCR 효율성 분석결과

동일 수준의 산출을 내기 위해 소요되는 투입을 최소하고 산출이 투입수준에 따라 직접적인 영향을 받는 것으로 가정되는 2004년 전체 공공도서관의 CCR분석결과는 <표 4 - 35>에서 <표 4 - 37>과 같다.

<표 4 - 35> 2004년 공공도서관의 CCR 효율성 분석결과(효율성 : 100)

47개
화성시립태안, 강동, 서부, 개포, 성남시중앙문화정보, 강남, 도봉, 동대문, 송파, 양천, 진주연암, 합천, 음성, 마포평생학습관, 효목, 중원, 광진정보, 충주학생, 진영, 관악문화도서관, 김해칠암, 중앙, 성남시수정문화정보센터, 천안중앙, 보령공공, 김해, 정선, 장흥, 광명하안, 창녕, 가오, 함안, 장성, 해운대반여, 광주학생교육문화회관, 용운, 동부, 경북교육정보(전), 유성, 김천시립, 안양시립 평촌, 춘천평생교육정보관(전), 용인시립, 제남, 북구일곡, 시흥시립, 의왕시립

<표 4-36> 2004년 공공도서관의 CCR 효율성 분석결과(효율성 : 80.00~99.99)

DMU	효율성	준거집단	DMU	효율성	준거집단
갈마	99.31	송파, 양천, 관악문화도서관, 북구일곡, 함안	양산	91.67	강남, 송파, 관악문화도서관, 성남시수정문화정보센터, 용인시립, 합천
울산남부	98.91	강남, 송파, 양천, 마포평생학습관, 관악문화도서관, 용운, 함안	고척	90.83	강남, 송파, 양천, 마포평생학습관, 관악문화도서관, 용운
기장도서관	98.68	양천, 관악문화도서관, 북구일곡, 유성, 천안중앙	진동	90.61	북구일곡, 가오, 진주연암
영동	98.42	송파, 양천, 광진정보, 관악문화도서관, 경북교육정보(전)	안산	90.17	송파, 양천, 관악문화도서관, 용운, 유성, 성남시수정문화정보센터, 천안중앙, 합천
도립중앙	97.77	강남, 양천, 용운, 합천	북구	89.38	양천, 관악문화도서관, 용운, 유성, 성남시중앙문화정보, 천안중앙, 김천시립
북부	96.25	송파, 양천, 관악문화도서관, 서부, 용운, 유성, 중원	밀양시립	86.35	관악문화도서관, 용운, 유성, 성남시수정문화정보센터, 천안중앙
성주	96.11	동대문, 송파, 양천, 광명하안, 춘천평생교육정보관(전), 함안	남부	84.52	송파, 양천, 관악문화도서관, 서부, 유성, 중원
서구	95.72	양천, 관악문화도서관, 해운대반여, 유성, 충주학생, 합천	송정	84.40	양천, 북구일곡, 용운, 가오, 유성, 중원
부천시립 중앙	94.97	송파, 관악문화도서관, 성남시중앙문화정보, 안양시립 평촌	서동	83.75	강남, 도봉, 양천, 합천
구덕	94.91	강남, 양천, 관악문화도서관, 합천	성동문화	83.41	강남, 송파, 양천, 광진정보, 용운, 춘천평생교육정보관(전), 함안
서귀포종합(전)	93.83	마포평생학습관, 중원, 음성	고덕평생학습관	82.66	강남, 개포, 송파, 양천, 관악문화도서관, 유성, 합천
부전	93.78	강남, 양천, 관악문화도서관, 합천	송악	81.69	용운, 성남시중앙문화정보, 진영
제천시립	93.53	송파, 관악문화도서관, 합천	수원시 선경	81.33	송파, 양천, 용운, 유성, 성남시수정문화정보센터, 김천시립, 합천
도림성남	93.11	강남, 양천, 관악문화도서관, 북구일곡, 용운, 유성	경주 시립	81.03	개포, 양천, 용운, 유성
울산중부	93.06	강남, 동대문, 송파, 양천, 함안	태백	80.26	관악문화도서관, 북구일곡, 용운, 유성, 정선
동두천시립	92.93	광진정보, 관악문화도서관, 경북교육정보(전), 함안	군위	80.26	양천, 북구일곡, 용운, 충주학생, 함안
성북정보	92.84	송파, 양천, 광진정보, 관악문화도서관, 용운, 함안	마산시립합포	80.05	양천, 용운, 유성, 성남시중앙문화정보, 성남시수정문화정보센터, 김천시립
화도진	92.40	송파, 양천, 광진정보, 효목, 용운, 광명하안, 춘천평생교육정보관(전), 함안			

<표 4 - 37> 2004년 공공도서관의 CCR 효율성 분석결과(효율성 : 49.99 이하)

DMU	효율성	준거집단	DMU	효율성	준거집단
서천	48.54	송파, 관악문화도서관, 유성, 성남시수정문화정보센터, 충주학생, 천안중앙, 합천	도계	35.49	송파, 양천, 용운, 장성
시민	48.32	송파, 양천, 관악문화도서관, 용운, 유성, 성남시중앙문화정보, 천안중앙, 합천	괴산	34.77	송파, 용운, 유성, 용인시립, 천안중앙
예천	47.86	송파, 관악문화도서관, 용운, 충주학생, 함안, 합천	인천시립	33.48	강남, 송파, 양천, 관악문화도서관, 합천
보은	47.75	송파, 성남시중앙문화정보, 안양시립 평촌, 김해	탐라	32.89	양천, 용운, 성남시중앙문화정보, 성남시수정문화정보센터, 김천시립, 합천
예산	47.57	송파, 관악문화도서관, 유성, 성남시중앙문화정보, 함안	함양	32.78	송파, 관악문화도서관, 유성, 합천
영월	46.4	양천, 용운, 성남시중앙문화정보, 안양시립 평촌, 용인시립, 김해	청원	32.47	송파, 양천, 관악문화도서관, 성남시수정문화정보센터, 충주학생, 합천
논산강경	46.18	양천, 해운대반여, 북구일곡, 용운, 유성, 천안중앙	대전학생교육문화원	30.99	송파, 양천, 용운, 유성, 중원, 장성
삼척평생교육정보관(전)	46.12	강남, 송파, 양천, 관악문화도서관, 용운, 유성, 중원	신탄진	29.79	송파, 양천, 용운, 성남시중앙문화정보, 김해
옥천	44.59	송파, 관악문화도서관, 유성, 성남시중앙문화정보, 함안	통영산양	29.34	관악문화도서관, 해운대반여, 유성, 보령공공
용산	44.51	강남, 동대문, 송파, 양천, 광진정보, 용운, 춘천평생교육정보관(전), 함안	고흥평생교육관	29.17	송파, 관악문화도서관, 용운, 유성, 중원
달성	44.40	양천, 관악문화도서관, 해운대반여, 용운, 유성, 천안중앙	강릉평생교육정보관(전)	28.50	강남, 송파, 용운, 유성, 중원, 장성
홍성	43.69	양천, 관악문화도서관, 북구일곡, 용운, 유성, 정선	영일	27.60	양천, 용운, 성남시수정문화정보센터, 김천시립, 합천
양산웅상	43.12	양천, 용운, 유성, 성남시수정문화정보센터, 김천시립	제주	27.48	용운, 유성, 천안중앙, 김천시립
남산	42.79	강남, 개포, 양천, 마포평생학습관, 관악문화도서관, 용운, 유성	고성	27.08	양천, 관악문화도서관, 용운, 유성, 용인시립, 중원
창원시립	42.34	송파, 양천, 용운, 유성, 김해칠암	의성	26.00	양천, 관악문화도서관, 해운대반여, 용운, 유성, 충주학생, 합천
고성	40.13	양천, 관악문화도서관, 해운대반여, 북구일곡, 용운, 유성, 천안중앙	담양	25.08	송파, 용운, 유성, 천안중앙
사천	40.06	양천, 관악문화도서관, 북구일곡, 용운, 유성, 함안	서귀포학생	24.17	관악문화도서관, 해운대반여, 유성, 보령공공
삼천포	39.70	송파, 관악문화도서관, 용운, 유성, 성남시수정문화정보센터, 함안, 합천	철원	23.72	강남, 송파, 양천, 용운, 유성, 합천
정읍시립	39.21	관악문화도서관, 용운, 유성, 충주학생, 천안중앙, 합천	점촌	23.71	강남, 송파, 양천, 용운, 유성, 성남시수정문화정보센터, 합천

DMU	효율성	준거집단	DMU	효율성	준거집단
의성군립안계	38.80	북구일곡, 가오, 유성, 중원	양양	22.97	송파, 양천, 관악문화도서관, 용운, 유성, 함안
제천학생회관	38.22	송파, 관악문화도서관, 유성, 김해칠암	밀양하남	20.42	송파, 양천, 관악문화도서관, 유성, 충주학생, 합천
한밭	37.28	송파, 관악문화도서관, 서부, 용운, 유성, 김해칠암	남해	17.17	도봉, 양천, 용운, 용인시립, 합천
우당	36.38	송파, 양천, 관악문화도서관, 유성, 천안중앙	중계평생학습관	16.72	양천, 마포평생학습관, 관악문화도서관, 용운, 유성, 중원
금산	36.36	양천, 관악문화도서관, 용운, 유성, 천안중앙	청송	13.69	강남, 송파, 양천, 관악문화도서관, 용운, 유성, 성남시수정문화정보센터, 함안, 합천
충북중앙도서관	36.33	송파, 양천, 관악문화도서관, 용운, 유성, 천안중앙	산청	10.25	강남, 송파, 양천, 용운, 유성, 성남시수정문화정보센터, 합천
남지	36.30	송파, 관악문화도서관, 충주학생, 합천			

2004년 전체 선정 공공도서관의 CCR 효율성 결과에 대해 살펴보면 47개 공공도서관이 '효율적'으로 분석되었으며, 효율성이 50%에 미치지 못하는 공공도서관이 51개로 나타났다.

비효율적인 DMU들의 준거집단을 형성하는 DUM들에 관한 분석내용을 정리하면 2004년 CCR분석에서 준거집단으로 참조된 집단들은 <표 4-38>과 같다. 이것을 상대적으로 비효율적인 DMU들의 효율성 향상 측면에서 큰 함의를 지닌 DMU들이 어떤 것들이며 나아가 관리행태나 절차의 개선에 있어서 준거가 될 DMU를 선정하는 데 있어 유용한 정보를 제공하기 때문에 중요하게 지적되어야 하는 것이다.

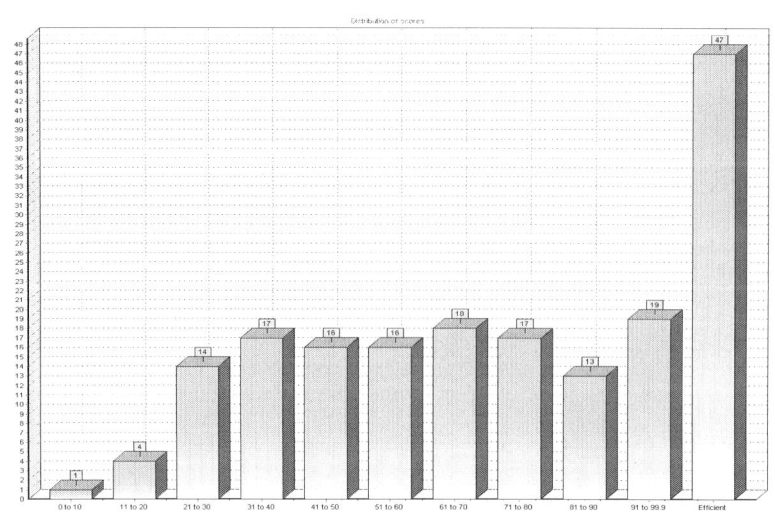

<그림 4-2> 2004년 공공도서관의 CCR 효율성 점수 분포

<표 4-38> 2004년 공공도서관의 CCR분석 준거집단의 참조 횟수

DMU	참조 횟수	DMU	참조 횟수	DMU	참조 횟수
양천	99	충주학생	15	김해칠암	4
용운	86	해운대반여	10	동대문	4
관악문화도서관	85	김천시립	10	보령공공	4
유성	83	용인시립	9	장성	4
송파	83	광진정보	9	도봉	4
합천	48	마포평생학습관	8	진주연암	4
강남	35	개포	8	광명하얀	3
천안중앙	30	안양시립 평촌	7	김해	3
함안	29	서부	6	경북교육정보(전)	3
북구일곡	23	춘천평생교육정보관(전)	5	창녕	1
성남시중앙문화정보	22	음성	5	진영	1
성남시수정문화정보센터	21	정선	4	동부	1
중원	21	가오	4	효목	1

2004년 준거집단의 참조 횟수를 정리하면 39개 공공도서관이 준거집단으로 활용되었으며, 가장 많이 준거집단으로 참조된 공공도서관은 양천도서관으로 총 99회 참조되었으며, 다음으로 용운도서관, 관악문화도서관, 유성도서

관, 송파도서관 등의 순으로 나타났다. 따라서 2004년 CCR분석에서 가장 효율적인 서비스를 제공하는 공공도서관은 양천도서관이라 할 수 있다.

3) 2005년 공공도서관의 CCR 효율성 분석결과

동일 수준의 산출을 내기 위해 소요되는 투입을 최소하고 산출이 투입수준에 따라 직접적인 영향을 받는 것으로 가정되는 2005년 전체 공공도서관의 CCR분석결과는 <표 4 - 39>에서 <표 4 - 41>과 같다.

2005년 전체 선정 공공도서관의 CCR 효율성 결과에 대해 살펴보면 50개 공공도서관이 '효율적'으로 분석되었으며, 효율성이 50%에 미치지 못하는 공공도서관이 48개로 나타났다.

비효율적인 DMU들의 준거집단을 형성하는 DUM들에 관한 분석내용을 정리하면 2005년 CCR분석에서 준거집단으로 참조된 집단들은 <표 4 - 42>와 같다. 이것을 상대적으로 비효율적인 DMU들의 효율성 향상 측면에서 큰 함의를 지닌 DMU들이 어떤 것들이며 나아가 관리행태나 절차의 개선에 있어서 준거가 될 DMU를 선정하는 데 있어 유용한 정보를 제공하기 때문에 중요하게 지적되어야 하는 것이다.

2005년 준거집단의 참조 횟수를 정리하면 준거집단으로 사용된 공공도서관은 42개로 나타났으며, 가장 많이 준거집단으로 참조된 공공도서관은 양천도서관으로 총 120회 참조되었으며, 다음으로 광진정보도서관, 도립성남도서관, 해운대반여도서관 등의 순으로 나타났다. 따라서 2005년 CCR분석에서 가장 효율적인 서비스를 제공하는 공공도서관은 양천도서관이라 할 수 있다.

<표 4 - 39> 2005년 공공도서관의 CCR 효율성 분석결과(효율성 : 100)

50개
강남, 춘천평생교육정보관(전), 속초평생교육정보관(전), 성남시중앙문화정보, 고척, 마산시립합포, 도봉, 동대문, 송파, 양천, 의성군립안계, 해운대반여, 경주시립, 마포평생학습관, 중계평생학습관, 성동문화, 광진정보, 군위, 영일, 거제, 함안, 양산, 부전, 성남시중원문화정보센터, 해운대, 구덕, 예산, 홍성, 도립성남, 함양, 광주광역시시립도서관, 남구, 울산울주, 도립중앙, 동두천시립, 광주학생교육문화회관, 시흥시립, 용인시립, 안양시립 평촌, 금호교육문화회관, 수원시 선경, 도립과천, 북구일곡, 한밭, 중앙, 울산동부, 울산남부, 가오, 안산, 유성

<표 4 - 40> 2005년 공공도서관의 CCR 효율성 분석결과(효율성 : 80.00~99.99)

DMU	효율성	준거집단	DMU	효율성	준거집단
사하	99.43	동대문, 양천, 부전, 해운대반여, 도립성남	갈마	89.15	양천, 광진정보, 해운대반여, 북구일곡, 도립성남, 예산
의왕시립	99.28	동대문, 거제, 양산	시흥시종합복지회관	89.11	양천, 양산, 함양, 마산시립합포
김천시립	97.11	양천, 광주광역시시립도서관, 유성, 수원시선경, 예산, 거제	김해	86.29	양천, 광진정보, 부전, 안산, 도립중앙, 도립성남
보령공공	97.04	양천, 해운대반여, 예산, 마산시립합포	기장도서관	85.07	양천, 광진정보, 해운대반여, 가오, 도립과천, 시흥시립, 예산
김해칠암	96.41	양천, 해운대반여, 수원시선경, 거제, 마산시립합포	대전학생교육문화원	85.05	송파, 양천, 광주학생교육문화회관, 울산동부
울산중부	92.33	도봉, 동대문, 양천, 광진정보, 해운대반여, 도립성남	광양공공	84.99	양천, 광진정보, 안산, 도립성남, 수원시선경, 안양시립 평촌, 거제
성남시수정문화정보센터	91.57	양천, 부전, 성남시중앙문화정보, 마산시립합포	통영	84.72	양천, 도립성남
서동	91.44	양천, 부전, 도립성남	충주학생	84.24	양천, 해운대반여, 북구일곡, 도립성남, 도립과천
개포	91.29	양천, 중계평생학습관, 부전, 도립성남, 안양시립 평촌	김포시립	83.18	양천, 부전, 해운대반여, 도립성남, 수원시선경, 마산시립합포
구포	91.05	강남, 도봉, 양천, 부전, 도립중앙, 도립성남, 군위	울진	82.60	성동문화, 광진정보, 광주학생교육문화회관, 광주광역시시립도서관, 울산울주
북구	90.62	양천, 광진정보, 광주학생교육문화회관, 가오, 수원시선경, 예산, 거제	송악	81.50	시흥시립, 속초평생교육정보관(전), 함양
양산웅상	90.19	양천, 도립과천, 거제, 마산시립합포	부평	81.08	양천, 광진정보, 울산남부, 울산울주, 도립성남, 안양시립 평촌

<표 4-41> 2005년 공공도서관의 CCR 효율성 분석결과(효율성 : 49.99 이하)

DMU	효율성	준거집단	DMU	효율성	준거집단
대봉	49.45	도봉, 양천, 광진정보, 부전, 광주학생교육문화회관, 울산동부, 도립성남	마산	31.45	양천, 부전, 가오, 도립성남, 홍성
금왕	48.75	양천, 가오, 도립과천, 예산, 마산시립합포	음성	30.88	양천, 성동문화, 광주학생교육문화회관, 광주광역시시립도서관, 수원시선경
안천시립	48.65	도봉, 부전, 울산동부, 도립중앙, 도립성남	괴산	30.46	양천, 성동문화, 광주학생교육문화회관, 광주광역시시립도서관, 울산울주, 거제
달성	47.66	광진정보, 부전, 울산남부, 울산동부, 도립중앙, 도립성남	청원	29.29	양천, 부전, 해운대반여, 마산시립합포
산안군립	47.62	중계평생학습관, 가오, 도립과천, 홍성	진동	28.63	양천, 광진정보, 가오, 도립과천, 거제
용산	47.03	동대문, 양천, 광진정보, 도립성남	의성	27.35	양천, 광진정보, 광주광역시시립도서관, 유성, 울산남부, 울산동부, 도립과천, 예산, 마산시립합포
제천시립	46.49	양천, 광진정보, 광주광역시시립도서관, 도립과천	예천	26.31	양천, 광진정보, 해운대반여, 북구일곡, 도립성남, 예산, 거제
철원	44.96	양천, 해운대반여, 광주학생교육문화회관, 광주광역시시립도서관, 도립과천, 수원시선경	고성동부도서관	25.33	광주광역시시립도서관, 가오, 도립과천, 시흥시립, 거제
제주	44.94	양천, 광주광역시시립도서관, 도립성남, 도립과천, 속초평생교육정보관(전), 예산	고흥평생교육관	24.85	양천, 광주광역시시립도서관, 도립과천, 속초평생교육정보관(전), 경주시립
영월	44.35	양천, 광진정보, 광주학생교육문화회관, 광주광역시시립도서관, 도립과천	보은	24.79	양천, 광주광역시시립도서관, 도립과천, 거제
우당	42.62	양천, 해운대반여, 도립과천, 수원시선경, 예산, 거제, 마산시립합포	정독	22.52	양천, 중계평생학습관, 광진정보, 속초평생교육정보관(전), 경주시립
밀양	41.90	양천, 해운대반여, 북구일곡, 도립성남	서귀포학생	22.38	양천, 도립과천, 거제
강서	41.31	양천, 중계평생학습관, 광진정보, 울산동부, 도립성남, 경주시립	남해	21.37	광진정보, 부전, 해운대반여, 도립성남, 수원시선경, 거제
중앙	40.67	고척, 양천, 광진정보, 광주광역시시립도서관, 유성, 예산	제천학생회관	21.20	양천, 해운대반여, 금호교육문화회관, 광주광역시시립도서관, 유성, 울산남부
옥천	37.60	양천, 광진정보, 광주광역시시립도서관, 거제	서귀포시동부	20.44	양천, 광주광역시시립도서관, 가오, 도립과천, 시흥시립, 거제, 마산시립합포
장흥	36.35	양천, 해운대반여, 금호교육문화회관, 광주광역시시립도서관	창녕	20.20	양천, 광진정보, 해운대반여, 울산동부, 도립과천, 마산시립합포
경북교육정보(전)	36.19	양천, 광진정보, 해운대반여, 광주학생교육문화회관, 광주광역시시립도서관, 가오, 도립과천	담양	19.68	양천, 광진정보, 울산동부, 거제

DMU	효율성	준거집단	DMU	효율성	준거집단
단양	36.03	양천, 해운대반여, 광주광역시시립도서관, 유성, 예산, 마산시립합포	밀양하남	19.30	양천, 광진정보, 해운대반여, 도립성남, 도립과천, 마산시립합포
정읍시립	35.70	양천, 광주광역시시립도서관, 울산울주, 도립과천	청송	18.98	양천, 광진정보, 광주광역시시립도서관, 안산, 울산울주, 도립과천
부천시립중앙	34.97	양천, 안양시립 평촌, 시흥시립, 예산, 거제, 함양	양양	18.93	양천, 해운대반여, 도립과천, 함양
통영산양	34.82	해운대반여, 광주학생교육문화회관, 도립과천, 예산, 마산시립합포	남지	15.51	양천, 울산울주, 도립성남, 양산
충북중앙도서관	34.28	양천, 해운대반여, 광주광역시시립도서관, 유성, 울산남부, 수원시선경, 경주시립	합천	14.59	양천, 양산
중원	33.12	양천, 부전, 해운대반여, 도립성남, 도립과천, 수원시선경, 거제, 마산시립합포	도계	14.49	양천, 부전, 광주학생교육문화회관, 도립성남, 도립과천, 마산시립합포
산청	32.32	양천, 해운대반여, 도립성남, 시흥시립, 예산, 마산시립합포	서귀포시립(전)	11.29	양천, 광진정보, 광주광역시시립도서관, 속초평생교육정보관(전), 예산

<표 4-42> 2005년 공공도서관의 CCR분석 준거집단의 참조 횟수

DMU	참조횟수	DMU	참조횟수	DMU	참조횟수
양천	120	안양시립 평촌	14	성남시중앙문화정보	6
광진정보	56	울산울주	14	홍성	6
도립성남	52	울산남부	12	금호교육문화회관	6
해운대반여	48	동대문	12	북구일곡	6
도립과천	45	시흥시립	12	송파	5
마산시립합포	43	속초평생교육정보관(전)	12	안산	5
부전	37	중계평생학습관	11	군위	5
광주광역시시립도서관	37	유성	10	고척	2
거제	32	함양	10	함안	2
가오	28	경주시립	9	강남	2
예산	25	성동문화	9	영일	1
광주학생교육문화회관	22	도립중앙	8	중앙	1
수원시선경	21	양산	7	한밭	1
울산동부	16	도봉	7	해운대	1

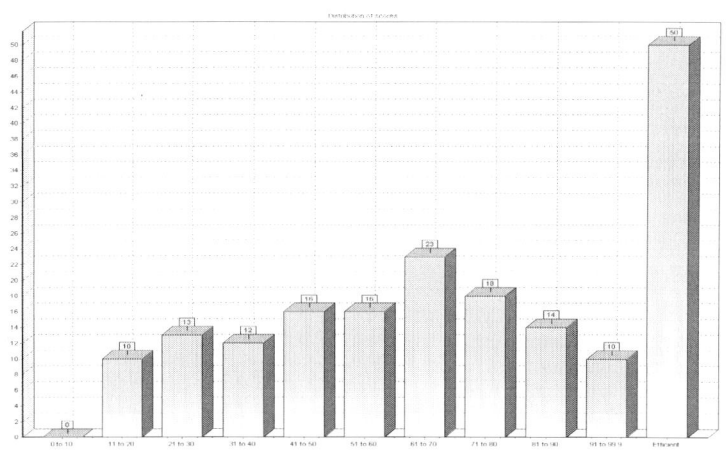

<그림 4-3> 2005년 공공도서관의 CCR 효율성 점수 분포

4) 2006년 공공도서관의 CCR 효율성 분석결과

동일 수준의 산출을 내기 위해 소요되는 투입을 최소하고 산출이 투입수준에 따라 직접적인 영향을 받는 것으로 가정되는 2006년 전체 공공도서관의 CCR분석결과는 <표 4-43>에서 <표 4-45>와 같다.

2006년 전체 선정 공공도서관의 CCR 효율성 결과에 대해 살펴보면 44개 공공도서관이 '효율적'으로 분석되었으며, 효율성이 50%에 미치지 못하는 공공도서관이 53개로 나타났다.

비효율적인 DMU들의 준거집단을 형성하는 DUM들에 관한 분석내용을 정리하면 2006년 CCR분석에서 준거집단으로 참조된 집단들은 <표 4-46>과 같다. 이것을 상대적으로 비효율적인 DMU들의 효율성 향상 측면에서 큰 함의를 지닌 DMU들이 어떤 것들이며 나아가 관리행태나 절차의 개선에 있어서 준거가 될 DMU를 선정하는 데 있어 유용한 정보를 제공하기 때문에 중요하게 지적되어야 하는 것이다.

2006년 준거집단의 참조 횟수를 정리하면 준거집단으로 이용한 공공도서관은 38개였으며, 가장 많이 준거집단으로 참조된 공공도서관은 양산웅상도서관으로 총 92회 참조되었으며, 다음으로 해운대반여도서관, 광진정보도서관, 관악문화도서관 등의 순으로 나타났다. 따라서 2006년 CCR분석에서 가장 효율적인 서비스를 제공하는 공공도서관은 양산웅상도서관이라 할 수 있다.

<표 4 - 43> 2006년 공공도서관의 CCR 효율성 분석결과(효율성 : 100)

44개
부안, 경주시립, 탐라, 갈마, 우당, 송악, 유성, 동대문, 송파, 양천, 양산웅상, 해운대반여, 울산중부, 광주학생교육문화회관, 중계평생학습관, 성동문화, 광진정보, 은평구립, 양산, 관악문화도서관, 함안, 도립성남, 부전, 반송, 북부일곡, 울산남부, 서동, 구포, 광명하안, 울산동부, 도립중앙, 보령공공, 천안중앙, 속초평생교육정보관(전), 성남시중앙문화정보, 홍성, 안양시립 평촌, 증평, 충주학생, 용인시립, 강남, 의왕시립, 시흥시립, 시흥시종합복지회관

<표 4 - 44> 2006년 공공도서관의 CCR 효율성 분석결과(효율성 : 80.00~99.99)

DMU	효율성	준거집단	DMU	효율성	준거집단
거제	99.77	성동문화, 광진정보, 관악문화도서관, 경주시립, 양산웅상	울산 울주	90.23	강남, 구포, 해운대반여, 양산, 양산웅상
마산시립합포	99.36	성동문화, 관악문화도서관, 해운대반여, 양산웅상	괴산	89.90	송파, 안양시립 평촌, 시흥시립, 양산웅상
기장도서관	98.22	광진정보, 관악문화도서관, 해운대반여, 시흥시립, 홍성, 양산웅상, 송악	김해	89.81	강남, 광진정보, 해운대반여, 함안, 양산웅상
사천	97.87	성동문화, 울산동부, 양산웅상	용산	86.84	강남, 성동문화, 관악문화도서관
밀양시립	96.63	해운대반여, 북부일곡, 양산웅상	송정	84.85	중계평생학습관, 광진정보, 관악문화도서관, 송악, 탐라
도봉	96.59	강남, 광진정보, 해운대반여, 도립성남	성북 정보	84.29	성동문화, 광진정보, 관악문화도서관, 양산웅상
개포	96.55	강남, 송파, 양천, 광진정보, 해운대반여, 안양시립 평촌, 양산웅상	동부	83.92	관악문화도서관, 해운대반여, 송악
서구	96.19	광진정보, 관악문화도서관, 해운대반여, 속초평생교육정보관(전), 송악, 탐라	부평	83.88	송파, 광진정보, 안양시립 평촌, 양산웅상, 송악
마포평생학습관	95.20	송파, 성동문화, 광진정보, 관악문화도서관	고척	83.07	송파, 중계평생학습관, 광진정보, 관악문화도서관
북구	94.78	송파, 성동문화, 광진정보, 관악문화도서관, 해운대반여, 증평	연산	82.97	강남, 해운대반여, 도립중앙, 양산웅상
제천시립	92.43	송파, 성동문화, 양산, 양산웅상	하남시립	82.07	관악문화도서관, 안양시립 평촌, 의왕시립, 천안중앙, 양산웅상
가오	92.20	성동문화, 광진정보, 관악문화도서관, 성남시중앙문화정보, 증평	안성시립	81.73	관악문화도서관, 안양시립 평촌, 의왕시립, 양산웅상
강동	91.89	강남, 송파, 서동, 해운대반여, 양산	화도진	81.14	송파, 성동문화, 광진정보, 해운대반여, 북부일곡, 광명하안
밀양	91.41	광진정보, 관악문화도서관, 함안	구덕	80.77	강남, 부전, 구포, 해운대반여, 양산
명장	91.39	강남, 동대문, 해운대반여, 함안	안산	80.39	성동문화, 광진정보, 부전, 해운대반여, 양산, 양산웅상
강릉평생교육정보관(전)	90.89	성동문화, 해운대반여, 양산웅상			

<표 4-45> 2006년 공공도서관의 CCR 효율성 분석결과(효율성 : 49.99 이하)

DMU	효율성	준거집단	DMU	효율성	준거집단
경북교육정보(전)	49.50	성동문화, 광진정보, 북부일곡, 성남시중앙문화정보, 양산웅상	남산	33.64	강남, 송파, 중계평생학습관, 광진정보, 관악문화도서관, 성남시중앙문화정보
제남	48.62	안양시립 평촌, 의왕시립, 천안중앙	정독	33.62	송파, 양천, 광진정보, 양산웅상
삼천포	48.00	광진정보, 관악문화도서관, 도립성남, 경주시립, 양산웅상	점촌	33.26	강남, 송파, 양산웅상, 송악
제주	47.12	해운대반여, 북부일곡, 양산웅상, 송악	중원	32.99	송파, 광진정보, 해운대반여, 안양시립 평촌, 양산웅상
진주연암	47.03	관악문화도서관, 도립성남, 안양시립 평촌, 양산웅상, 송악	합천	31.83	성동문화, 해운대반여, 충주학생
인천시립	46.81	송파, 해운대반여, 양산	달성	31.61	구포, 해운대반여, 양산웅상
해남군립	45.68	송파, 성동문화, 관악문화도서관, 양산웅상	함양	31.42	해운대반여, 북부일곡, 양산웅상, 송악
도립과천	45.62	송파, 양천, 해운대반여, 안양시립 평촌, 양산웅상	양양	31.38	성동문화, 광진정보, 관악문화도서관, 해운대반여, 시흥시립, 송악, 탐라
통영산양	45.22	관악문화도서관, 북부일곡, 부안, 양산웅상	한밭	31.34	송파, 광진정보, 북부일곡, 광명하안, 양산웅상
성남시중원문화정보	45.09	광진정보, 관악문화도서관, 양산웅상, 송악	춘성	31.19	광진정보, 관악문화도서관, 안양시립 평촌, 양산웅상, 송악, 탐라
장성	44.97	송파, 해운대반여, 양산, 송악	삼척평생교육정보관(전)	31.05	송파, 광진정보, 부전, 해운대반여, 안양시립 평촌, 양산, 양산웅상
진영	42.31	강남, 성동문화, 양산웅상	정읍시립	30.90	부안, 양산웅상, 송악, 탐라
단양	41.83	성동문화, 광진정보, 해운대반여, 시흥시립, 양산웅상	동두천시립	30.53	성동문화, 광진정보, 양산웅상, 송악
춘천평생교육정보관(전)	41.73	송파, 광진정보, 관악문화도서관, 해운대반여	의성	30.46	송파, 광진정보, 해운대반여, 양산, 양산웅상, 송악
남지	41.50	성동문화, 해운대반여, 충주학생, 양산, 양산웅상	보은	29.65	성동문화, 광진정보, 해운대반여, 시흥시립, 양산웅상
금산	41.16	송파, 성동문화, 광진정보, 관악문화도서관, 송악, 탐라	예천	28.51	해운대반여, 북부일곡, 도립성남, 함안, 양산웅상
고성	40.88	성동문화, 관악문화도서관, 해운대반여, 충주학생, 양산, 양산웅상	고성동부도서관	28.14	성동문화, 관악문화도서관, 충주학생, 천안중앙, 양산웅상
마산	40.51	송파, 중계평생학습관, 광진정보, 안양시립 평촌, 송악	서귀포 학생	26.96	시흥시립, 홍성, 양산웅상, 송악, 탐라
의성군립안계	40.38	광진정보, 홍성, 탐라	산청	26.21	성동문화, 관악문화도서관, 울산동부, 양산웅상
정선	38.90	중계평생학습관, 광진정보, 송악, 탐라	음성	25.43	성동문화, 관악문화도서관, 시흥시립, 홍성, 송악, 탐라
고성	37.91	광진정보, 관악문화도서관, 안양시립 평촌, 양산웅상, 송악	밀양하남	25.36	송파, 해운대반여, 충주학생, 양산, 양산웅상

DMU	효율성	준거집단	DMU	효율성	준거집단
장흥	37.83	광진정보, 해운대반여, 시흥시립, 속초평생교육정보관(전), 증평, 탐라	충북중앙도서관	24.47	송파, 성동문화, 해운대반여, 북부일곡, 광명하안, 충주학생, 양산웅상
영일	35.78	성동문화, 관악문화도서관, 해운대반여, 울산동부, 경주시립, 양산웅상	담양	22.40	송파, 광진정보, 해운대반여, 북부일곡, 광명하안, 양산웅상
창녕	35.55	성동문화, 부전, 해운대반여, 양산, 양산웅상	울진	21.12	광진정보, 관악문화도서관, 안양시립 평촌, 양산웅상, 송악
철원	35.32	송파, 광진정보, 해운대반여, 안양시립 평촌, 양산	청송	20.63	송파, 성동문화, 해운대반여, 양산웅상, 송악
영월	34.37	광진정보, 관악문화도서관, 해운대반여, 시흥시립, 양산웅상, 송악	도계	9.37	송파, 성동문화, 광진정보, 관악문화도서관, 용인시립, 시흥시립
진동	34.26	광진정보, 관악문화도서관, 홍성, 양산웅상, 송악			

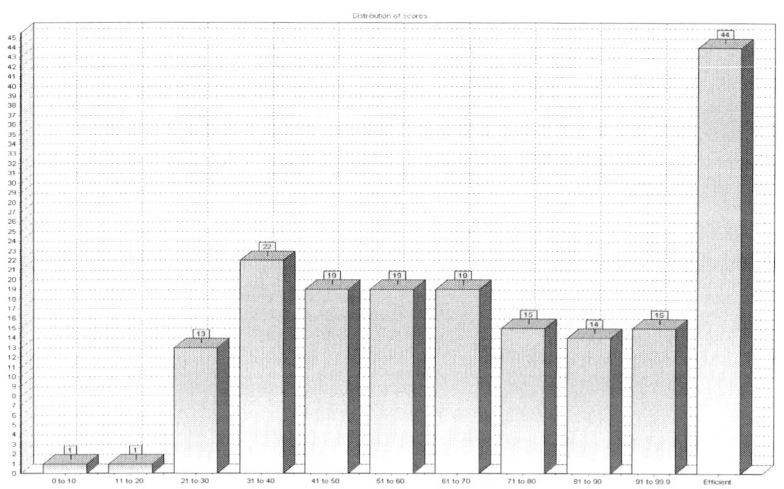

<그림 4 - 4> 2006년 공공도서관의 CCR 효율성 점수 분포

<표 4-46> 2006년 공공도서관의 CCR분석 준거집단의 참조 횟수

DMU	참조 횟수	DMU	참조 횟수	DMU	참조 횟수
양산웅상	92	충주학생	14	동대문	4
해운대반여	84	성남시중앙문화정보	13	울산동부	4
광진정보	68	함안	12	부안	4
관악문화도서관	64	중계평생학습관	9	경주시립	3
성동문화	57	양천	8	용인시립	3
송파	55	의왕시립	8	속초평생교육정보관(전)	3
송악	43	광명하안	8	반송	3
북부일곡	28	증평	7	은평구립	2
안양시립 평촌	25	천안중앙	7	도립중앙	2
강남	22	도립성남	6	우당	2
양산	21	홍성	6	서동	1
탐라	20	부전	5	갈마	1
시흥시립	15	구포	4		

2.2 대학도서관의 연도별 CCR 효율성 분석결과

1) 2003년 대학도서관의 CCR 효율성 분석결과

동일 수준의 산출을 내기 위해 소요되는 투입을 최소하고 산출이 투입수준에 따라 직접적인 영향을 받는 것으로 가정되는 2003년 전체 대학도서관의 CCR분석결과는 <표 4-47> 및 <표 4-48>과 같다.

2003년 전체 선정 대학도서관의 CCR 효율성 결과에 대해 살펴보면 11개 대학도서관이 '효율적'으로 분석되었으며, 효율성이 50%에 미치지 못하는 대학도서관이 61개로 나타났다.

비효율적인 DMU들의 준거집단을 형성하는 DUM들에 관한 분석내용을 정리하면 2003년 CCR분석에서 준거집단으로 참조된 집단들은 <표 4-49>와 같다. 이것을 상대적으로 비효율적인 DMU들의 효율성 향상 측면에서 큰 함의를 지닌 DMU들이 어떤 것들이며 나아가 관리행태나 절차의 개선에 있어서 준거가 될 DMU를 선정하는 데 있어 유용한 정보를 제공하기 때문에 중요하게 지적되어야 하는 것이다.

2003년 준거집단의 참조 횟수를 정리하면 준거집단으로 이용된 대학도서관은 11개였으며, 가장 많이 준거집단으로 참조된 대학도서관은 양산대학으로 총 82회 참조되었으며, 다음으로 수원과학대학, 장로회신학대학교, 신라대학교 등의 순으로 나타났다. 따라서 2003년 CCR분석에서 가장 효율적인 서비스를 제공하는 대학도서관은 양산대학도서관이라 할 수 있다.

<표 4 - 47> 2003년 대학도서관의 CCR 효율성 분석결과(효율성 : 100)

11개
수원과학대학, 홍익대학교조치원캠퍼스, 고려대학교, 양산대학, 목포대학교, 서남대학교, 경성대학교, 동우대학, 서강정보대학, 신라대학교, 장로회신학대학교

<표 4 - 48> 2003년 대학도서관의 CCR 효율성 분석결과(효율성 : 99.99 이하)

DMU	효율성	준거집단	DMU	효율성	준거집단
신흥대학	98.54	고려대학교, 신라대학교	가톨릭대학교 성심교정	29.73	고려대학교, 장로회신학대학교, 양산대학
대전보건대학	96.71	고려대학교, 양산대학	마산대학	29.42	신라대학교, 양산대학
조선이공대학	94.30	동우대학, 홍익대학교조치원캠퍼스, 양산대학	충주대학교	27.89	고려대학교, 신라대학교, 홍익대학교조치원캠퍼스, 양산대학
상지대학교	89.78	고려대학교, 장로회신학대학교, 양산대학	고려대학교서창캠퍼스	27.41	고려대학교, 수원과학대학, 양산대학
홍익대학교	88.62	고려대학교, 신라대학교, 양산대학	주성대학	25.47	고려대학교, 서강정보대학, 양산대학
충남대학교	86.79	고려대학교, 서강정보대학, 양산대학	상명대학교	23.74	고려대학교, 장로회신학대학교, 양산대학
명지대학교	84.61	고려대학교, 서강정보대학, 양산대학	적십자간호대학	22.81	경성대학교, 신라대학교, 양산대학
대구보건대학	75.56	고려대학교, 신라대학교, 홍익대학교조치원캠퍼스, 양산대학	부산가톨릭대학교	22.64	경성대학교, 목포대학교, 양산대학
계명문화대학	73.98	수원과학대학, 양산대학	경기대학교	20.68	장로회신학대학교, 수원과학대학, 양산대학
호원대학교	66.02	신라대학교, 홍익대학교조치원캠퍼스, 양산대학	한림대학교	20.39	고려대학교, 장로회신학대학교, 양산대학
대구대학교	65.29	고려대학교, 수원과학대학, 양산대학	성결대학교	20.19	고려대학교, 장로회신학대학교, 수원과학대학, 양산대학
혜천대학	63.37	고려대학교, 동우대학, 양산대학	금오공과대학교	19.21	고려대학교, 동우대학, 양산대학

DMU	효율성	준거집단	DMU	효율성	준거집단
강남대학교	59.95	고려대학교, 동우대학, 홍익대학교조치원캠퍼스, 양산대학	군장대학	18.26	고려대학교, 동우대학
광운대학교	58.80	고려대학교, 홍익대학교조치원캠퍼스, 양산대학	안동과학대학	18.09	양산대학
여수대학교	58.46	고려대학교, 서강정보대학, 양산대학	용인송담대학	17.97	장로회신학대학교, 목포대학교, 양산대학
청주대학교	56.64	고려대학교, 신라대학교, 수원과학대학, 양산대학	동국대학교	17.32	장로회신학대학교, 수원과학대학, 양산대학
경남정보대학	55.41	고려대학교, 양산대학	덕성여자대학교	15.78	고려대학교, 장로회신학대학교, 양산대학
서울여자대학교	53.89	고려대학교, 신라대학교, 양산대학	광주보건대학	15.53	고려대학교, 장로회신학대학교
울산대학교	52.96	고려대학교, 신라대학교, 양산대학	광주가톨릭대학교	15.12	장로회신학대학교, 양산대학
명지대학교자연캠퍼스	52.77	고려대학교, 신라대학교, 양산대학	가톨릭대학교성신교정	14.69	양산대학
한라대학교	51.98	고려대학교, 신라대학교	장안대학	14.36	장로회신학대학교, 수원과학대학, 양산대학
세명대학교	50.73	신라대학교, 동우대학, 홍익대학교조치원캠퍼스, 양산대학	한국교원대학교	14.28	장로회신학대학교, 양산대학
충북대학교	49.00	고려대학교, 서강정보대학, 양산대학	인덕대학	13.70	고려대학교, 수원과학대학, 양산대학
동의대학교	47.78	고려대학교, 동우대학, 홍익대학교조치원캠퍼스, 양산대학	포항공과대학교	13.14	장로회신학대학교, 수원과학대학, 양산대학
대구가톨릭대학교	47.19	고려대학교, 장로회신학대학교, 양산대학	대진대학교	12.94	고려대학교, 장로회신학대학교, 수원과학대학, 양산대학
공군사관학교	47.01	수원과학대학, 양산대학	유한대학	12.66	고려대학교, 수원과학대학, 양산대학
제주산업정보대학	46.37	고려대학교, 신라대학교, 동우대학, 양산대학	한세대학교	12.56	장로회신학대학교, 목포대학교, 양산대학
전남대학교	44.94	고려대학교, 신라대학교, 양산대학	협성대학교	11.88	목포대학교, 양산대학
김천대학	42.47	신라대학교, 양산대학	대전대학교	11.23	고려대학교, 장로회신학대학교, 수원과학대학, 양산대학
경북전문대학	40.43	고려대학교, 동우대학, 양산대학	한국해양대학교	11.07	장로회신학대학교, 수원과학대학, 양산대학
삼척대학교	40.26	고려대학교, 신라대학교, 홍익대학교조치원캠퍼스, 양산대학	여주대학	11.06	장로회신학대학교, 수원과학대학, 양산대학
창원대학교	39.77	고려대학교, 양산대학	한영신학대학교	10.63	수원과학대학, 서남대학교, 양산대학

DMU	효율성	준거집단	DMU	효율성	준거집단
상주대학교	39.54	고려대학교, 양산대학	동주대학	10.62	고려대학교, 수원과학대학, 양산대학
배재대학교	39.28	고려대학교, 신라대학교, 홍익대학교조치원캠퍼스, 양산대학	대불대학교	10.51	양산대학
계명대학교	35.47	고려대학교, 동우대학, 양산대학	군산간호대학	10.17	수원과학대학, 양산대학
전주대학교	34.26	고려대학교, 신라대학교, 수원과학대학, 양산대학	부산여자대학	10.16	양산대학
창원전문대학	34.06	고려대학교, 양산대학	진주국제대학교	9.92	고려대학교, 동우대학, 홍익대학교조치원캠퍼스, 양산대학
창신대학	33.76	신라대학교, 동우대학, 홍익대학교조치원캠퍼스, 양산대학	세종대학교	9.86	장로회신학대학, 수원과학대학, 양산대학
한국정보통신대학교	33.64	고려대학교, 장로회신학대학교, 양산대학	관동대학교	8.57	고려대학교, 수원과학대학, 양산대학
조선대학교	32.19	고려대학교, 서강정보대학, 서남대학교, 양산대학	우석대학교	8.06	장로회신학대학교, 수원과학대학, 양산대학
진주교육대학교	31.95	고려대학교, 신라대학교, 동우대학, 양산대학	울산과학대학	7.57	수원과학대학, 양산대학
경희대학교	31.48	신라대학교, 동우대학, 홍익대학교조치원캠퍼스, 양산대학	경주대학교	6.92	장로회신학대학교, 수원과학대학, 양산대학
경북과학대학	31.25	고려대학교, 장로회신학대학교, 수원과학대학, 양산대학	복음신학대학원대학교	4.99	고려대학교, 장로회신학대학교, 양산대학

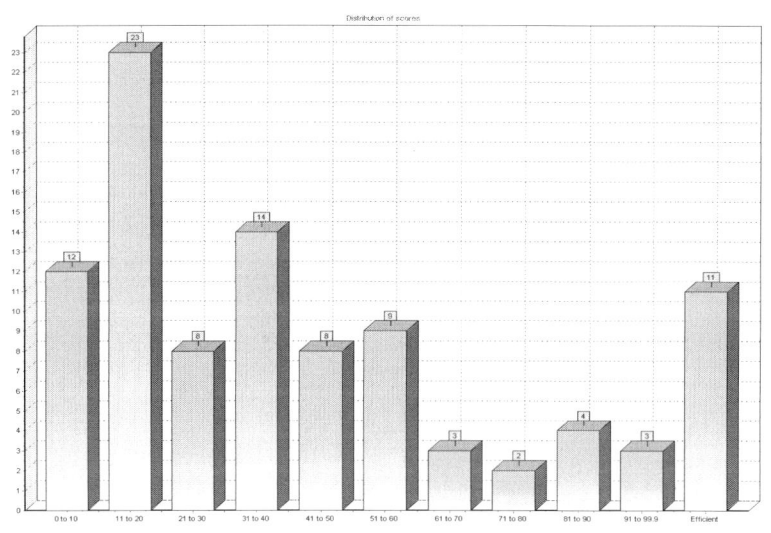

<그림 4 - 5> 2003년 대학도서관의 CCR 효율성 점수 분포

<표 4-49> 2003년 대학도서관의 CCR분석 준거집단의 참조 횟수

DMU	참조 횟수	DMU	참조 횟수
양산대학	82	홍익대학교조치원캠퍼스	13
고려대학교	54	서강정보대학	6
수원과학대학	27	목포대학교	4
장로회신학대학교	26	경성대학교	2
신라대학교	22	서남대학교	2
동우대학	15		

2) 2004년 대학도서관의 CCR 효율성 분석결과

동일 수준의 산출을 내기 위해 소요되는 투입을 최소하고 산출이 투입수준에 따라 직접적인 영향을 받는 것으로 가정되는 2004년 전체 대학도서관의 CCR분석결과는 <표 4-50> 및 <표 4-51>과 같다.

2004년 전체 선정 대학도서관의 CCR 효율성 결과에 대해 살펴보면 17개 대학도서관이 '효율적'으로 분석되었으며, 효율성이 50%에 미치지 못하는 대학도서관이 63개로 나타났다.

비효율적인 DMU들의 준거집단을 형성하는 DUM들에 관한 분석내용을 정리하면 2004년 CCR분석에서 준거집단으로 참조된 집단들은 <표 4-52>와 같다. 이것을 상대적으로 비효율적인 DMU들의 효율성 향상 측면에서 큰 함의를 지닌 DMU들이 어떤 것들이며 나아가 관리행태나 절차의 개선에 있어서 준거가 될 DMU를 선정하는 데 있어 유용한 정보를 제공하기 때문에 중요하게 지적되어야 하는 것이다.

2004년 준거집단의 참조 횟수를 정리하면, 16개 대학도서관이 준거집단으로 사용되었으며, 가장 많이 준거집단으로 참조된 대학도서관은 양산대학으로 총 82회 참조되었으며, 다음으로 경성대학교, 계명문화대학, 고려대학교서창캠퍼스, 동국대학교, 홍익대학교 등의 순으로 나타났다. 따라서 2004년 CCR분석에서 가장 효율적인 서비스를 제공하는 대학도서관은 양산대학도서관이라 할 수 있다.

<표 4 - 50> 2004년 대학도서관의 CCR 효율성 분석결과(효율성 : 100)

17개
목포대학교, 홍익대학교, 계명문화대학, 대구보건대학, 대전보건대학, 동국대학교, 양산대학, 청주대학교, 서울여자대학교, 김천대학, 서남대학교, 대구대학교, 동우대학, 고려대학교서창캠퍼스, 충남대학교, 서강정보대학, 경성대학교

<표 4 - 51> 2004년 대학도서관의 CCR 효율성 분석결과(효율성 : 99.99 이하)

DMU	효율성	준거집단	DMU	효율성	준거집단
고려대학교	96.58	홍익대학교, 대전보건대학, 대구대학교, 양산대학	금오공과대학교	28.53	동국대학교, 경성대학교, 고려대학교서창캠퍼스, 양산대학
홍익대학교조치원캠퍼스	95.12	경성대학교, 동우대학	복음신학대학원대학교	28.39	대전보건대학, 양산대학
상지대학교	94.00	경성대학교, 양산대학	군장대학	27.44	동국대학교, 경성대학교, 동우대학, 고려대학교서창캠퍼스
혜천대학	88.52	동국대학교, 충남대학교, 동우대학, 고려대학교서창캠퍼스	광주가톨릭대학교	27.13	양산대학
배재대학교	85.48	홍익대학교, 대구보건대학, 김천대학, 양산대학	경기대학교	26.55	계명문화대학, 양산대학
관동대학교	85.25	대전보건대학, 동우대학, 대구대학교, 양산대학	명지대학교자연캠퍼스	26.45	동국대학교, 경성대학교, 고려대학교서창캠퍼스, 양산대학
전남대학교	83.33	동국대학교, 대전보건대학, 고려대학교서창캠퍼스, 김천대학, 양산대학	장안대학	26.13	경성대학교, 계명문화대학, 양산대학
한라대학교	82.97	대전보건대학, 고려대학교서창캠퍼스	공군사관학교	25.75	경성대학교, 양산대학
광운대학교	76.57	동국대학교, 홍익대학교, 경성대학교, 고려대학교서창캠퍼스, 양산대학	포항공과대학교	25.42	계명문화대학, 양산대학
충북대학교	73.78	동국대학교, 경성대학교, 동우대학, 고려대학교서창캠퍼스, 양산대학	부산가톨릭대학교	24.84	목포대학교, 양산대학
호원대학교	68.86	홍익대학교, 대구보건대학, 고려대학교서창캠퍼스, 양산대학	신라대학교	24.72	동국대학교, 홍익대학교, 경성대학교, 대전보건대학, 고려대학교서창캠퍼스, 양산대학
경남정보대학	62.05	대전보건대학, 양산대학	주성대학	23.51	동국대학교, 경성대학교, 고려대학교서창캠퍼스, 양산대학
한국교원대학교	60.94	홍익대학교, 대구보건대학, 김천대학, 양산대학	대구가톨릭대학교	22.25	홍익대학교, 계명문화대학, 양산대학
강남대학교	58.62	경성대학교, 고려대학교서창캠퍼스, 양산대학	한세대학교	21.07	계명문화대학, 양산대학
경희대학교	57.37	계명문화대학, 양산대학	인덕대학	20.66	경성대학교, 계명문화대학, 양산대학

DMU	효율성	준거집단	DMU	효율성	준거집단
장로회신학대학교	53.05	동국대학교, 홍익대학교, 경성대학교, 고려대학교서창캠퍼스, 양산대학	적십자간호대학	19.75	경성대학교, 동우대학, 양산대학
제주산업정보대학	52.24	경성대학교, 대전보건대학, 동우대학, 양산대학	용인송담대학	19.41	계명문화대학, 양산대학
진주교육대학교	50.39	경성대학교, 대구보건대학, 대전보건대학, 고려대학교서창캠퍼스, 양산대학	안동과학대학	18.09	양산대학
동의대학교	49.79	동국대학교, 홍익대학교, 경성대학교, 대전보건대학, 양산대학	마산대학	17.78	경성대학교, 동우대학, 양산대학
계명대학교	47.03	동국대학교, 경성대학교, 대전보건대학, 고려대학교서창캠퍼스, 양산대학	세명대학교	17.43	계명문화대학, 양산대학
대전대학교	46.84	동국대학교, 홍익대학교, 경성대학교, 대전보건대학, 고려대학교서창캠퍼스, 양산대학	경북전문대학	17.38	홍익대학교, 경성대학교, 계명문화대학, 양산대학
상주대학교	46.09	대구보건대학, 고려대학교서창캠퍼스, 김천대학, 양산대학	창원전문대학	17.30	서울여자대학교, 대구대학교, 양산대학
한림대학교	44.91	경성대학교, 목포대학교, 양산대학	조선대학교	17.04	동국대학교, 경성대학교, 계명문화대학, 양산대학
가톨릭대학교 성심교정	44.36	동국대학교, 홍익대학교, 경성대학교, 대전보건대학, 고려대학교서창캠퍼스, 양산대학	신흥대학	16.38	홍익대학교, 계명문화대학, 양산대학
수원과학대학	44.21	계명문화대학, 양산대학	여주대학	15.56	계명문화대학, 양산대학
충주대학교	43.00	경성대학교, 대전보건대학, 양산대학	삼척대학교	13.96	홍익대학교, 경성대학교, 계명문화대학, 양산대학
명지대학교	42.62	동국대학교, 서남대학교, 양산대학	한영신학대학교	13.07	양산대학
울산대학교	42.01	홍익대학교, 경성대학교, 양산대학	울산과학대학	12.55	계명문화대학, 양산대학
창원대학교	40.43	동국대학교, 고려대학교서창캠퍼스, 양산대학	동주대학	11.83	동국대학교, 계명문화대학, 양산대학
경북과학대학	39.52	동국대학교, 경성대학교, 계명문화대학, 양산대학	우석대학교	11.63	계명문화대학, 양산대학
광주보건대학	38.28	양산대학	진주국제대학교	11.55	경성대학교, 동우대학, 고려대학교서창캠퍼스, 양산대학
상명대학교	36.23	경성대학교, 양산대학	경주대학교	11.43	계명문화대학, 양산대학
성결대학교	36.09	계명문화대학, 양산대학	유한대학	11.35	경성대학교, 계명문화대학
창신대학	34.41	경성대학교, 동우대학, 양산대학	협성대학교	11.26	목포대학교, 양산대학
한국정보통신대학교	32.81	목포대학교, 양산대학	대불대학교	10.51	양산대학
여수대학교	30.40	동국대학교, 경성대학교, 고려대학교서창캠퍼스, 양산대학	군산간호대학	10.36	계명문화대학, 양산대학

DMU	효율성	준거집단	DMU	효율성	준거집단
덕성여자대학교	30.17	동국대학교, 서강정보대학, 충남대학교, 동우대학, 양산대학	부산여자대학	9.91	양산대학
대진대학교	29.92	홍익대학교, 경성대학교, 계명문화대학	조선이공대학	9.07	경성대학교, 동우대학, 양산대학
전주대학교	29.77	계명문화대학, 양산대학	가톨릭대학교 성신교정	7.02	양산대학
세종대학교	29.07	서울여자대학교, 양산대학	한국해양대학교	6.02	계명문화대학, 양산대학

<표 4-52> 2004년 대학도서관의 CCR분석 준거집단의 참조 횟수

DMU	참조 횟수	DMU	참조 횟수	DMU	참조 횟수
양산대학	82	대전보건대학	15	서강정보대학	3
경성대학교	38	동우대학	14	대구대학교	3
계명문화대학	26	대구보건대학	6	서울여자대학교	2
고려대학교서창캠퍼스	23	김천대학	5	서남대학교	1
동국대학교	22	충남대학교	4		
홍익대학교	16	목포대학교	4		

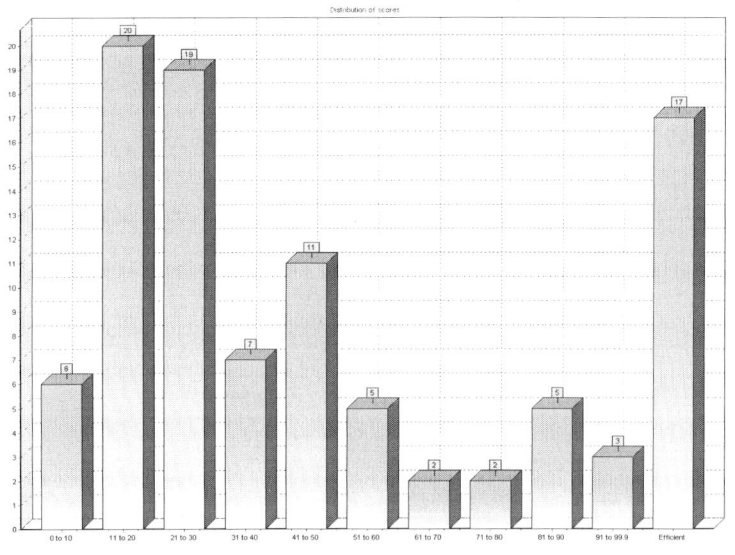

<그림 4-6> 2004년 대학도서관의 CCR 효율성 점수 분포

3) 2005년 대학도서관의 CCR 효율성 분석결과

동일 수준의 산출을 내기 위해 소요되는 투입을 최소하고 산출이 투입수준에 따라 직접적인 영향을 받는 것으로 가정되는 2005년 전체 대학도서관의 CCR분석결과는 <표 4 - 53> 및 <표 4 - 54>와 같다.

2005년 전체 선정 대학도서관의 CCR 효율성 결과에 대해 살펴보면 12개 대학도서관이 '효율적'으로 분석되었으며, 효율성이 50%에 미치지 못하는 대학도서관이 66개로 나타났다.

비효율적인 DMU들의 준거집단을 형성하는 DUM들에 관한 분석내용을 정리하면 2005년 CCR분석에서 준거집단으로 참조된 집단들은 <표 4 - 55>와 같다. 이것을 상대적으로 비효율적인 DMU들의 효율성 향상 측면에서 큰 함의를 지닌 DMU들이 어떤 것들이며 나아가 관리행태나 절차의 개선에 있어서 준거가 될 DMU를 선정하는 데 있어 유용한 정보를 제공하기 때문에 중요하게 지적되어야 하는 것이다.

2005년 준거집단의 참조 횟수를 정리하면, 준거집단으로 사용된 대학도서관은 모두 10개였으며, 가장 많이 준거집단으로 참조된 대학도서관은 양산대학으로 총 87회 참조되었으며, 다음으로 동국대학교, 가톨릭대학교성심교정, 대구보건대학 등의 순으로 나타났다. 따라서 2005년 CCR분석에서 가장 효율적인 서비스를 제공하는 대학도서관은 양산대학도서관이라 할 수 있다.

<표 4 - 53> 2005년 대학도서관의 CCR 효율성 분석결과(효율성 : 100)

12개
서울여자대학교, 한라대학교, 대구보건대학, 목포대학교, 가톨릭대학교성심교정, 동국대학교, 계명문화대학, 서남대학교, 경북과학대학, 홍익대학교조치원캠퍼스, 양산대학, 인덕대학

<표 4 - 54> 2005년 대학도서관의 CCR 효율성 분석결과(효율성 : 99.99 이하)

DMU	효율성	준거집단	DMU	효율성	준거집단
홍익대학교	94.61	동국대학교, 대구보건대학, 가톨릭대학교성심교정	한국정보통신대학교	26.42	동국대학교, 양산대학
동우대학	88.74	동국대학교, 목포대학교, 양산대학	수원과학대학	25.63	양산대학
청주대학교	88.27	동국대학교, 대구보건대학, 양산대학	장안대학	25.21	동국대학교, 양산대학
고려대학교	82.50	동국대학교, 양산대학	충남대학교	24.38	동국대학교, 양산대학
장로회신학대학교	81.98	동국대학교, 가톨릭대학교성심교정, 양산대학	여수대학교	24.14	동국대학교, 계명문화대학, 가톨릭대학교성심교정, 양산대학

DMU	효율성	준거집단	DMU	효율성	준거집단
김천대학	78.90	대구보건대학, 가톨릭대학교성심교정, 경북과학대학, 양산대학	세종대학교	22.16	동국대학교, 양산대학
대구대학교	74.00	동국대학교, 양산대학	동주대학	21.80	양산대학
덕성여자대학교	72.82	동국대학교, 대구보건대학, 양산대학	명지대학교 자연캠퍼스	21.76	동국대학교, 양산대학
배재대학교	67.94	동국대학교, 가톨릭대학교성심교정, 양산대학	용인송담대학	20.55	양산대학
상명대학교	67.08	동국대학교, 양산대학	적십자간호대학	19.98	동국대학교, 목포대학교, 양산대학
대전보건대학	65.52	동국대학교, 계명문화대학, 가톨릭대학교성심교정	대구가톨릭대학교	19.18	양산대학
대진대학교	62.89	동국대학교, 양산대학	충북대학교	18.62	동국대학교, 양산대학
광운대학교	62.74	동국대학교, 한라대학교, 홍익대학교조치원캠퍼스, 양산대학	마산대학	18.24	동국대학교, 양산대학
서강정보대학	59.55	동국대학교, 양산대학	안동과학대학	18.09	양산대학
한세대학교	58.84	양산대학	여주대학	18.05	동국대학교, 양산대학
호원대학교	52.97	동국대학교, 대구보건대학, 양산대학	경북전문대학	17.83	동국대학교, 양산대학
전남대학교	52.51	동국대학교, 대구보건대학, 가톨릭대학교성심교정, 양산대학	경기대학교	17.75	양산대학
조선대학교	50.51	동국대학교, 가톨릭대학교성심교정, 양산대학	신라대학교	17.45	양산대학
동의대학교	48.86	동국대학교, 대구보건대학, 가톨릭대학교성심교정, 양산대학	유한대학	16.67	양산대학
경남정보대학	48.69	동국대학교, 한라대학교, 홍익대학교조치원캠퍼스, 양산대학	부산가톨릭대학교	16.64	동국대학교, 양산대학
한국교원대학교	44.80	동국대학교, 가톨릭대학교성심교정, 양산대학	강남대학교	15.78	양산대학
전주대학교	44.19	동국대학교, 대구보건대학, 가톨릭대학교성심교정, 양산대학	고려대학교서창캠퍼스	15.51	양산대학
제주산업정보대학	44.06	동국대학교, 한라대학교, 홍익대학교조치원캠퍼스, 양산대학	한영신학대학교	15.39	양산대학
대전대학교	43.43	동국대학교, 계명문화대학, 가톨릭대학교성심교정, 양산대학	우석대학교	15.35	양산대학
진주교육대학교	43.07	동국대학교, 한라대학교, 양산대학	세명대학교	15.15	양산대학
울산대학교	42.42	동국대학교, 가톨릭대학교성심교정, 양산대학	삼척대학교	15.04	동국대학교, 양산대학
상주대학교	41.15	동국대학교, 대구보건대학, 가톨릭대학교성심교정, 양산대학	관동대학교	13.97	동국대학교, 홍익대학교조치원캠퍼스, 양산대학

DMU	효율성	준거집단	DMU	효율성	준거집단
혜천대학	40.76	동국대학교, 대구보건대학, 양산대학	금오공과대학교	12.99	양산대학
충주대학교	40.64	동국대학교, 대구보건대학, 가톨릭대학교성심교정, 양산대학	주성대학	12.86	동국대학교, 양산대학
창원대학교	38.94	동국대학교, 가톨릭대학교성심교정, 경북과학대학, 양산대학	군장대학	12.52	동국대학교, 양산대학
울산과학대학	38.39	동국대학교, 서남대학교, 양산대학	조선이공대학	12.39	동국대학교, 대구보건대학, 가톨릭대학교성심교정, 양산대학
광주보건대학	38.28	양산대학	경주대학교	12.04	양산대학
성결대학교	38.15	양산대학	가톨릭대학교성신교정	10.95	양산대학
경성대학교	35.24	동국대학교, 양산대학	협성대학교	10.79	양산대학
신흥대학	33.70	양산대학	한국해양대학교	10.52	양산대학
경희대학교	32.57	양산대학	대불대학교	10.51	양산대학
창신대학	32.34	동국대학교, 목포대학교, 양산대학	군산간호대학	10.41	양산대학
계명대학교	30.17	동국대학교, 양산대학	부산여자대학	9.22	양산대학
한림대학교	29.00	동국대학교, 양산대학	창원전문대학	6.81	동국대학교, 양산대학
명지대학교	28.02	동국대학교, 양산대학	진주국제대학교	5.31	동국대학교, 대구보건대학, 가톨릭대학교성심교정, 양산대학
포항공과대학교	27.10	양산대학	복음신학대학원대학교	5.11	동국대학교, 양산대학
상지대학교	26.92	동국대학교, 양산대학	공군사관학교	2.94	양산대학
광주가톨릭대학교	26.71	양산대학			

<표 4 - 55> 2005년 대학도서관의 CCR분석 준거집단의 참조 횟수

DMU	참조 횟수	DMU	참조 횟수	DMU	참조 횟수
양산대학	87	홍익대학교조치원캠퍼스	5	목포대학교	3
동국대학교	55	한라대학교	5	서남대학교	1
가톨릭대학교성심교정	18	경북과학대학	3		
대구보건대학	14	계명문화대학	3		

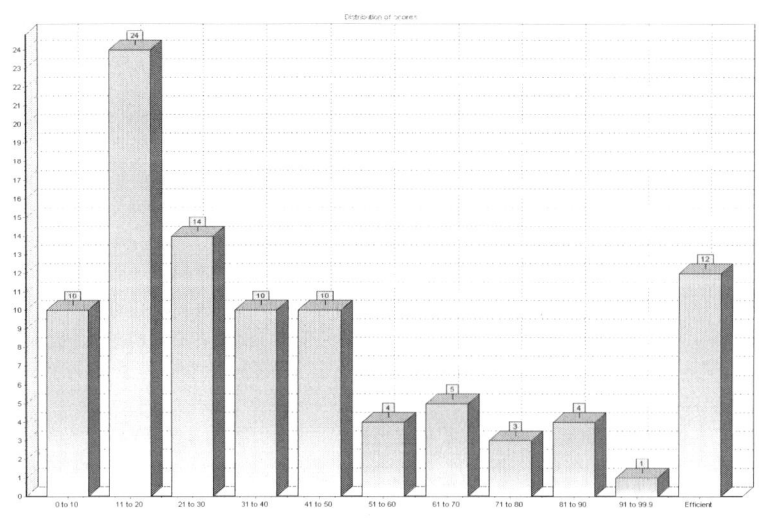

<그림 4-7> 2005년 대학도서관의 CCR 효율성 점수 분포

4) 2006년 대학도서관의 CCR 효율성 분석결과

동일 수준의 산출을 내기 위해 소요되는 투입을 최소하고 산출이 투입수준에 따라 직접적인 영향을 받는 것으로 가정되는 2006년 전체 대학도서관의 CCR분석결과는 <표 4-56> 및 <표 4-57>과 같다.

2006년 전체 선정 대학도서관의 CCR 효율성 결과에 대해 살펴보면 4개 대학도서관이 '효율적'으로 분석되었으며, 효율성이 50%에 미치지 못하는 대학도서관이 69개로 나타났다.

비효율적인 DMU들의 준거집단을 형성하는 DUM들에 관한 분석내용을 정리하면 2006년 CCR분석에서 준거집단으로 참조된 집단들은 <표 4-58>과 같다. 이것을 상대적으로 비효율적인 DMU들의 효율성 향상 측면에서 큰 함의를 지닌 DMU들이 어떤 것들이며 나아가 관리행태나 절차의 개선에 있어서 준거가 될 DMU를 선정하는 데 있어 유용한 정보를 제공하기 때문에 중요하게 지적되어야 하는 것이다.

2006년 준거집단의 참조 횟수를 정리하면, 4개 대학도서관이 준거집단으로 사용되었으며, 가장 많이 준거집단으로 참조된 대학도서관은 양산대학으로 총 93회 참조되었으며, 다음으로 충북대학교, 동국대학교, 서남대학교 등의 순으로 나타났다. 따라서 2006년 CCR분석에서 가장 효율적인 서비스를 제공하는 대학도서관은 양산대학도서관이라 할 수 있다.

<표 4 - 56> 2006년 대학도서관의 CCR 효율성 분석결과(효율성 : 100)

4개
양산대학, 동국대학교, 서남대학교, 충북대학교

<표 4 - 57> 2006년 대학도서관의 CCR 효율성 분석결과(효율성 : 99.99 이하)

DMU	효율성	준거집단	DMU	효율성	준거집단
고려대학교	97.50	동국대학교, 충북대학교, 양산대학	용인송담대학	28.15	양산대학
동우대학	94.28	충북대학교, 양산대학	경기대학교	27.49	양산대학
창신대학	80.44	충북대학교, 양산대학	덕성여자대학교	26.71	동국대학교, 충북대학교, 양산대학
신흥대학	80.09	충북대학교, 양산대학	복음신학대학원대학교	24.66	충북대학교, 양산대학
서강정보대학	77.12	충북대학교, 서남대학교, 양산대학	울산과학대학	24.56	동국대학교, 양산대학
공군사관학교	70.73	충북대학교, 양산대학	대구가톨릭대학교	23.75	양산대학
성결대학교	70.70	동국대학교, 양산대학	대진대학교	23.08	동국대학교, 양산대학
계명문화대학	69.11	충북대학교, 양산대학	경희대학교	23.02	동국대학교, 충북대학교, 양산대학
대구대학교	67.03	동국대학교, 충북대학교, 양산대학	명지대학교자연캠퍼스	22.66	동국대학교, 양산대학
가톨릭대학교 성심교정	66.00	충북대학교, 양산대학	한세대학교	22.30	양산대학
대구보건대학	63.62	충북대학교, 양산대학	호원대학교	22.29	동국대학교, 충북대학교, 양산대학
광운대학교	59.58	충북대학교, 양산대학	한국교원대학교	22.10	충북대학교, 양산대학
홍익대학교	55.18	동국대학교, 충북대학교	동주대학	21.80	양산대학
경성대학교	54.15	동국대학교, 충북대학교, 양산대학	여주대학	21.06	양산대학
포항공과대학교	51.97	충북대학교, 양산대학	세종대학교	20.28	동국대학교, 양산대학
상명대학교	51.89	동국대학교, 충북대학교, 양산대학	충남대학교	19.64	양산대학
적십자간호대학	51.62	충북대학교, 양산대학	삼척대학교	18.14	양산대학
계명대학교	50.85	양산대학	안동과학대학	18.09	양산대학
혜천대학	50.23	충북대학교, 양산대학	여수대학교	17.16	동국대학교, 충북대학교, 양산대학

DMU	효율성	준거집단	DMU	효율성	준거집단
홍익대학교 조치원캠퍼스	48.80	동국대학교, 충북대학교, 양산대학	마산대학	17.13	동국대학교, 양산대학
한림대학교	48.49	동국대학교, 충북대학교, 양산대학	충주대학교	16.54	동국대학교, 양산대학
금오공과대학교	45.02	동국대학교, 충북대학교, 양산대학	부산가톨릭대학교	16.45	동국대학교, 양산대학
대전보건대학	43.17	동국대학교, 충북대학교, 양산대학	관동대학교	15.85	충북대학교, 양산대학
조선대학교	43.16	충북대학교, 양산대학	유한대학	15.55	동국대학교, 양산대학
청주대학교	40.84	동국대학교, 양산대학	한영신학대학교	15.41	양산대학
광주가톨릭대학교	40.26	충북대학교, 양산대학	강남대학교	15.33	양산대학
경남정보대학	39.02	충북대학교, 양산대학	신라대학교	14.62	양산대학
한국정보통신대학교	38.53	충북대학교, 양산대학	고려대학교서창캠퍼스	14.58	양산대학
광주보건대학	38.28	양산대학	협성대학교	13.95	양산대학
전주대학교	38.18	동국대학교, 충북대학교, 양산대학	목포대학교	12.74	양산대학
대전대학교	37.92	동국대학교, 충북대학교, 양산대학	세명대학교	12.73	양산대학
제주산업정보대학	36.75	충북대학교, 양산대학	경북전문대학	12.25	충북대학교, 양산대학
경북과학대학	36.64	동국대학교, 충북대학교, 양산대학	한국해양대학교	11.80	양산대학
서울여자대학교	36.27	양산대학	배재대학교	11.18	양산대학
동의대학교	34.63	동국대학교, 충북대학교, 양산대학	대불대학교	10.51	양산대학
전남대학교	34.21	동국대학교, 충북대학교, 양산대학	군산간호대학	10.41	양산대학
한라대학교	34.05	충북대학교, 양산대학	가톨릭대학교성신교정	9.47	양산대학
상지대학교	33.55	양산대학	조선이공대학	9.36	충북대학교, 양산대학
수원과학대학	32.78	양산대학	상주대학교	9.04	동국대학교, 양산대학
명지대학교	32.42	동국대학교, 충북대학교, 양산대학	부산여자대학	8.94	양산대학
장안대학	32.15	동국대학교, 충북대학교, 양산대학	김천대학	8.70	동국대학교, 충북대학교, 양산대학
울산대학교	31.70	동국대학교, 충북대학교, 양산대학	군장대학	8.58	충북대학교, 양산대학
진주교육대학교	31.60	동국대학교, 충북대학교, 양산대학	창원전문대학	8.06	동국대학교, 양산대학
인덕대학	31.44	동국대학교, 충북대학교, 양산대학	경주대학교	5.61	양산대학
창원대학교	30.09	충북대학교, 양산대학	주성대학	5.01	충북대학교, 양산대학
우석대학교	29.94	동국대학교, 충북대학교, 양산대학	진주국제대학교	3.05	동국대학교, 충북대학교, 양산대학
장로회신학대학교	28.45	충북대학교, 양산대학			

<표 4-58> 2006년 대학도서관의 CCR분석 준거집단의 참조 횟수

DMU	참조 횟수	DMU	참조 횟수	DMU	참조 횟수	DMU	참조 횟수
양산대학	93	충북대학교	53	동국대학교	38	서남대학교	1

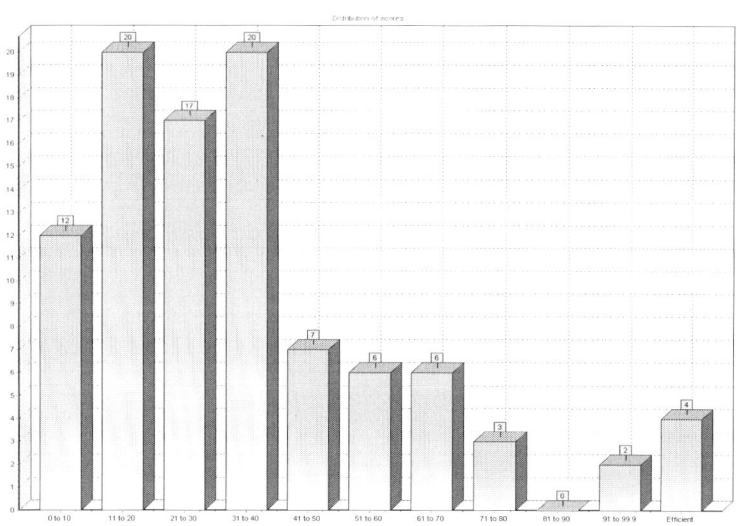

<그림 4-8> 2006년 대학도서관의 CCR 효율성 점수 분포

2.3 전문·특수도서관의 연도별 CCR 효율성 분석결과

1) 2003년 전문·특수도서관의 CCR 효율성 분석결과

동일 수준의 산출을 내기 위해 소요되는 투입을 최소하고 산출이 투입수준에 따라 직접적인 영향을 받는 것으로 가정되는 2003년 전체 전문·특수도서관의 CCR분석결과는 <표 4-59> 및 <표 4-60>과 같다.

2003년 전체 선정 전문·특수도서관의 CCR 효율성 결과에 대해 살펴보면 10개 전문·특수도서관이 '효율적'으로 분석되었으며, 효율성이 50%에 미치지 못하는 전문·특수도서관이 26개로 나타났다.

비효율적인 DMU들의 준거집단을 형성하는 DUM들에 관한 분석내용을 정리하면 2003년 CCR분석에서 준거집단으로 참조된 집단들은 <표 4-61>과 같다. 이것을 상대적으로 비효율적인 DMU들의 효율성 향상 측면에서 큰 함의를 지닌 DMU들이 어떤 것들이며 나아가 관리행태나 절차의 개선에 있어서 준거가 될 DMU를 선정하는 데 있어 유용한 정보를 제공하기 때문에 중요하게 지적되어야 하는 것이다.

2003년 준거집단의 참조 횟수를 정리하면, 준거집단으로 사용된 전문·특수도서관은 11개였으며, 가장 많이 준거집단으로 참조된 전문·특수도서관은 강남성심병원으로 총 33회 참조되었으며, 다음으로 광주점자도서관, 해병대사령부, 대전시립연정국악연구원 등의 순으로 나타났다. 따라서 2003년 CCR분석에서 가장 효율적인 서비스를 제공하는 전문·특수도서관은 강남성심병원도서관이라 할 수 있다.

<표 4 - 59> 2003년 전문·특수도서관의 CCR 효율성 분석결과(효율성 : 100)

10개
부산발전연구원, 전라북도시각장애인도서관, 대진의료재단분당제생병원, 대한주택공사, 강남성심병원, 현대자동차, 해병대사령부, 대전시립연정국악연구원, 경기도청, 광주점자도서관

<표 4 - 60> 2003년 전문·특수도서관의 CCR 효율성 분석결과(효율성 : 99.99 이하)

DMU	효율성	준거집단	DMU	효율성	준거집단
시설안전기술공단	98.05	강남성심병원, 광주점자도서관, 해병대사령부	전남교육연수원	23.21	강남성심병원, 대전시립연정국악연구원, 해병대사령부
문화관광부	76.24	강남성심병원, 광주점자도서관, 대전시립연정국악연구원, 해병대사령부	국토연구원	20.83	강남성심병원, 광주점자도서관
국립수의과학검역원	61.26	강남성심병원, 광주점자도서관	한국자원연구소	18.85	강남성심병원, 부산발전연구원, 현대자동차, 전라북도시각장애인도서관
공주문화원도서관	58.84	강남성심병원, 대전시립연정국악연구원, 해병대사령부	문화방송	18.43	강남성심병원, 광주점자도서관
국제특허연수원	56.15	강남성심병원, 부산발전연구원, 해병대사령부, 전라북도시각장애인도서관	경기도과학연구원	16.37	강남성심병원, 부산발전연구원, 해병대사령부, 전라북도시각장애인도서관
한국과학기술원	50.80	강남성심병원, 대전시립연정국악연구원, 해병대사령부	육군제3158부대	14.09	광주점자도서관, 대전시립연정국악연구원
전라북도교원연수원	50.48	광주점자도서관, 대전시립연정국악연구원, 해병대사령부	서울특별시과학교육원	11.52	강남성심병원, 대전시립연정국악연구원, 해병대사령부, 전라북도시각장애인도서관
국사편찬위원회	49.86	광주점자도서관, 해병대사령부	국군의무사령부	10.02	강남성심병원, 부산발전연구원, 현대자동차, 전라북도시각장애인도서관
영화진흥위원회	42.36	강남성심병원, 대전시립연정국악연구원	한국지질자원연구원	9.60	강남성심병원, 대진의료재단분당제생병원, 현대자동차

DMU	효율성	준거집단	DMU	효율성	준거집단
육군교육사령부	39.72	강남성심병원, 광주점자도서관, 해병대사령부	중앙선거관리위원회	7.65	강남성심병원
한국화학연구소	37.53	강남성심병원, 광주점자도서관, 해병대사령부	국립산림과학원	6.86	강남성심병원, 광주점자도서관
목포가톨릭병원	35.34	강남성심병원, 광주점자도서관	농업환경관(농업과학기술원)	5.97	강남성심병원, 해병대사령부
통계청	34.07	강남성심병원, 경기도청	대한상공회의소	5.96	강남성심병원, 대전시립연정국악연구원
한국시설안전기술공단	32.83	강남성심병원, 광주점자도서관, 대전시립연정국악연구원, 해병대사령부	광주전남발전연구원	5.75	강남성심병원, 광주점자도서관, 해병대사령부
서울시정개발연구원	32.62	강남성심병원, 광주점자도서관	한국건설기술연구원	4.34	강남성심병원, 광주점자도서관, 해병대사령부
서울특별시종합자료관	31.04	강남성심병원, 광주점자도서관, 해병대사령부	한국고등교육재단	1.54	강남성심병원, 해병대사령부
특허청특허참고자료실	26.55	강남성심병원, 광주점자도서관			

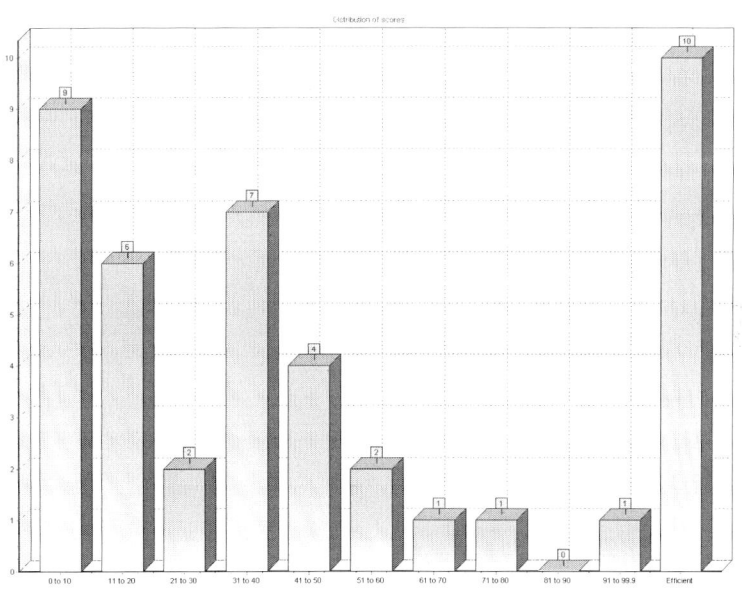

<그림 4-9> 2003년 전문·특수도서관의 CCR 효율성 점수 분포

<표 4-61> 2003년 전문·특수도서관의 CCR분석 준거집단의 참조 횟수

DMU	참조 횟수	DMU	참조 횟수
강남성심병원	33	부산발전연구원	5
광주점자도서관	19	현대자동차	3
해병대사령부	19	대진의료재단분당제생병원	1
대전시립연정국악연구원	10	경기도청	1
전라북도시각장애인도서관	7		

2) 2004년 전문·특수도서관의 CCR 효율성 분석결과

동일 수준의 산출을 내기 위해 소요되는 투입을 최소하고 산출이 투입수
준에 따라 직접적인 영향을 받는 것으로 가정되는 2004년 전체 전문·특수
도서관의 CCR분석결과는 <표 4-62> 및 <표 4-63>과 같다.

2004년 전체 선정 전문·도서관의 CCR 효율성 결과에 대해 살펴보면 14
개 전문·특수도서관이 '효율적'으로 분석되었으며, 효율성이 50%에 미치지
못하는 전문·특수도서관이 21개로 나타났다.

비효율적인 DMU들의 준거집단을 형성하는 DUM들에 관한 분석내용을
정리하면 2004년 CCR분석에서 준거집단으로 참조된 집단들은 <표 4-64>
와 같다. 이것을 상대적으로 비효율적인 DMU들의 효율성 향상 측면에서 큰
함의를 지닌 DMU들이 어떤 것들이며 나아가 관리행태나 절차의 개선에 있
어서 준거가 될 DMU를 선정하는 데 있어 유용한 정보를 제공하기 때문에
중요하게 지적되어야 하는 것이다.

2004년 준거집단의 참조 횟수를 정리하면, 준거집단으로 사용된 전문·특
수도서관은 11개였으며, 가장 많이 준거집단으로 참조된 전문·특수도서관
은 강남성심병원으로 총 30회 참조되었으며, 다음으로 해병대사령부, 경기도
청, 광주점자도서관 등의 순으로 나타났다. 따라서 2004년 CCR분석에서 가
장 효율적인 서비스를 제공하는 전문·특수도서관은 강남성심병원도서관이
라 할 수 있다.

<표 4-62> 2004년 전문·특수도서관의 CCR 효율성 분석결과(효율성 : 100)

14개
해병대사령부, 전남교육연수원, 광주점자도서관, 전라북도시각장애인도서관, 문화관광부, 부산발전연구원, 한국과학기술원, 공주문화원도서관, 대진의료재단분당제생병원, 현대자동차, 시설안전기술공단, 경기도청, 국사편찬위원회, 강남성심병원

<표 4-63> 2004년 전문·특수도서관의 CCR 효율성 분석결과(효율성 : 99.99 이하)

DMU	효율성	준거집단	DMU	효율성	준거집단
목포가톨릭병원	92.34	강남성심병원, 해병대사령부	문화방송	18.84	강남성심병원, 경기도청
국립수의과학검역원	63.01	강남성심병원, 경기도청	경기도과학연구원	16.36	강남성심병원, 부산발전연구원, 광주점자도서관, 해병대사령부, 현대자동차
전라북도교원연수원	61.15	한국과학기술원, 해병대사령부, 전남교육연수원	서울특별시과학교육원	13.27	강남성심병원, 한국과학기술원, 해병대사령부
영화진흥위원회	59.06	강남성심병원, 한국과학기술원	대전시립연정국악연구원	13.10	강남성심병원, 해병대사령부
국제특허연수원	55.83	강남성심병원, 부산발전연구원, 광주점자도서관, 해병대사령부, 전라북도시각장애인도서관	국군의무사령부	10.02	강남성심병원, 부산발전연구원, 광주점자도서관, 현대자동차
서울시정개발연구원	50.22	강남성심병원, 해병대사령부	한국지질자원연구원	9.43	강남성심병원, 광주점자도서관, 대진의료재단분당제생병원, 현대자동차
육군교육사령부	40.96	강남성심병원, 경기도청, 국사편찬위원회, 해병대사령부	농업환경관(농업과학기술원)	8.45	강남성심병원, 경기도청, 국사편찬위원회, 해병대사령부
한국화학연구소	38.69	강남성심병원, 경기도청, 국사편찬위원회, 해병대사령부	중앙선거관리위원회	7.65	강남성심병원
한국시설안전기술공단	37.56	강남성심병원, 시설안전기술공단, 해병대사령부	대한상공회의소	7.33	강남성심병원
서울특별시종합자료관	36.64	강남성심병원, 경기도청, 국사편찬위원회, 해병대사령부	국립산림과학원	7.31	강남성심병원, 경기도청
통계청	36.06	강남성심병원, 경기도청	한국건설기술연구원	5.92	강남성심병원, 경기도청, 국사편찬위원회, 해병대사령부
특허청특허참고자료실	27.69	강남성심병원, 해병대사령부	광주전남발전연구원	4.43	강남성심병원, 해병대사령부
국토연구원	21.28	강남성심병원, 경기도청	한국고등교육재단	1.29	강남성심병원
육군제3158부대	19.49	강남성심병원			

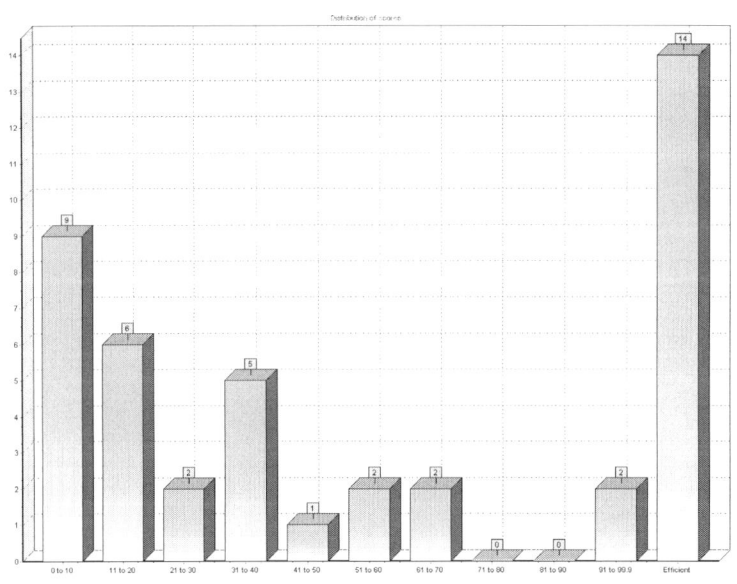

<그림 4-10> 2004년 전문·특수도서관의 CCR 효율성 점수 분포

<표 4-64> 2004년 전문·특수도서관의 CCR분석 준거집단의 참조 횟수

DMU	참조 횟수	DMU	참조 횟수	DMU	참조 횟수
강남성심병원	30	현대자동차	5	시설안전기술공단	2
해병대사령부	17	국사편찬위원회	5	전남교육연수원	1
경기도청	10	부산발전연구원	4	전라북도시각장애인도서관	1
광주점자도서관	6	한국과학기술원	3	대진의료재단분당제생병원	1

3) 2005년 전문·특수도서관의 CCR 효율성 분석결과

동일 수준의 산출을 내기 위해 소요되는 투입을 최소하고 산출이 투입수준에 따라 직접적인 영향을 받는 것으로 가정되는 2005년 전체 전문·특수도서관의 CCR분석결과는 <표 4-65> 및 <표 4-66>과 같다.

2005년 전체 선정 전문·도서관의 CCR 효율성 결과에 대해 살펴보면 12개 전문·특수도서관이 '효율적'으로 분석되었으며, 효율성이 50%에 미치지 못하는 전문·특수도서관이 21개로 나타났다.

비효율적인 DMU들의 준거집단을 형성하는 DUM들에 관한 분석내용을 정리하면 2005년 CCR분석에서 준거집단으로 참조된 집단들은 <표 4 - 67>과 같다. 이것을 상대적으로 비효율적인 DMU들의 효율성 향상 측면에서 큰 함의를 지닌 DMU들이 어떤 것들이며 나아가 관리행태나 절차의 개선에 있어서 준거가 될 DMU를 선정하는 데 있어 유용한 정보를 제공하기 때문에 중요하게 지적되어야 하는 것이다.

2005년 준거집단의 참조 횟수를 정리하면, 준거집단으로 사용된 전문·특수도서관은 8개였으며, 가장 많이 준거집단으로 참조된 전문·특수도서관은 강남성심병원으로 총 32회 참조되었으며, 다음으로 해병대사령부, 대전시립연정국악연구원, 경기도청 등의 순으로 나타났다. 따라서 2005년 CCR분석에서 가장 효율적인 서비스를 제공하는 전문·특수도서관은 강남성심병원도서관이라 할 수 있다.

<표 4 - 65> 2005년 전문·특수도서관의 CCR 효율성 분석결과(효율성 : 100)

12개
광주점자도서관, 전남교육연수원, 부산발전연구원, 전라북도시각장애인도서관, 해병대사령부, 경기도청, 국사편찬위원회, 대전시립연정국악연구원, 한국과학기술원, 현대자동차, 대진의료재단분당제생병원, 강남성심병원

<표 4 - 66> 2005년 전문·특수도서관의 CCR 효율성 분석결과(효율성 : 99.99 이하)

DMU	효율성	준거집단	DMU	효율성	준거집단
대한주택공사	99.04	강남성심병원, 해병대사령부	특허청특허참고자료실	27.69	강남성심병원, 해병대사령부
시설안전기술공단	93.64	강남성심병원, 대전시립연정국악연구원, 해병대사령부	육군제3158부대	19.49	강남성심병원
목포가톨릭병원	92.34	강남성심병원, 해병대사령부	한국자원연구소	18.84	강남성심병원, 부산발전연구원, 광주점자도서관, 현대자동차
문화관광부	84.88	대전시립연정국악연구원, 경기도청, 해병대사령부, 전남교육연수원	문화방송	17.73	강남성심병원, 경기도청, 국사편찬위원회
공주문화원도서관	79.91	강남성심병원, 대전시립연정국악연구원, 한국과학기술원	국토연구원	16.86	강남성심병원, 경기도청, 국사편찬위원회
국립수의과학검역원	58.06	강남성심병원, 대전시립연정국악연구원, 경기도청, 국사편찬위원회	경기도과학연구원	16.36	강남성심병원, 부산발전연구원, 광주점자도서관, 해병대사령부, 현대자동차

DMU	효율성	준거집단	DMU	효율성	준거집단
영화진흥위원회	56.25	강남성심병원, 대전시립연정국악연구원, 한국과학기술원	서울특별시과학교육원	12.02	강남성심병원, 광주점자도서관, 대전시립연정국악연구원, 해병대사령부
국제특허연수원	55.83	강남성심병원, 부산발전연구원, 광주점자도서관, 해병대사령부, 전라북도시각장애인도서관	국군의무사령부	10.02	강남성심병원, 부산발전연구원, 광주점자도서관, 현대자동차
전라북도교원연수원	50.91	대전시립연정국악연구원, 해병대사령부	중앙선거관리위원회	7.65	강남성심병원
서울시정개발연구원	50.22	강남성심병원, 해병대사령부	대한상공회의소	7.33	강남성심병원
통계청	41.61	강남성심병원, 경기도청	한국지질자원연구원	7.21	강남성심병원, 광주점자도서관, 대진의료재단분당제생병원, 현대자동차
육군교육사령부	38.71	강남성심병원, 대전시립연정국악연구원, 국사편찬위원회, 해병대사령부	한국건설기술연구원	5.32	강남성심병원, 대전시립연정국악연구원, 경기도청, 해병대사령부
한국화학연구소	38.42	강남성심병원, 경기도청, 해병대사령부, 전남교육연수원	농업환경관(농업과학기술원)	5.15	강남성심병원, 국사편찬위원회, 해병대사령부
한국시설안전기술공단	35.87	강남성심병원, 대전시립연정국악연구원, 해병대사령부	광주전남발전연구원	3.87	강남성심병원, 대전시립연정국악연구원, 해병대사령부
서울특별시종합자료관	31.08	강남성심병원, 대전시립연정국악연구원, 경기도청, 해병대사령부, 전남교육연수원	한국고등교육재단	1.42	강남성심병원, 해병대사령부
국민은행	28.98	강남성심병원, 대전시립연정국악연구원, 해병대사령부			

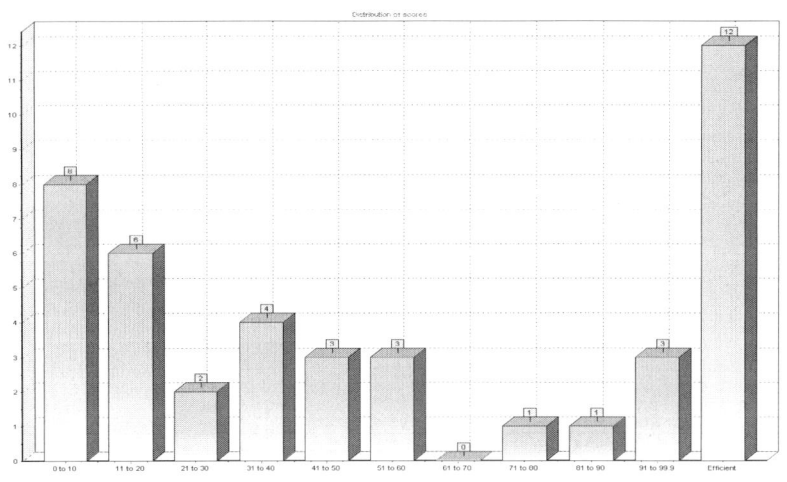

<그림 4-11> 2005년 전문·특수도서관의 CCR 효율성 점수 분포

<표 4-67> 2005년 전문·특수도서관의 CCR분석 준거집단의 참조 횟수

DMU	참조 횟수	DMU	참조 횟수	DMU	참조 횟수
강남성심병원	32	광주점자도서관	7	전남교육연수원	3
해병대사령부	19	현대자동차	5	전라북도시각장애인도서관	2
대전시립연정국악연구원	14	국사편찬위원회	5	대진의료재단분당제생병원	2
경기도청	9	부산발전연구원	4	한국과학기술원	2

4) 2006년 전문·특수도서관의 CCR 효율성 분석결과

동일 수준의 산출을 내기 위해 소요되는 투입을 최소하고 산출이 투입수준에 따라 직접적인 영향을 받는 것으로 가정되는 2006년 전체 전문·특수도서관의 CCR분석결과는 <표 4-68> 및 <표 4-69>와 같다.

2006년 전체 선정 전문·도서관의 CCR 효율성 결과에 대해 살펴보면 11개 전문·특수도서관이 '효율적'으로 분석되었으며, 효율성이 50%에 미치지 못하는 전문·특수도서관이 22개로 나타났다.

비효율적인 DMU들의 준거집단을 형성하는 DUM들에 관한 분석내용을 정리하면 2006년 CCR분석에서 준거집단으로 참조된 집단들은 <표 4-70>과 같다. 이것을 상대적으로 비효율적인 DMU들의 효율성 향상 측면에서 큰 함의를 지닌 DMU들이 어떤 것들이며 나아가 관리행태나 절차의 개선에 있어서 준거가 될 DMU를 선정하는 데 있어 유용한 정보를 제공하기 때문에 중요하게 지적되어야 하는 것이다.

2006년 준거집단의 참조 횟수를 정리하면, 준거집단으로 사용된 전문·특수도서관은 10개였으며, 가장 많이 준거집단으로 참조된 전문·특수도서관은 강남성심병원으로 총 31회 참조되었으며, 다음으로 해병대사령부, 경기도청, 전남교육연수원 등의 순으로 나타났다. 따라서 2005년 CCR분석에서 가장 효율적인 서비스를 제공하는 전문·특수도서관은 강남성심병원도서관이라 할 수 있다.

<표 4-68> 2006년 전문·특수도서관의 CCR 효율성 분석결과(효율성 : 100)

11개
한국과학기술원, 해병대사령부, 강남성심병원, 경기도청, 공주문화원도서관, 광주점자도서관, 전라북도시각장애인도서관, 전남교육연수원, 부산발전연구원, 시설안전기술공단, 현대자동차

<표 4-69> 2006년 전문·특수도서관의 CCR 효율성 분석결과(효율성 : 99.99 이하)

DMU	효율성	준거집단	DMU	효율성	준거집단
대한주택공사	99.04	강남성심병원, 해병대사령부	육군제3158부대	19.49	강남성심병원
문화관광부	96.78	강남성심병원, 경기도청, 해병대사령부, 전남교육연수원	문화방송	18.84	강남성심병원, 경기도청
목포가톨릭병원	92.34	강남성심병원, 해병대사령부	한국자원연구소	18.84	강남성심병원, 부산발전연구원, 광주점자도서관, 현대자동차
특허청특허참고자료실	88.39	강남성심병원, 경기도청	경기도과학연구원	16.36	강남성심병원, 부산발전연구원, 광주점자도서관, 해병대사령부, 현대자동차
국립수의과학검역원	62.09	강남성심병원, 경기도청, 전남교육연수원	국토연구원	15.26	강남성심병원, 경기도청
영화진흥위원회	59.06	강남성심병원, 한국과학기술원	서울특별시과학교육원	13.27	강남성심병원, 한국과학기술원, 해병대사령부
전라북도교원연수원	58.81	해병대사령부, 전남교육연수원	대전시립연정국악연구원	13.10	강남성심병원, 해병대사령부
국제특허연수원	55.83	강남성심병원, 부산발전연구원, 광주점자도서관, 해병대사령부, 전라북도시각장애인도서관	국군의무사령부	10.02	강남성심병원, 부산발전연구원, 광주점자도서관, 현대자동차
국사편찬위원회	55.48	경기도청, 해병대사령부, 전남교육연수원	중앙선거관리위원회	7.65	강남성심병원
서울시정개발연구원	50.22	강남성심병원, 해병대사령부	대한상공회의소	7.33	강남성심병원
육군교육사령부	40.19	강남성심병원, 경기도청, 해병대사령부, 전남교육연수원	한국지질자원연구원	6.91	강남성심병원, 부산발전연구원, 현대자동차
한국시설안전기술공단	37.56	강남성심병원, 시설안전기술공단, 해병대사령부	한국건설기술연구원	5.55	강남성심병원, 경기도청, 전남교육연수원
한국화학연구소	37.28	강남성심병원, 경기도청, 해병대사령부, 전남교육연수원	국민체육진흥공단체육과학연구원	5.36	강남성심병원, 해병대사령부
대진의료재단분당제생병원	33.74	강남성심병원, 부산발전연구원, 현대자동차	농업환경관(농업과학기술원)	4.99	강남성심병원, 해병대사령부, 전남교육연수원
서울특별시종합자료관	33.48	강남성심병원, 경기도청, 전남교육연수원	한국고등교육재단	4.84	강남성심병원
통계청	30.65	강남성심병원, 경기도청, 전남교육연수원	광주전남발전연구원	3.96	강남성심병원, 시설안전기술공단, 해병대사령부

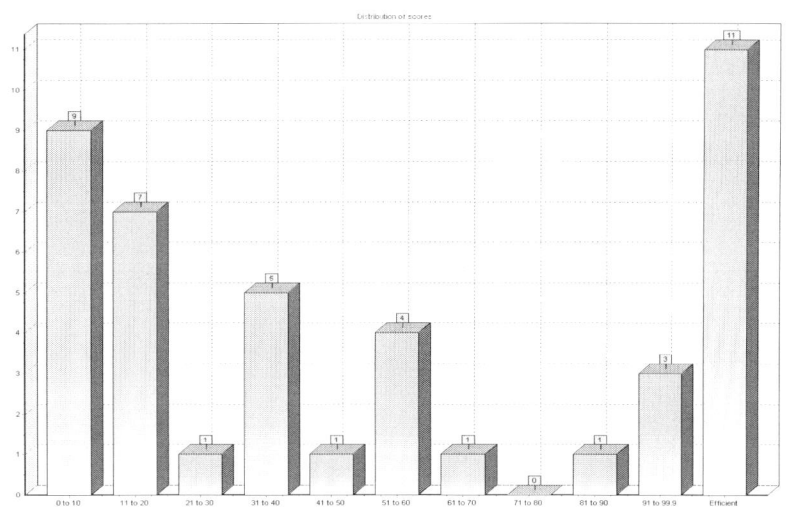

<그림 4 - 12> 2006년 전문 · 특수도서관의 CCR 효율성 점수 분포

<표 4 - 70> 2006년 전문 · 특수도서관의 CCR분석 준거집단의 참조 횟수

DMU	참조 횟수	DMU	참조 횟수	DMU	참조 횟수
강남성심병원	31	부산발전연구원	7	한국과학기술원	2
해병대사령부	17	현대자동차	5	전라북도시각장애인도서관	1
경기도청	11	광주점자도서관	4		
전남교육연수원	10	시설안전기술공단	3		

3. 전체 선정 도서관의 연도별 BCC 효율성 분석결과

3.1 공공도서관의 연도별 BCC 효율성 분석결과

CCR모형에 의해 비효율적으로 분석된 DMU라 하더라도 순수한 기술적 요인에 의한 것인지 아니면 규모의 요인에 의한 것인지를 규명해 보아야 한다. 이를 위해 BCC모형으로 전체 선정 도서관을 분석해 볼 필요성이 있다.

CCR모형은 생산가능집합이 불변규모수익의 성격을 갖는 것을 가정하고 있다. 규모에 대한 수익불변은 모든 투입요소를 비례적으로 증가시킬 때 나타나는 산출의 반응을 의미하고 있다. 이것은 투입규모가 작을 때 체증규모수익을 변동규모수익 특성을 갖는 생산함수를 가정한다. 따라서 이러한 모형을 전제로 BCC모형을 통하여 CCR모형에서 비효율로 나타난 도서관이 BCC 모형에서 효율적으로 나타난 도서관을 도출하고자 한다.

1) 2003년 공공도서관의 BCC 효율성 분석결과

우선 2003년 전체 선정 공공도서관 182개 중에서 BCC 효율성 분석결과는 100개의 공공도서관이 투입요소를 비례적으로 증가시킬 때 나타나는 산출반응에서 효율적인 공공도서관이라고 분석되었다.

2003년 전체 선정 공공도서관의 BCC 효율성 점수 분포를 살펴보면 우선 가장 높은 효율성을 보이고 있는 공공도서관들이 100개로 나타나 BCC분석에서는 그 차이점을 구체적으로 찾아보기에 힘들다는 단점이 있다.

<표 4-71> 2003년 공공도서관의 BCC 효율성 분석결과(효율성 : 100)

100개
안산, 서귀포시동부, 서귀포종합(전), 개포, 고척, 서귀포시립(전), 도봉, 동대문, 송파, 양천, 울산울주, 밀양, 고덕평생학습관, 마포평생학습관, 중계평생학습관, 성동문화, 광진정보, 김해, 거제, 관악문화도서관, 시민, 고성동부, 보령공공, 반송, 해운대, 천안중앙, 서동, 양산웅상, 사하, 연산, 명장, 김해칠암, 영도, 해운대반여, 기장도서관, 중앙, 동부, 서부, 통영산양, 당진, 효목, 고흥평생교육관, 마산시립합포, 밀양시립, 예산, 진주연암, 창원시립, 금왕, 성남시중앙문화정보, 합천, 함양, 광양공공, 홍성, 남해, 광주학생교육문화회관, 서천, 양산, 북구일곡, 남지, 함안, 충주학생, 가오, 갈마, 유성, 장성, 신탄진, 울산중부, 울산남부, 울산동부, 단양, 논산강경, 진영, 도립과천, 의왕시립, 도계, 군위, 성남시중원문화정보센터, 옥천, 안양시립평촌, 용인시립, 광명하안, 신안군립, 시흥시립, 보은, 해남군립, 통영, 부안, 춘성, 양주시립, 의성군립안계, 춘천평생교육정보관(전), 강남, 속초평생교육정보관(전), 김천시립, 고성(강원도), 경북교육정보(전), 성주, 의성, 중원, 철원

<표 4-72> 2003년 공공도서관의 BCC 효율성 분석결과(효율성 : 99.99 이하)

성북정보	98.85	광진정보, 관악문화도서관, 시흥시립, 의성군립안계, 함안
화도진	97.85	고척, 도봉, 성동문화, 반송
주안	97.35	광진정보, 관악문화도서관, 서부, 효목, 유성, 천안중앙, 김해, 마산시립합포
송악	96.69	부안, 밀양, 남지, 통영산양, 고성동부
영동	96.15	송파, 관악문화도서관, 도계, 예산, 당진, 부안, 의성군립안계
괴산	95.34	관악문화도서관, 안산, 당진, 보령공공, 논산강경, 양산웅상, 고성동부
고성(경남)	95.29	군위, 의성군립안계, 남해, 합천
구덕	95.24	고척, 충주학생, 군위, 성주, 창원시립
성남시수정문화정보센터	95.19	관악문화도서관, 성남시중원문화정보센터, 의왕시립, 마산시립합포
부천시립 중앙	94.62	관악문화도서관, 의왕시립, 천안중앙, 경북교육정보(전)

금산	94.15	관악문화도서관, 양주시립, 도계, 충주학생, 금왕, 장성, 성주, 고성동부
청원	94.03	도계, 금왕, 홍성, 군위, 고성동부
제천시립	93.83	관악문화도서관, 안산, 충주학생, 보령공공, 마산시립합포, 양산웅상
증평	92.65	관악문화도서관, 안산, 금왕, 홍성, 예산, 논산강경, 의성군립안계, 마산시립합포, 양산웅상, 고성동부
북구	92.32	송파, 광진정보, 관악문화도서관, 서부, 성남시중앙문화정보, 성남시중원문화정보센터, 마산시립합포
장흥	91.96	관악문화도서관, 의왕시립, 충주학생, 부안, 성주, 밀양, 고성동부
서귀포학생	91.91	안산, 군위, 성주
광주학생독립운동기념회관	90.70	송파, 광진정보, 부안, 장성, 고성동부, 서귀포종합(전)
음성	90.58	관악문화도서관, 도계, 충주학생, 논산강경, 부안, 장성, 의성군립안계, 마산시립합포
화성시립태안	90.57	북구일곡, 시흥시립, 의왕시립, 충주학생, 천안중앙, 성주, 의성군립안계, 밀양, 마산시립합포
부전	90.43	고척, 도봉, 관악문화도서관, 서동, 마산시립합포
정선	90.19	북구일곡, 안산, 시흥시립, 부안, 성주, 의성군립안계, 마산시립합포, 고성동부
사천	89.95	관악문화도서관, 안산, 충주학생, 부안, 장성, 성주, 김해, 밀양, 마산시립합포
제주	89.63	관악문화도서관, 유성, 시흥시립, 서천, 밀양, 통영산양, 고성동부
두류	89.14	관악문화도서관, 효목, 유성, 안산, 보령공공, 창원시립, 마산시립합포
북부	88.52	고척, 관악문화도서관, 서부, 효목, 유성, 안산, 보령공공, 김해
산청	88.49	군위, 의성군립안계, 함안, 남해, 마산시립합포
시흥시종합복지회관	87.15	양주시립, 천안중앙, 진영, 남지, 마산시립합포
하남시립	86.42	도봉, 안산, 당진, 마산시립합포, 고성동부
강릉평생교육정보관(전)	84.99	유성, 안산, 김해, 고성동부
경주시립	84.94	사하, 유성, 안산, 천안중앙, 함안
구포	84.60	고척, 안산, 울산울주, 군위, 진영, 창원시립, 마산시립합포
진동	84.29	기장도서관, 가오, 용인시립, 부안, 의성군립안계, 진영, 마산시립합포, 서귀포종합(전), 서귀포시동부
예천	84.24	안산, 부안, 성주, 의성군립안계, 고성동부
인천시립	84.04	관악문화도서관, 유성, 충주학생, 함안, 밀양시립, 마산시립합포
도립중앙	83.21	안산, 울산울주, 천안중앙, 군위
용운	83.04	광진정보, 관악문화도서관, 서부, 북구일곡, 가오, 안산, 밀양, 고성동부
금호교육문화회관	82.89	서부, 북구일곡, 부안, 마산시립합포, 고성동부
창녕	82.88	관악문화도서관, 안산, 의왕시립, 충주학생, 금왕, 예산, 창원시립, 마산시립합포, 고성동부
강동	82.74	고척, 도봉, 관악문화도서관, 해운대, 서동, 양주시립, 합천, 마산시립합포
태백	82.30	안산, 금왕, 부안, 성주, 의성군립안계, 마산시립합포, 고성동부
부평	80.29	고척, 광진정보, 유성, 안산, 천안중앙, 창원시립
서구	80.05	고척, 도봉, 광진정보, 관악문화도서관, 안산, 천안중앙, 창원시립
삼천포	79.03	고척, 도봉, 송파, 안산, 의왕시립, 예산, 성주, 창원시립, 마산시립합포, 고성동부
제남	78.97	충주학생, 서천, 논산강경, 부안, 의성군립안계, 통영산양, 고성동부
영일	78.91	안산, 장성, 군위, 합천, 마산시립합포, 고성동부
달성	76.83	유성, 시흥시립, 충주학생, 군위, 밀양, 함안, 밀양시립, 마산시립합포, 고성동부

울진	74.98	송파, 양주시립, 도계, 부안, 장성, 마산시립합포, 서귀포종합(전)
수원시선경	73.93	송파, 광진정보, 관악문화도서관, 서부, 유성, 성남시중앙문화정보
영월	73.85	안산, 부안, 성주, 통영, 김해, 밀양, 고성동부
대전학생교육문화원	71.99	고척, 광진정보, 관악문화도서관, 서부, 보령공공, 김해, 창원시립
송정	71.23	가오, 안산, 용인시립, 시흥시립, 부안
담양	70.77	도봉, 당진, 장성, 마산시립합포, 고성동부, 서귀포종합(전)
마산회원	69.24	관악문화도서관, 유성, 시흥시립, 충주학생, 거제, 함안, 마산시립합포
밀양하남	68.95	충주학생, 군위, 양산, 고성동부
동두천시립	67.36	관악문화도서관, 안산, 의왕시립, 예산, 의성군립안계, 고성동부
중앙	67.33	송파, 광진정보, 북구일곡, 의왕시립, 부안, 마산시립합포, 고성동부, 서귀포종합(전)
남부	67.12	송파, 광진정보, 서부, 북구일곡, 안산, 의왕시립, 창원시립, 고성동부
양양	67.09	시흥시립, 고성, 도계, 부안, 장성, 군위, 진영, 마산시립합포, 고성동부, 서귀포시동부
은평구립	66.74	광진정보, 관악문화도서관, 의왕시립, 창원시립, 마산시립합포, 고성동부
안성시립	66.05	관악문화도서관, 울산울주, 양주시립, 천안중앙, 군위, 진영
점촌	65.07	충주학생, 군위, 양산, 고성동부
탐라	64.74	송파, 관악문화도서관, 가오, 성남시중앙문화정보, 용인시립, 서귀포종합(전), 서귀포시동부
대봉	62.16	광진정보, 관악문화도서관, 동부, 서부, 효목, 유성, 안산, 마산시립합포, 고성동부
도립성남	60.88	고척, 관악문화도서관, 안산, 충주학생, 창원시립, 마산시립합포
청송	60.84	금왕, 홍성, 군위, 성주, 고성동부
용산	60.34	도봉, 동대문, 성동문화, 광진정보, 군위, 성주
제천학생(전)	59.50	관악문화도서관, 충주학생, 당진, 보령공공, 부안, 고성동부
강서	58.81	고척, 도봉, 송파, 관악문화도서관, 의왕시립, 양주시립, 금왕, 장성, 성주, 밀양
중앙	58.04	광진정보, 관악문화도서관, 갈마, 안산, 춘천평생교육정보관(전), 천안중앙, 밀양
정읍시립	57.09	관악문화도서관, 충주학생, 금왕, 부안, 장성, 성주, 의성군립안계, 마산시립합포, 고성동부
남구	56.70	송파, 광진정보, 북구일곡, 유성, 마산시립합포, 고성동부, 서귀포종합(전)
정독	56.56	도봉, 송파, 고덕평생학습관, 광진정보
김포시립	56.29	성동문화, 관악문화도서관, 충주학생, 홍성, 보령공공, 마산시립합포
광주광역시립도서관	55.72	관악문화도서관, 유성, 안산, 시흥시립, 천안중앙, 김해, 마산시립합포
남산	54.35	도봉, 송파, 광진정보, 의왕시립, 마산시립합포, 고성동부
삼척평생교육정보관(전)	53.10	고덕평생학습관, 광진정보, 울산남부, 고성동부
마산	52.88	도봉, 양천, 관악문화도서관, 의왕시립, 예산, 진영, 마산시립합포, 고성동부
충북중앙	46.29	송파, 광진정보, 관악문화도서관, 서부, 안산, 보령공공, 김해
중앙	45.46	고척, 송파, 광진정보, 관악문화도서관, 장성, 양산, 창원시립, 마산시립합포
한밭	45.00	송파, 광진정보, 김해, 창원시립, 고성동부
우당	35.06	도봉, 송파, 성동문화, 관악문화도서관, 안산, 당진, 마산시립합포, 고성동부

<표 4 - 73> 2003년 공공도서관의 BCC분석 준거집단의 참조 횟수

DMU	참조 횟수	DMU	참조 횟수	DMU	참조 횟수
관악문화도서관	56	서부	12	통영산양	3
고성동부	51	진영	11	서천	3
마산시립합포	43	보령공공	10	동대문	3
안산	40	서귀포종합(전)	10	고성(강원도)	3
광진정보	30	금왕	10	서동	3
부안	27	양주시립	9	성남시중원문화정보센터	3
송파	24	용인시립	8	성남시중앙문화정보	3
유성	23	예산	8	거제	3
충주학생	22	홍성	8	양산웅상	3
군위	21	울산울주	7	경북교육정보(전)	3
의왕시립	21	당진	7	갈마	3
도봉	19	도계	7	해운대	2
성주	18	효목	6	춘천평생교육정보관(전)	2
의성군립안계	18	성동문화	6	남지	2
시흥시립	18	남해	5	밀양시립	2
창원시립	16	서귀포시동부	5	동부	1
밀양	15	합천	5	기장도서관	1
북구일곡	15	양산	5	강남	1
고척	15	논산강경	4	울산동부	1
장성	14	양천	4	김해칠암	1
함안	14	가오	4	통영	1
천안중앙	13	고덕평생학습관	4	울산남부	1
김해	13	사하	3	반송	1

2003년 BCC분석의 준거집단의 참조 횟수를 살펴보면, 준거집단으로 사용된 공공도서관은 69개였으며, 가장 많이 참조된 공공도서관으로 관악문화도서관이 56회로 분석되었으며, 다음으로 고성동부, 마산시립합포, 안산, 광진정보 등의 순으로 분석되었다. 이는 2003년에 BCC 효율성이 가장 높은 도서관은 관악문화도서관으로 다른 공공도서관의 효율성을 평가하고 벤치마킹할 수 있는 공공도서관으로 진정한 효율성을 나타내고 있다는 의미이다.

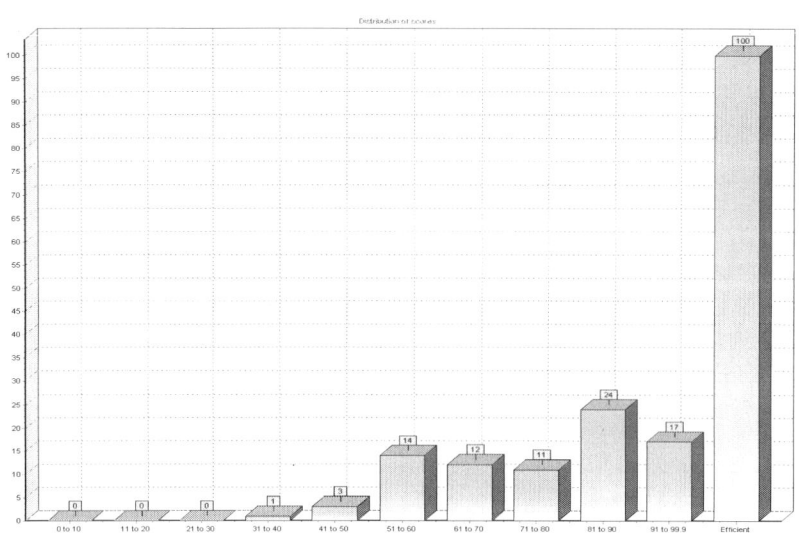

<그림 4-13> 2003년 공공도서관의 BCC 효율성 점수 분포

<표 4-74> 2003년 공공도서관의 CCR 효율성 점수 및 BCC 효율성 점수 비교

DMU	CCR	BCC	비고	DMU	CCR	BCC	비고	DMU	CCR	BCC	비고
강남	96.25	100.00	●	가오	100.00	100.00		보령공공	100.00	100.00	
강동	79.07	82.74	▼	갈마	100.00	100.00		논산강경	53.83	100.00	●
강서	53.88	58.81	▼	유성	100.00	100.00		부안	100.00	100.00	
개포	100.00	100.00		안산	100.00	100.00		정읍시립	35.20	57.09	▼
고척	100.00	100.00		신탄진	92.16	100.00	●	광양공공	86.28	100.00	●
남산	54.22	54.35	▼	울산중부	100.00	100.00		담양	22.95	70.77	▼
도봉	100.00	100.00		울산남부	100.00	100.00		장흥	52.38	91.96	▼
동대문	100.00	100.00		울산동부	100.00	100.00		장성	59.95	100.00	●
송파	100.00	100.00		울산울주	100.00	100.00		고흥평생교육관	53.23	100.00	●
양천	100.00	100.00		도립중앙	80.72	83.21	▼	신안군립	20.46	100.00	●
용산	57.68	60.34	▼	도립성남	60.50	60.88	▼	해남군립	100.00	100.00	
정독	56.03	56.56	▼	도립과천	90.47	100.00	●	영일	41.92	78.91	▼
고덕평생학습관	100.00	100.00		수원시선경	70.65	73.93	▼	점촌	23.36	65.07	▼
마포평생학습관	100.00	100.00		성남시중앙문화정보	100.00	100.00		군위	83.77	100.00	●
중계평생학습관	96.28	100.00	●	성남시수정문화정보센터	95.03	95.19	▼	의성	66.30	100.00	●

DMU	CCR	BCC	비고	DMU	CCR	BCC	비고	DMU	CCR	BCC	비고
성동문화	100.00	100.00		성남시중원문화정보센터	100.00	100.00		청송	22.12	60.84	▼
광진정보	100.00	100.00		부천시립 중앙	92.23	94.62	▼	성주	89.61	100.00	●
은평구립	66.02	66.74	▼	안양시립평촌	98.32	100.00	●	예천	39.18	84.24	▼
성북정보	88.25	98.85		용인시립	100.00	100.00		울진	35.25	74.98	▼
관악문화도서관	100.00	100.00		광명하안	100.00	100.00		경북교육정보(전)	100.00	100.00	
시민	76.74	100.00	●	시흥시종합복지회관	79.68	87.15	▼	경주시립	84.73	84.94	▼
중앙	42.64	45.46	▼	시흥시립	100.00	100.00		김천시립	100.00	100.00	
부전	89.41	90.43	▼	화성시립태안	61.50	90.57	▼	의성군립안계	36.60	100.00	●
반송	100.00	100.00		김포시립	50.77	56.29	▼	마산	47.30	52.88	▼
해운대	100.00	100.00		안성시립	50.32	66.05	▼	진동	37.15	84.29	▼
구덕	82.58	95.24	▼	하남시립	66.43	86.42	▼	통영	87.02	100.00	●
서동	100.00	100.00		의왕시립	100.00	100.00		삼천포	60.66	79.03	▼
구포	74.97	84.60	▼	양주시립	100.00	100.00		사천	82.21	89.95	▼
사하	100.00	100.00		동두천시립	48.29	67.36	▼	김해	100.00	100.00	
연산	98.87	100.00	●	춘천평생교육정보관(전)	100.00	100.00		진영	100.00	100.00	
명장	96.85	100.00	●	강릉평생교육정보관(전)	84.78	84.99	▼	밀양	100.00	100.00	
남구	44.68	56.70	▼	속초평생교육정보관(전)	100.00	100.00		밀양하남	23.93	68.95	▼
영도	83.98	100.00	●	삼척평생교육정보관(전)	38.59	53.10	▼	거제	94.75	100.00	●
해운대반여	87.46	100.00	●	춘성	41.25	100.00	●	함안	100.00	100.00	
기장도서관	93.80	100.00	●	양양	23.23	67.09	▼	창녕	69.91	82.88	▼
중앙	89.45	100.00	●	태백	42.31	82.30	▼	남지	100.00	100.00	
동부	100.00	100.00		영월	50.08	73.85	▼	양산	100.00	100.00	
서부	100.00	100.00		정선	44.63	90.19	▼	고성(경남)	40.92	95.29	▼
남부	66.19	67.12	▼	철원	35.08	100.00	●	남해	86.41	100.00	●
북부	87.88	88.52	▼	고성(강원도)	45.30	100.00	●	산청	31.96	88.49	▼
효목	100.00	100.00		도계	22.80	100.00	●	함양	66.08	100.00	●
두류	88.48	89.14	▼	충북중앙	45.31	46.29	↓	합천	73.25	100.00	●
대봉	59.25	62.16	▼	충주학생	94.90	100.00	●	창원시립	100.00	100.00	
달성	60.08	76.83	▼	중원	63.73	100.00	●	진주연암	100.00	100.00	
북구	90.66	92.32	▼	제천학생(전)	45.04	59.50	▼	밀양시립	96.93	100.00	●
중앙	57.99	58.04	▼	청원	29.78	94.03	▼	마산회원	59.93	69.24	▼

DMU	CCR	BCC	비고	DMU	CCR	BCC	비고	DMU	CCR	BCC	비고
부평	75.25	80.29	▼	보은	61.92	100.00	●	마산시립합포	100.00	100.00	
주안	91.60	97.35	▼	옥천	56.83	100.00	●	통영산양	56.56	100.00	●
화도진	97.51	97.85	▼	영동	59.45	96.15	▼	김해칠암	100.00	100.00	
서구	79.86	80.05	▼	괴산	49.08	95.34	▼	양산웅상	80.02	100.00	●
인천시립	66.04	84.04	▼	증평	60.33	92.65	▼	고성동부	100.00	100.00	
중앙	53.85	67.33	▼	음성	42.82	90.58	▼	제주	86.77	89.63	▼
광주학생독립운동기념회관	53.31	90.70	▼	금왕	64.68	100.00	●	송악	78.05	96.69	▼
금호교육문화회관	75.29	82.89	▼	단양	67.11	100.00	●	제남	29.89	78.97	▼
광주학생교육문화회관	100.00	100.00		제천시립	87.52	93.83	▼	서귀포학생	39.68	91.91	▼
송정	66.85	71.23	▼	금산	46.06	94.15	▼	우당	31.31	35.06	↓
광주광역시립도서관	53.49	55.72	▼	서천	43.37	100.00	●	탐라	60.23	64.74	▼
북구일곡	100.00	100.00		홍성	53.57	100.00	●	서귀포시립(전)	87.27	100.00	●
대전학생교육문화원	71.02	71.99	▼	예산	85.60	100.00	●	서귀포종합(전)	100.00	100.00	●
한밭	44.66	45.00	↓	당진	100.00	100.00		서귀포시동부	61.36	100.00	●
용운	67.33	83.04	▼	천안중앙	100.00	100.00					

※ ●는 CCR분석에서 비효율적으로 분석된 도서관이 BCC분석에서 효율적으로 분석된 도서관
※ ▼는 CCR분석과 BCC분석 모두 비효율적으로 분석된 도서관
※ ↓는 CCR분석과 BCC분석 모두에서 효율성이 50 미만으로 분석된 도서관

<표 4-74>는 CCR분석과 BCC분석의 효율성 차이에 대한 점수를 비교하여 규모의 효율성을 찾아내기 위해 각각의 점수를 비교분석한 표이다. 이는 CCR분석에서 비효율적으로 판명된 DMU가 순수하게 투입과 산출의 차이에 의해 비효율이 발생하는지 아니면 규모의 비효율성 점수가 낮게 나오기 때문에 낮게 나오는지 알아보기 위한 것이다.

적정 규모의 변화를 허용한 BCC모형에서는 CCR모형이 56개의 선정 공공도서관이 경험적 프런티어를 형성하고 있는 것으로 나타났던 것에 비해 100개의 공공도서관이 효율적인 것으로 나타났다. CCR모형에서는 비효율적으로

분석되었던 공공도서관이 BCC분석에서는 효율적이라고 분석된 경우가 모두 41개 도서관으로 나타났으며, CCR분석에서 효율성이 50 미만인 공공도서관이 BCC분석에서는 효율적으로 분석된 경우가 모두 6회로 나타나, 효율성 분석의 해석에 주의를 요하는 것으로 나타났으며, 특히 신안군립도서관은 효율성이 20.46에서 100으로 가장 큰 증가를 보였다. 또한 한밭도서관, 충북중앙도서관, 우당도서관은 CCR분석과 BCC분석 모두에서 효율성이 50 미만인 도서관으로 분석되었다.

<표 4 - 75> BCC분석에서 효율성이 크게 향상된 공공도서관(2003년 공공도서관)

DMU	CCR	BCC	비고	DMU	CCR	BCC	비고
신안군립	20.46	100.00	●	철원	35.08	100.00	●
의성군립안계	36.60	100.00	●	고성(강원도)	45.30	100.00	●
춘성	41.25	100.00	●	도계	22.80	100.00	●

2) 2004년 공공도서관의 BCC 효율성 분석결과

우선 2004년 전체 선정 공공도서관 182개 중에서 BCC효율성 분석결과는 79개의 공공도서관이 투입요소를 비례적으로 증가시킬 때 나타나는 산출반응에서 효율적인 공공도서관이라고 분석되었다.

<표 4 - 76> 2004년 공공도서관의 BCC 효율성 분석결과(효율성 : 100)

79개
의왕시립, 강동, 양주시립, 개포, 동두천시립, 춘천평생교육정보관(전), 도봉, 동대문, 송파, 양천, 창녕, 송악, 신안군립, 마포평생학습관, 서귀포시동부, 고흥평생교육관, 광진정보, 장성, 성북정보, 관악문화도서관, 고성동부, 중앙, 서귀포종합(전), 장흥, 부안, 용운, 영동, 김해칠암, 통영산양, 논산강경, 밀양시립, 진주연암, 합천, 해운대반여, 기장도서관, 춘성, 동부, 서부, 보령공공, 영월, 효목, 천안중앙, 남해, 군위, 북구, 서천, 김천시립, 양산, 단양, 강남, 금왕, 음성, 경북교육정보(전), 의성군립안계, 광주학생교육문화회관, 김해, 성주, 북구일곡, 정선, 진동, 제남, 가오, 충주학생, 유성, 성남시중앙문화정보, 함안, 성남시수정문화정보센터, 시흥시립, 중원, 시흥시종합복지회관, 도립중앙, 해남군립, 도립과천, 광명하안, 용인시립, 화성시립태안, 진영, 도계, 안양시립 평촌

<표 4-77> 2004년 공공도서관의 BCC 효율성 분석결과(효율성 : 99.99 이하)

DMU	효율성	준거집단
고성(강원도)	99.86	용운, 보령공공, 부안, 장성, 군위, 함안, 합천, 고성동부
안산	99.82	송파, 양천, 관악문화도서관, 용운, 성남시수정문화정보센터, 충주학생, 천안중앙, 보령공공, 장성, 함안
울산남부	99.79	강남, 송파, 양천, 관악문화도서관, 북구일곡, 용운, 함안
갈마	99.58	송파, 양천, 관악문화도서관, 북구일곡, 성주, 함안
울산중부	99.25	강남, 동대문, 송파, 광진정보, 용운, 함안
구덕	99.12	강남, 양천, 관악문화도서관, 장성, 합천
함양	98.27	도계, 함안, 남해, 합천
제천시립	98.14	송파, 관악문화도서관, 장흥, 합천
북부	97.76	송파, 양천, 관악문화도서관, 용운, 유성, 중원
서구	97.45	양천, 관악문화도서관, 해운대반여, 용운, 유성, 합천
증평	97.22	송파, 성남시수정문화정보센터, 도계, 음성, 보령공공, 부안, 함안, 합천, 고성동부
부천시립 중앙	96.95	송파, 관악문화도서관, 용운, 성남시중앙문화정보, 합천
밀양	96.78	양천, 해운대반여, 용운, 충주학생, 군위, 함안, 고성동부
서동	96.33	강남, 양천, 중원, 합천
부전	96.20	강남, 송파, 양천, 관악문화도서관, 합천
서귀포시립(전)	96.19	송파, 양천, 용운, 성남시중앙문화정보, 용인시립, 도계, 천안중앙, 고성동부
도림성남	94.86	양천, 마포평생학습관, 관악문화도서관, 북구일곡, 용운, 유성
태백	94.25	용운, 유성, 정선, 도계, 음성, 부안, 함안
마산시립합포	94.13	양천, 용운, 유성, 성남시수정문화정보센터, 논산강경, 함안
화도진	92.49	송파, 양천, 광진정보, 효목, 용운, 광명하안, 춘천평생교육정보관(전), 성주, 함안
당진	92.35	양천, 유성, 도계, 보령공공, 부안, 합천, 고성동부
금산	92.19	양천, 용운, 유성, 도계, 충주학생, 중원, 보령공공, 부안, 고성동부
고척	92.05	강남, 송파, 양천, 마포평생학습관, 관악문화도서관, 용운, 성주
성동문화	91.60	강남, 송파, 양천, 용운, 중원, 성주, 함안
보은	90.85	송파, 성남시수정문화정보센터, 도계, 영동, 부안, 합천, 고성동부
청원	90.23	도계, 장성, 신안군립, 군위, 합천, 고성동부
경주시립	87.97	개포, 양천, 용운, 도계, 음성, 장흥
고성(경남)	87.77	도계, 중원, 군위, 함안, 고성동부
안성시립	87.26	송파, 용운, 도계, 장성, 합천
예산	86.87	송파, 성남시수정문화정보센터, 도계, 음성, 부안, 함안, 합천
옥천	86.12	송파, 성남시수정문화정보센터, 도계, 부안, 합천, 고성동부
광양공공	85.71	양천, 성남시수정문화정보센터, 화성시립태안, 충주학생, 보령공공, 함안, 합천, 고성동부
금호교육문화회관	85.23	양천, 관악문화도서관, 서부, 유성, 중원, 보령공공, 성주
남부	84.82	송파, 양천, 관악문화도서관, 서부, 유성, 중원
송정	84.47	양천, 마포평생학습관, 북구일곡, 용운, 가오, 유성
고덕평생학습관	83.66	강남, 개포, 송파, 양천, 관악문화도서관, 유성, 음성, 합천
수원시선경	81.72	송파, 양천, 용운, 유성, 성남시수정문화정보센터, 천안중앙, 김천시립, 합천
철원	81.18	도계, 충주학생, 장성, 군위, 합천, 고성동부

DMU	효율성	준거집단
거제	80.74	양천, 용운, 화성시립태안, 도계, 함안, 합천, 고성동부
예천	80.63	송파, 도계, 충주학생, 성주, 함안, 고성동부
중앙	80.12	송파, 양천, 광진정보, 관악문화도서관, 효목, 북구일곡, 용운, 함안
영일	79.31	양천, 도계, 장흥, 신안군립, 성주, 합천, 고성동부
괴산	78.74	성남시수정문화정보센터, 화성시립태안, 도계, 논산강경, 합천, 고성동부
양산웅상	78.27	양천, 화성시립태안, 함안, 합천, 고성동부
광주광역시립 도서관	78.05	양천, 해운대반여, 용운, 유성, 천안중앙
중앙	77.92	양천, 관악문화도서관, 해운대반여, 북구일곡, 유성, 중원, 천안중앙, 보령공공
두류	77.60	송파, 양천, 관악문화도서관, 용운, 유성, 중원
은평구립	77.16	송파, 양천, 관악문화도서관, 성남시중앙문화정보, 도계, 중원, 합천, 서귀포시동부
반송	77.06	강남, 양천, 중원, 군위, 함안, 합천
부평	76.90	개포, 송파, 양천, 관악문화도서관, 음성, 합천
남지	76.29	도계, 충주학생, 장성, 군위, 합천, 고성동부
점촌	75.85	도계, 장흥, 신안군립, 성주, 합천, 고성동부
하남시립	75.46	개포, 양천, 용운, 유성, 도계, 음성, 함안, 합천
속초평생교육정보 관(전)	75.29	개포, 송파, 양천, 용운, 유성, 음성, 장성, 합천
울진	74.89	양천, 용운, 유성, 도계, 중원, 음성, 부안, 신안군립, 의성군립안계
통영	73.71	송파, 양천, 도계, 충주학생, 부안, 장성, 함안, 합천
중앙	73.63	송파, 양천, 관악문화도서관, 서부, 유성, 중원
성남시중원문화정 보센터	72.76	송파, 양천, 관악문화, 유성, 성남시중앙문화정보, 음성, 함안
구포	72.74	강남, 양천, 중원, 장성, 성주, 합천
울산동부	72.33	강남, 송파, 양천, 용운, 유성, 합천
연산	72.06	양천, 용운, 중원, 장성, 성주, 함안, 합천
밀양하남	71.33	도계, 중원, 장성, 군위, 성주, 합천, 고성동부
해운대	70.97	강남, 양천, 관악문화도서관, 용운, 충주학생, 중원, 성주, 함안, 합천
홍성	69.64	양천, 용운, 도계, 음성, 부안, 장성, 함안, 합천
명장	69.29	강남, 양천, 용운, 중원, 군위, 성주, 함안
영도	68.57	강남, 양천, 성남시수정문화정보센터, 음성, 장성, 양산, 합천
울산울주	67.99	강남, 중원, 군위, 합천
마산회원	67.72	강남, 관악문화도서관, 중원, 성주, 합천
담양	67.48	송파, 도계, 영동, 합천, 고성동부
제천학생회관	67.46	관악문화도서관, 유성, 음성, 부안, 장성, 성주, 고성동부
청송	66.89	도계, 장성, 신안군립, 성주, 합천, 고성동부
마산	66.74	양천, 관악문화도서관, 북구일곡, 용운, 유성, 정선, 음성
양양	65.95	도계, 충주학생, 부안, 장성, 성주, 함안, 고성동부
김포시립	65.95	양천, 관악문화도서관, 용운, 유성, 성남시수정문화정보센터, 천안중앙, 밀양시립
광주학생독립운동 기념회관	64.35	양천, 관악문화도서관, 유성, 도계, 음성, 장흥, 장성
강서	64.04	강남, 송파, 양천, 관악문화도서관, 용운, 음성, 장성, 성주

DMU	효율성	준거집단
남구	63.19	송파, 양천, 관악문화도서관, 용운, 영동, 음성, 장성
달성	62.40	양천, 관악문화도서관, 해운대반여, 유성, 중원, 군위, 성주, 함안, 고성동부
삼천포	61.87	송파, 도계, 충주학생, 중원, 장성, 성주, 함안, 합천
주안	61.75	강남, 송파, 양천, 관악문화도서관, 용운, 유성, 성남시수정문화정보센터, 함안, 합천
대봉	59.25	양천, 관악문화도서관, 서부, 용운, 유성, 중원, 장성, 성주
사하	58.75	강남, 개포, 유성, 도계, 음성, 함안, 합천
서귀포학생	58.42	유성, 충주학생, 부안, 함안, 고성동부
산청	57.97	도계, 군위, 성주, 고성동부
사천	57.88	양천, 용운, 도계, 장성, 군위, 성주, 함안, 합천
정읍시립	56.09	충주학생, 보령공공, 장성, 성주, 함안, 합천, 고성동부
인천시립	55.99	도계, 중원, 군위, 성주, 합천
삼척평생교육 정보관(전)	52.99	강남, 송파, 양천, 관악문화도서관, 용운, 유성, 음성, 장성
정독	52.54	송파, 관악문화도서관, 중원
의성	52.37	관악문화도서관, 해운대반여, 보령공공, 장성, 성주, 함안, 합천, 고성동부
시민	48.37	송파, 양천, 관악문화도서관, 용운, 유성, 안양시립 평촌, 천안중앙, 합천
창원시립	45.66	송파, 양천, 유성, 보령공공, 장흥, 합천
용산	45.01	강남, 송파, 양천, 광진정보, 용운, 춘천평생교육정보관(전), 성주, 함안
우당	43.05	송파, 양천, 관악문화도서관, 유성, 음성, 보령공공, 부안, 고성동부
남산	42.88	강남, 개포, 송파, 양천, 마포평생학습관, 관악문화도서관, 용운, 유성, 음성
탐라	40.74	양천, 용운, 화성시립태안, 논산강경, 부안, 합천, 고성동부
강릉평생교육정보 관(전)	40.27	송파, 용운, 도계, 영동, 장성, 합천
제주	39.70	용운, 유성, 충주학생, 부안, 함안, 고성동부
충북중앙도서관	39.21	송파, 양천, 관악문화도서관, 용운, 유성, 천안중앙, 보령공공, 장성
한밭	37.97	송파, 관악문화도서관, 서부, 용운, 유성, 장흥, 장성
대전학생교육 문화원	37.46	양천, 용운, 도계, 중원, 장성, 합천, 고성동부
신탄진	31.29	송파, 양천, 용운, 성남시중앙문화정보, 도계, 김해
중계평생학습관	29.26	송파, 용운, 도계, 음성, 장성, 성주, 합천

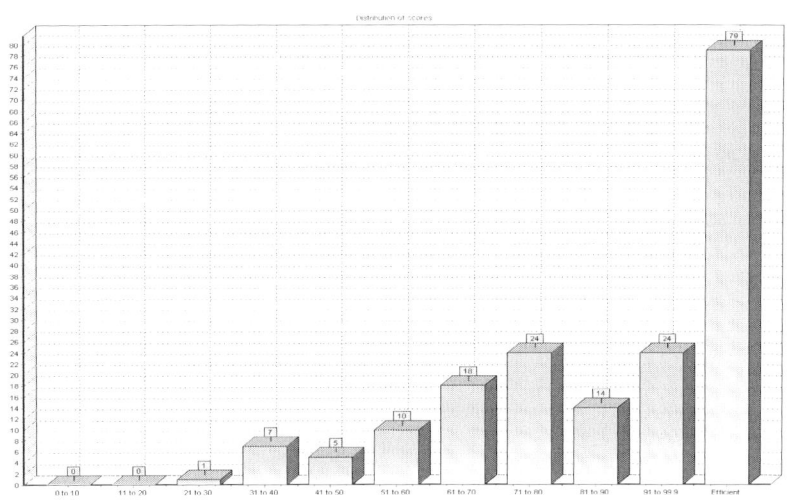

<그림 4 - 14> 2004년 공공도서관의 BCC 효율성 점수 분포

<표 4 - 78> 2004년 공공도서관의 BCC분석 준거집단의 참조 횟수

DMU	참조 횟수	DMU	참조 횟수	DMU	참조 횟수
양천	66	천안중앙	13	김해칠암	3
합천	65	성남시중앙문화정보	12	춘천평생교육정보관(전)	2
용운	57	북구일곡	9	효목	2
함안	55	개포	8	안양시립 평촌	2
송파	50	신안군립	7	남해	2
도계	46	화성시립태안	7	진영	2
관악문화도서관	45	장흥	7	김해	2
유성	44	광진정보	6	송악	. 2
고성동부	44	해운대반여	6	밀양시립	1
장성	35	서부	5	양산	1
중원	35	마포평생학습관	5	창녕	1
성주	33	정선	4	진주연암	1
강남	24	영동	4	가오	1
음성	23	김천시립	4	의성군립안계	1
부안	20	광명하안	3	해남군립	1
충주학생	18	동대문	3	의왕시립	1
군위	15	논산강경	3	서귀포시동부	1
보령공공	14	경북교육정보(전)	3	동부	1
성남시수정문화정보센터	14	용인시립	3	성북정보	1

2004년 BCC분석의 준거집단의 참조 횟수를 살펴보면, 가장 많이 참조된 공공도서관으로 양천도서관이 66회로 분석되었으며, 다음으로 합천, 용운, 함안, 송파, 도계 등의 순으로 분석되었다. 이는 2004년에 BCC 효율성이 가장 높은 도서관은 양천도서관으로 다른 공공도서관의 효율성을 평가하고 벤치마킹할 수 있는 공공도서관으로 진정한 효율성을 나타내고 있다는 의미이다.

<표 4-79> 2004년 공공도서관의 CCR 효율성 점수 및 BCC 효율성 점수 비교

DMU	CCR	BCC	비고	DMU	CCR	BCC	비고	DMU	CCR	BCC	비고
강남	100.00	100.00		가오	100.00	100.00		보령공공	100.00	100.00	
강동	100.00	100.00		갈마	99.31	99.58	▼	논산강경	46.18	100.00	●
강서	61.52	64.04	▼	유성	100.00	100.00		부안	52.98	100.00	●
개포	100.00	100.00		안산	90.17	99.82	▼	정읍시립	39.21	56.09	▼
고척	90.83	92.05	▼	신탄진	29.79	31.29	↓	광양공공	76.00	85.71	▼
남산	42.79	42.88	↓	울산중부	93.06	99.25	▼	담양	25.08	67.48	▼
도봉	100.00	100.00		울산남부	98.91	99.79	▼	장흥	100.00	100.00	
동대문	100.00	100.00		울산동부	66.44	72.33	▼	장성	100.00	100.00	
송파	100.00	100.00		울산울주	57.32	67.99	▼	고흥평생교육관	29.17	100.00	●
양천	100.00	100.00		도립중앙	97.77	100.00	●	신안군립	56.28	100.00	●
용산	44.51	45.01	↓	도립성남	93.11	94.86	▼	해남군립	66.10	100.00	●
정독	52.45	52.54	▼	도립과천	66.45	100.00	●	영일	27.60	79.31	▼
고덕평생학습관	82.66	83.66	▼	수원시선경	81.33	81.72	▼	점촌	23.71	75.85	▼
마포평생학습관	100.00	100.00		성남시중앙문화정보	100.00	100.00		군위	80.26	100.00	●
중계평생학습관	16.72	29.26	↓	성남시수정문화정보센터	100.00	100.00		의성	26.00	52.37	▼
성동문화	83.41	91.60	▼	성남시중원문화정보센터	72.39	72.76	▼	청송	13.69	66.89	▼
광진정보	100.00	100.00		부천시립 중앙	94.97	96.95	▼	성주	96.11	100.00	●
은평구립	75.43	77.16	▼	안양시립 평촌	100.00	100.00		예천	47.86	80.63	▼
성북정보	92.84	100.00	●	용인시립	100.00	100.00		울진	60.79	74.89	▼
관악문화도서관	100.00	100.00		광명하안	100.00	100.00		경북교육정보(전)	100.00	100.00	
시민	48.32	48.37	▼	시흥시종합복지회관	66.31	100.00	●	경주시립	81.03	87.97	▼
중앙	100.00	100.00		시흥시립	100.00	100.00		김천시립	100.00	100.00	

DMU	CCR	BCC	비고	DMU	CCR	BCC	비고	DMU	CCR	BCC	비고
부전	93.78	96.20	▼	화성시립태안	100.00	100.00		의성군립안계	38.80	100.00	●
반송	69.28	77.06	▼	김포시립	63.01	65.95	▼	마산	66.70	66.74	▼
해운대	68.17	70.97	▼	안성시립	74.19	87.26	▼	진동	90.61	100.00	●
구덕	94.91	99.12	▼	하남시립	63.73	75.46	▼	통영	50.17	73.71	▼
서동	83.75	96.33	▼	의왕시립	100.00	100.00		삼천포	39.70	61.87	▼
구포	63.78	72.74	▼	양주시립	66.51	100.00	●	사천	40.06	57.88	▼
사하	55.87	58.75	▼	동두천시립	92.93	100.00	●	김해	100.00	100.00	
연산	60.80	72.06	▼	춘천평생교육정보관(전)	100.00	100.00		진영	100.00	100.00	
명장	66.11	69.29	▼	강릉평생교육정보관(전)	28.50	40.27	↓	밀양	72.37	96.78	▼
남구	51.12	63.19	▼	속초평생교육정보관(전)	71.45	75.29	▼	밀양하남	20.42	71.33	▼
영도	57.08	68.57	▼	삼척평생교육정보관(전)	46.12	52.99	▼	거제	55.94	80.74	▼
해운대반여	100.00	100.00		춘성	62.20	100.00	●	함안	100.00	100.00	
기장도서관	98.68	100.00	●	양양	22.97	65.95	▼	창녕	100.00	100.00	
중앙	73.29	73.63	▼	태백	80.26	94.25	▼	남지	36.30	76.29	▼
동부	100.00	100.00		영월	46.40	100.00	●	양산	91.67	100.00	●
서부	100.00	100.00		정선	100.00	100.00		고성(경남)	27.08	87.77	▼
남부	84.52	84.82	▼	철원	23.72	81.18	▼	남해	17.17	100.00	●
북부	96.25	97.76	▼	고성(강원도)	40.13	99.86	▼	산청	10.25	57.97	▼
효목	100.00	100.00		도계	35.49	100.00	●	함양	32.78	98.27	▼
두류	77.25	77.60	▼	충북중앙도서관	36.33	39.21	↓	합천	100.00	100.00	
대봉	56.13	59.25	▼	충주학생	100.00	100.00		창원시립	42.34	45.66	↓
달성	44.40	62.40	▼	중원	100.00	100.00		진주연암	100.00	100.00	
북구	89.38	100.00	●	제천학생회관	38.22	67.46	▼	밀양시립	86.35	100.00	●
중앙	77.89	80.12	▼	청원	32.47	90.23	▼	마산회원	54.26	67.72	▼
부평	76.09	76.90	▼	보은	47.75	90.85	▼	마산시립합포	80.05	94.13	▼
주안	61.68	61.75	▼	옥천	44.59	86.12	▼	통영산양	29.34	100.00	●
화도진	92.40	92.49	▼	영동	98.42	100.00		김해칠암	100.00	100.00	
서구	95.72	97.45	▼	괴산	34.77	78.74	▼	양산웅상	43.12	78.27	▼
인천시립	33.48	55.99	▼	증평	62.29	97.22	▼	고성동부	51.14	100.00	●
중앙	76.50	77.92	▼	음성	100.00	100.00		제주	27.48	39.70	↓
광주학생독립운동기념회관	52.81	64.35	▼	금왕	65.15	100.00	●	송악	81.69	100.00	●

DMU	CCR	BCC	비고	DMU	CCR	BCC	비고	DMU	CCR	BCC	비고
금호교육 문화회관	78.05	85.23	▼	단양	66.39	100.00	●	제남	100.00	100.00	
광주학생 교육문화회관	100.00	100.00		제천시립	93.53	98.14	▼	서귀포학생	24.17	58.42	▼
송정	84.40	84.47	▼	금산	36.36	92.19	▼	우당	36.38	43.05	↓
광주광역 시립도서관	75.53	78.05	▼	서천	48.54	100.00	●	탐라	32.89	40.74	↓
북구일곡	100.00	100.00		홍성	43.69	69.64	▼	서귀포 시립(전)	72.31	96.19	▼
대전학생 교육문화원	30.99	37.46	↓	예산	47.57	86.87	▼	서귀포 종합(전)	93.83	100.00	●
한밭	37.28	37.97	↓	당진	51.66	92.35	▼	서귀포시 동부	51.69	100.00	●
용운	100.00	100.00		천안중앙	100.00	100.00					

※ ●는 CCR분석에서 비효율적으로 분석된 도서관이 BCC분석에서 효율적으로 분석된 도서관
※ ▼는 CCR분석과 BCC분석 모두 비효율적으로 분석된 도서관
※ ↓는 CCR분석과 BCC분석 모두에서 효율성이 50 미만으로 분석된 도서관

<표 4-79>는 CCR분석과 BCC분석의 효율성 차이에 대한 점수를 비교하여 규모의 효율성을 찾아내기 위해 각각의 점수를 비교분석한 표이다. 이는 CCR분석에서 비효율적으로 판명된 DMU가 순수하게 투입과 산출의 차이에 의해 비효율이 발생하는지 아니면 규모의 비효율성 점수가 낮게 나오기 때문에 낮게 나오는지 알아보기 위한 것이다.

적정 규모의 변화를 허용한 BCC모형에서는 CCR모형이 47개의 선정 공공도서관이 경험적 프런티어를 형성하고 있는 것으로 나타났던 것에 비해 79개의 공공도서관이 효율적인 것으로 나타나, 32개 공공도서관의 효율성 점수가 향상된 것을 알 수 있다. 또한 CCR분석에서 효율성이 50 미만인 공공도서관이 BCC분석에서는 효율적으로 분석된 경우가 모두 8회로 나타나, 효율성 분석의 해석에 주의를 요하는 것으로 나타났으며, 특히 남해도서관은 효율성이 17.17에서 100으로 크게 증가한 것으로 분석되었다. 그리고 남산도서관, 용산도서관, 중계평생학습관, 대전학생교육문화원, 한밭도서관, 신탄진도서관, 충북중앙도서관, 창원시립도서관, 제주도서관, 우당도서관, 탐라도서관은 CCR분석

과 BCC분석 모두에서 효율성이 50 미만인 도서관으로 분석되었다.

<표 4-80> BCC분석에서 효율성이 크게 향상된 공공도서관(2004년 공공도서관)

DMU	CCR	BCC	비고	DMU	CCR	BCC	비고
영월	46.40	100.00	●	고흥평생교육관	29.17	100.00	●
도계	35.49	100.00	●	의성군립안계	38.80	100.00	●
서천	48.54	100.00	●	남해	17.17	100.00	●
논산강경	46.18	100.00	●	통영산양	29.34	100.00	●

3) 2005년 공공도서관의 BCC 효율성 분석결과

우선 2005년 전체 선정 공공도서관 182개 중에서 BCC효율성 분석결과는 88개의 공공도서관이 투입요소를 비례적으로 증가시킬 때 나타나는 산출반응에서 효율적인 공공도서관이라고 분석되었다.

<표 4-81> 2005년 공공도서관의 BCC 효율성 분석결과(효율성 : 100)

88개
강남, 춘천평생교육정보관(전), 속초평생교육정보관(전), 양주시립, 고척, 동두천시립, 도봉, 동대문, 송파, 양천, 중앙, 서귀포시동부, 고성동부, 마포평생학습관, 중계평생학습관, 성동문화, 광진정보, 양산웅상, 광주학생교육문화회관, 통영산양, 시민, 마산시립합포, 부전, 밀양시립, 해운대, 구덕, 서동, 합천, 사하, 함양, 고성(경남), 남구, 양산, 해운대반여, 함안, 서귀포종합(전), 거제, 밀양, 통영, 제남, 의성군립안계, 보령공공, 경주시립, 울진, 성주, 군위, 울산동부, 영일, 해남군립, 신안군립, 고흥평생교육관, 춘성, 장성, 금호교육문화회관, 고성(강원도), 정선, 광주광역시립도서관, 북구일곡, 광양공공, 한밭, 부안, 가오, 논산강경, 유성, 안산, 서천, 예산, 울산남부, 용인시립, 울산울주, 도립중앙, 도립성남, 도립과천, 수원시선경, 성남시중앙문화정보, 홍성, 성남시중원문화정보센터, 괴산, 안양시립 평촌, 영동, 금산, 음성, 시흥시립, 송악, 도계, 철원, 충주학생, 의왕시립

<표 4-82> 2005년 공공도서관의 BCC 효율성 분석결과(효율성 : 99.99 이하)

DMU	효율성	준거집단
김천시립	99.37	양천, 광주광역시립도서관, 유성, 도립과천, 수원시선경, 예산, 거제, 마산시립합포
점촌	97.80	울산울주, 춘성, 예산, 울진, 의성군립안계, 서귀포종합(전)
장흥	96.69	양천, 해운대반여, 부안, 의성군립안계, 함양, 고성동부
김해칠암	96.66	양천, 해운대반여, 광주광역시립도서관, 수원시선경, 거제, 마산시립합포
청원	95.33	양천, 춘성, 군위, 의성군립안계
개포	94.76	양천, 중계평생학습관, 부전, 안산, 도림성남, 안양시립 평촌, 춘성
진영	94.62	의성군립안계, 거제, 양산, 고성동부
갈마	93.23	양천, 광진정보, 해운대반여, 북구일곡, 춘성, 예산
당진	93.06	양천, 해운대반여, 논산강경, 의성군립안계, 거제, 함양, 마산시립합포
중원	92.66	양천, 춘성, 고성(강원도), 부안, 군위, 성주, 의성군립안계, 고성동부
울산중부	92.35	도봉, 동대문, 양천, 광진정보, 해운대반여, 울산남부, 도림성남
성남시수정문화정보센터	92.10	양천, 부전, 가오, 울산울주, 성남시중앙문화정보, 마산시립합포
증평	91.97	양천, 광진정보, 광주학생교육문화회관, 춘성, 예산, 의성군립안계, 거제
구포	91.27	강남, 도봉, 부전, 도림성남, 군위
북구	90.96	양천, 광진정보, 광주학생교육문화회관, 가오, 도립과천, 수원시선경, 마산시립합포
사천	89.35	해운대반여, 예산, 고성(경남), 함양, 밀양시립
시흥시종합복지회관	89.21	양천, 용인시립, 양산, 함양, 마산시립합포
화성시립태안	88.33	양천, 광진정보, 도림성남, 예산, 거제, 함안
대전학생교육문화원	88.03	송파, 양천, 가오, 울산동부, 영동
김해	87.90	양천, 광진정보, 부전, 해운대반여, 안산, 도림중앙, 도림성남, 군위
연산	87.83	도봉, 부전, 도림성남, 군위, 양산
금왕	87.76	양천, 해운대반여, 가오, 춘성, 고성(강원도), 금산, 논산강경, 의성군립안계
옥천	86.70	양천, 춘성, 영동, 예산, 논산강경, 의성군립안계, 거제
기장도서관	86.42	양천, 해운대반여, 북구일곡, 가오, 도립과천, 예산, 마산시립합포
영월	85.89	춘성, 고성(강원도), 음성, 부안
성북정보	85.27	양천, 광진정보, 가오, 울산울주, 함안, 양산
김포시립	83.54	양천, 부전, 해운대반여, 도림성남, 군위, 거제, 마산시립합포
부평	83.22	양천, 광진정보, 부전, 해운대반여, 가오, 안산, 도림성남, 안양시립 평촌, 춘성
양양	82.37	양천, 춘성, 음성, 부안, 고성동부
남산	81.20	동대문, 양천, 부전
영도	80.65	양천, 부전, 해운대반여, 가오, 안산, 춘성, 예산, 의성군립안계, 거제
태백	80.17	예산, 논산강경, 군위, 의성군립안계, 통영
서구	79.73	고척, 양천, 해운대반여, 광주광역시립도서관, 유성, 울산남부, 도립과천, 예산
하남시립	79.33	양천, 광진정보, 광주학생교육문화회관, 울산울주, 도림성남, 춘성, 예산, 양산
반송	78.82	양천, 부전, 군위, 함안
보은	78.09	양천, 춘성, 영동, 괴산, 논산강경, 의성군립안계
중앙	77.67	양천, 부전, 해운대반여, 가오, 성남시중앙문화정보, 마산시립합포
남지	76.70	울산울주, 춘성, 장성, 군위, 통영, 고성동부
강동	76.55	도봉, 양천, 부전, 해운대반여, 안산, 울산동부, 울산울주, 도림중앙, 도림성남, 춘성

DMU	효율성	준거집단
중앙	76.44	양천, 광진정보, 부전, 해운대반여, 울산남부, 안양시립 평촌, 춘성
고덕평생학습관	76.07	중계평생학습관, 부전, 안산, 도림성남, 안양시립 평촌, 속초평생교육정보관(전), 춘성
단양	75.02	양천, 해운대반여, 고성(강원도), 논산강경, 의성군립안계, 함양, 고성동부
삼천포	74.69	부전, 해운대반여, 광주학생교육문화회관, 춘성, 예산, 군위, 양산
용운	74.51	양천, 북구일곡, 춘성, 고성(강원도), 예산, 부안, 의성군립안계
산청	73.32	충주학생, 보령공공, 논산강경, 군위, 고성동부
인천시립	73.12	도봉, 부전, 도립중앙, 춘성, 군위, 의성군립안계
명장	73.09	강남, 도봉, 동대문, 부전, 군위
화도진	72.91	동대문, 양천, 해운대반여, 북구일곡, 도림성남
예천	72.52	춘성, 고성(강원도), 군위, 성주, 고성동부
밀양하남	71.63	울산울주, 장성, 군위, 통영, 고성동부
광주학생독립운동기념 회관	71.32	양천, 금호교육문화회관, 가오
효목	71.26	양천, 광진정보, 부전, 해운대반여, 울산남부, 도림성남, 안양시립 평촌, 춘성
청송	71.19	춘성, 고성(강원도), 부안, 군위, 의성군립안계
달성	70.67	부전, 해운대반여, 도립중앙, 군위, 의성군립안계
신탄진	70.52	양천, 금호교육문화회관, 가오, 성남시중원문화정보센터, 마산시립합포
관악문화도서관	69.55	양천, 광진정보, 부전, 해운대반여, 가오, 도립과천, 마산시립합포
삼척평생교육정보관(전)	69.06	송파, 양천, 도립중앙, 경주시립, 의성군립안계
주안	67.29	양천, 광진정보, 해운대반여, 도림성남, 도립과천, 수원시선경, 안양시립 평촌, 예산, 거제
광명하양	67.13	동대문, 양천, 도림성남, 예산, 함안
천안중앙	66.70	양천, 광진정보, 부전, 해운대반여, 군위, 거제
남부	66.20	양천, 광진정보, 해운대반여, 광주광역시립도서관, 울산동부, 수원시선경, 마산시립합포
은평구립	65.77	양천, 광진정보, 부전, 가오, 울산울주, 성남시중앙문화정보, 거제, 마산시립합포
동부	65.09	양천, 성동문화, 광진정보, 광주학생교육문화회관, 북구일곡, 가오
마산회원	64.79	양천, 해운대반여, 가오, 도립과천, 예산, 함안, 밀양시립
남해	64.78	군위, 성주, 고성동부
진동	64.65	양천, 가오, 예산, 장성, 군위, 의성군립안계, 고성동부
담양	63.43	가오, 춘성, 영동, 의성군립안계
진주연암	63.39	양천, 부전, 해운대반여, 안양시립 평촌, 춘성, 예산
창원시립	61.16	양천, 성동문화, 해운대반여, 광주광역시립도서관, 안양시립 평촌, 춘성
서귀포학생	60.95	충주학생, 예산, 논산강경, 부안, 군위, 의성군립안계, 통영산양
서귀포시립(전)	60.36	양천, 고성(강원도), 음성, 성주, 의성군립안계, 고성동부
탐라	60.14	양천, 도림성남, 도립과천, 예산, 거제, 양산, 마산시립합포
제천시립	60.02	양천, 광진정보, 광주학생교육문화회관, 가오, 도림성남, 춘성, 예산, 양산
강릉평생교육정보관(전)	59.27	양천, 광진정보, 광주학생교육문화회관, 도립중앙, 경주시립, 의성군립안계
정읍시립	58.90	양천, 광주광역시립도서관, 가오, 춘성, 고성(강원도), 예산
안성시립	58.36	울산울주, 도림성남, 군위, 양산

DMU	효율성	준거집단
두류	58.15	도봉, 양천, 부전, 해운대반여, 광주학생교육문화회관, 울산동부, 도림성남, 예산, 의성군립안계
송정	55.68	양천, 중계평생학습관, 가오, 도림성남, 함안
제천학생회관	55.22	양천, 가오, 음성, 논산강경, 부안, 의성군립안계, 고성동부
대봉	55.01	도봉, 양천, 광진정보, 부전, 해운대반여, 광주학생교육문화회관, 울산동부, 춘성, 예산, 의성군립안계
제주	54.64	양천, 도립과천, 예산, 의성군립안계, 함양
의성	54.61	양천, 해운대반여, 가오, 고성(강원도), 예산, 장성, 의성군립안계, 고성동부
창녕	53.76	양천, 장성, 군위, 통영, 고성동부
북부	53.65	양천, 광진정보, 울산남부, 울산동부, 도림성남, 안양시립 평촌, 속초평생교육정보관(전), 춘성, 예산
용산	51.23	동대문, 양천, 광진정보, 군위, 함안
서부	50.54	양천, 해운대반여, 광주광역시립도서관, 유성, 울산남부, 울산동부, 수원시선경, 경주시립
강서	49.25	도봉, 양천, 중계평생학습관, 부전, 해운대반여, 안산, 도림성남, 춘성, 군위, 의성군립안계
우당	42.84	양천, 해운대반여, 광주광역시립도서관, 도립과천, 수원시선경, 예산, 거제, 마산시립합포
중앙	40.77	고척, 양천, 광진정보, 광주광역시립도서관, 유성, 울산남부, 예산
부천시립 중앙	39.00	양천, 시흥시립, 예산, 의성군립안계, 양산, 함양
경북교육정보(전)	36.53	양천, 광진정보, 해운대반여, 광주광역시립도서관, 가오, 유성, 울산동부, 도립과천, 예산
충북중앙도서관	35.65	양천, 해운대반여, 북구일곡, 유성, 울산동부, 수원시선경, 부안, 경주시립, 거제
마산	32.52	양천, 부전, 가오, 도림성남, 안양시립 평촌, 홍성, 예산
정독	24.42	양천, 광진정보, 광주학생교육문화회관, 속초평생교육정보관(전), 춘성, 의성군립안계

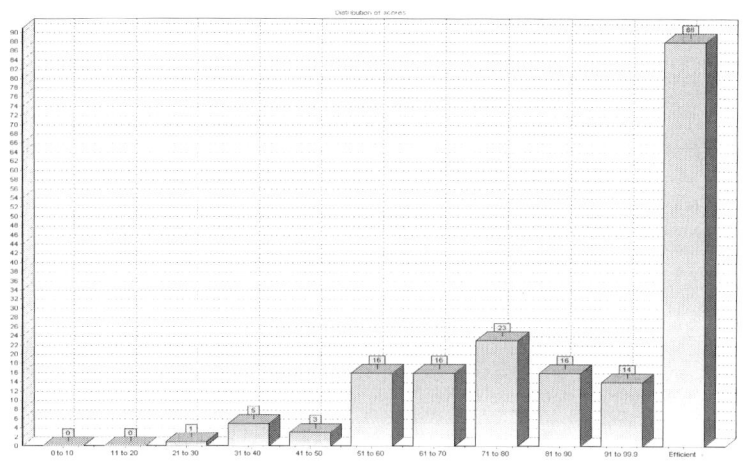

<그림 4-15> 2005년 공공도서관의 BCC 효율성 점수 분포

DMU	참조 횟수	DMU	참조 횟수	DMU	참조 횟수
양천	87	논산강경	12	보령공공	3
의성군립안계	47	부안	12	송파	3
해운대반여	45	울산동부	10	서귀포종합(전)	2
춘성	40	울산울주	10	강남	2
예산	38	도봉	10	철원	2
부전	36	안산	9	도계	2
가오	35	함안	9	충주학생	2
군위	33	속초평생교육정보관(전)	8	울진	2
도림성남	29	도립중앙	8	밀양시립	2
광진정보	29	성주	7	동두천시립	2
마산시립합포	24	울산남부	7	고척	2
거제	23	장성	7	시흥시립	2
고성동부	17	유성	6	홍성	2
양산	17	북구일곡	6	시민	1
광주학생교육문화회관	16	경주시립	6	춘천평생교육정보관(전)	1
고성(강원도)	14	금호교육문화회관	6	괴산	1
동대문	13	성남시중앙문화정보	6	고성(경남)	1
광주광역시립도서관	13	중계평생학습관	5	금산	1
도립과천	13	통영	5	통영산양	1
안양시립 평촌	12	음성	5	성남시중원문화정보센터	1
수원시선경	12	영동	4	용인시립	1
함양	12	성동문화	4		

2005년 BCC분석의 준거집단의 참조 횟수를 살펴보면, 가장 많이 참조된 공공도서관으로 양천도서관이 87회로 분석되었으며, 다음으로 의성군립안계, 해운대반여, 춘성, 예산 등의 순으로 분석되었다. 이는 2005년에 BCC 효율성이 가장 높은 도서관은 양천도서관으로 다른 공공도서관의 효율성을 평가하고 벤치마킹할 수 있는 공공도서관으로 진정한 효율성을 나타내고 있다는 의미이다.

<표 4 - 84> 2005년 공공도서관의 CCR 효율성 점수 및 BCC 효율성 점수 비교

DMU	CCR	BCC	비고	DMU	CCR	BCC	비고	DMU	CCR	BCC	비고
강남	100.00	100.00		가오	100.00	100.00		보령공공	97.04	100.00	●
강동	71.54	76.55	▼	갈마	89.15	93.23	▼	논산강경	66.74	100.00	●
강서	41.31	49.25	↓	유성	100.00	100.00		부안	69.67	100.00	●
개포	91.29	94.76	▼	안산	100.00	100.00		정읍시립	35.70	58.90	▼
고척	100.00	100.00		신탄진	68.76	70.52	▼	광양공공	84.99	100.00	●
남산	79.74	81.20	▼	울산중부	92.33	92.35	▼	담양	19.68	63.43	▼
도봉	100.00	100.00		울산남부	100.00	100.00		장흥	36.35	96.69	▼
동대문	100.00	100.00		울산동부	100.00	100.00		장성	54.78	100.00	●
송파	100.00	100.00		울산울주	100.00	100.00		고흥평생교육관	24.85	100.00	●
양천	100.00	100.00		도립중앙	100.00	100.00		신안군립	47.62	100.00	●
용산	47.03	51.23	▼	도립성남	100.00	100.00		해남군립	62.99	100.00	●
정독	22.52	24.42	↓	도립과천	100.00	100.00		영일	100.00	100.00	
고덕평생학습관	72.63	76.07	▼	수원시선경	100.00	100.00		점촌	52.23	97.80	▼
마포평생학습관	100.00	100.00		성남시중앙문화정보	100.00	100.00		군위	100.00	100.00	
중계평생학습관	100.00	100.00		성남시수정문화정보센터	91.57	92.10	▼	의성	27.35	54.61	▼
성동문화	100.00	100.00		성남시중원문화정보센터	100.00	100.00		청송	18.98	71.19	▼
광진정보	100.00	100.00		부천시립 중앙	34.97	39.00	▼	성주	69.60	100.00	●
은평구립	65.76	65.77	▼	안양시립 평촌	100.00	100.00		예천	26.31	72.52	▼
성북정보	79.93	85.27	▼	용인시립	100.00	100.00		울진	82.60	100.00	●
관악문화도서관	69.53	69.55	▼	광명하안	62.33	67.13	▼	경북교육정보(전)	36.19	36.53	↓
시민	76.95	100.00	●	시흥시종합복지회관	89.11	89.21	▼	경주시립	100.00	100.00	
중앙	77.54	77.67	▼	시흥시립	100.00	100.00		김천시립	97.11	99.37	▼
부전	100.00	100.00		화성시립태안	74.57	88.33	▼	의성군립안계	100.00	100.00	
반송	72.15	78.82	▼	김포시립	83.18	83.54	▼	마산	31.45	32.52	↓
해운대	100.00	100.00		안성시립	52.57	58.36	▼	진동	28.63	64.65	▼
구덕	100.00	100.00		하남시립	64.32	79.33	▼	통영	84.72	100.00	●
서동	91.44	100.00	●	의왕시립	99.28	100.00	●	삼천포	56.89	74.69	▼
구포	91.05	91.27	▼	양주시립	63.34	100.00	●	사천	71.87	89.35	▼
사하	99.43	100.00	●	동두천시립	100.00	100.00		김해	86.29	87.90	▼
연산	76.03	87.83	▼	춘천평생교육정보관(전)	100.00	100.00		진영	59.66	94.62	▼
명장	73.04	73.09	▼	강릉평생교육정보관(전)	52.19	59.27	▼	밀양	41.90	100.00	●

DMU	CCR	BCC	비고	DMU	CCR	BCC	비고	DMU	CCR	BCC	비고
남구	100.00	100.00		속초평생교육정보관(전)	100.00	100.00		밀양하남	19.30	71.63	▼
영도	69.79	80.65	▼	삼척평생교육정보관(전)	61.72	69.06	▼	거제	100.00	100.00	
해운대반여	100.00	100.00		춘성	78.47	100.00	●	함안	100.00	100.00	
기장도서관	85.07	86.42	▼	양양	18.93	82.37	▼	창녕	20.20	53.76	▼
중앙	40.67	40.77	↓	태백	50.95	80.17	▼	남지	15.51	76.70	▼
동부	61.14	65.09	▼	영월	44.35	85.89	▼	양산	100.00	100.00	
서부	50.33	50.54	▼	정선	68.88	100.00	●	고성(경남)	74.37	100.00	
남부	66.17	66.20	▼	철원	44.96	100.00	●	남해	21.37	64.78	▼
북부	50.88	53.65	▼	고성(강원도)	70.38	100.00	●	산청	32.32	73.32	▼
효목	69.91	71.26	▼	도계	14.49	100.00	●	함양	100.00	100.00	
두류	53.30	58.15	▼	충북중앙도서관	34.28	35.65	↓	합천	14.59	100.00	
대봉	49.45	55.01	▼	충주학생	84.24	100.00	●	창원시립	58.51	61.16	▼
달성	47.66	70.67	▼	중원	33.12	92.66	▼	진주연암	58.25	63.39	▼
북구	90.62	90.96	▼	제천학생회관	21.20	55.22	▼	밀양시립	71.66	100.00	●
중앙	75.17	76.44	▼	청원	29.29	95.33	▼	마산회원	52.76	64.79	▼
부평	81.08	83.22	▼	보은	24.79	78.09	▼	마산시립합포	100.00	100.00	
주안	66.50	67.29	▼	옥천	37.60	86.70	▼	통영산양	34.82	100.00	
화도진	71.51	72.91	▼	영동	79.38	100.00	●	김해칠암	96.41	96.66	▼
서구	79.14	79.73	▼	괴산	30.46	100.00	●	양산웅상	90.19	100.00	●
인천시립	48.65	73.12	▼	증평	61.35	91.97	▼	고성동부	25.33	100.00	●
중앙	100.00	100.00		음성	30.88	100.00	●	제주	44.94	54.64	▼
광주학생독립운동기념회관	68.78	71.32	▼	금왕	48.75	87.76	▼	송악	81.50	100.00	●
금호교육문화회관	100.00	100.00		단양	36.03	75.02	▼	제남	60.68	100.00	●
광주학생교육문화회관	100.00	100.00		제천시립	46.49	60.02	▼	서귀포학생	22.38	60.95	▼
송정	51.70	55.68	▼	금산	64.84	100.00	●	우당	42.62	42.84	↓
광주광역시립도서관	100.00	100.00		서천	58.65	100.00	●	탐라	58.71	60.14	▼
북구일곡	100.00	100.00		홍성	100.00	100.00		서귀포시립(전)	11.29	60.36	▼
대전학생교육문화원	85.05	88.03	▼	예산	100.00	100.00		서귀포종합(전)	58.55	100.00	●
한밭	100.00	100.00		당진	67.95	93.06	▼	서귀포동부	20.44	100.00	●
용운	52.14	74.51	▼	천안중앙	66.38	66.70	▼				

※ ●는 CCR분석에서 비효율적으로 분석된 도서관이 BCC분석에서 효율적으로 분석된 도서관
※ ▼는 CCR분석과 BCC분석 모두 비효율적으로 분석된 도서관
※ ↓는 CCR분석과 BCC분석 모두에서 효율성이 50 미만으로 분석된 도서관

<표 4-84>는 CCR분석과 BCC분석의 효율성 차이에 대한 점수를 비교하여 규모의 효율성을 찾아내기 위해 각각의 점수를 비교분석한 표이다. 이는 CCR분석에서 비효율적으로 판명된 DMU가 순수하게 투입과 산출의 차이에 의해 비효율이 발생하는지 아니면 규모의 비효율성 점수가 낮게 나오기 때문에 낮게 나오는지 알아보기 위한 것이다.

적정 규모의 변화를 허용한 BCC모형에서는 CCR모형이 50개의 선정 공공도서관이 경험적 프런티어를 형성하고 있는 것으로 나타났던 것에 비해 88개의 공공도서관이 효율적인 것으로 나타나, 38개 공공도서관의 효율성 점수가 향상된 것을 알 수 있다. 또한 CCR분석에서 효율성이 50 미만인 공공도서관이 BCC분석에서는 효율적으로 분석된 경우가 모두 10개 도서관으로 나타나, 효율성 분석의 해석에 주의를 요하는 것으로 나타났으며, 특히 도계도서관은 효율성이 14.49에서 100으로 크게 증가한 것으로 분석되었다. 그리고 강서도서관, 정독도서관, 중앙도서관, 충북중앙도서관, 경북교육정보(전), 마산도서관, 우당도서관은 CCR분석과 BCC분석 모두에서 효율성이 50 미만인 도서관으로 분석되었다.

<표 4-85> BCC분석에서 효율성이 크게 향상된 공공도서관(2005년 공공도서관)

DMU	CCR	BCC	비고	DMU	CCR	BCC	비고
철원	44.96	100.00	●	신안군립	47.62	100.00	●
도계	14.49	100.00	●	밀양	41.90	100.00	●
괴산	30.46	100.00	●	고성동부	25.33	100.00	●
음성	30.88	100.00	●	서귀포시동부	20.44	100.00	●
고흥평생교육관	24.85	100.00	●				

4) 2006년 공공도서관의 BCC 효율성 분석결과

우선 2006년 전체 선정 공공도서관 182개 중에서 BCC 효율성 분석결과는 77개의 공공도서관이 투입요소를 비례적으로 증가시킬 때 나타나는 산출반응에서 효율적인 공공도서관이라고 분석되었다.

<표 4 - 86> 2006년 공공도서관의 BCC 효율성 분석결과(효율성 : 100)

77개
강릉평생교육정보관(전), 강남, 속초평생교육정보관(전), 밀양시립, 보령공공, 서귀포시동부, 우당, 동대문, 송파, 양천, 사천, 서귀포종합(전), 의성군립안계, 밀양, 중계평생학습관, 성동문화, 광진정보, 은평구립, 경주시립, 관악문화도서관, 시민, 거제, 부전, 반송, 성주, 함안, 서동, 구포, 군위, 신안군립, 남해, 장성, 양산, 해운대반여, 북구일곡, 부안, 동부, 서부, 논산강경, 북부, 효목, 탐라, 시흥시종합복지회관, 갈마, 의왕시립, 천안중앙, 홍성, 서천, 제천시립, 서구, 충주학생, 제남, 증평, 송악, 광주학생교육문화회관, 괴산, 시흥시립, 도계, 고성동부, 양산웅상, 청원, 가오, 도림성남, 유성, 제천학생회관, 마산시립합포, 울산중부, 울산남부, 울산동부, 고성(강원도), 도립중앙, 태백, 통영산양, 광명하안, 성남시중앙문화정보, 안양시립 평촌, 용인시립

<표 4 - 87> 2006년 공공도서관의 BCC 효율성 분석결과(효율성 : 99.99 이하)

DMU	효율성	준거집단
기장도서관	99.54	광진정보, 해운대반여, 시흥시립, 홍성, 함안, 양산웅상, 송악
춘성	98.78	해운대반여, 고성(강원도), 충주학생, 부안, 장성, 성주
도봉	98.67	강남, 양천, 광진정보, 관악문화도서관, 해운대반여, 도림성남, 양산웅상
금왕	98.59	해운대반여, 충주학생, 부안, 장성, 양산, 송악
북구	98.35	송파, 성동문화, 광진정보, 관악문화도서관, 북구일곡, 성남시중앙문화정보
옥천	97.91	송파, 광명하안, 충주학생, 부안, 신안군립
개포	97.51	강남, 송파, 성동문화, 광진정보, 관악문화도서관, 부전, 해운대반여, 양산웅상
고흥평생교육관	97.49	송파, 해운대반여, 충주학생, 부안, 신안군립
합천	97.14	충주학생, 군위, 통영산양, 고성동부
남부	97.13	성동문화, 관악문화도서관, 서부, 북구일곡, 성남시중앙문화정보
김해칠암	96.44	성동문화, 관악문화도서관, 해운대반여, 북구일곡, 성남시중앙문화정보, 양산웅상
마포평생학습관	96.02	송파, 성동문화, 광진정보, 관악문화도서관, 해운대반여
하남시립	95.77	관악문화도서관, 안양시립 평촌, 의왕시립, 천안중앙, 양산웅상, 고성동부
중원	94.99	충주학생, 부안, 성주, 고성동부
울산울주	94.60	해운대반여, 충주학생, 양산, 양산웅상
진영	93.98	서천, 사천, 함안, 통영산양, 고성동부
명장	93.00	강남, 동대문, 해운대반여, 성주, 함안
양주시립	92.99	광진정보, 의왕시립, 충주학생, 보령공공, 밀양, 함안
강동	92.72	강남, 송파, 부전, 해운대반여, 양산, 양산웅상
통영	92.65	광진정보, 해운대반여, 시흥시립, 충주학생, 부안, 양산, 양산웅상
김해	92.34	강남, 광진정보, 관악문화도서관, 도림성남, 양산웅상
성북정보	92.20	성동문화, 광진정보, 관악문화도서관, 양산웅상, 고성동부
단양	91.44	충주학생, 부안, 장성
구덕	90.56	강남, 해운대반여, 장성, 양산
송정	90.54	중계평생학습관, 광진정보, 관악문화도서관, 홍성, 부안, 송악
당진	90.16	해운대반여, 충주학생, 보령공공, 부안, 함안
연산	89.09	강남, 해운대반여, 사천, 함안, 통영산양, 양산웅상
서귀포시립(전)	89.05	광진정보, 충주학생, 청원, 괴산, 부안, 고성동부
정선	88.55	광진정보, 관악문화도서관, 부안, 성주, 의성군립안계

DMU	효율성	준거집단
영동	88.28	성동문화, 해운대반여, 충주학생, 증평, 부안
산청	88.00	반송, 사천, 밀양, 함안, 고성동부
용산	87.38	강남, 동대문, 성동문화, 관악문화도서관
고척	86.93	송파, 중계평생학습관, 성동문화, 광진정보, 관악문화도서관, 부안, 성주
안성시립	86.49	관악문화도서관, 의왕시립, 충주학생, 청원, 양산웅상
부평	86.15	강남, 송파, 광진정보, 해운대반여, 안양시립 평촌, 양산웅상, 송악
화성시립태안	84.59	광진정보, 관악문화도서관, 부안, 함안, 양산웅상, 송악
금산	84.29	성동문화, 부안, 의성군립안계, 함안, 양산, 고성동부
중앙	84.13	송파, 광진정보, 관악문화도서관, 도림성남, 성남시중앙문화정보, 안양시립 평촌, 양산웅상
장흥	83.45	해운대반여, 충주학생, 청원, 부안, 신안군립, 성주, 양산웅상
영일	82.99	해운대반여, 서천, 군위, 함안, 양산웅상, 고성동부
화도진	81.70	송파, 성동문화, 광진정보, 해운대반여, 북구일곡, 광명하양, 충주학생
안산	81.63	강남, 성동문화, 광진정보, 부전, 해운대반여, 함안, 양산, 양산웅상
해운대	81.33	강남, 해운대반여, 도림중앙, 성주, 양산웅상
고덕평생학습관	81.06	강남, 송파, 광진정보, 해운대반여, 안양시립 평촌, 양산, 송악
남지	80.22	해운대반여, 충주학생, 서천, 군위, 고성동부
예산	79.63	송파, 광진정보, 시흥시립, 충주학생, 청원, 논산강경, 부안, 양산웅상, 고성동부
영도	79.30	강남, 광진정보, 관악문화도서관, 해운대반여, 안양시립 평촌, 부안, 신안군립, 의성군립안계
보은	79.26	해운대반여, 증평, 부안, 고성동부
예천	78.93	충주학생, 부안, 성주, 고성동부
대봉	78.41	성동문화, 해운대반여, 북부, 성남시중앙문화정보, 양산웅상
철원	77.87	충주학생, 청원, 부안, 장성, 신안군립
신탄진	77.47	중계평생학습관, 광진정보, 관악문화도서관, 성남시중앙문화정보, 부안, 의성군립안계, 고성동부
해남군립	76.59	관악문화도서관, 충주학생, 양산웅상, 고성동부
남구	75.63	송파, 광진정보, 관악문화도서관, 해운대반여, 북구일곡, 신안군립, 양산웅상
고성(경남)	74.91	해운대반여, 충주학생, 서천, 군위, 고성동부
중앙	74.43	송파, 양천, 광진정보, 관악문화도서관, 해운대반여, 울산남부, 양산웅상
마산회원	73.52	관악문화도서관, 해운대반여, 부안, 신안군립, 양산웅상, 송악
음성	73.49	해운대반여, 충주학생, 부안, 성주, 고성동부
점촌	73.27	해운대반여, 충주학생, 군위, 성주, 양산웅상, 고성동부
삼천포	72.89	관악문화도서관, 안양시립 평촌, 의성군립안계, 거제, 함안, 통영산양, 양산웅상, 고성동부
광주광역시립도서관	72.67	관악문화도서관, 해운대반여, 북구일곡, 속초평생교육정보관(전), 양산웅상, 탐라
광주학생독립운동 기념회관	72.29	중계평생학습관, 광진정보, 관악문화도서관, 성남시중앙문화정보, 부안, 송악
광양공공	70.19	성동문화, 해운대반여, 충주학생, 함안, 양산웅상, 고성동부, 송악
밀양하남	70.17	해운대반여, 충주학생, 장성, 군위, 고성동부
주안	69.68	송파, 양천, 광진정보, 해운대반여, 신안군립, 양산웅상

DMU	효율성	준거집단
진동	68.89	해운대반여, 고성(강원도), 부안, 신안군립, 의성군립안계, 함안, 통영산양, 양산웅상, 고성동부
김포시립	68.78	송파, 성동문화, 관악문화도서관, 충주학생, 양산웅상
사하	67.82	강남, 광진정보, 해운대반여, 안양시립 평촌, 양산웅상, 송악
영월	67.18	해운대반여, 부안, 성주, 함안, 고성동부
함양	66.68	해운대반여, 고성(강원도), 충주학생, 부안, 함안, 고성동부
양양	66.20	해운대반여, 충주학생, 부안, 장성, 고성동부
인천시립	65.64	해운대반여, 청원, 신안군립, 군위
담양	65.31	송파, 해운대반여, 신안군립, 고성동부
강서	64.08	강남, 광진정보, 관악문화도서관, 도림성남, 부안, 신안군립, 성주, 송악
수원시선경	64.00	송파, 성동문화, 관악문화도서관, 효목, 성남시중앙문화정보, 양산웅상
두류	63.60	성동문화, 해운대반여, 북구일곡, 성남시중앙문화정보, 양산웅상, 송악
중앙	62.21	성동문화, 광진정보, 관악문화도서관, 북구일곡, 성남시중앙문화정보
성남시수정문화정보센터	62.20	성동문화, 관악문화도서관, 해운대반여, 홍성, 양산웅상
중앙	61.88	성동문화, 관악문화도서관, 해운대반여, 증평, 부안, 송악
대전학생교육문화원	61.10	송파, 양천, 광진정보, 관악문화도서관, 북구일곡, 신안군립, 양산웅상
금호교육문화회관	60.66	관악문화도서관, 해운대반여, 증평, 송악
창녕	60.63	해운대반여, 군위, 함안, 양산웅상, 고성동부
용운	60.44	해운대반여, 북구일곡, 광명하안, 충주학생, 부안, 성주, 양산웅상
창원시립	59.95	송파, 성동문화, 관악문화도서관, 부전, 해운대반여, 양산웅상
청송	59.93	해운대반여, 충주학생, 장성, 군위, 성주, 양산웅상, 고성동부
울진	57.69	해운대반여, 고성(강원도), 부안, 성주, 의성군립안계, 함안, 고성동부
부천시립 중앙	56.93	성동문화, 해운대반여, 성남시중앙문화정보
의성	55.87	해운대반여, 장성, 신안군립, 양산, 고성동부
달성	55.18	해운대반여, 충주학생, 장성, 군위, 양산웅상, 고성동부
진주연암	54.95	관악문화도서관, 해운대반여, 안양시립 평촌, 신안군립, 송악
김천시립	54.19	성동문화, 관악문화도서관, 해운대반여, 북구일곡, 성남시중앙문화정보, 양산웅상
경북교육정보(전)	54.03	광진정보, 해운대반여, 북구일곡, 성남시중앙문화정보, 양산웅상
정읍시립	52.91	충주학생, 부안, 장성, 양산웅상, 고성동부, 송악
서귀포학생	52.82	부안, 장성, 신안군립, 양산웅상, 고성동부, 송악
제주	47.59	해운대반여, 북구일곡, 보령공공, 밀양시립, 양산웅상, 송악
동두천시립	47.20	성동문화, 광진정보, 함안, 양산, 양산웅상, 고성동부, 송악
도립과천	46.65	양천, 광진정보, 해운대반여, 안양시립 평촌, 신안군립, 양산웅상
성남시중원문화정보센터	45.78	광진정보, 관악문화도서관, 함안, 양산웅상, 송악
마산	44.69	송파, 광진정보, 관악문화도서관, 부안, 양산, 송악
춘천평생교육정보관(전)	41.77	송파, 광진정보, 관악문화도서관, 해운대반여, 부안
삼척평생교육정보관(전)	37.74	송파, 성동문화, 광진정보, 해운대반여, 신안군립, 양산, 고성동부
남산	36.20	강남, 송파, 중계평생학습관, 광진정보, 관악문화도서관, 가오, 성남시중앙문화정보
정독	35.93	송파, 양천, 광진정보, 해운대반여, 신안군립, 양산웅상
한밭	32.00	송파, 광진정보, 해운대반여, 북구일곡, 신안군립, 양산웅상
충북중앙도서관	24.78	송파, 해운대반여, 북구일곡, 광명하안, 충주학생, 부안, 양산웅상

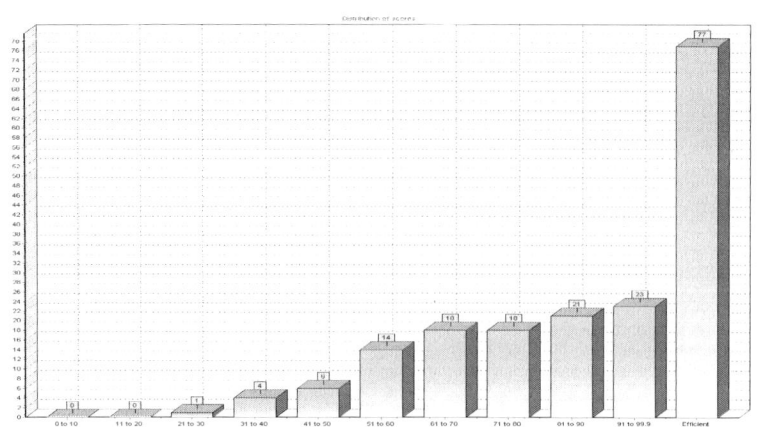

<그림 4 - 16> 2006년 공공도서관의 BCC 효율성 점수 분포

<표 4 - 88> 2006년 공공도서관의 BCC분석 준거집단의 참조 횟수

DMU	참조 횟수	DMU	참조 횟수	DMU	참조 횟수
해운대반여	81	군위	10	고성(강원도)	4
양산웅상	71	의성군립안계	8	시흥시립	3
관악문화도서관	48	홍성	8	속초평생교육정보관(전)	3
광진정보	47	부전	7	밀양시립	2
부안	46	광명하얀	7	효목	2
고성동부	44	양천	7	광주학생교육문화회관	2
성동문화	39	도림성남	7	밀양	2
충주학생	39	청원	7	거제	2
송파	34	증평	6	북부	1
북구일곡	25	통영산양	6	도립중앙	1
송악	22	탐라	5	가오	1
함안	21	서천	5	마산시립합포	1
신안군립	21	반송	5	괴산	1
성남시중앙문화정보	20	중계평생학습관	5	경주시립	1
강남	18	사천	5	울산남부	1
성주	16	보령공공	5	구포	1
안양시립 평촌	12	동대문	4	서부	1
장성	12	의왕시립	4	논산강경	1
양산	12	천안중앙	4		

    2006년 BCC분석의 준거집단의 참조 횟수를 살펴보면, 가장 많이 참조된 공공도서관으로 해운대반여도서관이 81회로 분석되었으며, 다음으로 양산웅

상도서관, 관악문화도서관, 광진정보도서관, 부안도서관 등의 순으로 분석되었다. 이는 2006년에 BCC 효율성이 가장 높은 도서관은 해운대반여도서관으로 다른 공공도서관의 효율성을 평가하고 벤치마킹할 수 있는 공공도서관으로 진정한 효율성을 나타내고 있다는 의미이다.

<표 4 - 89> 2006년 공공도서관의 CCR 효율성 점수 및 BCC 효율성 점수 비교

DMU	CCR	BCC	비고	DMU	CCR	BCC	비고	DMU	CCR	BCC	비고
강남	100.00	100.00		가오	92.20	100.00	●	보령공공	100.00	100.00	
강동	91.89	92.72	▼	갈마	100.00	100.00		논산강경	55.89	100.00	●
강서	61.09	64.08	▼	유성	100.00	100.00		부안	100.00	100.00	
개포	96.55	97.51	▼	안산	80.39	81.63	▼	정읍시립	30.90	52.91	▼
고척	83.07	86.93	▼	신탄진	65.62	77.47	▼	광양공공	54.59	70.19	▼
남산	33.64	36.20	↓	울산중부	100.00	100.00		담양	22.40	65.31	▼
도봉	96.59	98.67	▼	울산남부	100.00	100.00		장흥	37.83	83.45	▼
동대문	100.00	100.00		울산동부	100.00	100.00		장성	44.97	100.00	●
송파	100.00	100.00		울산울주	90.23	94.60	▼	고흥평생교육관	68.07	97.49	▼
양천	100.00	100.00		도립중앙	100.00	100.00		신안군립	76.07	100.00	●
용산	86.84	87.38	▼	도립성남	100.00	100.00		해남군립	45.68	76.59	▼
정독	33.62	35.93	↓	도립과천	45.62	46.65	↓	영일	35.78	82.99	▼
고덕평생학습관	79.91	81.06	▼	수원시선경	52.41	64.00	▼	점촌	33.26	73.27	▼
마포평생학습관	95.20	96.02	▼	성남시중앙문화정보	100.00	100.00		군위	56.34	100.00	●
중계평생학습관	100.00	100.00		성남시수정문화정보센터	60.96	62.20	▼	의성	30.46	55.87	▼
성동문화	100.00	100.00		성남시중원문화정보센터	45.09	45.78	↓	청송	20.63	59.93	▼
광진정보	100.00	100.00		부천시립 중앙	53.41	56.93	▼	성주	78.70	100.00	●
은평구립	100.00	100.00		안양시립 평촌	100.00	100.00		예천	28.51	78.93	▼
성북정보	84.29	92.20	▼	용인시립	100.00	100.00		울진	21.12	57.69	▼
관악문화도서관	100.00	100.00		광명하안	100.00	100.00		경북교육정보(전)	49.50	54.03	▼
시민	54.70	100.00	●	시흥시종합복지회관	100.00	100.00		경주시립	100.00	100.00	

DMU	CCR	BCC	비고	DMU	CCR	BCC	비고	DMU	CCR	BCC	비고
중앙	79.46	84.13	▼	시흥시립	100.00	100.00		김천시립	51.04	54.19	▼
부전	100.00	100.00		화성시립태안	68.68	84.59	▼	의성군립안계	40.38	100.00	●
반송	100.00	100.00		김포시립	67.99	68.78	▼	마산	40.51	44.69	↓
해운대	77.26	81.33	▼	안성시립	81.73	86.49	▼	진동	34.26	68.89	▼
구덕	80.77	90.56	▼	하남시립	82.07	95.77	▼	통영	70.50	92.65	▼
서동	100.00	100.00		의왕시립	100.00	100.00		삼천포	48.00	72.89	▼
구포	100.00	100.00		양주시립	71.00	92.99	▼	사천	97.87	100.00	●
사하	66.34	67.82	▼	동두천시립	30.53	47.20	↓	김해	89.81	92.34	▼
연산	82.97	89.09	▼	춘천평생교육정보관(전)	41.73	41.77	↓	진영	42.31	93.98	▼
명장	91.39	93.00	▼	강릉평생교육정보관(전)	90.89	100.00	●	밀양	91.41	100.00	●
남구	72.14	75.63	▼	속초평생교육정보관(전)	100.00	100.00		밀양하남	25.36	70.17	▼
영도	63.55	79.30	▼	삼척평생교육정보관(전)	31.05	37.74	↓	거제	99.77	100.00	●
해운대반여	100.00	100.00		춘성	31.19	98.78	▼	함안	100.00	100.00	
기장도서관	98.22	99.54	▼	양양	31.38	66.20	▼	창녕	35.55	60.63	▼
중앙	54.62	62.21	▼	태백	54.76	100.00	●	남지	41.50	80.22	▼
동부	83.92	100.00	●	영월	34.37	67.18	▼	양산	100.00	100.00	
서부	67.35	100.00	●	정선	38.90	88.55	▼	고성(경남)	40.88	74.91	▼
남부	70.44	97.13	▼	철원	35.32	77.87	▼	남해	64.32	100.00	●
북부	64.76	100.00	●	고성(강원도)	37.91	100.00	●	산청	26.21	88.00	▼
효목	71.86	100.00	●	도계	9.37	100.00	●	함양	31.42	66.68	▼
두류	53.38	63.60	▼	충북중앙도서관	24.47	24.78	↓	합천	31.83	97.14	▼
대봉	60.43	78.41	▼	충주학생	100.00	100.00		창원시립	54.96	59.95	▼
달성	31.61	55.18	▼	중원	32.99	94.99	▼	진주연암	47.03	54.95	▼
북구	94.78	98.35	▼	제천학생회관	58.63	100.00	●	밀양시립	96.63	100.00	●
중앙	74.23	74.43	▼	청원	71.80	100.00	●	마산회원	71.06	73.52	▼
부평	83.88	86.15	▼	보은	29.65	79.26	▼	마산시립합포	99.36	100.00	●
주안	67.32	69.68	▼	옥천	78.04	97.91	▼	통영산양	45.22	100.00	●
화도진	81.14	81.70	▼	영동	79.28	88.28	▼	김해칠암	79.83	96.44	▼
서구	96.19	100.00	●	괴산	89.90	100.00	●	양산웅상	100.00	100.00	
인천시립	46.81	65.64	▼	증평	100.00	100.00		고성동부	28.14	100.00	
중앙	61.52	61.88	▼	음성	25.43	73.49	▼	제주	47.12	47.59	↓
광주학생독립운동기념회관	64.78	72.29	▼	금왕	65.50	98.59	▼	송악	100.00	100.00	

DMU	CCR	BCC	비고	DMU	CCR	BCC	비고	DMU	CCR	BCC	비고
금호교육문화회관	59.37	60.66	▼	단양	41.83	91.44	▼	제남	48.62	100.00	●
광주학생교육문화회관	100.00	100.00		제천시립	92.43	100.00	●	서귀포학생	26.96	52.82	▼
송정	84.85	90.54	▼	금산	41.16	84.29	▼	우당	100.00	100.00	
광주광역시립도서관	69.61	72.67	▼	서천	54.36	100.00	●	탐라	100.00	100.00	
북구일곡	100.00	100.00		홍성	100.00	100.00		서귀포시립(전)	59.54	89.05	▼
대전학생교육문화원	59.06	61.10	▼	예산	50.42	79.63	▼	서귀포종합(전)	50.09	100.00	
한밭	31.34	32.00	↓	당진	70.01	90.16	▼	서귀포시동부	55.49	100.00	
용운	50.15	60.44	▼	천안중앙	100.00	100.00					

※ ●는 CCR분석에서 비효율적으로 분석된 도서관이 BCC분석에서 효율적으로 분석된 도서관
※ ▼는 CCR분석과 BCC분석 모두 비효율적으로 분석된 도서관
※ ↓ 는 CCR분석과 BCC분석 모두에서 효율성이 50 미만으로 분석된 도서관

　<표 4-89>는 CCR분석과 BCC분석의 효율성 차이에 대한 점수를 비교하여 규모의 효율성을 찾아내기 위해 각각의 점수를 비교분석한 표이다. 이는 CCR분석에서 비효율적으로 판명된 DMU가 순수하게 투입과 산출의 차이에 의해 비효율이 발생하는지 아니면 규모의 비효율성 점수가 낮게 나오기 때문에 낮게 나오는지 알아보기 위한 것이다.

　적정 규모의 변화를 허용한 BCC모형에서는 CCR모형이 44개의 선정 공공도서관이 경험적 프런티어를 형성하고 있는 것으로 나타났던 것에 비해 77개의 공공도서관이 효율적인 것으로 나타나, 23개 공공도서관의 효율성 점수가 향상된 것을 알 수 있다. 또한 CCR분석에서 효율성이 50 미만인 공공도서관이 BCC분석에서는 효율적으로 분석된 경우가 모두 7개 도서관으로 나타나, 효율성 분석의 해석에 주의를 요하는 것으로 나타났으며, 특히 도계도서관은 효율성이 9.37에서 100으로 크게 증가한 것으로 분석되었다. 그리고 남산도서관, 정독도서관, 한밭도서관, 도립과천도서관, 성남시중원문화정보센터, 동두천시립도서관, 춘천평생교육정보관(전), 삼척평생교육정보관(전), 충북중앙도서관, 마산도서관, 제주도서관은 CCR분석과 BCC분석 모두에서 효율

성이 50 미만인 도서관으로 분석되었다.

<표 4 - 90> BCC분석에서 효율성이 크게 향상된 공공도서관(2006년 공공도서관)

DMU	CCR	BCC	비고	DMU	CCR	BCC	비고
고성(강원도)	37.91	100.00	●	산청	26.21	88.00	▼
도계	9.37	100.00	●	통영산양	45.22	100.00	●
장성	44.97	100.00	●	제남	48.62	100.00	●
의성군립안계	40.38	100.00	●				

3.2 대학도서관의 연도별 BCC 효율성 분석결과

1) 2003년 대학도서관의 BCC 효율성 분석결과

우선 2003년 전체 선정 대학도서관 97개 중에서 BCC 효율성 분석결과는 25개의 공공도서관이 투입요소를 비례적으로 증가시킬 때 나타나는 산출반응에서 효율적인 대학도서관이라고 분석되었다.

<표 4 - 91> 2003년 대학도서관의 BCC 효율성 분석결과(효율성 : 100)

25개
수원과학대학, 신흥대학, 고려대학교, 서강정보대학, 조선이공대학, 창원전문대학, 서남대학교, 동우대학, 가톨릭대학교 성신교정, 양산대학, 장로회신학대학교, 한영신학대학교, 군장대학, 마산대학, 적십자간호대학, 홍익대학교조치원캠퍼스, 경성대학교, 상지대학교, 군산간호대학, 신라대학교, 대구보건대학, 목포대학교, 대전보건대학, 상주대학교, 복음신학대학원대학교

<표 4 - 92> 2003년 대학도서관의 BCC 효율성 분석결과(효율성 : 99.99 이하)

대구대학교	97.77	고려대학교, 수원과학대학, 상지대학교
주성대학	97.11	고려대학교, 한영신학대학교, 복음신학대학원대학교, 동우대학, 양산대학
김천대학	91.97	신라대학교, 복음신학대학원대학교, 군산간호대학, 마산대학, 양산대학
충남대학교	89.28	고려대학교, 수원과학대학, 양산대학
홍익대학교	89.23	고려대학교, 신라대학교, 복음신학대학원대학교, 양산대학
동주대학	85.32	서강정보대학, 복음신학대학원대학교, 서남대학교
명지대학교	84.98	고려대학교, 서강정보대학, 서남대학교, 양산대학
제주산업정보대학	84.37	복음신학대학원대학교, 동우대학, 마산대학, 양산대학
혜천대학	83.27	고려대학교, 한영신학대학교, 동우대학, 군장대학
한국정보통신대학교	81.66	고려대학교, 장로회신학대학교, 복음신학대학원대학교, 양산대학
광주가톨릭대학교	80.91	장로회신학대학교, 복음신학대학원대학교
경북과학대학	77.69	고려대학교, 신라대학교, 복음신학대학원대학교, 수원과학대학, 동우대학, 마산대학, 양산대학
계명문화대학	76.78	복음신학대학원대학교, 수원과학대학, 군산간호대학, 마산대학, 양산대학
경북전문대학	75.44	고려대학교, 한영신학대학교, 서강정보대학, 복음신학대학원대학교, 동우대학, 양산대학
호원대학교	75.25	신라대학교, 조선이공대학, 동우대학, 마산대학
울산대학교	74.82	고려대학교, 장로회신학대학교, 수원과학대학, 상지대학교
안동과학대학	72.12	적십자간호대학, 복음신학대학원대학교, 마산대학, 양산대학
공군사관학교	71.74	한영신학대학교, 서강정보대학, 복음신학대학원대학교, 군산간호대학, 양산대학
한라대학교	69.26	고려대학교, 적십자간호대학, 복음신학대학원대학교, 신흥대학
창신대학	69.11	적십자간호대학, 신라대학교, 복음신학대학원대학교, 마산대학, 양산대학
여수대학교	66.41	고려대학교, 한영신학대학교, 서강정보대학, 동우대학, 군장대학, 양산대학
광주보건대학	66.31	고려대학교, 장로회신학대학교, 복음신학대학원대학교
경남정보대학	66.08	복음신학대학원대학교, 대전보건대학, 동우대학, 군산간호대학, 양산대학
장안대학	63.57	적십자간호대학, 복음신학대학원대학교, 수원과학대학
광운대학교	60.05	고려대학교, 적십자간호대학, 홍익대학교조치원캠퍼스, 양산대학
강남대학교	60.04	고려대학교, 동우대학, 홍익대학교조치원캠퍼스, 양산대학
진주국제대학교	58.77	적십자간호대학, 복음신학대학원대학교, 동우대학, 군장대학, 마산대학
청주대학교	58.22	고려대학교, 신라대학교, 수원과학대학, 군산간호대학, 양산대학
명지대학교자연	56.33	고려대학교, 신라대학교, 서강정보대학, 양산대학
서울여자대학교	55.64	고려대학교, 신라대학교, 복음신학대학원대학교, 양산대학
세명대학교	55.00	신라대학교, 조선이공대학, 동우대학, 마산대학, 양산대학
여주대학	54.83	적십자간호대학, 복음신학대학원대학교, 수원과학대학
진주교육대학교	52.23	고려대학교, 신라대학교, 복음신학대학원대학교, 동우대학, 양산대학
대구가톨릭대학교	49.46	고려대학교, 장로회신학대학교, 복음신학대학원대학교
충북대학교	49.18	고려대학교, 서강정보대학, 서남대학교, 양산대학
유한대학	49.13	적십자간호대학, 복음신학대학원대학교, 수원과학대학, 동우대학
동의대학교	47.85	고려대학교, 동우대학, 홍익대학교조치원캠퍼스, 양산대학
삼척대학교	46.11	고려대학교, 신라대학교, 복음신학대학원대학교, 수원과학대학, 동우대학, 양산대학
전남대학교	45.77	고려대학교, 신라대학교, 수원과학대학, 양산대학
창원대학교	41.91	고려대학교, 서강정보대학, 동우대학, 양산대학

배재대학교	41.42	고려대학교, 적십자간호대학, 신라대학교, 복음신학대학원대학교, 동우대학, 양산대학
용인송담대학	40.65	복음신학대학원대학교, 수원과학대학, 군산간호대학, 양산대학
경희대학교	37.87	고려대학교, 장로회신학대학교, 상지대학교, 홍익대학교조치원캠퍼스, 양산대학
전주대학교	37.11	고려대학교, 신라대학교, 복음신학대학원대학교, 수원과학대학, 동우대학, 마산대학, 양산대학
충주대학교	36.65	신라대학교, 복음신학대학원대학교, 수원과학대학, 동우대학, 마산대학, 양산대학
계명대학교	36.34	고려대학교, 상지대학교, 홍익대학교조치원캠퍼스, 양산대학
부산가톨릭대학교	33.34	고려대학교, 복음신학대학원대학교, 수원과학대학, 양산대학
울산과학대학	33.09	복음신학대학원대학교, 수원과학대학, 동우대학, 마산대학
조선대학교	32.44	고려대학교, 서강정보대학, 서남대학교, 양산대학
고려대학교서창	31.22	고려대학교, 복음신학대학원대학교, 수원과학대학, 동우대학, 양산대학
가톨릭대학교 성심교정	31.10	고려 대학교, 신라대학교, 복음신학대학원대학교, 양산대학
금오공과대학교	30.39	고려대학교, 복음신학대학원대학교, 수원과학대학, 동우대학, 양산대학
대불대학교	29.96	적십자간호대학, 양산대학
인덕대학	29.90	고려대학교, 복음신학대학원대학교, 수원과학대학, 동우대학
부산여자대학	28.98	적십자간호대학, 양산대학
성결대학교	28.42	장로회신학대학교, 복음신학대학원대학교, 수원과학대학
상명대학교	26.56	고려대학교, 장로회신학대학교, 복음신학대학원대학교, 양산대학
한세대학교	25.07	장로회신학대학교, 복음신학대학원대학교, 수원과학대학
협성대학교	23.52	복음신학대학원대학교, 목포대학교, 양산대학
한림대학교	23.11	고려대학교, 장로회신학대학교, 복음신학대학원대학교, 양산대학
경주대학교	22.87	복음신학대학원대학교, 수원과학대학, 군산간호대학
경기대학교	21.92	장로회신학대학교, 적십자간호대학, 수원과학대학, 양산대학
우석대학교	19.80	적십자간호대학, 복음신학대학원대학교, 수원과학대학, 동우대학
대진대학교	19.36	고려대학교, 복음신학대학원대학교, 수원과학대학, 동우대학, 양산대학
포항공과대학교	19.33	고려대학교, 장로회신학대학교, 복음신학대학원대학교, 수원과학대학, 군산간호대학, 양산대학
덕성여자대학교	19.03	고려대학교, 장로회신학대학교, 적십자간호대학, 복음신학대학원대학교, 양산대학
한국교원대학교	18.60	장로회신학대학교, 적십자간호대학, 복음신학대학원대학교, 수원과학대학, 양산대학
한국해양대학교	18.22	한영신학대학교, 서강정보대학, 복음신학대학원대학교, 수원과학대학, 양산대학
동국대학교	17.97	장로회신학대학교, 적십자간호대학, 수원과학대학, 양산대학
대전대학교	14.27	고려대학교, 장로회신학대학교, 복음신학대학원대학교, 수원과학대학, 양산대학
관동대학교	13.15	고려대학교, 복음신학대학원대학교, 수원과학대학, 동우대학, 양산대학
세종대학교	11.62	장로회신학대학교, 복음신학대학원대학교, 수원과학대학, 양산대학

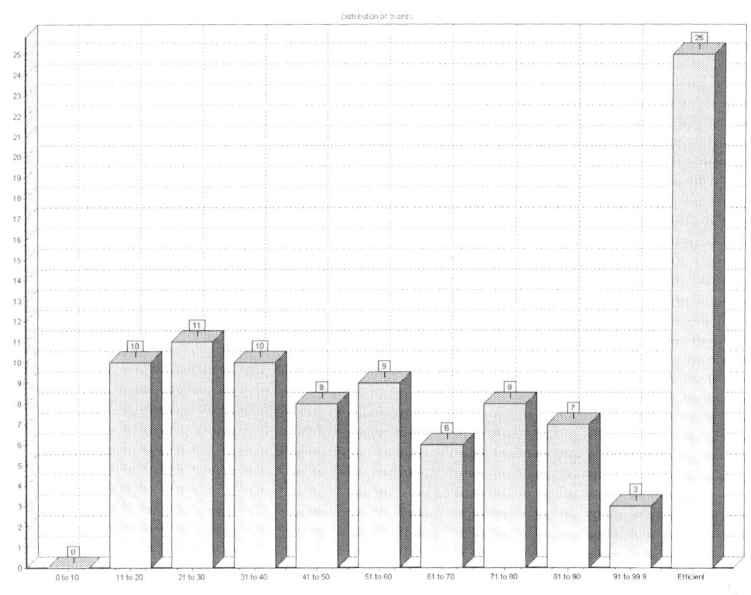

<그림 4 - 17> 2003년 대학도서관의 BCC 효율성 점수 분포

2003년 BCC분석의 준거집단의 참조 횟수를 살펴보면, 가장 많이 참조된 대학도서관으로 양산대학이 55회로 분석되었으며, 다음으로 복음신학대학원대학교, 고려대학교, 수원과학대학교, 동우대학 등의 순으로 분석되었다. 이는 2003년에 BCC효율성이 가장 높은 도서관은 양산대학도서관으로 다른 대학도서관의 효율성을 평가하고 벤치마킹할 수 있는 대학도서관으로 진정한 효율성을 나타내고 있다는 의미이다.

<표 4 - 93> 2003년 대학도서관의 BCC분석 준거집단의 참조 횟수

DMU	참조 횟수	DMU	참조 횟수	DMU	참조 횟수
양산대학	55	신라대학교	17	상지대학교	5
복음신학대학원대학교	50	마산대학	15	군장대학	4
고려대학교	42	서강정보대학	11	조선이공대학	2
수원과학대학	34	군산간호대학	9	목포대학교	1
동우대학	28	홍익대학교조치원캠퍼스	6	신흥대학	1
장로회신학대학교	20	서남대학교	6	대전보건대학	1
적십자간호대학	18	한영신학대학교	6		

<표 4-94> 2003년 대학도서관의 CCR 효율성 점수 및 BCC 효율성 점수 비교

DMU	CCR	BCC	비고	DMU	CCR	BCC	비고	DMU	CCR	BCC	비고
가톨릭대학교 성신교정	14.69	100.00	●	배재대학교	39.28	41.42	↓	주성대학	25.47	97.11	▼
경희대학교	31.48	37.87	↓	복음신학 대학원대학교	4.99	100.00	●	고려대학교 서창	27.41	31.22	↓
고려대학교	100.00	100.00		한국정보 통신대학교	33.64	81.66	▼	홍익대학교 조치원	100.00	100.00	
광운대학교	58.80	60.05	▼	대전보건 대학	96.71	100.00	●	서남 대학교	100.00	100.00	
덕성여자 대학교	15.78	19.03	↓	혜천대학	63.37	83.27	▼	우석 대학교	8.06	19.80	↓
동국대학교	17.32	17.97	↓	울산대학교	52.96	74.82	▼	전주 대학교	34.26	37.11	↓
명지대학교	84.61	84.98	▼	울산과학 대학	7.57	33.09	↓	호원 대학교	66.02	75.25	▼
상명대학교	23.74	26.56	↓	가톨릭대학교 성심교정	29.73	31.10	↓	군산간호 대학	10.17	100.00	●
서울여자 대학교	53.89	55.64	▼	강남대학교	59.95	60.04	▼	군장대학	18.26	100.00	●
세종대학교	9.86	11.62	↓	경기대학교	20.68	21.92	↓	목포 대학교	100.00	100.00	
장로회신학 대학교	100.00	100.00		대진대학교	12.94	19.36	↓	여수 대학교	58.46	66.41	▼
한영신학 대학교	10.63	100.00	●	명지대학교 자연	52.77	56.33	▼	광주가톨릭 대학교	15.12	80.91	▼
홍익대학교	88.62	89.23	▼	성결대학교	20.19	28.42	↓	대불 대학교	10.51	29.96	↓
인덕대학	13.70	29.90	↓	한세대학교	12.56	25.07	↓	금오공과대 학교	19.21	30.39	↓
적십자간호 대학	22.81	100.00	●	협성대학교	11.88	23.52	↓	상주 대학교	39.54	100.00	●
한국해양 대학교	11.07	18.22	↓	수원과학 대학	100.00	100.00		경주 대학교	6.92	22.87	↓
경성대학교	100.00	100.00		신흥대학	98.54	100.00	●	대구가톨릭 대학교	47.19	49.46	↓
동의대학교	47.78	47.85	↓	여주대학	11.06	54.83	▼	대구 대학교	65.29	97.77	▼
부산가톨릭 대학교	22.64	33.34	↓	용인송담 대학	17.97	40.65	↓	포항공과대 학교	13.14	19.33	↓
신라대학교	100.00	100.00		유한대학	12.66	49.13	↓	김천대학	42.47	91.97	▼
경남정보대학	55.41	66.08	▼	장안대학	14.36	63.57	▼	경북과학 대학	31.25	77.69	▼
동주대학	10.62	85.32	▼	삼척대학교	40.26	46.11	↓	경북전문 대학	40.43	75.44	▼

DMU	CCR	BCC	비고	DMU	CCR	BCC	비고	DMU	CCR	BCC	비고
부산여자대학	10.16	28.98	↓	관동대학교	8.57	13.15	↓	안동과학대학	18.09	72.12	▼
계명대학교	35.47	36.34	↓	상지대학교	89.78	100.00	●	진주교육대학교	31.95	52.23	▼
계명문화대학	73.98	76.78	▼	한라대학교	51.98	69.26	▼	창원대학교	39.77	41.91	↓
대구보건대학	75.56	100.00	●	한림대학교	20.39	23.11	↓	진주국제대학교	9.92	58.77	▼
전남대학교	44.94	45.77	↓	동우대학	100.00	100.00		마산대학	29.42	100.00	●
조선대학교	32.19	32.44	↓	공군사관학교	47.01	71.74	▼	양산대학	100.00	100.00	
광주보건대학	15.53	66.31	▼	충북대학교	49.00	49.18	↓	창신대학	33.76	69.11	▼
서강정보대학	100.00	100.00		충주대학교	27.89	36.65	↓	창원전문대학	34.06	100.00	●
조선이공대학	94.30	100.00	●	한국교원대학교	14.28	18.60	↓	제주산업정보대학	46.37	84.37	▼
충남대학교	86.79	89.28	▼	세명대학교	50.73	55.00	▼				
대전대학교	11.23	14.27	↓	청주대학교	56.64	58.22	▼				

※ ●는 CCR분석에서 비효율적으로 분석된 도서관이 BCC분석에서 효율적으로 분석된 도서관
※ ▼는 CCR분석과 BCC분석 모두 비효율적으로 분석된 도서관
※ ↓는 CCR분석과 BCC분석 모두에서 효율성이 50 미만으로 분석된 도서관

<표 4-94>는 CCR분석과 BCC분석의 효율성 차이에 대한 점수를 비교하여 규모의 효율성을 찾아내기 위해 각각의 점수를 비교분석한 표이다. 이는 CCR분석에서 비효율적으로 판명된 DMU가 순수하게 투입과 산출의 차이에 의해 비효율이 발생하는지 아니면 규모의 비효율성 점수가 낮게 나오기 때문에 낮게 나오는지 알아보기 위한 것이다.

적정 규모의 변화를 허용한 BCC모형에서는 CCR모형이 11개의 선정 대학도서관이 경험적 프런티어를 형성하고 있는 것으로 나타났던 것에 비해 25개의 공공도서관이 효율적인 것으로 나타나, 14개 공공도서관의 효율성 점수가 향상된 것을 알 수 있다. 또한 CCR분석에서 효율성이 50 미만인 대학도서관이 BCC분석에서는 효율적으로 분석된 경우가 모두 8개 도서관으로 나타나, 효율성 분석의 해석에 주의를 요하는 것으로 나타났으며, 특히 복음신학대학원대학교도서관은 효율성이 4.99에서 100으로 크게 증가한 것으로 분석되었다. 그리고 경희대학교, 덕성여자대학교 등은 CCR분석과 BCC분석 모

두에서 효율성이 50 미만인 대학도서관으로 분석되었다.

<표 4-95> BCC분석에서 효율성이 크게 향상된 대학도서관(2003년)

DMU	CCR	BCC	비고	DMU	CCR	BCC	비고
가톨릭대학교성신교정	14.69	100.00	●	군장대학	18.26	100.00	●
적십자간호대학	22.81	100.00	●	상주대학교	39.54	100.00	●
복음신학대학원대학교	4.99	100.00	●	마산대학	29.42	100.00	●
군산간호대학	10.17	100.00	●	창원전문대학	34.06	100.00	●

2) 2004년 대학도서관의 BCC 효율성 분석결과

우선 2004년 전체 선정 대학도서관 97개 중에서 BCC 효율성 분석결과는 27개의 공공도서관이 투입요소를 비례적으로 증가시킬 때 나타나는 산출반응에서 효율적인 대학도서관이라고 분석되었다.

<표 4-96> 2004년 대학도서관의 BCC 효율성 분석결과(효율성 : 100)

27개
적십자간호대학, 경희대학교, 고려대학교, 창원전문대학, 양산대학, 동국대학교, 마산대학, 김천대학, 서울여자대학교, 대구대학교, 목포대학교, 군장대학, 홍익대학교, 군산간호대학, 서강정보대학, 서남대학교, 경성대학교, 혜천대학, 고려대학교서창캠퍼스, 청주대학교, 동우대학, 상지대학교, 충남대학교, 복음신학대학원대학교, 계명문화대학, 대구보건대학, 대전보건대학

<표 4-97> 2004년 대학도서관의 BCC 효율성 분석결과(효율성 : 99.99 이하)

DMU	효율성	준거집단
홍익대학교조치원캠퍼스	98.01	적십자간호대학, 경성대학교, 동우대학
관동대학교	97.36	고려대학교, 대전보건대학, 대구대학교, 양산대학
수원과학대학	96.56	복음신학대학원대학교, 군산간호대학, 김천대학, 양산대학
광주가톨릭대학교	95.86	복음신학대학원대학교, 양산대학
전남대학교	92.34	동국대학교, 홍익대학교, 경성대학교, 상지대학교, 고려대학교서창캠퍼스, 양산대학
제주산업정보대학	91.32	적십자간호대학, 경성대학교, 대구보건대학, 대전보건대학, 군장대학, 양산대학
배재대학교	90.94	홍익대학교, 대구보건대학, 양산대학
동주대학	89.14	서강정보대학, 복음신학대학원대학교, 서남대학교
호원대학교	86.89	적십자간호대학, 경성대학교, 대구보건대학, 복음신학대학원대학교, 양산대학
경북과학대학	86.48	동국대학교, 경성대학교, 복음신학대학원대학교, 동우대학, 고려대학교서창캠퍼스, 양산대학

DMU	효율성	준거집단
광주보건대학	86.15	복음신학대학원대학교, 양산대학
주성대학	85.67	동국대학교, 복음신학대학원대학교, 혜천대학, 동우대학, 군장대학, 양산대학
안동과학대학	85.32	적십자간호대학, 복음신학대학원대학교, 양산대학
한라대학교	84.94	홍익대학교, 복음신학대학원대학교, 대전보건대학, 양산대학
광운대학교	77.23	동국대학교, 홍익대학교, 경성대학교, 복음신학대학원대학교, 고려대학교서창캠퍼스, 양산대학
창신대학	74.29	적십자간호대학, 경성대학교, 대구보건대학, 복음신학대학원대학교, 양산대학
충북대학교	74.27	경성대학교, 충남대학교, 동우대학, 고려대학교서창캠퍼스, 양산대학
장안대학	70.76	계명문화대학, 복음신학대학원대학교, 양산대학
조선이공대학	68.34	적십자간호대학, 복음신학대학원대학교, 양산대학
한영신학대학교	67.54	복음신학대학원대학교, 군장대학, 양산대학
경남정보대학	65.33	복음신학대학원대학교, 대전보건대학, 군산간호대학, 양산대학
진주교육대학교	63.95	적십자간호대학, 대구보건대학, 복음신학대학원대학교, 대전보건대학, 고려대학교서창캠퍼스, 양산대학
경북전문대학	63.17	경성대학교, 계명문화대학, 복음신학대학원대학교, 양산대학
강남대학교	62.92	적십자간호대학, 경성대학교, 대구보건대학, 고려대학교서창캠퍼스, 양산대학
한국정보통신대학교	62.26	복음신학대학원대학교, 목포대학교, 양산대학
장로회신학대학교	62.20	동국대학교, 홍익대학교, 경성대학교, 복음신학대학원대학교, 고려대학교서창캠퍼스, 양산대학
상주대학교	61.61	적십자간호대학, 대구보건대학, 복음신학대학원대학교, 고려대학교서창캠퍼스, 양산대학
한국교원대학교	61.45	홍익대학교, 복음신학대학원대학교, 김천대학, 양산대학
여주대학	57.65	적십자간호대학, 복음신학대학원대학교, 양산대학
울산대학교	56.57	경희대학교, 경성대학교, 상지대학교, 양산대학
진주국제대학교	55.29	적십자간호대학, 복음신학대학원대학교, 동우대학, 고려대학교서창캠퍼스, 군장대학, 양산대학
명지대학교	50.83	동국대학교, 서강정보대학, 동우대학, 군장대학, 양산대학
충주대학교	50.51	적십자간호대학, 경성대학교, 복음신학대학원대학교, 고려대학교서창캠퍼스, 양산대학
동의대학교	49.92	동국대학교, 홍익대학교, 경성대학교, 대전보건대학, 고려대학교서창캠퍼스, 양산대학
계명대학교	48.92	동국대학교, 경성대학교, 충남대학교, 상지대학교, 고려대학교서창캠퍼스, 양산대학
한림대학교	48.03	경성대학교, 복음신학대학원대학교, 목포대학교, 양산대학
용인송담대학	47.70	계명문화대학, 복음신학대학원대학교, 군산간호대학, 양산대학
대전대학교	46.90	동국대학교, 홍익대학교, 경성대학교, 대전보건대학, 고려대학교서창캠퍼스, 양산대학
유한대학	45.10	적십자간호대학, 대구보건대학, 복음신학대학원대학교, 양산대학
가톨릭대학교성심교정	44.86	동국대학교, 홍익대학교, 경성대학교, 복음신학대학원대학교, 고려대학교서창캠퍼스, 김천대학, 양산대학
창원대학교	43.29	동국대학교, 서강정보대학, 복음신학대학원대학교, 고려대학교서창캠퍼스, 양산대학

DMU	효율성	준거집단
성결대학교	43.29	계명문화대학, 복음신학대학원대학교, 군산간호대학, 양산대학
여수대학교	42.67	동국대학교, 서강정보대학, 복음신학대학원대학교, 고려대학교서창캠퍼스, 군장대학, 양산대학
한세대학교	39.72	계명문화대학, 복음신학대학원대학교, 군산간호대학, 양산대학
신흥대학	37.90	홍익대학교, 계명문화대학, 복음신학대학원대학교, 대전보건대학, 군산간호대학, 양산대학
금오공과대학교	37.44	경성대학교, 복음신학대학원대학교, 동우대학, 고려대학교서창캠퍼스, 군장대학, 양산대학
상명대학교	37.28	경성대학교, 복음신학대학원대학교, 양산대학
인덕대학	37.16	홍익대학교, 경성대학교, 계명문화대학, 복음신학대학원대학교, 대전보건대학, 군산간호대학
공군사관학교	36.13	경성대학교, 복음신학대학원대학교, 양산대학
대진대학교	35.82	홍익대학교, 계명문화대학, 복음신학대학원대학교, 대전보건대학, 군산간호대학
부산가톨릭대학교	35.52	복음신학대학원대학교, 군산간호대학, 양산대학
울산과학대학	35.35	계명문화대학, 복음신학대학원대학교, 양산대학
덕성여자대학교	34.74	동국대학교, 서강정보대학, 동우대학, 군장대학, 양산대학
전주대학교	32.18	계명문화대학, 군산간호대학, 양산대학
포항공과대학교	31.24	계명문화대학, 복음신학대학원대학교, 군산간호대학, 양산대학
부산여자대학	31.17	적십자간호대학, 동우대학, 양산대학
명지대학교자연캠퍼스	30.17	동국대학교, 경성대학교, 복음신학대학원대학교, 대전보건대학, 양산대학
대불대학교	29.90	적십자간호대학, 동우대학, 양산대학
세종대학교	29.58	서울여자대학교, 군산간호대학, 양산대학
경주대학교	27.85	홍익대학교, 계명문화대학, 복음신학대학원대학교, 군산간호대학, 양산대학
신라대학교	27.20	홍익대학교, 경성대학교, 복음신학대학원대학교, 대전보건대학, 군산간호대학, 김천대학, 양산대학
경기대학교	27.16	계명문화대학, 복음신학대학원대학교, 양산대학
가톨릭대학교성신교정	25.37	복음신학대학원대학교, 양산대학
삼척대학교	23.60	홍익대학교, 경성대학교, 계명문화대학, 복음신학대학원대학교, 양산대학
대구가톨릭대학교	23.16	홍익대학교, 계명문화대학, 복음신학대학원대학교, 양산대학
협성대학교	22.96	복음신학대학원대학교, 목포대학교, 양산대학
세명대학교	21.75	계명문화대학, 복음신학대학원대학교, 군산간호대학, 양산대학
우석대학교	21.58	적십자간호대학, 복음신학대학원대학교, 양산대학
조선대학교	17.74	경성대학교, 계명문화대학, 대전보건대학, 군산간호대학, 양산대학
한국해양대학교	14.21	서강정보대학, 복음신학대학원대학교, 군장대학, 양산대학

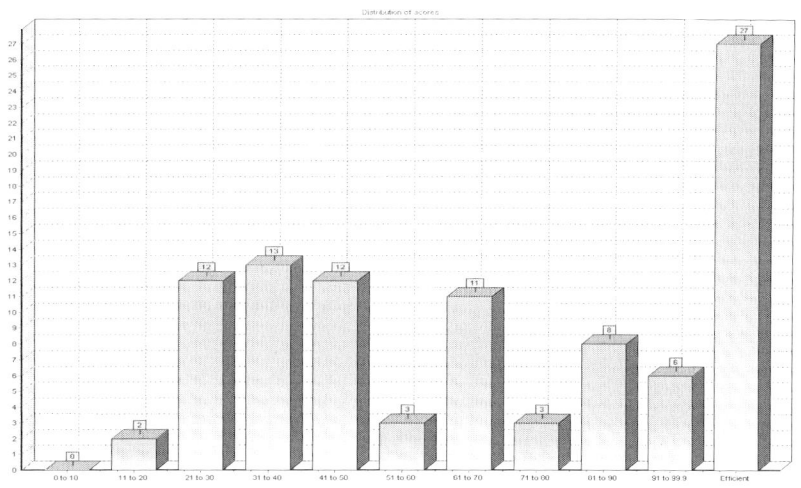

<그림 4 - 18> 2004년 대학도서관의 BCC 효율성 점수 분포

<표 4 - 98> 2004년 대학도서관의 BCC분석 준거집단의 참조 횟수

DMU	참조 횟수	DMU	참조 횟수	DMU	참조 횟수
양산대학	69	대전보건대학	14	경희대학교	2
복음신학대학원대학교	53	동우대학	13	서울여자대학교	1
경성대학교	27	군장대학	12	고려대학교	1
고려대학교서창캠퍼스	19	대구보건대학	8	혜천대학	1
계명문화대학	17	서강정보대학	8	마산대학	1
군산간호대학	17	상지대학교	6	서남대학교	1
홍익대학교	16	충남대학교	5	대구대학교	1
동국대학교	16	김천대학	4		
적십자간호대학	16	목포대학교	3		

　　2004년 BCC분석의 준거집단의 참조 횟수를 살펴보면, 가장 많이 참조된 대학도서관으로 양산대학이 69회로 분석되었으며, 다음으로 복음신학대학원 대학교, 경성대학교, 고려대학교서창캠퍼스 등의 순으로 분석되었다. 이는 2004년에 BCC 효율성이 가장 높은 도서관은 양산대학도서관으로 다른 대학 도서관의 효율성을 평가하고 벤치마킹할 수 있는 대학도서관으로 진정한 효 율성을 나타내고 있다는 의미이다.

<표 4-99> 2004년 대학도서관의 CCR 효율성 점수 및 BCC 효율성 점수 비교

DMU	CCR	BCC	비고	DMU	CCR	BCC	비고	DMU	CCR	BCC	비고
가톨릭대학교 성신교정	7.02	25.37	↓	배재대학교	85.48	90.94	▼	주성대학	23.51	85.67	▼
경희대학교	57.37	100.00	●	복음신학 대학원대학교	28.39	100.00	●	고려대학교 서창캠퍼스	100.00	100.00	
고려대학교	96.58	100.00	●	한국정보 통신대학교	32.81	62.26	▼	홍익대학교 조치원캠퍼스	95.12	98.01	▼
광운대학교	76.57	77.23	▼	대전보건 대학	100.00	100.00		서남대학교	100.00	100.00	
덕성여자 대학교	30.17	34.74	↓	혜천대학	88.52	100.00	●	우석대학교	11.63	21.58	↓
동국대학교	100.00	100.00		울산대학교	42.01	56.57	▼	전주대학교	29.77	32.18	↓
명지대학교	42.62	50.83	▼	울산과학 대학	12.55	35.35	↓	호원대학교	68.86	86.89	▼
상명대학교	36.23	37.28	↓	가톨릭대학교 성심교정	44.36	44.86	↓	군산간호대학	10.36	100.00	●
서울여자 대학교	100.00	100.00		강남대학교	58.62	62.92	▼	군장대학	27.44	100.00	●
세종대학교	29.07	29.58	↓	경기대학교	26.55	27.16	↓	목포대학교	100.00	100.00	
장로회신학 대학교	53.05	62.20	▼	대진대학교	29.92	35.82	↓	여수대학교	30.40	42.67	↓
한영신학 대학교	13.07	67.54	▼	명지대학교 자연캠퍼스	26.45	30.17	↓	광주가톨릭 대학교	27.13	95.86	▼
홍익대학교	100.00	100.00		성결대학교	36.09	43.29	↓	대불대학교	10.51	29.90	↓
인덕대학	20.66	37.16	↓	한세대학교	21.07	39.72	↓	금오공과 대학교	28.53	37.44	↓
적십자간호 대학	19.75	100.00	●	협성대학교	11.26	22.96	↓	상주대학교	46.09	61.61	▼
한국해양 대학교	6.02	14.21	↓	수원과학 대학	44.21	96.56	▼	경주대학교	11.43	27.85	↓
경성대학교	100.00	100.00		신흥대학	16.38	37.90	↓	대구가톨릭 대학교	22.25	23.16	↓
동의대학교	49.79	49.92	↓	여주대학	15.56	57.65	▼	대구대학교	100.00	100.00	
부산가톨릭 대학교	24.84	35.52	↓	용인송담 대학	19.41	47.70	↓	포항공과 대학교	25.42	31.24	↓
신라대학교	24.72	27.20	↓	유한대학	11.35	45.10	↓	김천대학	100.00	100.00	
경남정보 대학	62.05	65.33	▼	장안대학	26.13	70.76	▼	경북과학대학	39.52	86.48	▼
동주대학	11.83	89.14	▼	삼척대학교	13.96	23.60	↓	경북전문대학	17.38	63.17	▼
부산여자 대학	9.91	31.17	↓	관동대학교	85.25	97.36	▼	안동과학대학	18.09	85.32	▼
계명대학교	47.03	48.92	↓	상지대학교	94.00	100.00	●	진주교육 대학교	50.39	63.95	▼

DMU	CCR	BCC	비고	DMU	CCR	BCC	비고	DMU	CCR	BCC	비고
계명문화대학	100.00	100.00		한라대학교	82.97	84.94	▼	창원대학교	40.43	43.29	↓
대구보건대학	100.00	100.00		한림대학교	44.91	48.03	↓	진주국제대학교	11.55	55.29	▼
전남대학교	83.33	92.34	▼	동우대학	100.00	100.00		마산대학	17.78	100.00	●
조선대학교	17.04	17.74	↓	공군사관학교	25.75	36.13	↓	양산대학	100.00	100.00	
광주보건대학	38.28	86.15	▼	충북대학교	73.78	74.27	▼	창신대학	34.41	74.29	▼
서강정보대학	100.00	100.00		충주대학교	43.00	50.51	▼	창원전문대학	17.30	100.00	●
조선이공대학	9.07	68.34	▼	한국교원대학교	60.94	61.45	▼	제주산업정보대학	52.24	91.32	▼
충남대학교	100.00	100.00		세명대학교	17.43	21.75	↓				
대전대학교	46.84	46.90	↓	청주대학교	100.00	100.00					

※ ●는 CCR분석에서 비효율적으로 분석된 도서관이 BCC분석에서 효율적으로 분석된 도서관
※ ▼는 CCR분석과 BCC분석 모두 비효율적으로 분석된 도서관
※ ↓는 CCR분석과 BCC분석 모두에서 효율성이 50 미만으로 분석된 도서관

<표 4-99>는 CCR분석과 BCC분석의 효율성 차이에 대한 점수를 비교하여 규모의 효율성을 찾아내기 위해 각각의 점수를 비교분석한 표이다. 이는 CCR분석에서 비효율적으로 판명된 DMU가 순수하게 투입과 산출의 차이에 의해 비효율이 발생하는지 아니면 규모의 비효율성 점수가 낮게 나오기 때문에 낮게 나오는지 알아보기 위한 것이다.

적정 규모의 변화를 허용한 BCC모형에서는 CCR모형이 17개의 선정 대학도서관이 경험적 프런티어를 형성하고 있는 것으로 나타났던 것에 비해 27개의 대학도서관이 효율적인 것으로 나타나, 10개 대학도서관의 효율성 점수가 향상된 것을 알 수 있다. 또한 CCR분석에서 효율성이 50 미만인 대학도서관이 BCC분석에서는 효율적으로 분석된 경우가 모두 6개 도서관으로 나타나, 효율성 분석의 해석에 주의를 요하는 것으로 나타났으며, 특히 군산간호대학도서관은 효율성이 10.36에서 100으로 크게 증가한 것으로 분석되었다. 그리고 가톨릭대학교성신교정, 덕성여자대학교 등은 CCR분석과 BCC분석 모두에서 효율성이 50 미만인 대학도서관으로 분석되었다.

<표 4 - 100> BCC분석에서 효율성이 크게 향상된 대학도서관(2004년)

DMU	CCR	BCC	비고	DMU	CCR	BCC	비고
적십자간호대학	19.75	100.00	●	군장대학	27.44	100.00	●
복음신학대학원대학교	28.39	100.00	●	마산대학	17.78	100.00	●
군산간호대학	10.36	100.00	●	창원전문대학	17.30	100.00	●

3) 2005년 대학도서관의 BCC 효율성 분석결과

우선 2005년 전체 선정 대학도서관 97개 중에서 BCC 효율성 분석결과는 25개의 공공도서관이 투입요소를 비례적으로 증가시킬 때 나타나는 산출반응에서 효율적인 대학도서관이라고 분석되었다.

<표 4 - 101> 2005년 대학도서관의 BCC 효율성 분석결과(효율성 : 100)

25개
홍익대학교조치원캠퍼스, 경희대학교, 고려대학교, 한라대학교, 경북과학대학, 동국대학교, 김천대학, 동우대학, 서울여자대학교, 계명문화대학, 대구보건대학, 목포대학교, 가톨릭대학교성심교정, 인덕대학, 적십자간호대학, 양산대학, 군장대학, 주성대학, 군산간호대학, 서강정보대학, 서남대학교, 동주대학, 복음신학대학원대학교, 조선이공대학, 대진대학교

<표 4 - 102> 2005년 대학도서관의 BCC 효율성 분석결과(효율성 : 99.99 이하)

DMU	효율성	준거집단
광주가톨릭대학교	95.49	복음신학대학원대학교, 양산대학
홍익대학교	94.67	동국대학교, 대구보건대학, 가톨릭대학교성심교정, 경북과학대학
청주대학교	89.42	동국대학교, 대구보건대학, 군산간호대학, 양산대학
장로회신학대학교	89.37	동국대학교, 복음신학대학원대학교, 가톨릭대학교성심교정, 양산대학
광주보건대학	86.15	복음신학대학원대학교, 양산대학
제주산업정보대학	84.27	동국대학교, 적십자간호대학, 서강정보대학, 복음신학대학원대학교, 한라대학교, 양산대학
대전보건대학	81.44	동국대학교, 계명문화대학, 대구보건대학, 복음신학대학원대학교, 군산간호대학
안동과학대학	79.92	적십자간호대학, 조선이공대학, 복음신학대학원대학교, 양산대학
마산대학	77.40	동국대학교, 적십자간호대학, 동주대학, 주성대학, 양산대학
대구대학교	77.19	고려대학교, 동국대학교, 양산대학
울산과학대학	74.22	서강정보대학, 서남대학교, 양산대학
덕성여자대학교	73.99	동국대학교, 대구보건대학, 조선이공대학, 양산대학
창신대학	72.52	동국대학교, 적십자간호대학, 조선이공대학, 복음신학대학원대학교, 주성대학, 양산대학
한세대학교	72.40	동주대학, 군산간호대학, 양산대학

DMU	효율성	준거집단
호원대학교	70.37	동국대학교, 대구보건대학, 조선이공대학, 복음신학대학원대학교, 양산대학
전남대학교	68.60	고려대학교, 동국대학교, 양산대학
충남대학교	68.28	고려대학교, 동국대학교, 양산대학
배재대학교	68.17	동국대학교, 대구보건대학, 가톨릭대학교성심교정, 한라대학교, 양산대학
상명대학교	67.26	동국대학교, 동주대학, 양산대학
여주대학	65.94	동국대학교, 적십자간호대학, 동주대학, 복음신학대학원대학교, 주성대학, 양산대학
장안대학	65.56	동국대학교, 동주대학, 복음신학대학원대학교, 군산간호대학, 양산대학
한영신학대학교	64.88	적십자간호대학, 복음신학대학원대학교, 주성대학, 양산대학
광운대학교	63.44	동국대학교, 한라대학교, 홍익대학교조치원캠퍼스, 군산간호대학, 양산대학
경북전문대학	62.05	동국대학교, 동주대학, 복음신학대학원대학교, 군산간호대학, 양산대학
경남정보대학	59.10	동국대학교, 적십자간호대학, 한라대학교, 동우대학, 양산대학
진주교육대학교	58.53	동국대학교, 적십자간호대학, 서강정보대학, 복음신학대학원대학교, 한라대학교, 양산대학
혜천대학	57.84	동국대학교, 조선이공대학, 주성대학, 양산대학
용인송담대학	55.51	적십자간호대학, 동주대학, 복음신학대학원대학교, 양산대학
수원과학대학	53.39	동주대학, 복음신학대학원대학교, 군산간호대학, 양산대학
신흥대학	51.40	동주대학, 복음신학대학원대학교, 군산간호대학, 양산대학
울산대학교	51.23	고려대학교, 동국대학교, 양산대학
조선대학교	50.58	동국대학교, 가톨릭대학교성심교정, 양산대학
상주대학교	50.45	동국대학교, 대구보건대학, 조선이공대학, 복음신학대학원대학교, 경북과학대학, 양산대학
동의대학교	48.88	동국대학교, 대구보건대학, 가톨릭대학교성심교정, 양산대학
진주국제대학교	48.46	서강정보대학, 조선이공대학, 복음신학대학원대학교, 주성대학
부산여자대학	48.22	적십자간호대학, 조선이공대학, 복음신학대학원대학교, 주성대학, 양산대학
유한대학	46.63	적십자간호대학, 동주대학, 복음신학대학원대학교, 양산대학
한국교원대학교	46.54	동국대학교, 복음신학대학원대학교, 가톨릭대학교성심교정, 군산간호대학, 양산대학
창원전문대학	46.16	적십자간호대학, 복음신학대학원대학교, 주성대학, 양산대학
성결대학교	45.28	동주대학, 복음신학대학원대학교, 군산간호대학, 양산대학
대전대학교	45.17	동국대학교, 계명문화대학, 대구보건대학, 군산간호대학, 양산대학
진주대학교	45.06	동국대학교, 대구보건대학, 가톨릭대학교성심교정, 경북과학대학, 양산대학
충주대학교	44.87	동국대학교, 대구보건대학, 서강정보대학, 조선이공대학, 복음신학대학원대학교, 경북과학대학, 양산대학
계명대학교	44.13	고려대학교, 양산대학
한국정보통신대학교	43.51	동국대학교, 동주대학, 복음신학대학원대학교, 군산간호대학, 양산대학
경성대학교	39.77	고려대학교, 대진대학교, 양산대학
창원대학교	39.75	동국대학교, 서강정보대학, 가톨릭대학교성심교정, 군산간호대학, 경북과학대학, 양산대학
대불대학교	33.38	적십자간호대학, 동우대학, 양산대학
포항공과대학교	32.97	동주대학, 복음신학대학원대학교, 군산간호대학, 양산대학
가톨릭대학교성신교정	32.32	복음신학대학원대학교, 양산대학
상지대학교	32.01	동국대학교, 동주대학, 복음신학대학원대학교, 군산간호대학, 양산대학
공군사관학교	31.99	서강정보대학, 복음신학대학원대학교, 주성대학, 양산대학

DMU	효율성	준거집단
여수대학교	31.58	동국대학교, 계명문화대학, 복음신학대학원대학교, 가톨릭대학교성심교정, 군산간호대학, 경북과학대학, 양산대학
한림대학교	31.41	동국대학교, 동주대학, 양산대학
명지대학교	31.03	동국대학교, 동주대학, 군산간호대학, 양산대학
부산가톨릭대학교	29.59	동국대학교, 동주대학, 복음신학대학원대학교, 군산간호대학, 양산대학
경주대학교	28.82	동주대학, 복음신학대학원대학교, 군산간호대학, 양산대학
경기대학교	26.76	복음신학대학원대학교, 군산간호대학, 양산대학
삼척대학교	25.83	동국대학교, 동주대학, 복음신학대학원대학교, 군산간호대학, 양산대학
명지대학교자연캠퍼스	25.50	동국대학교, 동주대학, 군산간호대학, 양산대학
세종대학교	24.11	동국대학교, 동주대학, 양산대학
금오공과대학교	23.75	적십자간호대학, 동주대학, 복음신학대학원대학교, 양산대학
강남대학교	23.33	동주대학, 군산간호대학, 양산대학
우석대학교	22.77	동주대학, 복음신학대학원대학교, 군산간호대학, 양산대학
관동대학교	21.59	적십자간호대학, 홍익대학교조치원캠퍼스, 군산간호대학, 양산대학
신라대학교	20.90	동주대학, 복음신학대학원대학교, 군산간호대학, 양산대학
대구가톨릭대학교	20.04	동주대학, 군산간호대학, 양산대학
고려대학교서창캠퍼스	19.64	동주대학, 복음신학대학원대학교, 군산간호대학, 양산대학
세명대학교	19.59	동주대학, 복음신학대학원대학교, 군산간호대학, 양산대학
충북대학교	18.92	동국대학교, 동주대학, 복음신학대학원대학교, 군산간호대학, 양산대학
협성대학교	17.84	복음신학대학원대학교, 양산대학
한국해양대학교	15.44	적십자간호대학, 복음신학대학원대학교, 주성대학, 양산대학

<표 4-103> 2005년 대학도서관의 BCC분석 준거집단의 참조 횟수

DMU	참조 횟수	DMU	참조 횟수	DMU	참조 횟수
양산대학	72	조선이공대학	10	계명문화대학	3
복음신학대학원대학교	46	가톨릭대학교성심교정	9	경희대학교	1
동국대학교	40	서강정보대학	9	대진대학교	1
군산간호대학	34	고려대학교	7	군장대학	1
동주대학	30	경북과학대학	6	서남대학교	1
적십자간호대학	19	한라대학교	6	김천대학	1
대구보건대학	15	동우대학	5		
주성대학	11	홍익대학교조치원캠퍼스	3		

2005년 BCC분석의 준거집단의 참조 횟수를 살펴보면, 가장 많이 참조된 대학도서관으로 양산대학이 72회로 분석되었으며, 다음으로 복음신학대학원대학교, 동국대학교, 군산간호대학, 동주대학 등의 순으로 분석되었다. 이는 2005년에 BCC 효율성이 가장 높은 도서관은 양산대학도서관으로 다른 대학

도서관의 효율성을 평가하고 벤치마킹할 수 있는 대학도서관으로 진정한 효율성을 나타내고 있다는 의미이다.

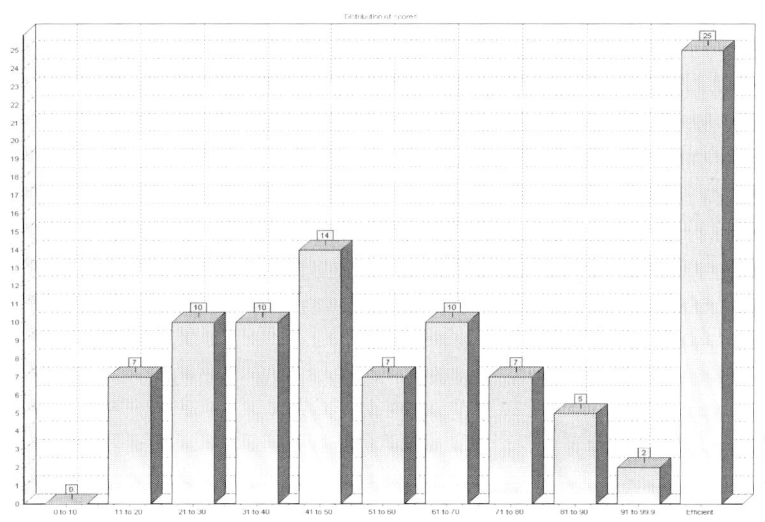

<그림 4-19> 2005년 대학도서관의 BCC 효율성 점수 분포

<표 4-104> 2005년 대학도서관의 CCR 효율성 점수 및 BCC 효율성 점수 비교

DMU	CCR	BCC	비고	DMU	CCR	BCC	비고	DMU	CCR	BCC	비고
가톨릭대학교성신	10.95	32.32	↓	배재대학교	67.94	68.17	▼	주성대학	12.86	100.00	●
경희대학교	32.57	100.00	●	복음신학대학원대학교	5.11	100.00	●	고려대학교서창	15.51	19.64	↓
고려대학교	82.50	100.00	●	한국정보통신대학교	26.42	43.51	↓	홍익대학교조치원	100.00	100.00	
광운대학교	62.74	63.44	▼	대전보건대학	65.52	81.44	▼	서남대학교	100.00	100.00	
덕성여자대학교	72.82	73.99	▼	혜천대학	40.76	57.84	▼	우석대학교	15.35	22.77	↓
동국대학교	100.00	100.00		울산대학교	42.42	51.23	▼	전주대학교	44.19	45.06	↓
명지대학교	28.02	31.03	↓	울산과학대학	38.39	74.22	▼	호원대학교	52.97	70.37	▼
상명대학교	67.08	67.26	▼	가톨릭대학교성심	100.00	100.00		군산간호대학	10.41	100.00	●
서울여자대학교	100.00	100.00		강남대학교	15.78	23.33	↓	군장대학	12.52	100.00	●

DMU	CCR	BCC	비고	DMU	CCR	BCC	비고	DMU	CCR	BCC	비고
세종대학교	22.16	24.11	↓	경기대학교	17.75	26.76	↓	목포대학교	100.00	100.00	
장로회신학대학교	81.98	89.37	▼	대진대학교	62.89	100.00	●	여수대학교	24.14	31.58	↓
한영신학대학교	15.39	64.88	▼	명지대학교자연	21.76	25.50	↓	광주가톨릭대학교	26.71	95.49	▼
홍익대학교	94.61	94.67	▼	성결대학교	38.15	45.28	↓	대불대학교	10.51	33.38	↓
인덕대학	100.00	100.00		한세대학교	58.84	72.40	▼	금오공과대학교	12.99	23.75	↓
적십자간호대학	19.98	100.00	●	협성대학교	10.79	17.84	↓	상주대학교	41.15	50.45	▼
한국해양대학교	10.52	15.44	↓	수원과학대학	25.63	53.39	▼	경주대학교	12.04	28.82	↓
경성대학교	35.24	39.77	↓	신흥대학	33.70	51.40	▼	대구가톨릭대학교	19.18	20.04	↓
동의대학교	48.86	48.88	↓	여주대학	18.05	65.94	▼	대구대학교	74.00	77.19	▼
부산가톨릭대학교	16.64	29.59	↓	용인송담대학	20.55	55.51	▼	포항공과대학교	27.10	32.97	↓
신라대학교	17.45	20.90	↓	유한대학	16.67	46.63	▼	김천대학	78.90	100.00	●
경남정보대학	48.69	59.10	▼	장안대학	25.21	65.56	▼	경북과학대학	100.00	100.00	
동주대학	21.80	100.00	●	삼척대학교	15.04	25.83	↓	경북전문대학	17.83	62.05	▼
부산여자대학	9.22	48.22	↓	관동대학교	13.97	21.59	↓	안동과학대학	18.09	79.92	▼
계명대학교	30.17	44.13	↓	상지대학교	26.92	32.01	↓	진주교육대학교	43.07	58.53	▼
계명문화대학	100.00	100.00		한라대학교	100.00	100.00		창원대학교	38.94	39.75	↓
대구보건대학	100.00	100.00		한림대학교	29.00	31.41	↓	진주국제대학교	5.31	48.46	↓
전남대학교	52.51	68.60	▼	동우대학	88.74	100.00	●	마산대학	18.24	77.40	▼
조선대학교	50.51	50.58	▼	공군사관학교	2.94	31.99	↓	양산대학	100.00	100.00	
광주보건대학	38.28	86.15	▼	충북대학교	18.62	18.92	↓	창신대학	32.34	72.52	▼
서강정보대학	59.55	100.00	●	충주대학교	40.64	44.87	↓	창원전문대학	6.81	46.16	↓
조선이공대학	12.39	100.00	●	한국교원대학교	44.80	46.54	↓	제주산업정보대학	44.06	84.27	▼
충남대학교	24.38	68.28	▼	세명대학교	15.15	19.59	↓				
대전대학교	43.43	45.17	↓	청주대학교	88.27	89.42	▼				

※ ●는 CCR분석에서 비효율적으로 분석된 도서관이 BCC분석에서 효율적으로 분석된 도서관
※ ▼는 CCR분석과 BCC분석 모두 비효율적으로 분석된 도서관
※ ↓는 CCR분석과 BCC분석 모두에서 효율성이 50 미만으로 분석된 도서관

<표 4-104>는 CCR분석과 BCC분석의 효율성 차이에 대한 점수를 비교하여 규모의 효율성을 찾아내기 위해 각각의 점수를 비교분석한 표이다. 이는 CCR분석에서 비효율적으로 판명된 DMU가 순수하게 투입과 산출의 차이에 의해 비효율이 발생하는지 아니면 규모의 비효율성 점수가 낮게 나오기 때문에 낮게 나오는지 알아보기 위한 것이다.

적정 규모의 변화를 허용한 BCC모형에서는 CCR모형이 12개의 선정 대학도서관이 경험적 프런티어를 형성하고 있는 것으로 나타났던 것에 비해 25개의 대학도서관이 효율적인 것으로 나타나, 13개 대학도서관의 효율성 점수가 향상된 것을 알 수 있다. 또한 CCR분석에서 효율성이 50 미만인 대학도서관이 BCC분석에서는 효율적으로 분석된 경우가 모두 7개 도서관으로 나타나, 효율성 분석의 해석에 주의를 요하는 것으로 나타났으며, 특히 복음신학대학원대학교도서관은 효율성이 5.11에서 100으로 크게 증가한 것으로 분석되었다. 그리고 가톨릭대학교성신교정, 명지대학교 등은 CCR분석과 BCC분석 모두에서 효율성이 50 미만인 대학도서관으로 분석되었다.

<표 4-105> BCC분석에서 효율성이 크게 향상된 대학도서관(2005년)

DMU	CCR	BCC	비고	DMU	CCR	BCC	비고
경희대학교	32.57	100.00	●	주성대학	12.86	100.00	●
적십자간호대학	19.98	100.00	●	군산간호대학	10.41	100.00	●
조선이공대학	12.39	100.00	●	군장대학	12.52	100.00	●
복음신학대학원대학교	5.11	100.00	●				

4) 2006년 대학도서관의 BCC 효율성 분석결과

우선 2006년 전체 선정 대학도서관 97개 중에서 BCC 효율성 분석결과는 19개의 공공도서관이 투입요소를 비례적으로 증가시킬 때 나타나는 산출반응에서 효율적인 대학도서관이라고 분석되었다.

<표 4-106> 2006년 대학도서관의 BCC 효율성 분석결과(효율성 : 100)

19개
주성대학, 경희대학교, 고려대학교, 동주대학, 충북대학교, 동국대학교, 창신대학, 양산대학, 광주가톨릭대학교, 울산대학교, 조선이공대학, 군장대학, 복음신학대학원대학교, 동우대학, 적십자간호대학, 계명대학교, 서남대학교, 서강정보대학, 군산간호대학

<표 4-107> 2006년 대학도서관의 BCC 효율성 분석결과(효율성 : 99.99 이하)

DMU	효율성	준거집단
경북전문대학	99.43	적십자간호대학, 서강정보대학, 조선이공대학, 복음신학대학원대학교, 양산대학
신흥대학	98.56	조선이공대학, 복음신학대학원대학교, 충북대학교, 군산간호대학, 양산대학
공군사관학교	91.35	복음신학대학원대학교, 충북대학교, 광주가톨릭대학교, 양산대학
대구보건대학	88.55	조선이공대학, 복음신학대학원대학교, 충북대학교, 군산간호대학, 양산대학
계명문화대학	86.75	복음신학대학원대학교, 동우대학, 충북대학교, 군산간호대학, 양산대학
광주보건대학	83.50	복음신학대학원대학교, 광주가톨릭대학교, 양산대학
안동과학대학	80.96	적십자간호대학, 서강정보대학, 조선이공대학, 복음신학대학원대학교, 양산대학
경북과학대학	80.13	동국대학교, 복음신학대학원대학교, 충북대학교, 군산간호대학, 양산대학
제주산업정보대학	79.37	적십자간호대학, 복음신학대학원대학교, 동우대학, 충북대학교, 양산대학
성결대학교	78.14	동국대학교, 동주대학, 군산간호대학, 양산대학
마산대학	73.14	적십자간호대학, 동주대학, 양산대학
대전보건대학	70.62	동국대학교, 동주대학, 복음신학대학원대학교, 충북대학교, 군산간호대학, 양산대학
용인송담대학	70.04	동주대학, 복음신학대학원대학교, 군산간호대학, 양산대학
장안대학	68.59	적십자간호대학, 동주대학, 복음신학대학원대학교, 충북대학교, 양산대학
전남대학교	68.15	고려대학교, 울산대학교, 충북대학교, 양산대학
여주대학	67.93	적십자간호대학, 동주대학, 양산대학
대구대학교	67.49	고려대학교, 동국대학교, 충북대학교, 양산대학
가톨릭대학교성심교정	66.05	동우대학, 충북대학교, 양산대학
광운대학교	60.07	적십자간호대학, 충북대학교, 양산대학, 창신대학
경성대학교	59.72	고려대학교, 동국대학교, 충북대학교, 양산대학
김천대학	59.47	서강정보대학, 복음신학대학원대학교, 서남대학교, 군산간호대학, 양산대학
수원과학대학	59.05	동주대학, 복음신학대학원대학교, 군산간호대학, 양산대학
한국정보통신대학교	59.01	복음신학대학원대학교, 충북대학교, 광주가톨릭대학교, 양산대학
한영신학대학교	58.21	서강정보대학, 복음신학대학원대학교, 양산대학
혜천대학	58.04	복음신학대학원대학교, 동우대학, 충북대학교, 군산간호대학
상명대학교	56.27	동국대학교, 충북대학교, 군산간호대학, 양산대학
홍익대학교	55.56	동국대학교, 충북대학교, 군산간호대학, 양산대학
홍익대학교조치원캠퍼스	54.96	동국대학교, 복음신학대학원대학교, 충북대학교, 양산대학
포항공과대학교	54.79	동우대학, 충북대학교, 군산간호대학, 양산대학
인덕대학	52.87	적십자간호대학, 동주대학, 복음신학대학원대학교, 충북대학교, 양산대학
금오공과대학교	52.39	동국대학교, 충북대학교, 군산간호대학, 양산대학
경남정보대학	52.27	복음신학대학원대학교, 동우대학, 충북대학교, 군산간호대학, 양산대학
한림대학교	50.29	동국대학교, 충북대학교, 군산간호대학, 양산대학

DMU	효율성	준거집단
한라대학교	50.17	복음신학대학원대학교, 동우대학, 충북대학교, 군산간호대학
유한대학	49.93	적십자간호대학, 동주대학, 복음신학대학원대학교, 군장대학, 양산대학
부산여자대학	49.45	적십자간호대학, 서강정보대학, 조선이공대학, 복음신학대학원대학교, 양산대학
진주국제대학교	47.60	적십자간호대학, 서강정보대학, 복음신학대학원대학교, 충북대학교, 군장대학
진주교육대학교	47.27	동국대학교, 동주대학, 복음신학대학원대학교, 충북대학교, 군산간호대학, 양산대학
호원대학교	46.53	적십자간호대학, 동주대학, 충북대학교, 양산대학
창원전문대학	45.68	동주대학, 복음신학대학원대학교, 군장대학, 양산대학
울산과학대학	44.73	적십자간호대학, 동주대학, 복음신학대학원대학교, 충북대학교, 양산대학
조선대학교	43.25	동우대학, 충북대학교, 양산대학
청주대학교	42.77	동국대학교, 동주대학, 양산대학
한세대학교	42.23	동주대학, 복음신학대학원대학교, 군산간호대학, 양산대학
대전대학교	40.95	동국대학교, 동주대학, 충북대학교, 군산간호대학, 양산대학
전주대학교	40.92	동국대학교, 복음신학대학원대학교, 충북대학교, 군산간호대학, 양산대학
장로회신학대학교	39.97	복음신학대학원대학교, 충북대학교, 광주가톨릭대학교, 양산대학
상지대학교	39.56	동주대학, 복음신학대학원대학교, 군산간호대학, 양산대학
우석대학교	37.14	동국대학교, 동주대학, 복음신학대학원대학교, 충북대학교, 군산간호대학, 양산대학
서울여자대학교	37.00	광주가톨릭대학교, 양산대학
명지대학교	35.38	동국대학교, 충북대학교, 군산간호대학, 양산대학
동의대학교	35.27	동국대학교, 충북대학교, 군산간호대학, 양산대학
창원대학교	32.85	복음신학대학원대학교, 충북대학교, 광주가톨릭대학교, 양산대학
대불대학교	32.77	동우대학, 군장대학, 양산대학
충남대학교	31.00	고려대학교, 양산대학
가톨릭대학교성신교정	30.85	복음신학대학원대학교, 광주가톨릭대학교, 양산대학
부산가톨릭대학교	29.38	동국대학교, 동주대학, 복음신학대학원대학교, 군산간호대학, 양산대학
경기대학교	29.18	동주대학, 양산대학
덕성여자대학교	28.85	동국대학교, 동주대학, 충북대학교, 군산간호대학, 양산대학
여수대학교	28.40	서강정보대학, 복음신학대학원대학교, 충북대학교, 서남대학교, 양산대학
협성대학교	27.61	복음신학대학원대학교, 양산대학, 창신대학
관동대학교	27.45	복음신학대학원대학교, 동우대학, 군산간호대학, 양산대학
명지대학교자연캠퍼스	27.31	동국대학교, 동주대학, 군산간호대학, 양산대학
대진대학교	27.17	동국대학교, 동주대학, 복음신학대학원대학교, 군산간호대학, 양산대학
삼척대학교	26.67	동주대학, 복음신학대학원대학교, 군산간호대학, 양산대학
한국교원대학교	24.44	복음신학대학원대학교, 충북대학교, 광주가톨릭대학교, 양산대학
대구가톨릭대학교	24.41	동주대학, 양산대학
충주대학교	23.90	동국대학교, 동주대학, 복음신학대학원대학교, 군산간호대학, 양산대학
강남대학교	23.35	동주대학, 복음신학대학원대학교, 군산간호대학, 양산대학
세종대학교	22.19	동국대학교, 동주대학, 양산대학
상주대학교	20.77	동국대학교, 동주대학, 복음신학대학원대학교, 군산간호대학, 양산대학
목포대학교	18.71	동주대학, 복음신학대학원대학교, 군산간호대학, 양산대학
고려대학교서창캠퍼스	18.44	동주대학, 복음신학대학원대학교, 군산간호대학, 양산대학
신라대학교	18.19	동주대학, 복음신학대학원대학교, 군산간호대학, 양산대학
세명대학교	17.62	동주대학, 복음신학대학원대학교, 군산간호대학, 양산대학
배재대학교	16.32	동주대학, 복음신학대학원대학교, 군산간호대학, 양산대학
한국해양대학교	15.89	동주대학, 복음신학대학원대학교, 군산간호대학, 양산대학
경주대학교	15.29	동주대학, 복음신학대학원대학교, 군산간호대학, 양산대학

<표 4-108> 2006년 대학도서관의 BCC분석 준거집단의 참조 횟수

DMU	참조 횟수	DMU	참조 횟수	DMU	참조 횟수
양산대학	78	적십자간호대학	15	군장대학	4
복음신학대학원대학교	55	동우대학	11	경희대학교	2
군산간호대학	43	광주가톨릭대학교	9	창신대학	2
동주대학	40	서강정보대학	7	서남대학교	2
충북대학교	39	고려대학교	5	울산대학교	1
동국대학교	24	조선이공대학	5		

2006년 BCC분석의 준거집단의 참조 횟수를 살펴보면, 가장 많이 참조된 대학도서관으로 양산대학이 78회로 분석되었으며, 다음으로 복음신학대학원대학교, 군산간호대학, 동주대학, 충북대학교 등의 순으로 분석되었다. 이는 2006년에 BCC 효율성이 가장 높은 도서관은 양산대학도서관으로 다른 대학도서관의 효율성을 평가하고 벤치마킹할 수 있는 대학도서관으로 진정한 효율성을 나타내고 있다는 의미이다.

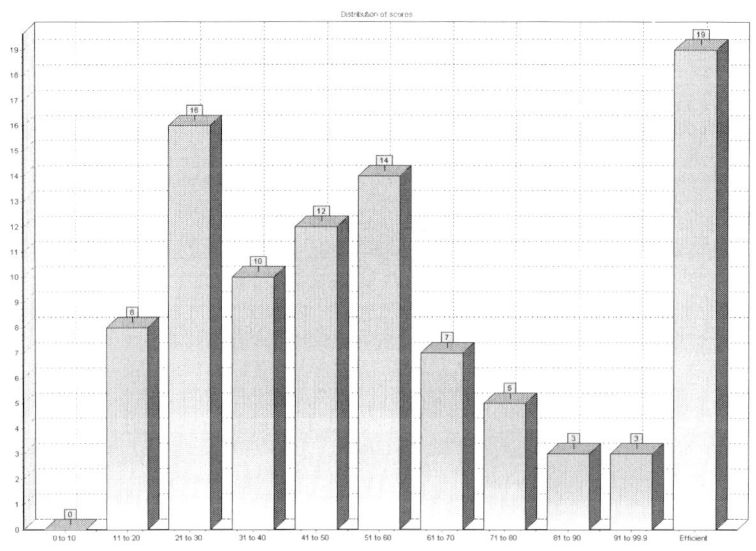

<그림 4-20> 2006년 대학도서관의 BCC 효율성 점수 분포

<표 4 - 109> 2006년 대학도서관의 CCR 효율성 점수 및 BCC 효율성 점수 비교

DMU	CCR	BCC	비고	DMU	CCR	BCC	비고	DMU	CCR	BCC	비고
가톨릭대학교 성신교정	9.47	30.85	↓	배재대학교	11.18	16.32	↓	주성대학	5.01	100.00	●
경희대학교	23.02	100.00	●	복음신학대학 원대학교	24.66	100.00	●	고려대학교 서창	14.58	18.44	↓
고려대학교	97.50	100.00	●	한국정보통신 대학교	38.53	59.01	▼	홍익대학교 조치원	48.80	54.96	▼
광운대학교	59.58	60.07	▼	대전보건대학	43.17	70.62	▼	서남대학교	100.00	100.00	
덕성여자 대학교	26.71	28.85	↓	혜천대학	50.23	58.04	▼	우석대학교	29.94	37.14	↓
동국대학교	100.00	100.00		울산대학교	31.70	100.00	●	전주대학교	38.18	40.92	↓
명지대학교	32.42	35.38	↓	울산과학대학	24.56	44.73	↓	호원대학교	22.29	46.53	↓
상명대학교	51.89	56.27	▼	가톨릭대학교 성심	66.00	66.05	▼	군산간호대학	10.41	100.00	●
서울여자 대학교	36.27	37.00	↓	강남대학교	15.33	23.35	↓	군장대학	8.58	100.00	●
세종대학교	20.28	22.19	↓	경기대학교	27.49	29.18	↓	목포대학교	12.74	18.71	↓
장로회신학 대학	28.45	39.97	↓	대진대학교	23.08	27.17	↓	여수대학교	17.16	28.40	↓
한영신학 대학	15.41	58.21	▼	명지대학교 자연	22.66	27.31	↓	광주가톨릭 대학교	40.26	100.00	●
홍익대학교	55.18	55.56	▼	성결대학교	70.70	78.14	▼	대불대학교	10.51	32.77	↓
인덕대학	31.44	52.87	▼	한세대학교	22.30	42.23	↓	금오공과 대학교	45.02	52.39	▼
적십자간호 대학	51.62	100.00	●	협성대학교	13.95	27.61	↓	상주대학교	9.04	20.77	↓
한국해양 대학교	11.80	15.89	↓	수원과학대학	32.78	59.05	▼	경주대학교	5.61	15.29	↓
경성대학교	54.15	59.72	▼	신흥대학	80.09	98.56	▼	대구가톨릭 대학교	23.75	24.41	↓
동의대학교	34.63	35.27	↓	여주대학	21.06	67.93	▼	대구대학교	67.03	67.49	▼
부산가톨릭 대학교	16.45	29.38	↓	용인송담대학	28.15	70.04	▼	포항공과 대학교	51.97	54.79	▼
신라대학교	14.62	18.19	↓	유한대학	15.55	49.93	↓	김천대학	8.70	59.47	▼
경남정보 대학	39.02	52.27	▼	장안대학	32.15	68.59	▼	경북과학대학	36.64	80.13	▼
동주대학	21.80	100.00	●	삼척대학교	18.14	26.67	↓	경북전문대학	12.25	99.43	▼
부산여자 대학	8.94	49.45	↓	관동대학교	15.85	27.45	↓	안동과학대학	18.09	80.96	▼
계명대학교	50.85	100.00	●	상지대학교	33.55	39.56	↓	진주교육 대학교	31.60	47.27	↓
계명문화 대학	69.11	86.75	▼	한라대학교	34.05	50.17	▼	창원대학교	30.09	32.85	↓

DMU	CCR	BCC	비고	DMU	CCR	BCC	비고	DMU	CCR	BCC	비고
대구보건대학	63.62	88.55	▼	한림대학교	48.49	50.29	▼	진주국제대학교	3.05	47.60	↓
전남대학교	34.21	68.15	▼	동우대학	94.28	100.00	●	마산대학	17.13	73.14	▼
조선대학교	43.16	43.25	↓	공군사관학교	70.73	91.35	▼	양산대학	100.00	100.00	
광주보건대학	38.28	83.50	▼	충북대학교	100.00	100.00		창신대학	80.44	100.00	●
서강정보대학	77.12	100.00	●	충주대학교	16.54	23.90	↓	창원전문대학	8.06	45.68	↓
조선이공대학	9.36	100.00	●	한국교원대학교	22.10	24.44	↓	제주산업정보대학	36.75	79.37	▼
충남대학교	19.64	31.00	↓	세명대학교	12.73	17.62	↓				
대전대학교	37.92	40.95	↓	청주대학교	40.84	42.77	↓				

※ ●는 CCR분석에서 비효율적으로 분석된 도서관이 BCC분석에서 효율적으로 분석된 도서관
※ ▼는 CCR분석과 BCC분석 모두 비효율적으로 분석된 도서관
※ ↓는 CCR분석과 BCC분석 모두에서 효율성이 50 미만으로 분석된 도서관

<표 4-109>는 CCR분석과 BCC분석의 효율성 차이에 대한 점수를 비교하여 규모의 효율성을 찾아내기 위해 각각의 점수를 비교분석한 표이다. 이는 CCR분석에서 비효율적으로 판명된 DMU가 순수하게 투입과 산출의 차이에 의해 비효율이 발생하는지 아니면 규모의 비효율성 점수가 낮게 나오기 때문에 낮게 나오는지 알아보기 위한 것이다.

적정 규모의 변화를 허용한 BCC모형에서는 CCR모형이 4개의 선정 대학도서관이 경험적 프런티어를 형성하고 있는 것으로 나타났던 것에 비해 19개의 대학도서관이 효율적인 것으로 나타나, 15개 대학도서관의 효율성 점수가 향상된 것을 알 수 있다. 또한 CCR분석에서 효율성이 50 미만인 대학도서관이 BCC분석에서는 효율적으로 분석된 경우가 모두 9개 도서관으로 나타나, 효율성 분석의 해석에 주의를 요하는 것으로 나타났으며, 특히 주성대학도서관은 효율성이 5.01에서 100으로 크게 증가한 것으로 분석되었다. 그리고 가톨릭대학교성신교정, 덕성여자대학교 등은 CCR분석과 BCC분석 모두에서 효율성이 50 미만인 대학도서관으로 분석되었다.

<표 4-110> BCC분석에서 효율성이 크게 향상된 대학도서관(2006년)

DMU	CCR	BCC	DMU	CCR	BCC
경희대학교	23.02	100.00	주성대학	5.01	100.00
동주대학	21.80	100.00	군산간호대학	10.41	100.00
조선이공대학	9.36	100.00	군장대학	8.58	100.00
복음신학대학원대학교	24.66	100.00	광주가톨릭대학교	40.26	100.00
울산대학교	31.70	100.00			

3.3 전문·특수도서관의 연도별 BCC 효율성 분석결과

1) 2003년 전문·특수도서관의 BCC 효율성 분석결과

<표 4-111> 2003년 전문·특수도서관의 BCC 효율성 분석결과(효율성 : 100)

26개
국제특허연수원, 대전시립연정국악연구원, 전남교육연수원, 목포가톨릭병원, 문화관광부, 서울시정개발연구원, 전라북도시각장애인도서관, 전라북도교원연수원, 영화진흥위원회, 한국시설안전기술공단, 부산발전연구원, 현대자동차, 광주점자도서관, 공주문화원도서관, 대진의료재단분당제생병원, 중앙선거관리위원회, 시설안전기술공단, 해병대사령부, 한국과학기술원, 대한주택공사, 농업환경관(농업과학기술원), 강남성심병원, 경기도과학연구원, 경기도청, 국군의무사령부, 국립수의과학검역원

우선 2003년 전체 선정 전문·특수도서관 43개 중에서 BCC 효율성 분석 결과는 26개의 전문·특수도서관이 투입요소를 비례적으로 증가시킬 때 나타나는 산출반응에서 효율적인 전문·특수도서관이라고 분석되었다.

<표 4 - 112> 2003년 전문·특수도서관의 BCC 효율성 분석결과(효율성 : 99.99 이하)

DMU	효율성	준거집단
국립산림과학원	77.47	문화관광부, 광주점자도서관, 국군의무사령부, 국립수의과학검역원
특허청특허참고자료실	65.72	강남성심병원, 서울시정개발연구원, 광주점자도서관, 국군의무사령부
육군제3158부대	64.17	대전시립연정국악연구원, 목포가톨릭병원
육군교육사령부	59.36	강남성심병원, 문화관광부, 경기도과학연구원, 전라북도교원연수원
광주전남발전연구원	59.03	강남성심병원, 문화관광부, 광주점자도서관, 국군의무사령부, 목포가톨릭병원, 전남교육연수원
국사편찬위원회	56.78	문화관광부, 광주점자도서관, 해병대사령부
한국지질자원연구원	52.75	강남성심병원, 국군의무사령부, 대진의료재단분당제생병원
한국자원연구소	52.35	강남성심병원, 부산발전연구원, 국제특허연수원, 국군의무사령부, 대진의료재단분당제생병원
한국고등교육재단	50.00	강남성심병원
한국화학연구소	50.00	강남성심병원, 해병대사령부, 전라북도교원연수원
문화방송	49.56	강남성심병원, 문화관광부, 국군의무사령부
국토연구원	45.99	문화관광부, 광주점자도서관, 국립수의과학검역원
통계청	38.54	강남성심병원, 문화관광부, 광주점자도서관, 국군의무사령부
서울특별시과학교육원	38.31	문화관광부, 국제특허연수원, 대전시립연정국악연구원, 시설안전기술공단, 전라북도교원연수원
서울특별시종합자료관	33.76	강남성심병원, 광주점자도서관, 대전시립연정국악연구원, 경기도청, 해병대사령부
대한상공회의소	33.33	강남성심병원
한국건설기술연구원	25.26	강남성심병원, 문화관광부, 광주점자도서관, 국군의무사령부, 국립수의과학검역원, 전라북도교원연수원

2003년 BCC분석의 준거집단의 참조 횟수를 살펴보면, 가장 많이 참조된 전문·특수도서관으로 강남성심병원도서관이 20회로 분석되었으며, 다음으로 국군의무사령부, 문화관광부, 광주점자도서관 등의 순으로 분석되었다. 이는 2003년에 BCC 효율성이 가장 높은 도서관은 강남성심병원도서관으로 다른 전문·특수도서관의 효율성을 평가하고 벤치마킹할 수 있는 전문·특수도서관으로 진정한 효율성을 나타내고 있다는 의미이다.

<표 4-113> 2003년 전문·특수도서관의 BCC분석 준거집단의 참조 횟수

DMU	참조 횟수	DMU	참조 횟수
강남성심병원	20	국립수의과학검역원	3
국군의무사령부	12	대전시립연정국악연구원	3
문화관광부	11	경기도과학연구원	2
광주점자도서관	10	부산발전연구원	1
전라북도교원연수원	6	서울시정개발연구원	1
목포가톨릭병원	5	전남교육연수원	1
해병대사령부	5	경기도청	1
대진의료재단분당제생병원	4	시설안전기술공단	1
국제특허연수원	4	공주문화원도서관	1

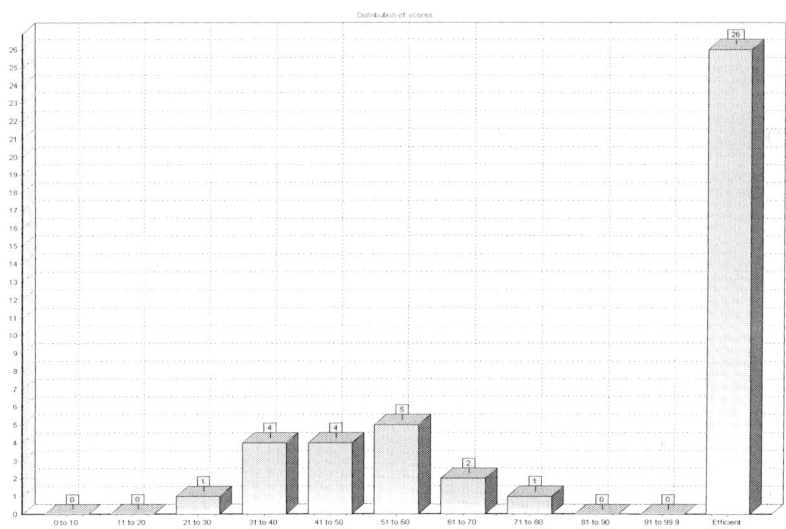

<그림 4-21> 2003년 전문·특수도서관의 BCC 효율성 점수 분포

<표 4-114> 2003년 전문·특수도서관의 CCR 효율성 점수 및 BCC 효율성 점수 비교

DMU	CCR	BCC	비고	DMU	CCR	BCC	비고
강남성심병원	100.00	100.00		경기도과학연구원	16.37	100.00	●
국립산림과학원	6.86	77.47	▼	경기도청	100.00	100.00	
대한상공회의소	5.96	33.33	↓	국군의무사령부	10.02	100.00	●
문화방송	18.43	49.56	↓	국립수의과학검역원	61.26	100.00	●
문화관광부	76.24	100.00	●	국사편찬위원회	49.86	56.78	▼
서울시정개발연구원	32.62	100.00	●	국토연구원	20.83	45.99	↓
서울특별시과학교육원	11.52	38.31	↓	농업환경관(농업과학기술원)	5.97	100.00	●
서울특별시종합자료관	31.04	33.76	↓	대진의료재단분당제생병원	100.00	100.00	
영화진흥위원회	42.36	100.00	●	대한주택공사	100.00	100.00	
한국고등교육재단	1.54	50.00	▼	시설안전기술공단	98.05	100.00	●
부산발전연구원	100.00	100.00		중앙선거관리위원회	7.65	100.00	
광주전남발전연구원	5.75	59.03	▼	한국건설기술연구원	4.34	25.26	↓
광주점자도서관	100.00	100.00		한국시설안전기술공단	32.83	100.00	●
국제특허연수원	56.15	100.00	●	해병대사령부	100.00	100.00	
대전시립연정국악연구원	100.00	100.00		현대자동차	100.00	100.00	
육군교육사령부	39.72	59.36	▼	공주문화원도서관	58.84	100.00	●
통계청	34.07	38.54	↓	육군제3158부대	14.09	64.17	▼
특허청특허참고자료실	26.55	65.72	▼	전라북도교원연수원	50.48	100.00	●
한국과학기술원	50.80	100.00	●	전라북도시각장애인도서관	100.00	100.00	
한국자원연구소	18.85	52.35	▼	목포가톨릭병원	35.34	100.00	●
한국지질자원연구원	9.60	52.75	▼	전남교육연수원	23.21	100.00	●
한국화학연구소	37.53	50.00	▼				

※ ●는 CCR분석에서 비효율적으로 분석된 도서관이 BCC분석에서 효율적으로 분석된 도서관
※ ▼는 CCR분석과 BCC분석 모두 비효율적으로 분석된 도서관
※ ↓는 CCR분석과 BCC분석 모두에서 효율성이 50 미만으로 분석된 도서관

<표 4-114>는 CCR분석과 BCC분석의 효율성 차이에 대한 점수를 비교하여 규모의 효율성을 찾아내기 위해 각각의 점수를 비교분석한 표이다. 이는 CCR분석에서 비효율적으로 판명된 DMU가 순수하게 투입과 산출의 차이에 의해 비효율이 발생하는지 아니면 규모의 비효율성 점수가 낮게 나오기 때문에 낮게 나오는지 알아보기 위한 것이다.

적정 규모의 변화를 허용한 BCC모형에서는 CCR모형이 10개의 선정 대학도서관이 경험적 프런티어를 형성하고 있는 것으로 나타났던 것에 비해 26개의 전문·특수도서관이 효율적인 것으로 나타나, 16개 전문·특수도서관의 효율성 점수가 향상된 것을 알 수 있다. 또한 CCR분석에서 효율성이 50

미만인 전문·특수도서관이 BCC분석에서는 효율적으로 분석된 경우가 모두 8개 도서관으로 나타나, 효율성 분석의 해석에 주의를 요하는 것으로 나타났으며, 특히 농업환경관(농업과학기술원)은 효율성이 5.97에서 100으로 크게 증가한 것으로 분석되었다. 그리고 대한상공회의소, 문화방송 등은 CCR분석과 BCC분석 모두에서 효율성이 50 미만인 대학도서관으로 분석되었다.

<표 4-115> BCC분석에서 효율성이 크게 향상된 전문·특수도서관(2003년)

DMU	CCR	BCC	비고	DMU	CCR	BCC	비고
서울시정개발연구원	32.62	100.00	●	농업환경관(농업과학기술원)	5.97	100.00	●
영화진흥위원회	42.36	100.00	●	한국시설안전기술공단	32.83	100.00	●
경기도과학연구원	16.37	100.00	●	목포가톨릭병원	35.34	100.00	●
국군의무사령부	10.02	100.00	●	전남교육연수원	23.21	100.00	●

2) 2004년 전문·특수도서관의 BCC 효율성 분석결과

우선 2004년 전체 선정 전문·특수도서관 43개 중에서 BCC 효율성 분석결과는 27개의 전문·특수도서관이 투입요소를 비례적으로 증가시킬 때 나타나는 산출반응에서 효율적인 전문·특수도서관이라고 분석되었다.

<표 4-116> 2004년 전문·특수도서관의 BCC 효율성 분석결과(효율성 : 100)

27개
대전시립연정국악연구원, 시설안전기술공단, 전남교육연수원, 목포가톨릭병원, 문화관광부, 서울시정개발연구원, 전라북도시각장애인도서관, 전라북도교원연수원, 영화진흥위원회, 해병대사령부, 부산발전연구원, 중앙선거관리위원회, 광주점자도서관, 국제특허연수원, 대진의료재단분당제생병원, 경기도과학연구원, 강남성심병원, 한국시설안전기술공단, 한국과학기술원, 대한주택공사, 공주문화원도서관, 현대자동차, 농업환경관(농업과학기술원), 경기도청, 국군의무사령부, 국립수의과학검역원, 국사편찬위원회

<표 4-117> 2004년 전문 · 특수도서관의 BCC 효율성 분석결과(효율성 : 99.99 이하)

DMU	효율성	준거집단
육군제3158부대	87.25	강남성심병원, 국군의무사령부, 목포가톨릭병원
국립산림과학원	77.76	문화관광부, 국군의무사령부, 국립수의과학검역원
특허청특허참고자료실	66.01	강남성심병원, 서울시정개발연구원, 국군의무사령부, 국립수의과학검역원
육군교육사령부	59.17	강남성심병원, 문화관광부, 경기도과학연구원, 농업환경관(농업과학기술원), 전라북도교원연수원
광주전남발전연구원	57.61	강남성심병원, 문화관광부, 대전시립연정국악연구원, 국군의무사령부, 목포가톨릭병원
한국자원연구소	52.28	강남성심병원, 부산발전연구원, 광주점자도서관, 국제특허연수원, 국군의무사령부, 대진의료재단분당제생병원
한국고등교육재단	50.00	강남성심병원
한국화학연구소	50.00	강남성심병원, 해병대사령부, 전라북도교원연수원
문화방송	49.41	강남성심병원, 문화관광부, 광주점자도서관, 국군의무사령부
한국지질자원연구원	49.17	강남성심병원, 국군의무사령부, 대진의료재단분당제생병원
국토연구원	45.32	문화관광부, 국립수의과학검역원
서울특별시종합자료관	41.27	강남성심병원, 경기도청, 해병대사령부
통계청	40.33	강남성심병원, 문화관광부, 경기도청
서울특별시과학교육원	38.08	강남성심병원, 광주점자도서관, 국제특허연수원, 시설안전기술공단, 해병대사령부, 전라북도교원연수원
대한상공회의소	33.33	강남성심병원, 문화관광부
한국건설기술연구원	26.90	강남성심병원, 문화관광부, 국립수의과학검역원, 전라북도교원연수원

<표 4-118> 2004년 전문 · 특수도서관의 BCC분석 준거집단의 참조 횟수

DMU	참조 횟수	DMU	참조 횟수
강남성심병원	15	광주점자도서관	3
문화관광부	10	국제특허연수원	3
해병대사령부	9	경기도청	2
국군의무사령부	9	서울시정개발연구원	1
전라북도교원연수원	9	부산발전연구원	1
목포가톨릭병원	5	영화진흥위원회	1
국립수의과학검역원	5	시설안전기술공단	1
경기도과학연구원	3	대전시립연정국악연구원	1
대진의료재단분당제생병원	3	농업환경관(농업과학기술원)	1

2004년 BCC분석의 준거집단의 참조 횟수를 살펴보면, 가장 많이 참조된 전문 · 특수도서관으로 강남성심병원도서관이 15회로 분석되었으며, 다음으로 문화관광부, 해병대사령부, 국군의무사령부, 전라남도교원연수원 등의 순으로 분석되었다. 이는 2004년에 BCC 효율성이 가장 높은 전문 · 특수도서관이

강남성심병원도서관으로 다른 전문·특수도서관의 효율성을 평가하고 벤치마킹할 수 있는 전문·특수도서관으로 진정한 효율성을 나타내고 있다는 의미이다.

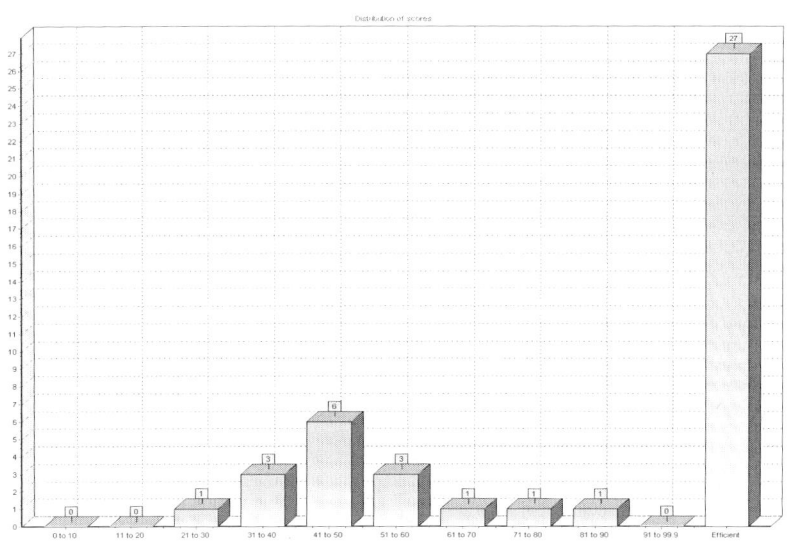

<그림 4-22> 2004년 전문·특수도서관의 BCC 효율성 점수 분포

<표 4-119> 2004년 전문·특수도서관의 CCR 효율성 점수 및 BCC 효율성 점수 비교

DMU	CCR	BCC	비고	DMU	CCR	BCC	비고
강남성심병원	100.00	100.00		경기도과학연구원	16.36	100.00	●
국립산림과학원	7.31	77.76	▼	경기도청	100.00	100.00	
대한상공회의소	7.33	33.33	↓	국군의무사령부	10.02	100.00	●
문화방송	18.84	49.41	↓	국립수의과학검역원	63.01	100.00	●
문화관광부	100.00	100.00		국사편찬위원회	100.00	100.00	
서울시정개발연구원	50.22	100.00	●	국토연구원	21.28	45.32	↓
서울특별시과학교육원	13.27	38.08	↓	농업환경관(농업과학기술원)	8.45	100.00	●
서울특별시종합자료관	36.64	41.27	↓	대진의료재단분당제생병원	100.00	100.00	
영화진흥위원회	59.06	100.00	●	대한주택공사	99.04	100.00	●
한국고등교육재단	1.29	50.00	▼	시설안전기술공단	100.00	100.00	
부산발전연구원	100.00	100.00		중앙선거관리위원회	7.65	100.00	
광주전남발전연구원	4.43	57.61	▼	한국건설기술연구원	5.92	26.90	↓
광주점자도서관	100.00	100.00		한국시설안전기술공단	37.56	100.00	●
국제특허연수원	55.83	100.00	●	해병대사령부	100.00	100.00	

DMU	CCR	BCC	비고	DMU	CCR	BCC	비고
대전시립연정국악연구원	13.10	100.00	●	현대자동차	100.00	100.00	
육군교육사령부	40.96	59.17	▼	공주문화원도서관	100.00	100.00	
통계청	36.06	40.33	↓	육군제3158부대	19.49	87.25	▼
특허청특허참고자료실	27.69	66.01	▼	전라북도교원연수원	61.15	100.00	●
한국과학기술원	100.00	100.00		전라북도시각장애인도서관	100.00	100.00	
한국자원연구소	18.84	52.28	▼	목포가톨릭병원	92.34	100.00	●
한국지질자원연구원	9.43	49.17	↓	전남교육연수원	100.00	100.00	
한국화학연구소	38.69	50.00	▼				

※ ●는 CCR분석에서 비효율적으로 분석된 도서관이 BCC분석에서 효율적으로 분석된 도서관
※ ▼는 CCR분석과 BCC분석 모두 비효율적으로 분석된 도서관
※ ↓ 는 CCR분석과 BCC분석 모두에서 효율성이 50 미만으로 분석된 도서관

<표 4-119>는 CCR분석과 BCC분석의 효율성 차이에 대한 점수를 비교하여 규모의 효율성을 찾아내기 위해 각각의 점수를 비교분석한 표이다. 이는 CCR분석에서 비효율적으로 판명된 DMU가 순수하게 투입과 산출의 차이에 의해 비효율이 발생하는지 아니면 규모의 비효율성 점수가 낮게 나오기 때문에 낮게 나오는지 알아보기 위한 것이다.

적정 규모의 변화를 허용한 BCC모형에서는 CCR모형이 14개의 선정 전문·특수도서관이 경험적 프런티어를 형성하고 있는 것으로 나타났던 것에 비해 27개의 전문·특수도서관이 효율적인 것으로 나타나, 13개 전문·특수도서관의 효율성 점수가 향상된 것을 알 수 있다. 또한 CCR분석에서 효율성이 50 미만인 전문·특수도서관이 BCC분석에서는 효율적으로 분석된 경우가 모두 5개 도서관으로 나타나, 효율성 분석의 해석에 주의를 요하는 것으로 나타났으며, 특히 농업환경관(농업과학기술원)은 효율성이 8.45에서 100으로 크게 증가한 것으로 분석되었다. 그리고 대한상공회의소, 문화방송 등은 CCR분석과 BCC분석 모두에서 효율성이 50 미만인 전문·특수도서관으로 분석되었다.

<표 4-120> BCC분석에서 효율성이 크게 향상된 전문·특수도서관(2004년)

DMU	CCR	BCC	비고	DMU	CCR	BCC	비고
대전시립연정국악연구원	13.10	100.00	●	농업환경관(농업과학기술원)	8.45	100.00	●
경기도과학연구원	16.36	100.00	●	한국시설안전기술공단	37.56	100.00	●
국군의무사령부	10.02	100.00	●				

3) 2005년 전문·특수도서관의 BCC 효율성 분석결과

우선 2005년 전체 선정 전문·특수도서관 43개 중에서 BCC 효율성 분석결과는 25개의 전문·특수도서관이 투입요소를 비례적으로 증가시킬 때 나타나는 산출반응에서 효율적인 전문·특수도서관이라고 분석되었다.

<표 4-121> 2005년 전문·특수도서관의 BCC 효율성 분석결과(효율성 : 100)

25개
대전시립연정국악연구원, 한국시설안전기술공단, 전남교육연수원, 목포가톨릭병원, 문화관광부, 서울시정개발연구원, 전라북도시각장애인도서관, 전라북도교원연수원, 영화진흥위원회, 현대자동차, 부산발전연구원, 중앙선거관리위원회, 광주점자도서관, 국제특허연수원, 농업환경관(농업과학기술원), 시설안전기술공단, 경기도과학연구원, 해병대사령부, 한국과학기술원, 대한주택공사, 대진의료재단분당제생병원, 강남성심병원, 공주문화원도서관, 경기도청, 국군의무사령부, 국사편찬위원회

<표 4-122> 2005년 전문·특수도서관의 BCC 효율성 분석결과(효율성 : 99.99 이하)

DMU	효율성	준거집단
국립수의과학검역원	71.34	강남성심병원, 문화관광부, 광주점자도서관, 국군의무사령부
육군제3158부대	67.12	강남성심병원, 목포가톨릭병원
특허청특허참고자료실	66.06	강남성심병원, 문화관광부, 서울시정개발연구원, 국군의무사령부
국민은행	59.38	강남성심병원, 국군의무사령부, 시설안전기술공단, 목포가톨릭병원
육군교육사령부	56.20	강남성심병원, 문화관광부, 서울시정개발연구원, 국군의무사령부, 전라북도교원연수원
광주전남발전연구원	56.04	강남성심병원, 국군의무사령부, 한국시설안전기술공단, 해병대사령부, 목포가톨릭병원
한국지질자원연구원	53.97	강남성심병원, 국군의무사령부, 대진의료재단분당제생병원
한국자원연구소	52.28	강남성심병원, 부산발전연구원, 광주점자도서관, 국제특허연수원, 국군의무사령부, 대진의료재단분당제생병원
한국고등교육재단	50.00	강남성심병원
한국화학연구소	50.00	강남성심병원, 해병대사령부, 전라북도교원연수원
문화방송	49.41	강남성심병원, 문화관광부, 광주점자도서관, 국군의무사령부
국토연구원	48.81	강남성심병원, 문화관광부, 서울시정개발연구원, 국군의무사령부
통계청	44.89	강남성심병원, 문화관광부, 경기도청
서울특별시과학교육원	38.08	강남성심병원, 광주점자도서관, 국제특허연수원, 시설안전기술공단, 해병대사령부, 전라북도교원연수원
대한상공회의소	33.33	강남성심병원
서울특별시종합자료관	32.14	강남성심병원, 대전시립연정국악연구원, 경기도청, 국사편찬위원회, 해병대사령부
한국건설기술연구원	25.93	강남성심병원, 문화관광부, 서울시정개발연구원, 국군의무사령부, 전라북도교원연수원

<표 4-123> 2005년 전문·특수도서관의 BCC분석 준거집단의 참조 횟수

DMU	참조 횟수	DMU	참조 횟수
강남성심병원	20	한국시설안전기술공단	2
국군의무사령부	11	대진의료재단분당제생병원	2
문화관광부	10	시설안전기술공단	2
해병대사령부	8	국제특허연수원	2
전라북도교원연수원	8	경기도청	2
목포가톨릭병원	8	부산발전연구원	1
광주점자도서관	5	대전시립연정국악연구원	1
서울시정개발연구원	4	국사편찬위원회	1

　　2005년 BCC분석의 준거집단의 참조 횟수를 살펴보면, 가장 많이 참조된 전문·특수도서관으로 강남성심병원도서관이 20회로 분석되었으며, 다음으로 국군의무사령부, 문화관광부, 해병대사령부, 전라북도교원연수원 등의 순으로 분석되었다. 이는 2005년에 BCC 효율성이 가장 높은 전문·특수도서관이 강남성심병원도서관으로 다른 전문·특수도서관의 효율성을 평가하고 벤치마킹할 수 있는 전문·특수도서관으로 진정한 효율성을 나타내고 있다는 의미이다.

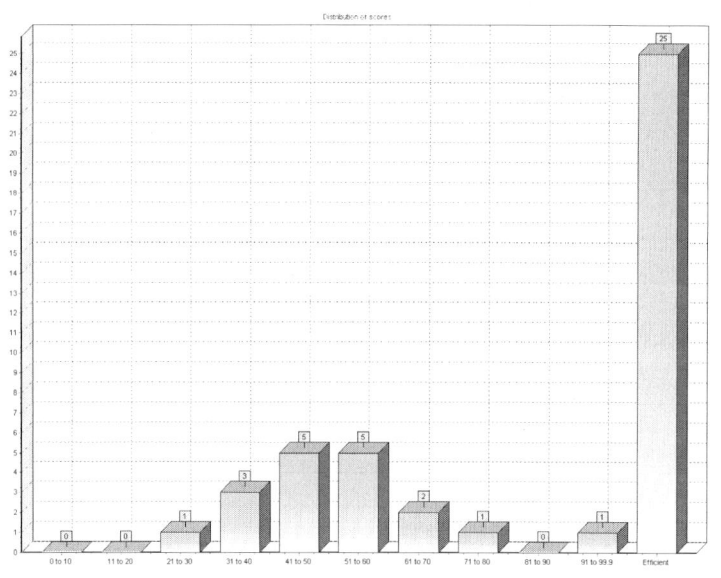

<그림 4-23> 2005년 전문·특수도서관의 BCC 효율성 점수 분포

<표 4 - 124> 2005년 전문·특수도서관의 CCR 효율성 점수 및 BCC 효율성 점수 비교

DMU	CCR	BCC	비고	DMU	CCR	BCC	비고
강남성심병원	100.00	100.00		경기도과학연구원	16.36	100.00	●
국민체육진흥공단체육과학연구원	5.36	59.38	▼	경기도청	100.00	100.00	
대한상공회의소	7.33	33.33	↓	국군의무사령부	10.02	100.00	●
문화관광부	96.78	49.41	↓	국립수의과학검역원	62.09	71.34	▼
문화방송	18.84	100.00	●	국사편찬위원회	55.48	100.00	●
서울시정개발연구원	50.22	100.00	●	국토연구원	15.26	48.81	↓
서울특별시과학교육원	13.27	38.08	↓	농업환경관(농업과학기술원)	4.99	100.00	●
서울특별시종합자료관	33.48	32.14	↓	대진의료재단분당제생병원	33.74	100.00	●
영화진흥위원회	59.06	100.00	●	대한주택공사	99.04	100.00	●
한국고등교육재단	4.84	50.00	▼	시설안전기술공단	100.00	100.00	
부산발전연구원	100.00	100.00		중앙선거관리위원회	7.65	100.00	●
광주전남발전연구원	3.96	56.04	▼	한국건설기술연구원	5.55	25.93	↓
광주점자도서관	100.00	100.00		한국시설안전기술공단	37.56	100.00	●
국제특허연수원	55.83	100.00	●	해병대사령부	100.00	100.00	
대전시립연정국악연구원	13.10	100.00	●	현대자동차	100.00	100.00	
육군교육사령부	40.19	56.20	▼	공주문화원도서관	100.00	100.00	
통계청	30.65	44.89	↓	육군제3158부대	19.49	67.12	▼
특허청특허참고자료실	88.39	66.06	▼	전라북도교원연수원	58.81	100.00	●
한국과학기술원	100.00	100.00		전라북도시각장애인도서관	100.00	100.00	
한국자원연구소	18.84	52.28	▼	목포가톨릭병원	92.34	100.00	●
한국지질자원연구원	6.91	53.97	▼	전남교육연수원	100.00	100.00	
한국화학연구소	37.28	50.00	▼				

※ ●는 CCR분석에서 비효율적으로 분석된 도서관이 BCC분석에서 효율적으로 분석된 도서관
※ ▼는 CCR분석과 BCC분석 모두 비효율적으로 분석된 도서관
※ ↓는 CCR분석과 BCC분석 모두에서 효율성이 50 미만으로 분석된 도서관

<표 4 - 124>는 CCR분석과 BCC분석의 효율성 차이에 대한 점수를 비교하여 규모의 효율성을 찾아내기 위해 각각의 점수를 비교분석한 표이다. 이는 CCR분석에서 비효율적으로 판명된 DMU가 순수하게 투입과 산출의 차이에 의해 비효율이 발생하는지 아니면 규모의 비효율성 점수가 낮게 나오기 때문에 낮게 나오는지 알아보기 위한 것이다.

적정 규모의 변화를 허용한 BCC모형에서는 CCR모형이 12개의 선정 전문·특수도서관이 경험적 프런티어를 형성하고 있는 것으로 나타났던 것에 비해 25개의 전문·특수도서관이 효율적인 것으로 나타나, 13개 전문·특수

도서관의 효율성 점수가 향상된 것을 알 수 있다. 또한 CCR분석에서 효율성이 50 미만인 전문·특수도서관이 BCC분석에서는 효율적으로 분석된 경우가 모두 8개 도서관으로 나타나, 효율성 분석의 해석에 주의를 요하는 것으로 나타났으며, 특히 농업환경관(농업과학기술원)은 효율성이 4.99에서 100으로 크게 증가한 것으로 분석되었다. 그리고 대한상공회의소, 문화관광부 등은 CCR분석과 BCC분석 모두에서 효율성이 50 미만인 전문·특수도서관으로 분석되었다.

<표 4 - 125> BCC분석에서 효율성이 크게 향상된 전문·특수도서관(2005년)

DMU	CCR	BCC	비고	DMU	CCR	BCC	비고
문화방송	18.84	100.00	●	농업환경관(농업과학기술원)	4.99	100.00	●
대전시립연정국악연구원	13.10	100.00	●	대진의료재단분당제생병원	33.74	100.00	●
경기도과학연구원	16.36	100.00	●	중앙선거관리위원회	7.65	100.00	●
국군의무사령부	10.02	100.00	●	한국시설안전기술공단	37.56	100.00	●

4) 2006년 전문·특수도서관의 BCC 효율성 분석결과

우선 2006년 전체 선정 전문·특수도서관 43개 중에서 BCC 효율성 분석결과는 27개의 전문·특수도서관이 투입요소를 비례적으로 증가시킬 때 나타나는 산출반응에서 효율적인 전문·특수도서관이라고 분석되었다.

<표 4 - 126> 2006년 전문·특수도서관의 BCC 효율성 분석결과(효율성 : 100)

27개
특허청특허참고자료실, 국민체육진흥공단체육과학연구원, 전남교육연수원, 문화관광부, 목포가톨릭병원, 서울시정개발연구원, 전라북도시각장애인도서관, 전라북도교원연수원, 영화진흥위원회, 한국고등교육재단, 부산발전연구원, 경기도청, 광주점자도서관, 국제특허연수원, 대전시립연정국악연구원, 강남성심병원, 한국시설안전기술공단, 해병대사령부, 한국과학기술원, 현대자동차, 공주문화원도서관, 농업환경관(농업과학기술원), 경기도과학연구원, 중앙선거관리위원회, 국군의무사령부, 시설안전기술공단, 대한주택공사, 대진의료재단분당제생병원

<표 4 - 127> 2006년 전문·특수도서관의 BCC 효율성 분석결과(효율성 : 99.99 이하)

DMU	효율성	준거집단
국립수의과학검역원	71.34	강남성심병원, 문화관광부, 광주점자도서관, 국군의무사령부
육군제3158부대	67.12	강남성심병원, 목포가톨릭병원
국사편찬위원회	65.20	문화관광부, 해병대사령부, 공주문화원도서관, 전라북도교원연수원
육군교육사령부	59.36	강남성심병원, 문화관광부, 경기도과학연구원, 전라북도교원연수원
광주전남발전연구원	56.04	강남성심병원, 국군의무사령부, 한국시설안전기술공단, 해병대사령부, 목포가톨릭병원
한국자원연구소	50.92	강남성심병원, 부산발전연구원, 광주점자도서관, 국군의무사령부, 대진의료재단분당제생병원, 시설안전기술공단
국토연구원	50.51	문화관광부, 서울시정개발연구원, 국군의무사령부
한국화학연구소	50.00	강남성심병원, 경기도과학연구원, 해병대사령부, 전남교육연수원
문화방송	49.41	강남성심병원, 문화관광부, 광주점자도서관, 국군의무사령부
한국지질자원연구원	43.12	강남성심병원, 부산발전연구원, 광주점자도서관, 국군의무사령부, 대진의료재단분당제생병원
서울특별시과학교육원	38.08	강남성심병원, 광주점자도서관, 국제특허연수원, 시설안전기술공단, 해병대사령부, 전라북도교원연수원
서울특별시종합자료관	36.52	강남성심병원, 경기도청, 해병대사령부, 전남교육연수원
통계청	34.81	강남성심병원, 문화관광부, 경기도청
대한상공회의소	33.33	강남성심병원
한국건설기술연구원	25.92	강남성심병원, 문화관광부, 서울시정개발연구원, 국군의무사령부, 전라북도교원연수원

<표 4 - 128> 2006년 전문·특수도서관의 BCC분석 준거집단의 참조 횟수

DMU	참조 횟수	DMU	참조 횟수
강남성심병원	16	경기도청	3
문화관광부	11	부산발전연구원	3
광주점자도서관	8	공주문화원도서관	2
국군의무사령부	8	서울시정개발연구원	2
해병대사령부	7	경기도과학연구원	2
전라북도교원연수원	6	시설안전기술공단	2
목포가톨릭병원	5	한국시설안전기술공단	2
대진의료재단분당제생병원	4	국제특허연수원	1
전남교육연수원	3		

2006년 BCC분석의 준거집단의 참조 횟수를 살펴보면, 가장 많이 참조된 전문·특수도서관으로 강남성심병원도서관이 16회로 분석되었으며, 다음으로 문화관광부, 광주점자도서관, 국군의무사령부 등의 순으로 분석되었다. 이는 2006년에 BCC 효율성이 가장 높은 전문·특수도서관이 강남성심병원도서관으로 다른 전문·특수도서관의 효율성을 평가하고 벤치마킹할 수 있는 전

문·특수도서관으로 진정한 효율성을 나타내고 있다는 의미이다.

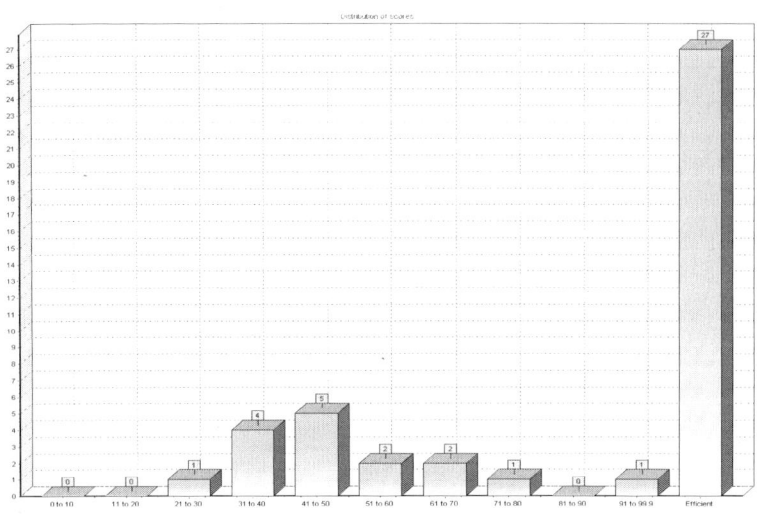

<그림 4-24> 2006년 전문·특수도서관의 BCC 효율성 점수 분포

<표 4-129> 2006년 전문·특수도서관의 CCR 효율성 점수 및 BCC 효율성 점수 비교

DMU	CCR	BCC	비고	DMU	CCR	BCC	비고
강남성심병원	100.00	100.00		경기도과학연구원	16.36	100.00	●
국민체육진흥공단체육과학연구원	5.36	100.00	●	경기도청	100.00	100.00	
대한상공회의소	7.33	33.33	↓	국군의무사령부	10.02	100.00	●
문화관광부	96.78	100.00	●	국립수의과학검역원	62.09	71.34	▼
문화방송	18.84	49.41	↓	국사편찬위원회	55.48	65.20	▼
서울시정개발연구원	50.22	100.00	●	국토연구원	15.26	50.51	▼
서울특별시과학교육원	13.27	38.08	↓	농업환경관(농업과학기술원)	4.99	100.00	●
서울특별시종합자료관	33.48	36.52	↓	대진의료재단분당제생병원	33.74	100.00	●
영화진흥위원회	59.06	100.00	●	대한주택공사	99.04	100.00	●
한국고등교육재단	4.84	100.00	●	시설안전기술공단	100.00	100.00	
부산발전연구원	100.00	100.00		중앙선거관리위원회	7.65	100.00	●
광주전남발전연구원	3.96	56.04	▼	한국건설기술연구원	5.55	25.92	↓
광주전자도서관	100.00	100.00		한국시설안전기술공단	37.56	100.00	●
국제특허연수원	55.83	100.00	●	해병대사령부	100.00	100.00	
대전시립연정국악연구원	13.10	100.00	●	현대자동차	100.00	100.00	
육군교육사령부	40.19	59.36	▼	공주문화원도서관	100.00	100.00	

DMU	CCR	BCC	비고	DMU	CCR	BCC	비고
통계청	30.65	34.81	↓	육군제3158부대	19.49	67.12	▼
특허청특허참고자료실	88.39	100.00	●	전라북도교원연수원	58.81	100.00	●
한국과학기술원	100.00	100.00		전라북도시각장애인도서관	100.00	100.00	
한국자원연구소	18.84	50.92	▼	목포가톨릭병원	92.34	100.00	●
한국지질자원연구원	6.91	43.12	↓	전남교육연수원	100.00	100.00	
한국화학연구소	37.28	50.00	▼				

※ ●는 CCR분석에서 비효율적으로 분석된 도서관이 BCC분석에서 효율적으로 분석된 도서관
※ ▼는 CCR분석과 BCC분석 모두 비효율적으로 분석된 도서관
※ ↓는 CCR분석과 BCC분석 모두에서 효율성이 50 미만으로 분석된 도서관

<표 4-129>는 CCR분석과 BCC분석의 효율성 차이에 대한 점수를 비교하여 규모의 효율성을 찾아내기 위해 각각의 점수를 비교분석한 표이다. 이는 CCR분석에서 비효율적으로 판명된 DMU가 순수하게 투입과 산출의 차이에 의해 비효율이 발생하는지 아니면 규모의 비효율성 점수가 낮게 나오기 때문에 낮게 나오는지 알아보기 위한 것이다.

적정 규모의 변화를 허용한 BCC모형에서는 CCR모형이 11개의 선정 전문·특수도서관이 경험적 프런티어를 형성하고 있는 것으로 나타났던 것에 비해 27개의 전문·특수도서관이 효율적인 것으로 나타나, 16개 전문·특수도서관의 효율성 점수가 향상된 것을 알 수 있다. 또한 CCR분석에서 효율성이 50 미만인 전문·특수도서관이 BCC분석에서는 효율적으로 분석된 경우가 모두 9개 도서관으로 나타나, 효율성 분석의 해석에 주의를 요하는 것으로 나타났으며, 특히 한국고등교육재단은 효율성이 4.84에서 100으로 크게 증가한 것으로 분석되었다. 그리고 대한상공회의소, 문화방송 등은 CCR분석과 BCC분석 모두에서 효율성이 50 미만인 전문·특수도서관으로 분석되었다.

<표 4-130> BCC분석에서 효율성이 크게 향상된 전문·특수도서관(2006년)

DMU	CCR	BCC	비고	DMU	CCR	BCC	비고
국민체육진흥공단체육과학연구원	5.36	100.00	●	농업환경관(농업과학기술원)	4.99	100.00	●
한국고등교육재단	4.84	100.00	●	대진의료재단분당제생병원	33.74	100.00	●
대전시립연정국악연구원	13.10	100.00	●	중앙선거관리위원회	7.65	100.00	●
경기도과학연구원	16.36	100.00	●	한국시설안전기술공단	37.56	100.00	●
국군의무사령부	10.02	100.00	●				

4. 관종별 시계열 분석

효율성 측정의 목표가 효율성 향상에 있다면 효율성 변화를 추적하는 노력이 함께 이루어질 필요가 있다. 본 연구의 평가대상이 된 공공도서관, 대학도서관, 전문·특수도서관의 효율성 변화를 추적하였는데 이러한 시계열적 효율성 측정을 위한 대표적인 DEA방법에는 윈도 분석(Window Analysis)과 맘퀴스트 생산성 지수 측정방법이 있다. 본 연구에서는 DEA 윈도 분석을 통하여 시계열 분석을 시도하였는데 이는 이동평균 계산과 유사한 방식으로 효율성을 측정하는데 이를 위하여 상이한 시점의 동일한 DMU를 각각 다른 DMU인 것처럼 모형에 포함시킨다. 이러한 윈도 분석의 장점은 효율성 점수의 시기별 안정성 측면을 검토할 수 있고 효율성의 추이와 계절효과를 파악할 수 있으며, 특정 변수의 시간지체적 효과(이전에 이루어진 투자 등이 추후에 가져온 효과)를 분석할 수 있고, DEA에 포함되는 대상집단의 수를 늘림으로써 분석의 실효성을 높일 수 있으며, 자료상의 오류를 파악할 수 있다는 점을 들 수 있다(Charens et al., 1994: 153).

이러한 장점을 가진 시계열적 분석을 선정된 전체 공공도서관, 대학도서관, 전문·특수도서관을 대상으로 하여 분석하여 다음과 같은 결과를 얻었다.

4.1 공공도서관의 시계열 분석

1) 전체 공공도서관의 시계열 관점에서의 CCR분석

전체 공공도서관의 시계열적 관점의 CCR분석결과는 <표 4-131>과 같다. 전체 선정 도서관을 시기별로 다른 DMU로 가정하면 총 728개의 공공도서관으로 분류되며 이러한 공공도서관을 CCR분석한 결과 총 60개 공공도서관(약 8.2%)이 효율적이라고 분석되었다.

또 효율성의 추이를 검토한 결과 부전, 서동, 구포, 남구, 중앙, 금호교육문화회관, 광명하안 등 14개(약 7.7%)의 공공도서관은 4년간 꾸준한 효율성 증가를 보이는 것으로 나타났으며, 도서관 등 6개(약 3.3%) 공공도서관은 시계열 관점의 CCR 관점에서 효율성이 점차 감소하고 있는 것으로 분석되었다. 또한 효율성을 4년간 계속적으로 100을 유지하는 공공도서관은 없는 것으로 분석되었다.

효율성의 점수가 큰 폭으로 변화하고 있어 효율성의 정도를 진정으로 파악하기 어려운 공공도서관은 중계평생학습관, 해운대, 구덕, 중앙, 도립중앙 등으로 연간 변화 폭의 정도가 심하게 나타났다.

<표 4-131> 전체 공공도서관의 시계열 관점에서의 CCR 효율성 분석결과

DMU	효율성 변화				DMU	효율성 변화			
	2003	2004	2005	2006		2003	2004	2005	2006
강남	70.72	70.70	61.00	100.00	강릉평생교육정보관(전)	44.80	15.89	40.19	74.97
강동	44.75	52.66	40.71	64.30	속초평생교육정보관(전)	45.84	67.60	100.00	94.51
강서	32.37	38.53	34.18	49.91	삼척평생교육정보관(전)	14.42	29.46	42.05	23.03
개포	77.60	100.00	63.02	84.24	춘성	39.92	40.83	37.35	19.59
고척	69.13	56.96	64.08	61.02	양양	16.83	14.50	18.15	19.04
남산	21.70	31.45	46.90	21.17	태백	40.56	60.48	32.64	48.83
도봉	88.06	72.67	64.86	63.41	*영월*	28.77	24.91	22.64	21.09
동대문	73.42	78.72	100.00	74.98	정선	41.48	71.78	60.43	29.83
송파	80.84	47.38	50.92	61.25	철원	27.88	15.65	18.27	18.08
양천	59.05	100.00	100.00	73.75	고성(강원도)	26.52	27.62	35.61	29.49
용산	30.42	29.46	32.31	49.22	도계	12.28	13.93	9.93	5.92
정독	22.08	17.70	16.67	22.76	충북중앙	20.70	18.51	13.29	14.89
고덕평생학습관	75.99	53.96	44.98	57.42	충주학생	41.42	49.59	49.87	85.42
마포평생학습관	50.26	65.50	53.67	60.82	중원	41.95	100.00	14.86	19.70
중계평생학습관	76.27	10.14	100.00	92.61	제천학생(전)	24.93	14.21	14.44	19.81
성동문화	43.43	35.84	100.00	100.00	청원	10.19	11.68	12.73	21.16
광진정보	100.00	76.97	78.53	100.00	보은	23.44	17.51	18.98	14.54
은평구립	28.93	33.16	30.94	100.00	**옥천**	35.80	22.28	*20.68*	*20.39*
성북정보	72.14	50.68	45.66	83.50	영동	38.59	43.78	33.68	47.20
관악문화도서관	76.96	75.11	45.00	100.00	괴산	16.76	13.38	18.88	15.22
시민	34.17	26.01	25.78	40.52	증평	36.15	31.18	42.29	98.26
중앙	30.74	26.70	24.66	27.87	**광양공공**	*73.23*	*45.42*	*39.47*	*37.24*
부전	48.01	54.63	68.37	100.00	금왕	29.76	38.53	32.92	31.67
반송	48.65	38.18	41.51	100.00	단양	41.93	25.37	17.02	30.05
해운대	59.95	40.88	94.34	65.59	제천시립	40.82	26.34	28.22	63.33
구덕	38.35	38.06	89.50	48.32	금산	26.04	22.86	48.29	23.76
서동	48.68	49.44	59.30	75.71	서천	36.26	19.81	26.99	50.46

DMU	효율성 변화				DMU	효율성 변화			
	2003	2004	2005	2006		2003	2004	2005	2006
구포	45.83	46.74	51.83	88.81	홍성	31.00	32.48	100.00	96.83
사하	63.23	40.36	47.64	54.32	예산	55.17	22.96	85.53	27.98
연산	56.12	48.16	45.62	77.94	당진	59.66	35.77	42.54	53.50
명장	51.27	46.54	45.58	56.85	천안중앙	100.00	68.65	31.30	100.00
남구	26.44	35.74	39.10	45.17	보령공공	79.76	87.40	82.26	100.00
영도	53.77	35.95	43.30	50.45	논산강경	29.93	32.10	35.38	37.23
해운대반여	49.66	100.00	99.65	100.00	부안	69.73	37.57	48.16	100.00
기장도서관	68.69	54.09	61.65	64.38	정읍시립	18.18	17.61	19.36	18.36
중앙	24.58	88.59	30.93	60.25	음성	31.47	67.92	16.67	12.65
동부	49.55	54.78	32.17	54.21	담양	16.51	10.63	7.79	13.40
서부	49.08	44.05	23.37	44.44	장흥	26.66	74.33	30.78	19.67
남부	42.13	43.66	33.01	46.29	장성	32.27	95.75	39.90	23.95
북부	40.25	43.14	29.36	52.10	고흥평생교육관	18.93	16.41	11.94	20.53
효목	47.64	54.57	30.89	59.38	신안군립	18.75	41.20	38.04	64.15
두류	36.55	35.74	27.98	32.63	해남군립	54.67	29.22	33.32	30.06
대봉	26.25	26.84	22.79	37.34	영일	22.25	19.92	90.03	35.71
달성	21.71	25.02	22.09	25.06	점촌	11.43	17.32	18.16	17.72
북구	56.12	51.04	53.64	62.73	군위	43.77	53.77	66.57	33.02
중앙	40.98	45.18	35.98	37.24	경주시립	57.04	77.82	100.00	100.00
부평	67.12	40.36	62.09	50.99	청송	11.59	10.84	8.68	9.15
주안	43.22	33.94	40.16	50.39	성주	39.75	46.89	49.33	49.26
화도진	37.72	37.38	36.05	46.37	예천	35.46	16.61	12.32	17.31
서구	48.44	53.62	44.40	66.54	울진	30.04	42.78	45.71	16.96
인천시립	26.93	22.11	27.58	28.66	경북교육정보(전)	100.00	59.93	19.08	26.17
중앙	32.54	38.98	40.03	42.83	의성	25.24	14.68	16.14	14.42
광주학생독립운동기념회관	24.39	23.98	26.47	27.60	김천시립	100.00	59.07	54.36	40.61
금호교육문화회관	40.20	43.74	44.34	49.50	의성군립안계	31.13	26.98	61.83	38.76
광주학생교육문화회관	98.81	75.03	100.00	80.39	마산	21.07	52.96	24.08	25.75
송정	52.35	59.40	41.90	67.89	진동	31.36	41.70	20.14	25.50
광주광역시립도서관	25.09	43.85	91.08	47.61	통영	63.07	27.32	79.34	35.75
북구일곡	100.00	100.00	67.28	100.00	삼천포	36.02	24.48	26.86	42.18
대전학생교육문화원	31.71	28.14	33.26	34.86	사천	55.55	32.77	53.72	84.15
한밭	15.02	13.60	43.62	17.43	김해	80.84	90.67	45.50	45.96
용운	39.90	100.00	28.14	42.01	진영	100.00	100.00	50.29	36.21
가오	63.36	61.12	100.00	64.34	밀양	72.96	39.66	21.76	67.45
갈마	46.62	38.77	45.74	80.55	밀양하남	8.34	6.27	10.47	12.55

DMU	효율성 변화				DMU	효율성 변화			
	2003	2004	2005	2006		2003	2004	2005	2006
유성	100.00	100.00	59.43	78.18	거제	91.05	41.40	100.00	90.48
안산	100.00	50.45	55.96	69.14	함안	79.83	93.10	53.95	92.18
신탄진	48.51	8.59	37.17	46.09	창녕	24.63	100.00	11.64	31.60
울산중부	42.04	39.23	46.24	67.75	남지	100.00	11.08	13.38	26.97
울산남부	56.43	52.84	54.53	62.93	양산	96.59	48.32	100.00	69.26
울산동부	51.11	40.74	62.25	100.00	고성(경남)	19.48	22.09	21.20	26.07
울산울주	57.77	47.80	100.00	67.04	남해	29.85	10.98	9.34	41.83
도립중앙	38.50	78.51	100.00	68.13	산청	15.53	6.56	15.96	25.53
도립성남	27.19	68.64	92.02	88.86	함양	45.20	19.66	100.00	23.83
도립과천	46.16	48.13	92.51	32.23	합천	29.30	94.12	14.59	21.41
수원시선경	31.48	43.78	48.07	39.29	창원시립	88.17	22.90	26.43	39.62
성남시중앙문화정보	73.33	100.00	80.26	90.67	진주연암	100.00	64.66	34.14	33.59
성남시수정문화정보센터	43.84	74.92	36.78	56.26	밀양시립	34.52	45.71	51.88	78.12
성남시중원문화정보센터	57.73	37.40	38.65	35.27	마산회원	41.39	29.10	40.36	57.67
부천시립 중앙	19.21	18.80	24.66	22.32	마산시립합포	100.00	61.92	52.62	96.92
안양시립평촌	68.26	66.18	74.39	92.79	통영산양	28.79	27.76	23.68	38.40
용인시립	100.00	100.00	43.52	79.79	김해칠암	100.00	75.04	37.35	54.73
광명하안	28.20	31.15	34.86	46.99	양산웅상	36.17	27.76	31.52	100.00
시흥시종합복지회관	46.14	49.88	53.44	43.18	고성동부	59.18	36.67	12.91	13.92
시흥시립	100.00	56.97	71.35	68.20	제주	55.64	26.54	33.38	37.90
화성시립태안	52.31	53.68	42.40	44.48	송악	42.29	65.14	60.80	100.00
김포시립	20.30	31.32	38.77	48.48	제남	17.52	54.90	44.10	28.88
안성시립	26.94	40.94	25.70	58.98	서귀포학생	19.29	19.47	16.92	17.85
하남시립	39.71	48.98	32.38	38.43	우당	17.89	20.68	21.75	100.00
의왕시립	100.00	66.16	72.67	97.41	탐라	31.35	22.64	29.40	100.00
양주시립	55.58	30.60	12.26	39.34	서귀포시립(전)	24.70	22.47	6.96	17.20
동두천시립	20.85	55.39	100.00	21.12	서귀포종합(전)	63.40	33.58	43.37	18.06
춘천평생교육정보관(전)	59.08	59.08	100.00	23.01	서귀포시동부	44.66	20.10	10.85	18.35

시계열 관점에서의 CCR분석 준거집단 참조 횟수를 살펴보면, 가장 많이 참조된 공공도서관은 양천도서관(2005), 용운도서관(2004), 마산시립합포(2003), 시흥시립(2003), 관악문화(2006) 등으로 나타났다.

<표 4 - 132> 전체 공공도서관의 시계열 관점에서의 CCR분석 준거집단 참조 횟수

DMU	참조 횟수	DMU	참조 횟수	DMU	참조 횟수
광진정보(2003)	7	성남시중앙문화정보(2004)	22	강남(2006)	37
북구일곡(2003)	28	용인시립(2004)	33	성동문화(2006)	28
유성(2003)	70	중원(2004)	13	광진정보(2006)	35
안산(2003)	62	동대문(2005)	10	은평구립(2006)	9
용인시립(2003)	9	양천(2005)	631	관악문화(2006)	182
시흥시립(2003)	188	중계평생학습관(2005)	78	부전(2006)	13
천안중앙(2003)	9	성동문화(2005)	9	반송(2006)	5
경북교육정보(전)(2003)	2	광주학생교육문화회관(2005)	5	해운대반영(2006)	31
진영(2003)	17	가오(2005)	123	북구일곡(2006)	81
남지(2003)	39	울산울주(2005)	13	울산동부(2006)	4
마산시립합포(2003)	352	도립중앙(2005)	6	천안중앙(2006)	3
김해칠암(2003)	3	동두천시립(2005)	6	부안(2006)	3
개포(2004)	6	속초평생교육정보관(전)(2005)	5	경주시립(2006)	2
양천(2004)	234	홍성(2005)	25	양산웅상(2006)	129
해운대반여(2004)	13	경주시립(2005)	6	송악(2006)	24
북구일곡(2004)	3	거제(2005)	2	우당(2006)	5
용운(2004)	608	양산(2005)	15	탐라(2006)	101
유성(2004)	195	함양(2005)	23		

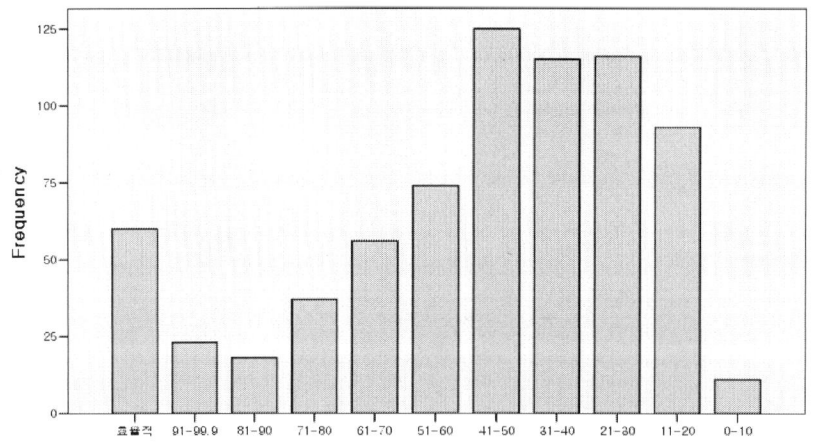

Distribution of Scores

구분	효율적	91 - 99.9	81 - 90	71 - 80	61 - 70	51 - 60	41 - 50	31 - 40	21 - 30	11 - 20	0 - 10	Total
빈도	60	23	18	37	56	74	125	115	116	93	11	728

<그림 4 - 25> 전체 공공도서관의 시계열 관점에서의 CCR 효율성 점수 분포

시계열 관점에서 CCR 효율성 점수 분포를 살펴보면 가장 효율적인 경험적 프런티어를 형성하고 있는 DMU는 전체 728개 공공도서관 가운데 60개 공공도서관(약 8.2%)이 효율성 100을 나타내고 있으며, 91점 이상의 점수를 나타내고 있는 공공도서관은 23개(약 3.1%), 81점 이상 공공도서관은 18개(약 2.5%), 71점 이상의 공공도서관은 37개(약 5.1%), 61점 이상의 공공도서관은 56개(약 7.7%) 순으로 나타났다.

2) 전체 공공도서관의 시계열 관점에서의 BCC분석

전체 공공도서관의 시계열 관점의 BCC분석결과는 <표 4-133>과 같다. 전체 선정 도서관을 시기별로 다른 DMU로 가정하면 총 728개의 공공도서관으로 분류되며 이러한 공공도서관을 BCC분석한 결과 총 145개 공공도서관(약 19.9%)이 효율적이라고 분석되었다.

또 효율성의 추이를 검토한 결과 부전, 구포, 남구, 해운대반여, 중앙, 도립성남, 성남시중앙문화정보 등 15개(약 8.2%)의 공공도서관은 4년간 꾸준한 효율성 증가를 보이는 것으로 나타났으며, 광양공공, 장성, 김천시립, 진영, 도봉 등 6개(약 3.3%) 공공도서관은 시계열 관점의 BCC 관점에서 효율성이 점차 감소하고 있는 것으로 분석되었다. 또한 효율성을 4년간 계속적으로 100을 유지하는 공공도서관은 부안, 군위, 성주, 의성군립안계 도서관 등이 있는 것으로 분석되었다.

효율성의 점수가 큰 폭으로 변화하고 있어 효율성의 정도를 진정으로 파악하기 어려운 공공도서관은 양천, 중계평생학습관, 성북정보, 해운대 등으로 연간 변화 폭의 정도가 심하게 나타났다.

<표 4-133> 전체 공공도서관의 시계열 관점에서의 BCC 효율성 분석결과

DMU	효율성 변화				DMU	효율성 변화			
	2003	2004	2005	2006		2003	2004	2005	2006
강남	89.48	83.11	72.35	100.00	강릉평생교육정보관 (전)	46.59	24.45	44.39	77.50
강동	57.32	64.13	49.98	64.31	속초평생교육정보관 (전)	55.69	69.04	100.00	94.85
강서	38.85	43.04	39.59	51.32	삼척평생교육정보관 (전)	30.63	35.71	47.29	33.25
개포	80.49	100.00	67.66	85.55	춘성	99.32	100.00	100.00	90.22
고척	75.90	58.46	64.83	62.92	양양	64.51	59.27	63.39	61.81
남산	26.70	31.46	50.94	25.72	태백	76.89	88.00	72.82	91.19
도봉	100.00	73.04	67.78	65.95	영월	63.67	78.83	70.73	58.94
동대문	78.35	80.20	100.00	78.34	정선	77.40	100.00	98.11	63.88
송파	83.25	48.16	51.17	62.14	철원	80.80	74.08	80.11	73.18
양천	60.67	100.00	100.00	74.82	고성(강원도)	100.00	91.32	96.78	99.11
용산	38.71	33.54	35.88	55.17	도계	100.00	100.00	93.18	99.02
정독	23.55	18.28	17.49	27.22	충북중앙	22.67	21.50	17.16	17.91
고덕평생학습관	79.32	57.15	48.34	62.49	충주학생	100.00	95.87	95.41	100.00
마포평생학습관	57.34	65.61	55.97	62.20	중원	98.86	100.00	81.51	87.55
중계평생학습관	76.51	26.02	100.00	92.91	제천학생(전)	43.38	43.12	39.74	85.03
성동문화	56.66	56.53	100.00	100.00	청원	86.67	81.07	84.19	100.00
광진정보	100.00	78.07	79.31	100.00	보은	76.78	59.92	64.94	70.34
은평구립	32.45	37.28	34.91	100.00	옥천	75.14	61.24	60.16	79.70
성북정보	75.28	57.49	52.08	88.38	영동	73.76	71.87	91.98	71.98
관악문화도서관	83.09	77.86	48.81	100.00	괴산	65.80	57.22	85.67	71.59
시민	34.40	27.35	26.00	42.47	증평	71.32	72.03	77.73	100.00
중앙	27.56	100.00	32.73	60.32	음성	79.41	100.00	88.47	66.01
부전	54.21	59.14	70.37	100.00	금왕	96.88	88.97	73.05	85.55
반송	66.74	54.94	57.93	100.00	단양	95.87	84.85	57.61	84.30
해운대	69.69	57.57	100.00	73.96	제천시립	52.54	42.39	43.55	75.30
구덕	63.76	62.71	99.29	69.94	금산	75.58	69.30	89.89	76.63
서동	76.27	75.48	82.21	89.29	서천	100.00	78.83	89.69	100.00
구포	66.91	67.73	68.05	92.20	홍성	97.58	59.48	100.00	100.00
사하	74.39	56.14	59.54	60.64	예산	84.67	68.99	100.00	67.61
연산	73.78	68.92	67.90	88.16	당진	100.00	74.16	69.52	84.13
명장	59.90	56.39	55.26	69.22	천안중앙	100.00	69.11	38.12	100.00
남구	36.69	42.92	46.46	52.22	보령공공	100.00	100.00	93.90	100.00
영도	66.17	52.72	55.34	71.73	논산강경	92.55	84.03	100.00	100.00
해운대반여	95.68	100.00	100.00	100.00	부안	100.00	100.00	100.00	100.00
기장도서관	86.71	63.48	69.84	72.77	정읍시립	48.99	46.32	48.10	50.10
중앙	31.05	26.71	25.07	28.03	광양공공	89.10	69.76	69.75	65.04

DMU	효율성 변화				DMU	효율성 변화			
	2003	2004	2005	2006		2003	2004	2005	2006
동부	49.55	54.78	36.55	54.21	담양	52.48	48.88	46.92	59.89
서부	49.09	44.85	27.32	44.61	장흥	75.20	100.00	79.80	74.57
남부	42.15	45.61	33.93	46.42	*장성*	*100.00*	*100.00*	*98.82*	*93.96*
북부	40.60	43.34	32.77	52.22	고흥평생교육관	91.61	73.72	76.70	88.08
효목	48.01	54.58	36.27	59.77	신안군립	97.68	100.00	99.64	100.00
두류	36.65	37.29	35.21	35.71	해남군립	98.87	68.33	69.86	66.24
대봉	29.38	29.44	28.74	39.47	영일	71.15	71.29	100.00	82.57
달성	56.42	53.76	50.95	49.61	점촌	64.06	68.80	78.30	67.79
북구	59.41	51.14	55.09	62.75	*군위*	*100.00*	*100.00*	*100.00*	*100.00*
중앙	34.65	40.61	42.22	46.09	의성	73.01	48.13	46.85	47.28
부평	67.24	44.82	62.71	58.79	청송	58.36	61.49	61.78	53.36
주안	43.23	35.89	41.00	54.83	*성주*	*100.00*	*100.00*	*100.00*	*100.00*
화도진	42.20	43.75	41.22	55.63	예천	72.55	60.87	55.70	63.23
서구	50.75	55.60	47.61	67.28	울진	62.48	68.03	92.35	53.35
인천시립	58.91	51.33	54.27	62.18	경북교육정보(전)	100.00	100.00	24.35	29.63
중앙	45.88	49.15	46.00	42.28	경주시립	60.88	82.65	100.00	100.00
광주학생독립운동기념회관	42.77	37.33	37.94	38.33	*김천시립*	*100.00*	*61.86*	*58.85*	*43.71*
금호교육문화회관	43.44	46.04	44.87	49.50	*의성군립안계*	*100.00*	*100.00*	*100.00*	*100.00*
광주학생교육문화회관	100.00	76.19	100.00	85.33	마산	29.89	52.97	25.09	30.76
송정	56.27	60.03	45.85	67.91	진동	76.76	80.69	55.41	65.03
광주광역시립도서관	28.09	43.87	100.00	47.61	통영	83.03	60.60	100.00	67.63
북구일곡	100.00	100.00	71.83	100.00	삼천포	64.46	54.54	54.16	68.58
대전학생교육문화원	32.77	31.92	37.40	40.64	사천	72.37	55.49	63.98	100.00
한밭	16.38	14.55	44.09	18.45	김해	91.25	93.76	48.60	49.09
용운	55.03	100.00	51.13	53.08	*진영*	*100.00*	*100.00*	*89.78*	*83.73*
가오	85.79	79.81	100.00	99.69	밀양	100.00	89.35	80.04	100.00
갈마	60.07	52.39	58.10	84.30	밀양하남	68.06	66.00	64.62	65.23
유성	100.00	100.00	64.16	79.40	거제	100.00	70.77	100.00	100.00
안산	100.00	64.53	73.01	75.32	함안	100.00	100.00	96.49	100.00
신탄진	52.51	14.20	38.43	59.28	창녕	58.58	100.00	48.51	60.33
울산중부	51.65	40.99	47.88	68.89	남지	100.00	69.89	68.35	77.24
울산남부	59.72	54.64	56.95	63.64	양산	100.00	78.54	100.00	87.54
울산동부	56.22	47.39	63.18	100.00	고성(경남)	78.03	79.48	95.85	73.16
울산울주	84.32	65.25	100.00	83.14	남해	100.00	97.59	54.64	85.62
도립중앙	46.80	83.10	100.00	74.55	산청	69.94	53.97	58.00	78.85
도립성남	31.08	68.86	100.00	100.00	함양	85.15	89.59	100.00	63.65
도립과천	47.89	48.15	100.00	34.61	*합천*	*100.00*	*100.00*	*100.00*	*88.27*
수원시선경	33.04	45.29	48.99	39.56	창원시립	100.00	30.10	32.08	40.15

DMU	효율성 변화				DMU	효율성 변화			
	2003	2004	2005	2006		2003	2004	2005	2006
성남시중앙문화정보	83.79	100.00	100.00	100.00	진주연암	100.00	71.41	41.68	43.28
성남시수정문화정보센터	49.14	75.48	40.51	59.38	밀양시립	74.48	76.29	77.76	100.00
성남시중원문화정보센터	58.66	37.83	38.99	37.94	마산회원	54.21	47.47	47.48	63.83
부천시립 중앙	30.36	28.82	31.22	27.65	마산시립합포	100.00	78.90	64.71	100.00
안양시립평촌	68.55	68.66	74.44	93.99	통영산양	95.26	88.47	84.77	100.00
용인시립	100.00	100.00	48.88	80.43	김해칠암	100.00	78.86	45.87	57.61
광명하안	38.11	37.17	41.72	57.22	양산웅상	73.52	58.61	63.93	100.00
시흥시종합복지회관	66.21	61.11	58.34	52.41	고성동부	100.00	100.00	100.00	100.00
시흥시립	100.00	71.37	81.66	75.30	제주	59.34	32.77	38.10	41.90
화성시립태안	78.20	97.45	66.06	69.00	송악	76.38	100.00	100.00	100.00
김포시립	32.40	36.86	43.53	51.85	제남	63.35	100.00	100.00	100.00
안성시립	46.59	61.01	52.35	69.15	서귀포학생	85.89	49.65	49.97	50.48
하남시립	65.25	65.98	51.36	60.18	우당	25.23	25.66	25.75	100.00
의왕시립	100.00	80.83	86.98	100.00	탐라	36.41	31.81	35.90	100.00
양주시립	100.00	76.80	74.79	79.85	서귀포시립(전)	62.77	53.26	47.75	51.70
동두천시립	46.29	67.85	100.00	40.77	서귀포종합(전)	100.00	95.58	100.00	68.03
춘천평생교육정보관(전)	66.12	66.12	100.00	27.16	서귀포시동부	100.00	87.55	72.33	79.68

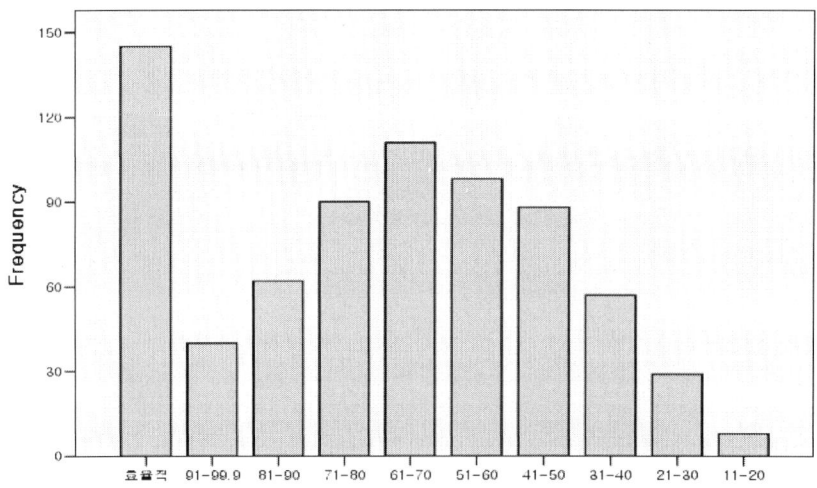

Distribution of Scores

구분	효율적	91-99.9	81-90	71-80	61-70	51-60	41-50	31-40	21-30	11-20	Total
빈도	145	40	62	90	111	98	88	57	29	8	728

<그림 4-26> 전체 공공도서관의 시계열 관점에서의 BCC 효율성 점수 분포

시계열 관점에서의 BCC 효율성 점수 분포를 살펴보면 가장 효율적인 경험적 프런티어를 형성하고 있는 DMU는 전체 728개 공공도서관 가운데 145개 공공도서관(약 19.9%)이 효율성 100을 나타내고 있으며 다음으로 91점 이상의 점수를 나타내고 있는 공공도서관은 40개(약 5.5%), 81점 이상 공공도서관은 62개(약 8.5%), 71점 이상의 공공도서관은 90개(약 12.3%), 61점 이상의 공공도서관은 111개(약 15.2%) 순으로 나타났다.

<표 4-134> 전체 공공도서관의 시계열 관점에서의 BCC분석 준거집단 참조 횟수

DMU	참조 횟수	DMU	참조 횟수	DMU	참조 횟수
광진정보(2003)	6	춘성(2004)	3	양산(2005)	9
광주학생교육문화회관(2003)	2	정선(2004)	2	함양(2005)	15
북구일곡(2003)	7	도계(2004)	67	고성동부(2005)	2
유성(2003)	18	중원(2004)	137	송악(2005)	2
안산(2003)	41	음성(2004)	9	제남(2005)	3
용인시립(2003)	4	보령공공(2004)	1	서귀포종합(전)(2005)	1
시흥시립(2003)	47	부안(2004)	24	강남(2006)	16
의왕시립(2003)	1	장흥(2004)	16	성동문화(2006)	12
고성(강원도)(2003)	2	장성(2004)	43	광진정보(2006)	5
충주학생(2003)	2	신안군립(2004)	7	은평구립(2006)	4
당진(2003)	2	군위(2004)	35	관악문화도서관(2006)	82
천안중앙(2003)	4	성주(2004)	62	부전(2006)	1
부안(2003)	17	경북교육정보(전)(2004)	2	반송(2006)	1
장성(2003)	16	진영(2004)	2	해운대반여(2006)	159
군위(2003)	97	함안(2004)	156	북구일곡(2006)	25
성주(2003)	84	창녕(2004)	1	도립성남(2006)	1
의성군립안계(2003)	5	합천(2004)	46	충주학생(2006)	115
진영(2003)	15	고성동부(2004)	12	청원(2006)	10
밀양(2003)	10	동대문(2005)	10	증평(2006)	1
거제(2003)	1	양천(2005)	485	서천(2006)	5
함안(2003)	23	중계평생학습관(2005)	23	홍성(2006)	21
남지(2003)	23	성동문화(2005)	2	보령공공(2006)	3
양산(2003)	3	해운대반여(2005)	3	부안(2006)	130
남해(2003)	1	광주학생교육문화회관(2005)	4	신안군립(2006)	106
합천(2003)	8	가오(2005)	117	군위(2006)	21
마산시립합포(2003)	253	울산울주(2005)	20	성주(2006)	34
고성동부(2003)	181	동두천시립(2005)	1	경주시립(2006)	1
서귀포종합(전)(2003)	2	속초평생교육정보관(전)(2005)	1	의성군립안계(2006)	10

DMU	참조 횟수	DMU	참조 횟수	DMU	참조 횟수
서귀포시동부(2003)	2	춘성(2005)	5	사천(2006)	1
개포(2004)	5	홍성(2005)	9	거제(2006)	1
양천(2004)	164	예산(2005)	1	함안(2006)	22
해운대반여(2004)	16	부안(2005)	1	양산웅상(2006)	117
북구일곡(2004)	5	영일(2005)	11	고성동부(2006)	163
용운(2004)	390	군위(2005)	26	송악(2006)	38
유성(2004)	50	의성군립안계(2005)	110	탐라(2006)	20
성남시중앙문화정보(2004)	6	통영(2005)	11		
용인시립(2004)	9	거제(2005)	2		

시계열 관점에서 BCC분석 준거집단 참조 횟수를 살펴보면, 가장 많이 참조된 공공도서관은 양천도서관(2005), 용운도서관(2004), 마산시립합포(2003), 고성동부(2006) 등으로 나타났다.

4.2 대학도서관의 시계열 분석

1) 전체 대학도서관의 시계열 관점에서의 CCR분석

전체 대학도서관의 시계열 관점에서익이 CCR분석결괴는 <표 4-135>와 같다. 전체 선정 도서관을 시기별로 다른 DMU로 가정하면 총 388개의 대학도서관으로 분류되며 이러한 공공도서관을 CCR분석한 결과 총 24개 대학도서관(약 6.2%)이 효율적이라고 분석되었다.

또 효율성의 추이를 검토한 결과 광운대학교, 여주대학, 우석대학교, 광주가톨릭대학교, 창신대학 등 5개(약 5.2%)의 대학도서관은 4년간 꾸준한 효율성 증가를 보이는 것으로 나타났으며, 홍익대학교, 경남정보대학, 동주대학, 부산여자대학 등 16개(약 16.5%) 대학도서관은 시계열 관점의 CCR 관점에서 효율성이 점차 감소하고 있는 것으로 분석되었다. 또한 효율성을 4년간 계속적으로 100을 유지하는 공공도서관은 서남대학교, 양산대학 등이 있는 것으로 분석되었다.

효율성의 점수가 큰 폭으로 변화하고 있어 효율성의 정도를 진정으로 파악하기 어려운 대학도서관은 서울여자대학교, 장로회신학대학, 인덕대학,

경성대학교, 배제대학교 등으로 연간 변화 폭의 정도가 심하게 나타났다.

<표 4 - 135> 전체 대학도서관의 시계열 관점에서의 CCR 효율성 분석결과

DMU	효율성 변화				DMU	효율성 변화			
	2003	2004	2005	2006		2003	2004	2005	2006
가톨릭대학교성신교정	14.69	3.43	4.44	4.14	신흥대학	82.15	11.44	21.83	67.17
경희대학교	24.05	39.17	20.00	21.21	여주대학	11.05	11.84	14.65	17.86
고려대학교	100.00	58.41	52.86	80.90	용인송담대학	17.97	15.49	16.13	15.72
광운대학교	37.04	44.20	45.14	51.21	유한대학	10.15	8.42	12.08	9.49
덕성여자대학교	13.60	25.89	33.98	26.61	장안대학	14.27	14.27	11.73	24.07
동국대학교	17.32	68.32	100.00	99.58	삼척대학교	24.99	8.17	8.48	12.71
명지대학교	33.84	29.64	24.59	26.60	관동대학교	7.20	72.87	13.73	15.32
상명대학교	21.42	31.03	45.60	43.58	상지대학교	67.00	67.00	16.72	22.23
서울여자대학교	38.12	100.00	100.00	15.81	한라대학교	38.90	39.85	78.47	33.02
세종대학교	9.86	29.07	13.47	10.79	한림대학교	19.30	44.82	16.23	37.89
장로회신학대학교	100.00	25.84	45.35	14.78	동우대학	100.00	100.00	69.89	89.46
한영신학대학교	10.63	10.88	12.37	12.21	공군사관학교	47.01	19.03	2.72	50.37
홍익대학교	*74.02*	*67.65*	*67.63*	*47.82*	충북대학교	24.08	26.64	17.50	100.00
인덕대학	13.29	13.67	70.51	24.92	충주대학교	21.12	25.55	22.27	12.32
적십자간호대학	19.32	19.32	17.78	46.37	한국교원대학교	14.28	31.24	30.56	17.00
한국해양대학교	11.07	5.55	9.24	10.04	세명대학교	41.31	10.91	7.18	8.73
경성대학교	71.61	100.00	22.17	42.69	청주대학교	50.15	65.15	58.05	24.49
동의대학교	26.60	24.88	29.12	26.41	*주성대학*	*13.76*	*11.11*	*7.56*	*5.01*
부산가톨릭대학교	22.47	24.82	11.89	11.89	고려대학교서창	18.14	45.99	10.77	10.03
신라대학교	100.00	18.99	13.60	12.19	홍익대학교조치원	48.23	45.99	100.00	47.33
경남정보대학	*53.67*	*48.02*	*36.63*	*36.06*	*서남대학교*	*100.00*	*100.00*	*100.00*	*100.00*
동주대학	*8.69*	*8.69*	*8.65*	*8.65*	우석대학교	8.06	8.70	9.75	22.47
부산여자대학	*10.16*	*9.91*	*9.22*	*8.94*	전주대학교	27.28	21.97	27.79	35.37
계명대학교	24.95	24.96	16.69	48.07	*호원대학교*	*32.32*	*30.65*	*27.79*	*19.08*
계명문화대학	73.98	74.83	100.00	67.51	군산간호대학	10.17	10.17	10.17	10.17
대구보건대학	57.78	57.78	57.78	57.78	군장대학	9.27	12.57	7.70	8.47
전남대학교	34.42	43.56	33.05	29.10	목포대학교	99.41	99.41	100.00	9.80
조선대학교	24.84	10.59	29.25	41.04	*여수대학교*	*41.62*	*16.07*	*16.07*	*16.07*
광주보건대학	14.83	14.83	14.83	14.83	광주가톨릭대학교	15.12	19.22	19.76	27.31
서강정보대학	48.28	44.76	39.49	65.32	대불대학교	10.51	10.51	10.51	10.51
조선이공대학	70.25	8.84	9.34	9.34	금오공과대학교	13.91	17.84	9.43	42.50
충남대학교	*36.46*	*36.46*	*19.17*	*12.30*	*상주대학교*	*30.81*	*19.68*	*19.68*	*5.96*
대전대학교	11.14	25.90	29.41	29.37	*경주대학교*	*6.92*	*6.92*	*6.92*	*5.20*
배재대학교	28.66	40.98	36.25	6.56	대구가톨릭대학교	37.71	15.62	12.77	13.84

DMU	효율성 변화				DMU	효율성 변화			
	2003	2004	2005	2006		2003	2004	2005	2006
복음신학대학원대학교	4.74	20.64	4.74	20.64	대구대학교	53.25	100.00	51.36	53.07
한국정보통신대학교	30.24	32.79	22.69	27.94	포항공과대학교	13.14	19.04	19.04	44.65
대전보건대학	*94.79*	*94.79*	*39.88*	*39.88*	김천대학	40.54	100.00	40.54	6.88
혜천대학	20.90	20.90	19.80	47.67	경북과학대학	30.14	30.14	89.04	30.14
울산대학교	46.42	33.72	25.05	29.28	경북전문대학	20.13	8.70	8.71	12.25
울산과학대학	7.57	7.57	38.39	15.28	안동과학대학	18.09	18.09	18.09	18.09
가톨릭대학교성심교정	27.01	26.12	57.18	64.39	진주교육대학교	23.25	30.26	30.26	29.79
강남대학교	37.99	37.33	9.27	11.13	창원대학교	38.75	18.65	23.39	27.60
경기대학교	*20.68*	*17.46*	*14.26*	*14.09*	*진주국제대학교*	*5.63*	*5.63*	*2.91*	*2.91*
대진대학교	10.12	16.55	35.40	13.39	*마산대학*	*27.83*	*12.02*	*11.72*	*10.95*
명지대학교자연캠퍼스	*37.98*	*19.51*	*14.81*	*13.79*	*양산대학*	*100.00*	*100.00*	*100.00*	*100.00*
성결대학교	20.17	20.17	20.17	52.02	*창신대학*	*24.93*	*24.93*	*24.93*	*62.91*
한세대학교	12.56	11.34	31.28	11.30	*창원전문대학*	*32.14*	*17.14*	*6.02*	*4.79*
협성대학교	11.87	11.26	6.74	13.65	제주산업정보대학	35.80	35.80	35.80	35.80
수원과학대학	100.00	42.98	11.22	18.15					

시계열 관점에서 CCR분석 준거집단 참조 횟수를 살펴보면, 가장 많이 참조된 대학도서관은 양산대학교(2003 – 2006), 충북대학교(2006), 수원과학대학(2003), 장로회신학대학교(2003) 등으로 나타났다.

<표 4 – 136> 전체 대학도서관의 시계열 관점에서의 CCR분석 준거집단 참조 횟수

DMU	참조 횟수	DMU	참조 횟수
고려대학교(2003)	73	김천대학(2004)	7
장로회신학대학교(2003)	165	양산대학(2004)	304
신라대학교(2003)	37	동국대학교(2005)	16
수원과학대학(2003)	188	서울여자대학교(2005)	5
동우대학(2003)	17	계명문화대학(2005)	24
서남대학교(2003)	11	홍익대학교조치원(2005)	10
양산대학(2003)	304	서남대학교(2005)	11
서울여자대학교(2004)	5	목포대학교(2005)	22
경성대학교(2004)	55	양산대학(2005)	304
동우대학(2004)	6	충북대학교(2006)	238
서남대학교(2004)	11	양산대학(2006)	304
대구대학교(2004)	7		

시계열 관점에서의 CCR 효율성 점수 분포를 살펴보면 가장 효율적인 경험적 프런티어를 형성하고 있는 DMU는 전체 388개 대학도서관 가운데 24개 대학도서관(약 6.2%)이 효율성 100을 나타내고 있으며 다음으로 91점 이상의 점수를 나타내고 있는 대학도서관은 5개(약 1.3%), 81점 이상 대학도서관은 62개(약 1.0%), 71점 이상의 대학도서관은 8개(약 2.1%), 61점 이상의 대학도서관은 12개(약 3.1%) 순으로 나타났다.

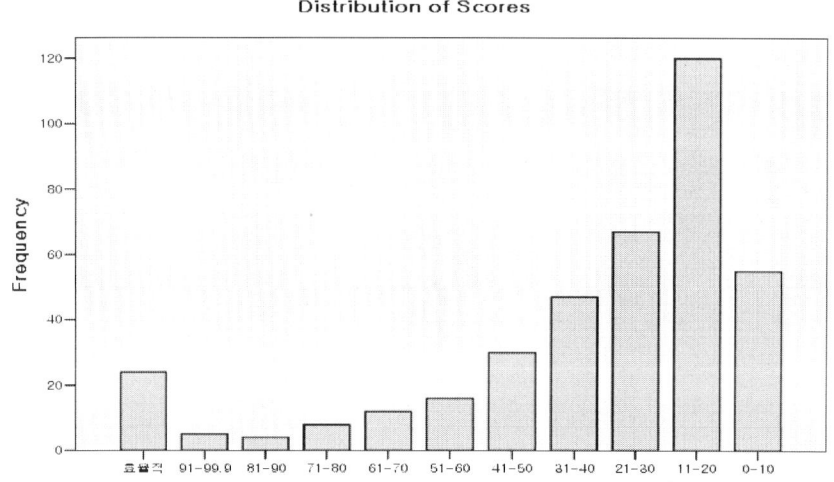

구분	효율적	91-99.9	81-90	71-80	61-70	51-60	41-50	31-40	21-30	11-20	0-10	Total
빈도	24	5	4	8	12	16	30	47	67	120	55	388

<그림 4-27> 전체 대학도서관의 시계열 관점에서의 CCR 효율성 점수 분포

2) 전체 대학도서관의 시계열 관점에서의 BCC분석

전체 대학도서관의 시계열 관점의 BCC분석결과는 <표 4-137>과 같다. 전체 선정 도서관을 시기별로 다른 DMU로 가정하면 총 388개의 대학도서관으로 분류되며 이러한 공공도서관을 BCC분석한 결과 총 62개 대학도서관(약 16.0%)이 효율적이라고 분석되었다.

또 효율성의 추이를 검토한 결과 광운대학교, 동주대학, 부산여자대학, 성결대학교, 여주대학 등 7개(약 7.2%)의 대학도서관은 4년간 꾸준한 효율성 증가를 보이는 것으로 나타났으며, 신라대학교, 경남정보대학, 명지대학교자연캠퍼스 등 9개(약 9.3%) 대학도서관은 시계열 관점의 BCC 관점에서 효율성이 점차 감소하고 있는 것으로 분석되었다. 또한 효율성을 4년간 계속적으로 100을 유지하는 대학도서관은 적십자간호대학, 서강정보대학, 서남대학교 등이 있는 것으로 분석되었다.

효율성의 점수가 큰 폭으로 변화하고 있어 효율성의 정도를 진정으로 파악하기 어려운 대학도서관은 경희대학교, 서울여자대학교, 장로회신학대학교, 대진대학교 등으로 연간 변화 폭의 정도가 심하게 나타났다.

<표 4-137> 전체 대학도서관의 시계열 관점에서의 BCC 효율성 분석

DMU	효율성 변화				DMU	효율성 변화			
	2003	2004	2005	2006		2003	2004	2005	2006
가톨릭대학교성신교정	79.36	24.13	26.53	26.28	신흥대학	92.28	31.79	34.59	83.09
경희대학교	24.94	100.00	20.28	23.39	여주대학	54.56	55.29	60.60	62.87
고려대학교	100.00	86.52	97.55	100.00	용인송담대학	39.22	38.01	53.36	56.35
광운대학교	38.77	45.70	46.88	53.36	유한대학	48.86	41.74	44.18	48.13
덕성여자대학교	16.26	28.29	37.39	28.63	장안대학	63.17	63.17	56.57	66.62
농국내학교	17.97	70.29	100.00	99.77	삼척내학교	32.58	18.26	19.07	24.76
명지대학교	42.12	36.51	28.01	29.59	관동대학교	12.17	72.99	19.26	23.79
상명대학교	24.32	32.46	47.84	47.14	상지대학교	100.00	100.00	22.60	28.08
서울여자대학교	40.06	100.00	100.00	18.00	한라대학교	49.59	56.01	100.00	48.55
세종대학교	11.62	29.58	16.69	13.42	한림대학교	22.04	47.88	19.71	40.37
장로회신학대학교	100.00	35.94	55.14	29.20	동우대학	100.00	100.00	99.75	100.00
한영신학대학교	100.00	62.89	64.14	57.90	공군사관학교	68.71	34.34	29.65	73.22
홍익대학교	74.82	68.47	68.46	48.50	충북대학교	24.51	26.79	17.90	100.00
인덕대학	28.15	28.50	84.32	51.00	충주대학교	29.18	32.96	31.53	18.43
적십자간호대학	100.00	100.00	100.00	100.00	한국교원대학교	18.60	34.86	34.44	21.19
한국해양대학교	17.99	13.82	15.05	14.67	세명대학교	43.23	15.83	12.55	15.88
경성대학교	73.35	100.00	23.39	44.48	청주대학교	52.44	66.25	61.56	28.24
동의대학교	28.61	26.79	29.93	27.17	주성대학	86.01	77.19	100.00	95.76
부산가톨릭대학교	33.25	35.19	24.37	24.37	고려대학교서창	25.61	46.80	14.41	14.52
신라대학교	*100.00*	*21.94*	*16.41*	*15.06*	홍익대학교조치원	51.11	48.98	100.00	52.97
경남정보대학	*63.15*	*60.18*	*50.23*	*48.37*	**서남대학교**	**100.00**	**100.00**	**100.00**	**100.00**
동주대학	81.45	81.45	100.00	100.00	우석대학교	19.47	20.84	20.22	31.31

DMU	효율성 변화				DMU	효율성 변화			
	2003	2004	2005	2006		2003	2004	2005	2006
부산여자대학	28.94	31.17	41.66	44.13	전주대학교	30.97	24.39	30.10	37.86
계명대학교	25.21	25.22	17.02	49.64	호원대학교	46.25	49.41	50.08	45.31
계명문화대학	76.18	76.85	100.00	84.60	**군산간호대학**	100.00	100.00	100.00	100.00
대구보건대학	82.27	82.27	82.27	82.27	**군장대학**	100.00	100.00	100.00	100.00
전남대학교	34.47	43.69	33.08	30.42	목포대학교	99.61	99.61	100.80	16.98
조선대학교	25.30	11.28	29.81	41.05	*여수대학교*	49.16	27.27	27.27	27.27
광주보건대학	65.83	65.83	65.83	65.83	광주가톨릭대학교	80.91	87.26	90.54	89.77
서강정보대학	100.00	100.00	100.00	100.00	대불대학교	29.90	29.90	29.90	29.90
조선이공대학	95.94	66.38	100.00	100.00	금오공과대학교	28.36	28.40	21.66	46.42
충남대학교	39.16	39.16	22.19	12.50	*상주대학교*	80.81	33.42	33.42	17.09
대전대학교	13.47	27.65	31.46	31.15	*경주대학교*	22.77	22.77	22.77	13.06
배재대학교	33.24	43.72	39.18	12.65	대구가톨릭대학교	38.86	17.03	14.15	15.37
복음신학대학원대학교	100.00	100.00	100.00	100.00	대구대학교	88.17	100.00	51.90	53.49
한국정보통신대학교	72.50	62.22	40.82	46.06	포항공과대학교	19.34	26.10	26.10	51.01
대전보건대학	100.00	100.00	66.00	66.00	김천대학	72.11	100.00	72.11	57.47
혜천대학	48.06	48.06	40.02	51.85	경북과학대학	73.25	73.25	100.00	73.25
울산대학교	72.44	33.96	25.24	31.43	경북전문대학	58.95	58.19	58.19	84.55
울산과학대학	32.88	32.88	69.23	41.71	안동과학대학	70.98	70.98	70.98	70.98
가톨릭대학교성심교정	28.16	27.82	57.79	64.71	진주교육대학교	42.36	48.91	48.91	45.01
강남대학교	44.52	44.04	15.91	22.43	창원대학교	39.88	23.61	27.62	31.28
경기대학교	21.92	19.41	21.01	17.74	*진주국제대학교*	53.27	53.27	46.09	46.09
대진대학교	16.53	22.76	37.09	18.56	*마산대학*	100.00	95.54	73.61	71.54
명지대학교자연	41.96	22.35	17.80	17.53	양산대학	100.00	100.00	100.00	100.00
성결대학교	28.42	28.42	28.42	61.46	창신대학	58.82	62.93	58.82	100.00
한세대학교	25.07	31.64	48.24	31.64	창원전문대학	97.83	100.00	44.80	44.39
협성대학교	23.51	22.95	14.36	27.06	제주산업정보대학	76.20	76.20	76.20	76.20
수원과학대학	100.00	80.14	43.96	50.23					

시계열 관점에서 BCC분석 준거집단 참조 횟수를 살펴보면, 가장 많이 참조된 대학도서관은 복원신학대학원대학교(2003, 2004, 2005, 2006), 수원과학대학(2003), 양산대학(2003, 2004, 2005, 2006) 등으로 나타났다.

<표 4 - 138> 전체 대학도서관의 시계열 관점에서의 BCC분석 준거집단 참조 횟수

DMU	참조 횟수	DMU	참조 횟수	DMU	참조 횟수
고려대학교(2003)	61	상지대학교(2004)	5	서남대학교(2005)	8
장로회신학대학교(2003)	102	동우대학(2004)	13	군산간호대학(2005)	83
한영신학대학교(2003)	6	서남대학교(2004)	8	군장대학(2005)	2
적십자간호대학(2003)	67	군산간호대학(2004)	83	목포대학교(2005)	8
신라대학교(2003)	5	군장대학(2004)	11	경북과학대학(2005)	20
복음신학대학원대학교(2003)	229	대구대학교(2004)	2	양산대학(2005)	190
대전보건대학(2003)	17	김천대학(2004)	12	고려대학교(2006)	2
수원과학대학(2003)	200	양산대학(2004)	190	적십자간호대학(2006)	35
상지대학교(2003)	5	창원전문대학(2004)	3	동주대학(2006)	32
동우대학(2003)	28	동국대학교(2005)	16	서강정보대학(2006)	22
서남대학교(2003)	8	서울여자대학교(2005)	3	조선이공대학(2006)	1
군산간호대학(2003)	83	적십자간호대학(2005)	8	복음신학대학원대학교(2006)	256
마산대학(2003)	34	동주대학(2005)	32	동우대학(2006)	1
양산대학(2003)	190	계명문화대학(2005)	11	충북대학교(2006)	188
경희대학교(2004)	1	서강정보대학(2005)	21	서남대학교(2006)	8
서울여자대학교(2004)	3	조선이공대학(2005)	5	군산간호대학(2006)	83
적십자간호대학(2004)	67	복음신학대학원대학교(2005)	229	군장대학(2006)	18
경성대학교(2004)	29	한라대학교(2005)	8	양산대학(2006)	190
복음신학대학원대학교(2004)	256	주성대학(2005)	15	창신대학(2006)	3
대전보건대학(2004)	17	홍익대학교조치원캠퍼스(2005)	3		

시계열 관점에서의 BCC 효율성 점수 분포를 살펴보면 가장 효율적인 경험적 프런티어를 형성하고 있는 DMU는 전체 388개 대학도서관 가운데 62개 대학도서관(약 16.0%)이 효율성 100을 나타내고 있으며 다음으로 91점 이상의 점수를 나타내고 있는 대학도서관은 11개(약 2.8%), 81점 이상 대학도서관은 18개(약 4.6%), 71점 이상의 대학도서관은 26개(약 6.7%), 61점 이상의 대학도서관은 26개(약 6.7%) 순으로 나타났다.

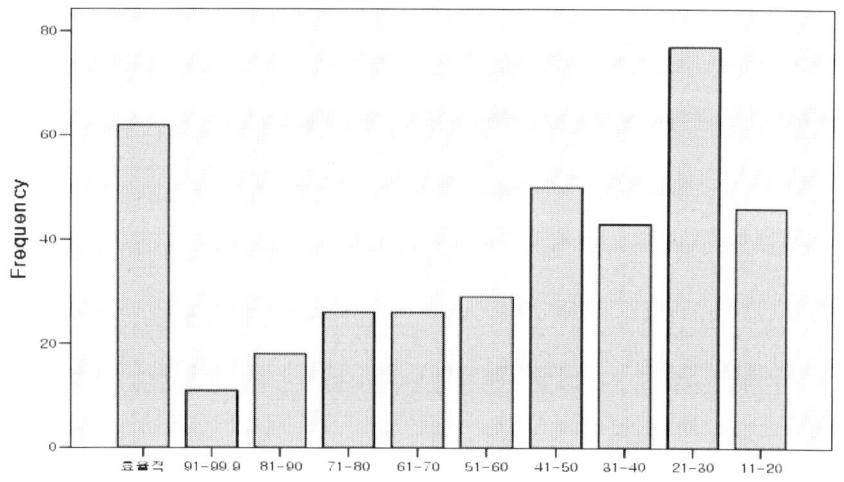

Distribution of Scores

구분	효율적	91 – 99.9	81 – 90	71 – 80	61 – 70	51 – 60	41 – 50	31 – 40	21 – 30	11 – 20	Total
빈도	62	11	18	26	26	29	50	43	77	46	388

<그림 4 – 28> 전체 대학도서관의 시계열 관점에서의 BCC 효율성 점수 분포

4.3 전문·특수도서관의 시계열 분석

1) 전체 전문·특수도서관의 시계열 관점에서의 CCR분석

전체 전문·특수도서관의 시계열적 관점의 CCR분석결과는 <표 4 – 139> 와 같다. 전체 선정 도서관을 시기별로 다른 DMU로 가정하면 총 172개의 전문·특수도서관으로 분류되며 이러한 전문·특수도서관을 CCR분석한 결과 총 35개 전문·특수도서관(약 20.3%)이 효율적이라고 분석되었다.

또 효율성의 추이를 검토한 결과 문화방송, 특허청특허참조자료실, 한국시설안전기술공단 등 4개(약 9.3%)의 전문·특수도서관은 4년간 꾸준한 효율성 증가를 보이는 것으로 나타났으며, 문화관광부, 서울특별시종합자료관, 광주전남발전연구원 등 7개(약 16.3%) 전문·특수도서관은 시계열 관점의 CCR 관점에서 효율성이 점차 감소하고 있는 것으로 분석되었다. 또한 효율성을 4년간 계속적으로 100을 유지하는 전문·특수도서관은 강남성심병원, 경기도청, 부산발전연구원, 광주점자도서관 등 7개(약 16.3%)로 분석되었다.

효율성의 점수가 큰 폭으로 변화하고 있어 효율성의 정도를 진정으로 파악하기 어려운 전문·특수도서관은 대전시립연정국악연구원, 국사편찬위원회 등으로 연간 변화 폭의 정도가 심하게 나타났다.

<표 4-139> 전체 전문·특수도서관의 시계열 관점에서의 CCR 효율성 분석결과

DMU	효율성 변화				DMU	효율성 변화			
	2003	2004	2005	2006		2003	2004	2005	2006
강남성심병원	100.00	100.00	100.00	100.00	경기도과학연구원	16.36	16.36	16.36	16.36
국립산림과학원	6.64	6.64	28.98	5.36	경기도청	100.00	100.00	100.00	100.00
대한상공회의소	5.96	5.96	5.96	5.96	국군의무사령부	10.02	10.02	10.02	10.02
문화방송	17.24	17.24	17.24	71.05	국립수의과학검역원	58.99	58.99	57.33	57.33
문화관광부	71.05	71.05	71.05	17.24	국사편찬위원회	33.12	78.64	100.00	54.59
서울시정개발연구원	32.62	32.62	32.62	32.62	국토연구원	19.54	19.03	16.53	13.39
서울특별시 과학교육원	11.52	11.52	11.52	11.52	농업환경관 (농업과학기술원)	5.97	7.47	5.15	4.93
서울특별시 종합자료관	29.80	29.80	29.04	27.04	대진의료재단분당 제생병원	100.00	100.00	100.00	33.65
영화진흥위원회	41.77	41.77	41.77	41.77	대한주택공사	100.00	91.10	91.10	91.10
한국고등교육재단	1.54	1.23	1.42	4.77	시설안전기술공단	93.64	93.64	93.64	93.64
부산발전연구원	100.00	100.00	100.00	100.00	중앙선거관리위원회	7.65	7.65	7.65	7.65
광주전남발전연구원	5.75	4.43	3.84	3.84	한국건설기술연구원	4.19	5.02	4.75	4.75
광주점자도서관	100.00	100.00	100.00	100.00	한국시설안전 기술공단	31.50	35.50	35.50	35.50
국제특허연수원	55.83	55.83	55.83	55.83	해병대사령부	100.00	100.00	100.00	100.00
대전시립연정국악 연구원	100.00	13.09	100.00	13.09	현대자동차	100.00	100.00	100.00	100.00
육군교육사령부	38.46	38.46	38.46	38.46	공주문화원도서관	53.40	53.40	53.40	53.40
통계청	34.07	36.06	41.61	30.09	육군제3158부대	14.09	14.96	14.09	14.09
특허청특허참고 자료실	26.54	26.54	26.54	84.51	전라북도교원연수원	49.91	49.91	50.43	49.91
한국과학기술원	50.80	50.80	50.80	50.80	전라북도시각장애인 도서관	100.00	100.00	100.00	100.00
한국자원연구소	18.84	18.84	18.84	18.84	목포가톨릭병원	35.34	35.34	35.34	35.34
한국지질자원연구원	9.59	9.43	7.21	6.89	전남교육연수원	22.85	56.24	83.50	100.00
한국화학연구소	37.09	37.09	37.09	37.09					

시계열 관점에서 CCR분석 준거집단 참조 횟수를 살펴보면, 가장 많이 참조된 전문·특수도서관은 광주점자도서관(2003), 강남성심병원(2003), 대전시립연정국악연구원(2005), 강남성심병원(2004) 등으로 나타났다.

<표 4-140> 전체 전문·특수도서관의 시계열 관점에서의 CCR분석 준거집단 참조 횟수

DMU	참조 횟수	DMU	참조 횟수	DMU	참조 횟수
강남성심병원(2003)	57	현대자동차(2004)	7	전라북도시각장애인도서관(2005)	2
광주점자도서관(2003)	68	전라북도시각장애인도서관(2004)	6	강남성심병원(2006)	22
대전시립연정국악연구원(2003)	36	강남성심병원(2004)	16	부산발전연구원(2006)	3
해병대사령부(2003)	19	부산발전연구원(2005)	10	광주점자도서관(2006)	4
현대자동차(2003)	11	광주점자도서관(2005)	5	경기도청(2006)	1
강남성심병원(2004)	43	대전시립연정국악연구원(2005)	44	해병대사령부(2006)	27
광주점자도서관(2004)	17	국사편찬위원회(2005)	34	현대자동차(2006)	3
경기도청(2004)	4	대진의료재단분당제생병원(2005)	7	전남교육연수원(2006)	24
대진의료재단분당제생병원(2004)	2	해병대사령부(2005)	14		
해병대사령부(2004)	19	현대자동차(2005)	2		

시계열 관점에서의 CCR 효율성 점수 분포를 살펴보면 가장 효율적인 경험적 프런티어를 형성하고 있는 DMU는 전체 172개 전문·특수도서관 가운데 35개 전문·특수도서관(약 20.3%)이 효율성 100을 나타내고 있으며 다음으로 91점 이상의 점수를 나타내고 있는 전문·특수도서관은 8개(약 3.7%), 81점 이상 전문·특수도서관은 2개(약 1.2%), 71점 이상의 전문·특수도서관은 5개(약 2.9%), 61점 이상의 전문·특수도서관은 0개(약 0.0%) 순으로 나타났다.

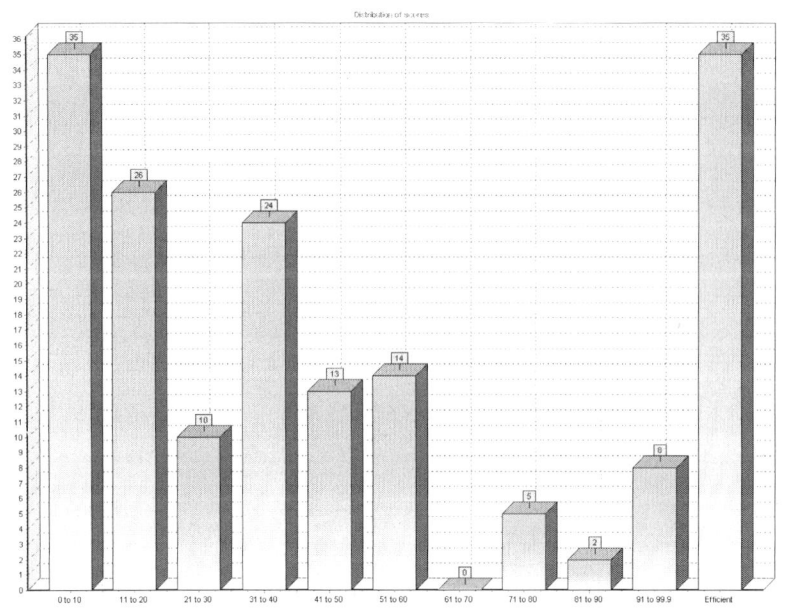

<그림 4-29> 전체 전문·특수도서관의 시계열 관점에서의 CCR 효율성 점수 분포

2) 전체 전문·특수도서관의 시계열 관점에서의 BCC분석

전체 전문·특수도서관의 시계열적 관점의 BCC분석결과는 <표 4-141>과 같다. 전체 선정 도서관을 시기별로 다른 DMU로 가정하면 총 172개의 전문·특수도서관으로 분류되며 이러한 전문·특수도서관을 BCC분석한 결과 총 95개 전문·특수도서관(약 55.2%)이 효율적이라고 분석되었다.

또 효율성의 추이를 검토한 결과 문화방송, 한국고등교육재단, 특허청특허참고자료실 등 3개(약 7.0%)의 전문·특수도서관은 4년간 꾸준한 효율성 증가를 보이는 것으로 나타났으며, 문화관광부, 광주전남발전연구원, 국립수의과학검역원 등 5개(약 11.6%) 전문·특수도서관은 시계열 관점의 BCC 관점에서 효율성이 점차 감소하고 있는 것으로 분석되었다. 또한 효율성을 4년간 계속적으로 100을 유지하는 전문·특수도서관은 강남성심병원, 서울시정개발연구원, 영화진흥위원회, 부산발전연구원 등 23개(약 53.5%)로 분석되었다.

효율성의 점수가 큰 폭으로 변화하고 있어 효율성의 정도를 진정으로 파

악하기 어려운 전문·특수도서관은 국립산림과학원, 국사편찬위원회 등으로
연간 변화 폭의 정도가 심하게 나타났다.

<표 4-141> 전체 전문·특수도서관의 시계열 관점에서의 BCC 효율성 분석결과

DMU	효율성 변화				DMU	효율성 변화			
	2003	2004	2005	2006		2003	2004	2005	2006
강남성심병원	100.00	100.00	100.00	100.00	경기도과학연구원	100.00	100.00	100.00	100.00
국립산림과학원	77.47	77.47	59.18	100.00	경기도청	100.00	100.00	100.00	100.00
대한상공회의소	33.33	33.33	33.33	33.33	국군의무사령부	100.00	100.00	100.00	100.00
문화방송	49.41	49.41	49.41	100.00	국립수의과학 검역원	100.00	100.00	71.34	71.34
문화관광부	100.00	100.00	100.00	49.41	국사편찬위원회	43.55	80.16	100.00	58.02
서울시정개발연구원	100.00	100.00	100.00	100.00	국토연구원	45.99	45.08	45.22	47.96
서울특별시과학 교육원	37.48	37.48	37.48	37.48	농업환경관 (농업과학기술원)	100.00	100.00	100.00	100.00
서울특별시종합 자료관	32.06	32.06	29.98	27.70	대진의료재단분당 제생병원	100.00	100.00	100.00	100.00
영화진흥위원회	100.00	100.00	100.00	100.00	대한주택공사	100.00	91.29	91.29	91.29
한국고등교육재단	50.00	50.00	50.00	100.00	시설안전기술공단	100.00	100.00	100.00	100.00
부산발전연구원	100.00	100.00	100.00	100.00	중앙선거관리 위원회	100.00	100.00	100.00	100.00
광주전남발전연구원	58.86	57.61	56.04	56.04	한국건설기술 연구원	25.16	25.97	23.00	22.96
광주점자도서관	100.00	100.00	100.00	100.00	한국시설안전기술 공단	100.00	100.00	100.00	100.00
국제특허연수원	100.00	100.00	100.00	100.00	해병대사령부	100.00	100.00	100.00	100.00
대전시립연정국악 연구원	100.00	100.00	100.00	100.00	현대자동차	100.00	100.00	100.00	100.00
육군교육사령부	55.40	55.40	55.40	55.40	공주문화원도서관	100.00	100.00	100.00	100.00
통계청	38.54	39.75	43.93	34.68	육군제3158부대	64.17	87.25	64.17	64.17
특허청특허참고 자료실	65.72	65.72	65.72	100.00	전라북도교원 연수원	100.00	100.00	100.00	100.00
한국과학기술원	100.00	100.00	100.00	100.00	전라북도시각 장애인도서관	100.00	100.00	100.00	100.00
한국자원연구소	50.91	50.91	50.91	50.91	목포가톨릭병원	100.00	100.00	100.00	100.00
한국지질자원연구원	52.75	49.17	53.97	43.03	전남교육연수원	100.00	100.00	100.00	100.00
한국화학연구소	50.00	50.00	50.00	50.00					

시계열 관점에서 BCC분석 준거집단 참조 횟수를 살펴보면, 가장 많이 참
조된 전문·특수도서관은 광주점자도서관(2003), 강남성심병원(2004) 등으로

나타났다.

<표 4 - 142> 전체 전문 · 특수도서관의 시계열 관점에서의 BCC분석 준거집단 참조 횟수

DMU	참조 횟수	DMU	참조 횟수	DMU	참조 횟수
강남성심병원(2003)	17	한국과학기술원(2004)	1	시설안전기술공단(2005)	1
문화관광부(2003)	3	경기도과학연구원(2004)	4	중앙선거관리위원회(2005)	3
서울시정개발연구원(2003)	6	국군의무사령부(2004)	6	한국시설안전기술공단(2005)	6
영화진흥위원회(2003)	2	국립수의과학검역원(2004)	6	해병대사령부(2005)	6
부산발전연구원(2003)	4	대진의료재단분당제생병원(2004)	6	공주문화원도서관(2005)	1
광주점자도서관(2003)	41	시설안전기술공단(2004)	5	전라북도교원연수원(2005)	23
국제특허연수원(2003)	4	한국시설안전기술공단(2004)	2	전라북도시각장애인도서관(2005)	2
대전시립연정국악연구원(2003)	15	해병대사령부(2004)	19	목포가톨릭병원(2005)	9
한국과학기술원(2003)	1	현대자동차(2004)	1	전남교육연수원(2005)	1
경기도과학연구원(2003)	4	전라북도교원연수원(2004)	5	강남성심병원(2006)	20
국군의무사령부(2003)	12	전라북도시각장애인도서관(2004)	1	문화관광부(2006)	13
국립수의과학검역원(2003)	10	목포가톨릭병원(2004)	2	한국고등교육재단(2006)	1
대진의료재단분당제생병원(2003)	6	전남교육연수원(2004)	1	부산발전연구원(2006)	7
시설안전기술공단(2003)	1	강남성심병원(2004)	27	광주점자도서관(2006)	3
해병대사령부(2003)	1	문화관광부(2005)	16	특허청특허참고자료실(2006)	2
공주문화원도서관(2003)	3	영화진흥위원회(2005)	4	한국과학기술원(2006)	2
전라북도시각장애인도서관(2003)	1	부산발전연구원(2005)	6	경기도과학연구원(2006)	1
목포가톨릭병원(2003)	8	광주점자도서관(2005)	1	국군의무사령부(2006)	10
전남교육연수원(2003)	1	국제특허연수원(2005)	2	대진의료재단분당제생병원(2006)	15
강남성심병원(2004)	31	대전시립연정국악연구원(2005)	8	시설안전기술공단(2006)	2
문화관광부(2004)	11	경기도과학연구원(2005)	3	해병대사령부(2006)	14
영화진흥위원회(2004)	1	경기도청(2005)	5	현대자동차(2006)	3
부산발전연구원(2004)	1	국군의무사령부(2005)	18	전라북도교원연수원(2006)	4
광주점자도서관(2004)	25	국사편찬위원회(2005)	4	목포가톨릭병원(2006)	4
국제특허연수원(2004)	1	대진의료재단분당제생병원(2005)	7	전남교육연수원(2006)	8

　　시계열 관점에서의 BCC 효율성 점수 분포를 살펴보면 가장 효율적인 경험적 프런티어를 형성하고 있는 DMU는 전체 172개 전문 · 특수도서관 가운데 35개 전문 · 특수도서관(약 20.3%)이 효율성 100을 나타내고 있으며 다음으로 91점 이상의 점수를 나타내고 있는 전문 · 특수도서관은 8개(약 3.7%), 81점 이상 전문 · 특수도서관은 2개(약 1.2%), 71점 이상의 전문 · 특수도서관은 5개(약 2.9%), 61점 이상의 전문 · 특수도서관은 0개(약 0.0%) 순으로 나타났다.

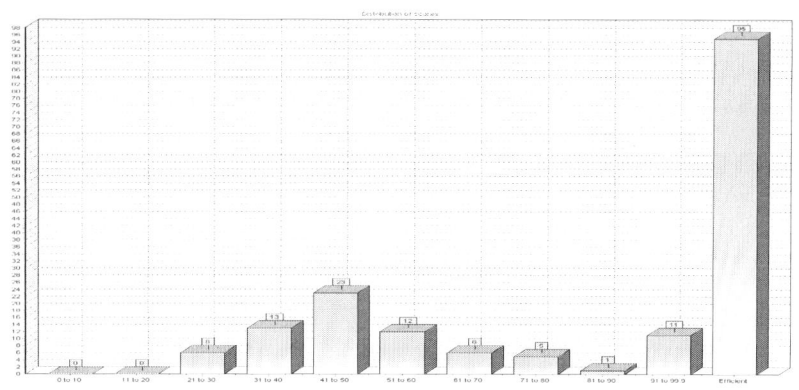

<그림 4-30> 전체 전문·특수도서관의 시계열 관점에서의 BCC 효율성 점수 분포

5. 권역에 따른 공공도서관 효율성 평가

5.1 수도권의 공공도서관 효율성 평가

<표 4-143>은 수도권에 위치한 공공도서관을 대상으로 시계열적 관점에서 CCR분석과 BCC분석을 비교한 표이다. 4년간 CCR분석과 BCC분석을 통틀어 한 번도 '효율적'으로 분석된 적이 없는 수도권에 포함된 공공도서관은 강동, 강서, 남산, 송파, 용산, 정독, 고덕평생학습관, 마포평생학습관, 수원시성경, 성남시중원문화정보센터, 부천시립중앙, 광명하안으로 총 40개 도서관 중에서 13개로 나타났다. 또한 4년간 효율적으로 분석된 적이 없는 공공도서관 중에서 효율성이 한 번도 50을 넘지 못한 도서관은 정독도서관으로 나타났다. 그리고 광진정보도서관은 4년간 CCR분석과 BCC분석에서 효율적으로 분석되었다.

<표 4 - 143> 수도권의 공공도서관 효율성 분석결과

DMU	2003			2004			2005			2006		
	CCR	BCC	비고	CCR	BCC	비고	CCR	BCC	비고	CCR	BCC	비고
강남	82.23	100.00	●	96.75	100.00	●	93.31	99.23	▼	100.00	100.00	
강동	52.89	74.14	▼	91.87	99.91	▼	56.43	80.41	▼	69.98	84.21	▼
강서	34.56	48.27	▼	42.48	59.37	▼	38.06	58.83	▼	53.81	66.59	▼
개포	89.65	100.00	●	100.00	100.00		72.90	90.30	▼	91.08	99.81	▼
고척	86.45	100.00	●	61.93	68.61	▼	74.00	80.17	▼	66.15	72.94	▼
남산	24.61	36.44	▼	34.35	36.81	▼	69.62	70.18	▼	23.88	30.91	▼
도봉	100.00	100.00		91.11	95.89	▼	93.46	97.53	▼	90.39	98.54	▼
동대문	99.24	100.00	●	94.36	100.00	●	100.00	100.00		100.00	100.00	
송파	84.78	84.84	▼	61.14	66.41	▼	62.55	68.16	▼	71.70	73.39	▼
양천	74.82	77.06	▼	100.00	100.00		100.00	100.00		89.8	90.15	▼
용산	45.52	58.53	▼	45.48	57.56	▼	46.10	57.86	▼	68.41	75.05	▼
정독	*22.62*	*32.56*	▼	*19.32*	*28.04*	▼	*18.48*	*32.15*	▼	*29.81*	*35.39*	▼
고덕평생학습관	87.21	91.31	▼	61.51	76.3	▼	57.12	73.80	▼	61.84	79.90	▼
마포평생학습관	70.58	78.93	▼	67.38	69.68	▼	86.79	90.68	▼	69.60	73.41	▼
중계평생학습관	85.26	96.71	▼	10.72	57.18	▼	100.00	100.00		93.43	98.91	▼
성동문화	53.04	84.19	▼	56.40	92.56	▼	100.00	100.00		100.00	100.00	
광진정보	100.00	100.00		100.00	100.00		100.00	100.00		100.00	100.00	
은평구립	35.51	54.33	▼	44.00	61.50	▼	44.55	57.34	▼	100.00	100.00	
성북정보	77.39	100.00	●	64.49	100.00	●	60.94	88.84	▼	86.28	100.00	●
관악문화도서관	79.87	100.00	●	95.66	100.00	●	59.00	76.18	▼	100.00	100.00	
도립중잉	49.02	83.18	▼	100.00	100.00		100.00	100.00		94.87	99.63	▼
도립성남	33.45	48.68	▼	73.82	78.04	▼	100.00	100.00		100.00	100.00	
도립과천	54.60	65.84	▼	64.48	71.65	▼	100.00	100.00		44.01	48.50	▼
수원시선경	47.10	51.07	▼	72.08	73.20	▼	81.57	82.36	▼	60.40	62.57	▼
성남시중앙 문화정보	88.80	96.49	▼	100.00	100.00		91.75	100.00	●	99.14	100.00	●
성남시수정문화 정보센터	44.16	70.77	▼	100.00	100.00		56.40	59.85	▼	65.84	68.30	▼
성남시중원문화 정보센터	61.75	69.70	▼	42.72	49.62	▼	49.11	52.80	▼	49.96	52.01	▼
부천시립 중앙	29.10	51.13	▼	27.58	47.46	▼	34.40	53.20	▼	30.63	50.24	▼
안양시립평촌	78.07	84.94	▼	93.03	98.14	▼	94.52	96.05	▼	100.00	100.00	
용인시립	100.00	100.00	●	100.00	100.00		75.12	84.22	▼	100.00	100.00	
광명하안	62.64	72.51	▼	57.09	69.01	▼	61.76	72.89	▼	83.76	98.45	▼
시흥시종합 복지회관	61.74	100.00	●	71.50	100.00	●	75.03	100.00	●	80.27	100.00	●
시흥시립	100.00	100.00		81.36	100.00	●	100.00	100.00		100.00	100.00	
화성시립태안	56.32	100.00	●	100.00	100.00		69.46	98.77	▼	76.39	100.00	●
김포시립	27.36	50.87	▼	62.59	75.11	▼	66.18	73.57	▼	57.92	67.10	●

DMU	2003			2004			2005			2006		
	CCR	BCC	비고	CCR	BCC	비고	CCR	BCC	비고	CCR	BCC	비고
안성시립	34.01	85.52	▼	72.50	100.00	●	50.22	100.00	●	100.00	100.00	
하남시립	66.62	100.00	●	81.65	100.00	●	59.01	86.64	▼	75.93	100.00	●
의왕시립	100.00	100.00		84.44	100.00	●	93.01	100.00	●	100.00	100.00	
양주시립	62.28	100.00	●	53.39	100.00	●	16.42	100.00	●	69.21	100.00	●
동두천시립	28.05	78.91	▼	100.00	100.00		100.00	100.00		33.89	63.33	▼

※ ●는 CCR분석 시 비효율적인 공공도서관이 BCC분석에서는 효율적으로 분석된 도서관
※ ▼는 모든 분석에서 비효율적으로 분석된 도서관
※ 음영으로 표시된 공공도서관은 4년간 단 한 번도 효율적이라고 분석된 적이 없는 도서관

5.2 충청권의 공공도서관 효율성 평가

<표 4-144>는 충청권에 위치한 공공도서관을 대상으로 시계열적 관점에서 CCR분석과 BCC분석을 비교한 표이다. 4년간 CCR분석과 BCC분석을 통틀어 한 번도 '효율적'으로 분석된 적이 없는 충청권에 포함된 공공도서관은 한밭, 신탄진, 충북중앙, 옥천 등으로 총 30개 도서관 중에서 4개로 나타났다. 그리고 안산도서관은 4년간 CCR분석과 BCC분석에서 효율적으로 분석되었다.

<표 4-144> 충청권의 공공도서관 효율성 분석결과

DMU	2003			2004			2005			2006		
	CCR	BCC	비고	CCR	BCC	비고	CCR	BCC	비고	CCR	BCC	비고
대전학생교육문화원	91.55	91.93	▼	100.00	100.00		100.00	100.00		100.00	100.00	
한밭	66.13	92.07	▼	29.96	30.08	▼	65.22	75.40	▼	32.79	32.89	▼
용운	76.13	80.29	▼	100.00	100.00		39.38	70.67	▼	50.12	65.30	▼
가오	99.35	100.00	●	64.80	78.67	▼	100.00	100.00		93.22	100.00	●
갈마	100.00	100.00		73.61	78.72	▼	80.09	80.14	▼	94.23	100.00	●
유성	100.00	100.00		100.00	100.00		65.17	66.66	▼	100.00	100.00	
안산	100.00	100.00		100.00	100.00		100.00	100.00		100.00	100.00	
신탄진	63.49	64.44	▼	42.50	44.36	▼	68.43	69.36	▼	85.98	91.92	▼
충북중앙	54.57	54.63	▼	41.30	41.91	▼	52.77	55.57	▼	42.73	43.34	▼
충주학생	100.00	100.00		70.40	100.00	●	55.52	100.00	●	100.00	100.00	
중원	89.76	100.00	●	100.00	100.00		54.76	100.00	●	53.01	100.00	●
제천학생(전)	21.29	56.79	▼	13.05	59.37	▼	16.09	57.67	▼	25.09	100.00	●
청원	39.97	100.00	●	44.81	100.00	●	49.04	100.00	●	88.38	100.00	●
보은	24.61	100.00	●	17.84	86.02	▼	19.33	84.20	▼	18.54	100.00	●
옥천	51.28	94.22	▼	29.03	84.61	▼	34.61	89.86	▼	23.12	100.00	●
영동	45.22	87.95	▼	73.85	100.00	●	98.14	100.00	●	64.80	100.00	●
괴산	29.37	80.94	▼	27.11	76.13	▼	39.25	100.00	●	38.89	100.00	●
증평	61.76	91.80	▼	53.27	85.61	▼	47.87	100.00	●	100.00	100.00	
음성	57.93	100.00	●	66.18	100.00	●	42.04	100.00	●	25.55	100.00	●
금왕	48.52	100.00	●	48.67	100.00	●	53.37	94.43	▼	48.00	100.00	●
단양	85.71	100.00	●	19.62	99.64	▼	47.97	85.06	▼	76.21	100.00	●
제천시립	100.00	100.00		20.71	37.77	▼	22.81	41.33	▼	38.43	62.73	▼
금산	27.90	95.94	▼	44.95	95.12	▼	58.02	100.00	●	45.80	90.32	▼
서천	61.22	100.00	●	21.77	94.83	▼	27.13	100.00	●	72.10	100.00	●
홍성	75.87	100.00	●	39.86	79.07	▼	100.00	100.00		100.00	100.00	
예산	100.00	100.00		24.62	82.71	▼	93.08	100.00	●	48.35	81.00	▼
당진	100.00	100.00		45.91	85.92	▼	56.33	84.84	▼	76.05	96.65	▼
천안중앙	100.00	100.00		82.91	100.00	●	66.87	70.18	▼	100.00	100.00	
보령공공	43.36	100.00	●	85.25	100.00	●	100.00	100.00		95.32	100.00	●
논산강경	65.53	100.00	●	70.19	100.00	●	86.44	100.00	●	82.21	100.00	●

※ ●는 CCR분석 시 비효율적인 공공도서관이 BCC분석에서는 효율적으로 분석된 도서관
※ ▼는 모든 분석에서 비효율적으로 분석된 도서관
※ 음영으로 표시된 공공도서관은 4년간 단 한 번도 효율적이라고 분석된 적이 없는 도서관

5.3 강원권의 공공도서관 효율성 평가

<표 4-145>는 강원권에 위치한 공공도서관을 대상으로 시계열적 관점에서 CCR분석과 BCC분석을 비교한 표이다. 4년간 CCR분석과 BCC분석을 통틀어 한 번도 '효율적'으로 분석된 적이 없는 강원권에 포함된 공공도서관은 없는 것으로 나타났으며, 춘천평생교육정보관(전), 속초평생교육정보관(전), 정선 등은 4년간 CCR분석과 BCC분석 모두에서 '효율적'으로 분석되었다.

<표 4-145> 강원권의 공공도서관 효율성 분석결과

DMU	2003			2004			2005			2006		
	CCR	BCC	비고	CCR	BCC	비고	CCR	BCC	비고	CCR	BCC	비고
춘천평생교육정보관(전)	100.00	100.00		100.00	100.00		100.00	100.00		84.39	100.00	●
강릉평생교육정보관(전)	100.00	100.00		51.81	60.32	▼	100.00	100.00		100.00	100.00	
속초평생교육정보관(전)	100.00	100.00		100.00	100.00		100.00	100.00		100.00	100.00	
삼척평생교육정보관(전)	95.20	98.76	▼	96.00	96.28	▼	100.00	100.00		89.93	90.79	▼
춘성	100.00	100.00		100.00	100.00		100.00	100.00		71.98	100.00	●
양양	62.01	92.74	▼	52.04	85.4.		73.81	100.00	●	58.84	100.00	●
태백	100.00	100.00		100.00	100.00		82.46	93.91	▼	100.00	100.00	
영월	75.12	100.00	●	100.00	100.00		81.72	95.60	▼	68.08	91.67	▼
정선	100.00	100.00		100.00	100.00		100.00	100.00		70.08	100.00	●
철원	98.24	100.00	●	77.04	95.58	▼	92.71	100.00	●	93.25	100.00	●
고성(강원도)	100.00	100.00		100.00	100.00		100.00	100.00		86.44	100.00	●
도계	61.00	100.00	●	54.93	100.00		43.33	100.00	●	37.49	100.00	●

※ ●는 CCR분석 시 비효율적인 공공도서관이 BCC분석에서는 효율적으로 분석된 도서관
※ ▼는 모든 분석에서 비효율적으로 분석된 도서관

5.4 호남권의 공공도서관 효율성 평가

<표 4-146>은 호남권에 위치한 공공도서관을 대상으로 시계열적 관점에서 CCR분석과 BCC분석을 비교한 표이다. 4년간 CCR분석과 BCC분석을 통틀어 한 번도 '효율적'으로 분석된 적이 없는 호남권에 포함된 공공도서관은 정읍시립, 담양 등으로 총 16개 도서관 중에서 2개로 나타났다. 그리고

중앙, 광주학생교육문화회관, 북구일곡, 광양공공, 해남군립 등은 4년간 CCR 분석과 BCC분석에서 효율적으로 분석되었다.

<표 4 - 146> 호남권의 공공도서관 효율성 분석결과

DMU	2003			2004			2005			2006		
	CCR	BCC	비고	CCR	BCC	비고	CCR	BCC	비고	CCR	BCC	비고
중앙	100.00	100.00		100.00	100.00		100.00	100.00		100.00	100.00	
광주학생독립운동기념회관	100.00	100.00		100.00	100.00		100.00	100.00		94.60	96.75	▼
금호교육문화회관	100.00	100.00		100.00	100.00		100.00	100.00		99.72	100.00	●
광주학생교육문화회관	100.00	100.00		100.00	100.00		100.00	100.00		100.00	100.00	
송정	88.95	89.65	▼	90.05	90.74	▼	64.31	65.45	▼	100.00	100.00	
광주광역시립도서관	78.43	100.00		66.76	81.08	▼	100.00	100.00		88.40	96.70	▼
북구일곡	100.00	100.00		100.00	100.00		100.00	100.00		100.00	100.00	
부안	100.00	100.00		65.06	100.00	●	53.39	100.00	●	100.00	100.00	
정읍시립	68.15	77.32	▼	63.94	68.83	▼	70.12	72.18	▼	48.30	77.46	▼
광양공공	100.00	100.00		100.00	100.00		100.00	100.00		100.00	100.00	
담양	45.15	78.06	▼	41.74	79.55	▼	28.46	66.21	▼	60.14	98.40	▼
장흥	83.15	97.66	▼	100.00	100.00		78.00	98.74	▼	62.60	90.33	▼
장성	95.31	100.00	●	100.00	100.00		100.00	100.00		90.14	100.00	●
고흥평생교육관	58.68	100.00	●	43.66	100.00	●	63.29	100.00	●	100.00	100.00	
신안군립	31.71	100.00	●	69.00	100.00	●	64.42	100.00	●	100.00	100.00	
해남군립	100.00	100.00		100.00	100.00		100.00	100.00		100.00	100.00	

※ ●는 CCR분석 시 비효율적인 공공도서관이 BCC분석에서는 효율적으로 분석된 도서관
※ ▼는 모든 분석에서 비효율적으로 분석된 도서관
※ 음영으로 표시된 공공도서관은 4년간 단 한 번도 효율적이라고 분석된 적이 없는 도서관

5.5 영남권의 공공도서관 효율성 평가

<표 4 - 147>은 영남권에 위치한 공공도서관을 대상으로 시계열적 관점에서 CCR분석과 BCC분석을 비교한 표이다. 4년간 CCR분석과 BCC분석을 통틀어 한 번도 '효율적'으로 분석된 적이 없는 영남권에 포함된 공공도서관은 점촌, 의성, 청송, 예천, 삼천포, 밀양하남, 고성(경남) 등으로 총 40개 도서관 중에서 7개로 나타났다. 그리고 4년간 CCR분석과 BCC분석에서 효율적으로 분석된 도서관은 없는 것으로 나타났다.

<표 4-147> 영남권의 공공도서관 효율성 분석결과

DMU	2003			2004			2005			2006		
	CCR	BCC	비고	CCR	BCC	비고	CCR	BCC	비고	CCR	BCC	비고
영일	34.68	74.70	▼	31.60	77.21	▼	100.00	100.00		40.46	88.13	▼
점촌	16.51	64.06	▼	29.04	71.81	▼	43.01	88.72	▼	43.08	90.67	▼
군위	79.80	100.00	●	93.19	100.00	●	100.00	100.00		57.30	100.00	●
의성	66.37	98.34	▼	29.69	49.04	▼	35.74	49.22	▼	28.75	48.36	▼
청송	20.09	58.85	▼	18.13	64.52	▼	15.11	66.44	▼	16.41	55.10	▼
성주	81.37	100.00	●	83.82	100.00		67.50	100.00	●	86.62	100.00	●
예천	49.34	76.62	▼	38.71	67.63	▼	29.17	61.55	▼	38.11	68.16	▼
울진	51.91	73.71	▼	78.52	100.00	●	100.00	100.00		29.93	55.69	▼
경북교육정보(전)	100.00	100.00		100.00	100.00		41.49	41.68	▼	59.80	60.16	▼
경주시립	89.17	97.68	▼	100.00	100.00		100.00	100.00		100.00	100.00	
김천시립	100.00	100.00		100.00	100.00		100.00	100.00		59.08	61.21	▼
의성군립안계	46.20	100.00	●	43.42	100.00	●	100.00	100.00		51.24	100.00	●
마산	36.89	42.76	▼	100.00	100.00		41.10	41.41	▼	45.90	46.02	▼
진동	54.92	100.00	●	77.59	100.00	●	34.58	56.26	▼	39.94	69.03	▼
통영	100.00	100.00		46.76	62.20	▼	100.00	100.00		82.44	89.29	▼
삼천포	68.11	78.48	▼	43.95	59.07	▼	50.21	65.23	▼	53.70	73.65	▼
사천	94.31	100.00	●	53.26	61.97	▼	86.08	88.87	▼	100.00	100.00	
김해	100.00	100.00		100.00	100.00		100.00	100.00		96.43	100.00	●
진영	100.00	100.00		100.00	100.00		57.24	90.57	▼	46.76	97.26	▼
밀양	100.00	100.00		70.03	95.16	▼	48.72	97.64	▼	93.66	100.00	●
밀양하남	14.23	68.06	▼	12.00	68.49	▼	18.66	65.86	▼	19.52	66.52	▼
거제	100.00	100.00		74.79	80.76	▼	100.00	100.00		100.00	100.00	
함안	96.45	100.00	●	100.00	100.00		86.75	100.00	●	100.00	100.00	
창녕	46.99	69.63	▼	100.00	100.00		21.62	52.20	▼	37.33	64.13	▼
남지	100.00	100.00		58.20	100.00	●	16.89	69.18	▼	35.71	81.97	▼
양산	100.00	100.00		70.15	82.98	▼	100.00	100.00		89.96	94.58	▼
고성(경남)	23.49	80.88	▼	31.57	84.46	▼	24.87	96.55	▼	34.38	77.19	▼
남해	46.21	100.00	●	14.62	97.64	▼	20.28	55.64	▼	78.48	100.00	●
산청	22.59	83.89	▼	11.03	58.48	▼	25.15	61.27		33.32	89.97	
함양	66.83	90.54	▼	30.44	97.89	▼	100.00	100.00		38.45	68.94	
합천	51.77	100.00	●	100.00	100.00		41.49	100.00	●	38.54	98.18	
창원시립	100.00	100.00		48.42	48.43	▼	60.26	68.07		57.63	60.02	
진주연암	100.00	100.00		100.00	100.00		51.92	53.27		59.01	59.59	
밀양시립	68.36	98.65	▼	88.28	94.13	▼	100.00	100.00		100.00	100.00	
마산회원	67.38	71.54	▼	58.70	66.25	▼	77.88	80.49		100.00	100.00	
마산시립합포	100.00	100.00		100.00	100.00		69.78	70.95		100.00	100.00	
통영산양	53.23	100.00	●	50.70	100.00	●	49.22	100.00	●	50.85	100.00	●
김해칠암	100.00	100.00		100.00	100.00		64.93	66.18		96.56	97.47	
양산웅상	63.17	78.09	▼	34.43	59.41	▼	37.64	66.84		100.00	100.00	
고성동부	100.00	100.00		59.38	100.00	●	24.80	100.00	●	23.61	100.00	●

※ ●는 CCR분석 시 비효율적인 공공도서관이 BCC분석에서는 효율적으로 분석된 도서관
※ ▼는 모든 분석에서 비효율적으로 분석된 도서관
※ 음영으로 표시된 공공도서관은 4년간 단 한 번도 효율적이라고 분석된 적이 없는 도서관

6. 대학 분류에 따른 대학도서관 효율성 평가

6.1 국공립 대학교의 대학도서관 효율성 평가

<표 4-148>은 국공립 대학도서관을 대상으로 시계열적 관점에서 CCR 분석과 BCC분석을 비교한 표이다. 4년간 CCR분석과 BCC분석을 통틀어 한 번도 '효율적'으로 분석된 적이 없는 국공립 대학도서관은 한국해양대학교 도서관으로 총 13개 도서관 중에서 1개로 나타났다. 그리고 4년간 CCR분석과 BCC분석에서 효율적으로 분석된 도서관은 없는 것으로 나타났다.

<표 4-148> 국공립 대학교의 대학도서관 효율성 분석

DMU	2003			2004			2005			2006		
	CCR	BCC	비고	CCR	BCC	비고	CCR	BCC	비고	CCR	BCC	비고
한국해양대학교	63.96	66.16	▼	34.47	54.33	▼	55.77	57.96	▼	56.71	58.87	▼
전남대학교	72.06	89.56	▼	79.05	89.30	▼	90.67	100.00	●	84.27	100.00	●
충남대학교	93.01	100.00	●	93.01	100.00	●	94.16	100.00	●	80.25	100.00	●
공군사관학교	100.00	100.00		89.06	100.00	●	9.61	100.00	●	100.00	100.00	
충북대학교	80.71	100.00	●	85.91	100.00	●	95.45	100.00	●	100.00	100.00	
충주대학교	65.92	76.91	▼	95.68	100.00	●	68.56	76.92	▼	57.32	63.06	▼
한국교원대학교	96.84	100.00	●	92.34	100.00	●	96.26	100.00	●	98.85	100.00	●
목포대학교	99.42	100.00	●	99.42	100.00	●	100.00	100.00		57.42	63.07	▼
여수대학교	100.00	100.00		56.09	86.74	▼	56.09	86.74	▼	56.09	86.74	▼
금오공과대학교	73.19	100.00	●	100.00	100.00		62.57	76.35	▼	76.91	83.46	▼
상주대학교	100.00	100.00		43.23	93.71	▼	43.23	93.71	▼	38.45	72.81	▼
진주교육대학교	87.58	100.00	●	94.25	100.00	●	94.25	100.00	●	89.20	100.00	●
창원대학교	100.00	100.00		65.73	69.46	▼	76.53	78.06	▼	74.29	75.14	▼

※ ●는 CCR분석 시 비효율적인 대학도서관이 BCC분석에서는 효율적으로 분석된 도서관
※ ▼는 모든 분석에서 비효율적으로 분석된 도서관
※ 음영으로 표시된 대학도서관은 4년간 단 한 번도 효율적이라고 분석된 적이 없는 도서관

6.2 사립 대학교의 대학도서관 효율성 평가

<표 4-149>는 사립 대학도서관을 대상으로 시계열적 관점에서 CCR분석과 BCC분석을 비교한 표이다. 4년간 CCR분석과 BCC분석을 통틀어 한 번도 '효율적'으로 분석된 적이 없는 사립 대학도서관은 광운대학교, 덕성여자대학교 등으로 총 51개 도서관 중에서 36개로 나타났다. 그리고 서남대학교는 4년간 CCR분석과 BCC분석에서 효율적으로 분석되었다.

<표 4 - 149> 사립 대학교의 대학도서관 효율성 분석

DMU	2003			2004			2005			2006		
	CCR	BCC	비고	CCR	BCC	비고	CCR	BCC	비고	CCR	BCC	비고
가톨릭대학교 성신교정	34.56	100.00	●	3.79	25.24	▼	4.55	26.53	▼	4.34	26.35	▼
경희대학교	30.81	31.53	▼	39.79	100.00	●	20.86	22.09	▼	28.93	29.17	▼
고려대학교	100.00	100.00		61.67	86.52	▼	58.58	97.55	▼	84.44	100.00	●
광운대학교	52.45	54.42	▼	60.51	62.27	▼	60.45	64.64	▼	61.40	64.02	▼
덕성여자대학교	17.28	21.83	▼	83.33	86.79	▼	74.02	79.76	▼	41.28	44.41	▼
동국대학교	27.00	27.42	▼	90.09	90.31	▼	100.00	100.00		100.00	100.00	
명지대학교	75.66	82.39	▼	71.42	76.18	▼	71.08	74.96	▼	69.67	72.94	▼
상명대학교	23.93	26.13	▼	35.41	37.70	▼	47.84	50.25	▼	52.04	55.75	▼
서울여자대학교	55.48	56.53	▼	100.00	100.00		100.00	100.00		16.64	18.28	▼
세종대학교	22.40	23.91	▼	50.42	55.63	▼	16.25	22.04	▼	12.73	16.46	▼
장로회신학대학교	100.00	100.00		37.85	50.16	▼	73.76	83.70	▼	19.03	33.14	▼
한영신학대학교	28.00	100.00	●	21.08	71.44	▼	22.70	74.85	▼	21.93	65.54	▼
홍익대학교	82.12	82.82	▼	73.95	74.80	▼	72.26	72.85	▼	51.19	51.97	▼
경성대학교	75.08	77.89	▼	100.00	100.00		23.34	24.26	▼	53.10	54.22	▼
동의대학교	*39.81*	*41.08*	▼	*32.39*	*33.50*	▼	*35.42*	*36.81*	▼	*37.60*	*39.03*	▼
부산가톨릭대학교	*32.83*	*35.80*	▼	*36.02*	*38.46*	▼	*18.47*	*28.50*	▼	*18.47*	*28.50*	▼
신라대학교	100.00	100.00		26.58	29.74	▼	13.96	16.99	▼	17.32	19.98	▼
계명대학교	32.77	32.94	▼	32.82	32.99	▼	21.14	21.69	▼	51.70	53.44	▼
조선대학교	40.37	41.17	▼	29.50	29.80	▼	46.85	47.67	▼	52.86	55.08	▼
대전대학교	*18.32*	*20.49*	▼	*32.70*	*34.81*	▼	*35.86*	*38.34*	▼	*35.22*	*37.11*	▼
배재대학교	38.89	43.58	▼	55.15	58.28	▼	49.87	53.71	▼	8.40	15.43	▼
복음신학대학원 대학교	6.79	100.00	●	64.68	100.00	●	6.79	100.00	●	64.68	100.00	●
한국정보통신대학교	44.58	77.67	▼	37.62	67.19	▼	44.04	47.99	▼	41.07	54.64	▼
울산대학교	62.99	72.44	▼	35.43	35.52	▼	40.03	40.75	▼	46.79	47.50	▼
가톨릭대학교 성심교정	43.76	45.35	▼	38.52	40.79	▼	84.00	84.66	▼	86.79	88.29	▼
강남대학교	59.22	68.99	▼	58.73	68.63	▼	9.29	18.33	▼	16.10	30.32	▼
경기대학교	*28.20*	*28.71*	▼	*26.05*	*27.24*	▼	*14.65*	*21.07*	▼	*15.39*	*19.55*	▼
대진대학교	*12.65*	*19.00*	▼	*19.41*	*27.71*	▼	*43.91*	*45.25*	▼	*16.35*	*21.06*	▼
명지대학교자연캠퍼스	80.27	81.23	▼	23.53	26.19	▼	18.12	21.19	▼	16.71	21.74	▼
성결대학교	21.06	31.68	▼	21.06	31.68	▼	21.06	31.68	▼	52.79	64.72	▼
한세대학교	*12.83*	*27.75*	▼	*12.41*	*34.95*	▼	*33.96*	*53.27*	▼	*12.37*	*34.91*	▼
협성대학교	*12.41*	*24.76*	▼	*11.78*	*24.17*	▼	*9.29*	*16.02*	▼	*14.99*	*29.57*	▼
관동대학교	8.58	16.84	▼	79.66	79.67	▼	25.78	36.30	▼	29.18	44.36	▼
상지대학교	100.00	100.00		100.00	100.00		18.49	25.31	▼	22.31	29.35	▼
한라대학교	51.98	65.43	▼	51.19	68.03	▼	78.47	100.00	●	44.12	62.64	▼
한림대학교	19.94	22.98	▼	50.67	59.04	▼	18.64	23.05	▼	47.67	50.56	▼

DMU	2003			2004			2005			2006		
	CCR	BCC	비고	CCR	BCC	비고	CCR	BCC	비고	CCR	BCC	비고
세명대학교	*48.68*	*55.88*	▼	*13.44*	*19.81*	▼	*8.51*	*14.71*	▼	*12.46*	*21.47*	▼
청주대학교	61.03	63.30	▼	76.66	79.04	▼	65.03	68.52	▼	27.93	34.71	▼
고려대학교서창 캠퍼스	43.22	47.29	▼	81.08	84.59	▼	25.13	28.73	▼	24.14	27.42	▼
홍익대학교조치원 캠퍼스	73.18	80.16	▼	64.94	69.45	▼	100.00	100.00		55.55	60.80	▼
서남대학교	100.00	100.00		100.00	100.00		100.00	100.00		100.00	100.00	
우석대학교	*10.38*	*23.44*	▼	*12.69*	*27.00*	▼	*13.59*	*25.80*	▼	*30.10*	*37.12*	▼
전주대학교	*41.07*	*43.21*	▼	*32.33*	*33.93*	▼	*37.47*	*39.79*	▼	*43.39*	*47.09*	▼
호원대학교	61.32	84.73	▼	55.09	81.23	▼	51.79	80.73	▼	36.76	73.96	▼
광주가톨릭대학교	21.42	80.91	▼	30.15	91.45	▼	32.69	98.31	▼	36.60	91.68	▼
대불대학교	12.23	56.25	▼	12.23	56.25	▼	12.23	56.25	▼	12.23	56.25	▼
경주대학교	*12.38*	*25.73*	▼	*12.38*	*25.73*	▼	*12.38*	*25.73*	▼	*5.40*	*13.57*	▼
대구가톨릭대학교	*46.74*	*48.69*	▼	*23.61*	*24.71*	▼	*17.64*	*18.62*	▼	*17.28*	*18.30*	▼
대구대학교	73.01	88.17	▼	100.00	100.00		58.36	59.37	▼	60.18	61.18	▼
포항공과대학교	15.43	25.38	▼	24.23	35.05	▼	24.23	35.05	▼	47.79	58.75	▼
진주국제대학교	12.10	84.99	▼	12.10	84.99	▼	5.19	54.24	▼	5.19	54.24	▼

※ ●는 CCR분석 시 비효율적인 대학도서관이 BCC분석에서는 효율적으로 분석된 도서관
※ ▼는 모든 분석에서 비효율적으로 분석된 도서관
※ 음영으로 표시된 대학도서관은 4년간 단 한 번도 효율적이라고 분석된 적이 없는 도서관

6.3 전문 대학교의 대학도서관 효율성 평가

<표 4-150>은 전문 대학도서관을 대상으로 시계열적 관점에서 CCR분석과 BCC분석을 비교한 표이다. 4년간 CCR분석과 BCC분석을 통틀어 한 번도 '효율적'으로 분석된 적이 없는 전문대학도서관은 경남정보대학, 부산여자대학, 울산과학대학, 용인송담대학, 유한대학, 장안대학, 경북전문대학, 안동과학대학, 창신대학, 제주산업정보대학 등으로 총 31개 도서관 중에서 10개로 나타났다. 그리고 양산대학은 4년간 CCR분석과 BCC분석에서 효율적으로 분석되었으며, 부산여자대학, 울산과학대학, 용인송대학, 안동과학대학은 4년간 CCR분석과 BCC분석에서 한 번도 효율성이 50을 넘지 못한 것으로 분석되었다.

<표 4 - 150> 전문 대학교의 대학도서관 효율성 분석

DMU	2003			2004			2005			2006		
	CCR	BCC	비고	CCR	BCC	비고	CCR	BCC	비고	CCR	BCC	비고
인덕대학	16.24	38.94	▼	16.80	38.41	▼	100.00	100.00		71.24	73.58	▼
적십자간호대학	26.76	100.00	●	26.76	100.00	●	20.99	100.00	●	84.33	100.00	●
경남정보대학	59.29	65.55	▼	58.09	64.05	▼	44.34	54.04	▼	44.56	52.33	▼
동주대학	9.26	89.94	▼	9.26	89.94	▼	8.71	100.00	●	8.71	100.00	
부산여자대학	10.16	28.98	▼	9.91	31.23	▼	9.22	45.94	▼	8.94	48.21	▼
계명문화대학	73.98	76.18	▼	74.83	76.85	▼	100.00	100.00		100.00	100.00	
대구보건대학	87.92	100.00	●	87.92	100.00	●	87.92	100.00	●	87.92	100.00	●
광주보건대학	38.28	100.00	●	38.28	100.00	●	38.28	100.00	●	38.28	100.00	●
서강정보대학	78.47	100.00	●	75.01	100.00	●	75.97	100.00	●	100.00	100.00	
조선이공대학	100.00	100.00		10.45	67.38	▼	10.67	100.00	●	10.67	100.00	●
대전보건대학	100.00	100.00		100.00	100.00		70.80	87.37	▼	70.80	87.37	▼
혜천대학	89.04	99.69	▼	89.04	99.69	▼	72.33	76.49	▼	75.72	81.79	▼
울산과학대학	7.57	46.20	▼	7.57	46.20	▼	45.03	75.19	▼	18.11	44.04	▼
수원과학대학	100.00	100.00		42.98	81.05	▼	11.28	59.62	▼	19.34	62.27	▼
신흥대학	100.00	100.00		13.80	43.67	▼	23.16	47.53	▼	99.30	100.00	●
여주대학	11.47	54.56	▼	12.28	55.29	▼	20.19	60.60	▼	18.22	62.87	▼
용인송담대학	19.17	59.88	▼	16.55	59.03	▼	17.25	69.95	▼	17.84	80.12	▼
유한대학	12.72	60.35	▼	9.89	47.84	▼	12.34	46.53	▼	11.68	56.07	▼
장안대학	14.49	70.33	▼	14.49	70.33	▼	12.64	68.43	▼	53.98	76.70	▼
주성대학	29.41	100.00	●	22.69	98.49	▼	26.23	100.00	●	12.03	97.05	▼
군산간호대학	10.17	100.00	●	10.17	100.00	●	10.17	100.00	●	10.17	100.00	●
군장대학	27.25	100.00	●	25.74	100.00	●	28.85	100.00	●	33.85	100.00	●
김천대학	53.17	88.02	▼	100.00	100.00		53.17	88.02	▼	9.03	68.19	▼
경북과학대학	35.71	100.00	●	35.71	100.00	●	94.77	100.00	●	35.71	100.00	●
경북전문대학	53.73	83.32	▼	10.62	80.31	▼	10.62	80.31	▼	21.62	84.77	▼
안동과학대학	18.09	73.57	▼	18.09	73.57	▼	18.09	73.57	▼	18.09	73.57	▼
마산대학	31.12	100.00	●	17.84	97.10	▼	15.32	73.61	▼	14.42	71.54	▼
양산대학	100.00	100.00		100.00	100.00		100.00	100.00		100.00	100.00	
창신대학	38.52	62.89	▼	38.52	68.08	▼	38.52	62.89	▼	100.00	100.00	
창원전문대학	34.16	97.99	▼	17.96	100.00	●	6.29	48.20	▼	5.31	59.61	▼
제주산업정보대학	52.06	85.22	▼	52.06	85.22	▼	52.06	85.22	▼	52.06	85.22	▼

※ ●는 CCR분석 시 비효율적인 대학도서관이 BCC분석에서는 효율적으로 분석된 도서관
※ ▼는 모든 분석에서 비효율적으로 분석된 도서관
※ 음영으로 표시된 대학도서관은 4년간 단 한 번도 효율적이라고 분석된 적이 없는 도서관

7. 연도별 관종 통합 분석

지금까지 공공도서관, 대학도서관, 전문·특수도서관에 대한 CCR분석과 BCC분석결과를 제시하였다. 또한 시계열적 관점에서 공공도서관을 지역별로 구분하여 분석을 실시하였고, 대학도서관은 대학교의 분류기준에 의해 분석을 실시하였다. 이러한 분석의 일차적인 목적은 도서관 관종별, 지역별(공공도서관), 대학 분류(대학도서관)에 의한 효율성의 추이를 개별적으로 파악하고자 하는 것에 있다. 즉 도서관의 구분에 따라 효율적인 도서관을 선별하고, 효율성이 떨어지는 도서관에 대해서는 효율성의 증가에 기여할 수 있는 준거집단(도서관)에 따라 투입요소와 산출요소를 변화시킴으로써 효율성을 증가시키는 방안을 도출하고자 하였다.

이러한 분석방법은 관종별, 지역별(공공도서관), 대학 분류(대학도서관) 등에 따라 해당 범주에 속하는 도서관만을 준거집단으로 하기 때문에 구조가 유사한 도서관을 참조할 수 있다는 장점을 가지고 있으나, 관종이 상이한 도서관의 장점(혹은 투입요소와 산출요소의 구조)을 적용할 수 없다는 한계점을 가지고 있다. 따라서 관종에 관계없이 동일한 투입요소와 산출요소를 기준으로 하는 추가적인 분석을 실시함으로써 관종이 상이한 도서관끼리 효율성을 증대시키는 방안의 적용이 가능하다. 그러나 본 연구에서 사용된 4년간의 시계열 데이터를 관종에 관계없이 분석할 경우, 1,288개(공공도서관 182개, 대학도서관 97개, 전문·특수도서관 43개의 4년간 데이터)의 DMU를 분석해야 하므로 일반적인 자료포락분석의 결과가 너무 복잡하고, 결과를 해석하는 것에도 어려움이 따른다. 따라서 4년간의 데이터를 각 연도별로 개별적으로 분석하는 것이 결과해석에 도움이 될 것으로 판단하였으며, 전문가를 대상으로 하는 AHP분석에서 가중값이 가장 큰 투입변수인 장서수를 기준으로 10만 권 이상의 대규모 도서관, 1만 권~10만 권 미만의 중규모 도서관, 1만 권 미만의 소규모 도서관으로 분류하여 분석을 실시하였다. 또한 최종적으로 연도별 효율성 분석결과를 토대로 최종적인 결과를 도출하였다. 연도별로 도서관의 규모에 따른 효율성 분석결과는 다음과 같다.

7.1 2003년 관종 통합 분석

7.1.1 2003년 관종 통합 CCR분석(장서수 : 10만 권 이상)

동일 수준의 산출을 내기 위해 소요되는 투입을 최소하고 산출이 투입수준에 따라 직접적인 영향을 받는 것으로 가정되는 도서관 관종을 통합하여 장서수가 10만 권 이상인 138개 도서관을 대상으로 하는 2003년 CCR분석결과는 <표 4 - 151>과 <부록 3>의 <표 10>과 같다.

2003년 10만 권 이상의 장서를 보유한 138개 도서관의 CCR 효율성 결과에 대해 살펴보면 21개 도서관이 '효율적'으로 분석되었으며, 구체적으로 공공도서관이 16개, 대학도서관이 5개로 나타났다. 그리고 효율성이 50%에 미치지 못하는 도서관이 62개로 나타났다.

비효율적인 DMU들의 준거집단을 형성하는 DMU들에 관한 분석내용을 정리하면, 2003년 10만 권 이상의 장서를 보유한 전체 도서관의 CCR분석에서 준거집단으로 참조된 집단들은 <표 4 - 152>와 같다.

2003년 준거집단의 참조 횟수를 정리하면, 준거집단으로 사용된 도서관은 20개로 대학도서관이 5개, 공공도서관이 15개였으며, 가장 많이 준거집단으로 참조된 도서관은 수원과학대학으로 총 50회 참조되었으며, 다음으로 장로회신학대학교, 고려대학교, 유성도서관, 성남시중원문화센터 등의 순으로 나타났다. 따라서 2003년 CCR분석에서 가장 효율적인 서비스를 제공하는 10만 권 이상의 장서를 보유한 도서관은 관종을 통틀어 수원과학대학도서관이라 할 수 있다.

<표 4 - 151> 2003년 관종 통합 CCR 효율성 분석결과(효율성 : 100, 장서수 : 10만 권 이상)

21개
대학 - 수원과학대학, 대학 - 장로회신학대학교, 대학 - 고려대학교, 공공 - 유성, 공공 - 성남시중원문화정보센터, 공공 - 송파, 대학 - 신라대학교, 공공 - 창원시립, 공공 - 양천, 공공 - 도봉, 공공 - 천안중앙, 공공 - 고척, 공공 - 김해, 공공 - 효목, 공공 - 서부, 공공 - 해운대, 공공 - 주안, 공공 - 고덕평생학습관, 대학 - 목포대학교, 공공 - 북구, 공공 - 울산동부

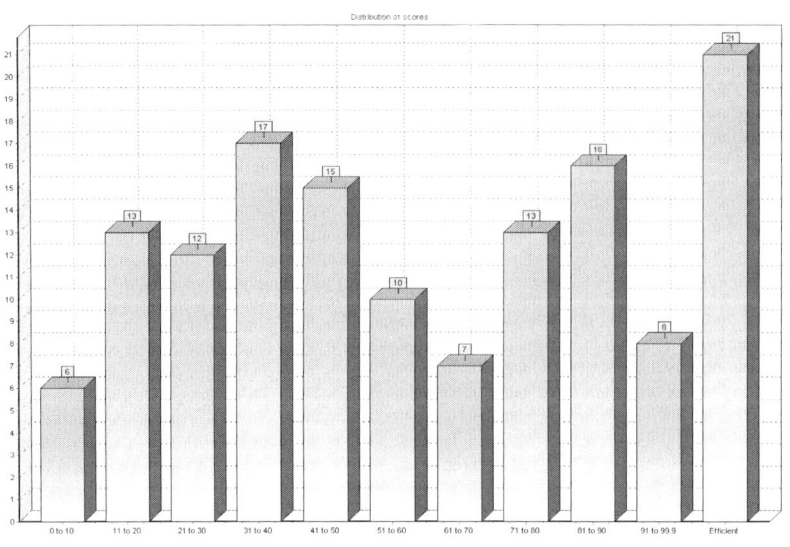

<그림 4-31> 2003년 관종 통합 CCR 효율성 점수 분포(장서수 : 10만 권 이상)

<표 4-152> 2003년 관종 통합 CCR분석 준거집단의 참조 횟수(장서수 : 10만 권 이상)

DMU	참조 횟수	DMU	참조 횟수
대학 – 수원과학대학	50	공공 – 천안중앙	28
대학 – 장로회신학대학교	42	공공 – 고척	25
대학 – 고려대학교	39	공공 – 김해	21
공공 – 유성	39	공공 – 효목	12
공공 – 성남시중원문화정보센터	38	공공 – 서부	9
공공 – 송파	36	공공 – 해운대	7
대학 – 신라대학교	32	공공 – 주안	6
공공 – 창원시립	31	공공 – 고덕평생학습관	4
공공 – 양천	30	대학 – 목포대학교	1
공공 – 도봉	29	공공 – 북구	1

7.1.2 2003년 관종 통합 BCC분석(장서수 : 10만 권 이상)

도서관 관종을 통합하여 장서수가 10만 권 이상인 138개 도서관을 대상으로 하는 2003년 BCC분석결과는 <표 4-153>과 <부록 3>의 <표 11>과 같다. 2003년 10만 권 이상의 장서를 보유한 138개 도서관의 BCC 효율성 결과에 대해 살펴보면 50개 도서관이 '효율적'으로 분석되었으며, 구체적으로 공공도서관이 33개, 대학도서관이 16개, 전문·특수도서관이 1개로 나타났다. 그리고 효율성이 50%에 미치지 못하는 도서관이 26개로 나타났다.

비효율적인 DMU들의 준거집단을 형성하는 DMU들에 관한 분석내용을 정리하면, 2003년 10만 권 이상의 장서를 보유한 전체 도서관의 BCC분석에서 준거집단으로 참조된 집단들은 <표 4 - 154>와 같다.

2003년 준거집단의 참조 횟수를 정리하면, 준거집단으로 사용된 도서관은 42개로 공공도서관이 26개, 대학도서관이 15개, 전문·특수도서관이 1개였으며, 가장 많이 준거집단으로 참조된 도서관은 수원과학대학으로 총 51회 참조되었으며, 다음으로 송파도서관, 성남시중원문화정보센터, 유성도서관 등의 순으로 나타났다. 따라서 2003년 BCC분석에서 가장 효율적인 서비스를 제공하는 10만 권 이상의 장서를 보유한 도서관은 관종을 통틀어 수원과학대학도서관이라 할 수 있다.

<표 4 - 153> 2003년 관종 통합 BCC 효율성 분석결과(효율성 : 100, 장서수 : 10만 권 이상)

50개
대학 - 수원과학대학, 공공 - 송파, 공공 - 성남시중원문화정보센터, 공공 - 유성, 대학 - 경북전문대학, 대학 - 가톨릭대학교성신교정, 대학 - 창원전문대학, 대학 - 고려대학교, 공공 - 인천시립, 대학 - 신라대학교, 대학 - 장로회신학대학교, 공공 - 도봉, 공공 - 구덕, 공공 - 창원시립, 공공 - 해운대, 공공 - 김해, 공공 - 천안중앙, 대학 - 진주교육대학교, 공공 - 고척, 대학 - 광주보건대학, 공공 - 주안, 공공 - 울산동부, 대학 - 서남대학교, 전특 - 국사편찬위원회, 공공 - 효목, 공공 - 용인시립, 공공 - 양천, 공공 - 서부, 공공 - 고덕평생학습관, 공공 - 동부, 공공 - 강남, 공공 - 속초평생교육정보관(전), 공공 - 금호교육문화회관, 공공 - 반송, 공공 - 삼척평생교육정보관(전), 대학 - 목포대학교, 대학 - 인덕대학, 대학 - 호원대학교, 대학 - 한세대학교, 대학 - 상지대학교, 공공 - 제주, 공공 - 명장, 공공 - 울산남부, 공공 - 북구, 공공 - 강릉평생교육정보관(전), 공공 - 도립과천, 공공 - 진주연암, 대학 - 혜천대학, 공공 - 경주시립, 공공 - 안양시립평촌

<표 4-154> 2003년 관종 통합 BCC분석 준거집단의 참조 횟수(장서수 : 10만 권 이상)

DMU	참조 횟수	DMU	참조 횟수
대학 - 수원과학대학	51	공공 - 울산동부	9
공공 - 송파	36	대학 - 서남대학교	8
공공 - 성남시중원문화정보센터	33	전특 - 국사편찬위원회	8
공공 - 유성	32	공공 - 효목	7
대학 - 경북전문대학	29	공공 - 용인시립	6
대학 - 가톨릭대학교성신교정	28	공공 - 양천	4
대학 - 창원전문대학	28	공공 - 서부	4
대학 - 고려대학교	25	공공 - 고덕평생학습관	4
공공 - 인천시립	22	공공 - 동부	4
대학 - 신라대학교	21	공공 - 강남	3
대학 - 장로회신학대학교	20	공공 - 속초평생교육정보관(전)	3
공공 - 도봉	19	공공 - 금호교육문화회관	3
공공 - 구덕	18	공공 - 반송	3
공공 - 창원시립	18	공공 - 삼척평생교육정보관(전)	3
공공 - 해운대	17	대학 - 목포대학교	3
공공 - 김해	14	대학 - 인덕대학	2
공공 - 천안중앙	13	대학 - 호원대학교	2
대학 - 진주교육대학교	12	대학 - 한세대학교	2
공공 - 고척	12	대학 - 상지대학교	2
대학 - 광주보건대학	12	공공 - 제주	1
공공 - 주안	9	공공 - 명장	1

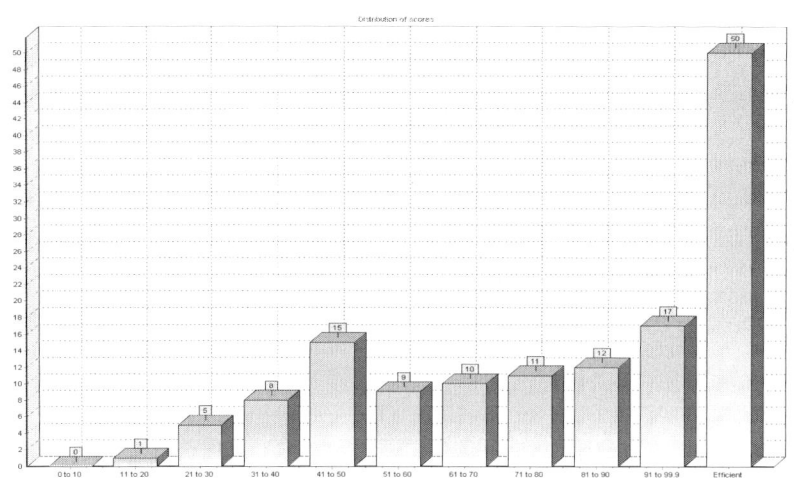

<그림 4-32> 2003년 관종 통합 BCC 효율성 점수 분포(장서수 : 10만 권 이상)

<표 4-155>는 CCR분석과 BCC분석의 효율성 차이에 대한 점수를 비교하여 규모의 효율성을 찾아내기 위해 각각의 점수를 비교분석한 표이다. 이는 CCR분석에서 비효율적으로 판명된 DMU가 순수하게 투입과 산출의 차이에 의해 비효율이 발생하는지 아니면 규모의 비효율성 점수가 낮게 나오기 때문에 낮게 나오는지 알아보기 위한 것이다.

적정 규모의 변화를 허용한 BCC모형에서는 CCR모형이 21개의 선정 도서관이 경험적 프런티어를 형성하고 있는 것으로 나타났던 것에 비해 50개의 도서관이 효율적인 것으로 나타나, 29개 도서관의 효율성 점수가 향상된 것을 알 수 있다. 또한 CCR분석에서 효율성이 50 미만인 공공도서관이 BCC분석에서는 효율적으로 분석된 경우가 모두 11개 도서관으로 나타나, 효율성 분석의 해석에 주의를 요하는 것으로 나타났으며, 특히 한세대학교 도서관은 효율성이 12.29에서 100으로 크게 증가한 것으로 분석되었다. 그리고 계명대학교, 충남대학교, 조선대학교, 동국대학교, 경희대학교 등은 CCR분석과 BCC분석 모두에서 효율성이 50 미만인 도서관으로 분석되었다.

<표 4-155> 2003년 관종 통합 CCR 및 BCC 효율성 점수 비교(장서수 : 10만 권 이상)

DMU	CCR	BCC	비고	DMU	CCR	BCC	비고
대학 – 고려대학교	100.00	100.00		공공 – 수원시선경	74.03	74.82	▼
대학 – 계명대학교	32.47	32.71	↓	대학 – 삼척대학교	35.08	72.40	▼
대학 – 대구대학교	53.99	55.49	▼	공공 – 도봉	100.00	100.00	
대학 – 충남대학교	39.67	40.17	↓	대학 – 계명문화대학	89.70	92.01	▼
대학 – 홍익대학교	81.80	88.75	▼	대학 – 장로회신학대학교	100.00	100.00	
대학 – 조선대학교	26.50	30.97	↓	전특 – 국사편찬위원회	37.35	100.00	●
대학 – 동국대학교	16.53	20.15	↓	공공 – 마포평생학습관	74.80	78.66	▼
대학 – 경희대학교	24.44	24.88	↓	공공 – 부전	87.76	91.12	▼
대학 – 전남대학교	45.39	45.75	↓	대학 – 서남대학교	45.73	100.00	●
대학 – 울산대학교	49.86	55.82	▼	공공 – 효목	100.00	100.00	
대학 – 청주대학교	58.96	66.45	▼	공공 – 광주학생독립운동기념회관	49.24	84.46	▼
대학 – 대구가톨릭대학교	39.62	50.91	▼	공공 – 중앙	42.36	67.17	▼
대학 – 동의대학교	40.64	46.19	↓	공공 – 춘천평생교육정보관(전)	74.01	89.76	▼
대학 – 충북대학교	29.91	33.40	↓	공공 – 중앙	44.44	64.02	▼
대학 – 세종대학교	9.11	22.56	↓	대학 – 공군사관학교	53.43	96.03	▼
대학 – 관동대학교	7.69	26.10	↓	공공 – 서부	100.00	100.00	
대학 – 경성대학교	72.63	83.21	▼	공공 – 고덕평생학습관	100.00	100.00	

DMU	CCR	BCC	비고	DMU	CCR	BCC	비고
대학 – 전주대학교	33.70	44.38	↓	대학 – 가톨릭대학교성신교정	28.09	100.00	●
대학 – 배재대학교	37.02	54.00	▼	공공 – 고척	100.00	100.00	
공공 – 시민	50.71	50.83	▼	공공 – 부평	75.09	75.93	▼
대학 – 한림대학교	17.22	41.32	↓	공공 – 대봉	55.02	77.90	▼
공공 – 정독	46.40	46.43	↓	공공 – 개포	92.82	99.07	▼
대학 – 덕성여자대학교	16.89	31.63	↓	공공 – 창원시립	100.00	100.00	
대학 – 우석대학교	8.54	49.33	↓	공공 – 중계평생학습관	85.32	98.29	▼
대학 – 경기대학교	21.34	27.67	↓	공공 – 송파	100.00	100.00	
대학 – 대진대학교	11.35	39.43	↓	공공 – 주안	100.00	100.00	
대학 – 명지대학교자연캠퍼스	49.94	67.59	▼	공공 – 대전학생교육문화원	75.96	88.26	▼
대학 – 신라대학교	100.00	100.00		공공 – 김해	100.00	100.00	
공공 – 남산	47.49	49.36	↓	공공 – 강동	81.86	93.43	▼
공공 – 한밭	37.96	38.08	↓	공공 – 서구	82.30	86.08	▼
대학 – 광운대학교	49.79	60.68	▼	대학 – 대불대학교	8.36	85.84	▼
대학 – 홍익대학교조치원캠퍼스	72.18	83.47	▼	공공 – 인천시립	77.42	100.00	●
대학 – 세명대학교	47.40	66.97	▼	공공 – 강남	86.99	100.00	●
공공 – 중앙	84.21	99.70	▼	공공 – 동부	99.33	100.00	●
대학 – 한국교원대학교	15.36	38.55	↓	대학 – 경남정보대학	39.54	92.19	▼
공공 – 도립성남	62.32	66.07	▼	공공 – 우당	32.54	73.99	▼
대학 – 창원대학교	29.08	45.71	↓	대학 – 한세대학교	12.29	100.00	●
대학 – 강남대학교	54.09	71.29	▼	공공 – 북구	100.00	100.00	
대학 – 포항공과대학교	14.43	54.83	▼	공공 – 안양시립평촌	97.24	100.00	●
대학 – 서울여자대학교	54.38	64.69	▼	공공 – 화도진	78.84	92.08	▼
대학 – 대전대학교	11.07	33.97	↓	공공 – 울산중부	84.22	93.48	▼
대학 – 목포대학교	100.00	100.00		공공 – 부천시립 중앙	88.17	98.65	▼
공공 – 도립중앙	81.06	93.12	▼	공공 – 울산남부	97.05	100.00	●
대학 – 명지대학교	24.51	50.87	▼	대학 – 진주교육대학교	32.35	100.00	●
대학 – 상지대학교	90.99	100.00	●	공공 – 제주	90.45	100.00	●
대학 – 가톨릭대학교성심교정	36.12	48.34	↓	공공 – 진주연암	61.18	100.00	●
대학 – 호원대학교	54.42	100.00	●	공공 – 송정	37.18	84.57	▼
대학 – 경주대학교	6.60	80.85	▼	대학 – 여수대학교	42.87	97.71	▼
대학 – 상명대학교	21.95	46.17	↓	공공 – 성남시중원문화정보센터	100.00	100.00	
대학 – 고려대학교서창캠퍼스	23.07	46.78	↓	공공 – 강릉평생교육정보관(전)	70.56	100.00	●
공공 – 도립과천	95.32	100.00	●	공공 – 남부	71.31	90.17	▼
대학 – 한국해양대학교	10.20	43.06	↓	공공 – 천안중앙	100.00	100.00	
대학 – 충주대학교	26.44	60.28	▼	공공 – 마산	45.70	90.85	▼
대학 – 성결대학교	20.10	65.82	▼	대학 – 수원과학대학	100.00	100.00	
공공 – 중앙	54.07	58.68	▼	공공 – 명장	64.92	100.00	●
공공 – 충북중앙	48.53	56.16	▼	대학 – 창원전문대학	39.51	100.00	●
공공 – 동대문	74.63	87.64	▼	공공 – 용인시립	82.90	100.00	●
공공 – 용산	40.93	59.90	▼	공공 – 김포시립	60.78	96.29	▼

DMU	CCR	BCC	비고	DMU	CCR	BCC	비고
전특 – 한국과학기술원	72.80	78.76	▼	공공 – 반송	91.22	100.00	●
공공 – 광주광역시립도서관	63.77	65.16	▼	공공 – 구덕	81.17	100.00	●
공공 – 북부	89.89	92.36	▼	공공 – 유성	100.00	100.00	
대학 – 경북전문대학	29.81	100.00	●	공공 – 해운대	100.00	100.00	
공공 – 양천	100.00	100.00		공공 – 경주시립	65.59	100.00	●
대학 – 혜천대학	32.69	100.00	●	공공 – 속초평생교육정보관(전)	96.37	100.00	●
대학 – 협성대학교	11.64	99.21	▼	대학 – 인덕대학	12.56	100.00	●
공공 – 강서	55.08	71.35	▼	공공 – 울산동부	100.00	100.00	
대학 – 금오공과대학교	15.23	68.49	▼	공공 – 금호교육문화회관	64.08	100.00	●
공공 – 광명하안	77.99	79.92	▼	공공 – 삼척평생교육정보관(전)	29.09	100.00	●
공공 – 두류	93.13	97.46	▼	대학 – 광주보건대학	14.16	100.00	●

※ ●는 CCR분석에서 비효율적으로 분석된 도서관이 BCC분석에서 효율적으로 분석된 도서관
※ ▼는 CCR분석과 BCC분석 모두 비효율적으로 분석된 도서관
※ ↓는 CCR분석과 BCC분석 모두에서 효율성이 50 미만으로 분석된 도서관

<표 4 – 156> 관종 통합 BCC분석에서 효율성이 크게 향상된 도서관(2003년, 장서수 : 10만 권 이상)

DMU	CCR	BCC	비고	DMU	CCR	BCC	비고
대학 – 경북전문대학	29.81	100.00	●	대학 – 서남대학교	45.73	100.00	●
대학 – 혜천대학	32.69	100.00	●	대학 – 가톨릭대학교성신교정	28.09	100.00	●
대학 – 인덕대학	12.56	100.00	●	대학 – 한세대학교	12.29	100.00	●
공공 – 삼척평생교육정보관(전)	29.09	100.00	●	대학 – 진주교육대학교	32.35	100.00	●
대학 – 광주보건대학	14.16	100.00	●	대학 – 창원전문대학	39.51	100.00	●
전특 – 국사편찬위원회	37.35	100.00	●				

7.1.3 2003년 관종 통합 CCR분석(장서수 : 1만 권 – 10만 권 미만)

동일 수준의 산출을 내기 위해 소요되는 투입을 최소하고 산출이 투입수준에 따라 직접적인 영향을 받는 것으로 가정되는 도서관 관종을 통합하여 장서수가 1만 권~10만 권 미만인 170개 도서관을 대상으로 하는 2003년 CCR분석결과는 <표 4 – 157>과 <부록 3>의 <표 12>와 같다.

2003년 1만 권~10만 권 미만의 장서를 보유한 170개 도서관의 CCR 효율성 결과에 대해 살펴보면 18개 도서관이 '효율적'으로 분석되었으며, 구체적으로 공공도서관이 12개, 대학도서관이 1개, 전문·특수도서관이 5개로 나타났다. 그리고 효율성이 50%에 미치지 못하는 도서관이 98개로 나타났다.

비효율적인 DMU들의 준거집단을 형성하는 DMU들에 관한 분석내용을

정리하면, 2003년 1만 권~10만 권 미만의 장서를 보유한 전체 도서관의 CCR분석에서 준거집단으로 참조된 집단들은 <표 4-158>과 같다.

2003년 준거집단의 참조 횟수를 정리하면, 준거집단으로 사용된 도서관은 18개로 공공도서관이 12개, 대학도서관이 1개, 전문·특수도서관이 5개였으며, 가장 많이 준거집단으로 참조된 도서관은 대전시립연정국악연구원으로 총 120회 참조되었으며, 다음으로 양산대학교, 시흥시립도서관, 의왕시립도서관, 사하도서관 등의 순으로 나타났다. 따라서 2003년 CCR분석에서 가장 효율적인 서비스를 제공하는 1만 권~10만 권 미만의 장서를 보유한 도서관은 관종을 통틀어 대전시립연정국악연구원 도서관이라 할 수 있다.

<표 4-157> 2003년 관종 통합 CCR 효율성 분석결과(효율성 : 100, 장서수 : 1만 권-10만 권 미만)

18개
전특 – 대전시립연정국악연구원, 대학 – 양산대학, 공공 – 시흥시립, 전특 – 해병대사령부, 공공 – 의왕시립, 공공 – 사하, 공공 – 안산, 공공 – 당진, 공공 – 울산울주, 공공 – 남지, 전특 – 경기도청, 전특 – 광주점자도서관, 전특 – 대한주택공사, 공공 – 북구일곡, 공공 – 양주시립, 공공 – 김해칠암, 공공 – 광진정보, 공공 – 밀양

<표 4-158> 2003년 관종 통합 CCR분석 준거집단의 참조 횟수(장서수 : 1만 권-10만 권 미만)

DMU	참조 횟수	DMU	참조 횟수	DMU	참조 횟수
전특 – 대전시립연정국악연구원	120	공공 – 안산	30	전특 – 대한주택공사	7
대학 – 양산대학	99	공공 – 당진	28	공공 – 북구일곡	7
공공 – 시흥시립	75	공공 – 울산울주	23	공공 – 양주시립	4
전특 – 해병대사령부	64	공공 – 남지	22	공공 – 김해칠암	4
공공 – 의왕시립	38	전특 – 경기도청	14	공공 – 광진정보	1
공공 – 사하	30	전특 – 광주점자도서관	14	공공 – 밀양	1

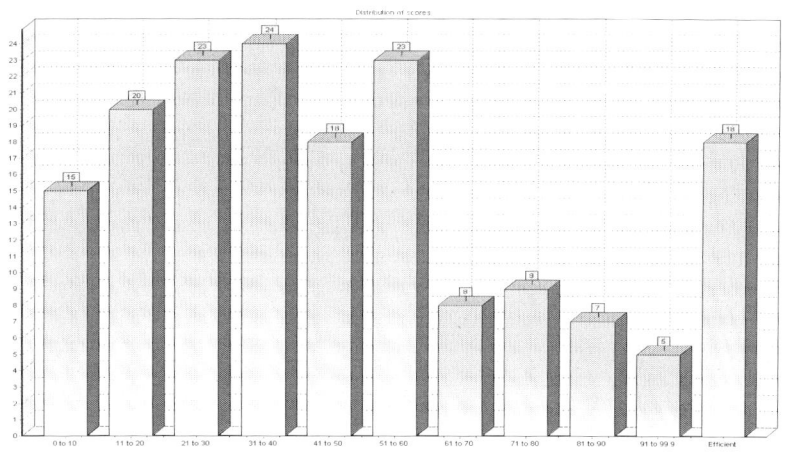

<그림 4-33> 2003년 관종 통합 CCR 효율성 점수 분포(장서수 : 1만 권-10만 권 미만)

7.1.4 2003년 관종 통합 BCC분석(장서수 : 1만 권-10만 권 미만)

도서관 관종을 통합하여 장서수가 1만 권~10만 권 미만인 170개 도서관을 대상으로 하는 2003년 BCC분석결과는 <표 4-159>와 <부록 2>의 <표 13>과 같다. 2003년 1만 권~10만 권 미만의 장서를 보유한 170개 도서관의 BCC 효율성 결과에 대해 살펴보면 37개 도서관이 '효율적'으로 분석되었으며, 구체적으로 공공도서관이 18개, 대학도서관이 4개, 전문·특수도서관이 15개로 나타났다. 그리고 효율성이 50%에 미치지 못하는 도서관이 55개로 나타났다.

비효율적인 DMU들의 준거집단을 형성하는 DMU들에 관한 분석내용을 정리하면, 2003년 1만 권~10만 권 미만의 도서를 보유한 전체 도서관의 BCC분석에서 준거집단으로 참조된 집단들은 <표 4-160>과 같다.

2003년 준거집단의 참조 횟수를 정리하면, 준거집단으로 사용된 도서관은 33개로 공공도서관이 15개, 대학도서관이 4개, 전문·특수도서관이 14개였으며, 가장 많이 준거집단으로 참조된 도서관은 대전시립연정국악연구원으로 총 122회 참조되었으며, 다음으로 해병대사령부, 양산대학, 농업환경관(농업과학기술원), 시흥시립도서관, 공주문화원 등의 순으로 나타났다. 따라서 2003년 BCC분석에서 가장 효율적인 서비스를 제공하는 1만 권~10만 권 미만의 장서를 보유한 도서관은 관종을 통틀어 대전시립연정국악연구원 도서관이라 할 수 있다.

<표 4 - 159> 2003년 관종 통합 BCC 효율성 분석결과(효율성 : 100, 장서수 : 1만 권 - 10만 권 미만)

37개
공공 - 양주시립, 공공 - 광진정보, 공공 - 성남시중앙문화정보, 전특 - 영화진흥위원회, 전특 - 경기도청, 공공 - 김해칠암, 공공 - 김천시립, 전특 - 한국지질자원연구원, 공공 - 시하, 대학 - 신흥대학, 공공 - 당진, 공공 - 남지, 전특 - 대한주택공사, 대학 - 군산간호대학, 대학 - 복음신학대학원대학교, 전특 - 공주문화원도서관, 전특 - 한국자원연구소, 공공 - 밀양, 전특 - 농업환경관(농업과학기술원), 공공 - 통영산양, 전특 - 문화방송, 공공 - 시흥시립, 전특 - 국립수의과학검역원, 공공 - 의왕시립, 전특 - 서울시정개발연구원, 전특 - 해병대사령부, 공공 - 울산울주, 전특 - 전남교육연수원, 전특 - 광주점자도서관, 공공 - 함안, 전특 - 중앙선거관리위원회, 대학 - 양산대학, 공공 - 부안, 공공 - 북구일곡, 공공 - 보령공공, 전특 - 대전시립연정국악연구원, 공공 - 안산

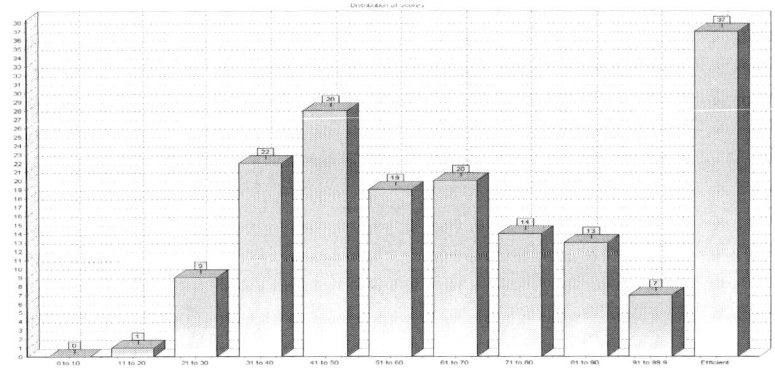

<그림 4 - 34> 2003년 관종 통합 BCC 효율성 점수 분포(장서수 : 1만 권 - 10만 권 미만)

<표 4-160> 2003년 관종 통합 BCC분석 준거집단의 참조 횟수(장서수 : 1만 권 - 10만 권 미만)

DMU	참조 횟수	DMU	참조 횟수	DMU	참조 횟수
전특 - 대전시립연정국악연구원	122	공공 - 의왕시립	18	공공 - 광진정보	7
전특 - 해병대사령부	104	공공 - 밀양	16	대학 - 군산간호대학	6
대학 - 양산대학	72	전특 - 국립수의과학검역원	14	전특 - 광주점자도서관	5
전특 - 농업환경관(농업과학기술원)	68	공공 - 김해칠암	12	공공 - 통영산양	4
공공 - 시흥시립	42	공공 - 사하	12	공공 - 북구일곡	3
전특 - 공주문화원도서관	39	전특 - 전남교육연수원	10	전특 - 중앙선거관리위원회	3
전특 - 영화진흥위원회	38	전특 - 한국자원연구소	9	전특 - 경기도청	2
전특 - 문화방송	34	공공 - 부안	9	전특 - 대한주택공사	2
공공 - 당진	30	공공 - 남지	9	공공 - 양주시립	1
대학 - 복음신학대학원대학교	29	공공 - 울산울주	8	공공 - 함안	1
공공 - 안산	19	전특 - 한국지질자원연구원	8	대학 - 신흥대학	1

<표 4-161>은 CCR분석과 BCC분석의 효율성 차이에 대한 점수를 비교하여 규모의 효율성을 찾아내기 위해 각각의 점수를 비교분석한 표이다. 이는 CCR분석에서 비효율적으로 판명된 DMU가 순수하게 투입과 산출의 차이에 의해 비효율이 발생하는지 아니면 규모의 비효율성 점수가 낮게 나오기 때문에 낮게 나오는지 알아보기 위한 것이다.

적정 규모의 변화를 허용한 BCC모형에서는 CCR모형이 18개의 선정 도서관이 경험적 프런티어를 형성하고 있는 것으로 나타났던 것에 비해 37개의 도서관이 효율적인 것으로 나타나, 19개 도서관의 효율성 점수가 향상된 것을 알 수 있다. 또한 CCR분석에서 효율성이 50 미만인 공공도서관이 BCC분석에서는 효율적으로 분석된 경우가 모두 9개 도서관으로 나타나, 효율성 분석의 해석에 주의를 요하는 것으로 나타났으며, 특히 복음신학대학원대학교 도서관은 효율성이 4.07에서 100으로 크게 증가한 것으로 분석되었다. 그리고 울산과학대학, 은평구립도서관, 서울특별시종합자료관, 탐라도서관, 안성시립도서관 등은 CCR분석과 BCC분석 모두에서 효율성이 50 미만인 도서관으로 분석되었다.

<표 4-161> 2003년 관종 통합 CCR 및 BCC 효율성 점수 비교(장서수 : 1만 권-10만 권 미만)

DMU	CCR	BCC	비고	DMU	CCR	BCC	비고
대학 – 울산과학대학	13.59	25.00	↓	공공 – 산청	30.78	38.29	↓
공공 – 구포	52.66	62.91	▼	대학 – 용인송담대학	21.97	35.15	↓
공공 – 성남시중앙문화정보	55.19	100.00	●	공공 – 장흥	43.88	63.73	▼
대학 – 대구보건대학	83.96	91.80	▼	대학 – 진주국제대학교	5.17	27.30	↓
공공 – 은평구립	41.23	42.02	↓	공공 – 예산	58.13	61.69	▼
전특 – 서울특별시종합자료관	32.61	32.86	↓	대학 – 마산대학	22.36	51.59	▼
공공 – 탐라	26.88	27.03	↓	공공 – 남해	68.19	68.89	▼
공공 – 안성시립	47.21	47.86	↓	공공 – 양양	21.95	38.79	↓
공공 – 사하	100.00	100.00		공공 – 보령공공	84.12	100.00	●
대학 – 신흥대학	97.67	100.00	●	공공 – 성주	31.20	68.73	▼
공공 – 연산	80.93	88.82	▼	공공 – 단양	51.84	53.60	▼
공공 – 서동	54.84	60.66	▼	대학 – 제주산업정보대학	31.30	46.24	↓
대학 – 광주가톨릭대학교	15.70	50.00	▼	공공 – 제남	24.71	56.70	▼
전특 – 국토연구원	23.35	37.69	↓	공공 – 점촌	20.05	36.82	↓
대학 – 유한대학	15.30	33.33	↓	공공 – 성북정보	64.34	64.96	▼
전특 – 한국건설기술연구원	4.72	22.35	↓	공공 – 화성시립태안	42.53	51.36	▼
대학 – 부산여자대학	7.51	17.22	↓	공공 – 청원	18.71	36.73	↓
공공 – 성남시수정문화정보센터	59.71	65.92	▼	공공 – 증평	46.21	49.66	↓
대학 – 창신대학	19.01	27.70	↓	공공 – 예천	24.86	42.46	↓
전특 – 통계청	35.43	45.34	↓	공공 – 함양	63.66	63.75	▼
공공 – 광양공공	59.77	60.59	▼	공공 – 함안	98.09	100.00	●
공공 – 갈마	62.53	62.90	▼	공공 – 충주학생	59.70	80.80	▼
공공 – 마산회원	53.06	53.07	▼	대학 – 동우대학	40.27	83.77	▼
공공 – 의왕시립	100.00	100.00		공공 – 군위	42.82	45.31	↓
공공 – 남구	24.92	27.92	↓	공공 – 밀양시립	79.68	91.19	▼
대학 – 부산가톨릭대학교	20.97	25.70	↓	공공 – 합천	69.76	78.10	▼
공공 – 제천시립	46.29	47.36	↓	전특 – 한국화학연구소	40.69	61.41	▼
대학 – 장안대학	29.91	50.00	▼	공공 – 장성	51.61	80.72	▼
공공 – 서귀포학생	30.64	50.30	▼	공공 – 금왕	54.42	72.05	▼
전특 – 문화관광부	23.24	59.51	▼	공공 – 가오	52.98	59.28	▼
공공 – 성동문화	77.54	84.71	▼	공공 – 신탄진	37.05	44.77	↓
대학 – 대전보건대학	77.34	79.97	▼	공공 – 음성	34.24	60.20	▼
공공 – 정읍시립	26.92	33.73	↓	공공 – 거제	86.58	87.85	▼
공공 – 북구일곡	100.00	100.00		대학 – 양산대학	100.00	100.00	
공공 – 경북교육정보(전)	90.66	91.03	▼	공공 – 도계	16.47	42.65	↓
대학 – 주성대학	10.16	25.61	↓	공공 – 옥천	37.18	42.71	↓
공공 – 용운	53.12	58.55	▼	공공 – 남지	100.00	100.00	
공공 – 하남시립	59.80	61.69	▼	공공 – 진동	19.34	38.84	↓
대학 – 여주대학	15.11	33.33	↓	공공 – 보은	42.95	44.97	↓
대학 – 한영신학대학교	5.07	24.45	↓	전특 – 대한주택공사	100.00	100.00	

DMU	CCR	BCC	비고	DMU	CCR	BCC	비고
공공 – 광진정보	100.00	100.00		공공 – 춘성	29.10	44.31	↓
공공 – 동두천시립	35.60	36.06	↓	공공 – 고성(경남)	40.17	45.84	↓
공공 – 마산시립합포	93.34	95.40	▼	공공 – 기장도서관	50.62	65.88	▼
공공 – 시흥시종합복지회관	43.33	43.43	↓	전특 – 대한상공회의소	14.03	47.26	↓
공공 – 삼천포	39.85	40.93	↓	공공 – 밀양하남	18.43	41.55	↓
공공 – 울산울주	100.00	100.00		공공 – 논산강경	47.33	86.06	▼
대학 – 김천대학	47.52	54.39	▼	대학 – 군장대학	7.00	50.06	▼
공공 – 안산	100.00	100.00		공공 – 영도	62.95	75.24	▼
대학 – 한라대학교	51.44	51.59	▼	공공 – 해남군립	69.94	70.45	▼
대학 – 조선이공대학	58.83	62.25	▼	공공 – 진영	82.75	83.48	▼
공공 – 송악	67.92	85.09	▼	공공 – 신안군립	14.67	41.18	↓
공공 – 달성	49.91	60.96	▼	공공 – 밀양	100.00	100.00	
전특 – 육군교육사령부	54.21	93.16	▼	공공 – 중원	57.65	89.10	▼
공공 – 제천학생(전)	32.99	47.53	↓	전특 – 국민체육진흥공단체육과학연구원	14.96	88.02	▼
공공 – 태백	35.05	39.56	↓	공공 – 부안	77.20	100.00	●
공공 – 서천	46.38	74.90	▼	전특 – 한국고등교육재단	2.32	66.07	▼
대학 – 경북과학대학	36.12	52.44	▼	공공 – 통영산양	58.51	100.00	●
공공 – 영월	54.84	70.04	▼	전특 – 경기도청	100.00	100.00	
공공 – 사천	72.87	76.84	▼	공공 – 해운대반여	48.02	77.19	▼
공공 – 서귀포시립(전)	58.43	64.38	▼	전특 – 육군제3158부대	1.20	55.93	▼
공공 – 서귀포종합(전)	23.67	61.13	▼	대학 – 한국정보통신대학교	22.31	58.74	▼
공공 – 청송	18.30	31.33	↓	전특 – 중앙선거관리위원회	9.66	100.00	●
공공 – 관악문화도서관	77.60	78.97	▼	전특 – 광주전남발전연구원	5.22	77.61	▼
공공 – 양산웅상	57.82	59.53	▼	공공 – 의성군립안계	31.52	74.13	▼
대학 – 안동과학대학	16.15	33.01	↓	전특 – 문화방송	91.83	100.00	●
공공 – 정선	22.35	32.44	↓	전특 – 광주점자도서관	100.00	100.00	
공공 – 금산	35.75	41.48	↓	전특 – 특허청특허참고자료실	38.57	93.33	▼
공공 – 의성	50.18	70.06	▼	전특 – 국립수의과학검역원	75.03	100.00	●
공공 – 울진	19.38	33.22	↓	전특 – 해병대사령부	100.00	100.00	
공공 – 시흥시립	100.00	100.00		전특 – 전남교육연수원	23.87	100.00	●
공공 – 통영	84.92	93.17	▼	공공 – 서귀포시동부	35.92	75.20	▼
공공 – 괴산	34.62	38.90	↓	전특 – 영화진흥위원회	97.29	100.00	●
대학 – 서강정보대학	39.49	47.32	↓	전특 – 서울특별시과학교육원	6.20	64.58	▼
공공 – 철원	29.70	38.09	↓	전특 – 서울시정개발연구원	31.38	100.00	●
공공 – 당진	100.00	100.00		전특 – 대전시립연정국악연구원	100.00	100.00	
공공 – 영일	39.19	46.34	↓	대학 – 적십자간호대학	11.80	89.78	▼
대학 – 동주대학	10.75	50.00	▼	대학 – 상주대학교	24.22	85.39	▼
공공 – 홍성	48.35	75.85	▼	전특 – 한국지질자원연구원	15.53	100.00	●
공공 – 창녕	55.03	55.17	▼	전특 – 농업환경관(농업과학기술원)	4.81	100.00	●

DMU	CCR	BCC	비고	DMU	CCR	BCC	비고
공공 – 담양	15.65	38.38	↓	전특 – 한국자원연구소	22.12	100.00	●
공공 – 고흥평생교육관	47.10	82.86	▼	전특 – 공주문화원도서관	30.42	100.00	●
공공 – 광주학생교육문화회관	81.78	81.94	▼	대학 – 복음신학대학원대학교	4.07	100.00	●
공공 – 영동	40.21	42.02	↓	대학 – 군산간호대학	10.40	100.00	●
공공 – 고성(강원도)	27.13	36.26	↓	공공 – 김천시립	71.02	100.00	●
공공 – 양주시립	100.00	100.00		공공 – 김해칠암	100.00	100.00	

※ ●는 CCR분석에서 비효율적으로 분석된 도서관이 BCC분석에서 효율적으로 분석된 도서관
※ ▼는 CCR분석과 BCC분석 모두 비효율적으로 분석된 도서관
※ ↓는 CCR분석과 BCC분석 모두에서 효율성이 50 미만으로 분석된 도서관

<표 4 – 162> 관종 통합 BCC분석에서 효율성이 크게 향상된 도서관
(2003년, 장서수 : 1만 권 – 10만 권 미만)

DMU	CCR	BCC	DMU	CCR	BCC
전특 – 중앙선거관리위원회	9.66	100.00	전특 – 한국자원연구소	22.12	100.00
전특 – 전남교육연수원	23.87	100.00	전특 – 공주문화원도서관	30.42	100.00
전특 – 서울시정개발연구원	31.38	100.00	대학 – 복음신학대학원대학교	4.07	100.00
전특 – 한국지질자원연구원	15.53	100.00	대학 – 군산간호대학	10.40	100.00
전특 – 농업환경관(농업과학기술원)	4.81	100.00			

7.1.5 2003년 관종 통합 CCR분석(장서수 : 1만 권 미만)

동일 수준의 산출을 내기 위해 소요되는 투입을 최소하고 산출이 투입수준에 따라 직접적인 영향을 받는 것으로 가정되는 도서관 관종을 통합하여 장서수가 1만 권 미만인 14개 도서관을 대상으로 하는 2003년 CCR분석결과는 <표 4 – 163>과 <부록 3>의 <표 14>와 같다.

2003년 1만 권 미만의 장서를 보유한 14개 도서관의 CCR 효율성 결과에 대해 살펴보면 5개 도서관이 '효율적'으로 분석되었으며, 구체적으로 공공도서관이 2개, 전문·특수도서관이 3개로 나타났다. 그리고 효율성이 50%에 미치지 못하는 도서관이 4개로 나타났다.

비효율적인 DMU들의 준거집단을 형성하는 DMU들에 관한 분석내용을 정리하면, 2003년 1만 권 미만의 도서를 보유한 전체 도서관의 CCR분석에서 준거집단으로 참조된 집단들은 <표 4 – 164>와 같다.

2003년 준거집단의 참조 횟수를 정리하면, 준거집단으로 사용된 도서관은 5개로 공공도서관이 2개, 전문·특수도서관이 3개였으며, 가장 많이 준거집

단으로 참조된 도서관은 강남성심병원도서관으로 총 8회 참조되었으며, 다음으로 고성동부도서관, 양산도서관, 시설안전기술공단, 부산발전연구원 등의 순으로 나타났다. 따라서 2003년 CCR분석에서 가장 효율적인 서비스를 제공하는 1만 권 미만의 장서를 보유한 도서관은 관종을 통틀어 강남성심병원도서관이라 할 수 있다.

<표 4-163> 2003년 관종 통합 CCR 효율성 분석결과(효율성 : 100, 장서수 : 1만 권 미만)

5개
전특 – 강남성심병원, 공공 – 양산, 공공 – 고성동부, 전특 – 부산발전연구원, 전특 – 시설안전기술공단

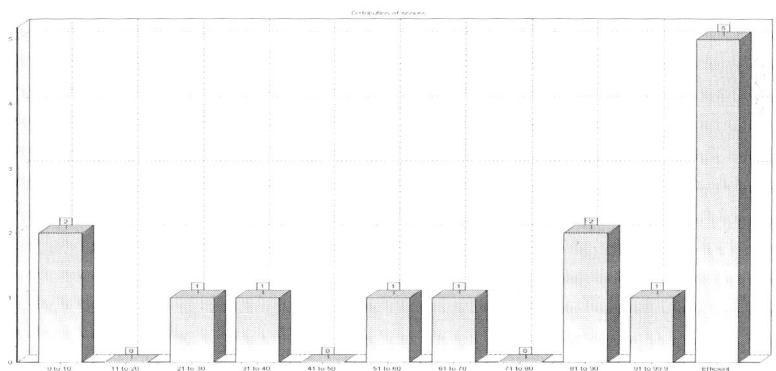

<그림 4-35> 2003년 관종 통합 CCR 효율성 점수 분포(장서수 : 1만 권 미만)

<표 4-164> 2003년 관종 통합 CCR분석 준거집단의 참조 횟수(장서수 : 1만 권 미만)

DMU	참조 횟수	DMU	참조 횟수	DMU	참조 횟수
전특 – 강남성심병원	8	공공 – 양산	3	전특 – 부산발전연구원	1
공공 – 고성동부	6	전특 – 시설안전기술공단	3		

7.1.6 2003년 관종 통합 BCC분석(장서수 : 1만 권 미만)

도서관 관종을 통합하여 장서수가 1만 권 미만인 14개 도서관을 대상으로 하는 2003년 BCC분석결과는 <표 4-165>와 <부록 3>의 <표 15>와 같다. 2003년 1만 권 미만의 장서를 보유한 14개 도서관의 BCC 효율성 결과에 대해 살펴보면 13개 도서관이 '효율적'으로 분석되었으며, 구체적으로 공공도서관이 2개, 전문·특수도서관이 11개로 나타났다.

비효율적인 DMU들의 준거집단을 형성하는 DMU들에 관한 분석내용을 정리하면, 2003년 1만 권 미만의 장서를 보유한 전체 도서관의 BCC분석에서 준거집단으로 참조된 집단들은 <표 4-166>과 같다.

2003년 준거집단의 참조 횟수를 정리하면, 준거집단으로 사용된 도서관은 3개로 공공도서관이 1개, 전문·특수도서관이 2개였으며, 강남성심병원도서관, 시설안전기술공단, 양산도서관 등이 각각 1회씩 참조된 것으로 나타났다. 따라서 2003년 BCC분석에서 가장 효율적인 서비스를 제공하는 1만 권 미만의 장서를 보유한 도서관은 관종을 통틀어 강남성심병원도서관, 시설안전기술공단, 양산도서관이라 할 수 있다.

<표 4-165> 2003년 관종 통합 BCC 효율성 분석결과(효율성 : 100, 장서수 : 1만 권 미만)

13개
전특 - 강남성심병원, 전특 - 현대자동차, 전특 - 한국시설안전기술공단, 전특 - 전라북도교원연수원, 진특 - 시설안전기술공단, 공공 - 양산, 전특 - 경기도과학연구원, 전특 - 목포가톨릭병원, 전특 - 국군의무사령부, 전특 - 부산발전연구원, 전특 - 국제특허연수원, 전특 - 전라북도시각장애인도서관, 공공 - 고성동부, 전특 - 대진의료재단분당제생병원

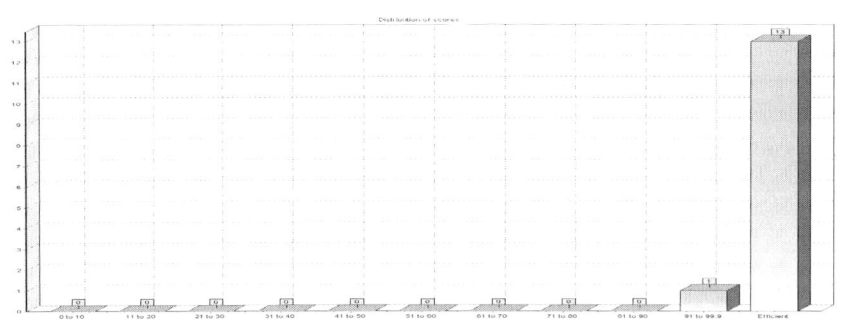

<그림 4-36> 2003년 관종 통합 BCC 효율성 점수 분포(장서수 : 1만 권 미만)

<표 4-166> 2003년 관종 통합 BCC분석 준거집단의 참조 횟수(장서수 : 1만 권 미만)

DMU	참조 횟수	DMU	참조 횟수	DMU	참조 횟수
전특 - 강남성심병원	1	전특 - 시설안전기술공단	1	공공 - 양산	1

<표 4-167>은 CCR분석과 BCC분석의 효율성 차이에 대한 점수를 비교하여 규모의 효율성을 찾아내기 위해 각각의 점수를 비교분석한 표이다. 이는 CCR분석에서 비효율적으로 판명된 DMU가 순수하게 투입과 산출의 차이에 의해 비효율이 발생하는지 아니면 규모의 비효율성 점수가 낮게 나오기 때문에 낮게 나오는지 알아보기 위한 것이다.

적정 규모의 변화를 허용한 BCC모형에서는 CCR모형이 5개의 선정 도서관이 경험적 프런티어를 형성하고 있는 것으로 나타났던 것에 비해 13개의 도서관이 효율적인 것으로 나타나, 8개 도서관의 효율성 점수가 향상된 것을 알 수 있다. 또한 CCR분석에서 효율성이 50 미만인 공공도서관이 BCC분석에서는 효율적으로 분석된 경우가 모두 8개 도서관으로 나타나, 효율성 분석의 해석에 주의를 요하는 것으로 나타났으며, 특히 국군의무사령부 도서관은 효율성이 9.74에서 100으로 크게 증가한 것으로 분석되었다. 그리고 CCR분석과 BCC분석 모두에서 효율성이 50 미만인 도서관은 없는 것으로 분석되었다.

<표 4-167> 2003년 관종 통합 CCR 및 BCC 효율성 점수 비교(장서수 : 1만 권 미만)

DMU	CCR	BCC	비고	DMU	CCR	BCC	비고
전특 - 강남성심병원	100.00	100.00		전특 - 목포가톨릭병원	10.90	100.00	●
전특 - 현대자동차	92.38	95.48	▼	전특 - 국군의무사령부	9.74	100.00	●
전특 - 한국시설안전기술공단	39.20	100.00	●	전특 - 부산발전연구원	100.00	100.00	
전특 - 전라북도교원연수원	85.37	100.00	●	전특 - 국제특허연수원	59.73	100.00	●
전특 - 시설안전기술공단	100.00	100.00		전특 - 전라북도시각장애인도서관	84.39	100.00	
공공 - 양산	100.00	100.00		공공 - 고성동부	100.00	100.00	
전특 - 경기도과학연구원	22.75	100.00	●	전특 - 대진의료재단분당제생병원	62.24	100.00	●

※ ●는 CCR분석에서 비효율적으로 분석된 도서관이 BCC분석에서 효율적으로 분석된 도서관
※ ▼는 CCR분석과 BCC분석 모두 비효율적으로 분석된 도서관
※ ↓는 CCR분석과 BCC분석 모두에서 효율성이 50 미만으로 분석된 도서관

<표 4 - 168> 관종 통합 BCC분석에서 효율성이 크게 향상된 도서관(2003년, 장서수 : 1만 권 미만)

DMU	CCR	BCC	DMU	CCR	BCC	DMU	CCR	BCC
전특 – 한국시설안전기술공단	39.12	100.00	전특 – 국군의무사령부	9.74	100.00	전특 – 경기도과학연구원	22.75	100.00

7.2 2004년 관종 통합 분석

7.2.1 2004년 관종 통합 CCR분석(장서수 : 10만 권 이상)

동일 수준의 산출을 내기 위해 소요되는 투입을 최소하고 산출이 투입수준에 따라 직접적인 영향을 받는 것으로 가정되는 도서관 관종을 통합하여 장서수가 10만 권 이상인 150개 도서관을 대상으로 하는 2004년 CCR분석결과는 <표 4 - 169>와 <부록 3>의 <표 16>과 같다.

2004년 10만 권 이상의 장서를 보유한 150개 도서관의 CCR 효율성 결과에 대해 살펴보면 24개 도서관이 '효율적'으로 분석되었으며, 구체적으로 공공도서관이 19개, 대학도서관이 5개로 나타났다. 그리고 효율성이 50%에 미치지 못하는 도서관이 68개로 나타났다.

<표 4 - 169> 2004년 관종 통합 CCR 효율성 분석결과(효율성 : 100, 장서수 : 10만 권 이상)

24개
공공 – 김해칠암, 공공 – 속초평생교육정보관(전), 공공 – 강동, 공공 – 경주시립, 대학 – 홍익대학교, 공공 – 성남시수정문화정보센터, 공공 – 구덕, 공공 – 유성, 대학 – 수원과학대학, 공공 – 용인시립, 공공 – 천안중앙, 공공 – 서구, 공공 – 성남시중앙문화정보, 공공 – 강남, 공공 – 김천시립, 공공 – 도립중앙, 공공 – 서부, 대학 – 경성대학교, 공공 – 송파, 공공 – 개포, 공공 – 중앙, 대학 – 계명문화대학, 공공 – 김해, 대학 – 서울여자대학교

비효율적인 DMU들의 준거집단을 형성하는 DMU들에 관한 분석내용을 정리하면, 2004년 10만 권 이상의 도서를 보유한 전체 도서관의 CCR분석에서 준거집단으로 참조된 집단들은 <표 4 - 170>과 같다.

2004년 준거집단의 참조 횟수를 정리하면, 준거집단으로 사용된 도서관은 22개로 공공도서관이 18개, 대학도서관이 4개였으며, 가장 많이 준거집단으로 참조된 도서관은 유성도서관으로 총 120회 참조되었으며, 다음으로 송파도서관, 계명문화대학, 김해도서관, 강남도서관, 성남시수정문화정보센터 등의 순으로 나타났다. 따라서 2004년 CCR분석에서 가장 효율적인 서비스를 제공하는 10만 권 이상의 장서를 보유한 도서관은 관종을 통틀어 유성도서관이라 할 수 있다.

<표 4-170> 2004년 관종 통합 CCR분석 준거집단의 참조 횟수(장서수 : 10만 권 이상)

DMU	참조 횟수	DMU	참조 횟수	DMU	참조 횟수
공공 - 유성	112	공공 - 천안중앙	10	공공 - 강동	5
공공 - 송파	80	대학 - 홍익대학교	10	대학 - 경성대학교	3
대학 - 계명문화대학	40	공공 - 용인시립	9	공공 - 성남시중앙문화정보	2
공공 - 김해	30	공공 - 구덕	8	공공 - 중앙	2
공공 - 강남	25	공공 - 김천시립	8	공공 - 서부	1
공공 - 성남시수정문화정보센터	19	공공 - 속초평생교육정보관(전)	7	대학 - 서울여자대학교	1
공공 - 서구	15	공공 - 개포	6		
공공 - 김해칠암	11	공공 - 도립중앙	6		

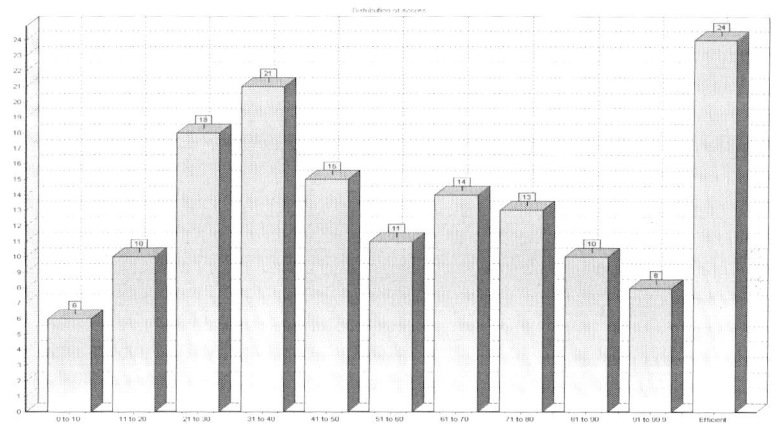

<그림 4-37> 2004년 관종 통합 CCR 효율성 점수 분포(장서수 : 10만 권 이상)

7.2.2 2004년 관종 통합 BCC분석(장서수 : 10만 권 이상)

도서관 관종을 통합하여 장서수가 10만 권 이상인 138개 도서관을 대상으로 하는 2004년 BCC분석결과는 <표 4-171>과 <부록 3>의 <표 17>과 같다. 2004년 10만 권 이상의 장서를 보유한 150개 도서관의 BCC 효율성

결과에 대해 살펴보면 49개 도서관이 '효율적'으로 분석되었으며, 구체적으로 공공도서관이 33개, 대학도서관이 15개, 전문·특수도서관이 1개로 나타났다. 그리고 효율성이 50%에 미치지 못하는 도서관이 28개로 나타났다.

비효율적인 DMU들의 준거집단을 형성하는 DMU들에 관한 분석내용을 정리하면, 2004년 10만 권 이상의 장서를 보유한 전체 도서관의 BCC분석에서 준거집단으로 참조된 집단들은 <표 4-172>와 같다.

2004년 준거집단의 참조 횟수를 정리하면, 준거집단으로 사용된 도서관은 40개로 공공도서관이 28개, 대학도서관이 11개, 전문·특수도서관이 1개였으며, 가장 많이 준거집단으로 참조된 도서관은 유성도서관으로 총 76회 참조되었으며, 다음으로 송파도서관, 창원전문대학, 국사편찬위원회, 수원과학대학 등의 순으로 나타났다. 따라서 2004년 BCC분석에서 가장 효율적인 서비스를 제공하는 10만 권 이상의 장서를 보유한 도서관은 관종을 통틀어 유성도서관이라 할 수 있다.

<표 4-171> 2004년 관종 통합 BCC 효율성 분석결과(효율성 : 100, 장서수 : 10만 권 이상)

49개
대학-고려대학교, 공공-삼척평생교육정보관(전), 공공-진주연암, 공공-시흥시립, 대학-홍익대학교, 공공-탐라, 대학-충주대학교, 공공-구포, 공공-은평구립, 공공-금호교육문화회관, 공공-김해칠암, 대학-청주대학교, 공공-속초평생교육정보관(전), 공공-경주시립, 대학-광주보건대학, 공공-안성시립, 공공-성남시수정문화정보센터, 대학-경성대학교, 공공-해운대, 공공-강동, 대학-창원전문대학, 공공-효목, 공공-반송, 공공-구덕, 공공-유성, 대학-수원과학대학, 전특-국사편찬위원회, 공공-용인시립, 대학-서울여자대학교, 대학-경북전문대학, 대학-광주가톨릭대학교, 공공-천안중앙, 공공-성남시중앙문화정보, 공공-강남, 공공-김천시립, 공공-중앙, 공공-김해, 공공-인천시립, 공공-송파, 공공-개포, 공공-도립중앙, 공공-북구, 공공-서구, 대학-상지대학교, 공공-서부, 대학-서남대학교, 대학-목포대학교, 대학-계명문화대학, 공공-도립과천

<표 4-172> 2004년 관종 통합 BCC분석 준거집단의 참조 횟수(장서수 : 10만 권 이상)

DMU	참조 횟수	DMU	참조 횟수	DMU	참조 횟수
공공 - 유성	76	공공 - 경주시립	12	공공 - 해운대	5
공공 - 송파	56	공공 - 용인시립	12	공공 - 삼척평생교육정보관(전)	4
대학 - 창원전문대학	44	공공 - 강남	12	대학 - 목포대학교	4
전특 - 국사편찬위원회	38	공공 - 구포	11	공공 - 서구	4
대학 - 수원과학대학	32	공공 - 김해	11	공공 - 안성시립	3
대학 - 광주가톨릭대학교	27	공공 - 개포	11	공공 - 중앙	3
대학 - 서남대학교	24	공공 - 김천시립	8	공공 - 도립중앙	2
대학 - 경북전문대학	20	대학 - 충주대학교	8	공공 - 강동	2
공공 - 성남시수정문화정보센터	20	대학 - 홍익대학교	7	공공 - 서부	2
대학 - 계명문화대학	19	공공 - 천안중앙	7	공공 - 도립과천	1
공공 - 시흥시립	18	공공 - 구덕	7	공공 - 효목	1
공공 - 김해칠암	15	공공 - 금호교육문화회관	7	대학 - 상지대학교	1
공공 -속초평생교육정보관(전)	13	대학 - 경성대학교	6		
공공 - 은평구립	13	대학 - 광주보건대학	5		

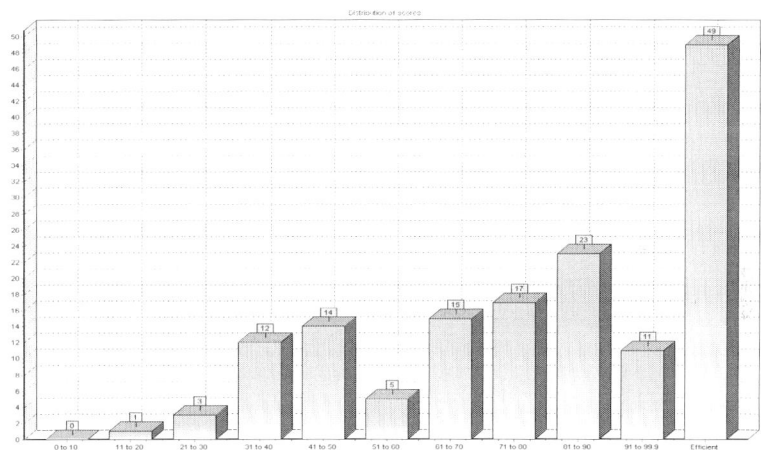

<그림 4-38> 2004년 관종 통합 BCC 효율성 점수 분포(장서수 : 10만 권 이상)

<표 4-173>은 CCR분석과 BCC분석의 효율성 차이에 대한 점수를 비교하여 규모의 효율성을 찾아내기 위해 각각의 점수를 비교분석한 표이다. 이는 CCR분석에서 비효율적으로 판명된 DMU가 순수하게 투입과 산출의 차이에 의해 비효율이 발생하는지 아니면 규모의 비효율성 점수가 낮게 나오

기 때문에 낮게 나오는지 알아보기 위한 것이다.

적정 규모의 변화를 허용한 BCC모형에서는 CCR모형이 24개의 선정 도서관이 경험적 프런티어를 형성하고 있는 것으로 나타났던 것에 비해 49개의 도서관이 효율적인 것으로 나타나, 25개 도서관의 효율성 점수가 향상된 것을 알 수 있다. 또한 CCR분석에서 효율성이 50 미만인 공공도서관이 BCC분석에서는 효율적으로 분석된 경우가 모두 9개 도서관으로 나타나, 효율성 분석의 해석에 주의를 요하는 것으로 나타났으며, 특히 광주보건대학도서관은 효율성이 7.38에서 100으로 크게 증가한 것으로 분석되었다. 그리고 계명대학교, 신탄진도서관, 충남대학교, 조선대학교 등은 CCR분석과 BCC분석 모두에서 효율성이 50 미만인 도서관으로 분석되었다.

<표 4-173> 2004년 관종 통합 CCR 및 BCC 효율성 점수 비교(장서수 : 10만 권 이상)

DMU	CCR	BCC	비고	DMU	CCR	BCC	비고
대학 - 고려대학교	89.70	100.00	●	공공 - 중앙	48.74	70.18	▼
대학 - 계명대학교	41.34	41.81	↓	공공 - 중앙	100.00	100.00	
대학 - 대구대학교	96.39	98.21	▼	대학 - 계명문화대학	100.00	100.00	
공공 - 신탄진	25.62	26.97	↓	공공 - 광주학생독립운동기념회관	42.24	91.29	▼
대학 - 홍익대학교	100.00	100.00		대학 - 서남대학교	73.17	100.00	●
대학 - 충남대학교	39.45	39.55	↓	공공 - 서부	100.00	100.00	
대학 - 조선대학교	17.22	19.45	↓	공공 - 주안	61.25	69.53	▼
대학 - 동국대학교	90.15	90.69	▼	공공 - 부평	81.48	87.29	▼
대학 - 전남대학교	62.58	62.84	▼	대학 - 가톨릭대학교성신교정	6.92	78.12	▼
대학 - 경희대학교	61.08	86.86	▼	공공 - 김해	100.00	100.00	
대학 - 울산대학교	34.77	36.19	↓	공공 - 춘천평생교육정보관(전)	54.84	73.46	▼
대학 - 청주대학교	97.77	100.00	●	대학 - 공군사관학교	35.37	86.86	▼
대학 - 대구가톨릭대학교	21.61	25.73	↓	공공 - 창원시립	44.25	67.83	▼
대학 - 동의대학교	42.67	45.43	↓	공공 - 고척	64.53	74.77	▼
대학 - 세종대학교	41.23	47.07	↓	공공 - 고덕평생학습관	81.58	84.39	▼
대학 - 충북대학교	29.57	32.20	↓	공공 - 마포평생학습관	74.27	79.62	▼
대학 - 관동대학교	38.46	52.54	▼	공공 - 서구	100.00	100.00	
대학 - 경성대학교	100.00	100.00		공공 - 북구	93.09	100.00	●
대학 - 배재대학교	75.66	78.74	▼	공공 - 개포	100.00	100.00	
대학 - 전주대학교	35.16	42.04	↓	공공 - 송파	100.00	100.00	
대학 - 우석대학교	13.76	44.81	↓	공공 - 인천시립	36.69	100.00	●
공공 - 한밭	36.20	36.20	↓	공공 - 대전학생교육문화원	35.62	67.43	▼
공공 - 시민	43.73	43.89	↓	공공 - 안양시립평촌	95.27	97.66	▼

DMU	CCR	BCC	비고	DMU	CCR	BCC	비고
대학 – 명지대학교자연캠퍼스	20.89	34.52	↓	공공 – 강동	100.00	100.00	
대학 – 경기대학교	27.93	33.31	↓	공공 – 동부	87.08	87.25	▼
대학 – 신라대학교	26.65	37.54	↓	공공 – 우당	35.46	74.78	▼
공공 – 정독	42.04	42.12	↓	대학 – 상주대학교	36.38	78.57	▼
대학 – 덕성여자대학교	21.62	30.49	↓	대학 – 한세대학교	21.72	88.37	▼
대학 – 서울여자대학교	100.00	100.00		공공 – 김천시립	100.00	100.00	
공공 – 남산	34.25	35.99	↓	대학 – 대불대학교	8.65	81.80	▼
대학 – 한림대학교	31.41	61.32	▼	공공 – 중계평생학습관	10.43	71.26	▼
대학 – 홍익대학교조치원캠퍼스	54.82	65.85	▼	공공 – 부천시립 중앙	74.10	82.92	▼
대학 – 대진대학교	27.84	40.09	↓	공공 – 강남	100.00	100.00	
대학 – 세명대학교	17.93	35.12	↓	공공 – 제주	29.72	87.70	▼
공공 – 도립성남	73.02	80.29	▼	공공 – 성남시중앙문화정보	100.00	100.00	
대학 – 창원대학교	29.86	39.47	↓	공공 – 성남시중원문화정보센터	69.52	82.59	▼
대학 – 광운대학교	60.96	66.23	▼	공공 – 울산남부	90.34	90.85	▼
공공 – 중앙	62.87	66.08	▼	대학 – 경남정보대학	44.76	82.96	▼
대학 – 상명대학교	41.69	49.56	↓	공공 – 화도진	70.87	85.44	▼
대학 – 한국교원대학교	50.38	61.41	▼	공공 – 울산중부	75.39	86.01	▼
공공 – 도립중앙	100.00	100.00		대학 – 진주교육대학교	39.73	91.61	▼
대학 – 명지대학교	37.75	47.00	↓	공공 – 천안중앙	100.00	100.00	
대학 – 대전대학교	38.16	47.03	↓	공공 – 대봉	50.04	82.75	▼
대학 – 가톨릭대학교성심교정	38.70	43.29	↓	공공 – 송정	29.14	86.46	▼
대학 – 포항공과대학교	28.21	50.39	▼	공공 – 남부	85.91	90.06	▼
대학 – 강남대학교	57.77	65.08	▼	공공 – 김포시립	44.79	84.65	▼
대학 – 목포대학교	75.56	100.00	●	대학 – 광주가톨릭대학교	13.61	100.00	●
대학 – 호원대학교	52.38	87.54	▼	대학 – 경북전문대학	16.21	100.00	●
공공 – 도립과천	83.77	100.00	●	대학 – 여수대학교	23.41	86.07	▼
대학 – 상지대학교	95.74	100.00	●	공공 – 강릉평생교육정보관(전)	30.76	82.12	▼
대학 – 경주대학교	12.06	63.67	▼	공공 – 용인시립	100.00	100.00	
대학 – 한국해양대학교	6.92	40.62	↓	공공 – 진주연암	27.71	100.00	●
대학 – 고려대학교서창캠퍼스	76.52	78.79	▼	대학 – 수원과학대학	100.00	100.00	
공공 – 중앙	71.82	71.91	▼	공공 – 유성	100.00	100.00	
공공 – 충북중앙	33.24	44.33	↓	공공 – 구덕	100.00	100.00	
대학 – 성결대학교	38.03	60.64	▼	공공 – 명장	54.05	95.73	▼
공공 – 동대문	54.11	60.67	▼	공공 – 마산	60.48	91.82	▼
공공 – 광주광역시립도서관	55.07	72.44	▼	공공 – 반송	68.82	100.00	●
대학 – 삼척대학교	13.35	53.08	▼	대학 – 인덕대학	16.91	99.68	▼
공공 – 용산	24.65	48.61	↓	대학 – 창원전문대학	20.76	100.00	●
전특 – 한국과학기술원	62.15	72.50	▼	공공 – 울산동부	84.48	98.62	▼
대학 – 금오공과대학교	24.43	55.16	▼	공공 – 해운대	71.60	100.00	●
공공 – 북부	67.02	68.51	▼	공공 – 성남시수정문화정보센터	100.00	100.00	

DMU	CCR	BCC	비고	DMU	CCR	BCC	비고
공공 - 수원시선경	74.24	75.00	▼	공공 - 안성시립	51.57	100.00	●
공공 - 양천	64.53	64.98	▼	대학 - 광주보건대학	7.38	100.00	●
대학 - 협성대학교	10.48	83.17	▼	공공 - 경주시립	100.00	100.00	
대학 - 혜천대학	28.20	77.74	▼	공공 - 속초평생교육정보관(전)	100.00	100.00	
대학 - 장로회신학대학교	36.65	72.33	▼	공공 - 김해칠암	100.00	100.00	
공공 - 강서	53.32	62.17	▼	공공 - 금호교육문화회관	63.72	100.00	●
공공 - 광명하안	90.35	91.15	▼	공공 - 은평구립	76.36	100.00	●
전특 - 국사편찬위원회	48.99	100.00	●	공공 - 구포	75.27	100.00	●
공공 - 두류	70.08	73.24	▼	대학 - 충주대학교	31.12	100.00	●
공공 - 부전	94.88	94.95	▼	공공 - 탐라	42.28	100.00	●
공공 - 효목	95.46	100.00	●	공공 - 시흥시립	65.39	100.00	●
공공 - 도봉	92.37	96.16	▼	공공 - 삼척평생교육정보관(전)	31.90	100.00	●

※ ●는 CCR분석에서 비효율적으로 분석된 도서관이 BCC분석에서 효율적으로 분석된 도서관
※ ▼는 CCR분석과 BCC분석 모두 비효율적으로 분석된 도서관
※ ↓는 CCR분석과 BCC분석 모두에서 효율성이 50 미만으로 분석된 도서관

<표 4 - 174> 관종 통합 BCC분석에서 효율성이 크게 향상된 도서관(2004년, 장서수 : 10만 권 이상)

DMU	CCR	BCC	DMU	CCR	BCC
전특 - 국사편찬위원회	48.99	100.00	대학 - 광주보건대학	7.38	100.00
대학 - 광주가톨릭대학교	13.61	100.00	대학 - 충주대학교	31.12	100.00
대학 - 경북전문대학	16.21	100.00	공공 - 탐라	42.28	100.00
공공 - 진주연암	27.71	100.00	공공 - 삼척평생교육정보관(전)	31.90	100.00
대학 - 창원전문대학	20.76	100.00			

7.2.3 2004년 관종 통합 CCR분석(장서수 : 1만 권 - 10만 권 미만)

동일 수준의 산출을 내기 위해 소요되는 투입을 최소하고 산출이 투입수준에 따라 직접적인 영향을 받는 것으로 가정되는 도서관 관종을 통합하여 장서수가 1만 권~10만 권 미만인 155개 도서관을 대상으로 하는 2004년 CCR분석결과는 <표 4 - 175>와 <부록 3>의 <표 18>과 같다.

2004년 1만 권~10만 권 미만의 장서를 보유한 155개 도서관의 CCR 효율성 결과에 대해 살펴보면 19개 도서관이 '효율적'으로 분석되었으며, 구체적으로 공공도서관이 13개, 대학도서관이 4개, 전문·특수도서관이 2개로 나타났다. 그리고 효율성이 50%에 미치지 못하는 도서관이 89개로 나타났다.

비효율적인 DMU들의 준거집단을 형성하는 DMU들에 관한 분석내용을

정리하면, 2004년 1만 권~10만 권 미만의 장서를 보유한 전체 도서관의 CCR분석에서 준거집단으로 참조된 집단들은 <표 4-176>과 같다.

2004년 준거집단의 참조 횟수를 정리하면, 준거집단으로 사용된 도서관은 18개로 공공도서관이 12개, 대학도서관이 4개, 전문·특수도서관이 2개였으며, 가장 많이 준거집단으로 참조된 도서관은 합천도서관으로 총 101회 참조되었으며, 다음으로 용운도서관, 관악문화도서관 등의 순으로 나타났다. 따라서 2004년 CCR분석에서 가장 효율적인 서비스를 제공하는 1만 권~10만 권 미만의 장서를 보유한 도서관은 관종을 통틀어 합천도서관이라 할 수 있다.

<표 4-175> 2004년 관종 통합 CCR 효율성 분석결과(효율성 : 100, 장서수 : 1만 권-10만 권 미만)

19개
공공 - 합천, 대학 - 대전보건대학, 공공 - 충주학생, 공공 - 함안, 대학 - 대구보건대학, 공공 - 중원, 대학 - 양산대학, 공공 - 창녕, 전특 - 영화진흥위원회, 전특 - 해병대사령부, 공공 - 용운, 공공 - 보령공공, 공공 - 화성시립태안, 대학 - 김천대학, 공공 - 장흥, 공공 - 광진정보, 공공 - 제천시립, 공공 - 관악문화도서관, 공공 - 해운대반여

<표 4-176> 2004년 관종 통합 CCR분석 준거집단의 참조 횟수(장서수 : 1만 권-10만 권 미만)

DMU	참조 횟수	DMU	참조횟수	DMU	참조 횟수
공공 - 합천	101	공공 - 보령공공	16	공공 - 장흥	7
공공 - 용운	77	공공 - 중원	12	공공 - 광진정보	7
공공 - 관악문화도서관	68	전특 - 해병대사령부	12	공공 - 해운대반여	6
공공 - 함안	23	대학 - 김천대학	11	대학 - 대전보건대학	5
공공 - 충주학생	18	대학 - 양산대학	9	전특 - 영화진흥위원회	4
공공 - 화성시립태안	18	대학 - 대구보건대학	8	공공 - 제천시립	1

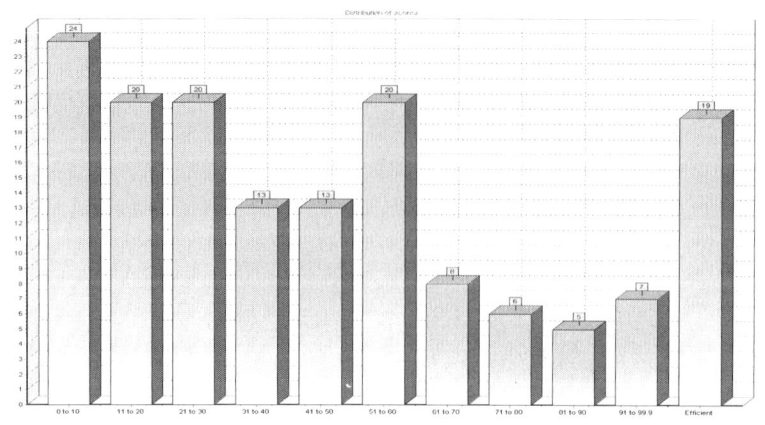

<그림 4-39> 2004년 관종 통합 CCR 효율성 점수 분포(장서수 : 1만 권-10만 권 미만)

7.2.4 2004년 관종 통합 BCC분석(장서수 : 1만 권-10만 권 미만)

도서관 관종을 통합하여 장서수가 1만 권~10만 권 미만인 155개 도서관을 대상으로 하는 2004년 BCC분석결과는 <표 4-177>과 <부록 3>의 <표 19>와 같다. 2004년 1만 권~10만 권 미만의 장서를 보유한 155개 도서관의 BCC 효율성 결과에 대해 살펴보면 33개 도서관이 '효율적'으로 분석되었으며, 구체적으로 공공도서관이 16개, 대학도서관이 5개, 전문·특수도서관이 12개로 나타났다. 그리고 효율성이 50%에 미치지 못하는 도서관이 55개로 나타났다.

비효율적인 DMU들의 준거집단을 형성하는 DMU들에 관한 분석내용을 정리하면, 2004년 1만 권~10만 권 미만의 장서를 보유한 전체 도서관의 BCC분석에서 준거집단으로 참조된 집단들은 <표 4-178>과 같다.

2004년 준거집단의 참조 횟수를 정리하면, 준거집단으로 사용된 도서관은 31개로 공공도서관이 14개, 대학도서관이 5개, 전문·특수도서관이 12개였으며, 가장 많이 준거집단으로 참조된 도서관은 문화방송으로 총 59회 참조되었으며, 다음으로 공주문화원, 영화진흥위원회, 합천도서관, 관악문화도서관 등의 순으로 나타났다. 따라서 2004년 BCC분석에서 가장 효율적인 서비스를 제공하는 1만 권~10만 권 미만의 장서를 보유한 도서관은 관종을 통틀어 문화방송 도서관이라 할 수 있다.

<표 4-177> 2004년 관종 통합 BCC 효율성 분석결과(효율성 : 100, 장서수 : 1만 권-10만 권 미만)

33개
대학 - 군산간호대학, 전특 - 한국시설안전기술공단, 전특 - 문화방송, 전특 - 공주문화원도서관, 대학 - 대구보건대학, 공공 - 부안, 전특 - 한국자원연구소, 공공 - 통영산양, 전특 - 농업환경관(농업과학기술원), 전특 - 한국지질자원연구원, 공공 - 용운, 공공 - 해운대반여, 전특 - 전남교육연수원, 대학 - 양산대학, 공공 - 중원, 공공 - 제천시립, 공공 - 함안, 공공 - 관악문화도서관, 공공 - 합천, 공공 - 광진정보, 공공 - 보령공공, 공공 - 밀양시립, 전특 - 국립수의과학검역원, 공공 - 장흥, 공공 - 충주학생, 공공 - 창녕, 전특 - 해병대사령부, 전특 - 영화진흥위원회, 전특 - 대전시립연정국 악연구원, 대학 - 대전보건대학, 전특 - 중앙선거관리위원회, 공공 - 화성시립태안, 대학 - 김천대학

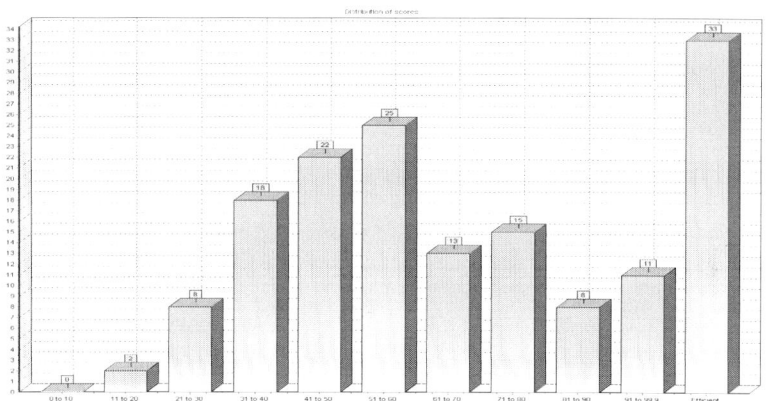

<그림 4-40> 2004년 관종 통합 BCC 효율성 점수 분포(장서수 : 1만 권-10만 권 미만)

<표 4-178> 2004년 관종 통합 BCC분석 준거집단의 참조 횟수(장서수 : 1만 권-10만 권 미만)

DMU	참조 횟수	DMU	참조 횟수	DMU	참조 횟수
전특 - 문화방송	59	전특 - 대전시립연정국악연구원	22	공공 - 중원	4
전특 - 공주문화원도서관	58	공공 - 충주학생	22	전특 - 한국지질자원연구원	4
전특 - 영화진흥위원회	54	공공 - 장흥	14	대학 - 양산대학	3
공공 - 합천	53	공공 - 화성시립태안	13	공공 - 통영산양	3
공공 - 관악문화도서관	52	전특 - 전남교육연수원	11	대학 - 대구보건대학	3
공공 - 용운	49	전특 - 국립수의과학검역원	11	대학 - 김천대학	2
전특 - 농업환경관(농업과학기술원)	46	대학 - 대전보건대학	8	공공 - 창녕	2
공공 - 보령공공	42	공공 - 광진정보	8	전특 - 한국자원연구소	2
전특 - 해병대사령부	32	공공 - 해운대반여	7	전특 - 중앙선거관리위원회	2
공공 - 함안	28	대학 - 군산간호대학	6		
전특 - 한국시설안전기술공단	25	공공 - 부안	5		

<표 4-179>는 CCR분석과 BCC분석의 효율성 차이에 대한 점수를 비교하여 규모의 효율성을 찾아내기 위해 각각의 점수를 비교분석한 표이다. 이는 CCR분석에서 비효율적으로 판명된 DMU가 순수하게 투입과 산출의 차이에 의해 비효율이 발생하는지 아니면 규모의 비효율성 점수가 낮게 나오기 때문에 낮게 나오는지 알아보기 위한 것이다.

적정 규모의 변화를 허용한 BCC모형에서는 CCR모형이 19개의 선정 도서관이 경험적 프런티어를 형성하고 있는 것으로 나타났던 것에 비해 33개의 도서관이 효율적인 것으로 나타나, 14개 도서관의 효율성 점수가 향상된 것을 알 수 있다. 또한 CCR분석에서 효율성이 50 미만인 공공도서관이 BCC분석에서는 효율적으로 분석된 경우가 모두 9개 도서관으로 나타나, 효율성 분석의 해석에 주의를 요하는 것으로 나타났으며, 특히 농업환경관(농업과학기술원)은 효율성이 2.87에서 100으로 크게 증가한 것으로 분석되었다. 그리고 울산과학대학, 신흥대학, 유한대학, 서울특별시종합자료관 등은 CCR분석과 BCC분석 모두에서 효율성이 50 미만인 도서관으로 분석되었다.

<표 4-179> 2004년 관종 통합 CCR 및 BCC 효율성 점수 비교(장서수 : 1만 권-10만 권 미만)

DMU	CCR	BCC	비고	DMU	CCR	BCC	비고
대학 - 울산과학대학	9.22	25.00	↓	공공 - 예천	50.31	57.76	▼
대학 - 신흥대학	13.61	26.10	↓	공공 - 예산	51.17	59.95	▼
공공 - 의왕시립	81.24	81.95	▼	공공 - 충주학생	100.00	100.00	
대학 - 유한대학	8.50	25.00	↓	공공 - 단양	70.60	78.96	▼
대학 - 대구보건대학	100.00	100.00		공공 - 담양	33.73	44.99	↓
공공 - 사하	56.35	56.49	▼	대학 - 동주대학	8.51	50.00	▼
전특 - 서울특별시종합자료관	28.65	31.11	↓	공공 - 제남	65.39	69.80	▼
공공 - 연산	55.47	55.91	▼	공공 - 점촌	22.45	39.56	↓
전특 - 한국건설기술연구원	5.39	20.93	↓	대학 - 마산대학	9.78	50.00	▼
대학 - 부산여자대학	2.23	17.33	↓	공공 - 양주시립	72.85	80.88	▼
공공 - 용운	100.00	100.00		공공 - 장흥	100.00	100.00	
공공 - 갈마	78.70	79.87	▼	공공 - 논산강경	52.69	84.97	▼
전특 - 국토연구원	13.05	40.28	↓	공공 - 남해	20.39	38.82	↓
공공 - 남구	48.70	50.29	▼	공공 - 산청	9.33	29.25	↓
공공 - 서동	92.21	92.46	▼	공공 - 밀양시립	92.14	100.00	●
공공 - 광양공공	85.00	85.30	▼	대학 - 진주국제대학교	5.63	27.53	↓
공공 - 제천시립	100.00	100.00		공공 - 증평	74.98	82.39	▼
공공 - 서귀포학생	27.03	51.01	▼	공공 - 보령공공	100.00	100.00	

DMU	CCR	BCC	비고	DMU	CCR	BCC	비고
공공 – 성동문화	65.42	65.42	▼	공공 – 성주	47.80	74.10	▼
공공 – 광진정보	100.00	100.00		공공 – 고성(강원도)	42.30	71.29	▼
대학 – 창신대학	23.48	43.21	↓	공공 – 군위	56.51	77.66	▼
공공 – 시흥시종합복지회관	46.53	48.69	↓	공공 – 청원	33.56	47.59	↓
공공 – 북구일곡	82.94	85.01	▼	공공 – 거제	51.73	58.27	▼
공공 – 정읍시립	43.56	48.32	↓	공공 – 도계	22.45	57.52	▼
공공 – 마산회원	52.84	55.30	▼	공공 – 함양	33.20	52.70	▼
대학 – 한영신학대학교	2.79	22.76	↓	공공 – 옥천	53.20	62.00	▼
공공 – 울산울주	55.70	56.11	▼	공공 – 합천	100.00	100.00	
대학 – 주성대학	14.00	50.00	▼	대학 – 제주산업정보대학	34.63	44.44	↓
대학 – 부산가톨릭대학교	15.81	24.88	↓	공공 – 장성	60.11	70.01	▼
공공 – 하남시립	60.69	61.33	▼	공공 – 남지	39.50	49.21	↓
전특 – 통계청	22.50	37.75	↓	공공 – 보은	57.79	66.22	▼
대학 – 여주대학	10.98	33.33	↓	공공 – 진영	52.49	59.99	▼
공공 – 영도	52.31	53.84	▼	공공 – 해남군립	90.87	98.17	▼
대학 – 장안대학	19.95	50.00	▼	대학 – 동우대학	68.06	89.46	▼
공공 – 달성	38.72	45.98	↓	공공 – 음성	83.24	99.34	▼
전특 – 문화관광부	12.71	59.71	▼	공공 – 밀양	61.65	75.95	▼
공공 – 관악문화도서관	100.00	100.00		공공 – 밀양하남	22.32	40.10	↓
대학 – 대전보건대학	100.00	100.00		전특 – 한국화학연구소	17.52	54.55	▼
공공 – 안산	96.29	96.32	▼	공공 – 중원	100.00	100.00	
대학 – 조선이공대학	4.45	34.58	↓	대학 – 양산대학	100.00	100.00	
공공 – 삼천포	40.74	46.38	↓	공공 – 금왕	59.08	67.15	▼
공공 – 송악	10.26	58.44	▼	공공 – 진동	20.57	37.34	↓
공공 – 마산시립합포	96.47	96.94	▼	전특 – 대한주택공사	38.52	74.12	▼
공공 – 태백	52.02	57.47	▼	공공 – 춘성	16.40	41.21	↓
대학 – 한라대학교	68.61	69.32	▼	공공 – 고성(경남)	27.14	47.66	↓
공공 – 제천학생(전)	42.08	54.06	▼	대학 – 군장대학	10.94	75.51	▼
공공 – 광주학생교육문화회관	71.36	71.59	▼	전특 – 대한상공회의소	19.83	49.51	↓
대학 – 김천대학	100.00	100.00		공공 – 해운대반여	100.00	100.00	
공공 – 양산웅상	48.23	53.86	▼	공공 – 통영산양	28.69	100.00	●
공공 – 영월	46.93	50.13	▼	공공 – 신안군립	13.77	46.67	↓
공공 – 사천	33.57	40.31	↓	공공 – 부안	29.05	100.00	●
전특 – 육군교육사령부	26.59	82.43	▼	대학 – 한국정보통신대학교	11.35	38.14	↓
공공 – 정선	43.11	45.67	↓	전특 – 국민체육진흥공단체육과학연구원	15.02	87.86	▼
공공 – 의성	27.35	39.40	↓	전특 – 한국고등교육재단	3.54	56.73	▼
공공 – 서귀포종합(전)	37.27	57.28	▼	전특 – 경기도청	60.87	77.74	▼
공공 – 서천	62.29	75.12	▼	전특 – 육군제3158부대	10.06	67.75	▼
대학 – 경북과학대학	30.63	54.96	▼	전특 – 전남교육연수원	29.59	100.00	●
공공 – 화성시립태안	100.00	100.00		공공 – 의성군립안계	19.14	62.28	▼

DMU	CCR	BCC	비고	DMU	CCR	BCC	비고
공공 – 통영	53.08	57.90	▼	전특 – 광주전남발전연구원	2.54	73.30	▼
공공 – 가오	43.25	53.26	▼	전특 – 중앙선거관리위원회	10.61	100.00	
공공 – 울진	30.28	44.37	↓	공공 – 서귀포시동부	52.51	69.27	▼
공공 – 서귀포시립(전)	76.65	79.11	▼	전특 – 문화방송	58.82	100.00	●
공공 – 금산	39.14	63.38	▼	전특 – 특허청특허참고자료실	15.15	91.85	▼
공공 – 청송	15.37	36.14	↓	전특 – 국립수의과학검역원	36.35	100.00	●
공공 – 홍성	30.87	39.89	↓	전특 – 해병대사령부	100.00	100.00	
공공 – 기장도서관	95.38	96.82	▼	전특 – 영화진흥위원회	100.00	100.00	
공공 – 창녕	100.00	100.00		전특 – 서울특별시과학교육원	6.39	66.17	▼
공공 – 괴산	45.23	55.60	▼	공공 – 함안	100.00	100.00	
공공 – 영일	26.57	39.12	↓	전특 – 서울시정개발연구원	21.02	95.01	▼
공공 – 성북정보	91.33	92.33	▼	전특 – 대전시립연정국악연구원	8.37	100.00	●
대학 – 안동과학대학	9.27	30.39	↓	대학 – 적십자간호대학	8.23	91.23	▼
공공 – 양산	93.33	95.95	▼	전특 – 한국지질자원연구원	4.33	100.00	●
대학 – 용인송담대학	12.87	33.33	↓	전특 – 농업환경관 (농업과학기술원)	2.87	100.00	●
대학 – 서강정보대학	45.75	49.77	▼	전특 – 한국자원연구소	11.57	100.00	●
공공 – 당진	69.44	75.39	▼	전특 – 공주문화원도서관	75.29	100.00	●
공공 – 고흥평생교육관	16.18	57.32	▼	전특 – 한국시설안전기술공단	36.50	100.00	●
공공 – 양양	24.07	38.95	↓	대학 – 군산간호대학	6.79	100.00	●
공공 – 철원	23.26	36.52	↓				

※ ●는 CCR분석에서 비효율적으로 분석된 도서관이 BCC분석에서 효율적으로 분석된 도서관
※ ▼는 CCR분석과 BCC분석 모두 비효율적으로 분석된 도서관
※ ↓ 는 CCR분석과 BCC분석 모두에서 효율성이 50 미만으로 분석된 도서관

<표 4 – 180> 관종 통합 BCC분석에서 효율성이 크게 향상된 도서관
(2004년, 장서수 : 1만 권 – 10만 권 미만)

DMU	CCR	BCC	DMU	CCR	BCC
공공 – 통영산양	28.69	100.00	전특 – 한국지질자원연구원	4.33	100.00
공공 – 부안	29.05	100.00	전특 – 농업환경관(농업과학기술원)	2.87	100.00
전특 – 전남교육연수원	29.59	100.00	전특 – 한국자원연구소	11.57	100.00
전특 – 국립수의과학검역원	36.35	100.00	전특 – 한국시설안전기술공단	36.50	100.00
전특 – 대전시립연정국악연구원	8.37	100.00	대학 – 군산간호대학	6.79	100.00

7.2.5 2004년 관종 통합 CCR분석(장서수 : 1만 권 미만)

동일 수준의 산출을 내기 위해 소요되는 투입을 최소하고 산출이 투입수준에 따라 직접적인 영향을 받는 것으로 가정되는 도서관 관종을 통합하여 장서수가 1만 권 미만인 17개 도서관을 대상으로 하는 2004년 CCR분석결과

는 <표 4 - 181>과 <부록 3>의 <표 20>과 같다.

　2004년 1만 권 미만의 장서를 보유한 17개 도서관의 CCR 효율성 결과에 대해 살펴보면 11개 도서관이 '효율적'으로 분석되었으며, 구체적으로 공공도서관이 4개, 전문·특수도서관이 7개로 나타났다. 그리고 효율성이 50%에 미치지 못하는 도서관이 4개로 나타났다.

　비효율적인 DMU들의 준거집단을 형성하는 DMU들에 관한 분석내용을 정리하면, 2004년 1만 권 미만의 장서를 보유한 전체 도서관의 CCR분석에서 준거집단으로 참조된 집단들은 <표 4 - 182>와 같다.

　2004년 준거집단의 참조 횟수를 정리하면, 준거집단으로 사용된 도서관은 7개로 공공도서관이 3개, 전문·특수도서관이 4개였으며, 가장 많이 준거집단으로 참조된 도서관은 강남성심병원도서관으로 총 6회 참조되었으며, 다음으로 고성동부도서관, 부산발전연구원, 현대자동차, 동두천시립도서관, 경북교육정보(전) 등의 순으로 나타났다. 따라서 2004년 CCR분석에서 가장 효율적인 서비스를 제공하는 1만 권 미만의 장서를 보유한 도서관은 관종을 통틀어 강남성심병원도서관이라 할 수 있다.

<표 4 - 181> 2004년 관종 통합 CCR 효율성 분석결과(효율성 : 100, 장서수 : 1만 권 미만)

11개
공공 - 영동, 전특 - 강남성심병원, 전특 - 현대자동차, 공공 - 동두천시립, 공공 - 경북교육정보(전), 전특 - 전라북도교원연수원, 전특 - 시설안전기술공단, 공공 - 고성동부, 전특 - 전라북도시각장애인도서관, 전특 - 광주점자도서관, 전특 - 부산발전연구원

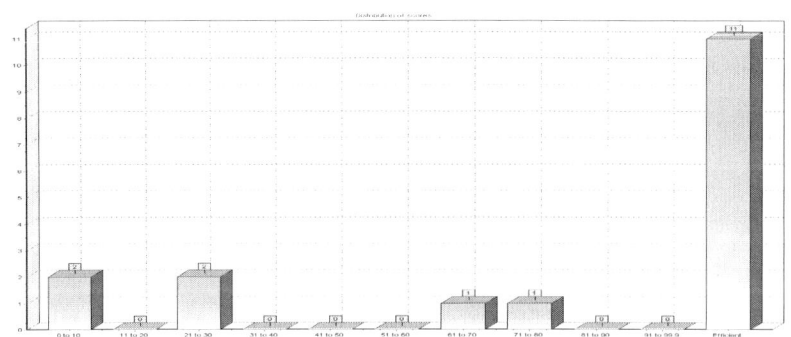

<그림 4-41> 2004년 관종 통합 CCR 효율성 점수 분포(장서수 : 1만 권 미만)

<표 4-182> 2004년 관종 통합 CCR분석 준거집단의 참조 횟수(장서수 : 1만 권 미만)

DMU	참조 횟수	DMU	참조 횟수	DMU	참조횟수
전특 - 강남성심병원	6	전특 - 현대자동차	1	전특 - 시설안전기술공단	1
공공 - 고성동부	4	공공 - 동두천시립	1		
전특 - 부산발전연구원	2	공공 - 경북교육정보(전)	1		

7.2.6 2004년 관종 통합 BCC분석(장서수 : 1만 권 미만)

도서관 관종을 통합하여 장서수가 1만 권 미만인 17개 도서관을 대상으로 하는 2004년 BCC분석결과, 모든 도서관이 '효율적'으로 나타났다.

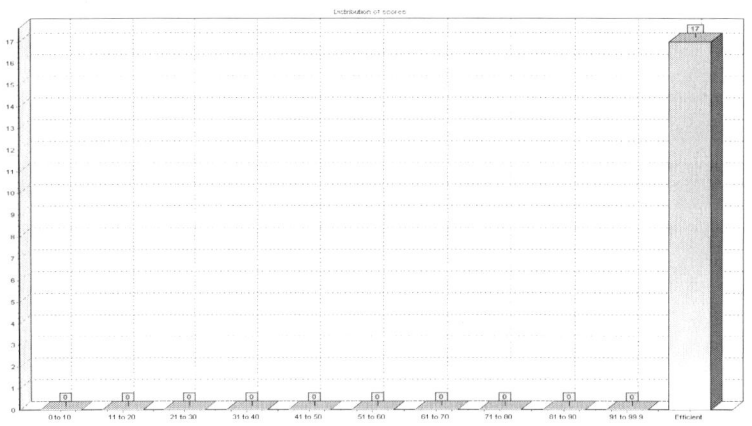

<그림 4-42> 2004년 관종 통합 BCC 효율성 점수 분포(장서수 : 1만 권 미만)

<표 4-183>은 CCR분석과 BCC분석의 효율성 차이에 대한 점수를 비교하여 규모의 효율성을 찾아내기 위해 각각의 점수를 비교분석한 표이다. 이는 CCR분석에서 비효율적으로 판명된 DMU가 순수하게 투입과 산출의 차이에 의해 비효율이 발생하는지 아니면 규모의 비효율성 점수가 낮게 나오기 때문에 낮게 나오는지 알아보기 위한 것이다.

적정 규모의 변화를 허용한 BCC모형에서는 CCR모형이 11개의 선정 도서관이 경험적 프런티어를 형성하고 있는 것으로 나타났던 것에 비해 17개의 도서관이 효율적인 것으로 나타나, 6개 도서관의 효율성 점수가 향상된 것을 알 수 있다. 또한 CCR분석에서 효율성이 50 미만인 공공도서관이 BCC분석에서는 효율적으로 분석된 경우가 모두 4개 도서관으로 나타나, 효율성 분석의 해석에 주의를 요하는 것으로 나타났으며, 특히 국군의무사령부 도서관은 효율성이 9.93에서 100으로 크게 증가한 것으로 분석되었다. 그리고 CCR분석과 BCC분석 모두에서 효율성이 50 미만인 도서관은 없는 것으로 분석되었다.

<표 4-183> 2004년 관종 통합 CCR 및 BCC 효율성 점수 비교(장서수 : 1만 권 미만)

DMU	CCR	BCC	비고	DMU	CCR	BCC	비고
공공 - 영동	100.00	100.00		전특 - 국군의무사령부	9.93	100.00	●
전특 - 강남성심병원	100.00	100.00		전특 - 부산발전연구원	100.00	100.00	
전특 - 현대자동차	100.00	100.00		전특 - 국제특허연수원	74.27	100.00	●
공공 - 동두천시립	100.00	100.00		전특 - 전라북도시각장애인도서관	100.00	100.00	
공공 - 경북교육정보(전)	100.00	100.00		공공 - 고성동부	100.00	100.00	
전특 - 전라북도교원연수원	100.00	100.00		전특 - 대진의료재단분당제생병원	69.38	100.00	●
전특 - 시설안전기술공단	100.00	100.00		대학 - 복음신학대학원대학교	23.96	100.00	●
전특 - 경기도과학연구원	23.74	100.00	●	전특 - 광주점자도서관	100.00	100.00	
전특 - 목포가톨릭병원	10.90	100.00	●				

※ ●는 CCR분석에서 비효율적으로 분석된 도서관이 BCC분석에서 효율적으로 분석된 도서관
※ ▼는 CCR분석과 BCC분석 모두 비효율적으로 분석된 도서관
※ ↓는 CCR분석과 BCC분석 모두에서 효율성이 50 미만으로 분석된 도서관

<표 4-184> 관종 통합 BCC분석에서 효율성이 크게 향상된 도서관(2004년, 장서수 : 1만 권 미만)

DMU	CCR	BCC	DMU	CCR	BCC
전특 - 경기도과학연구원	23.74	100.00	전특 - 국군의무사령부	9.93	100.00
전특 - 목포가톨릭병원	10.90	100.00	대학 - 복음신학대학원대학교	23.96	100.00

7.3 2005년 관종 통합 분석

7.3.1 2005년 관종 통합 CCR분석(장서수 : 10만 권 이상)

동일 수준의 산출을 내기 위해 소요되는 투입을 최소하고 산출이 투입수준에 따라 직접적인 영향을 받는 것으로 가정되는 도서관 관종을 통합하여 장서수가 10만 권 이상인 154개 도서관을 대상으로 하는 2005년 CCR분석결과는 <표 4-185>와 <부록 3>의 <표 21>과 같다.

2005년 10만 권 이상의 장서를 보유한 154개 도서관의 CCR 효율성 결과에 대해 살펴보면 9개 도서관이 '효율적'으로 분석되었으며, 구체적으로 공공도서관이 7개, 대학도서관이 1개, 전문·특수도서관이 1개로 나타났다. 그리고 효율성이 50%에 미치지 못하는 도서관이 96개로 나타났다.

비효율적인 DMU들의 준거집단을 형성하는 DMU들에 관한 분석내용을 정리하면, 2005년 10만 권 이상 장서를 보유한 전체 도서관의 CCR분석에서 준거집단으로 참조된 집단들은 <표 4-186>과 같다.

2005년 준거집단의 참조 횟수를 정리하면, 준거집단으로 사용된 도서관은 9개로 공공도서관이 7개, 대학도서관이 1개, 전문·특수도서관이 1개였으며, 가장 많이 준거집단으로 참조된 도서관은 양천도서관으로 총 104회 참조되었으며, 다음으로 도립성남도서관, 도립과천도서관, 광주광역시립도서관, 국사편찬위원회 등의 순으로 나타났다. 따라서 2005년 CCR분석에서 가장 효율적인 서비스를 제공하는 10만 권 이상의 장서를 보유한 도서관은 관종을 통틀어 양천도서관이라 할 수 있다.

<표 4-185> 2005년 관종 통합 CCR 효율성 분석결과(효율성 : 100, 장서수 : 10만 권 이상)

9개
공공-성남시중앙문화정보, 공공-도립성남, 공공-광주광역시립도서관, 공공-양천, 전특-국사편찬위원회, 공공-울산동부, 공공-속초평생교육정보관(전), 공공-도립과천, 대학-서울여자대학교

<표 4-186> 2005년 관종 통합 CCR분석 준거집단의 참조 횟수(장서수 : 10만 권 이상)

DMU	참조 횟수	DMU	참조 횟수
공공-양천	104	공공-속초평생교육정보관(전)	31
공공-도립성남	96	공공-울산동부	15
공공-도립과천	61	공공-성남시중앙문화정보	4
공공-광주광역시립도서관	58	대학-서울여자대학교	2
전특-국사편찬위원회	34		

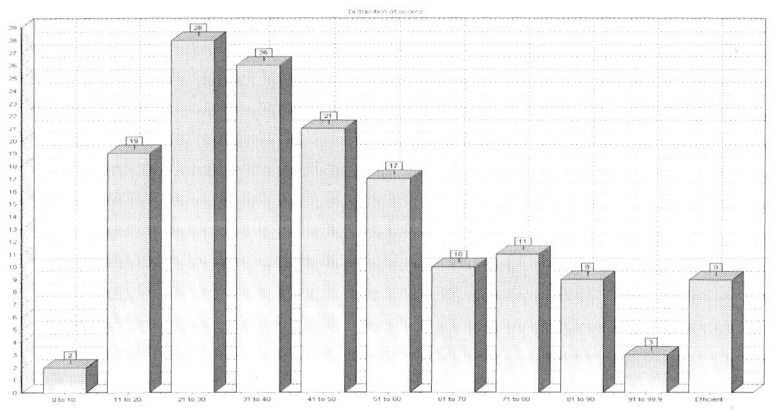

<그림 4-43> 2005년 관종 통합 CCR 효율성 점수 분포(장서수 : 10만 권 이상)

7.3.2 2005년 관종 통합 BCC분석(장서수 : 10만 권 이상)

도서관 관종을 통합하여 장서수가 10만 권 이상인 154개 도서관을 대상으로 하는 2005년 BCC분석결과는 <표 4-187>과 <부록 3>의 <표 22>와 같다. 2005년 10만 권 이상의 장서를 보유한 154개 도서관의 BCC 효율성 결과에 대해 살펴보면 40개 도서관이 '효율적'으로 분석되었으며, 구체적으로 공공도서관이 27개, 대학도서관이 12개, 전문·특수도서관이 1개로 나타났다. 그리고 효율성이 50%에 미치지 못하는 도서관이 39개로 나타났다.

비효율적인 DMU들의 준거집단을 형성하는 DMU들에 관한 분석내용을 정리하면, 2005년 10만 권 이상의 장서를 보유한 전체 도서관의 BCC분석에서 준거집단으로 참조된 집단들은 <표 4-188>과 같다.

2005년 준거집단의 참조 횟수를 정리하면, 준거집단으로 사용된 도서관은 33개로 공공도서관이 21개, 대학도서관이 11개, 전문·특수도서관이 1개였으며, 가장 많이 준거집단으로 참조된 도서관은 광주가톨릭대학교로 총 78회 참조되었으며, 다음으로 양천도서관, 서남대학교, 속초평생교육정보관(전), 사하도서관 등의 순으로 나타났다. 따라서 2005년 BCC분석에서 가장 효율적인 서비스를 제공하는 10만 권 이상의 장서를 보유한 도서관은 관종을 통틀어 광주가톨릭대학교 도서관이라 할 수 있다.

<표 4-187> 2005년 관종 통합 BCC 효율성 분석결과(효율성 : 100, 장서수 : 10만 권 이상)

40개
공공 - 중앙, 공공 - 도봉, 공공 - 경주시립, 대학 - 서울여자대학교, 공공 - 반송, 대학 - 광주보건대학, 공공 - 울산동부, 공공 - 사하, 공공 - 유성, 대학 - 유한대학, 공공 - 금호교육문화회관, 대학 - 신흥대학, 대학 - 광주가톨릭대학교, 대학 - 진주교육대학교, 대학 - 한세대학교, 공공 - 의왕시립, 대학 - 목포대학교, 공공 - 인천시립, 공공 - 시흥시립, 대학 - 경북전문대학, 공공 - 한밭, 공공 - 안성시립, 공공 - 해운대, 공공 - 구덕, 공공 - 제주, 공공 - 속초평생교육정보관(전), 대학 - 서남대학교, 공공 - 양천, 공공 - 김천시립, 공공 - 성남시중앙문화정보, 공공 - 도립과천, 전특 - 국사편찬위원회, 공공 - 강남, 대학 - 홍익대학교조치원캠퍼스, 공공 - 도립성남, 공공 - 광주광역시립도서관, 공공 - 구포, 대학 - 창원전문대학, 공공 - 안양시립평촌, 공공 - 도립중앙

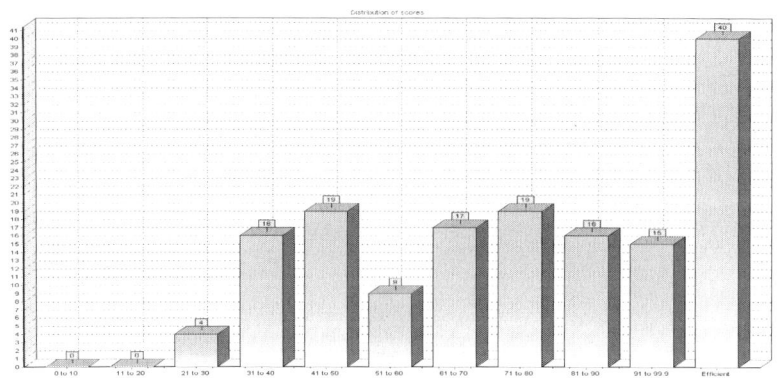

<그림 4-44> 2005년 관종 통합 BCC 효율성 점수 분포(장서수 : 10만 권 이상)

<표 4-188> 2005년 관종 통합 BCC분석 준거집단의 참조 횟수(장서수 : 10만 권 이상)

DMU	참조 횟수	DMU	참조 횟수	DMU	참조 횟수
대학 – 광주가톨릭대학교	78	공공 – 도립과천	20	공공 – 해운대	6
공공 – 양천	74	대학 – 한세대학교	17	공공 – 인천시립	6
대학 – 서남대학교	59	대학 – 신흥대학	12	공공 – 제주	5
공공 – 속초평생교육정보관(전)	56	대학 – 창원전문대학	11	대학 – 목포대학교	5
공공 – 사하	41	공공 – 구포	10	공공 – 강남	4
공공 – 시흥시립	37	공공 – 울산동부	10	공공 – 중앙	3
공공 – 도립성남	33	공공 – 안양시립평촌	10	대학 – 서울여자대학교	3
대학 – 경북전문대학	30	전특 – 국사편찬위원회	10	대학 – 광주보건대학	3
대학 – 유한대학	30	공공 – 도봉	8	공공 – 금호교육문화회관	2
공공 – 유성	29	공공 – 구덕	7	공공 – 경주시립	2
공공 – 광주광역시립도서관	26	대학 – 홍익대학교조치원캠퍼스	6	공공 – 안성시립	1

<표 4-189>는 CCR분석과 BCC분석의 효율성 차이에 대한 점수를 비교하여 규모의 효율성을 찾아내기 위해 각각의 점수를 비교분석한 표이다. 이는 CCR분석에서 비효율적으로 판명된 DMU가 순수하게 투입과 산출의 차이에 의해 비효율이 발생하는지 아니면 규모의 비효율성 점수가 낮게 나오기 때문에 낮게 나오는지 알아보기 위한 것이다.

적정 규모의 변화를 허용한 BCC모형에서는 CCR모형이 9개의 선정 도서관이 경험적 프런티어를 형성하고 있는 것으로 나타났던 것에 비해 40개의 도서관이 효율적인 것으로 나타나, 31개 도서관의 효율성 점수가 향상된 것을 알 수 있다. 또한 CCR분석에서 효율성이 50 미만인 공공도서관이 BCC분석에서는 효율적으로 분석된 경우가 모두 14개 도서관으로 나타나, 효율성 분석의 해석에 주의를 요하는 것으로 나타났으며, 특히 창원전문대학도서관은 효율성이 9.49에서 100으로 크게 증가한 것으로 분석되었다. 그리고 계명대학교, 충남대학교, 홍익대학교, 조선대학교, 전남대학교 등은 CCR분석과 BCC분석 모두에서 효율성이 50 미만인 도서관으로 분석되었다.

<표 4-189> 2005년 관종 통합 CCR 및 BCC 효율성 점수 비교(장서수 : 10만 권 이상)

DMU	CCR	BCC	비고	DMU	CCR	BCC	비고
대학 - 고려대학교	58.73	59.09	▼	공공 - 도봉	94.66	100.00	●
대학 - 계명대학교	38.07	40.02	↓	공공 - 서부	37.79	57.42	▼
대학 - 충남대학교	28.78	30.39	↓	공공 - 김해	71.89	82.26	▼
대학 - 대구대학교	54.29	56.06	▼	공공 - 춘천평생교육정보관(전)	21.50	58.69	▼
대학 - 홍익대학교	47.66	49.42	↓	공공 - 광주학생독립운동기념회관	16.99	95.59	▼
대학 - 조선대학교	28.28	32.04	↓	공공 - 주안	56.13	67.85	▼
대학 - 동국대학교	60.24	61.84	▼	공공 - 마포평생학습관	57.46	69.90	▼
대학 - 전남대학교	33.28	34.62	↓	공공 - 부평	78.03	86.94	▼
대학 - 경희대학교	43.20	44.87	↓	대학 - 가톨릭대학교성신교정	11.52	84.02	▼
대학 - 울산대학교	36.24	38.03	↓	공공 - 서구	59.50	83.34	▼
대학 - 충북대학교	24.12	29.26	↓	공공 - 창원시립	45.69	66.02	▼
대학 - 대구가톨릭대학교	28.08	34.72	↓	공공 - 북구	74.37	79.78	▼
대학 - 청주대학교	64.42	69.63	▼	대학 - 서남대학교	89.33	100.00	●
대학 - 동의대학교	32.93	37.61	↓	대학 - 공군사관학교	6.30	93.75	▼
대학 - 대진대학교	80.06	84.90	▼	공공 - 우당	33.10	73.01	▼
대학 - 세종대학교	26.04	31.82	↓	공공 - 고척	76.73	90.37	▼
대학 - 관동대학교	21.12	49.37	↓	공공 - 안양시립평촌	98.80	100.00	●
대학 - 경성대학교	43.53	48.92	↓	공공 - 고덕평생학습관	57.84	79.50	▼
대학 - 배재대학교	28.73	37.62	↓	공공 - 용인시립	51.84	80.64	▼
대학 - 전주대학교	40.48	50.58	▼	공공 - 성남시중원문화정보센터	54.34	69.30	▼
공공 - 한밭	89.93	100.00	●	공공 - 부천시립 중앙	32.76	67.57	▼
대학 - 우석대학교	20.55	49.89	↓	공공 - 송파	72.62	81.33	▼
대학 - 명지대학교자연캠퍼스	27.08	35.62	↓	공공 - 동부	47.84	77.92	▼
대학 - 신라대학교	32.84	44.41	↓	공공 - 대전학생교육문화원	50.47	73.10	▼
대학 - 덕성여자대학교	28.17	41.52	↓	공공 - 인천시립	38.41	100.00	●
공공 - 시민	30.08	34.05	↓	공공 - 개포	68.73	92.27	▼
공공 - 정독	21.00	29.81	↓	공공 - 울산남부	83.20	87.79	▼

DMU	CCR	BCC	비고	DMU	CCR	BCC	비고
대학 - 한림대학교	34.32	41.52	↓	공공 - 강동	59.82	85.75	▼
대학 - 세명대학교	20.09	30.56	↓	공공 - 제주	44.08	100.00	●
대학 - 서울여자대학교	100.00	100.00	●	공공 - 화도진	41.34	79.04	▼
공공 - 남산	23.60	32.16	↓	공공 - 울산중부	69.32	81.37	▼
대학 - 광운대학교	37.37	44.03	↓	대학 - 상주대학교	15.79	76.02	▼
대학 - 장로회신학대학교	25.29	65.47	▼	공공 - 성남시중앙문화정보	100.00	100.00	
대학 - 홍익대학교조치원캠퍼스	39.60	100.00	●	공공 - 남부	70.13	79.88	▼
공공 - 도립성남	100.00	100.00		공공 - 김포시립	62.94	91.51	▼
공공 - 중앙	33.37	41.34	↓	대학 - 한세대학교	78.03	100.00	●
대학 - 창원대학교	24.74	37.15	↓	공공 - 김천시립	90.91	100.00	●
대학 - 상지대학교	28.77	39.79	↓	대학 - 대불대학교	11.02	76.80	▼
대학 - 명지대학교	35.04	44.98	↓	공공 - 강남	66.01	100.00	●
대학 - 상명대학교	85.71	96.51	▼	공공 - 송정	23.55	77.01	▼
대학 - 경기대학교	23.54	66.29	▼	대학 - 경남정보대학	18.08	92.19	▼
공공 - 도립중앙	84.89	100.00	●	공공 - 진주연암	43.87	91.38	▼
대학 - 강남대학교	20.92	47.17	↓	공공 - 대봉	49.13	76.25	▼
대학 - 대전대학교	31.05	38.54	↓	공공 - 성남시수정문화정보센터	52.50	78.10	▼
대학 - 가톨릭대학교성심교정	42.58	48.67	↓	대학 - 진주교육대학교	30.28	100.00	●
대학 - 한국교원대학교	35.06	49.19	↓	공공 - 강릉평생교육정보관(전)	38.88	79.53	▼
대학 - 포항공과대학교	36.97	66.19	▼	대학 - 인덕대학	38.60	89.68	▼
대학 - 고려대학교서창캠퍼스	20.57	33.68	↓	공공 - 구덕	80.30	100.00	●
대학 - 목포대학교	51.59	100.00	●	공공 - 안성시립	44.11	100.00	●
대학 - 호원대학교	30.12	96.91	▼	대학 - 경북전문대학	24.05	100.00	●
공공 - 도립과천	100.00	100.00		대학 - 여수대학교	18.63	79.63	▼
공공 - 천안중앙	48.99	57.13	▼	공공 - 중계평생학습관	86.78	97.88	▼
대학 - 경주대학교	15.97	71.45	▼	대학 - 광주가톨릭대학교	16.87	100.00	●
대학 - 충주대학교	26.72	58.21	▼	공공 - 유성	88.55	100.00	●
대학 - 한국해양대학교	13.96	37.61	↓	공공 - 울산동부	100.00	100.00	
공공 - 중앙	58.80	67.04	▼	공공 - 반송	42.79	100.00	●
공공 - 충북중앙	22.18	41.62	↓	대학 - 수원과학대학	33.99	96.61	▼
대학 - 성결대학교	50.60	69.32	▼	공공 - 명장	35.95	92.97	▼
대학 - 삼척대학교	18.66	49.41	↓	공공 - 탐라	61.50	89.18	▼
공공 - 수원시선경	69.02	73.58	▼	공공 - 은평구립	57.65	88.53	▼
공공 - 용산	25.73	48.34	↓	대학 - 울산과학대학	31.73	92.04	▼
공공 - 광명하안	52.85	66.14	▼	공공 - 경주시립	71.37	100.00	●
대학 - 혜천대학	17.03	61.78	▼	대학 - 창원전문대학	9.49	100.00	●
공공 - 마산	23.06	46.94	↓	공공 - 구포	61.00	100.00	●
대학 - 협성대학교	15.85	57.51	▼	공공 - 금호교육문화회관	38.69	100.00	●
전특 - 국사편찬위원회	100.00	100.00		공공 - 김해칠암	58.30	97.04	▼
공공 - 북부	46.25	64.37	▼	공공 - 삼척평생교육정보관(전)	30.20	86.67	▼

DMU	CCR	BCC	비고	DMU	CCR	BCC	비고
공공 – 동대문	77.29	89.24	▼	공공 – 속초평생교육정보관(전)	100.00	100.00	
전특 – 한국과학기술원	29.97	73.90	▼	공공 – 해운대	86.34	100.00	●
대학 – 금오공과대학교	17.45	52.23	▼	공공 – 시흥시립	94.09	100.00	●
공공 – 양천	100.00	100.00		공공 – 의왕시립	50.66	100.00	●
공공 – 부전	73.99	87.10	▼	대학 – 부산가톨릭대학교	21.31	96.54	▼
공공 – 강서	36.96	61.07	▼	대학 – 신흥대학	44.69	100.00	●
공공 – 두류	48.96	68.41	▼	공공 – 경북교육정보(전)	45.34	98.14	▼
공공 – 광주광역시립도서관	100.00	100.00		대학 – 유한대학	22.71	100.00	●
공공 – 중앙	36.19	54.28	▼	공공 – 사하	67.27	100.00	●
공공 – 효목	65.33	73.36	▼	대학 – 광주보건대학	14.79	100.00	●
공공 – 중앙	41.27	100.00	●				

※ ●는 CCR분석에서 비효율적으로 분석된 도서관이 BCC분석에서 효율적으로 분석된 도서관
※ ▼는 CCR분석과 BCC분석 모두 비효율적으로 분석된 도서관
※ ↓는 CCR분석과 BCC분석 모두에서 효율성이 50 미만으로 분석된 도서관

<표 4 – 190> 관종 통합 BCC분석에서 효율성이 크게 향상된 도서관(2005년, 장서수 : 10만 권 이상)

DMU	CCR	BCC	DMU	CCR	BCC
대학 – 홍익대학교조치원캠퍼스	39.60	100.00	대학 – 광주가톨릭대학교	16.87	100.00
공공 – 중앙	41.27	100.00	대학 – 창원전문대학	9.49	100.00
공공 – 인천시립	38.41	100.00	공공 – 금호교육문화회관	38.69	100.00
공공 – 제주	44.08	100.00	대학 – 부산가톨릭대학교	21.31	96.54
대학 – 진주교육대학교	30.28	100.00	대학 – 신흥대학	44.69	100.00
공공 – 안성시립	44.11	100.00	대학 – 유한대학	22.71	100.00
대학 – 경북전문대학	24.05	100.00	대학 – 광주보건대학	14.79	100.00

7.3.3 2005년 관종 통합 CCR분석(장서수 : 1만 권 – 10만 권 미만)

동일 수준의 산출을 내기 위해 소요되는 투입을 최소하고 산출이 투입수준에 따라 직접적인 영향을 받는 것으로 가정되는 도서관 관종을 통합하여 장서수가 1만 권~10만 권 미만인 152개 도서관을 대상으로 하는 2005년 CCR분석결과는 <표 4 – 191>과 <부록 3>의 <표 23>과 같다.

2005년 1만 권~10만 권 미만의 장서를 보유한 152개 도서관의 CCR 효율성 결과에 대해 살펴보면 18개 도서관이 '효율적'으로 분석되었으며, 구체적으로 공공도서관이 13개, 대학도서관이 2개, 전문·특수도서관이 3개로 나타났다. 그리고 효율성이 50%에 미치지 못하는 도서관이 78개로 나타났다.

비효율적인 DMU들의 준거집단을 형성하는 DMU들에 관한 분석내용을 정리하면, 2005년 1만 권~10만 권 미만의 장서를 보유한 전체 도서관의 CCR분석에서 준거집단으로 참조된 집단들은 <표 4-192>와 같다.

2005년 준거집단의 참조 횟수를 정리하면, 준거집단으로 사용된 도서관은 18개로 공공도서관이 13개, 대학도서관이 2개, 전문·특수도서관이 3개였으며, 가장 많이 준거집단으로 참조된 도서관은 통영도서관으로 총 95회 참조되었으며, 다음으로 양산대학교, 예산도서관, 해병대사령부, 양산도서관 등의 순으로 나타났다. 따라서 2005년 CCR분석에서 가장 효율적인 서비스를 제공하는 1만 권~10만 권 미만의 장서를 보유한 도서관은 관종을 통틀어 통영도서관이라 할 수 있다.

<표 4-191> 2005년 관종 통합 CCR 효율성 분석결과(효율성 : 100, 장서수 : 1만 권-10만 권 미만)

18개
전특 – 대전시립연정국악연구원, 전특 – 해병대사령부, 전특 – 경기도청, 공공 – 함안, 대학 – 양산대학, 공공 – 해운대반여, 공공 – 보령공공, 공공 – 함양, 공공 – 밀양시립, 공공 – 광주학생교육문화회관, 공공 – 마산시립합포, 공공 – 광진정보, 공공 – 예산, 공공 – 성동문화, 대학 – 경북과학대학, 공공 – 통영, 공공 – 양산, 공공 – 북구일곡

<표 4-192> 2005년 관종 통합 CCR분석 준거집단의 참조 횟수(장서수 : 1만 권-10만 권 미만)

DMU	참조 횟수	DMU	참조 횟수
공공 – 통영	95	전특 – 경기도청	17
대학 – 양산대학	81	공공 – 성동문화	13
공공 – 예산	60	공공 – 광진정보	12
전특 – 해병대사령부	51	공공 – 함안	11
공공 – 양산	43	공공 – 마산시립합포	7
공공 – 광주학생교육문화회관	34	공공 – 함양	5
전특 – 대전시립연정국악연구원	23	공공 – 밀양시립	5
공공 – 북구일곡	21	대학 – 경북과학대학	4
공공 – 해운대반여	19	공공 – 보령공공	3

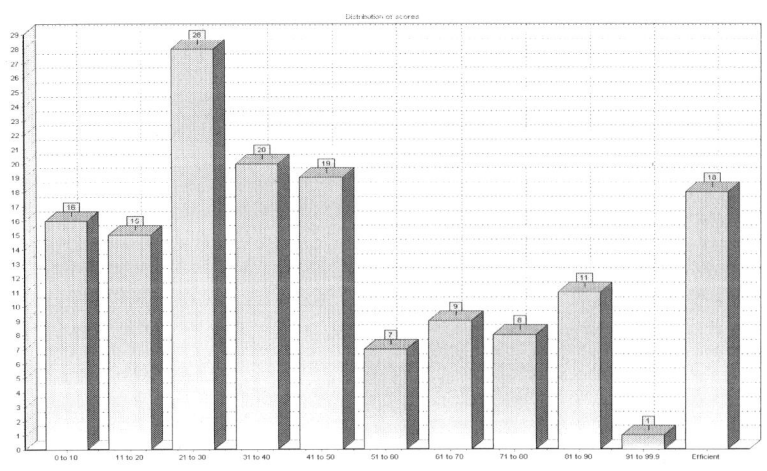

<그림 4-45> 2005년 관종 통합 CCR 효율성 점수 분포(장서수 : 1만 권-10만 권 미만)

7.3.4 2005년 관종 통합 BCC분석(장서수 : 1만 권-10만 권 미만)

도서관 관종을 통합하여 장서수가 1만 권~10만 권 미만인 152개 도서관을 대상으로 하는 2005년 BCC분석결과는 <표 4-193>과 <부록 3>의 <표 24>와 같다. 2005년 1만 권~10만 권 미만의 장서를 보유한 152개 도서관의 BCC 효율성 결과에 대해 살펴보면 37개 도서관이 '효율적'으로 분석되었으며, 구체적으로 공공도서관이 17개, 대학도서관이 5개, 전문·특수도서관이 15개로 나타났다. 그리고 효율성이 50%에 미치지 못하는 도서관이 44개로 나타났다.

비효율적인 DMU들의 준거집단을 형성하는 DMU들에 관한 분석내용을 정리하면, 2005년 1만 권~10만 권 미만의 장서를 보유한 전체 도서관의 BCC분석에서 준거집단으로 참조된 집단들은 <표 4-194>와 같다.

2005년 준거집단의 참조 횟수를 정리하면, 준거집단으로 사용된 도서관은 33개로 공공도서관이 15개, 대학도서관이 3개, 전문·특수도서관이 15개였으며, 가장 많이 준거집단으로 참조된 도서관은 통영도서관으로 총 74회 참조되었으며, 다음으로 영화진흥위원회, 해병대사령부, 문화방송, 광주학생교육문화회관, 양산대학 등의 순으로 나타났다. 따라서 2005년 BCC분석에서 가장 효율적인 서비스를 제공하는 1만 권~10만 권 미만의 장서를 보유한 도서관은 관종을 통틀어 통영도서관이라 할 수 있다.

<표 4-193> 2005년 관종 통합 BCC 효율성 분석결과(효율성 : 100, 장서수 : 1만 권 - 10만 권 미만)

37개
공공 – 연산, 대학 – 군산간호대학, 대학 – 복음신학대학원대학교, 전특 – 한국시설안전기술공단, 전특 – 공주문화원도서관, 전특 – 한국자원연구소, 전특 – 중앙선거관리위원회, 전특 – 한국지질자원연구원, 전특 – 농업환경관(농업과학기술원), 전특 – 대전시립연정국악연구원, 공공 – 마산시립합포, 공공 – 고성동부, 전특 – 영화진흥위원회, 공공 – 성동문화, 전특 – 해병대사령부, 공공 – 광진정보, 전특 – 특허청특허참고자료실, 공공 – 북구일곡, 전특 – 문화방송, 공공 – 통영, 전특 – 국립수의과학검역원, 전특 – 전남교육연수원, 전특 – 경기도청, 공공 – 안산, 전특 – 대한주택공사, 대학 – 양산대학, 공공 – 해운대반여, 공공 – 보령공공, 공공 – 함양, 대학 – 동주대학, 공공 – 밀양시립, 공공 – 함안, 공공 – 부안, 공공 – 예산, 대학 – 경북과학대학, 공공 – 양산, 공공 – 광주학생교육문화회관

<표 4-194> 2005년 관종 통합 BCC분석 준거집단의 참조 횟수(장서수 : 1만 권 - 10만 권 미만)

DMU	참조 횟수	DMU	참조 횟수	DMU	참조 횟수
공공 – 통영	74	전특 – 대전시립연정국악연구원	19	전특 – 국립수의과학검역원	5
전특 – 영화진흥위원회	58	공공 – 함양	16	전특 – 전남교육연수원	4
전특 – 해병대사령부	57	공공 – 양산	15	전특 – 대한주택공사	4
전특 – 문화방송	53	대학 – 복음신학대학원대학교	13	공공 – 밀양시립	3
공공 – 광주학생교육문화회관	49	공공 – 부안	13	공공 – 함안	3
대학 – 양산대학	44	공공 – 광진정보	11	공공 – 고성동부	3
전특 – 공주문화원도서관	43	전특 – 한국시설안전기술공단	9	대학 – 군산간호대학	3
공공 – 북구일곡	30	공공 – 마산시립합포	7	전특 – 경기도청	2
공공 – 예산	29	전특 – 특허청특허참고자료실	5	전특 – 중앙선거관리위원회	2
전특 – 농업환경관(농업과학기술원)	26	전특 – 한국지질자원연구원	5	전특 – 한국자원연구소	2
공공 – 해운대반여	23	공공 – 성동문화	5	공공 – 보령공공	1

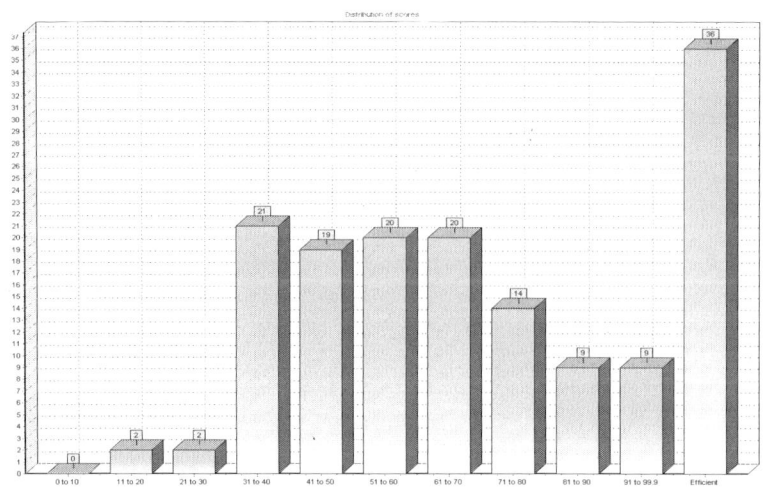

<그림 4-46> 2005년 관종 통합 BCC 효율성 점수 분포(장서수 : 1만 권-10만 권 미만)

　　<표 4-195>는 CCR분석과 BCC분석의 효율성 차이에 대한 점수를 비교하여 규모의 효율성을 찾아내기 위해 각각의 점수를 비교분석한 표이다. 이는 CCR분석에서 비효율적으로 판명된 DMU가 순수하게 투입과 산출의 차이에 의해 비효율이 발생하는지 아니면 규모의 비효율성 점수가 낮게 나오기 때문에 낮게 나오는지 알아보기 위한 것이다.

　　적정 규모의 변화를 허용한 BCC모형에서는 CCR모형이 18개의 선정 도서관이 경험적 프런티어를 형성하고 있는 것으로 나타났던 것에 비해 37개의 도서관이 효율적인 것으로 나타나, 19개 도서관의 효율성 점수가 향상된 것을 알 수 있다. 또한 CCR분석에서 효율성이 50 미만인 공공도서관이 BCC분석에서는 효율적으로 분석된 경우가 모두 13개 도서관으로 나타나, 효율성 분석의 해석에 주의를 요하는 것으로 나타났으며, 특히 복음신학대학원대학교 도서관은 효율성이 4.01에서 100으로 크게 증가한 것으로 분석되었다. 그리고 한국건설기술연구원, 서귀포학생도서관, 동두천시립도서관 등은 CCR분석과 BCC분석 모두에서 효율성이 50 미만인 도서관으로 분석되었다.

<표 4 - 195> 2005년 관종 통합 CCR 및 BCC 효율성 점수 비교(장서수 : 1만 권 - 10만 권 미만)

DMU	CCR	BCC	비고	DMU	CCR	BCC	비고
공공 - 연산	84.36	100.00	●	대학 - 서강정보대학	23.00	59.49	▼
전특 - 한국건설기술연구원	5.33	18.22	↓	공공 - 함안	100.00	100.00	
공공 - 서귀포학생	25.01	44.44	↓	대학 - 안동과학대학	15.33	33.32	↓
공공 - 시흥시종합복지회관	62.82	63.16	▼	공공 - 거제	86.34	86.41	▼
공공 - 동두천시립	46.72	49.38	↓	공공 - 고흥평생교육관	28.61	62.18	▼
대학 - 부산여자대학	8.36	18.00	↓	공공 - 장흥	48.23	79.54	▼
공공 - 서동	82.97	99.02	▼	공공 - 담양	11.42	34.21	↓
공공 - 마산회원	76.90	80.52	▼	공공 - 밀양시립	100.00	100.00	
대학 - 대구보건대학	39.42	52.73	▼	공공 - 양양	30.18	66.27	▼
전특 - 서울특별시종합자료관	31.70	32.73	↓	공공 - 단양	30.92	52.14	▼
공공 - 마산시립합포	100.00	100.00		공공 - 논산강경	50.67	91.94	▼
공공 - 남구	55.11	56.94	▼	대학 - 동주대학	21.80	100.00	●
공공 - 제천시립	64.12	67.15	▼	공공 - 영동	48.60	71.62	▼
공공 - 성동문화	100.00	100.00		공공 - 성주	29.32	39.19	↓
공공 - 광양공공	72.75	75.05	▼	공공 - 점촌	42.92	48.53	↓
공공 - 광진정보	100.00	100.00		공공 - 남해	22.65	34.34	↓
공공 - 관악문화도서관	86.32	88.36	▼	공공 - 진동	30.26	39.88	↓
공공 - 북구일곡	100.00	100.00		공공 - 증평	44.91	63.22	▼
전특 - 통계청	42.81	49.76	↓	공공 - 고성(경남)	62.91	68.43	▼
공공 - 갈마	79.59	80.01	▼	공공 - 군위	67.30	70.88	▼
공공 - 용운	59.73	73.79	▼	공공 - 남지	20.57	39.05	↓
전특 - 국토연구원	22.93	55.76	▼	공공 - 청원	19.48	43.06	↓
공공 - 정읍시립	47.95	58.38	▼	공공 - 합천	12.11	35.41	↓
공공 - 안산	87.44	100.00		공공 - 고성(강원도)	71.44	93.42	▼
대학 - 창신대학	14.84	27.29	↓	공공 - 함양	100.00	100.00	
공공 - 하남시립	71.27	72.60	▼	공공 - 보은	28.03	46.18	↓
공공 - 달성	36.99	38.11	↓	공공 - 진영	49.30	52.87	▼
대학 - 대전보건대학	31.83	52.33	▼	공공 - 도계	17.71	54.25	▼
공공 - 영도	52.03	53.62	▼	공공 - 보령공공	100.00	100.00	
대학 - 한영신학대학교	11.18	29.70	↓	공공 - 옥천	33.95	51.47	▼
대학 - 주성대학	6.18	53.83	▼	공공 - 밀양하남	23.96	40.47	↓
대학 - 여주대학	16.69	33.85	↓	공공 - 밀양	39.66	57.13	▼
공공 - 삼천포	63.37	63.61	▼	공공 - 장성	59.04	61.02	▼
대학 - 진주국제대학교	2.57	33.33	↓	공공 - 춘성	59.29	78.87	▼
공공 - 송악	34.75	55.62	▼	공공 - 해남군립	59.63	64.33	▼
대학 - 장안대학	24.65	50.00	▼	대학 - 동우대학	41.89	64.53	▼
공공 - 광주학생교육문화회관	100.00	100.00		대학 - 제주산업정보대학	24.10	48.40	↓
전특 - 문화관광부	26.33	75.02	▼	공공 - 해운대반여	100.00	100.00	
공공 - 태백	44.29	45.61	↓	공공 - 금왕	45.49	68.14	▼
공공 - 의성	33.23	39.74	↓	공공 - 신안군립	27.68	47.18	↓

DMU	CCR	BCC	비고	DMU	CCR	BCC	비고
대학 – 조선이공대학	7.81	35.39	↓	공공 – 음성	30.53	74.05	▼
공공 – 양산웅상	89.16	89.78	▼	공공 – 중원	31.27	51.66	▼
공공 – 화성시립태안	72.29	72.32	▼	대학 – 한국정보통신대학교	23.36	38.92	↓
공공 – 사천	85.54	85.92	▼	공공 – 통영산양	39.16	75.34	▼
대학 – 한라대학교	36.87	46.37	↓	전특 – 한국화학연구소	39.60	62.22	▼
공공 – 통영	100.00	100.00		대학 – 양산대학	100.00	100.00	
공공 – 성북정보	83.62	84.48	▼	대학 – 군장대학	3.94	53.80	▼
공공 – 홍성	64.53	66.21	▼	전특 – 국민체육진흥공단체육과학연구원	36.39	82.43	▼
공공 – 부안	46.84	100.00	●	전특 – 대한주택공사	97.73	100.00	●
공공 – 제천학생(전)	30.86	48.40	↓	전특 – 대한상공회의소	11.73	47.15	↓
공공 – 창녕	24.40	34.80	↓	전특 – 한국고등교육재단	2.09	61.03	▼
공공 – 영월	38.38	66.71	▼	전특 – 경기도청	100.00	100.00	
공공 – 청송	19.99	41.41	↓	공공 – 의성군립안계	32.97	59.91	▼
공공 – 신탄진	49.23	56.88	▼	전특 – 육군제3158부대	0.48	51.35	▼
대학 – 김천대학	32.87	42.58	↓	전특 – 전남교육연수원	85.19	100.00	●
공공 – 정선	25.92	32.31	▼	전특 – 광주전남발전연구원	4.50	59.18	▼
공공 – 기장도서관	87.88	89.56	▼	전특 – 국립수의과학검역원	69.96	100.00	●
공공 – 양산	100.00	100.00		공공 – 서귀포시동부	23.41	67.09	▼
공공 – 서천	69.94	80.18	▼	전특 – 중앙선거관리위원회	10.64	100.00	●
공공 – 당진	64.80	82.97	▼	전특 – 문화방송	78.93	100.00	●
공공 – 영일	43.42	43.69	↓	전특 – 특허청특허참고자료실	42.52	100.00	●
공공 – 울진	72.15	99.88	▼	전특 – 해병대사령부	100.00	100.00	
전특 – 육군교육사령부	55.00	99.97	▼	전특 – 영화진흥위원회	34.22	100.00	●
공공 – 서귀포종합(전)	41.70	82.24	▼	전특 – 서울특별시과학교육원	6.60	65.05	▼
공공 – 서귀포시립(전)	16.41	35.86	↓	전특 – 서울시정개발연구원	32.07	94.68	▼
공공 – 금산	47.20	74.72	▼	대학 – 적십자간호대학	14.47	92.18	▼
대학 – 경북과학대학	100.00	100.00		공공 – 고성동부	25.65	100.00	●
공공 – 예산	100.00	100.00		전특 – 대전시립연정국악연구원	100.00	100.00	
공공 – 예천	25.12	37.23	↓	전특 – 농업환경관(농업과학기술원)	4.91	100.00	●
공공 – 제남	29.71	48.07	↓	전특 – 한국지질자원연구원	10.73	100.00	●
대학 – 마산대학	17.37	50.00	▼	전특 – 한국자원연구소	21.38	100.00	●
대학 – 용인송담대학	20.55	36.18	↓	전특 – 공주문화원도서관	27.17	100.00	●
공공 – 철원	45.77	67.12	▼	전특 – 한국시설안전기술공단	37.30	100.00	●
공공 – 산청	28.81	50.48	▼	대학 – 복음신학대학원대학교	4.02	100.00	●
공공 – 괴산	33.21	62.35	▼	대학 – 군산간호대학	10.41	100.00	●
공공 – 충주학생	88.23	98.15	▼	공공 – 양주시립	10.18	34.00	↓

※ ●는 CCR분석에서 비효율적으로 분석된 도서관이 BCC분석에서 효율적으로 분석된 도서관
※ ▼는 CCR분석과 BCC분석 모두 비효율적으로 분석된 도서관
※ ↓는 CCR분석과 BCC분석 모두에서 효율성이 50 미만으로 분석된 도서관

<표 4 - 196> 관종 통합 BCC분석에서 효율성이 크게 향상된 도서관
(2005년, 장서수 : 1만 권 - 10만 권 미만)

DMU	CCR	BCC	DMU	CCR	BCC
공공 - 부안	46.84	100.00	전특 - 한국지질자원연구원	10.73	100.00
대학 - 동주대학	21.80	100.00	전특 - 한국자원연구소	21.38	100.00
전특 - 중앙선거관리위원회	10.64	100.00	전특 - 공주문화원도서관	27.17	100.00
전특 - 특허청특허참고자료실	42.52	100.00	전특 - 한국시설안전기술공단	37.30	100.00
전특 - 영화진흥위원회	34.22	100.00	대학 - 복음신학대학원대학교	4.02	100.00
공공 - 고성동부	25.65	100.00	대학 - 군산간호대학	10.41	100.00
전특 - 농업환경관(농업과학기술원)	4.91	100.00			

7.3.5 2005년 관종 통합 CCR분석(장서수 : 1만 권 미만)

동일 수준의 산출을 내기 위해 소요되는 투입을 최소하고 산출이 투입수준에 따라 직접적인 영향을 받는 것으로 가정되는 도서관 관종을 통합하여 장서수가 1만 권 미만인 15개 도서관을 대상으로 하는 2005년 CCR분석결과는 <표 4 - 197>과 <부록 2>의 <표 25>와 같다.

2003년 1만 권 미만의 장서를 보유한 15개 도서관의 CCR 효율성 결과에 대해 살펴보면 9개 도서관이 '효율적'으로 분석되었으며, 구체적으로 공공도서관이 2개, 대학도서관 1개, 전문·특수도서관이 6개로 나타났다. 그리고 효율성이 50%에 미치지 못하는 도서관이 4개로 나타났다.

비효율적인 DMU들의 준거집단을 형성하는 DMU들에 관한 분석내용을 정리하면, 2005년 1만 권 미만의 장서를 보유한 전체 도서관의 CCR분석에서 준거집단으로 참조된 집단들은 <표 4 - 198>과 같다.

2005년 준거집단의 참조 횟수를 정리하면, 준거집단으로 사용된 도서관은 6개로 공공도서관이 2개, 전문·특수도서관이 4개였으며, 가장 많이 준거집단으로 참조된 도서관은 강남성심병원도서관으로 총 8회 참조되었으며, 다음으로 가오도서관, 울산울주도서관, 전라북도교원연수원, 시설안전기술공단 등의 순으로 나타났다. 따라서 2005년 CCR분석에서 가장 효율적인 서비스를 제공하는 1만 권 미만의 장서를 보유한 도서관은 관종을 통틀어 강남성심병원도서관이라 할 수 있다.

<표 4-197> 2005년 관종 통합 CCR 효율성 분석결과(효율성 : 100, 장서수 : 1만 권 미만)

9개
전특 - 강남성심병원, 공공 - 울산울주, 전특 - 전라북도교원연수원, 전특 - 시설안전기술공단, 전특 - 부산발전연구원, 대학 - 계명문화대학, 공공 - 가오, 전특 - 전라북도시각장애인도서관, 전특 - 광주점자도서관

<표 4-198> 2005년 관종 통합 CCR분석 준거집단의 참조 횟수(장서수 : 1만 권 미만)

DMU	참조 횟수	DMU	참조 횟수	DMU	참조 횟수
전특 - 강남성심병원	8	공공 - 울산울주	3	전특 - 시설안전기술공단	2
공공 - 가오	6	전특 - 전라북도교원연수원	2	전특 - 부산발전연구원	1

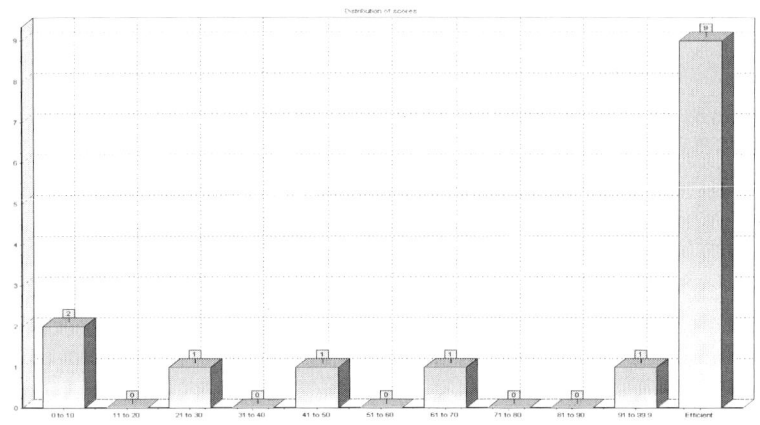

<그림 4-47> 2005년 관종 통합 CCR 효율성 점수 분포(장서수 : 1만 권 미만)

7.3.6 2005년 관종 통합 BCC분석(장서수 : 1만 권 미만)

도서관 관종을 통합하여 장서수가 1만 권 미만인 15개 도서관을 대상으로 하는 2005년 BCC분석결과는 <표 4-199>와 <부록 3>의 <표 26>과 같다.

2005년 1만 권 미만의 장서를 보유한 15개 도서관의 BCC 효율성 결과에 대해 살펴보면 14개 도서관이 '효율적'으로 분석되었으며, 구체적으로 공공도서관이 2개, 대학도서관이 1개, 전문·특수도서관이 11개로 나타났다.

비효율적인 DMU들의 준거집단을 형성하는 DMU들에 관한 분석내용을 정리하면, 2005년 1만 권 미만의 장서를 보유한 전체 도서관의 BCC분석에서 준거집단으로 참조된 집단들은 <표 4 - 200>과 같다.

　2005년 준거집단의 참조 횟수를 정리하면, 준거집단으로 사용된 도서관은 9개로 공공도서관이 2개, 전문·특수도서관이 7개였으며, 강남성심병원, 국군의무사령부, 광주점자도서관, 가오도서관은 2회 참조되었으며, 나머지 5개 도서관들은 각각 1회씩 참조된 것으로 나타났다. 따라서 2005년 BCC분석에서 가장 효율적인 서비스를 제공하는 1만 권 미만의 장서를 보유한 도서관은 관종을 통틀어 강남성심병원, 국군의무사령부, 광주점자도서관, 가오도서관이라 할 수 있다.

<표 4 - 199> 2005년 관종 통합 BCC 효율성 분석결과(효율성 : 100, 장서수 : 1만 권 미만)

14개
전특 - 강남성심병원, 전특 - 전라북도교원연수원, 전특 - 시설안전기술공단, 전특 - 경기도과학연구원, 대학 - 계명문화대학 전특 - 목포가톨릭병원, 전특 - 국군의무사령부, 전특 - 부산발전연구원, 전특 - 국제특허연수원, 전특 - 전라북도시각장애인도서관, 전특 - 대진의료재단분당제생병원, 전특 - 광주점자도서관, 공공 - 가오, 공공 - 울산울주

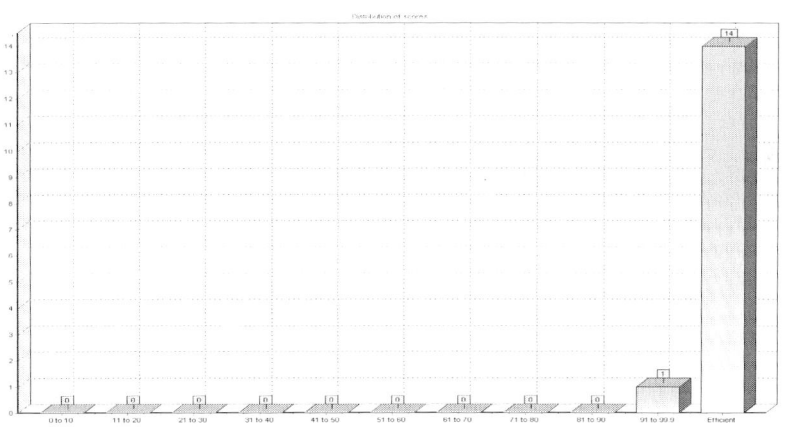

<그림 4 - 48> 2005년 관종 통합 BCC 효율성 점수 분포(장서수 : 1만 권 미만)

<표 4-200> 2005년 관종 통합 BCC분석 준거집단의 참조 횟수(장서수 : 1만 권 미만)

DMU	참조 횟수	DMU	참조 횟수	DMU	참조 횟수
전특 - 강남성심병원	2	공공 - 가오	2	전특 - 전라북도시각장애인도서관	1
전특 - 국군의무사령부	2	전특 - 부산발전연구원	1	공공 - 울산울주	1
전특 - 광주점자도서관	2	전특 - 목포가톨릭병원	1	전특 - 시설안전기술공단	1

<표 4-201>은 CCR분석과 BCC분석의 효율성 차이에 대한 점수를 비교하여 규모의 효율성을 찾아내기 위해 각각의 점수를 비교분석한 표이다. 이는 CCR분석에서 비효율적으로 판명된 DMU가 순수하게 투입과 산출의 차이에 의해 비효율이 발생하는지 아니면 규모의 비효율성 점수가 낮게 나오기 때문에 낮게 나오는지 알아보기 위한 것이다.

적정 규모의 변화를 허용한 BCC모형에서는 CCR모형이 9개의 선정 도서관이 경험적 프런티어를 형성하고 있는 것으로 나타났던 것에 비해 14개의 도서관이 효율적인 것으로 나타나, 5개 도서관의 효율성 점수가 향상된 것을 알 수 있다. 또한 CCR분석에서 효율성이 50 미만인 공공도서관이 BCC분석에서는 효율적으로 분석된 경우가 모두 4개 도서관으로 나타나, 효율성 분석의 해석에 주의를 요하는 것으로 나타났으며, 특히 국군의무사령부 도서관은 효율성이 9.76에서 100으로 크게 증가한 것으로 분석되었다. 그리고 CCR분석과 BCC분석 모두에서 효율성이 50 미만인 도서관은 없는 것으로 분석되었다.

<표 4-201> 2005년 관종 통합 CCR 및 BCC 효율성 점수 비교(장서수 : 1만 권 미만)

DMU	CCR	BCC	비고	DMU	CCR	BCC	비고
전특 - 강남성심병원	100.00	100.00		전특 - 부산발전연구원	100.00	100.00	
전특 - 현대자동차	96.74	97.95	▼	전특 - 국제특허연수원	65.87	100.00	●
전특 - 전라북도교원연수원	100.00	100.00		전특 - 전라북도시각장애인도서관	100.00	100.00	
전특 - 시설안전기술공단	100.00	100.00		전특 - 대진의료재단분당제생병원	41.93	100.00	●
전특 - 경기도과학연구원	21.37	100.00	●	전특 - 광주점자도서관	100.00	100.00	
대학 - 계명문화대학	100.00	100.00		공공 - 가오	100.00	100.00	
전특 - 목포가톨릭병원	10.90	100.00	●	공공 - 울산울주	100.00	100.00	
전특 - 국군의무사령부	9.76	100.00	●				

※ ●는 CCR분석에서 비효율적으로 분석된 도서관이 BCC분석에서 효율적으로 분석된 도서관
※ ▼는 CCR분석과 BCC분석 모두 비효율적으로 분석된 도서관
※ ↓는 CCR분석과 BCC분석 모두에서 효율성이 50 미만으로 분석된 도서관

<표 4 - 202> 관종 통합 BCC분석에서 효율성이 크게 향상된 도서관(2005년, 장서수 : 1만 권 미만)

DMU	CCR	BCC	DMU	CCR	BCC
전특 – 경기도과학연구원	21.37	100.00	전특 – 대진의료재단분당제생병원	41.93	100.00
전특 – 목포가톨릭병원	10.90	100.00	전특 – 국군의무사령부	9.76	100.00

7.4 2006년 관종 통합 분석

7.4.1 2006년 관종 통합 CCR분석(장서수 : 10만 권 이상)

동일 수준의 산출을 내기 위해 소요되는 투입을 최소하고 산출이 투입수준에 따라 직접적인 영향을 받는 것으로 가정되는 도서관 관종을 통합하여 장서수가 10만 권 이상인 165개 도서관을 대상으로 하는 2006년 CCR분석결과는 <표 4 - 203>과 <부록 3>의 <표 27>과 같다.

2006년 10만 권 이상의 장서를 보유한 165개 도서관의 CCR 효율성 결과에 대해 살펴보면 31개 도서관이 '효율적'으로 분석되었으며, 구체적으로 공공도서관이 21개, 대학도서관이 7개, 전문·특수도서관이 3개로 나타났다. 그리고 효율성이 50%에 미치지 못하는 도서관이 77개로 나타났다.

비효율적인 DMU들의 준거집단을 형성하는 DMU들에 관한 분석내용을 정리하면, 2006년 10만 권 이상의 장서를 보유한 전체 도서관의 CCR분석에서 준거집단으로 참조된 집단들은 <표 4 - 204>와 같다.

2006년 준거집단의 참조 횟수를 정리하면, 준거집단으로 사용된 도서관은 27개로 공공도서관이 19개, 대학도서관이 6개였으며, 전문·특수도서관이 2개로 나타났으며, 가장 많이 준거집단으로 참조된 도서관은 정선도서관으로 총 89회 참조되었으며, 다음으로 광주가톨릭대학교, 경주시립도서관, 음성도서관, 부산가톨릭대학교 도서관 등의 순으로 나타났다. 따라서 2006년 CCR분석에서 가장 효율적인 서비스를 제공하는 10만 권 이상의 장서를 보유한 도서관은 관종을 통틀어 정선도서관이라 할 수 있다.

<표 4 - 203> 2006년 관종 통합 CCR 효율성 분석결과(효율성 : 100, 장서수 : 10만 권 이상)

31개
공공 - 담양, 대학 - 협성대학교, 공공 - 정독, 전특 - 현대자동차, 공공 - 서귀포시동부, 대학 - 광주가톨릭대학교, 공공 - 갈마, 공공 - 고흥평생교육관, 공공 - 마산회원, 공공 - 충북중앙, 대학 - 부산가톨릭대학교, 공공 - 안성시립, 공공 - 구포, 공공 - 진동, 대학 - 한국정보통신대학교, 공공 - 영월, 공공 - 음성, 대학 - 조선이공대학, 공공 - 달성, 전특 - 광주전남발전연구원, 공공 - 부전, 전특 - 서울특별시종합자료관, 대학 - 안동과학대학, 공공 - 해남군립, 대학 - 서강정보대학, 공공 - 의왕시립, 공공 - 예천, 공공 - 제천학생(전), 공공 - 경주시립, 공공 - 정선, 공공 - 영도

<표 4 - 204> 2006년 관종 통합 CCR분석 준거집단의 참조 횟수(장서수 : 10만 권 이상)

DMU	참조 횟수	DMU	참조 횟수	DMU	참조 횟수
공공 - 정선	89	대학 - 협성대학교	16	공공 - 의왕시립	5
대학 - 광주가톨릭대학교	47	공공 - 해남군립	15	공공 - 진동	5
공공 - 경주시립	43	공공 - 영월	14	공공 - 부전	3
공공 - 음성	40	공공 - 고흥평생교육관	12	공공 - 영도	3
대학 - 부산가톨릭대학교	34	공공 - 서귀포시동부	11	공공 - 충북중앙	3
공공 - 구포	24	대학 - 안동과학대학	11	대학 - 한국정보통신대학교	1
공공 - 마산회원	18	전특 - 광주전남발전연구원	7	공공 - 정독	1
공공 - 제천학생(전)	17	공공 - 안성시립	6	대학 - 조선이공대학	1
공공 - 달성	17	공공 - 갈마	6	전특 - 현대자동차	1

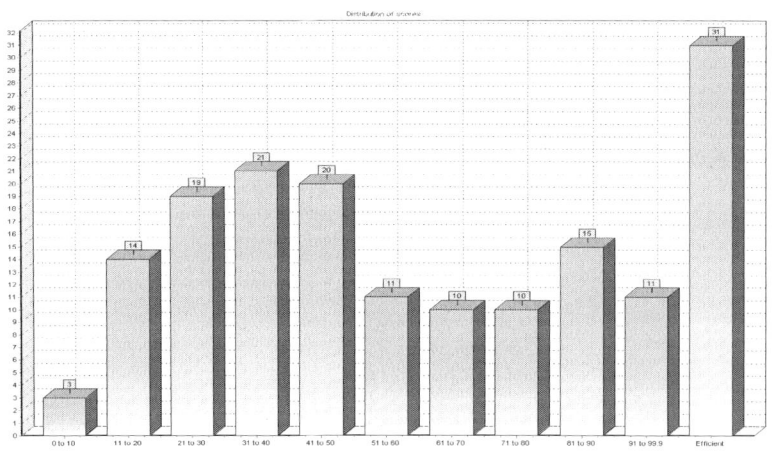

<그림 4 - 49> 2006년 관종 통합 CCR 효율성 점수 분포(장서수 : 10만 권 이상)

7.4.2 2006년 관종 통합 BCC분석(장서수 : 10만 권 이상)

도서관 관종을 통합하여 장서수가 10만 권 이상인 165개 도서관을 대상으로 하는 2006년 BCC분석결과는 <표 4 - 205>와 <부록 3>의 <표 28>과 같다. 2006년 10만 권 이상의 장서를 보유한 165개 도서관의 BCC 효율성 결과에 대해 살펴보면 63개 도서관이 '효율적'으로 분석되었으며, 구체적으로 공공도서관이 42개, 대학도서관이 15개, 전문·특수도서관이 6개로 나타났다. 그리고 효율성이 50%에 미치지 못하는 도서관이 30개로 나타났다.

비효율적인 DMU들의 준거집단을 형성하는 DMU들에 관한 분석내용을 정리하면, 2006년 10만 권 이상 장서를 보유한 전체 도서관의 BCC분석에서 준거집단으로 참조된 집단들은 <표 4 - 206>과 같다.

2006년 준거집단의 참조 횟수를 정리하면, 준거집단으로 사용된 도서관은 53개로 공공도서관이 39개, 대학도서관이 10개, 전문·특수도서관이 4개였으며, 가장 많이 준거집단으로 참조된 도서관은 유성도서관으로 총 76회 참조되었으며, 다음으로 송파도서관, 창원전문대학, 국사편찬위원회, 수원과학대학 등의 순으로 나타났다. 따라서 2006년 BCC분석에서 가장 효율적인 서비스를 제공하는 10만 권 이상의 장서를 보유한 도서관은 관종을 통틀어 유성도서관이라 할 수 있다.

<표 4 - 205> 2006년 관종 통합 BCC 효율성 분석결과(효율성 : 100, 장서수 : 10만 권 이상)

63개
공공 - 김해, 대학 - 광주가톨릭대학교, 전특 - 농업환경관(농업과학기술원), 공공 - 정선, 공공 - 구포, 공공 - 경주시립, 대학 - 상지대학교, 전특 - 현대자동차, 공공 - 음성, 대학 - 대전보건대학, 대학 - 광운대학교, 공공 - 달성, 대학 - 부산가톨릭대학교, 공공 - 서귀포시동부, 공공 - 북구일곡, 공공 - 보은, 공공 - 마산회원, 공공 - 개포, 전특 - 영화진흥위원회, 대학 - 협성대학교, 공공 - 고흥평생교육관, 대학 - 안동과학대학, 공공 - 한밭, 공공 - 영월, 공공 - 부천, 공공 - 진동, 공공 - 제천학생(전), 공공 - 용산, 공공 - 양천, 공공 - 안성시립, 공공 - 반송, 공공 - 영도, 공공 - 광진정보, 공공 - 서귀포시립(전), 공공 - 용운, 대학 - 김천대학, 공공 - 산청, 공공 - 제주, 대학 - 조선이공대학, 전특 - 광주전남발전연구원, 공공 - 예천, 공공 - 정독, 공공 - 갈마, 공공 - 속초평생교육정보관(전), 공공 - 의왕시립, 공공 - 예산, 공공 - 충북중앙, 공공 - 해남군립, 대학 - 한국교원대학교, 대학 - 서강정보대학, 공공 - 동부, 공공 - 천안중앙, 공공 - 사하, 대학 - 양산대학, 전특 - 서울특별시종합자료관, 전특 - 문화관광부, 대학 - 상명대학교, 공공 - 홍성, 공공 - 철원, 공공 - 동두천시립, 대학 - 상주대학교, 대학 - 한국정보통신대학교, 공공 - 담양

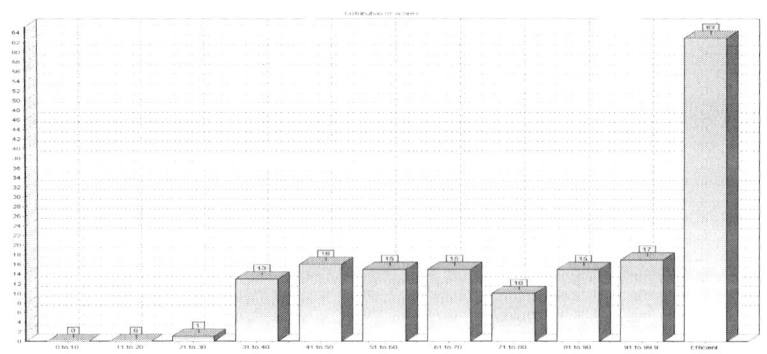

<그림 4-50> 2006년 관종 통합 BCC 효율성 점수 분포(장서수 : 10만 권 이상)

<표 4-206> 2006년 관종 통합 BCC분석 준거집단의 참조 횟수(장서수 : 10만 권 이상)

DMU	참조횟수	DMU	참조횟수	DMU	참조횟수
공공 - 김해	60	전특 - 영화진흥위원회	9	공공 - 산청	3
대학 - 광주가톨릭대학교	57	대학 - 협성대학교	8	공공 - 제주	3
전특 - 농업환경관(농업과학기술원)	47	공공 - 고흥평생교육관	8	대학 - 조선이공대학	3
공공 - 정선	41	대학 - 안동과학대학	8	전특 - 광주전남발전연구원	3
공공 - 구포	40	공공 - 한밭	7	공공 - 예천	3
공공 - 경주시립	32	공공 - 영월	7	공공 - 정독	3
대학 - 상지대학교	31	공공 - 부전	7	공공 - 갈마	2
전특 - 현대자동차	22	공공 - 진동	7	공공 - 속초평생교육정보관(전)	2
공공 - 음성	22	공공 - 제천학생(전)	6	공공 - 의왕시립	2
대학 - 대전보건대학	20	공공 - 용산	6	공공 - 예산	2
대학 - 광운대학교	19	공공 - 양천	6	공공 - 충북중앙	2
공공 - 달성	14	공공 - 안성시립	5	공공 - 해남군립	1
대학 - 부산가톨릭대학교	13	공공 - 반송	4	대학 - 한국교원대학교	1
공공 - 서귀포시동부	13	공공 - 영도	4	대학 - 서강정보대학	1
공공 - 북구일곡	12	공공 - 광진정보	4	공공 - 동부	1
공공 - 보은	12	공공 - 서귀포시립(전)	3	공공 - 천안중앙	1
공공 - 마산회원	10	공공 - 용운	3	공공 - 사하	1
공공 - 개포	10	대학 - 김천대학	3		

<표 4-207>은 CCR분석과 BCC분석의 효율성 차이에 대한 점수를 비교하여 규모의 효율성을 찾아내기 위해 각각의 점수를 비교분석한 표이다. 이는 CCR분석에서 비효율적으로 판명된 DMU가 순수하게 투입과 산출의 차

이에 의해 비효율이 발생하는지 아니면 규모의 비효율성 점수가 낮게 나오기 때문에 낮게 나오는지 알아보기 위한 것이다.

적정 규모의 변화를 허용한 BCC모형에서는 CCR모형이 31개의 선정 도서관이 경험적 프런티어를 형성하고 있는 것으로 나타났던 것에 비해 63개의 도서관이 효율적인 것으로 나타나, 32개 도서관의 효율성 점수가 향상된 것을 알 수 있다. 또한 CCR분석에서 효율성이 50 미만인 공공도서관이 BCC분석에서는 효율적으로 분석된 경우가 모두 11개 도서관으로 나타나, 효율성 분석의 해석에 주의를 요하는 것으로 나타났으며, 특히 김해도서관은 효율성이 15.08에서 100으로 크게 증가한 것으로 분석되었다. 그리고 중앙도서관, 명지대학교자연캠퍼스, 여수대학교, 우당도서관 등은 CCR분석과 BCC분석 모두에서 효율성이 50 미만인 도서관으로 분석되었다.

<표 4 - 207> 2006년 관종 통합 CCR 및 BCC 효율성 점수 비교(장서수 : 10만 권 이상)

DMU	CCR	BCC	비고	DMU	CCR	BCC	비고
대학 - 한국교원대학교	91.55	100.00	●	공공 - 화성시립태안	74.70	85.00	▼
공공 - 중앙	29.76	29.85	↓	공공 - 부평	92.68	95.34	▼
대학 - 마산대학	54.62	57.23	▼	공공 - 해운대	49.83	60.39	▼
대학 - 명지대학교자연캠퍼스	40.98	42.23	↓	대학 - 양산대학	93.45	100.00	●
대학 - 여수대학교	48.48	48.75	↓	전특 - 대한상공회의소	81.40	82.20	▼
공공 - 우당	40.41	40.84	↓	공공 - 옥천	87.38	98.46	▼
공공 - 은평구립	19.66	100.00	●	공공 - 안성시립	100.00	100.00	
공공 - 남산	32.54	32.58	↓	대학 - 경북전문대학	39.77	85.64	▼
공공 - 금호교육문화회관	38.17	41.35	↓	대학 - 배재대학교	8.17	97.96	▼
공공 - 충북중앙	100.00	100.00		공공 - 진동	100.00	100.00	
대학 - 부산가톨릭대학교	100.00	100.00		공공 - 속초평생교육정보관(전)	98.23	100.00	●
공공 - 효목	44.10	44.38	↓	대학 - 한국정보통신대학교	100.00	100.00	
공공 - 동대문	57.88	60.07	▼	공공 - 천안중앙	57.78	100.00	●
대학 - 한국해양대학교	41.19	43.13	↓	전특 - 농업환경관 (농업과학기술원)	98.14	100.00	●
대학 - 유한대학	35.92	39.95	↓	전특 - 목포가톨릭병원	72.51	86.18	▼
공공 - 북구	28.30	32.72	↓	공공 - 양산웅상	62.91	75.78	▼
대학 - 계명문화대학	60.01	61.16	▼	공공 - 장성	37.47	60.91	▼
공공 - 주안	32.37	75.54	▼	대학 - 대구보건대학	78.70	84.97	▼
대학 - 신라대학교	17.18	32.76	↓	대학 - 협성대학교	100.00	100.00	
공공 - 제남	35.18	35.62	↓	전특 - 강남성심병원	80.61	98.91	▼
공공 - 광주학생독립운동기념회관	30.36	47.10	↓	대학 - 서강정보대학	100.00	100.00	

DMU	CCR	BCC	비고	DMU	CCR	BCC	비고
공공 – 광주광역시립도서관	47.40	58.66	▼	공공 – 고덕평생학습관	81.39	88.17	▼
대학 – 삼척대학교	30.89	40.23	↓	공공 – 경주시립	100.00	100.00	
공공 – 도립과천	37.45	41.13	↓	공공 – 사하	46.06	100.00	●
대학 – 성결대학교	49.62	58.98	▼	공공 – 정선	100.00	100.00	
공공 – 김천시립	25.08	36.06	↓	공공 – 양주시립	91.15	92.16	▼
공공 – 수원시선경	44.68	52.61	▼	공공 – 통영	57.50	64.45	▼
대학 – 수원과학대학	49.48	49.92	↓	공공 – 제주	99.71	100.00	▼
공공 – 강릉평생교육정보관(전)	48.27	51.49	▼	공공 – 음성	100.00	100.00	
공공 – 거제	35.01	43.48	↓	공공 – 영동	60.63	74.87	▼
공공 – 밀양	37.52	45.06	↓	공공 – 함양	68.89	82.13	▼
공공 – 부천시립 중앙	45.79	64.86	▼	공공 – 철원	95.13	100.00	●
공공 – 송파	45.97	55.03	▼	대학 – 한라대학교	95.26	96.15	▼
공공 – 송정	30.62	42.01	↓	공공 – 두류	40.72	83.48	▼
대학 – 광주보건대학	59.32	69.48	▼	공공 – 보은	90.69	100.00	●
공공 – 하남시립	58.42	59.83	▼	공공 – 강남	52.23	80.79	▼
대학 – 진주교육대학교	32.80	43.88	↓	공공 – 광명하안	28.86	81.78	▼
대학 – 강남대학교	48.81	62.18	▼	공공 – 서부	30.20	96.88	▼
전특 – 서울특별시종합자료관	100.00	100.00		전특 – 국제특허연수원	48.75	78.31	▼
대학 – 장안대학	19.64	36.03	↓	공공 – 제천학생(전)	100.00	100.00	
대학 – 부산여자대학	70.28	74.57	▼	대학 – 홍익대학교 조치원캠퍼스	31.80	90.34	▼
공공 – 영월	100.00	100.00		공공 – 강서	12.92	78.29	▼
공공 – 용인시립	20.04	39.75	↓	전특 – 육군교육사령부	71.39	81.00	▼
공공 – 경북교육정보(전)	38.04	43.83	↓	대학 – 광운대학교	49.64	100.00	●
공공 – 중앙	31.43	42.37	↓	공공 – 예천	100.00	100.00	
공공 – 북부	28.27	44.95	↓	공공 – 김해	15.08	100.00	●
전특 – 경기도과학연구원	63.30	65.54	▼	대학 – 상지대학교	18.69	100.00	●
공공 – 마산	19.97	39.08	↓	공공 – 의왕시립	100.00	100.00	
공공 – 울산남부	20.23	35.85	↓	공공 – 괴산	87.83	92.27	▼
공공 – 탐라	27.33	68.73	▼	공공 – 해남군립	100.00	100.00	
공공 – 시흥시립	8.84	55.00	▼	대학 – 안동과학대학	100.00	100.00	
공공 – 마산시립합포	45.87	51.39	▼	공공 – 홍성	83.69	100.00	●
공공 – 성동문화	24.24	58.77	▼	공공 – 부전	100.00	100.00	
공공 – 남부	18.04	37.67	↓	전특 – 광주전남발전연구원	100.00	100.00	
공공 – 창원시립	75.54	92.33	▼	공공 – 달성	100.00	100.00	
공공 – 서귀포학생	77.86	79.86	▼	공공 – 도립성남	21.39	80.58	▼
공공 – 금산	29.69	42.06	↓	대학 – 조선이공대학	100.00	100.00	
공공 – 논산강경	66.02	69.00	▼	공공 – 한밭	22.42	100.00	●
대학 – 경주대학교	48.52	63.09	▼	전특 – 문화관광부	98.02	100.00	●
공공 – 시흥시종합복지회관	43.81	61.16	▼	공공 – 유성	66.44	90.02	▼
공공 – 정독	100.00	100.00		공공 – 서귀포시립(전)	11.43	100.00	

DMU	CCR	BCC	비고	DMU	CCR	BCC	비고
대학 – 상주대학교	26.66	100.00	●	공공 – 동두천시립	87.70	100.00	●
공공 – 중앙	14.18	56.62	▼	대학 – 김천대학	82.46	100.00	●
대학 – 관동대학교	21.93	65.10	▼	공공 – 진주연암	60.54	94.51	▼
전특 – 한국고등교육재단	28.64	63.96	▼	공공 – 양양	32.86	81.95	▼
공공 – 영도	100.00	100.00		공공 – 예산	81.60	100.00	●
공공 – 삼척평생교육정보관(전)	30.82	68.39	▼	공공 – 구포	100.00	100.00	
공공 – 대봉	95.75	96.01	▼	대학 – 상명대학교	34.45	100.00	●
공공 – 서구	45.15	62.96	▼	대학 – 한세대학교	82.09	100.00	●
대학 – 세종대학교	63.68	91.08	▼	전특 – 한국지질자원연구원	67.86	92.89	▼
공공 – 고척	11.21	94.62	▼	공공 – 북구일곡	82.34	100.00	●
공공 – 정읍시립	86.27	86.98	▼	전특 – 영화진흥위원회	34.69	100.00	●
공공 – 서귀포시동부	100.00	100.00		공공 – 반송	84.26	100.00	●
공공 – 도봉	85.73	95.44	▼	공공 – 용운	84.57	100.00	●
공공 – 도립중앙	73.07	78.83		대학 – 광주가톨릭대학교	100.00	100.00	
공공 – 갈마	100.00	100.00		대학 – 대전보건대학	78.29	100.00	●
대학 – 가톨릭대학교성신교정	55.43	65.20	▼	공공 – 산청	40.26	100.00	●
공공 – 고흥평생교육관	100.00	100.00		공공 – 동부	24.52	100.00	●
공공 – 양천	66.47	100.00	●	공공 – 용산	19.26	100.00	●
공공 – 연산	45.21	59.68	▼	전특 – 현대자동차	100.00	100.00	
공공 – 마산회원	100.00	100.00		공공 – 개포	78.83	100.00	●
공공 – 명장	64.16	83.68	▼	공공 – 광진정보	10.97	100.00	●
공공 – 담양	100.00	100.00					

※ ●는 CCR분석에서 비효율적으로 분석된 도서관이 BCC분석에서 효율적으로 분석된 도서관
※ ▼는 CCR분석과 BCC분석 모두 비효율적으로 분석된 도서관
※ ↓는 CCR분석과 BCC분석 모두에서 효율성이 50 미만으로 분석된 도서관

<표 4 – 208> 관종 통합 BCC분석에서 효율성이 크게 향상된 도서관(2006년, 장서수 : 10만 권 이상)

DMU	CCR	BCC	DMU	CCR	BCC
대학 – 상주대학교	26.66	100.00	대학 – 상명대학교	34.45	100.00
공공 – 사하	46.06	100.00	전특 – 영화진흥위원회	34.69	100.00
대학 – 광운대학교	49.64	100.00	공공 – 산청	40.26	100.00
공공 – 김해	15.08	100.00	공공 – 동부	24.52	100.00
대학 – 상지대학교	18.69	100.00	공공 – 용산	19.26	100.00
공공 – 한밭	22.42	100.00			

7.4.3 2006년 관종 통합 CCR분석(장서수 : 1만 권 - 10만 권 미만)

동일 수준의 산출을 내기 위해 소요되는 투입을 최소하고 산출이 투입수준에 따라 직접적인 영향을 받는 것으로 가정되는 도서관 관종을 통합하여 장서수가 1만 권~10만 권 미만인 144개 도서관을 대상으로 하는 2006년 CCR분석결과는 <표 4-209>와 <부록 3>의 <표 29>와 같다.

2006년 1만 권~10만 권 미만의 장서를 보유한 144개 도서관의 CCR 효율성 결과에 대해 살펴보면 19개 도서관이 '효율적'으로 분석되었으며, 구체적으로 공공도서관이 8개, 대학도서관이 8개, 전문·특수도서관이 3개로 나타났다. 그리고 효율성이 50%에 미치지 못하는 도서관이 91개로 나타났다.

비효율적인 DMU들의 준거집단을 형성하는 DMU들에 관한 분석내용을 정리하면, 2006년 1만 권~10만 권 미만의 도서를 보유한 전체 도서관의 CCR분석에서 준거집단으로 참조된 집단들은 <표 4-210>과 같다.

2006년 준거집단의 참조 횟수를 정리하면, 준거집단으로 사용된 도서관은 19개로 공공도서관이 8개, 대학도서관이 8개, 전문·특수도서관이 3개였으며, 가장 많이 준거집단으로 참조된 도서관은 대한주택공사로 총 93회 참조되었으며, 다음으로 제천시립도서관, 복음신학대학원대학교, 동주대학, 울진도서관 등의 순으로 나타났다. 따라서 2006년 CCR분석에서 가장 효율적인 서비스를 제공하는 1만 권~10만 권 미만의 장서를 보유한 도서관은 관종을 통틀어 대한주택공사 도서관이라 할 수 있다.

<표 4-209> 2006년 관종 통합 CCR 효율성 분석결과(효율성 : 100, 장서수 : 1만 권 - 10만 권 미만)

19개
대학 - 울산대학교, 대학 - 창원전문대학, 공공 - 강동, 대학 - 가톨릭대학교성심교정, 대학 - 인덕대학, 공공 - 제천시립, 공공 - 성북정보, 대학 - 동주대학, 공공 - 울진, 전특 - 국군의무사령부, 공공 - 밀양시립, 전특 - 육군제3158부대, 공공 - 부안, 대학 - 복음신학대학원대학교, 공공 - 군위, 대학 - 주성대학, 공공 - 사천, 전특 - 대한주택공사, 대학 - 신흥대학

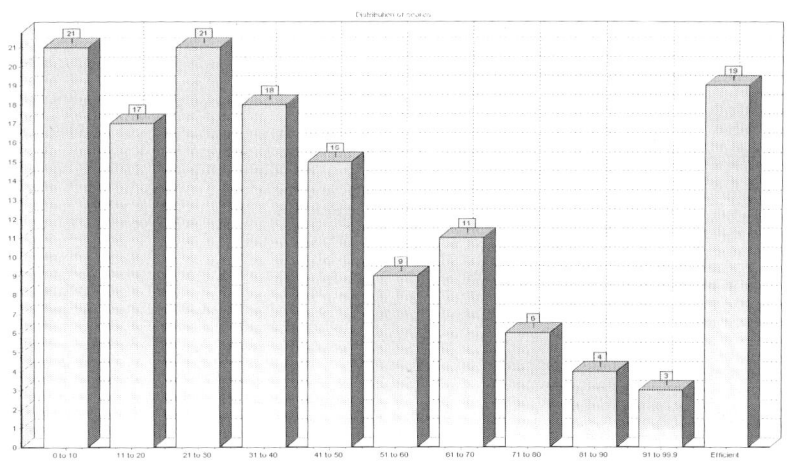

<그림 4-51> 2006년 관종 통합 CCR 효율성 점수 분포(장서수 : 1만 권-10만 권 미만)

<표 4-210> 2006년 관종 통합 CCR분석 준거집단의 참조 횟수(장서수 : 1만 권-10만 권 미만)

DMU	참조 횟수	DMU	참조 횟수	DMU	참조 횟수
전특 – 대한주택공사	93	대학 – 가톨릭대학교성심교정	16	공공 – 부안	6
공공 – 제천시립	53	대학 – 인덕대학	12	전특 – 육군제3158부대	3
대학 – 복음신학대학원대학교	48	공공 – 군위	11	대학 – 창원전문대학	1
대학 – 동주대학	42	대학 – 울산대학교	10	전특 – 국군의무사령부	1
공공 – 울진	34	대학 – 신흥대학	9	공공 – 사천	0
공공 – 밀양시립	30	공공 – 성북정보	8		
대학 – 주성대학	16	공공 – 강동	6		

7.4.4 2006년 관종 통합 BCC분석(장서수 : 1만 권-10만 권 미만)

도서관 관종을 통합하여 장서수가 1만 권~10만 권 미만인 144개 도서관을 대상으로 하는 2006년 BCC분석결과는 <표 4-211>과 <부록 2>의 <표 30>과 같다. 2006년 1만 권~10만 권 미만의 장서를 보유한 144개 도서관의 BCC 효율성 결과에 대해 살펴보면 35개 도서관이 '효율적'으로 분석되었으며, 구체적으로 공공도서관이 14개, 대학도서관이 15개, 전문·특수도서관이 6개로 나타났다. 그리고 효율성이 50%에 미치지 못하는 도서관이 47개로 나타났다.

비효율적인 DMU들의 준거집단을 형성하는 DMU들에 관한 분석내용을 정리하면, 2006년 1만 권~10만 권 미만의 도서를 보유한 전체 도서관의 BCC분석에서 준거집단으로 참조된 집단들은 <표 4-212>와 같다.

2006년 준거집단의 참조 횟수를 정리하면, 준거집단으로 사용된 도서관은 29개로 공공도서관이 12개, 대학도서관이 14개, 전문·특수도서관이 3개였으며, 가장 많이 준거집단으로 참조된 도서관은 대한주택공사로 총 67회 참조되었으며, 다음으로 포항공과대학교, 울산대학교, 서울여자대학교, 동주대학 등의 순으로 나타났다. 따라서 2006년 BCC분석에서 가장 효율적인 서비스를 제공하는 1만 권~10만 권 미만의 장서를 보유한 도서관은 관종을 통틀어 대한주택공사 도서관이라 할 수 있다.

<표 4-211> 2006년 관종 통합 BCC 효율성 분석결과(효율성 : 100, 장서수 : 1만 권-10만 권 미만)

35개
전특 - 부산발전연구원, 대학 - 창원전문대학, 공공 - 강동, 전특 - 중앙선거관리위원회, 공공 - 군위, 공공 - 제천시립, 공공 - 성북정보, 공공 - 중계평생학습관, 공공 - 울진, 공공 - 증평, 대학 - 경기대학교, 대학 - 서울여자대학교, 대학 - 주성대학, 공공 - 광주학생교육문화회관, 대학 - 고려대학교, 대학 - 대전대학교, 공공 - 사천, 공공 - 밀양시립, 공공 - 성남시중앙문화정보, 대학 - 충북대학교, 공공 - 부안, 전특 - 광주점자도서관, 대학 - 인덕대학, 전특 - 국군의무사령부, 대학 - 동주대학, 대학 - 신흥대학, 공공 - 해운대반여, 전특 - 대한주택공사, 대학 - 울산대학교, 대학 - 복음신학대학원대학교, 대학 - 가톨릭대학교성심교정, 대학 - 포항공과대학교, 대학 - 여주대학, 공공 - 춘천평생교육정보관(전), 전특 - 육군제3158부대

<표 4-212> 2006년 관종 통합 BCC분석 준거집단의 참조 횟수(장서수 : 1만 권-10만 권 미만)

DMU	참조 횟수	DMU	참조 횟수	DMU	참조 횟수
전특 - 대한주택공사	67	공공 - 밀양시립	23	대학 - 인덕대학	8
대학 - 포항공과대학교	60	전특 - 광주점자도서관	19	전특 - 중앙선거관리위원회	6
대학 - 울산대학교	59	공공 - 해운대반여	19	대학 - 고려대학교	4
대학 - 서울여자대학교	46	대학 - 복음신학대학원대학교	14	공공 - 군위	4
대학 - 동주대학	46	대학 - 여주대학	13	대학 - 창원전문대학	1
공공 - 제천시립	40	공공 - 울진	13	공공 - 성북정보	1
대학 - 충북대학교	37	공공 - 중계평생학습관	9	공공 - 사천	1
대학 - 가톨릭대학교성심교정	27	대학 - 신흥대학	9	공공 - 강동	1
공공 - 성남시중앙문화정보	25	대학 - 주성대학	9	공공 - 광주학생교육문화회관	1
대학 - 경기대학교	25	공공 - 부안	9		

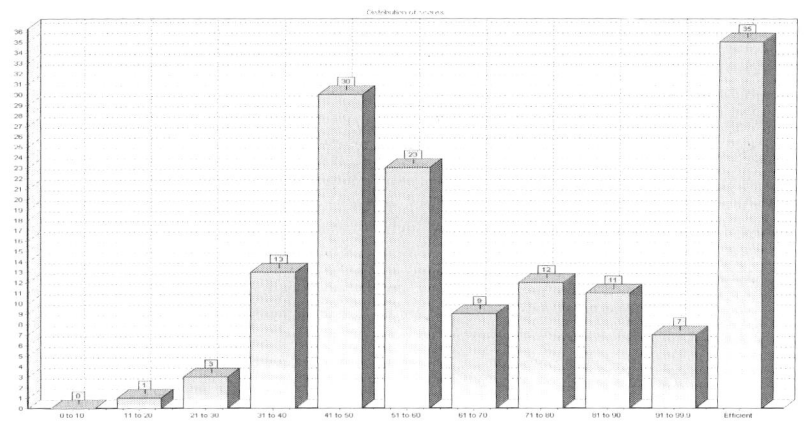

<그림 4 - 52> 2006년 관종 통합 BCC 효율성 점수 분포(장서수 : 1만 권 - 10만 권 미만)

<표 4 - 213>는 CCR분석과 BCC분석의 효율성 차이에 대한 점수를 비교하여 규모의 효율성을 찾아내기 위해 각각의 점수를 비교분석한 표이다. 이는 CCR분석에서 비효율적으로 판명된 DMU가 순수하게 투입과 산출의 차이에 의해 비효율이 발생하는지 아니면 규모의 비효율성 점수가 낮게 나오기 때문에 낮게 나오는지 알아보기 위한 것이다.

적정 규모의 변화를 허용한 BCC모형에서는 CCR모형이 19개의 선정 도서관이 경험적 프런티어를 형성하고 있는 것으로 나타났던 것에 비해 35개의 도서관이 효율적인 것으로 나타나, 16개 도서관의 효율성 점수가 향상된 것을 알 수 있다. 또한 CCR분석에서 효율성이 50 미만인 공공도서관이 BCC분석에서는 효율적으로 분석된 경우가 모두 12개 도서관으로 나타나, 효율성 분석의 해석에 주의를 요하는 것으로 나타났으며, 특히 성남시중앙문화정보는 효율성이 3.20에서 100으로 크게 증가한 것으로 분석되었다. 그리고 금오공과대학교, 한림대학교, 성남시중원문화정보센터, 한영신학대학교는 CCR분석과 BCC분석 모두에서 효율성이 50 미만인 도서관으로 분석되었다.

<표 4-213> 2006년 관종 통합 CCR 및 BCC 효율성 점수 비교(장서수 : 1만 권-10만 권 미만)

DMU	CCR	BCC	비고	DMU	CCR	BCC	비고
전특 - 부산발전연구원	96.04	100.00	●	공공 - 성주	26.61	46.31	↓
대학 - 창원전문대학	100.00	100.00		전특 - 육군제3158부대	100.00	100.00	
공공 - 강동	100.00	100.00		공공 - 관악문화도서관	49.68	56.90	▼
공공 - 서귀포종합(전)	87.77	87.80	▼	전특 - 공주문화원도서관	30.85	58.11	▼
대학 - 금오공과대학교	2.34	18.23	↓	전특 - 서울시정개발연구원	43.27	52.60	▼
공공 - 제천시립	100.00	100.00		대학 - 경북과학대학	41.54	81.99	▼
공공 - 성북정보	100.00	100.00		공공 - 밀양시립	100.00	100.00	
공공 - 서천	53.22	55.59	▼	전특 - 대진의료재단분당제생병원	40.82	52.06	▼
공공 - 울진	100.00	100.00		공공 - 합천	26.08	42.84	↓
공공 - 증평	89.16	100.00	●	공공 - 진영	19.08	42.26	↓
대학 - 한림대학교	13.50	34.09	↓	전특 - 서울특별시과학교육원	47.95	56.07	▼
공공 - 성남시중원문화정보센터	6.99	46.02	↓	공공 - 화도진	11.92	31.61	↓
공공 - 광양공공	50.28	59.14	▼	공공 - 고성동부	36.83	64.05	▼
대학 - 한영신학대학교	27.19	43.86	↓	공공 - 중원	29.91	53.36	▼
공공 - 안산	29.52	41.40	↓	공공 - 울산울주	69.65	69.76	▼
공공 - 울산중부	28.36	50.12	▼	공공 - 의성군립안계	52.92	75.50	▼
공공 - 사천	100.00	100.00		공공 - 단양	69.04	87.01	▼
대학 - 제주산업정보대학	56.85	57.06	▼	공공 - 부안	100.00	100.00	
공공 - 성남시수정문화정보센터	3.05	25.00	↓	대학 - 창신대학	25.83	43.79	↓
공공 - 의성	87.02	87.50	▼	공공 - 밀양하남	71.46	84.38	▼
공공 - 구덕	46.45	51.12	▼	전특 - 전라북도교원연수원	29.27	42.45	↓
대학 - 장로회신학대학교	29.62	34.68	↓	공공 - 신안군립	36.17	45.01	↓
대학 - 계명대학교	5.08	50.00	▼	대학 - 울산과학대학	9.28	56.80	▼
대학 - 전주대학교	63.10	73.23	▼	전특 - 전라북도시각장애인도서관	65.54	68.86	▼
전특 - 국군의무사령부	100.00	100.00		대학 - 호원대학교	9.20	100.00	●
공공 - 남구	9.46	35.68	↓	공공 - 송악	9.55	38.69	↓
대학 - 신흥대학	100.00	100.00		공공 - 김해칠암	11.44	32.91	↓
대학 - 진주국제대학교	4.88	33.33	↓	공공 - 점촌	71.88	95.60	▼
전특 - 대한주택공사	100.00	100.00		공공 - 태백	14.86	49.50	↓
공공 - 창녕	42.67	50.40	▼	전특 - 한국건설기술연구원	46.18	60.20	▼
대학 - 공군사관학교	4.98	33.33	↓	공공 - 장흥	30.99	50.43	▼
공공 - 인천시립	44.58	51.00	▼	전특 - 특허청특허참고자료실	43.19	53.49	▼
대학 - 군산간호대학	37.82	42.19	↓	대학 - 동주대학	100.00	100.00	
공공 - 기장도서관	72.23	72.51	▼	전특 - 국립수의과학검역원	35.32	58.07	▼
전특 - 경기도청	36.66	41.43	↓	공공 - 통영산양	48.98	58.65	▼
대학 - 충남대학교	8.16	76.34	▼	공공 - 당진	32.39	49.24	↓
공공 - 삼천포	56.39	63.41	▼	공공 - 고성(경남)	21.47	43.57	↓
대학 - 주성대학	100.00	100.00		전특 - 전남교육연수원	35.65	93.93	▼

DMU	CCR	BCC	비고	DMU	CCR	BCC	비고
전특 – 문화방송	63.95	63.99	▼	공공 – 신탄진	59.38	80.18	▼
대학 – 명지대학교	11.76	35.09	↓	대학 – 군장대학	33.66	48.18	↓
공공 – 김포시립	44.67	46.26	↓	공공 – 울산동부	34.23	46.22	↓
전특 – 한국자원연구소	13.34	30.71	↓	전특 – 통계청	58.47	78.21	▼
대학 – 용인송담대학	14.02	27.95	↓	대학 – 동국대학교	11.96	52.19	▼
공공 – 군위	100.00	100.00		대학 – 인덕대학	100.00	100.00	
공공 – 춘성	29.82	38.42	↓	대학 – 혜천대학	41.68	79.13	▼
대학 – 복음신학대학원대학교	100.00	100.00		대학 – 전남대학교	15.90	48.98	↓
대학 – 동우대학	19.16	32.79	↓	공공 – 해운대반여	67.35	100.00	●
공공 – 보령공공	24.24	35.80	↓	전특 – 한국화학연구소	19.19	59.54	▼
공공 – 도계	25.01	41.19	↓	대학 – 홍익대학교	66.69	81.64	▼
전특 – 해병대사령부	24.20	49.21	↓	대학 – 대구가톨릭대학교	38.06	77.00	▼
공공 – 영일	87.73	93.19	▼	공공 – 중앙	1.41	52.46	▼
공공 – 청송	77.28	89.18	▼	대학 – 여주대학	36.60	100.00	●
공공 – 청원	33.10	39.97	↓	전특 – 한국시설안전기술공단	37.43	72.07	▼
공공 – 남지	54.61	57.54	▼	대학 – 고려대학교서창캠퍼스	2.50	59.19	▼
전특 – 국민체육진흥공단체육과학연구원	70.51	89.45	▼	공공 – 대전학생교육문화원	24.53	97.19	▼
공공 – 서동	72.75	73.21	▼	공공 – 춘천평생교육정보관(전)	12.64	100.00	●
대학 – 서남대학교	55.67	65.87	▼	대학 – 포항공과대학교	48.08	100.00	●
공공 – 충주학생	20.87	45.13	↓	대학 – 가톨릭대학교성심교정	100.00	100.00	
전특 – 시설안전기술공단	38.27	59.97	▼	대학 – 경남정보대학	29.96	81.67	▼
공공 – 양산	34.72	44.26	↓	대학 – 울산대학교	100.00	100.00	
공공 – 함안	62.27	77.43	▼	전특 – 국사편찬위원회	5.82	66.72	▼
전특 – 대전시립연정국악연구원	62.66	64.58	▼	대학 – 대전대학교	29.67	100.00	●
대학 – 적십자간호대학	94.58	95.72	▼	전특 – 광주점자도서관	16.21	100.00	●
공공 – 금왕	60.10	77.11	▼	대학 – 대구대학교	14.24	95.17	▼
대학 – 대불대학교	5.16	50.00	▼	대학 – 충북대학교	8.38	100.00	●
대학 – 조선대학교	31.22	87.63	▼	공공 – 성남시중앙문화정보	3.20	100.00	●
전특 – 한국과학기술원	8.55	50.00	▼	대학 – 청주대학교	2.14	86.82	▼
공공 – 남해	22.39	47.87	↓	대학 – 고려대학교	4.50	100.00	●
공공 – 고성(강원도)	38.36	53.99	▼	공공 – 광주학생교육문화회관	15.30	100.00	●
공공 – 안양시립평촌	22.48	53.33	▼	대학 – 서울여자대학교	72.17	100.00	●
공공 – 가오	61.62	69.38	▼	대학 – 경기대학교	41.02	100.00	●
전특 – 중앙선거관리위원회	96.63	100.00	●	공공 – 중계평생학습관	10.07	100.00	●

※ ●는 CCR분석에서 비효율적으로 분석된 도서관이 BCC분석에서 효율적으로 분석된 도서관
※ ▼는 CCR분석과 BCC분석 모두 비효율적으로 분석된 도서관
※ ↓는 CCR분석과 BCC분석 모두에서 효율성이 50 미만으로 분석된 도서관

<표 4-214> 관종 통합 BCC분석에서 효율성이 크게 향상된 도서관
(2006년, 장서수 : 1만 권-10만 권 미만)

DMU	CCR	BCC	DMU	CCR	BCC
대학-호원대학교	9.20	100.00	대학-충북대학교	8.38	100.00
대학-여주대학	36.60	100.00	공공-성남시중앙문화정보	3.20	100.00
공공-춘천평생교육정보관(전)	12.64	100.00	대학-고려대학교	4.50	100.00
대학-포항공과대학교	48.08	100.00	공공-광주학생교육문화회관	15.30	100.00
대학-대전대학교	29.67	100.00	대학-경기대학교	41.02	100.00
전특-광주점자도서관	16.21	100.00	공공-중계평생학습관	10.07	100.00

7.4.5 2006년 관종 통합 CCR분석(장서수 : 1만 권 미만)

동일 수준의 산출을 내기 위해 소요되는 투입을 최소하고 산출이 투입수준에 따라 직접적인 영향을 받는 것으로 가정되는 도서관 관종을 통합하여 장서수가 1만 권 미만인 13개 도서관을 대상으로 하는 2006년 CCR분석결과는 <표 4-215>와 <부록 3>의 <표 31>과 같다.

2006년 1만 권 미만의 장서를 보유한 13개 도서관의 CCR 효율성 결과에 대해 살펴보면 7개 도서관이 '효율적'으로 분석되었으며, 구체적으로 전문·특수도서관이 7개로 나타났다. 그리고 효율성이 50%에 미치지 못하는 도서관이 5개로 나타났다.

비효율적인 DMU들의 준거집단을 형성하는 DMU들에 관한 분석내용을 정리하면, 2006년 1만 권 미만의 장서를 보유한 전체 도서관의 CCR분석에서 준거집단으로 참조된 집단들은 <표 4-216>과 같다.

2006년 준거집단의 참조 횟수를 정리하면, 준거집단으로 사용된 도서관은 전문·특수도서관 6개로, 가장 많이 준거집단으로 참조된 도서관은 강남성심병원도서관으로 총 6회 참조되었으며, 다음으로 광주점자도서관, 부산발전연구원, 전라북도교원연수원, 시설안전기술공단, 전라북도시각장애인도서관 등의 순으로 나타났다. 따라서 2006년 CCR분석에서 가장 효율적인 서비스를 제공하는 1만 권 미만의 장서를 보유한 도서관은 관종을 통틀어 강남성심병원도서관이라 할 수 있다.

<표 4-215> 2006년 관종 통합 CCR 효율성 분석결과(효율성 : 100, 장서수 : 1만 권 미만)

7개
전특 - 강남성심병원, 전특 - 현대자동차, 전특 - 전라북도교원연수원, 전특 - 시설안전기술공단, 전특 - 광주점자도서관, 전특 - 부산발전연구원, 전특 - 전라북도시각장애인도서관

<표 4-216> 2006년 관종 통합 CCR분석 준거집단의 참조 횟수(장서수 : 1만 권 미만)

DMU	참조 횟수	DMU	참조 횟수	DMU	참조 횟수
전특 - 강남성심병원	6	전특 - 부산발전연구원	3	전특 - 시설안전기술공단	1
전특 - 광주점자도서관	4	전특 - 전라북도교원연수원	2	전특 - 전라북도시각장애인도서관	1

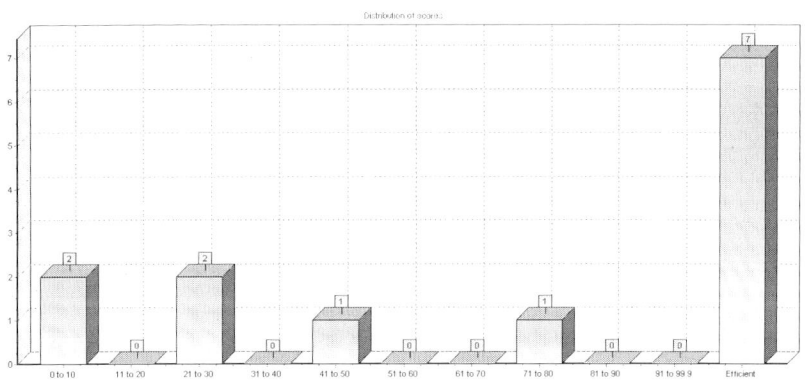

<그림 4-53> 2006년 관종 통합 CCR 효율성 점수 분포(장서수 : 1만 권 미만)

7.4.6 2006년 관종 통합 BCC분석(장서수 : 1만 권 미만)

도서관 관종을 통합하여 장서수가 1만 권 미만인 13개 도서관을 대상으로 하는 2006년 BCC분석결과 모든 도서관이 '효율적'으로 나타났다.

<표 4-217> 2006년 관종 통합 BCC 효율성 분석결과(효율성 : 100, 장서수 : 1만 권 미만)

13개
전특 – 강남성심병원, 전특 – 현대자동차, 전특 – 전라북도교원연수원, 전특 – 시설안전기술공단, 전특 – 경기도과학연구원, 전특 – 목포가톨릭병원, 전특 – 국군의무사령부, 전특 – 부산발전연구원, 전특 – 국제특허연수원, 전특 – 전라북도시각장애인도서관, 전특 – 대진의료재단분당제생병원, 대학 – 복음신학대학원대학교, 전특 – 광주점자도서관

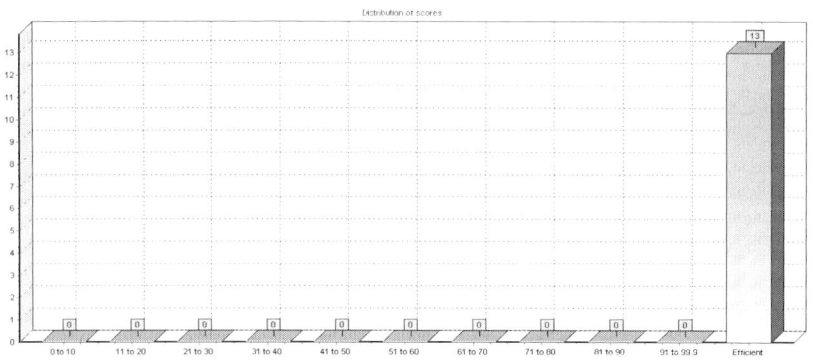

<그림 4-54> 2006년 관종 통합 BCC 효율성 점수 분포(장서수 : 1만 권 미만)

<표 4-218>은 CCR분석과 BCC분석의 효율성 차이에 대한 점수를 비교하여 규모의 효율성을 찾아내기 위해 각각의 점수를 비교분석한 표이다. 이는 CCR분석에서 비효율적으로 판명된 DMU가 순수하게 투입과 산출의 차이에 의해 비효율이 발생하는지 아니면 규모의 비효율성 점수가 낮게 나오기 때문에 낮게 나오는지 알아보기 위한 것이다.

적정 규모의 변화를 허용한 BCC모형에서는 CCR모형이 7개의 선정 도서관이 경험적 프런티어를 형성하고 있는 것으로 나타났던 것에 비해 13개의 도서관이 효율적인 것으로 나타나, 6개 도서관의 효율성 점수가 향상된 것을 알 수 있다. 또한 CCR분석에서 효율성이 50 미만인 공공도서관이 BCC분석에서는 효율적으로 분석된 경우가 모두 5개 도서관으로 나타나, 효율성 분석의 해석에 주의를 요하는 것으로 나타났으며, 특히 국군의무사령부는 효율성이 9.97에서 100으로 크게 증가한 것으로 분석되었다. 그리고 CCR분석과 BCC분석 모두에서 효율성이 50 미만인 도서관은 없는 것으로 분석되었다.

<표 4-218> 2006년 관종 통합 CCR 및 BCC 효율성 점수 비교(장서수 : 1만 권 미만)

DMU	CCR	BCC	비고	DMU	CCR	BCC	비고
전특 – 강남성심병원	100.00	100.00		전특 – 부산발전연구원	100.00	100.00	
전특 – 현대자동차	100.00	100.00		전특 – 국제특허연수원	77.50	100.00	●
전특 – 전라북도교원연수원	100.00	100.00		전특 – 전라북도시각장애인도서관	100.00	100.00	
전특 – 시설안전기술공단	100.00	100.00		전특 – 대진의료재단당제생병원	28.68	100.00	●
전특 – 경기도과학연구원	23.80	100.00	●	대학 – 복음신학대학원대학교	46.25	100.00	●
전특 – 목포가톨릭병원	10.90	100.00	●	전특 – 광주점자도서관	100.00	100.00	
전특 – 국군의무사령부	9.97	100.00	●				

※ ●는 CCR분석에서 비효율적으로 분석된 도서관이 BCC분석에서 효율적으로 분석된 도서관

<표 4-219> 관종 통합 BCC분석에서 효율성이 크게 향상된 도서관(2006년, 장서수 : 1만 권 미만)

DMU	CCR	BCC	DMU	CCR	BCC
전특 – 경기도과학연구원	23.80	100.00	전특 – 대진의료재단분당제생병원	28.68	100.00
전특 – 목포가톨릭병원	10.90	100.00	대학 – 복음신학대학원대학교	46.25	100.00
전특 – 국군의무사령부	9.97	100.00			

8. 관종 통합 시계열 분석

관종별 시계열 분석과 마찬가지로 효율성 측정의 목표가 효율성 향상에 있다면, 관종을 통합한 분석을 통해 효율성 변화를 추적하는 것이 필요할 것이다. 전체 분석에 사용된 DMU는 공공도서관 182, 대학도서관 97개, 전문·특수도서관 43개의 2003년부터 2007년까지의 투입과 산출요소로 구성된 1,288개 DMU이다.

관종을 통합한 후 시계열적 관점의 효율성 측정을 위하여 대표적인 DEA 방법인 윈도 분석(Window Analysis)을 실시하였다. 윈도 분석을 사용하는 이유는 관종별 시계열 분석과 동일하다. 이러한 장점을 가진 시계열적 분석을 선정된 전체 공공도서관, 대학도서관, 전문·특수도서관을 통합한 후, 분석을 실시한 결과는 다음과 같다.

8.1 관종을 통합한 시계열적 관점의 CCR분석결과

관종을 통합하여 CCR분석을 실시한 후, 설명의 편의를 위해 각 관종별로 분류한 표가 <표 4 – 220>에서 <표 4 – 223>이다.

아래의 <표 4 – 220>은 관종을 통합하여 CCR분석을 실시한 결과에서, 공공도서관의 효율성 변화만을 선별한 것이다. 선정 도서관을 시기별로 다른 DMU로 가정하면 총 728개의 공공도서관으로 분류되며, 이러한 공공도서관을 CCR분석한 결과 총 7개 공공도서관(약 1.0%)이 효율적이라고 분석되었다.

또 효율성의 추이를 검토한 결과 강남, 송파, 마포평생학습관, 부전, 서동, 구포 등 31개(약 17.0%)의 공공도서관은 4년간 꾸준한 효율성 증가를 보이는 것으로 나타났으며, 도봉, 성남시중원문화정보센터 등 2개(약 1.1%) 공공도서관은 시계열 관점의 CCR 관점에서 효율성이 점차 감소하고 있는 것으로 분석되었다. 또한 효율성을 4년간 계속적으로 100을 유지하는 공공도서관은 없는 것으로 분석되었다.

효율성의 점수가 큰 폭으로 변화하고 있어 효율성의 정도를 진정으로 파악하기 어려운 공공도서관은 개포, 양천, 광주학생교육문화회관, 광주광역시립도서관, 용운 도서관 등으로 시계열적 관점에서 변화의 폭이 심한 것으로 나타났다.

<표 4-220> 시계열 관점에서의 CCR 효율성 분석결과(관종 통합, 공공도서관)

DMU	효율성 변화				DMU	효율성 변화			
	2003	2004	2005	2006		2003	2004	2005	2006
강남	24.27	41.86	36.81	54.38	강릉평생교육정보관(전)	21.78	12.44	23.41	44.92
강동	22.64	37.90	31.29	38.73	속초평생교육정보관(전)	24.18	44.04	33.70	63.64
강서	13.11	15.52	14.47	20.97	삼척평생교육정보관(전)	6.46	12.07	13.31	15.00
개포	30.17	100.00	32.62	45.01	춘성	11.79	12.08	18.61	10.31
고척	36.65	23.80	26.55	34.57	양양	6.91	8.13	13.74	14.87
남산	9.43	12.70	9.49	13.54	태백	15.02	22.56	17.74	29.14
도봉	*43.43*	*39.20*	*37.40*	*36.85*	영월	17.64	12.22	13.82	14.12
동대문	19.90	17.52	34.11	19.60	정선	10.46	15.32	10.89	8.64
송파	32.40	37.76	38.54	44.37	철원	10.17	10.45	15.27	13.53
양천	27.22	22.89	100.00	37.56	고성(강원도)	11.15	20.91	27.14	15.74
용산	9.08	8.88	11.12	22.35	도계	5.12	4.28	5.23	4.32
정독	9.94	9.84	10.73	13.65	충북중앙	10.77	14.14	8.87	9.45
고덕평생학습관	35.43	27.01	20.15	33.79	충주학생	28.16	40.16	41.27	63.97
마포평생학습관	21.10	25.24	26.63	32.67	중원	25.66	42.90	12.42	13.36
중계평생학습관	25.11	3.53	33.40	29.75	제천학생(전)	16.18	12.90	12.69	15.47
성동문화	35.60	25.65	89.52	90.54	청원	7.03	8.65	9.04	12.41
광진정보	64.43	64.33	66.49	75.51	보은	17.12	13.23	13.71	11.71
은평구립	23.38	27.52	26.69	31.16	옥천	14.02	14.07	16.88	16.69
성북정보	43.28	43.15	42.03	58.45	영동	15.75	40.38	21.28	34.15
관악문화도서관	47.90	49.03	33.84	45.27	괴산	11.69	8.94	14.85	10.99
시민	12.61	13.09	12.95	21.44	증평	20.96	17.46	19.03	44.55
중앙	12.02	39.80	16.42	33.01	음성	13.96	15.81	10.72	9.06
부전	23.64	30.25	38.43	53.49	금왕	18.27	18.75	20.33	21.98
반송	24.33	21.49	22.57	49.71	단양	22.98	22.28	14.88	23.46
해운대	30.72	29.54	39.66	37.82	제천시립	27.13	20.67	25.77	37.37
구덕	24.23	22.98	50.77	28.76	금산	12.21	18.48	18.55	12.88
서동	26.95	31.67	35.76	35.82	서천	13.71	15.61	22.26	36.60
구포	27.79	32.65	33.10	49.39	홍성	20.33	14.20	32.46	44.29
사하	35.69	31.89	34.74	32.43	예산	21.38	12.77	62.54	19.46
연산	29.39	30.21	31.17	49.47	당진	39.52	31.06	34.95	37.60
명장	21.32	20.83	19.57	24.33	천안중앙	57.15	55.64	18.13	40.00
남구	13.70	23.86	27.53	28.33	보령공공	50.82	63.42	57.45	89.39
영도	26.77	19.34	21.55	30.92	논산강경	20.53	24.71	27.54	29.42
해운대반여	30.05	82.89	60.31	63.20	부안	29.36	19.52	34.42	58.33
기장도서관	22.52	35.34	42.84	45.76	정읍시립	11.33	16.15	16.50	16.62
중앙	21.82	20.00	15.40	21.10	광양공공	27.32	29.81	30.64	24.01
동부	32.22	36.57	19.15	37.19	담양	6.77	8.55	4.97	10.55
서부	34.06	34.65	18.69	37.01	장흥	20.15	61.53	22.82	14.59
남부	23.79	34.80	27.93	38.40	장성	17.58	26.53	26.51	17.49

DMU	효율성 변화				DMU	효율성 변화			
	2003	2004	2005	2006		2003	2004	2005	2006
북부	29.15	32.17	19.51	39.48	고흥평생교육관	11.71	8.06	10.27	12.57
효목	36.26	42.04	24.48	41.71	신안군립	6.27	9.89	10.79	16.42
두류	26.57	27.19	21.92	24.32	해남군립	20.30	23.17	25.04	20.82
대봉	16.89	20.29	19.53	28.42	영일	15.82	16.51	21.91	25.45
달성	16.47	17.78	14.66	16.48	점촌	9.38	13.47	16.23	14.68
북구	29.19	32.39	32.49	35.67	군위	19.16	25.11	31.28	16.08
중앙	15.20	21.38	24.93	26.98	의성	20.88	11.71	13.66	11.46
부평	27.29	23.47	36.70	33.31	청송	6.98	7.04	7.02	8.07
주안	30.34	23.15	24.71	33.34	성주	13.11	15.27	14.95	14.94
화도진	21.08	23.34	21.53	28.82	예천	12.21	14.37	9.08	14.12
서구	27.09	34.53	31.64	42.83	울진	8.32	12.45	38.15	7.84
인천시립	17.60	15.61	18.94	17.16	경북교육정보(전)	27.03	53.53	16.03	19.29
중앙	11.76	22.14	20.50	21.85	경주시립	26.86	41.57	25.74	70.34
광주학생독립운동기념회관	7.56	10.58	9.95	11.14	김천시립	61.65	52.55	49.11	29.74
금호교육문화회관	18.12	21.90	21.04	26.13	의성군립안계	11.77	8.03	10.71	11.78
광주학생교육문화회관	44.85	42.61	94.47	51.97	마산	11.83	25.88	10.02	15.79
송정	12.01	13.77	8.26	19.49	진동	8.96	11.93	12.77	18.35
광주광역시립도서관	17.97	37.46	88.21	29.34	통영	24.26	19.64	75.66	26.93
북구일곡	57.34	38.11	46.67	98.75	삼천포	17.73	17.09	18.80	29.25
대전학생교육문화원	16.38	13.33	20.95	19.90	사천	26.56	19.01	39.07	58.72
한밭	5.70	9.91	24.59	12.34	김해	49.98	38.42	33.78	34.20
용운	18.46	100.00	25.48	31.99	진영	37.95	35.81	21.42	30.29
가오	20.87	18.53	100.00	28.98	밀양	45.05	26.58	16.89	39.09
갈마	26.63	23.76	28.03	48.70	밀양하남	7.32	5.02	9.06	9.90
유성	43.33	84.86	41.34	52.02	거제	31.74	36.33	51.27	70.06
안산	58.67	34.34	39.02	46.02	함안	22.62	80.02	32.89	57.34
신탄진	24.27	4.20	23.57	27.41	창녕	20.41	85.83	10.05	22.19
울산중부	23.58	25.83	27.92	41.29	남지	96.60	9.98	12.01	20.24
울산남부	28.08	29.96	31.23	43.18	양산	76.13	34.29	49.43	52.24
울산동부	34.29	33.14	36.76	78.78	고성(경남)	9.55	12.63	13.16	19.43
울산울주	40.10	35.06	100.00	44.90	남해	18.73	7.93	7.08	26.87
도립중앙	26.83	58.66	54.01	48.50	산청	9.33	4.59	12.52	17.61
도립성남	18.24	31.28	70.25	68.32	함양	14.75	15.19	100.00	18.65
도립과천	27.31	35.92	72.12	17.35	합천	19.50	77.32	7.57	14.57
수원시선경	23.66	28.79	30.34	23.61	창원시립	52.89	17.29	17.14	22.30
성남시중앙문화정보	44.02	41.08	44.13	44.47	진주연암	21.54	14.02	17.31	17.92
성남시수정문화정보센터	32.58	57.62	26.22	32.57	밀양시립	29.15	34.78	38.71	58.00
성남시중원문화정보센터	*33.23*	*26.74*	*25.22*	*18.49*	마산회원	15.33	13.88	31.67	36.66
부천시립 중앙	17.45	17.95	22.52	16.71	마산시립합포	41.15	41.91	38.22	78.11

DMU	효율성 변화				DMU	효율성 변화			
	2003	2004	2005	2006		2003	2004	2005	2006
안양시립평촌	27.46	34.95	38.97	54.26	통영산양	20.72	20.79	17.80	23.11
용인시립	22.74	100.00	28.58	45.73	김해칠암	91.21	38.50	25.04	39.57
광명하안	20.36	26.89	29.85	38.13	양산웅상	26.54	21.95	28.66	100.00
시흥시종합복지회관	14.10	18.03	22.45	31.54	고성동부	54.54	33.33	8.64	10.65
시흥시립	73.73	37.74	53.28	48.36	제주	26.02	22.29	28.46	31.87
화성시립태안	24.19	41.43	29.21	28.76	송악	28.19	10.20	15.10	64.88
김포시립	13.35	25.18	26.89	27.61	제남	10.76	14.71	12.88	9.66
안성시립	15.56	22.20	22.62	42.85	서귀포학생	11.89	14.50	13.79	13.97
하남시립	22.59	28.48	24.25	24.77	우당	9.96	17.65	18.26	25.76
의왕시립	61.24	20.46	18.35	28.00	탐라	6.08	19.81	25.73	36.84
양주시립	29.34	22.00	3.17	24.38	서귀포시립(전)	14.44	14.88	6.61	12.62
동두천시립	13.13	52.62	25.55	12.34	서귀포종합(전)	7.98	8.82	19.80	8.70
춘천평생교육정보관(전)	16.47	16.47	11.50	14.61	서귀포시동부	14.17	12.15	9.83	11.30

아래의 <표 4-221>은 관종을 통합하여 CCR분석을 실시한 결과에서, 대학도서관의 효율성 변화만을 선별한 것이다. 선정 도서관을 시기별로 다른 DMU로 가정하면 총 388개의 대학도서관으로 분류되며, 이러한 공공도서관을 CCR분석한 결과 총 7개 대학도서관(약 1.8%)이 효율적이라고 분석되었다.

또 효율성의 추이를 검토한 결과 동국대학교, 대전대학교, 혜천대학, 울산과학대학 등 8개(약 8.2%)의 대학도서관은 4년간 꾸준한 효율성 증가를 보이는 것으로 나타났으며, 홍익대학교, 신라대학교, 대전보건대학 등 10개(약 10.3%) 대학도서관은 시계열 관점의 CCR 관점에서 효율성이 점차 감소하고 있는 것으로 분석되었다. 또한 효율성을 4년간 계속적으로 100을 유지하는 대학도서관은 양산대학이 유일한 것으로 분석되었다.

효율성의 점수가 큰 폭으로 변화하고 있어 효율성의 정도를 진정으로 파악하기 어려운 대학도서관은 서울여자대학교, 수원과학대학 등으로 시계열적 관점에서 변화의 폭이 심한 것으로 나타났다.

<표 4-221> 시계열 관점에서의 CCR 효율성 분석결과(관종 통합, 대학도서관)

DMU	효율성 변화				DMU	효율성 변화			
	2003	2004	2005	2006		2003	2004	2005	2006
가톨릭대학교성신교정	13.13	2.58	3.23	2.51	신흥대학	19.46	7.55	11.19	20.75
경희대학교	7.52	18.21	10.10	8.63	여주대학	5.09	7.30	6.92	8.15
고려대학교	58.29	30.34	31.08	45.18	용인송담대학	7.87	7.12	9.93	8.55
광운대학교	14.91	18.56	17.75	18.47	유한대학	5.03	5.61	7.33	4.57
덕성여자대학교	9.07	9.07	13.06	12.81	장안대학	9.28	9.28	7.31	12.18
동국대학교	10.00	28.60	39.85	52.15	삼척대학교	11.29	4.95	4.96	8.32
명지대학교	9.31	11.61	9.68	10.87	관동대학교	3.93	12.92	6.01	6.49
상명대학교	9.88	15.83	26.49	20.42	상지대학교	41.13	41.13	8.22	10.46
서울여자대학교	16.85	100.00	100.00	13.07	한라대학교	7.79	9.35	9.96	8.71
세종대학교	5.70	16.14	6.30	5.98	한림대학교	6.06	14.23	8.20	18.57
장로회신학대학교	87.70	11.15	13.36	7.57	동우대학	23.63	19.44	15.89	18.67
한영신학대학교	1.41	2.28	2.93	2.78	공군사관학교	27.61	12.08	1.38	16.10
홍익대학교	*34.56*	*33.86*	*33.85*	*23.74*	충북대학교	8.88	8.84	7.27	47.37
인덕대학	5.59	6.16	34.80	12.54	충주대학교	10.00	9.28	10.31	5.60
적십자간호대학	5.31	5.31	5.11	8.98	한국교원대학교	9.87	13.62	11.99	8.52
한국해양대학교	5.14	2.60	4.24	4.60	세명대학교	12.21	7.50	4.71	5.76
경성대학교	17.89	32.07	12.21	20.60	청주대학교	25.81	30.01	31.61	12.31
동의대학교	13.68	13.20	13.65	12.91	주성대학	3.65	4.27	2.72	1.74
부산가톨릭대학교	8.42	9.37	6.19	6.19	고려대학교서창캠퍼스	9.79	16.02	5.13	4.43
신라대학교	*32.26*	*10.77*	*8.67*	*7.57*	홍익대학교조치원캠퍼스	13.26	13.72	19.87	22.28
경남정보대학	9.13	9.90	7.85	8.30	서남대학교	25.92	25.92	25.92	25.92
동주대학	3.73	3.73	7.87	7.87	우석대학교	5.34	5.74	6.61	11.92
부산여자대학	2.65	2.18	5.52	6.17	전주대학교	14.16	12.54	14.60	16.35
계명대학교	13.00	13.00	9.78	15.76	*호원대학교*	*14.10*	*13.99*	*12.22*	*8.78*
계명문화대학	71.27	72.08	60.32	25.89	군산간호대학	6.16	6.16	6.16	6.16
대구보건대학	21.35	21.35	21.35	21.35	군장대학	2.31	2.08	1.62	2.42
전남대학교	13.80	13.58	15.37	13.38	목포대학교	31.10	31.10	31.29	5.05
조선대학교	8.26	6.89	12.38	14.06	*여수대학교*	*14.40*	*7.00*	*7.00*	*7.00*
광주보건대학	4.53	4.53	4.87	4.87	광주가톨릭대학교	3.59	4.10	4.03	5.44
서강정보대학	12.40	10.10	14.60	11.34	대불대학교	3.23	3.23	3.23	3.23
조선이공대학	25.29	2.62	6.41	6.41	금오공과대학교	6.00	9.14	5.04	19.30
충남대학교	11.37	11.37	7.87	7.22	*상주대학교*	*13.88*	*7.64*	*7.64*	*4.28*
대전대학교	5.40	11.35	14.56	14.81	*경주대학교*	*3.66*	*3.66*	*3.66*	*2.45*
배재대학교	12.85	16.87	15.90	4.44	대구가톨릭대학교	12.67	9.66	8.12	8.92
복음신학대학원대학교	1.83	7.30	1.83	7.30	대구대학교	27.40	30.86	27.55	27.40
한국정보통신대학교	8.37	10.19	10.02	10.18	포항공과대학교	8.36	11.93	11.93	11.80
대전보건대학	*24.14*	*24.14*	*19.24*	*19.24*	김천대학	14.27	55.63	14.27	3.96
혜천대학	7.96	7.96	9.74	9.95	경북과학대학	15.96	15.96	67.16	15.96
울산대학교	19.48	12.21	12.69	15.18	*경북전문대학*	*8.99*	*6.79*	*6.79*	*5.86*

DMU	효율성 변화				DMU	효율성 변화			
	2003	2004	2005	2006		2003	2004	2005	2006
울산과학대학	4.29	4.29	7.70	7.70	안동과학대학	9.27	9.27	9.27	9.27
가톨릭대학교성심교정	12.17	12.24	22.97	24.65	진주교육대학교	11.57	11.78	11.78	13.55
강남대학교	21.97	21.57	5.06	7.09	창원대학교	10.07	9.36	10.12	10.80
경기대학교	13.50	10.98	5.41	8.34	*진주국제대학교*	*2.02*	*2.02*	*1.33*	*1.33*
대진대학교	4.87	8.95	18.33	6.72	마산대학	19.24	4.85	5.57	4.94
명지대학교자연캠퍼스	16.47	7.71	6.42	6.62	**양산대학**	100.00			
성결대학교	12.82	12.80	12.80	26.59	창신대학	7.47	8.37	7.47	15.15
한세대학교	5.77	6.77	17.86	7.06	창원전문대학	10.62	6.10	2.75	2.53
협성대학교	4.27	3.67	3.92	4.27	제주산업정보대학	11.81	11.81	11.81	11.81
수원과학대학	100.00	42.68	7.78	12.16					

아래의 <표 4-222>는 관종을 통합하여 CCR분석을 실시한 결과에서, 전문·특수도서관의 효율성 변화만을 선별한 것이다. 선정 도서관을 시기별로 다른 DMU로 가정하면 총 172개의 전문·특수도서관으로 분류되며, 이러한 전문·특수도서관을 CCR분석한 결과 총 11개 전문·특수도서관(약 6.4%)이 효율적이라고 분석되었다.

또 효율성의 추이를 검토한 결과 문화관광부, 특허청특허참고자료실, 한국시설안전기술공단 등 4개(약 9.3%)의 전문·특수도서관은 4년간 꾸준한 효율성 증가를 보이는 것으로 나타났으며, 광주전남발전연구원, 한국지질자원연구원, 국립수의과학연구원 등 5개(약 11.6%) 전문·특수도서관은 시계열 관점의 CCR 관점에서 효율성이 점차 감소하고 있는 것으로 분석되었다. 또한 효율성을 4년간 계속적으로 100을 유지하는 전문·특수도서관은 강남성심병원과 해병대사령부 도서관으로 분석되었다.

효율성의 점수가 큰 폭으로 변화하고 있어 효율성의 정도를 진정으로 파악하기 어려운 전문·특수도서관은 대전시립연정국악연구원, 국사편찬위원회 등으로 나타났다.

<표 4 - 222> 시계열 관점에서의 CCR 효율성 분석결과(관종 통합, 전문·특수도서관)

DMU	효율성 변화				DMU	효율성 변화			
	2003	2004	2005	2006		2003	2004	2005	2006
강남성심병원	100.00				경기도과학연구원	13.39	13.39	13.39	13.39
국민체육진흥공단체육과학연구원	4.33	4.33	15.56	2.05	경기도청	53.72	53.72	53.72	53.72
대한상공회의소	5.32	5.32	5.32	5.32	국군의무사령부	7.68	7.68	7.68	7.68
문화관광부	7.38	7.38	7.38	32.48	국립수의과학검역원	23.76	23.76	21.93	21.93
문화방송	32.48	32.48	32.48	7.38	구사편찬위원회	0.78	20.00	100.00	44.24
서울시정개발연구원	11.17	11.17	11.17	11.17	국토연구원	7.20	7.22	6.61	4.96
서울특별시과학교육원	2.84	2.84	2.84	2.84	농업환경관(농업과학기술원)	1.86	2.33	2.20	2.18
서울특별시종합자료관	11.05	11.05	11.05	10.17	대진의료재단분당제생병원	16.94	16.94	16.94	6.31
영화진흥위원회	21.05	21.05	21.05	21.05	대한주택공사	97.63	38.18	38.18	38.18
한국고등교육재단	0.92	0.68	0.77	2.08	시설안전기술공단	77.40	77.40	77.40	77.40
부산발전연구원	43.73	43.73	43.73	43.73	중앙선거관리위원회	7.65	7.65	7.65	7.65
광주전남발전연구원	2.65	2.16	2.14	2.14	한국건설기술연구원	1.63	2.13	1.98	1.98
광주점자도서관	69.39	69.68	69.68	69.68	한국시설안전기술공단	25.98	29.38	29.38	29.38
국제특허연수원	16.82	16.82	16.82	16.82	해병대사령부	100.00			
대전시립연정국악연구원	100.00	7.46	100.00	7.46	현대자동차	28.54	28.54	28.54	28.54
육군교육사령부	18.77	18.77	18.77	18.77	공주문화원도서관	10.96	10.96	10.96	10.96
통계청	12.62	13.21	16.46	11.27	육군제3158부대	0.32	0.58	0.32	0.32
특허청특허참고자료실	11.48	11.48	11.48	35.35	전라북도교원연수원	10.71	10.71	42.22	10.71
한국과학기술원	16.71	16.71	16.71	16.71	전라북도시각장애인도서관	17.77	17.77	17.77	17.77
한국자원연구소	9.24	9.24	9.24	9.24	목포가톨릭병원	4.40	4.40	4.40	4.40
한국지질자원연구원	3.42	3.42	2.73	2.09	전남교육연수원	8.79	18.14	23.60	29.26
한국화학연구소	11.08	11.08	11.08	11.08					

시계열 관점에서의 CCR분석 준거집단 참조 횟수를 살펴보면, 가장 많이 참조된 도서관은 용운도서관(2004)으로 총 973회 참조된 것으로 나타났으며, 다음으로 양천도서관(2005), 양산웅상도서관(2006), 대전시립연정국악연구원(2003), 강남성심병원(2006) 등으로 나타났다. 따라서 관종을 통합한 모든 도서관을 통틀어 가장 효율적인 도서관은 용운도서관(2004)으로 나타났다.

<표 4 – 223> 시계열 관점에서의 CCR분석 준거집단 참조 횟수(관종 통합)

DMU	참조 횟수	DMU	참조 횟수
공공 – 용운(2004)	973	공공 – 함양(2005)	153
공공 – 양천(2005)	884	공공 – 용인시립(2004)	95
공공 – 양산웅상(2006)	809	전특 – 대전시립연정국악연구원(2005)	87
전특 – 대전시립연정국악연구원(2003)	668	공공 – 울산울주(2005)	76
전특 – 강남성심병원(2006)	176	공공 – 가오(2005)	75
전특 – 강남성심병원(2005)	176	대학 – 양산대학(2006)	49
전특 – 강남성심병원(2004)	176	대학 – 양산대학(2004)	49
전특 – 강남성심병원(2003)	176	대학 – 양산대학(2003)	49
대학 – 수원과학대학(2003)	163	대학 – 양산대학(2005)	49
전특 – 해병대사령부(2003)	162	전특 – 국사편찬위원회(2005)	43
전특 – 해병대사령부(2005)	162	공공 – 개포(2004)	10
전특 – 해병대사령부(2006)	162	대학 – 서울여자대학교(2004)	5
전특 – 해병대사령부(2004)	162	대학 – 서울여자대학교(2005)	5

8.2 관종을 통합한 시계열적 관점의 BCC분석결과

관종을 통합하여 BCC분석을 실시한 후, 설명의 편의를 위해 각 관종별로 분류한 표가 <표 4 – 224>에서 <표 4 – 227>이다.

아래의 <표 4 – 224>는 관종을 통합하여 BCC분석을 실시한 결과에서, 공공도서관의 효율성 변화만을 선별한 것이다. 선정 도서관을 시기별로 다른 DMU로 가정하면 총 728개의 공공도서관으로 분류되며, 이러한 공공도서관을 CCR분석한 결과 총 18개 공공도서관(약 2.5%)이 효율적이라고 분석되었다.

또 효율성의 추이를 검토한 결과 송파, 용산, 정독, 마포평생학습관, 부전, 구포, 남구 도서관 등 20개(약 10.9%)의 공공도서관은 4년간 꾸준한 효율성 증가를 보이는 것으로 나타났으며, 도봉, 성남시중원문화정보센터, 김천시립 등 3개(약 1.6%) 공공도서관은 시계열 관점의 BCC 관점에서 효율성이 점차 감소하고 있는 것으로 분석되었다. 또한 효율성을 4년간 계속적으로 100을 유지하는 공공도서관은 없는 것으로 분석되었다.

효율성의 점수가 큰 폭으로 변화하고 있어 효율성의 정도를 진정으로 파악하기 어려운 공공도서관은 개포, 양천, 용운, 울산울주 도서관 등으로 시계열적 관점에서 변화의 폭이 심한 것으로 나타났다.

<표 4-224> 시계열 관점에서의 BCC 효율성 분석결과(관종 통합, 공공도서관)

DMU	효율성 변화				DMU	효율성 변화			
	2003	2004	2005	2006		2003	2004	2005	2006
강서	14.34	15.96	14.66	21.09	삼척평생교육정보관(전)	12.55	15.97	16.59	16.12
개포	30.38	100.00	32.80	46.36	춘성	29.70	29.93	47.67	29.25
고척	36.70	24.99	28.12	34.64	양양	21.40	20.93	30.07	31.76
남산	9.93	12.72	9.61	13.61	태백	27.38	31.55	28.36	32.91
도봉	*11.10*	*40.00*	*38.69*	*38.17*	영월	39.22	22.25	31.66	24.93
동대문	21.08	18.30	34.17	20.00	정선	21.72	21.88	21.31	18.40
송파	33.12	38.48	38.79	44.73	철원	22.26	22.31	32.63	27.42
양천	27.29	23.66	100.00	38.12	고성(강원도)	25.11	46.69	52.92	28.69
용산	10.45	10.52	12.67	22.89	도계	35.20	35.77	23.80	34.17
정독	10.05	10.73	11.17	13.72	충북중앙	12.67	15.66	10.65	11.24
고덕평생학습관	35.99	27.03	20.61	34.45	충주학생	43.49	55.86	55.91	88.42
마포평생학습관	21.31	25.24	26.85	34.06	중원	56.97	81.94	28.65	32.38
중계평생학습관	25.12	7.35	34.00	30.46	제천학생(전)	28.27	22.33	20.60	35.28
성동문화	36.89	27.07	89.60	91.21	청원	28.77	24.97	25.87	24.40
광진정보	71.57	69.44	70.90	81.15	보은	30.20	28.54	30.63	26.72
은평구립	24.42	28.46	28.12	31.37	옥천	29.35	28.99	33.39	38.30
성북정보	43.72	43.35	43.20	58.52	영동	30.75	53.15	43.17	51.29
관악문화도서관	49.02	49.20	36.12	46.22	괴산	33.08	26.46	41.38	26.73
시민	12.82	13.62	13.19	24.74	증평	33.70	33.16	35.53	60.60
중앙	13.39	40.09	17.50	33.06	음성	33.55	40.33	41.47	24.95
부전	23.83	30.43	38.48	55.64	금왕	40.36	33.56	34.89	37.60
반송	24.58	21.93	22.97	50.29	단양	36.91	37.29	30.05	40.81
해운대	31.06	29.57	39.83	38.11	제천시립	31.98	23.79	30.82	39.91
구덕	24.49	23.06	52.71	29.02	금산	28.26	37.94	38.18	28.07
서동	27.79	32.05	36.06	35.84	서천	36.65	34.80	37.60	42.35
구포	27.83	32.75	33.17	51.66	홍성	44.34	25.35	38.39	63.04
사하	36.08	32.11	38.60	32.77	예산	33.72	28.58	80.38	33.12
연산	29.78	31.07	31.90	50.89	당진	64.34	46.40	51.67	59.38
명장	21.92	21.19	20.09	24.49	천안중앙	57.80	55.66	19.28	42.00
남구	17.49	26.42	29.93	31.00	보령공공	70.80	81.07	70.12	99.01
영도	37.04	25.29	26.82	32.39	논산강경	53.59	57.95	59.85	62.14
해운대반여	46.81	97.22	73.26	77.34	부안	80.32	71.26	100.00	100.00
기장도서관	34.95	43.46	53.54	50.59	정읍시립	19.43	24.01	22.83	31.22
중앙	21.95	20.41	16.54	21.49	광양공공	35.59	37.06	39.77	34.37
동부	32.40	36.60	21.79	37.27	담양	22.75	22.14	18.85	22.72

DMU	효율성 변화				DMU	효율성 변화			
	2003	2004	2005	2006		2003	2004	2005	2006
서부	34.06	34.67	20.20	37.10	장흥	38.37	100.00	44.75	29.96
남부	24.53	35.25	28.73	38.44	장성	39.54	37.61	37.63	31.80
북부	30.18	32.19	19.86	39.54	고흥평생교육관	39.24	27.43	25.28	29.60
효목	36.30	42.15	25.50	41.79	신안군립	26.49	31.75	30.14	51.06
두류	27.89	28.45	21.95	25.89	해남군립	34.72	41.21	41.76	38.99
대봉	18.76	22.27	21.14	30.25	영일	29.30	27.41	29.69	31.82
달성	25.87	26.68	19.58	25.27	점촌	24.10	26.73	31.62	26.96
북구	29.60	33.29	33.29	35.83	군위	35.36	55.87	38.77	31.05
중앙	16.65	21.54	26.07	27.56	의성	41.74	20.48	21.39	20.09
부평	27.35	23.93	36.87	33.37	청송	20.66	21.61	22.70	19.13
주안	30.97	24.24	25.71	33.50	성주	41.49	41.48	26.51	36.61
화도진	23.01	25.45	23.66	30.45	예천	24.96	26.19	21.15	30.94
서구	27.17	35.99	33.38	43.42	울진	20.28	25.45	62.85	18.29
인천시립	26.03	16.29	20.01	17.93	경북교육정보(전)	30.10	100.00	17.65	20.06
중앙	14.19	23.60	23.10	23.32	경주시립	28.96	43.38	27.57	70.51
광주학생독립운동기념회관	14.26	15.23	12.72	14.72	김천시립	63.21	52.69	49.72	30.72
금호교육문화회관	20.98	24.27	24.90	29.40	의성군립안계	39.18	31.21	37.04	32.08
광주학생교육문화회관	44.87	42.85	96.98	53.84	마산	14.66	27.54	11.59	16.34
송정	15.49	17.11	12.23	23.00	진동	21.62	24.03	23.51	29.12
광주광역시립도서관	19.19	38.33	91.61	29.78	통영	36.71	28.70	79.70	31.52
북구일곡	57.62	40.47	48.87	100.00	삼천포	27.79	25.53	26.11	34.45
대전학생교육문화원	18.09	14.75	22.16	21.03	사천	36.92	27.42	50.72	66.76
한밭	7.01	10.80	25.91	13.03	김해	54.29	38.69	33.87	34.37
용운	24.94	100.00	31.79	38.76	진영	45.23	43.10	29.08	40.60
가오	31.14	25.70	100.00	36.50	밀양	68.90	44.01	31.71	43.97
갈마	31.19	27.76	31.77	52.08	밀양하남	23.78	20.99	23.47	23.30
유성	45.03	86.26	43.01	52.56	거제	38.99	42.79	55.27	71.42
안산	62.34	40.03	42.63	47.29	함안	35.83	89.51	39.16	69.65
신탄진	27.64	4.24	25.40	28.63	창녕	31.55	87.16	19.77	26.19
울산중부	24.16	26.37	28.51	41.56	남지	100.00	23.09	23.62	26.99
울산남부	28.48	30.38	32.08	43.72	양산	81.23	39.81	50.65	52.67
울산동부	34.65	33.67	37.28	84.74	고성(경남)	23.49	24.80	32.83	26.79
울산울주	41.36	35.07	100.00	45.46	남해	29.16	24.20	20.24	41.79
도립중앙	27.59	60.92	56.09	49.08	산청	20.72	17.12	30.28	30.20
도립성남	18.36	31.81	100.00	98.14	함양	27.65	29.98	100.00	36.78
도립과천	27.47	36.38	100.00	17.56	합천	29.67	77.52	21.56	28.33
수원시선경	24.60	29.33	30.67	23.81	창원시립	54.62	19.88	18.25	22.33
성남시중앙문화정보	44.20	41.74	44.22	47.88	진주연암	26.23	18.55	20.15	19.98

DMU	효율성 변화				DMU	효율성 변화			
	2003	2004	2005	2006		2003	2004	2005	2006
성남시수정문화 정보센터	34.60	58.76	27.69	32.67	밀양시립	41.36	46.50	52.99	79.93
성남시중원문화 정보센터	*33.91*	*27.82*	*26.41*	*18.90*	마산회원	20.85	18.75	37.16	43.87
부천시립 중앙	20.02	20.74	24.95	18.68	마산시립합포	48.56	49.31	43.11	86.40
안양시립평촌	28.67	36.53	39.04	59.94	통영산양	67.02	59.24	50.64	57.34
용인시립	27.53	100.00	31.18	45.83	김해질암	100.00	41.20	28.33	40.63
광명하안	21.94	28.40	31.39	40.82	양산웅상	39.18	32.00	38.49	100.00
시흥시종합복지회관	19.79	23.10	25.30	35.59	고성동부	100.00	89.46	52.62	70.58
시흥시립	76.87	42.51	56.89	51.73	제주	30.74	28.69	33.37	36.21
화성시립태안	31.90	59.96	34.34	33.87	송악	60.69	32.19	35.78	77.50
김포시립	17.66	28.06	28.32	28.08	제남	33.40	32.59	32.07	28.50
안성시립	20.12	23.43	23.10	43.40	서귀포학생	33.75	34.97	30.52	29.55
하남시립	31.23	34.80	30.55	31.44	우당	12.76	20.47	20.80	28.99
의왕시립	61.44	26.52	24.57	28.23	탐라	11.02	22.49	27.60	38.25
양주시립	37.12	35.13	25.53	37.70	서귀포시립(전)	22.38	23.60	15.15	22.52
동두천시립	22.35	58.21	27.46	20.98	서귀포종합(전)	34.96	24.15	55.28	28.33
춘천평생교육 정보관(전)	18.58	18.58	13.38	15.55	서귀포시동부	31.15	35.63	28.82	32.17

아래의 <표 4-225>는 관종을 통합하여 BCC분석을 실시한 결과에서, 대학도서관의 효율성 변화만을 선별한 것이다. 선정 도서관을 시기별로 다른 DMU로 가정하면 총 388개의 대학도서관으로 분류되며, 이러한 공공도서관을 BCC분석한 결과 총 17개 대학도서관(약 4.4%)이 효율적이라고 분석되었다.

또 효율성의 추이를 검토한 결과 동국대학교, 여주대학, 용인송담대학, 동주대학 등 14개(약 14.4%)의 대학도서관은 4년간 꾸준한 효율성 증가를 보이는 것으로 나타났으며, 가톨릭대학교성신교정, 홍익대학교, 적십자간호대학, 동의대학교 등 13개(약 13.4%) 대학도서관은 시계열 관점의 CCR 관점에서 효율성이 점차 감소하고 있는 것으로 분석되었다. 또한 효율성을 4년간 계속적으로 100을 유지하는 대학도서관은 복음신학대학원대학교, 군산간호대학, 양산대학 등 총 3개로 분석되었다.

효율성의 점수가 큰 폭으로 변화하고 있어 효율성의 정도를 진정으로 파악하기 어려운 대학도서관은 서울여자대학교, 수원과학대학 등으로 시계열적 관점에서 변화의 폭이 심한 것으로 나타났다.

<표 4 – 225> 시계열 관점에서의 BCC 효율성 분석결과(관종 통합, 대학도서관)

DMU	효율성 변화				DMU	효율성 변화			
	2003	2004	2005	2006		2003	2004	2005	2006
가톨릭대학교성신교정	*20.00*	*20.00*	*20.00*	*16.67*	신흥대학	34.47	25.00	28.95	38.45
경희대학교	7.64	25.19	10.89	8.76	여주대학	33.33	33.33	33.33	35.02
고려대학교	62.94	32.34	35.87	51.95	용인송담대학	33.33	33.33	33.72	50.00
광운대학교	17.49	21.25	20.46	21.62	유한대학	33.33	25.00	27.12	33.33
덕성여자대학교	9.62	9.62	15.09	13.16	*장안대학*	*50.00*	*50.00*	*50.00*	*38.59*
동국대학교	10.65	29.81	40.80	53.35	삼척대학교	19.67	13.35	15.32	15.54
명지대학교	12.88	14.51	12.58	14.25	관동대학교	6.56	13.91	9.62	11.05
상명대학교	10.46	16.20	26.84	25.46	상지대학교	41.19	41.19	13.63	18.40
서울여자대학교	17.42	100.00	100.00	13.85	한라대학교	22.18	23.45	25.80	25.73
세종대학교	9.01	18.34	9.37	9.28	한림대학교	9.68	14.27	12.17	21.53
장로회신학대학교	88.75	17.13	20.34	12.98	동우대학	56.59	52.16	36.90	48.79
한영신학대학교	16.67	20.00	25.15	25.00	공군사관학교	27.63	15.66	10.00	17.49
홍익대학교	*36.25*	*35.41*	*35.40*	*25.27*	충북대학교	9.11	9.77	7.71	48.30
인덕대학	20.07	20.17	47.70	27.55	충주대학교	17.42	17.66	17.79	12.31
적십자간호대학	*56.26*	*56.26*	*55.15*	*54.85*	한국교원대학교	10.92	14.04	13.07	11.38
한국해양대학교	8.82	7.25	8.25	7.87	세명대학교	17.29	11.91	9.85	10.03
경성대학교	20.45	33.95	12.48	22.44	청주대학교	29.33	32.99	35.61	17.14
동의대학교	*15.84*	*15.31*	*15.15*	*14.64*	주성대학	25.16	50.00	50.00	50.00
부산가톨릭대학교	19.65	20.25	18.15	18.15	고려대학교 서창캠퍼스	15.09	19.32	9.49	8.89
신라대학교	*36.01*	*11.40*	*10.00*	*9.55*	홍익대학교 조치원캠퍼스	16.97	17.39	20.20	28.12
경남정보대학	18.36	18.97	16.64	16.79	서남대학교	43.66	43.66	43.66	43.66
동주대학	50.00	50.00	100.00	100.00	우석대학교	13.16	13.40	13.65	18.83
부산여자대학	7.09	8.95	8.88	17.14	전주대학교	17.72	13.74	16.28	17.17
계명대학교	13.83	13.83	10.41	15.79	호원대학교	21.34	22.78	25.85	24.22
계명문화대학	73.02	73.82	74.01	44.31	**군산간호대학**	100.00			
대구보건대학	44.86	44.86	44.86	44.86	군장대학	50.00	57.40	33.79	50.15
전남대학교	14.75	14.58	16.09	13.89	목포대학교	35.39	35.39	35.62	10.11
조선대학교	8.81	7.45	13.74	15.66	*여수대학교*	*19.98*	*14.46*	*14.46*	*14.46*
광주보건대학	12.65	12.29	12.65	12.65	*광주가톨릭대학교*	*50.00*	*50.00*	*50.00*	*33.33*
서강정보대학	37.10	31.38	51.32	23.98	대불대학교	13.40	13.40	13.40	13.40
조선이공대학	*37.15*	*33.33*	*33.33*	*33.33*	금오공과대학교	14.33	15.13	12.63	25.79
충남대학교	*11.61*	*11.61*	*8.08*	*7.46*	*상주대학교*	*23.17*	*18.75*	*18.75*	*14.29*
대전대학교	9.43	14.69	18.28	18.38	*경주대학교*	*20.00*	*20.00*	*20.00*	*11.11*
배재대학교	17.01	20.75	19.76	9.30	대구가톨릭대학교	14.42	10.19	8.72	9.77

DMU	효율성 변화				DMU	효율성 변화			
	2003	2004	2005	2006		2003	2004	2005	2006
복음신학대학원대학교	100.00				대구대학교	27.72	31.33	28.65	28.80
한국정보통신대학교	34.01	28.53	27.60	27.82	포항공과대학교	14.60	16.34	16.34	16.70
대전보건대학	47.26	47.26	42.45	42.45	김천대학	33.48	64.77	33.48	33.33
혜천대학	22.27	22.27	21.22	21.71	경북과학대학	50.00	50.00	71.75	50.00
울산대학교	*19.52*	*12.85*	*12.79*	*15.34*	경북전문대학	27.47	50.00	50.00	33.41
울산과학대학	25.00	25.00	25.93	25.93	안동과학대학	26.10	26.10	26.10	26.10
가톨릭대학교성심교정	12.65	12.73	25.18	26.72	진주교육대학교	24.01	25.57	25.57	26.08
강남대학교	23.34	22.98	12.74	14.01	창원대학교	11.74	9.89	12.95	13.31
경기대학교	13.94	12.36	14.33	12.02	진주국제대학교	25.00	25.00	33.33	33.33
대진대학교	10.54	16.07	21.33	12.05	마산대학	50.00	50.00	50.00	50.00
명지대학교자연캠퍼스	16.55	11.33	11.20	12.58	**양산대학**	100.00			
성결대학교	21.16	21.16	21.16	34.94	창신대학	26.52	34.80	26.52	26.62
한세대학교	20.24	25.46	34.33	25.46	창원전문대학	35.68	38.86	25.00	33.33
협성대학교	12.79	12.67	7.50	11.30	제주산업정보대학	30.70	30.70	30.70	30.70
수원과학대학	100.00	46.91	33.33	36.57					

아래의 <표 4 - 226>는 관종을 통합하여 BCC분석을 실시한 결과에서, 전문·특수도서관의 효율성 변화만을 선별한 것이다. 선정 도서관을 시기별로 다른 DMU로 가정하면 총 172개의 전문·특수도서관으로 분류되며, 이러한 전문·특수도서관을 BCC분석한 결과 총 84개(약 48.8%) 전문·특수도서관이 효율적이라고 분석되었다.

또 효율성의 추이를 검토한 결과 문화관광부와 한국고등교육재단이 4년간 꾸준한 효율성 증가를 보이는 것으로 나타났으며, 문화방송, 서울특별시종합자료관, 국립수의과학연구원 등 3개(약 6.9%) 전문·특수도서관은 시계열 관점의 BCC 관점에서 효율성이 점차 감소하고 있는 것으로 분석되었다. 또한 효율성을 4년간 계속적으로 100을 유지하는 전문·특수도서관은 강남성심병원, 영화진흥위원회, 부산발전연구원, 광주점자도서관 등으로 19개(약 44.2%)로 분석되었다.

효율성의 점수가 큰 폭으로 변화하고 있어 효율성의 정도를 진정으로 파악하기 어려운 전문·특수도서관은 국사편찬위원회도서관으로 나타났다.

<표 4 - 226> 시계열 관점에서의 BCC 효율성 분석결과(관종 통합, 전문·특수도서관)

DMU	효율성 변화				DMU	효율성 변화			
	2003	2004	2005	2006		2003	2004	2005	2006
강남성심병원	100.00	100.00	100.00	100.00	경기도과학연구원	100.00	100.00	100.00	100.00
국민체육진흥공단체육과학연구원	72.87	72.87	54.24	100.00	경기도청	71.96	71.96	71.96	71.96
대한상공회의소	33.33	33.33	33.33	33.33	국군의무사령부	100.00	100.00	100.00	100.00
문화관광부	48.59	48.59	48.59	100.00	*국립수의과학검역원*	*93.16*	*93.16*	*71.11*	*71.11*
문화방송	*100.00*	*100.00*	*100.00*	*48.59*	국사편찬위원회	37.37	45.12	100.00	50.68
서울시정개발연구원	61.82	61.82	61.82	61.82	국토연구원	36.22	38.18	41.68	39.66
서울특별시과학교육원	36.69	36.69	36.69	36.69	농업환경관(농업과학기술원)	100.00	100.00	100.00	100.00
서울특별시종합자료관	*17.58*	*17.58*	*17.09*	*16.26*	대진의료재단분당제생병원	100.00	100.00	100.00	100.00
영화진흥위원회	100.00	100.00	100.00	100.00	*대한주택공사*	*100.00*	*66.47*	*66.47*	*66.47*
한국고등교육재단	50.00	50.00	50.00	100.00	시설안전기술공단	100.00	100.00	100.00	100.00
부산발전연구원	100.00	100.00	100.00	100.00	중앙선거관리위원회	100.00	100.00	100.00	100.00
광주전남발전연구원	44.98	52.81	50.00	50.00	한국건설기술연구원	17.66	17.77	14.37	14.38
광주점자도서관	100.00	100.00	100.00	100.00	한국시설안전기술공단	100.00	100.00	100.00	100.00
국제특허연수원	100.00	100.00	100.00	100.00	해병대사령부	100.00	100.00	100.00	100.00
대전시립연정국악연구원	100.00	100.00	100.00	100.00	현대자동차	58.88	58.88	58.88	58.88
육군교육사령부	49.15	49.15	49.15	49.15	공주문화원도서관	100.00	100.00	100.00	100.00
통계청	34.11	34.35	35.01	33.55	육군제3158부대	24.33	35.88	24.33	24.33
특허청특허참고자료실	57.47	57.47	57.47	56.61	전라북도교원연수원	100.00	100.00	100.00	100.00
한국과학기술원	17.40	17.40	17.40	17.40	전라북도시각장애인도서관	100.00	100.00	100.00	100.00
한국자원연구소	48.69	48.69	48.69	48.69	목포가톨릭병원	100.00	100.00	100.00	100.00
한국지질자원연구원	52.75	49.17	53.97	35.56	전남교육연수원	100.00	100.00	100.00	100.00
한국화학연구소	50.00	50.00	50.00	50.00					

시계열 관점에서의 BCC분석 준거집단 참조 횟수를 살펴보면, 가장 많이 참조된 도서관은 양천도서관(2005)으로 총 684회 참조된 것으로 나타났으며, 다음으로 용운도서관(2004), 양산웅산도서관(2006), 강남성심병원(2003) 등으로 나타났다. 따라서 관종을 통합한 모든 도서관을 통틀어 가장 효율적인 도서관은 양천도서관(2005)으로 나타났다.

<표 4-227> 시계열 관점에서의 BCC분석 준거집단 참조 횟수(관종 통합)

DMU	참조 횟수	DMU	참조 횟수	DMU	참조 횟수
공공 - 양천(2005)	684	공공 - 함양(2005)	117	대학 - 군산간호대학(2005)	83
공공 - 용운(2004)	680	전특 - 국군의무사령부(2003)	109	대학 - 동주대학(2006)	83
공공 - 양산웅상(2006)	671	전특 - 국군의무사령부(2004)	109	대학 - 군산간호대학(2006)	83
전특 - 강남성심병원(2003)	665	전특 - 국군의무사령부(2005)	109	전특 - 대전시립연정국악연구원(2005)	52
전특 - 강남성심병원(2004)	665	전특 - 국군의무사령부(2006)	109	공공 - 용인시립(2004)	43
전특 - 강남성심병원(2005)	665	전특 - 공주문화원도서관(2003)	99	대학 - 수원과학대학(2003)	43
전특 - 강남성심병원(2006)	665	전특 - 공주문화원도서관(2004)	99	공공 - 울산울주(2005)	34
전특 - 대전시립연정국악연구원(2003)	643	전특 - 공주문화원도서관(2005)	99	공공 - 남지(2003)	31
전특 - 전라북도교원연수원(2005)	617	전특 - 공주문화원도서관(2006)	99	공공 - 가오(2005)	28
전특 - 해병대사령부(2003)	416	전특 - 전남교육연수원(2004)	98	공공 - 장흥(2004)	21
전특 - 해병대사령부(2004)	416	전특 - 한국시설안전기술공단(2004)	96	전특 - 시설안전기술공단(2003)	19
전특 - 해병대사령부(2005)	416	전특 - 한국시설안전기술공단(2005)	96	전특 - 시설안전기술공단(2004)	19
전특 - 해병대사령부(2006)	416	전특 - 한국시설안전기술공단(2006)	96	전특 - 시설안전기술공단(2005)	19
전특 - 전라북도교원연수원(2003)	403	전특 - 부산발전연구원(2003)	95	전특 - 시설안전기술공단(2006)	19
전특 - 전라북도교원연수원(2004)	403	전특 - 부산발전연구원(2004)	95	대학 - 양산대학(2003)	9
전특 - 전라북도교원연수원(2006)	403	전특 - 부산발전연구원(2005)	95	대학 - 양산대학(2004)	9
대학 - 복음신학대학원대학교(2004)	250	전특 - 부산발전연구원(2006)	95	대학 - 양산대학(2005)	9
대학 - 복음신학대학원대학교(2006)	250	전특 - 경기도과학연구원(2003)	92	대학 - 양산대학(2006)	9
전특 - 문화방송(2003)	199	전특 - 경기도과학연구원(2004)	92	전특 - 대진의료재단분당제생병원(2006)	7
전특 - 문화방송(2004)	199	전특 - 경기도과학연구원(2005)	92	전특 - 목포가톨릭병원(2003)	7
전특 - 문화방송(2005)	199	전특 - 경기도과학연구원(2006)	92	전특 - 목포가톨릭병원(2004)	7
전특 - 문화관광부(2006)	199	전특 - 중앙선거관리위원회(2003)	89	전특 - 목포가톨릭병원(2005)	7
전특 - 광주점자도서관(2004)	198	전특 - 중앙선거관리위원회(2004)	89	공공 - 개포(2004)	5
전특 - 광주점자도서관(2005)	198	전특 - 중앙선거관리위원회(2005)	89	전특 - 국제특허연수원(2003)	5
전특 - 광주점자도서관(2006)	198	전특 - 중앙선거관리위원회(2006)	89	전특 - 국제특허연수원(2004)	5
전특 - 영화진흥위원회(2003)	192	전특 - 전남교육연수원(2003)	85	전특 - 국제특허연수원(2005)	5
전특 - 영화진흥위원회(2004)	192	전특 - 전남교육연수원(2005)	84	전특 - 국제특허연수원(2006)	5

DMU	참조 횟수	DMU	참조 횟수	DMU	참조 횟수
전특 - 영화진흥위원회(2005)	192	전특 - 농업환경관(농업과학기술원) (2003)	83	공공 - 부안(2006)	3
전특 - 영화진흥위원회(2006)	192	전특 - 농업환경관(농업과학기술원) (2004)	83	공공 - 북구일곡(2006)	3
전특 - 전라북도시각장애인도서관 (2003)	174	전특 - 농업환경관(농업과학기술원) (2005)	83	전특 - 대전시립연정국악연구 원(2004)	3
전특 - 전라북도시각장애인도서관 (2004)	174	전특 - 국민체육진흥공단체육과학 연구원(2006)	83	전특 - 국사편찬위원회 (2005)	2
전특 - 전라북도시각장애인도서관 (2005)	174	전특 - 농업환경관(농업과학기술원) (2006)	83	공공 - 김해칠암(2003)	2
전특 - 전라북도시각장애인도서관 (2006)	153	대학 - 복음신학대학원대학교(2003)	83	전특 - 광주점자도서관 (2003)	1
전특 - 전남교육연수원(2006)	120	대학 - 군산간호대학(2003)	83	전특 - 한국시설안전기술공단 (2003)	1
전특 - 대진의료재단분당제생병원 (2003)	120	대학 - 군산간호대학(2004)	83	공공 - 고성동부(2003)	1
전특 - 대진의료재단분당제생병원 (2004)	120	대학 - 동주대학(2005)	83	대학 - 서울여자대학교 (2004)	1
전특 - 대진의료재단분당제생병원 (2005)	120	대학 - 복음신학대학원대학교(2005)	83		

8.3 도서관 규모에 따른 관종 통합 시계열적 분석

1) 시계열 관점에서의 10만 권 이상 도서관의 관종 통합 분석

아래의 <표 4-228>에서 <표 4-231>은 시계열 관점에서 도서관 규모에 따라 관종을 통합하여 분석한 결과이다. 또한 도서관의 규모는 연도별로 차이가 있기 때문에 가장 최근의 자료인 2006년을 기준으로 도서관을 분류하였다.

아래의 <표 4-228>은 시계열 관점에서 10만 권 이상 도서관의 관종을 통합하여 CCR분석을 실시한 결과이다. 선정 도서관을 시기별로 다른 DMU로 가정하면 총 660개의 도서관으로 분류되며, 이러한 도서관을 CCR분석한 결과 총 28개 도서관(약 4.2%)이 효율적으로 분석되었다.

또 효율성의 추이를 검토한 결과 동국대학교, 명지대학교, 우석대학교, 대전대학교, 성결대학교 등 27개(약 16.4%)의 도서관이 4년간 꾸준한 효율성 증가를 보이는 것으로 나타났으며, 서울특별시종합자료관, 홍익대학교, 신라대학교, 덕성여자대학교 등 10개(약 6.1%) 도서관은 시계열 관점의 CCR 관점에서 효율성이 점차 감소하고 있는 것으로 분석되었다. 또한 효율성을 4년간 계속적으로 100을 유지하는 도서관은 없는 것으로 분석되었다.

효율성의 점수가 큰 폭으로 변화하고 있어 효율성의 정도를 진정으로 파악하기 어려운 도서관은 국사편찬위원회, 서울여자대학교, 장로회신학대학교 등으로 시계열적 관점에서 변화의 폭이 심한 것으로 나타났다.

<표 4-228> 시계열 관점에서의 CCR 효율성 분석결과(관종 통합, 10만 권 이상)

DMU	효율성 변화				DMU	효율성 변화			
	2003	2004	2005	2006		2003	2004	2005	2006
전특 – 국사편찬위원회	13.34	35.33	100.00	77.82	공공 – 도립과천	40.67	57.63	100.00	38.89
전특 – 한국과학기술원	24.19	24.19	24.19	24.19	공공 – 중앙	26.18	24.69	26.07	55.62
전특 – 서울특별시종합자료관	*15.97*	*15.97*	*15.97*	*14.83*	공공 – 충북중앙	18.85	27.74	17.94	16.11
대학 – 고려대학교	60.23	33.69	34.92	47.78	공공 – 수원시선경	35.64	46.18	52.96	40.82
대학 – 충남대학교	15.35	15.35	12.33	9.42	공공 – 용산	21.90	17.72	18.78	35.02
대학 – 대구대학교	33.78	38.51	31.27	30.93	공공 – 북부	39.96	39.11	36.29	50.49
대학 – 계명대학교	16.78	16.78	14.53	30.86	공공 – 양천	52.44	43.92	100.00	71.37
대학 – 홍익대학교	*35.99*	*35.78*	*35.77*	*26.29*	공공 – 동대문	44.69	30.46	47.28	38.91
대학 – 전남대학교	15.52	15.16	18.66	16.60	공공 – 광주광역시립도서관	33.76	52.52	100.00	42.74
대학 – 유한대학	8.59	7.67	12.10	8.22	공공 – 광명하안	29.84	36.63	42.15	64.27
대학 – 경희대학교	14.48	36.92	18.36	15.33	공공 – 중앙	29.76	37.09	46.15	65.07
대학 – 조선대학교	12.05	9.34	15.86	16.02	공공 – 두류	33.53	36.89	39.18	36.86
대학 – 동국대학교	15.65	31.22	42.69	55.94	공공 – 부전	34.45	45.22	59.53	92.14
대학 – 충북대학교	13.01	13.60	12.84	47.96	공공 – 강서	23.49	28.41	27.29	40.54
대학 – 울산대학교	31.28	22.65	14.27	23.17	공공 – 용인시립	44.43	100.00	41.00	100.00
대학 – 청주대학교	29.28	34.97	36.17	21.36	공공 – 춘천평생교육정보관(전)	33.81	33.81	17.10	27.64
대학 – 동의대학교	16.01	15.72	15.88	16.33	공공 – 효목	46.69	55.35	48.80	54.71
대학 – 대구가톨릭대학교	17.84	12.91	10.34	12.51	공공 – 중앙	22.42	29.80	36.48	29.88
대학 – 세종대학교	8.96	33.60	11.15	9.69	공공 – 서부	42.73	45.53	29.20	49.62
대학 – 경성대학교	22.80	44.15	18.73	28.50	공공 – 주안	41.46	40.27	45.38	60.58
대학 – 관동대학교	6.02	21.15	15.06	19.42	공공 – 도봉	87.75	62.29	64.78	63.66

DMU	효율성 변화				DMU	효율성 변화			
	2003	2004	2005	2006		2003	2004	2005	2006
대학 - 배재대학교	15.50	18.54	17.68	6.87	공공 - 성남시중원 문화정보센터	47.83	36.16	39.95	37.43
대학 - 우석대학교	8.17	9.34	10.34	14.00	공공 - 북구	50.17	51.94	61.07	62.99
대학 - 광운대학교	19.42	22.95	22.18	24.82	공공 - 김해	93.31	92.33	63.06	66.01
대학 - 명지대학 자연캠퍼스	22.76	12.17	12.42	11.99	공공 - 부평	56.91	44.58	68.52	65.66
대학 - 경기대학교	20.50	18.21	12.60	13.67	공공 - 서구	52.20	57.64	53.02	68.59
대학 - 전주대학교	17.01	19.81	16.73	21.45	공공 - 광주학생독립 운동기념회관	9.92	13.07	16.66	16.13
대학 - 신라대학교	*33.53*	*14.52*	*13.10*	*11.80*	공공 - 성남시중앙 문화정보	56.19	55.32	65.79	75.51
대학 - 서울여자 대학교	19.91	100.00	100.00	15.97	공공 - 마포평생학습관	40.38	47.64	50.30	65.18
대학 - 한림대학교	15.27	25.07	13.80	22.59	공공 - 동부	43.74	51.48	41.61	52.39
대학 - 덕성여자 대학교	*12.07*	*12.07*	*17.79*	*14.32*	공공 - 우당	19.33	25.98	25.85	38.11
대학 - 홍익대학교 조치원캠퍼스	13.78	14.34	29.49	23.41	공공 - 부천시립 중앙	23.51	23.00	28.12	22.81
대학 - 명지대학교	13.38	16.33	17.15	19.20	공공 - 마산	19.94	56.46	19.49	23.94
대학 - 상명대학교	16.17	25.09	36.22	25.48	공공 - 고척	67.81	45.79	53.55	59.59
대학 - 창원대학교	20.38	11.66	13.02	13.67	공공 - 울산남부	57.40	61.44	67.72	81.06
대학 - 상지대학교	61.97	61.97	12.87	20.55	공공 - 제주	40.78	29.61	37.54	39.30
대학 - 목포대학교	51.28	51.28	51.59	7.23	공공 - 남부	43.66	56.27	46.88	50.81
대학 - 가톨릭대학 교성심교정	17.88	16.76	26.58	28.77	공공 - 고덕평생 학습관	67.76	46.88	43.57	53.88
대학 - 세명대학교	12.59	11.31	7.11	9.37	공공 - 송파	53.75	58.55	60.36	71.30
대학 - 대전대학교	9.62	13.30	16.85	17.59	공공 - 인천시립	31.77	24.65	33.33	29.43
대학 - 대진대학교	8.50	14.85	31.91	11.88	공공 - 안양시립평촌	54.03	63.86	82.75	99.02
대학 - 한국교원 대학교	14.87	19.49	19.21	16.53	공공 - 울산중부	45.94	49.40	57.83	71.31
대학 - 충주대학교	11.26	14.87	11.54	8.54	공공 - 성남시수정 문화정보센터	43.45	85.11	40.40	48.10
대학 - 고려대학교 서창캠퍼스	14.51	18.04	8.71	8.43	공공 - 개포	61.89	100.00	57.34	78.27
대학 - 호원대학교	*17.67*	*16.65*	*14.93*	*11.76*	공공 - 안성시립	30.74	42.19	38.12	88.07
대학 - 경주대학교	*6.46*	*6.46*	*6.46*	*4.39*	공공 - 대전학생교육 문화원	32.31	34.76	44.16	44.39
대학 - 강남대학교	30.38	29.72	9.01	12.14	공공 - 김포시립	17.86	35.71	47.94	43.61
대학 - 한국해양 대학교	9.41	4.72	7.48	8.12	공공 - 천안중앙	100.00	72.96	36.16	55.58
대학 - 성결대학교	19.97	19.97	19.97	36.78	공공 - 강동	40.37	75.92	50.73	62.22
대학 - 금오공과 대학교	10.53	13.51	8.01	20.88	공공 - 화도진	37.18	46.61	34.93	56.91

DMU	효율성 변화				DMU	효율성 변화			
	2003	2004	2005	2006		2003	2004	2005	2006
대학 – 혜천대학	8.56	8.56	10.99	12.47	공공 – 송정	26.46	25.31	18.07	29.48
대학 – 상주대학교	*26.75*	*8.46*	*8.46*	*4.88*	공공 – 진주연암	46.46	25.40	36.74	34.38
대학 – 장로회신학대학교	100.00	12.60	16.71	10.54	공공 – 강남	59.42	63.75	57.41	100.00
대학 – 삼척대학교	12.96	7.18	7.19	13.81	*공공 – 김천시립*	*100.00*	*80.26*	*70.31*	*47.11*
대학 – 포항공과대학교	13.76	20.44	20.44	15.08	공공 – 강릉평생교육정보관(전)	41.84	25.00	30.28	71.11
대학 – 협성대학교	9.51	7.79	6.66	8.06	공공 – 구포	44.71	53.75	54.97	88.47
대학 – 계명문화대학	89.70	90.73	67.65	27.27	공공 – 대봉	23.47	32.89	38.58	48.12
대학 – 가톨릭대학교 성신교정	28.09	3.62	4.41	4.15	공공 – 울산동부	75.20	76.15	82.73	100.00
대학 – 공군사관학교	49.92	21.93	2.48	29.53	공공 – 유성	87.96	100.00	70.01	76.87
대학 – 서남대학교	42.74	42.74	42.74	42.74	공공 – 구덕	35.40	37.83	80.30	47.09
대학 – 진주교육대학교	13.91	15.97	15.97	14.90	공공 – 반송	40.21	34.67	36.07	100.00
대학 – 인덕대학	7.65	8.25	35.33	15.79	공공 – 김해칠암	100.00	92.24	45.31	57.10
대학 – 경남정보대학	15.93	15.96	12.85	13.17	공공 – 시흥시립	100.00	53.73	75.44	100.00
대학 – 한세대학교	11.49	11.24	30.26	11.22	공공 – 경주시립	51.29	100.00	52.25	99.38
대학 – 대불대학교	6.67	6.67	6.67	6.67	공공 – 탐라	6.53	35.84	44.59	53.43
대학 – 수원과학대학	100.00	79.01	10.54	17.51	공공 – 은평구립	33.71	43.83	41.33	46.07
대학 – 경북전문대학	11.44	7.75	7.76	9.67	공공 – 해운대	51.65	48.65	71.38	67.58
대학 – 광주가톨릭대학교	7.65	8.82	8.68	10.93	공공 – 금호교육문화회관	28.30	34.29	37.09	44.98
대학 – 여수대학교	*21.68*	*9.82*	*9.82*	*9.82*	공공 – 명장	33.16	32.23	30.83	42.03
대학 – 창원전문대학	*27.28*	*18.33*	*4.83*	*4.16*	공공 – 삼척평생교육정보관(전)	11.95	26.39	24.39	25.09
대학 – 울산과학대학	7.38	7.38	13.01	13.01	공공 – 의왕시립	87.19	37.17	35.69	52.39
대학 – 신흥대학	19.93	9.53	20.05	21.75	공공 – 속초평생교육정보관(전)	62.80	100.00	93.64	100.00
대학 – 부산가톨릭대학교	19.03	21.17	11.37	11.37	공공 – 중계평생학습관	60.13	7.05	70.69	60.65
대학 – 부산여자대학	8.31	7.47	10.49	10.42	공공 – 경북교육정보(전)	57.44	100.00	26.07	46.41
대학 – 광주보건대학	7.38	7.38	8.25	8.25	공공 – 서귀포학생	19.42	19.21	17.96	19.11
공공 – 한밭	8.41	18.12	44.45	22.41	공공 – 시흥시종합복지회관	29.22	32.24	35.45	40.88

DMU	효율성 변화				DMU	효율성 변화			
	2003	2004	2005	2006		2003	2004	2005	2006
공공 - 시민	17.42	22.23	21.88	33.07	공공 - 연산	53.73	56.04	56.44	80.85
공공 - 정독	14.95	15.02	15.93	27.20	공공 - 성동문화	50.74	48.35	100.00	100.00
공공 - 남산	13.07	25.39	15.59	21.17	공공 - 사하	59.79	63.71	55.47	59.67
공공 - 중앙	20.95	93.41	28.42	26.09	공공 - 동두천시립	22.32	83.57	41.32	24.91
공공 - 도립중앙	41.20	90.64	84.89	84.95	공공 - 마산회원	32.36	24.50	40.37	48.34
공공 - 도립성남	26.01	48.29	100.00	100.00	공공 - 남구	25.26	50.97	55.16	57.45
공공 - 창원시립	86.75	32.51	35.82	40.06					

시계열 관점에서의 CCR분석 준거집단 참조 횟수를 살펴보면, 가장 많이 참조된 도서관은 양천도서관(2005)으로 총 544회 참조된 것으로 나타났으며, 다음으로 유성도서관(2004), 수원과학대학(2003), 장로회신학대학교(2003), 속초평생교육정보관(전)(2004) 등으로 나타났다. 따라서 관종을 통합한 장서수 10만 권 이상의 도서관 중에서 가장 효율적인 도서관은 양천도서관(2005)으로 나타났다.

<표 4 - 229> 시계열 관점에서의 CCR분석 준거집단 참조 횟수(관종 통합, 10만 권 이상)

DMU	참조 횟수	DMU	참조 횟수	DMU	참조 횟수
공공 - 양천(2005)	544	공공 - 도립성남(2006)	49	공공 - 용인시립(2004)	15
공공 - 유성(2004)	362	공공 - 광주광역시립도서관(2005)	31	공공 - 강남(2006)	9
대학 - 수원과학대학(2003)	273	공공 - 개포(2004)	30	공공 - 울산동부(2006)	8
대학 - 장로회신학대학교(2003)	250	공공 - 도립과천(2005)	29	공공 - 성동문화(2006)	5
공공 - 속초평생교육정보관(전)(2004)	184	전특 - 국사편찬위원회(2005)	20	공공 - 경주시립(2004)	4
공공 - 시흥시립(2003)	129	공공 - 성동문화(2005)	17	공공 - 경북교육정보(전)(2004)	3
공공 - 도립성남(2005)	101	공공 - 시흥시립(2006)	17	공공 - 김천시립(2003)	2
공공 - 천안중앙(2003)	82	공공 - 김해칠암(2003)	16	대학 - 서울여자대학교(2004)	1

아래의 <표 4 - 230>은 시계열 관점에서 10만 권 이상 도서관의 관종을 통합하여 BCC분석을 실시한 결과이다. 선정 도서관을 시기별로 다른 DMU로 가정하면 총 660개의 도서관으로 분류되며, 이러한 도서관을 BCC분석한

결과 총 85개 도서관(약 12.9%)이 효율적으로 분석되었다.

또 효율성의 추이를 검토한 결과 동국대학교, 성결대학교, 포항공과대학교, 경북전문대학 등 14개(약 8.5%)의 도서관이 4년간 꾸준한 효율성 증가를 보이는 것으로 나타났으며, 홍익대학교, 동의대학교, 창원대학교, 경주대학교 등 13개(약 7.9%) 도서관은 시계열 관점의 BCC 관점에서 효율성이 점차 감소하고 있는 것으로 분석되었다. 또한 효율성을 4년간 계속적으로 100을 유지하는 도서관은 국사편찬위원회, 서울특별시종합자료관, 서남대학교, 광주가톨릭대학교 등 모두 4개인 것으로 분석되었다.

효율성의 점수가 큰 폭으로 변화하고 있어 효율성의 정도를 진정으로 파악하기 어려운 도서관은 서울여자대학교, 도립과천도서관, 양천도서관 등으로 시계열적 관점에서 변화의 폭이 심한 것으로 나타났다.

<표 4 - 230> 시계열 관점에서의 BCC 효율성 분석결과(관종 통합, 10만 권 이상)

DMU	효율성 변화				DMU	효율성 변화			
	2003	2004	2005	2006		2003	2004	2005	2006
전특 - 국사편찬위원회	*100.00*	*100.00*	*100.00*	*100.00*	공공 - 도립과천	50.44	63.01	100.00	43.36
전특 - 한국과학기술원	52.31	52.31	52.31	52.31	공공 - 중앙	34.53	34.71	30.61	56.31
전특 - 서울특별시종합자료관	*100.00*	*100.00*	*100.00*	*100.00*	공공 - 충북중앙	39.67	38.43	34.10	34.79
대학 - 고려대학교	70.18	44.22	49.75	61.69	공공 - 수원시선경	39.69	47.10	53.10	43.76
대학 - 충남대학교	16.64	16.64	13.49	11.66	공공 - 용산	44.47	37.91	38.94	48.57
대학 - 대구대학교	41.94	39.01	31.98	32.68	공공 - 북부	61.65	55.26	50.53	61.15
대학 - 계명대학교	17.35	17.35	15.98	39.41	공공 - 양천	56.84	47.50	100.00	71.49
대학 - 홍익대학교	*40.03*	*39.06*	*39.05*	*29.08*	공공 - 동대문	61.29	51.93	67.62	55.92
대학 - 전남대학교	17.17	17.41	19.29	16.76	공공 - 광주광역시립도서관	49.68	64.85	100.00	50.03
대학 - 유한대학	100.00	100.00	100.00	83.55	공공 - 광명하안	47.70	52.12	52.92	80.76
대학 - 경희대학교	17.64	54.24	18.67	15.41	공공 - 중앙	42.09	43.48	49.94	69.05
대학 - 조선대학교	15.53	13.64	18.42	20.10	공공 - 두류	55.25	56.01	53.84	55.93
대학 - 동국대학교	18.00	33.02	43.56	56.89	공공 - 부전	54.35	61.86	73.78	92.30
대학 - 충북대학교	18.30	18.97	16.80	50.31	공공 - 강서	53.96	50.97	49.63	55.57
대학 - 울산대학교	32.27	23.71	16.31	23.24	공공 - 용인시립	79.09	100.00	55.79	100.00
대학 - 청주대학교	37.42	40.47	44.97	29.87	공공 - 춘천평생교육정보관(전)	68.03	68.03	49.17	49.72
대학 - 동의대학교	*20.87*	*20.29*	*20.06*	*18.99*	공공 - 효목	60.14	64.41	54.33	62.55

DMU	효율성 변화				DMU	효율성 변화			
	2003	2004	2005	2006		2003	2004	2005	2006
대학 - 대구가톨릭대학교	26.49	18.99	16.71	18.27	공공 - 중앙	53.86	59.02	72.41	62.81
대학 - 세종대학교	16.88	37.67	18.82	16.52	공공 - 서부	59.46	63.94	41.18	58.87
대학 - 경성대학교	36.60	51.85	24.72	31.51	공공 - 주안	61.09	51.03	54.60	67.89
대학 - 관동대학교	18.51	34.23	25.92	34.38	공공 - 도봉	100.00	74.69	80.67	79.87
대학 - 배재대학교	28.87	29.94	29.36	25.15	공공 - 성남시중원문화정보센터	50.86	42.07	45.28	42.63
대학 - 우석대학교	35.86	39.72	37.83	33.12	공공 - 북구	52.33	56.15	61.79	63.60
대학 - 광운대학교	30.42	32.60	31.84	39.40	공공 - 김해	100.00	92.77	69.31	70.32
대학 - 명지대학교자연캠퍼스	36.28	26.98	27.61	29.17	공공 - 부평	65.74	64.50	75.65	75.58
대학 - 경기대학교	24.58	26.45	51.20	22.60	공공 - 서구	63.88	67.12	65.06	79.09
대학 - 전주대학교	25.68	32.06	25.82	36.60	공공 - 광주학생독립운동기념회관	62.21	73.84	64.20	74.97
대학 - 신라대학교	45.05	30.46	28.78	28.93	공공 - 성남시중앙문화정보	57.67	55.65	69.44	81.99
대학 - 서울여자대학교	30.67	100.00	100.00	26.57	공공 - 마포평생학습관	46.29	52.25	52.24	69.33
대학 - 한림대학교	31.63	51.23	21.52	28.52	공공 - 동부	64.97	68.90	63.63	61.83
대학 - 덕성여자대학교	23.41	23.41	28.24	26.29	공공 - 우당	50.15	57.25	52.60	62.14
대학 - 홍익대학교조치원캠퍼스	32.20	33.03	66.61	43.20	공공 - 부천시립 중앙	53.81	56.66	52.14	58.48
대학 - 명지대학교	32.73	33.57	32.99	33.98	공공 - 마산	59.78	68.54	38.95	49.13
대학 - 상명대학교	35.77	37.27	47.63	43.36	공공 - 고척	90.78	59.06	64.34	67.02
대학 - 창원대학교	*32.64*	*28.53*	*27.91*	*27.89*	공공 - 울산남부	68.31	67.60	69.21	81.95
대학 - 상지대학교	75.13	75.13	27.02	45.77	공공 - 제주	76.67	63.87	67.20	69.04
대학 - 목포대학교	99.84	99.84	100.00	27.79	공공 - 남부	52.98	68.66	48.93	61.65
대학 - 가톨릭대학교성심교정	30.60	28.77	30.95	32.60	공공 - 고덕평생학습관	82.29	66.10	63.65	73.29
대학 - 세명대학교	31.19	28.27	20.78	28.70	공공 - 송파	60.47	61.33	64.48	73.24
대학 - 대전대학교	23.57	25.11	26.43	26.46	공공 - 인천시립	100.00	88.51	95.17	100.00
대학 - 대진대학교	24.55	27.37	35.08	25.09	공공 - 안양시립평촌	70.03	71.29	83.15	100.00
대학 - 한국교원대학교	30.18	36.39	33.47	31.46	공공 - 울산중부	61.16	59.82	63.48	73.26
대학 - 충주대학교	40.52	61.18	39.32	34.24	공공 - 성남시수정문화정보센터	56.44	85.67	51.71	56.38
대학 - 고려대학교서창캠퍼스	33.99	33.30	23.84	23.97	공공 - 개포	84.74	100.00	80.24	90.95
대학 - 호원대학교	50.03	60.80	62.31	60.71	공공 - 안성시립	83.95	87.86	78.99	100.00
대학 - 경주대학교	*57.91*	*57.91*	*57.91*	*45.29*	공공 - 대전학생교육문화원	55.49	52.78	56.51	56.00

DMU	효율성 변화				DMU	효율성 변화			
	2003	2004	2005	2006		2003	2004	2005	2006
대학 – 강남대학교	44.90	44.63	38.03	45.48	공공 – 김포시립	52.18	61.20	59.34	67.53
대학 – 한국해양대학교	*33.45*	*32.19*	*31.49*	*26.72*	공공 – 천안중앙	100.00	87.50	44.66	70.50
대학 – 성결대학교	52.87	52.87	52.87	60.68	공공 – 강동	74.90	91.71	72.30	79.72
대학 – 금오공과대학교	46.78	44.84	43.44	44.42	공공 – 화도진	59.36	74.78	64.32	83.30
대학 – 혜천대학	63.87	63.87	51.05	65.11	공공 – 송정	62.73	58.06	62.50	71.21
대학 – 상주대학교	*100.00*	*59.29*	*59.29*	*45.66*	*공공 – 진주연암*	*75.47*	*69.46*	*69.32*	*66.18*
대학 – 장로회신학대학교	100.00	58.92	50.69	57.12	공공 – 강남	100.00	100.00	95.14	100.00
대학 – 삼척대학교	45.58	40.75	44.71	49.21	*공공 – 김천시립*	*100.00*	*81.13*	*79.29*	*71.47*
대학 – 포항공과대학교	37.06	42.34	42.34	48.23	공공 – 강릉평생교육정보관(전)	92.76	60.90	63.44	96.33
대학 – 협성대학교	71.91	70.53	46.54	72.90	공공 – 구포	87.75	92.92	97.85	100.00
대학 – 계명문화대학	90.86	91.76	100.00	88.38	공공 – 대봉	55.35	63.92	59.93	67.21
대학 – 가톨릭대학교 성신교정	100.00	74.55	73.62	74.59	공공 – 울산동부	85.47	82.58	85.53	100.00
대학 – 공군사관학교	88.85	78.93	67.25	88.66	공공 – 유성	95.65	100.00	84.10	90.39
대학 – 서남대학교	**100.00**	**100.00**	**100.00**	**100.00**	공공 – 구덕	97.70	82.36	100.00	94.52
대학 – 진주교육대학교	78.39	78.72	78.72	67.82	공공 – 반송	94.01	82.74	85.20	100.00
대학 – 인덕대학	70.42	66.74	75.95	70.59	공공 – 김해칠암	100.00	100.00	77.16	84.26
대학 – 경남정보대학	*69.55*	*67.19*	*65.69*	*63.82*	공공 – 시흥시립	100.00	83.51	93.22	100.00
대학 – 한세대학교	74.74	75.21	81.72	72.43	공공 – 경주시립	71.80	100.00	74.22	99.94
대학 – 대불대학교	62.51	62.51	62.51	62.51	공공 – 탐라	71.45	63.33	62.75	73.84
대학 – 수원과학대학	100.00	100.00	84.36	99.58	공공 – 은평구립	56.24	64.86	59.09	73.81
대학 – 경북전문대학	87.47	100.00	100.00	100.00	공공 – 해운대	94.21	96.21	100.00	96.89
대학 – 광주가톨릭대학교	**100.00**	**100.00**	**100.00**	**92.75**	공공 – 금호교육문화회관	74.25	90.97	84.83	86.51
대학 – 여수대학교	*67.26*	*53.36*	*53.36*	*53.36*	공공 – 명장	79.73	78.37	77.60	84.37
대학 – 창원전문대학	*100.00*	*100.00*	*92.93*	*85.81*	공공 – 삼척평생교육정보관(전)	81.79	76.33	65.19	67.35
대학 – 울산과학대학	*77.74*	*77.74*	*75.91*	*75.91*	공공 – 의왕시립	100.00	80.37	73.18	84.81
대학 – 신흥대학	*100.00*	*100.00*	*96.67*	*91.62*	공공 – 속초평생교육정보관(전)	92.30	100.00	99.84	100.00
대학 – 부산가톨릭대학교	99.77	100.00	74.55	74.55	공공 – 중계평생학습관	78.19	56.56	76.84	78.56

DMU	효율성 변화				DMU	효율성 변화			
	2003	2004	2005	2006		2003	2004	2005	2006
대학 – 부산여자대학	77.17	90.08	100.00	100.00	공공 – 경북교육정보(전)	96.66	100.00	49.64	67.27
대학 – 광주보건대학	89.99	86.47	90.64	90.64	공공 – 서귀포학생	100.00	100.00	97.32	96.51
공공 – 한밭	21.65	22.51	45.81	23.94	공공 – 시흥시종합복지회관	87.44	80.34	75.07	86.20
공공 – 시민	23.58	24.37	24.62	33.32	공공 – 연산	100.00	100.00	96.93	100.00
공공 – 정독	24.29	22.69	24.27	31.86	공공 – 성동문화	82.47	79.72	100.00	100.00
공공 – 남산	28.32	29.19	28.51	30.59	공공 – 사하	100.00	100.00	93.75	100.00
공공 – 중앙	43.16	100.00	42.74	33.75	공공 – 동두천시립	97.20	100.00	94.46	74.97
공공 – 도립중앙	62.75	100.00	96.92	97.60	공공 – 마산회원	99.80	99.30	96.25	96.45
공공 – 도립성남	37.55	56.08	100.00	100.00	공공 – 남구	76.92	79.88	81.62	83.91
공공 – 창원시립	100.00	54.56	54.79	44.17					

　　시계열 관점에서의 BCC분석 준거집단 참조 횟수를 살펴보면, 가장 많이 참조된 도서관은 양천도서관(2005)으로 총 451회 참조된 것으로 나타났으며, 다음으로 서귀포학생도서관(2003), 유성도서관(2004), 수원과학대학(2003), 광주가톨릭대학교(2003) 등으로 나타났다. 따라서 관종을 통합한 10만 권 이상의 도서관 중에서 가장 효율적인 도서관은 양천도서관(2005)으로 나타났다.

<표 4 - 231> 시계열 관점에서의 BCC분석 준거집단 참조 횟수(관종 통합, 10만 권 이상)

DMU	참조 횟수	DMU	참조 횟수	DMU	참조 횟수
공공 - 양천(2005)	451	공공 - 김해칠암(2004)	32	공공 - 시흥시립(2006)	8
공공 - 서귀포학생(2003)	351	공공 - 연산(2006)	30	공공 - 반송(2006)	8
공공 - 유성(2004)	282	공공 - 강남(2003)	30	공공 - 해운대(2005)	8
대학 - 수원과학대학(2003)	247	공공 - 사하(2003)	29	공공 - 창원시립(2003)	8
대학 - 광주가톨릭대학교(2003)	163	공공 - 도립성남(2005)	28	대학 - 수원과학대학(2004)	7
대학 - 창원전문대학(2004)	149	공공 - 개포(2004)	26	공공 - 인천시립(2003)	7
대학 - 경북전문대학(2006)	132	공공 - 사하(2006)	25	공공 - 도립성남(2006)	5
전특 - 국사편찬위원회(2004)	121	대학 - 경북전문대학(2004)	24	대학 - 신흥대학(2003)	5
공공 - 속초평생교육정보관(전)(2004)	107	공공 - 의왕시립(2003)	21	대학 - 서울여자대학교(2004)	5
대학 - 광주가톨릭대학교(2005)	85	공공 - 경북교육정보(전)(2004)	21	대학 - 서울여자대학교(2005)	5
대학 - 계명문화대학(2005)	81	공공 - 구덕(2005)	18	공공 - 강남(2006)	4
공공 - 성동문화(2005)	81	대학 - 상주대학교(2003)	17	공공 - 인천시립(2006)	4
대학 - 경북전문대학(2005)	81	공공 - 서귀포학생(2004)	17	공공 - 김천시립(2003)	3
대학 - 장로회신학대학교(2003)	78	대학 - 광주가톨릭대학교(2004)	15	공공 - 도립중앙(2004)	3
공공 - 김해칠암(2003)	76	공공 - 용인시립(2004)	13	전특 - 국사편찬위원회(2006)	2
공공 - 동두천시립(2004)	71	전특 - 서울특별시종합자료관(2003)	13	공공 - 울산동부(2006)	2
대학 - 창원전문대학(2003)	63	전특 - 서울특별시종합자료관(2004)	13	공공 - 구포(2006)	2
공공 - 속초평생교육정보관(전)(2006)	47	대학 - 유한대학(2005)	12	공공 - 연산(2003)	2
대학 - 서남대학교(2003)	46	대학 - 유한대학(2003)	11	대학 - 유한대학(2004)	2
대학 - 서남대학교(2004)	46	공공 - 사하(2004)	11	대학 - 목포대학교(2005)	2
대학 - 서남대학교(2005)	46	전특 - 국사편찬위원회(2005)	9	공공 - 중앙(2004)	1
대학 - 서남대학교(2006)	46	공공 - 성동문화(2006)	9	전특 - 국사편찬위원회(2003)	1
공공 - 김해(2003)	45	공공 - 천안중앙(2003)	9	전특 - 서울특별시종합자료관(2006)	1
공공 - 시흥시립(2003)	42	공공 - 안성시립(2006)	9	공공 - 도봉(2003)	1
공공 - 경주시립(2004)	40	대학 - 가톨릭대학교성신교정(2003)	8	대학 - 부산가톨릭대학교(2004)	1

2) 시계열 관점에서의 1만 권~10만 권 미만 도서관의 관종 통합 분석

아래의 <표 4 - 232>는 시계열 관점에서 1만 권에서 10만 권 미만 도서관의 관종을 통합하여 CCR분석을 실시한 결과이다. 선정 도서관을 시기별로 다른 DMU로 가정하면 총 576개의 도서관으로 분류되며, 이러한 도서관을 CCR분석한 결과 총 18개 도서관(약 3.1%)이 효율적으로 분석되었다.

또 효율성의 추이를 검토한 결과 한국건설기술연구원, 특허청특허참고자료실, 전남교육연수원, 문화관광부 등 19개(약 13.2%)의 도서관이 4년간 꾸준한 효율성 증가를 보이는 것으로 나타났으며, 국토연구원, 문화방송, 대한주택공사, 한국지질자원연구원 등 6개(약 4.2%) 도서관은 시계열 관점의 CCR 관점에서 효율성이 점차 감소하고 있는 것으로 분석되었다. 또한 효율성을 4년간 계속적으로 100을 유지하는 도서관은 해병대사령부와 양산대학으로 분석되었다.

효율성의 점수가 큰 폭으로 변화하고 있어 효율성의 정도를 진정으로 파악하기 어려운 도서관은 대전시립연정국악연구원, 김천대학, 용운도서관 등으로 시계열적 관점에서 변화의 폭이 심한 것으로 나타났다.

<표 4 - 232> 시계열 관점에서의 CCR 효율성 분석결과(관종 통합, 1만 권 - 10만 권 미만)

DMU	효율성 변화				DMU	효율성 변화			
	2003	2004	2005	2006		2003	2004	2005	2006
전특 - 한국건설기술연구원	1.88	2.58	2.28	2 .28	공공 - 삼천포	22.04	18.99	19.24	32.13
전특 - 통계청	15.68	16.60	19.16	13.50	공공 - 기장도서관	24.84	44.31	44.73	53.31
전특 - 국토연구원	*9.98*	*9.61*	*8.21*	*6.99*	공공 - 창녕	27.30	85.83	16.89	23.42
전특 - 문화방송	*37.16*	*37.16*	*37.16*	*8.16*	공공 - 신탄진	28.22	9.63	28.26	30.30
전특 - 육군교육사령부	21.29	21.29	21.29	21.29	공공 - 제천시립	30.96	31.55	30.05	38.91
전특 - 한국화학연구소	11.96	11.96	11.96	11.96	공공 - 통영	26.06	22.99	100.00	31.07
전특 - 대한주택공사	*100.00*	*38.18*	*38.18*	*38.18*	공공 - 울진	8.85	15.39	43.00	8.67
전특 - 대한상공회의소	7.87	7.87	7.87	7.87	공공 - 정선	11.26	20.70	11.47	9.06
전특 - 경기도청	53.76	53.76	53.76	53.76	공공 - 사천	31.30	19.88	39.78	89.31
전특 - 특허청특허참고자료실	11.48	11.48	11.48	38.06	공공 - 의성	23.77	15.22	21.46	14.11
전특 - 육군제3158부대	0.47	3.87	0.47	0.47	공공 - 양산	78.08	39.77	65.19	62.07
전특 - 전남교육연수원	11.06	18.78	24.92	30.89	공공 - 청송	8.44	7.55	7.80	10.66
전특 - 광주전남발전연구원	2.65	2.16	2.14	2.14	공공 - 영월	17.64	18.14	15.51	17.93
전특 - 국립수의과학검역원	27.61	27.61	24.53	24.53	공공 - 금산	16.32	23.07	22.89	18.65
전특 - 중앙선거관리위원회	10.03	10.03	10.03	10.03	공공 - 제남	12.89	31.47	21.33	16.61
전특 - 문화관광부	8.16	8.16	8.16	37.16	공공 - 서천	13.71	20.47	28.15	43.96
전특 - 해병대사령부	100.00				공공 - 제천학생(전)	18.19	21.04	22.23	25.87

DMU	효율성 변화				DMU	효율성 변화			
	2003	2004	2005	2006		2003	2004	2005	2006
전특 – 영화진흥위원회	33.94	33.94	33.94	33.94	공공 – 영일	15.82	17.30	25.03	26.64
전특 – 서울특별시과학교육원	3.20	3.20	3.20	3.20	공공 – 예산	27.88	18.55	65.89	30.03
전특 – 한국고등교육재단	0.99	0.74	0.84	2.53	공공 – 남해	21.05	8.36	7.43	32.50
전특 – 서울시정개발연구원	14.24	14.24	14.24	14.24	공공 – 괴산	16.45	15.33	26.91	23.94
전특 – 대전시립연정국악연구원	100.00	7.46	100.00	7.46	공공 – 양주시립	34.44	29.23	3.17	29.83
전특 – 농업환경관(농업과학기술원)	2.00	2.41	2.39	2.30	공공 – 예천	12.43	20.57	9.58	14.58
전특 – 한국지질자원연구원	*3.43*	*3.42*	*2.73*	*2.14*	공공 – 서귀포종합(전)	16.32	15.76	28.23	16.22
전특 – 국민체육진흥공단체육과학연구원	6.45	6.45	15.56	2.56	공공 – 철원	12.37	11.51	17.86	15.99
전특 – 한국자원연구소	10.80	10.80	10.80	10.80	공공 – 홍성	21.31	15.64	40.34	47.38
전특 – 공주문화원도서관	26.66	26.66	26.66	26.66	공공 – 서귀포시립(전)	32.64	31.49	13.50	28.79
전특 – 한국시설안전기술공단	25.98	29.38	29.38	29.38	공공 – 거제	32.14	37.49	62.21	74.41
대학 – 대구보건대학	39.28	39.28	39.28	39.28	공공 – 당진	41.51	34.36	44.84	38.89
대학 – 장안대학	9.28	9.28	7.31	14.75	공공 – 양양	8.65	11.93	19.24	18.18
대학 – 한영신학대학교	1.41	2.28	2.93	2.78	*공공 – 해남군립*	*36.70*	*31.44*	*30.05*	*26.32*
대학 – 창신대학	9.90	10.83	9.90	16.07	공공 – 가오	31.43	26.34	100.00	31.76
대학 – 주성대학	4.95	5.33	3.81	2.38	공공 – 밀양시립	44.01	48.15	54.73	58.00
대학 – 대전보건대학	38.26	38.26	25.47	25.47	공공 – 진동	9.87	13.01	14.21	19.17
대학 – 여주대학	5.22	7.81	7.88	8.15	공공 – 함안	22.62	80.02	36.39	58.15
대학 – 진주국제대학교	*2.31*	*2.31*	*2.06*	*2.06*	공공 – 함양	14.75	16.29	100.00	20.89
대학 – 김천대학	29.48	100.00	29.48	4.26	공공 – 남지	98.24	12.70	15.59	23.81
대학 – 조선이공대학	29.78	2.65	7.76	7.76	공공 – 논산강경	26.14	30.03	34.27	37.60
대학 – 한라대학교	19.04	19.65	35.26	13.63	공공 – 충주학생	37.91	63.09	63.43	88.05
대학 – 마산대학	24.68	5.39	5.77	4.98	공공 – 고성(경남)	9.55	13.44	13.16	23.63
대학 – 용인송담대학	7.87	7.22	10.42	8.55	공공 – 담양	6.78	13.60	5.00	13.14
대학 – 경북과학대학	18.03	18.03	76.23	18.03	공공 – 고성(강원도)	13.90	23.40	27.17	16.15
대학 – 서강정보대학	18.11	17.34	21.64	20.29	공공 – 진영	39.61	37.82	31.45	38.17
대학 – 안동과학대학	9.27	9.27	9.27	9.27	공공 – 단양	23.97	38.87	21.24	31.23
대학 – 군장대학	3.51	4.08	3.16	3.59	공공 – 장흥	27.96	68.39	29.91	20.80
대학 – 동주대학	3.89	3.89	8.83	8.83	공공 – 청원	8.98	11.45	11.73	23.82
대학 – 한국정보통신대학교	8.64	10.19	10.03	10.18	공공 – 영동	19.26	51.04	36.87	44.60
대학 – 동우대학	29.03	21.62	18.81	24.95	공공 – 고흥평생교육관	12.47	8.06	16.58	15.80
대학 – 제주산업정보대학	15.99	15.99	15.99	15.99	공공 – 보령공공	52.91	64.09	59.55	98.09

DMU	효율성 변화				DMU	효율성 변화			
	2003	2004	2005	2006		2003	2004	2005	2006
대학 – 양산대학	100.00				공공 – 밀양하남	8.94	8.90	13.70	13.45
대학 – 적십자간호대학	5.50	5.50	5.11	11.33	공공 – 증평	24.91	29.10	28.91	57.15
대학 – 군산간호대학	6.36	6.36	6.36	6.36	공공 – 산청	10.27	5.19	14.60	21.33
공공 – 마산시립합포	41.65	41.91	39.69	78.11	공공 – 점촌	9.85	14.79	18.34	16.27
공공 – 관악문화도서관	55.42	60.41	48.43	48.21	공공 – 밀양	47.65	31.14	26.12	46.70
공공 – 서동	30.05	34.13	38.08	39.01	공공 – 도계	7.66	7.78	7.73	5.25
공공 – 울산울주	40.10	35.29	100.00	45.17	공공 – 옥천	19.00	17.42	24.17	29.73
공공 – 광진정보	72.76	71.62	72.90	79.97	공공 – 춘성	11.79	12.08	20.07	10.31
공공 – 광양공공	31.84	35.18	35.89	29.15	공공 – 성주	17.95	20.66	16.16	16.36
공공 – 북구일곡	93.35	41.41	53.73	98.88	공공 – 보은	21.78	17.77	23.87	17.43
공공 – 갈마	34.57	24.50	28.03	48.70	공공 – 장성	24.30	28.78	29.14	19.56
공공 – 용운	25.40	100.00	39.88	35.04	공공 – 해운대반여	36.81	82.89	61.40	76.60
공공 – 정읍시립	16.93	21.82	23.65	16.62	공공 – 합천	22.52	80.76	11.63	17.42
공공 – 달성	21.87	20.96	15.31	19.34	공공 – 금왕	26.73	31.76	36.14	34.84
공공 – 광주학생교육문화회관	44.85	42.61	96.75	51.97	공공 – 중원	27.57	42.90	16.23	18.02
공공 – 영도	34.73	22.48	24.42	35.09	공공 – 음성	17.89	31.72	20.74	14.64
공공 – 안산	59.76	41.22	47.58	51.95	공공 – 통영산양	20.72	20.79	17.84	23.11
공공 – 하남시립	24.28	33.25	29.33	26.05	공공 – 군위	19.53	25.11	31.28	16.91
공공 – 송악	28.19	10.20	22.31	64.88	공공 – 신안군립	6.27	9.89	11.10	16.84
공공 – 성북정보	46.11	53.45	51.54	63.07	공공 – 부안	29.36	19.63	34.42	58.33
공공 – 양산웅상	34.74	22.16	28.73	100.00	공공 – 의성군립안계	12.54	8.16	13.69	12.82
공공 – 화성시립태안	26.56	46.87	29.83	29.23	공공 – 서귀포시동부	19.31	21.90	16.36	18.88
공공 – 태백	15.57	25.35	18.89	34.23	공공 – 고성동부	54.54	33.33	10.76	13.86

시계열 관점에서의 CCR분석 준거집단 참조 횟수를 살펴보면, 가장 많이 참조된 도서관은 용운도서관(2004)으로 총 454회 참조된 것으로 나타났으며, 다음으로 대전시립연정국악연구원(2003), 통영도서관(2005), 양산웅상도서관(2006) 등으로 나타났다. 따라서 관종을 통합한 장서수 1만 권~10만 권 미만인 도서관 중에서 가장 효율적인 도서관은 용운도서관(2004)으로 나타났다.

<표 4-233> 시계열 관점에서의 CCR분석 준거집단 참조 횟수(관종 통합, 1만 권-10만 권 미만)

DMU	참조 횟수	DMU	참조 횟수	DMU	참조 횟수
공공-용운(2004)	454	전특-해병대사령부(2005)	68	공공-울산울주(2005)	36
전특-대전시립연정국악연구원(2003)	404	전특-해병대사령부(2006)	68	전특-대전시립연정국악연구원(2005)	31
공공-통영(2005)	398	대학-양산대학(2003)	40	대학-김천대학(2004)	24
공공-양산웅상(2006)	286	대학-양산대학(2004)	40	공공-함양(2005)	18
전특-해병대사령부(2003)	68	대학-양산대학(2005)	40	전특-대한주택공사(2003)	18
전특-해병대사령부(2004)	68	대학-양산대학(2006)	40	공공-가오(2005)	17

아래의 <표 4-234>는 시계열 관점에서 1만 권에서 10만 권 미만 도서관의 관종을 통합하여 BCC분석을 실시한 결과이다. 선정 도서관을 시기별로 다른 DMU로 가정하면 총 576개의 도서관으로 분류되며, 이러한 도서관을 BCC분석한 결과 총 80개 도서관(약 13.9%)이 효율적으로 분석되었다.

또 효율성의 추이를 검토한 결과 문화관광부, 여주대학, 진주국제대학교, 동주대학 등 10개(약 6.9%)의 도서관이 4년간 꾸준한 효율성 증가를 보이는 것으로 나타났으며, 문화방송, 대한주택공사, 특허청특허참고자료실 등 12개(약 8.3%) 도서관은 시계열 관점의 BCC 관점에서 효율성이 점차 감소하고 있는 것으로 분석되었다. 또한 효율성을 4년간 계속적으로 100을 유지하는 도서관은 전남교육연수원, 중앙선거관리위원회, 해병대사령부 등 모두 11개 도서관(약 7.6%)으로 분석되었다.

효율성의 점수가 큰 폭으로 변화하고 있어 효율성의 정도를 진정으로 파악하기 어려운 도서관은 용운도서관, 통영도서관 등으로 시계열 관점에서 변화의 폭이 심한 것으로 나타났다.

<표 4－234> 시계열 관점에서의 BCC 효율성 분석결과(관종 통합, 1만 권－10만 권 미만)

DMU	효율성 변화				DMU	효율성 변화			
	2003	2004	2005	2006		2003	2004	2005	2006
전특 - 한국건설기술연구원	21.69	20.32	17.75	17.76	공공 - 삼천포	34.51	31.73	30.25	37.40
전특 - 통계청	34.53	34.73	35.27	34.09	공공 - 기장도서관	41.36	50.12	59.64	58.03
전특 - 국토연구원	37.69	40.28	45.35	42.09	공공 - 창녕	38.74	87.16	25.74	32.75
전특 - 문화방송	*100.00*	*100.00*	*100.00*	*59.42*	공공 - 신탄진	31.26	9.64	29.77	35.31
전특 - 육군교육사령부	82.43	82.43	82.43	82.43	공공 - 제천시립	35.92	33.05	33.27	42.71
전특 - 한국화학연구소	52.18	52.18	52.18	52.18	공공 - 통영	46.25	36.32	100.00	40.90
전특 - 대한주택공사	*100.00*	*74.12*	*74.12*	*74.12*	공공 - 울진	27.59	31.46	67.76	25.79
전특 - 대한상공회의소	42.39	42.39	42.39	42.39	공공 - 정선	28.18	29.09	28.11	24.46
전특 - 경기도청	73.23	73.23	73.23	73.23	공공 - 사천	45.01	33.22	57.04	94.63
전특 - 특허청특허 참고자료실	*90.69*	*90.69*	*90.69*	*66.76*	*공공 - 의성*	*41.96*	*29.22*	*29.00*	*25.83*
전특 - 육군제3158부대	51.02	67.75	51.02	51.02	공공 - 양산	100.00	51.73	66.15	63.56
전특 - 전남교육연수원	100.00	100.00	100.00	100.00	공공 - 청송	27.38	31.60	32.67	23.99
전특 - 광주전남발전연구원	61.55	71.98	57.96	57.96	공공 - 영월	50.52	34.55	44.59	32.28
전특 - 국립수의과학검역원	*100.00*	*100.00*	*81.39*	*81.39*	공공 - 금산	35.46	52.19	52.94	38.39
전특 - 중앙선거관리위원회	100.00	100.00	100.00	100.00	공공 - 제남	46.80	52.68	45.66	44.40
전특 - 문화관광부	59.42	59.42	59.42	100.00	공공 - 서천	53.66	38.28	41.25	47.10
전특 - 해병대사령부	100.00	100.00	100.00	100.00	공공 - 제천학생(전)	36.00	31.28	31.03	43.14
전특 - 영화진흥위원회	100.00	100.00	100.00	100.00	공공 - 영일	35.67	34.31	36.24	35.79
전특 - 서울특별시 과학교육원	58.57	58.57	58.57	58.57	공공 - 예산	44.97	35.40	90.08	42.45
전특 - 한국고등교육재단	66.04	56.71	59.00	100.00	공공 - 남해	41.48	36.50	28.25	62.61
전특 - 서울시정개발연구원	90.58	90.58	90.58	90.58	공공 - 괴산	36.56	31.71	44.80	32.68
전특 - 대전시립연정국악 연구원	100.00	100.00	100.00	100.00	공공 - 양주시립	48.79	45.29	31.32	42.33
전특 - 농업환경관 (농업과학기술원)	100.00	100.00	100.00	100.00	공공 - 예천	32.38	34.73	27.54	42.56
전특 - 한국지질자원연구원	100.00	96.78	100.00	68.27	공공 - 서귀포종합(전)	52.52	39.83	61.73	43.96
전특 - 국민체육진흥공단 체육과학연구원	87.86	87.86	70.20	100.00	공공 - 철원	31.73	31.16	48.30	31.69
전특 - 한국자원연구소	100.00	100.00	100.00	100.00	공공 - 홍성	59.44	31.91	45.71	73.06
전특 - 공주문화원도서관	100.00	100.00	100.00	100.00	공공 - 서귀포시립(전)	43.89	41.14	26.82	40.90
전특 - 한국시설안전기술 공단	100.00	100.00	100.00	100.00	공공 - 거제	48.07	51.61	65.37	75.36
대학 - 대구보건대학	52.73	52.73	52.73	52.73	공공 - 당진	80.38	56.20	62.61	71.40
대학 - 장안대학	*50.00*	*50.00*	*50.00*	*41.73*	공공 - 양양	30.68	29.54	42.63	43.76

DMU	효율성 변화				DMU	효율성 변화			
	2003	2004	2005	2006		2003	2004	2005	2006
대학 – 한영신학대학교	23.46	22.12	27.53	25.00	공공 – 해남군립	48.95	46.58	47.34	41.60
대학 – 창신대학	27.28	36.14	27.28	27.29	공공 – 가오	41.63	34.70	100.00	49.65
대학 – 주성대학	25.52	50.00	51.87	50.00	공공 – 밀양시립	60.35	60.02	64.84	91.20
대학 – 대전보건대학	*59.73*	*59.73*	*52.33*	*52.33*	공공 – 진동	29.65	31.87	30.31	41.29
대학 – 여주대학	33.33	33.33	33.85	35.40	공공 – 함안	48.14	100.00	48.74	75.59
대학 – 진주국제대학교	27.02	27.02	33.33	33.33	공공 – 함양	41.54	41.83	100.00	52.19
대학 – 김천대학	42.08	100.00	42.08	33.33	공공 – 남지	100.00	33.74	33.74	36.10
대학 – 조선이공대학	42.49	34.28	34.37	34.37	공공 – 논산강경	72.95	77.11	79.38	81.14
대학 – 한라대학교	28.21	30.42	44.57	29.15	공공 – 충주학생	60.61	76.81	76.57	100.00
대학 – 마산대학	*51.48*	*50.00*	*50.00*	*50.00*	공공 – 고성(경남)	41.66	42.42	54.09	36.88
대학 – 용인송담대학	34.47	33.33	34.45	50.00	공공 – 담양	30.20	29.57	27.73	30.01
대학 – 경북과학대학	52.00	52.00	82.07	52.00	공공 – 고성(강원도)	32.49	64.92	71.94	38.17
대학 – 서강정보대학	39.17	36.93	54.43	39.84	공공 – 진영	55.96	52.68	42.50	45.72
대학 – 안동과학대학	30.10	30.10	30.10	30.10	공공 – 단양	43.47	53.84	37.93	57.66
대학 – 군장대학	50.04	74.29	51.07	54.23	공공 – 장흥	52.73	100.00	60.28	41.13
대학 – 동주대학	50.00	50.00	100.00	100.00	공공 – 청원	35.58	32.65	33.74	36.16
대학 – 한국정보통신대학교	*49.18*	*36.91*	*34.54*	*31.84*	공공 – 영동	37.15	68.75	48.67	66.02
대학 – 동우대학	65.28	67.23	45.42	60.62	공공 – 고흥평생교육관	61.39	45.33	44.42	48.40
대학 – 제주산업정보대학	38.20	38.20	38.20	38.20	공공 – 보령공공	80.51	89.25	77.80	100.00
대학 – 양산대학	**100.00**	**100.00**	**100.00**	**100.00**	공공 – 밀양하남	35.41	31.60	30.49	30.62
대학 – 적십자간호대학	84.22	84.22	82.79	67.34	공공 – 증평	41.67	44.93	46.36	72.73
대학 – 군산간호대학	**100.00**	**100.00**	**100.00**	**100.00**	공공 – 산청	31.44	25.19	43.77	36.39
공공 – 마산시립합포	53.17	53.83	46.28	89.80	공공 – 점촌	30.80	34.61	37.20	34.42
공공 – 관악문화도서관	55.77	60.96	48.81	49.41	공공 – 밀양	84.49	59.06	44.23	50.38
공공 – 서동	31.18	34.54	38.08	42.68	공공 – 도계	41.28	56.30	46.64	35.62
공공 – 울산울주	42.12	35.31	100.00	45.46	공공 – 옥천	37.67	35.92	40.81	56.38
공공 – 광진정보	74.19	80.12	100.00	100.00	공공 – 춘성	37.93	38.06	52.17	43.62
공공 – 광양공공	38.87	42.85	42.71	38.05	공공 – 성주	62.83	59.46	32.13	48.89
공공 – 북구일곡	93.42	43.30	54.60	100.00	공공 – 보은	42.59	36.90	39.44	36.85
공공 – 갈마	37.31	30.42	34.15	53.42	*공공 – 장성*	*61.50*	*41.48*	*41.62*	*37.43*
공공 – 용운	31.70	100.00	46.82	44.46	공공 – 해운대반여	64.22	100.00	80.99	87.30
공공 – 정읍시립	25.31	28.98	32.12	40.80	공공 – 합천	42.51	80.97	31.93	49.56

DMU	효율성 변화				DMU	효율성 변화			
	2003	2004	2005	2006		2003	2004	2005	2006
공공 – 달성	36.53	36.75	23.18	34.37	공공 – 금왕	54.19	48.65	48.62	51.29
공공 – 광주학생교육문화회관	45.73	43.28	98.80	54.61	공공 – 중원	77.48	100.00	38.34	38.61
공공 – 영도	43.00	31.53	32.55	38.64	공공 – 음성	47.73	58.97	55.75	37.96
공공 – 안산	65.84	45.47	51.30	52.50	공공 – 통영산양	88.69	79.30	68.93	87.35
공공 – 하남시립	35.43	40.21	37.09	35.24	공공 – 군위	41.85	73.04	41.24	40.16
공공 – 송악	69.90	48.50	52.00	84.53	공공 – 신안군립	36.89	45.33	38.64	56.37
공공 – 성북정보	46.30	53.57	52.11	63.26	공공 – 부안	95.03	93.50	100.00	100.00
공공 – 양산웅상	44.72	36.48	41.75	100.00	*공공 – 의성군립안계*	*62.68*	*53.74*	*52.45*	*52.38*
공공 – 화성시립태안	39.95	67.28	39.72	38.39	*공공 – 서귀포시동부*	*51.97*	*50.56*	*46.73*	*44.65*
공공 – 태백	32.72	38.28	31.92	36.82	공공 – 고성동부	100.00	100.00	80.17	100.00

시계열 관점에서의 BCC분석 준거집단 참조 횟수를 살펴보면, 가장 많이 참조된 도서관은 대전시립연정국악연구원(2003)으로 총 368회 참조된 것으로 나타났으며, 다음으로 용운도서관(2004), 문화방송(2003), 공주문화원도서관(2003) 등으로 나타났다. 따라서 관종을 통합한 장서수 1만 권~10만 권인 도서관 중에서 가장 효율적인 도서관은 대전시립연정국악연구원(2003)으로 나타났다.

<표 4-235> 시계열 관점에서의 BCC분석 준거집단 참조 횟수(관종 통합, 1만 권-10만 권 미만)

DMU	참조횟수	DMU	참조횟수	DMU	참조횟수
전특-대전시립연정국악연구원(2003)	368	전특-한국시설안전기술공단(2004)	68	대학-동주대학(2005)	21
공공-용운(2004)	322	전특-한국시설안전기술공단(2005)	68	전특-농업환경관(농업과학기술원)(2006)	21
전특-문화방송(2003)	256	전특-한국시설안전기술공단(2006)	68	공공-장흥(2004)	18
전특-공주문화원도서관(2003)	256	공공-고성동부(2006)	60	공공-보령공공(2006)	15
전특-문화방송(2004)	256	전특-대전시립연정국악연구원(2005)	59	공공-해운대반여(2004)	15
전특-공주문화원도서관(2004)	256	대학-군산간호대학(2003)	59	공공-함안(2004)	14
전특-문화방송(2005)	256	대학-군산간호대학(2004)	59	공공-울산울주(2005)	13
전특-공주문화원도서관(2005)	256	대학-군산간호대학(2005)	59	전특-한국자원연구소(2003)	11
전특-문화관광부(2006)	256	전특-대전시립연정국악연구원(2004)	55	전특-한국자원연구소(2004)	11
전특-공주문화원도서관(2006)	256	전특-대전시립연정국악연구원(2006)	55	전특-한국자원연구소(2005)	11
전특-영화진흥위원회(2003)	231	공공-충주학생(2006)	54	전특-한국자원연구소(2006)	11
전특-영화진흥위원회(2004)	231	전특-전남교육연수원(2006)	52	공공-가오(2005)	9
전특-영화진흥위원회(2005)	231	전특-전남교육연수원(2004)	50	전특-한국지질자원연구원(2005)	6
전특-영화진흥위원회(2006)	231	전특-국민체육진흥공단체육과학연구원(2006)	41	대학-양산대학(2003)	6
전특-농업환경관(농업과학기술원)(2003)	223	전특-전남교육연수원(2003)	39	대학-양산대학(2004)	6
공공-통영(2005)	168	공공-남지(2003)	31	대학-양산대학(2005)	6
공공-양산웅상(2006)	156	전특-국립수의과학검역원(2003)	31	공공-중원(2004)	5
전특-해병대사령부(2003)	153	전특-국립수의과학검역원(2004)	31	전특-한국지질자원연구원(2003)	5
전특-해병대사령부(2004)	153	전특-중앙선거관리위원회(2003)	27	공공-고성동부(2004)	4
전특-해병대사령부(2005)	153	전특-중앙선거관리위원회(2004)	27	대학-김천대학(2004)	3
전특-해병대사령부(2006)	153	전특-중앙선거관리위원회(2005)	27	전특-대한주택공사(2003)	3
공공-고성동부(2003)	152	전특-중앙선거관리위원회(2006)	27	전특-한국고등교육재단(2006)	2
전특-한국시설안전기술공단(2003)	90	공공-함양(2005)	25	공공-광진정보(2005)	1
전특-농업환경관(농업과학기술원)(2004)	85	전특-전남교육연수원(2005)	22		
공공-부안(2006)	81	전특-농업환경관(농업과학기술원)(2005)	21		

3) 시계열 관점에서의 1만 권 미만 도서관의 관종 통합 분석

아래의 <표 4-236>은 시계열 관점에서 1만 권 미만 도서관의 관종을 통합하여 CCR분석을 실시한 결과이다. 선정 도서관을 시기별로 다른 DMU로 가정하면 총 52개의 도서관으로 분류되며, 이러한 도서관을 CCR분석한 결과 총 31개 도서관(약 59.6%)이 효율적으로 분석되었다.

또 효율성의 추이를 검토한 결과 4년간 꾸준한 효율성 증가를 보이는 도서관은 없는 것으로 나타났으며, 대진의료재단분당제생병원도서관은 시계열 관점의 CCR 관점에서 효율성이 점차 감소하고 있는 것으로 분석되었다. 또한 효율성을 4년간 계속적으로 100을 유지하는 도서관은 강남성심병원, 현대자동차, 전라북도교원연수원 등 7개 도서관(약 53.8%)으로 분석되었다.

효율성의 점수가 큰 폭으로 변화하고 있어 효율성의 정도를 진정으로 파악하기 어려운 도서관은 복음신학대학원대학교로 시계열 관점에서 변화의 폭이 심한 것으로 나타났다.

<표 4-236> 시계열 관점에서의 CCR 효율성 분석결과(관종 통합, 1만 권 미만)

DMU	효율성 변화				DMU	효율성 변화			
	2003	2004	2005	2006		2003	2004	2005	2006
전특 - 강남성심병원	100.00	100.00	100.00	100.00	전특 - 부산발전연구원	100.00	100.00	100.00	100.00
전특 - 현대자동차	100.00	100.00	100.00	100.00	전특 - 국제특허연수원	70.84	70.84	70.84	70.84
전특 - 전라북도교원연수원	100.00	100.00	100.00	100.00	전특 - 전라북도시각장애인도서관	100.00	100.00	100.00	100.00
전특 - 시설안전기술공단	100.00	100.00	100.00	100.00	전특 - 대진의료재단분당제생병원	100.00	100.00	100.00	28.68
전특 - 경기도과학연구원	21.41	21.41	21.41	21.41	전특 - 광주점자도서관	100.00	100.00	100.00	100.00
전특 - 목포가톨릭병원	10.90	10.90	10.90	10.90	대학 - 복음신학대학원대학교	11.83	45.46	11.83	45.46
전특 - 국군의무사령부	9.97	9.97	9.97	9.97					

시계열 관점에서의 CCR분석 준거집단 참조 횟수를 살펴보면, 가장 많이 참조된 도서관은 광주점자도서관(2006)으로 총 17회 참조된 것으로 나타났으며, 다음으로 강남성심병원(2004), 전라북도교원연수원(2005), 광주점자도서관

(2003) 등으로 나타났다. 따라서 관종을 통합한 장서수 1만 권 미만 도서관에서 가장 효율적인 도서관은 광주점자도서관(2006)으로 나타났다.

<표 4-237> 시계열 관점에서의 CCR분석 준거집단 참조 횟수(관종 통합, 1만 권 미만)

DMU	참조 횟수	DMU	참조 횟수
전특 - 광주점자도서관(2006)	17	전특 - 부산발전연구원(2003)	3
전특 - 강남성심병원(2004)	14	전특 - 현대자동차(2003)	2
전특 - 전라북도교원연수원(2005)	9	전특 - 전라북도시각장애인도서관(2003)	2
전특 - 광주점자도서관(2003)	8	전특 - 시설안전기술공단(2005)	2
전특 - 부산발전연구원(2005)	7	전특 - 대진의료재단분당제생병원(2005)	2
전특 - 강남성심병원(2003)	6	전특 - 시설안전기술공단(2003)	1
전특 - 전라북도시각장애인도서관(2004)	4	전특 - 시설안전기술공단(2004)	1
전특 - 강남성심병원(2005)	4	전특 - 전라북도시각장애인도서관(2005)	1
전특 - 시설안전기술공단(2006)	4	전특 - 현대자동차(2006)	1

아래의 <표 4-238>은 시계열 관점에서 1만 권 미만 도서관의 관종을 통합하여 BCC분석을 실시한 결과이다. 선정 도서관을 시기별로 다른 DMU로 가정하면 총 52개의 도서관으로 분류되며, 이러한 도서관을 BCC분석한 결과 모든 도서관이 효율적으로 분석되었다.

<표 4-238> 시계열 관점에서의 BCC 효율성 분석결과(관종 통합, 1만 권 미만)

DMU	효율성 변화				DMU	효율성 변화			
	2003	2004	2005	2006		2003	2004	2005	2006
전특 - 강남성심병원(2003)	100.00				전특 - 부산발전연구원(2003)	100.00			
전특 - 현대자동차(2003)	100.00				전특 - 국제특허연수원(2003)	100.00			
전특 - 전라북도교원연수원(2003)	100.00				전특 - 전라북도시각장애인도서관(2003)	100.00			
전특 - 시설안전기술공단(2003)	100.00				전특 - 대진의료재단분당제생병원(2003)	100.00			
전특 - 경기도과학연구원(2003)	100.00				전특 - 광주점자도서관(2003)	100.00			
전특 - 목포가톨릭병원(2003)	100.00				대학 - 복음신학대학원대학교(2003)	100.00			
전특 - 국군의무사령부(2003)	100.00								

시계열 관점에서의 BCC분석 준거집단 참조 횟수를 살펴보면, 가장 많이 참조된 도서관은 대진의료재단분당제생병원(2006)으로 총 14회 참조된 것으로 나타났으며, 다음으로 국군의무사령부(2005), 전라북도교원연수원(2005), 광주점자도서관(2006) 등으로 나타났다. 따라서 관종을 통합한 장서수 1만 권 미만 도서관에서 가장 효율적인 도서관은 대진의료재단분당제생병원(2006)으로 나타났다.

<표 4-239> 시계열 관점에서의 BCC분석 준거집단 참조 횟수(관종 통합, 1만 권 미만)

DMU	참조 횟수	DMU	참조 횟수
전특 – 대진의료재단분당제생병원(2006)	14	대학 – 복음신학대학원대학교(2006)	3
전특 – 국군의무사령부(2005)	8	전특 – 현대자동차(2003)	2
전특 – 전라북도교원연수원(2005)	7	전특 – 경기도과학연구원(2003)	2
전특 – 광주점자도서관(2006)	6	전특 – 경기도과학연구원(2004)	2
전특 – 강남성심병원(2003)	5	전특 – 대진의료재단분당제생병원(2005)	2
전특 – 광주점자도서관(2003)	5	전특 – 현대자동차(2006)	2
대학 – 복음신학대학원대학교(2004)	4	전특 – 시설안전기술공단(2006)	2
전특 – 목포가톨릭병원(2003)	3	전특 – 전라북도교원연수원(2003)	1
전특 – 국제특허연수원(2003)	3	전특 – 국군의무사령부(2003)	1
전특 – 부산발전연구원(2004)	3	전특 – 시설안전기술공단(2004)	1
전특 – 전라북도시각장애인도서관(2005)	3	전특 – 국군의무사령부(2004)	1
전특 – 광주점자도서관(2005)	3	전특 – 국제특허연수원(2006)	1

제2절 도서관의 사례연구

1. 분석대상 도서관의 선정

도서관서비스의 효율적 운영방안 수립을 위해서 본 연구에 포함된 모든 도서관을 분석에 포함시켜야 하지만 현실적으로 공공도서관 182개, 대학도서관 97개, 전문·특수도서관 43개의 4년간 데이터를 분석에 포함시키는 것은 현실적으로 매우 어렵다. 따라서 본 연구에서 비효율적으로 분석된 도서관,

효율성의 변화가 큰 도서관, 효율적인 도서관을 각각 공공도서관, 대학도서관, 전문·특수도서관으로 구분하여 도서관의 관종별, 지역별, 대학교의 구분 등에 따라 도서관을 선정하였으며, 영향요인에 의해 편중성을 제거하기 위해 위에서 제시한 기준에 의해 균형 있게 선별하였다.

즉, 도서관서비스를 제공하는 데 있어 공공도서관의 경우 수도권에 속해 있는 도서관 중에서 효율성의 측정에서 상대적으로 낮은 점수를 받은 K1도서관, K2도서관, N도서관, S1도서관, Y도서관, J도서관, K3도서관, M도서관, S2도서관, S3도서관, B도서관, K4도서관 중에서 4년간 효율적으로 분석된 적이 없는 도서관을 분석대상에 포함시켰으며, 충청권에서 4년간 효율적으로 분석된 적이 없는 H도서관, S도서관, C도서관, Y도서관 중에서 선정하였으며, 강원권에서는 4년간 효율적으로 분석된 적이 없는 도서관이 없는 관계로 2006년에 비효율적이라고 분석된 도서관을 분석에 포함시켰으며, 호남권에서는 4년간 효율적으로 분석된 적이 없는 공공도서관을 분석에 포함시켰으며, 영남권에서는 4년간 효율적으로 분석된 적이 없는 J도서관, Y1도서관, C도서관, Y2도서관, S도서관, M도서관, K도서관 중에서 해당 도서관을 포함시켰다. 또한 대학도서관에서는 국공립대학교 도서관 중에서 4년간 한 번도 효율적이라고 분석된 적이 없는 대학교를 분석에 포함시켰으며, 사립대학교 도서관 중에서 K대학도서관, D대학도서관 중에서 해당 대학교를 분석에 포함시켰으며, 전문대학도서관 중에서 이와 같은 기준에 의해 도서관을 분석에 포함시켰다. 그리고 전문·특수도서관은 전체적으로 효율성이 가장 낮은 도서관을 대상에 포함시켰다.

분석의 기본 전제는 산출물을 고정시킨 상태에서 투입물을 얼마만큼 최적 배분할 수 있는가에 초점을 두는 모형인 투입지향적 측면에서 실제치, 목표치, 잠재 가능치를 분석하였다. 여기서 투입지향적 측면을 고려한다는 것은 도서관서비스에서 서비스를 전체적으로 향상시킬 수 없다는 제약이 있고 산출을 늘리기 위해 투입을 무한정 늘릴 수 없다는 전제 조건이 있기 때문에 현재 수준에서 도서관서비스의 최적치를 찾기 위한 정보를 제공함은 물론 의사결정자로 하여금 실제적인 대안이 될 수 있는 산출지향 모형을 통한 효율성 증대방안에 대해서 논의하기로 한다. 또한 분석에 포함된 모든 도서관은 시계열 관점에서 가장 최근의 자료인 2006년을 기준으로 분석하였으며, BCC분석을 기초로 하였다.

2. 공공도서관의 사례연구

2.1 J공공도서관

J공공도서관의 시계열적 관점의 상대적 효율성은 35.39이다. J공공도서관은 산출보다는 투입요소에서 잠재적 개선치가 크다고 할 수 있으며, 투입지향의 BCC분석에서 6개의 준거집단을 가지는 것으로 분석되었다.

분석결과 나타난 준거집단(투입지향) 6개의 공공도서관은 투입과 산출의 구조가 J공공도서관과 유사한 것으로 나타났으며, J공공도서관보다 효율성이 높아 J공공도서관의 효율성을 개선하는 데 있어 준거로 참조할 대상 도서관이다.

J공공도서관의 DEA분석별 효율성의 점수 변화를 살펴보면 모든 분석에서 비효율성의 정도가 크게 나타나고 있는 것을 알 수 있다. 따라서 J공공도서관은 비효율성을 개선하기 위한 노력이 필요하다는 것을 알 수 있다.

따라서 J공공도서관은 최적의 준거집단과 대등한 효율성을 달성하기 위해서는 현재의 투입수준에서 부지 92.78%, 연면적 74.79%, 열람석 64.61%, 장서수 82.83%, 연속간행물수 75.60%, 비도서수 75.59%, 연간증가책수 64.61%, 직원수 78.30%, 인건비, 86.43%, 도서구입비 64.61%, 예산액 80.49%를 각각 감소시켜야 하는 것으로 나타났다. 그러나 이러한 투입의 감소는 현실적으로 곤란하기 때문에 이에 산출을 증가시키는 대안을 선택해야 한다.

<표 4-240>에서 산출지향의 BCC분석을 실시한 결과, 투입요소에서 부지 84.93%, 연면적 59.70%, 장서수 37.05%, 연속간행물수 42.62%, 비도서수 14.39%, 직원수 42.76%, 인건비 57.15%, 도서구입비 18.79%, 예산액 50.62%를 각각 감소시켜야 하고, 산출요소에서 연간이용자수, 연간열람책수,

연간대출책수를 각각 187.82% 증가시켜야 하는 것으로 나타났다. 하지만 이러한 산출지향의 BCC분석을 현실에 적용하는 것은 매우 어렵다. 왜냐하면 열람석, 직원수, 인건비, 도서구입비, 예산액 등의 조정은 장기적인 관점에서 이루어져야 하고, 효율성 분석에 필요한 모든 자료를 수치화하는 데도 한계가 있기 때문이다. 또한 장서수, 연속간행물수, 비도서수 등은 현실적으로 감소시키는 것이 어렵고, 부지, 연면적의 변화는 거의 불가능하기 때문이다. 따라서 각 도서관(여기서는 J공공도서관)마다 통제하기 어려운 투입요소(uncontrolled inputs)를 결정하고 여기에 맞는 분석이 필요할 것이다. 하지만 이러한 분석은 각 도서관마다의 여건이 상이하기 때문에 각 도서관별로 이루어져야 할 것이다.

<표 4 - 240> J공공도서관의 DEA 평가결과표

Variable		Actual	Target		Potential Improvement	
			투입지향	산출지향	투입지향	산출지향
Inputs	부지	36,470	2,633.83	5496.63	-92.78%	-84.93%
	연면적	13,265	3,344.34	5,346.09	-74.79%	-59.70%
	열람석	912	322.76	912.00	-64.61%	0.00%
	장서수	473,981	81,371.22	298,383.84	-82.83%	-37.05%
	연속간행물수	1,030	251.27	590.98	-75.60%	-42.62%
	비도서수	13,220	3,227.13	11,317.15	-75.59%	-14.39%
	연간증가책수	17,377	6,149.86	17,377.00	-64.61%	0.00%
	직원수	68	14.75	38.93	-78.30%	-42.76%
	인건비	2,803,052	380,286.70	1,201,036.61	-86.43%	-57.15%
	도서구입비	201,253	71,225.10	163,432.46	-64.61%	-18.79%
	예산액	4,058,072	791,596.93	2,003,872.80	-80.49%	-50.62%
Outputs	연간이용자수	779,217	779,217.00	2,242,737.18	0.00%	187.82%
	연간열람책수	904,614	904,614.00	2,603,653.99	0.00%	187.82%
	연간대출책수	273,348	273,348.00	786,748.39	0.00%	187.82%

1) 효율치(efficiency) : 35.39%(투입지향), 34.74%(산출지향)
2) 준거집단(투입지향) : 양주시립(2003), 개포(2004), 양천(2004), 양천(2005), 광진정보(2006), 관악문화도서관(2006)
3) 준거집단(산출지향) : 개포(2004), 양천(2004), 양천(2005), 광진정보(2005), 도립성남(2006)

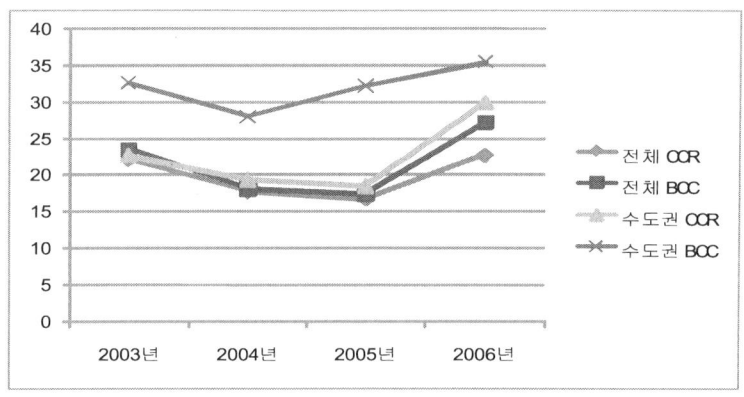

<그림 4 - 55> J공공도서관(2006)의 DEA분석별 효율성 점수 변화

이러한 효율성의 극대화를 위해 J공공도서관이 참조할 수 있는 준거집단들을 각 산출 부문별로 살펴보면 <그림 4 - 56>과 같다. 구체적인 내용을 살펴보면, 부지, 연면적, 장서수, 열람석, 연속간행물수, 비도서수, 연간증가책수, 직원수, 인건비, 예산액, 연간이용자수 등은 광진정보(2006) 도서관을 벤치마킹하고, 도서구입비는 양주시립(2003), 연간열람책수는 양천(2004)을 벤치마킹하여 효율성을 높이는 방안을 마련해야 할 것이다.

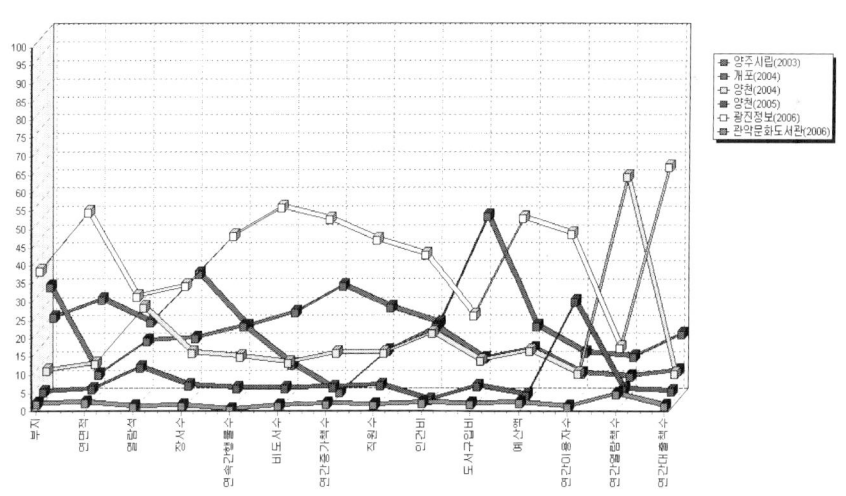

<그림 4 - 56> J공공도서관(2006)의 최적 준거집단과의 참조 비교(투입지향)

1977년 개관한 J공공도서관은 2001년부터 본격적으로 학교도서관지원 활동을 벌이고 있으며, 국제교류에 많은 관심을 가지고 활동을 하고 있으며, 온라인과 오프라인을 통해 문화마당을 운영하여 이동문고, 견학교실, 문화교실, 독서회, 영화감상 등의 서비스를 제공하고 있다. 이러한 J공공도서관이 제공하는 서비스는 다른 도서관들과 많은 부분 중복되기도 하지만, J공공도서관의 특색 있는 서비스와 직접적인 비교가 가능한 서비스를 제공하는 도서관을 찾기는 현실적으로 어렵다. 따라서 J공공도서관은 구체적인 서비스 분야별 준거집단의 사례를 통해 점진적이고 장기적인 계획하에 도서관서비스의 개선을 통한 효율성 증대라는 목표를 달성할 필요성이 있을 것이다.

2.2 C공공도서관

C공공도서관의 시계열적 관점의 상대적 효율성은 51.38이다. C공공도서관은 산출보다는 투입요소에서 잠재적 개선치가 크다고 할 수 있으며, 투입지향의 BCC분석에서 7개의 준거집단을 가지는 것으로 분석되었다.

분석결과 나타난 준거집단(투입지향) 7개의 공공도서관은 투입과 산출의 구조가 C공공도서관과 유사한 것으로 나타났으며, C공공도서관보다 효율성이 높아 C공공도서관의 효율성을 개선하는 데 있어 준거로 참조할 대상 도서관이다.

C공공도서관의 DEA분석별 효율성의 점수 변화를 살펴보면 거의 모든 분석에서 비효율성의 정도가 크게 나타나고 있는 것을 알 수 있다. 따라서 C공공도서관은 비효율성을 개선하기 위한 노력이 필요하다는 것을 알 수 있다.

따라서 C공공도서관은 최적의 준거집단과 대등한 효율성을 달성하기 위해서는 현재의 투입수준에서는 부지 48.62%, 연면적 48.62%, 열람석 48.62%, 장서수 64.39%, 연속간행물수 48.62%, 비도서수 82.91%, 연간증가책수 50.97%, 직원수 58.53%, 인건비 65.01%, 도서구입비 48.62%, 예산액 61.39%를 각각 감소시켜야 하고, 연간대출책수를 18.87% 증가시켜야 한다. 그러나 이러한 투입요소의 감소는 현실적으로 곤란하기 때문에 산출을 증가시키는 대안을 선택해야 한다.

<표 4-241>에서 산출지향의 BCC분석을 실시한 결과, 투입요소에서 부지 17.35%, 장서수 38.66%, 연속간행물수 50.30%, 비도서수 58.76%, 연간증가책수 15.27%, 직원수 29.85%, 인건비 45.16%, 예산액 30.44%를 각각 감소시켜야 하고, 산출요소에서 연간이용자수, 연간열람책수, 연간대출책수를 각각 61.37% 증가시켜야 하는 것으로 나타났다. 하지만 이러한 산출지향의 BCC분석을 현실에 적용하는 것은 매우 어렵다. 왜냐하면 열람석, 직원수, 인건비, 도서구입비, 예산액 등의 조정은 장기적인 관점에서 이루어져야 하고, 효율성 분석에 필요한 모든 자료를 수치화하는 데도 한계가 있기 때문이다. 또한 장서수, 연속간행물수, 비도서수 등은 현실적으로 감소시키는 것이 어렵고, 부지, 연면적의 변화는 거의 불가능하기 때문이다. 따라서 각 도서관(여기서는 J도서관)마다 통제하기 어려운 투입요소(uncontrolled inputs)를 결정하고 여기에 맞는 분석이 필요할 것이다. 하지만 이러한 분석은 각 도서관마다의 여건이 상이하기 때문에 각 도서관별로 이루어져야 할 것이다.

<표 4-241> C공공도서관의 DEA 평가결과표

Variable		Actual	Target		Potential Improvement	
			투입지향	산출지향	투입지향	산출지향
Inputs	부지	11,107	5,707.26	9,179.69	-48.62%	-17.35%
	연면적	8,495	4,365.10	8,495.00	-48.62%	0.00%
	열람석	1,080	554.95	1,080.00	-48.62%	0.00%
	장서수	282,544	100,611.37	173,313.52	-64.39%	-38.66%
	연속간행물수	406	208.62	201.80	-48.62%	-50.30%
	비도서수	35,052	5,989.66	14,456.28	-82.91%	-58.76%
	연간증가책수	18,934	9,282.84	16,042.74	-50.97%	-15.27%
	직원수	36	14.93	25.25	-58.53%	-29.85%
	인건비	1,532,668	536,312.24	840,484.48	-65.01%	-45.16%
	도서구입비	150,020	77,086.85	150,020.00	-48.62%	0.00%
	예산액	2,295,450	886,251.30	1,596,752.42	-61.39%	-30.44%
Outputs	연간이용자수	540,898	540,898.00	872,825.86	0.00%	61.37%
	연간열람책수	497,308	497,308.00	802,486.39	0.00%	61.37%
	연간대출책수	171,193	203,489.85	276,247.42	18.87%	61.37%

1) 효율치(efficiency) : 51.38%(투입지향), 61.97%(산출지향)
2) 준거집단(투입지향) : 유성(2004), 천안중앙(2004), 대전학생교육문화원(2006), 안산(2005), 유성(2006), 안산(2006), 증평(2006)
3) 준거집단(산출지향) : 유성(2003), 천안중앙(2003, 2004), 대전학생교육문화원(2006), 한밭(2005), 유성(2006)

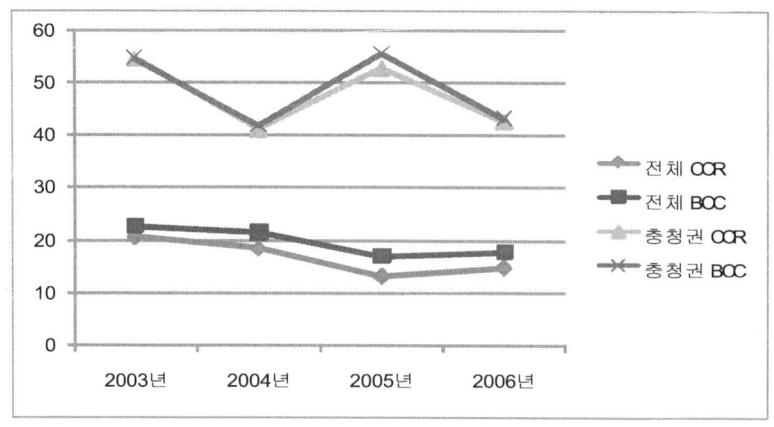

<그림 4 - 57> C공공도서관(2006)의 DEA분석별 효율성 점수 변화

　　이러한 효율성의 극대화를 위해 C공공도서관이 참조할 수 있는 준거집단
들을 각 산출 부문별로 살펴보면 <그림 4 - 58>과 같다. 구체적인 내용을
살펴보면, 부지, 연면적, 장서수, 열람석, 연속간행물수, 직원수, 인건비, 예산
액, 연간이용자수, 연간열람책수 등은 대전학생교육문화원(2006)을 벤치마킹
하고, 연간증가책수, 도서구입비, 연간대출책수는 천안중앙(2004)을 벤치마킹
하여 효율성을 높이는 방안을 마련해야 할 것이다.

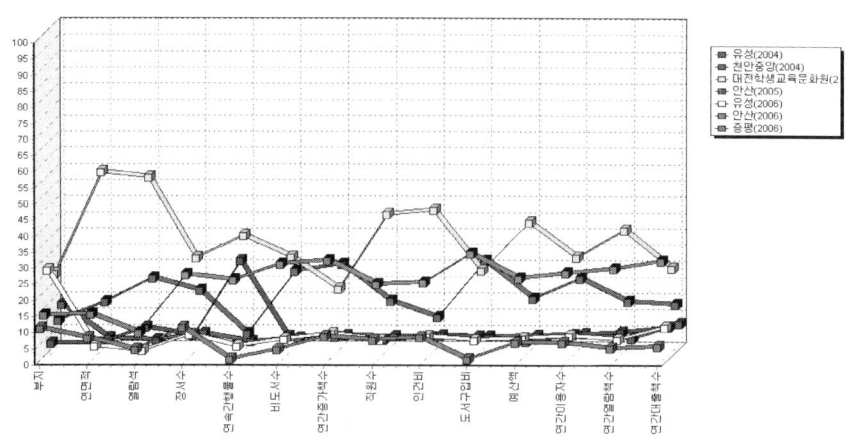

<그림 4 - 58> C공공도서관(2006)의 최적 준거집단과의 참조 비교(투입지향)

1979년 개관한 C공공도서관은 1997년 충청북도 교육청 지정으로 지역사회 교육관을 설치하고, 1998년부터 지역중심 평생학습관으로 명칭을 변경하였고, 2002년에는 교육인적자원부 지정으로 지역평생교육정보센터를 운영하고 있다. C공공도서관의 특징으로는 평생교육강좌 서비스를 적극적으로 실시하고 있다는 점으로 취미·교양, 직업·자격, 초등·유아를 위한 다양한 강좌를 개설하고, 평생교육소식지 등을 발간하고 있다. 따라서 C공공도서관은 구체적인 서비스 분야별 준거집단의 사례를 통해 점진적이고 장기적인 계획 하에 도서관서비스의 개선을 통한 효율성 증대라는 목표를 달성할 필요성이 있을 것이다.

2.3 Y공공도서관

Y공공도서관의 시계열적 관점의 상대적 효율성은 91.67이다. Y공공도서관은 산출보다는 투입요소에서 잠재적 개선치가 크다고 할 수 있으며, 투입지향의 BCC분석에서 4개의 준거집단을 가지는 것으로 분석되었다.

분석결과 나타난 준거집단(투입지향) 4개의 공공도서관은 투입과 산출의 구조가 Y공공도서관과 유사한 것으로 나타났으며, Y공공도서관보다 효율성이 높아 Y공공도서관의 효율성을 개선하는 데 있어 준거로 참조할 대상 도서관이다.

Y공공도서관의 DEA분석별 효율성의 점수 변화를 살펴보면 강원권의 공공도서관을 대상으로 한 BCC분석 외에 다른 모든 분석에서 비효율성의 정도가 크게 나타나고 있는 것을 알 수 있다. 따라서 Y공공도서관은 비효율성을 개선하기 위한 노력이 필요하다는 것을 알 수 있다.

따라서 Y공공도서관은 최적의 준거집단과 대등한 효율성을 달성하기 위해서는 현재의 투입수준에서는 부지 8.33%, 연면적 21.02%, 열람석 12.01%, 장서수 18.65%, 연속간행물수 13.37%, 비도서수 12.87%, 연간증가책수 42.38%, 직원수 8.33%, 인건비 8.33%, 도서구입비 20.79%, 예산액 18.95%를 각각 감소시켜야 하고, 연간열람책수를 351.47% 증가시켜야 한다. 그러나 이러한 투입요소의 감소는 현실적으로 곤란하기 때문에 산출을 증가시키는 대안을 선택해야 한다.

<표 4-242>에서 산출지향의 BCC분석을 실시한 결과, 투입요소에서 연면적 14.08%, 열람석 9.60%, 장서수 14.44%, 연간증가책수 46.42%, 인건비 2.15%, 도서구입비 21.72%, 예산액 11.01%를 각각 감소시켜야 하고, 산출요소에서 연간이용자수 19.20%, 연간열람책수 407.83%, 연간대출책수 19.20%를 각각 증가시켜야 하는 것으로 나타났다. 하지만 이러한 산출지향의 BCC분석을 투입지향의 BCC분석과 마찬가지로 현실에 적용하는 것은 매우 어렵다. 왜냐하면 열람석, 직원수, 인건비, 도서구입비, 예산액 등의 조정은 장기적인 관점에서 이루어져야 하고, 효율성 분석에 필요한 모든 자료를 수치화하는 데도 한계가 있기 때문이다. 또한 장서수, 연속간행물수, 비도서수 등은 현실적으로 감소시키는 것이 어렵고, 부지, 연면적의 변화는 거의 불가능하기 때문이다. 따라서 각 도서관마다 통제하기 어려운 투입요소(uncontrolled inputs)를 결정하고 여기에 맞는 분석이 필요할 것이다. 하지만 이러한 분석은 각 도서관마다의 여건이 상이하기 때문에 각 도서관별로 이루어져야 할 것이다.

<표 4-242> Y공공도서관의 DEA 평가결과표

Variable		Actual	Target		Potential Improvement	
			투입지향	산출지향	투입지향	산출지향
Inputs	부지	1,600	1,466.70	1,600.00	-8.33%	0.00%
	연면적	1,454	1,148.35	1,249.24	-21.02%	-14.08%
	열람석	293	257.81	264.86	-12.01%	-9.60%
	장서수	64,390	52,382.92	55,094.24	-18.65%	-14.44%
	연속간행물수	53	45.92	53.00	-13.37%	0.00%
	비도서수	2,284	1,990.08	2,284.00	-12.87%	0.00%
	연간증가책수	7,535	4,341.80	4,037.13	-42.38%	-46.42%
	직원수	6	5.50	6.00	-8.33%	0.00%
	인건비	205,045	187,962.52	200,643.10	-8.33%	-2.15%
	도서구입비	45,000	35,643.18	35,227.14	-20.79%	-21.72%
	예산액	369,984	299,886.19	329,240.79	-18.95%	-11.01%
Outputs	연간이용자수	85,307	85,307.00	101,688.16	0.00%	19.20%
	연간열람책수	16,230	73,274.16	82,420.47	351.47%	407.83%
	연간대출책수	54,336	54,336.00	64,769.92	0.00%	19.20%

1) 효율치(efficiency) : 91.67%(투입지향), 83.89%(산출지향)
2) 준거집단(투입지향) : 춘천평생교육정보관(2003), 정선(2004), 강릉평생교육정보관(전)(2005), 고성(강원도)(2005)
3) 준거집단(산출지향) : 춘천평생교육정보관(전)(2003), 속초평생교육정보관(전)(2004), 태백(2004), 고성(2004), 강릉평생교육정보관(전)(2005), 고성(2005)

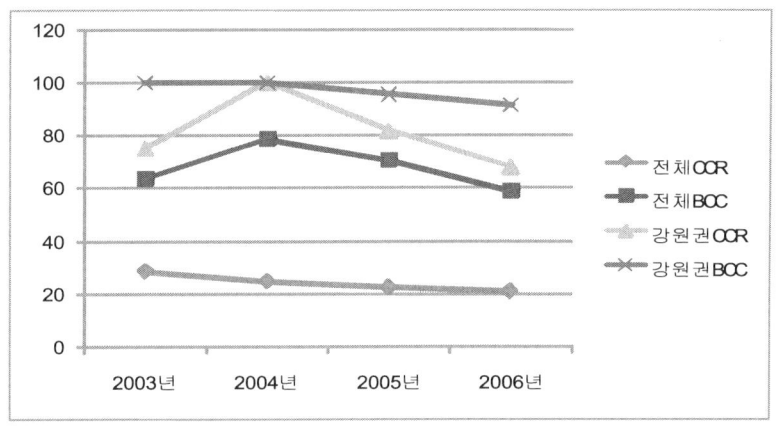

<그림 4-59> Y공공도서관(2006)의 DEA분석별 효율성 점수 변화

　이러한 효율성의 극대화를 위해 Y공공도서관이 참조할 수 있는 준거집단
들을 각 산출 부문별로 살펴보면 <그림 4-60>과 같다. 구체적인 내용을
살펴보면, 부지, 연면적, 열람석, 장서수, 비도서수, 연간증가책수, 직원수, 인
건비, 도서구입비, 예산액, 연간이용자수, 연간열람책수, 연간대출책수 등은
고성도서관(2004)를 벤치마킹하고, 연속간행물수는 정선도서관(2004)를 벤치
마킹하여 효율성을 높이는 방안을 마련해야 할 것이다.

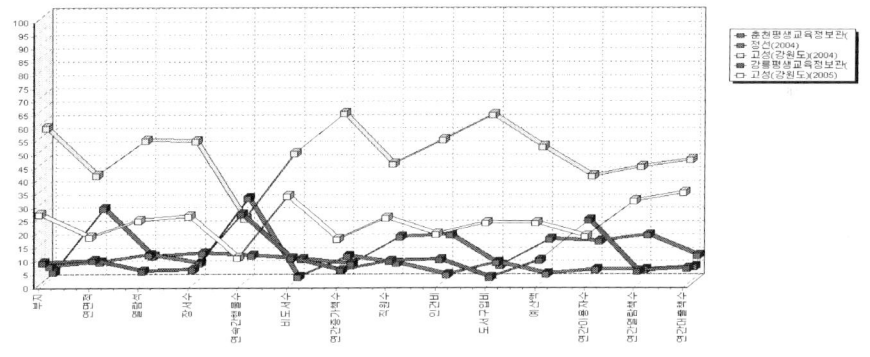

<그림 4-60> Y공공도서관(2006)의 최적 준거집단과의 참조 비교(투입지향)

　Y공공도서관은 1973년 Y공공도서관 설치조례 공포에 따라 설립되었으며,
종합자료실, 어린이자료실, 디지털자료실, 자기학습을 위한 열람실 2개, 문화

교실 등의 시설을 갖추고 있다. Y공공도서관은 SJ여자종합고등학교와 인접하여 있으며, 약 500미터 이내에 대규모 아파트단지 2곳이 있으며, 약 800미터 이내에 Y군의 유일한 대학인 SK대학이 있으며, 반경 2킬로미터 내에 주거지역 등이 밀집되어 있는 곳에 위치하고 있다. Y군은 2006년 주민등록인구통계(Y군 통계연보 2007)가 40,775명으로 Y공공도서관의 연간대출책수는 1인당 1.33권, 연간이용자수는 1인당 2.09회로 나타났다. 그러나 Y군은 1962년 108,566명이던 인구가 계속적으로 감소하여 현재에 이르고 있어, 지속적인 예산의 확보와 도서관 확충 등이 수도권을 비롯한 대도시보다 열악한 것이 사실이다.

Y공공도서관은 2005년까지 Y군의 유일한 공공도서관이었으나 2006년 Y2 공공도서관(좌석 수 100석, 장서수 10,971권, 연간이용자수 3,000명, 직원수 2명, 예산액 69,436천 원)이 생겨 Y군민들의 교육 및 문화생활에 기여하고 있다.

2.4 G공공도서관

G공공도서관의 시계열적 관점의 상대적 효율성은 77.50이다. G공공도서관은 산출보다는 투입요소에서 잠재적 개선치가 크나고 할 수 있으며, 투입지향의 BCC분석에서 5개의 준거집단을 가지는 것으로 분석되었다.

분석결과 나타난 준거집단(투입지향) 4개의 공공도서관은 투입과 산출의 구조가 G공공도서관과 유사한 것으로 나타났으며, G공공도서관보다 효율성이 높아 G공공도서관의 효율성을 개선하는 데 있어 준거로 참조할 대상 도서관이다.

<그림 4-61>에서 G공공도서관의 DEA분석별 효율성의 점수 변화를 살펴보면 호남권의 공공도서관을 대상으로 한 모든 분석에서 비효율성의 정도가 크게 나타나고 있는 것을 알 수 있다. 따라서 G공공도서관은 비효율성을 개선하기 위한 노력이 필요하다는 것을 알 수 있다.

따라서 G공공도서관은 최적의 준거집단과 대등한 효율성을 달성하기 위해서는 현재의 투입수준에서 부지 45.17%, 연면적 22.54%, 열람석 23.64%, 장서

수 48.52%, 연속간행물수 22.54%, 비도서수 62.89%, 연간증가책수 34.86%, 직원수 22.54%, 인건비 33.06%, 도서구입비 53.27%, 예산액 63.19%를 각각 감소시켜야 하고, 연간이용자수를 97.32% 증가시켜야 한다. 그러나 이러한 투입요소의 감소는 현실적으로 곤란하기 때문에 산출을 증가시키는 대안을 선택해야 한다.

<표 4-243>에서 산출지향의 BCC분석을 실시한 결과, 투입요소에서 부지 32.52%, 열람석 2.98%, 장서수 38.11%, 비도서수 36.89%, 연간증가책수 30.17, 인건비 14.54%, 도서구입비 38.97%, 예산액 52.55%를 각각 감소시켜야 하고, 산출요소에서 연간이용자수 171.56%, 연간열람책수 54.64%, 연간대출책수 54.64%를 각각 증가시켜야 하는 것으로 나타났다. 하지만 이러한 산출지향의 BCC분석을 투입지향의 BCC분석과 마찬가지로 현실에 적용하는 것은 매우 어렵다. 왜냐하면 열람석, 직원수, 인건비, 도서구입비, 예산액 등의 조정은 장기적인 관점에서 이루어져야 하고, 효율성 분석에 필요한 모든 자료를 수치화하는 데도 한계가 있기 때문이다. 또한 장서수, 연속간행물수, 비도서수 등은 현실적으로 감소시키는 것이 어렵고, 부지, 연면적의 변화는 거의 불가능하기 때문이다. 따라서 각 도서관마다 통제하기 어려운 투입요소 (uncontrolled inputs)를 결정하고 여기에 맞는 분석이 필요할 것이다. 하지만 이러한 분석은 각 도서관마다의 여건이 상이하기 때문에 각 도서관별로 이루어져야 할 것이다.

<표 4-243> G공공도서관의 DEA 평가결과표

Variable		Actual	Target		Potential Improvement	
			투입지향	산출지향	투입지향	산출지향
Inputs	부지	3,544	1,943.26	2,391.56	-45.17%	-32.52%
	연면적	1,631	1,263.44	1,631.00	-22.54%	0.00%
	열람석	522	398.58	506.43	-23.64%	-2.98%
	장서수	87,602	45,101.65	54,220.97	-48.52%	-38.11%
	연속간행물수	32	24.79	32.00	-22.54%	0.00%
	비도서수	4,610	1,710.80	2,909.56	-62.89%	-36.89%
	연간증가책수	6,635	4,322.29	4,633.26	-34.86%	-30.17%
	직원수	7	5.42	7.00	-22.54%	0.00%
	인건비	275,629	184,503.58	235,552.16	-33.06%	-14.54%
	도서구입비	70,000	32,714.20	42,721.39	-53.27%	-38.97%
	예산액	813,947	299,597.85	386,215.60	-63.19%	-52.55%
Outputs	연간이용자수	38,887	76,729.89	105,601.42	97.32%	171.56%
	연간열람책수	60,570	60,570.00	93,664.50	0.00%	54.64%
	연간대출책수	71,446	71,446.00	110,482.97	0.00%	54.64%

1) 효율치(efficiency) : 77.50%(투입지향), 64.67%(산출지향)
2) 준거집단(투입지향) : 부안(2003), 부안(2004), 광양공공(2004), 장성(2004), 광주광역시립도서관(2005)
3) 준거집단(산출지향) : 부안(2003), 부안(2004), 광양공공(2004), 장성(2004), 광주광역시립도서관(2005)

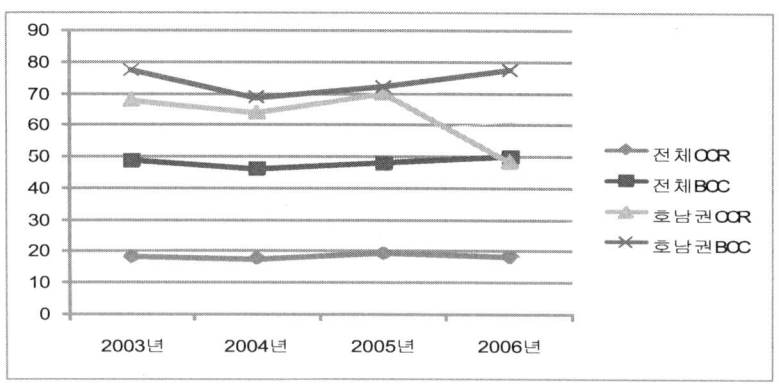

<그림 4-61> G공공도서관(2006)의 DEA분석별 효율성 점수 변화

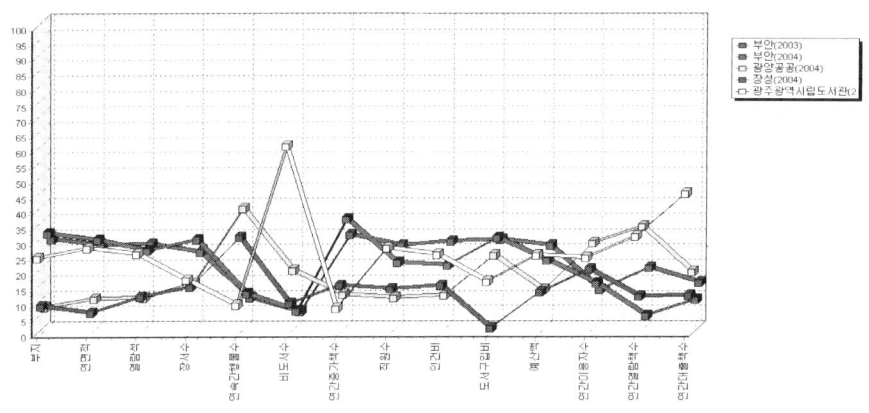

<그림 4-62> G공공도서관(2006)의 최적 준거집단과의 참조 비교(투입지향)

이러한 효율성의 극대화를 위해 G공공도서관이 참조할 수 있는 준거집단들을 각 산출 부문별로 살펴보면 <그림 4-62>와 같다. 구체적인 내용을 살펴보면, 부지, 연면적, 연간증가책수, 도서구입비 등은 부안도서관(2004)을 벤치마킹하고, 열람석, 직원수, 인건비, 예산액 등은 부안도서관(2003)을 벤치마킹하고, 연속간행물, 연간이용자수, 연간열람책수, 등은 광양공공도서관(2004)을 벤치마킹하고, 비도서수, 연간대출책수는 광주광역시립도서관(2005)을 벤치마킹하여 효율성을 높이는 방안을 마련해야 할 것이다.

1990년 개관한 G공공도서관은 2008년 2월 현재(G도서관 홈페이지), 도서 90,152권, 이동도서관 5,143권, 멀티미디어 자료 4,952개 등을 보유하고 있는 정읍시를 대표하는 도서관으로 1995년에 설립된 G시 부속도서관(도서 : 33,140권)을 함께 운영하고 있다. 또한 G시의 인구 밀집지역인 S동에는 1998년에 개관한 G학생복지회관(2008년 3월 말 기준, 일반도서 : 49,954권, 아동도서 : 13,450권, 비도서 : 3,604개)이 있어 학생들의 교육과 문화복지에 기여하고 있다.

G시는 인구 123,738명(2006년 말 기준)으로 1997년 244,542명을 기점으로 꾸준한 감소세를 보이고 있다. G공공도서관은 G시의 동북쪽에 위치하여 1인당 연간대출책수 0.56명, 1인당 연간이용자수 0.31명이다. 이러한 수치는 상대적으로 부족하지만 다른 두 개의 도서관이 이러한 면을 보완해 주고 있다.

그러나 G공공도서관은 인구밀집지역과 직선거리로 약 13킬로미터 떨어져 있기 때문에 시민들의 접근성이 떨어진다는 단점을 가지고 있다.

2.5 J2공공도서관

J2공공도서관의 시계열적 관점의 상대적 효율성은 72.19이다. J2공공도서관은 산출보다는 투입요소에서 잠재적 개선치가 크다고 할 수 있으며, 투입지향의 BCC분석에서 6개의 준거집단을 가지는 것으로 분석되었다.

분석결과 나타난 준거집단(투입지향) 6개의 공공도서관은 투입과 산출의 구조가 J2공공도서관과 유사한 것으로 나타났으며, J2공공도서관보다 효율성이 높아 J2공공도서관의 효율성을 개선하는 데 있어 준거로 참조할 대상 도서관이다.

<그림 4-63>에서 J2공공도서관의 DEA분석별 효율성의 점수 변화를 살펴보면 영남권의 공공도서관을 대상으로 모든 분석에서 전반적으로 효율성의 정도가 조금씩 개선되고 있는 것을 알 수 있으나 여전히 개선의 여지가 있다는 것을 알 수 있다. 따라서 J2공공도서관은 비효율성을 개선하기 위한 노력이 필요하다는 것을 알 수 있다.

따라서 J2공공도서관은 최적의 준거집단과 대등한 효율성을 달성하기 위해서는 현재의 투입수준에서 부지 63.84%, 연면적 27.81%, 열람석 27.81%, 장서수 37.68%, 연속간행물수 68.57%, 비도서수 41.32%, 연간증가책수 27.81%, 직원수 27.81%, 인건비 69.89%, 도서구입비 86.06%, 예산액 66.88%를 각각 감소시켜야 하고, 연간열람책수를 8.49% 증가시켜야 한다. 그러나 이러한 투입요소의 감소는 현실적으로 곤란하기 때문에 산출을 증가시키는 대안을 선택해야 한다.

<表 4 - 244> J2공공도서관의 DEA 평가결과표

Variable		Actual	Target		Potential Improvement	
			투입지향	산출지향	투입지향	산출지향
Inputs	부지	2,203	796.56	1,845.25	- 63.84%	- 16.24%
	연면적	1,053	760.20	962.59	- 27.81%	- 8.59%
	열람석	220	158.83	202.85	- 27.81%	- 7.80%
	장서수	51,099	31,845.53	38,234.93	- 37.68%	- 25.17%
	연속간행물수	170	53.44	142.80	- 68.57%	- 16.00%
	비도서수	3,469	2,035.45	3,469.00	- 41.32%	0.00%
	연간증가책수	3,487	2,517.38	3,487.00	- 27.81%	0.00%
	직원수	6	4.33	6.00	- 27.81%	0.00%
	인건비	365,115	109,921.92	177,094.47	- 69.89%	- 51.50%
	도서구입비	228,316	31,823.94	45,102.69	- 86.06%	- 80.25%
	예산액	621,039	205,685.81	298,435.55	- 66.88%	- 51.95%
Outputs	연간이용자수	109,191	109,191.00	356,246.63	0.00%	226.26%
	연간열람책수	60,179	65,286.72	196,340.05	8.49%	226.26%
	연간대출책수	53,839	53,839.00	175,655.16	0.00%	226.26%

1) 효율치(efficiency) : 72.19%(투입지향), 30.65%(산출지향)
2) 준거집단(투입지향) : 군위(2003), 고성동부(2003), 통영(2005), 성주(2006), 양산웅상(2006), 고성동부(2006)
3) 준거집단(산출지향) : 마산시립합포(2003), 고성동부(2003), 합천(2004), 울진(2005), 의성군립안계(2005), 통영(2005)

<표 4 - 244>에서 산출지향의 BCC분석을 실시한 결과, 투입요소에서 부지 16.24%, 연면적 8.59%, 열람석 7.80%, 장서수 25.17%, 연속간행물수 16.00%, 인건비 51.50%, 도서구입비 80.25%, 예산액 51.95%를 각각 감소시켜야 하고, 산출요소에서 연간이용자수, 연간열람책수, 연간대출책수를 각각 226.26%씩 증가시켜야 하는 것으로 나타났다. 하지만 이러한 산출지향의 BCC분석을 투입지향의 BCC분석과 마찬가지로 현실에 적용하는 것은 매우 어렵다. 왜냐하면 열람석, 직원수, 인건비, 도서구입비, 예산액 등의 조정은 장기적인 관점에서 이루어져야 하고, 효율성 분석에 필요한 모든 자료를 수치화하는 데도 한계가 있기 때문이다. 또한 장서수, 연속간행물수, 비도서수 등은 현실적으로 감소시키는 것이 어렵고, 부지, 연면적의 변화는 거의 불가능하기 때문이다. 따라서 각 도서관마다 통제하기 어려운 투입요소 (uncontrolled inputs)를 결정하고 여기에 맞는 분석이 필요할 것이다. 하지만 이러한 분석은 각 도서관마다의 여건이 상이하기 때문에 각 도서관별로 이루어져야 할 것이다.

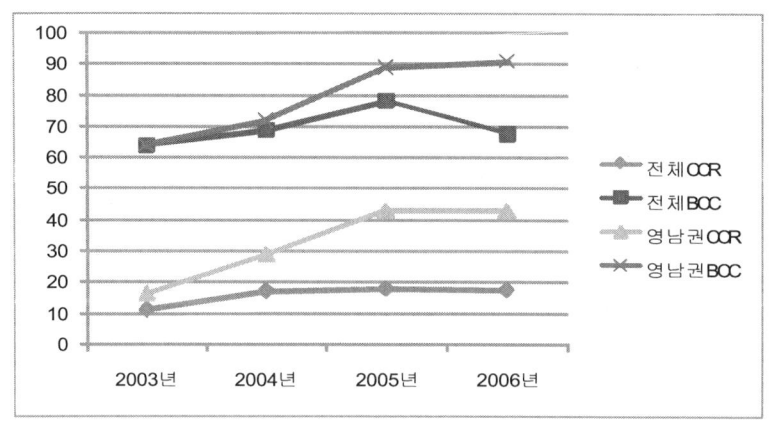

<그림 4-63> J2공공도서관(2006)의 DEA분석별 효율성 점수 변화

　　이러한 효율성의 극대화를 위해 J2공공도서관이 참조할 수 있는 준거집단
들을 각 산출 부문별로 살펴보면 <그림 4-64>와 같다. 구체적인 내용을
살펴보면, 부지와 건물은 고성동부(2003)를 벤치마킹하고, 열람석, 도서, 연속
간행물, 비도서수, 직원수, 인건비, 예산액은 성주도서관(2005)을 벤치마킹하
고, 연간증가책수, 도서구입비, 연간열람책수는 군위도서관(2003)을 벤치마킹
하고, 연간이용자수는 통영도서관(2005)을 벤치마킹하고, 연간대출책수는 양
산웅상도서관(2006)을 벤치마킹하여 효율성을 높이는 방안을 마련해야 할 것
이다.

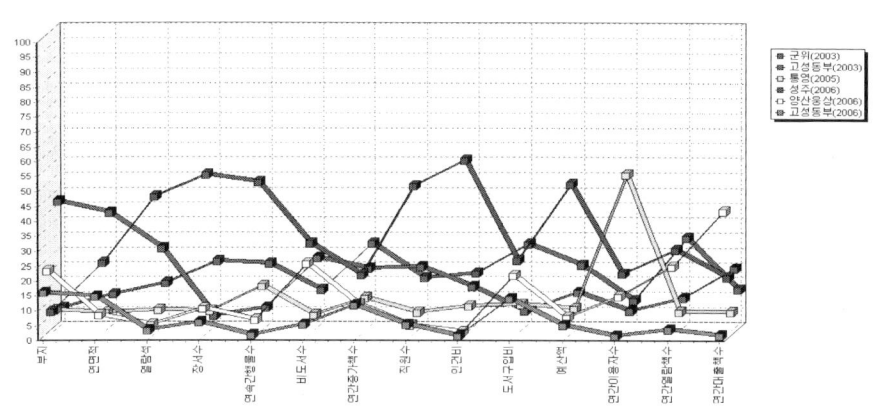

<그림 4-64> J2공공도서관(2006)의 최적 준거집단과의 참조 비교(투입지향)

J2공공도서관은 경상북도 M시에 위치한 도서관으로 1990년에 개관하였으며, 종합자료실, 디지털자료실, 연속간행물/참고자료실, 자료열람실 등을 갖추고 있으며, 2008년 1월 1일 현재 일반서적 30,246권, 아동서적 15,581권, 비도서 3,278개, 연속간행물 33종 등 다양한 종류의 자료를 제공하고 있다.

J2공공도서관은 M시 동북쪽에 위치하여 있어 반경 3킬로미터 이내에 인구밀집지역이 위치하고 있어 접근성이 매우 용이하다는 장점을 가지고 있다. M시는 경상북도립 J2공공도서관 이외에 J2공공도서관 G분관이 있으며, M시립중앙도서관, M시립 M도서관 등 총 4개 도서관이 있다. J2공공도서관에서 직선거리로 약 1.7km 거리에 위치한 M시립중앙도서관은 2007년 1월 현재 종합자료실에 45,256권, 어린이열람실에 17,360권, 정기간행물 40종의 도서가 있다. M시립 M도서관은 J2도서관에서 약 20km정도 떨어진 M읍에 위치한 도서관으로 종합자료실 28,708권, 어린이자료실 13,796권, 정기간행물 25종을 갖추고 있는 도서관이다.

J2공공도서관은 M시립중앙도서관에 비해 상대적으로 인구밀집지역의 외곽에 위치하고 있으며, 장서수 등도 상대적으로 부족하며, 매우 인접한 거리에 위치하고 있기 때문에 접근성이 상대적으로 부족한 것을 알 수 있다. 또한 M 시립 M도서관이나 M대학 등은 상대적으로 거리가 멀기 때문에 입지적 측면에서는 J2공공도서관의 이용자나 대출책수 등에 직접적인 영향을 미치기 어려울 것으로 생각된다. 게다가 J2공공도서관은 M시립중앙도서관과 성격이 유사하기 때문에 많은 이용자들이 M시립중앙도서관을 이용하는 것을 알 수 있다. J2공공도서관이 2006년 연간이용자수가 109,191명, 연간대출책수가 54,839명인 것에 비해 M시립중앙도서관은 연간이용자수 162,792명, 연간대출책수 79,159명으로 간접적인 비교가 가능하다. 이러한 모든 측면을 고려할 때, J2공공도서관은 접근성을 높이기 위한 활동이 필요하며 M시립중앙도서관과의 차별화된 도서의 구성과 특성화된 서비스의 제공을 위해 노력해야 할 것이다.

2.6 B공공도서관

<표 4-245>는 B공공도서관의 연도별 투입요소와 산출요소를 나타낸 표
이다. B공공도서관은 <그림 4-65>와 같이 4년간 시계열적 관점의 BCC분
석, 각 연도별 BCC분석, 그리고 호남권의 공공도서관을 대상으로 하는 BCC
분석 모두에서 '효율적'으로 분석되었다.

<표 4-245> B공공도서관의 연도별 투입·산출요소

요소	Actual = Target	2003년	2004년	2005년	2006년
Inputs	부지	1,560	1,560	1,560	1,560
	연면적	944	944	944	944
	열람석	300	262	262	158
	장서수	30,340	33,753	36,570	36,972
	연속간행물수	6	7	3	3
	비도서수	180	227	1,409	312
	연간증가책수	3,640	4,007	2,604	1,208
	직원수	4	3	4	4
	인건비	143,000	97,610	111,973	130,000
	도서구입비	26,000	25,000	4,750	6,000
	예산액	221,000	170,458	164,821	184,531
Outputs	연간이용자수	24,187	28,696	28,696	41,725
	연간열람책수	31,992	5,701	5,701	75,000
	연간대출책수	27,782	16,453	16,453	23,709

이러한 결과는 투입요소에 비해 산출요소에 해당하는 연간이용자수, 연간
열람책수, 연간대출책수가 비교대상의 도서관에 비해 상대적으로 그 값이 매
우 크기 때문인 것으로 생각된다. 또한 <표 4-245>에서 보는 바와 같이
각 연도별로 투입요소의 적절한 조정을 통해 효율성을 최대화시키기 위해
노력한 것을 알 수 있다. 자료포락분석의 한계점이 효율적으로 분석된 도서
관에 대해서는 효율성을 높일 수 있는 준거집단이 존재하지 않아, 투입요소
와 산출요소에 대한 개선점을 제시하지 않는다는 단점이 존재한다는 것이다.

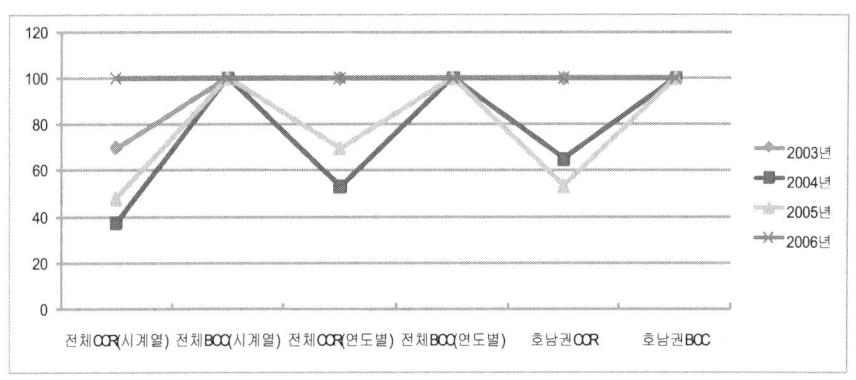

<그림 4 - 65> B공공도서관의 분석방법별 DEA분석별 효율성 점수 변화

　현재의 B공공도서관은 1992년 전라북도 B읍으로 이전 개관하였다. B공공도서관이 위치한 곳은 읍내의 북쪽으로 인구밀집에 위치하여 주민들의 교육문화적 욕구를 해소시키기 위해 많은 노력을 하고 있다. 주변지역을 살펴보면 읍내를 제외하고 주민들이 이용할 수 있는 도서관이 존재하지 않기 때문에 B공공도서관이 유일한 도서관이라 할 수 있다. 따라서 도서관 규모에 비해 상대적으로 많은 주민들이 도서관을 이용하고 있다. 또한 지리적 조건에 의해 문화적인 생활을 할 수 있는 장소가 상대적으로 부족하기 때문에 주민들의 도서관 이용이 많은 편이며, 지역과의 유대관계가 비교적 강하기 때문에 직역밀착형 도서관으로 자리를 잡아 오고 있다. 그러나 B군 전체의 인구가 계속적으로 감소하고 있는 상황에서 예산을 지속적으로 확보하고, 주민들의 욕구를 만족시키기 위해서는 계속적인 노력이 필요할 것이다. 먼저 지금까지 해 오고 있는 평생교육과 독서교실 등을 강화할 필요성이 있다. 21세기의 도서관은 단순히 도서를 열람하는 공간이 아니라 지역사회와 밀착하여 다양한 문화적 공간으로 바뀌어 가고 있다. B공공도서관은 대도시와 떨어져 있다는 측면에서 더 많은 노력을 기울여야 할 것이다. 그리고 이동도서관을 강화하여 도서관이 없는 지역주민의 도서관 이용에 대한 욕구를 만족시켜 줄 필요성이 있을 것이다. 이러한 활동들은 지역민들에게 독서의 필요성과 평생교육의 측면에서 긍정적인 홍보효과를 달성할 수 있을 것이다.

3. 대학도서관의 사례연구

3.1 H대학도서관

H대학도서관의 시계열적 관점의 상대적 효율성은 58.87이다. H대학도서관은 산출보다는 투입요소에서 잠재적 개선치가 크다고 할 수 있으며, 투입지향의 BCC분석에서 6개의 준거집단을 가지는 것으로 분석되었다.

분석결과 나타난 준거집단(투입지향) 6개의 대학도서관은 투입과 산출의 구조가 H대학도서관과 유사한 것으로 나타났으며, H대학도서관보다 효율성이 높아 H대학도서관의 효율성을 개선하는 데 있어 준거로 참조할 대상 도서관이다.

<그림 4-66>에서 H대학도서관의 DEA분석별 효율성의 점수 변화를 살펴보면 대학교 전체적으로는 효율성이 상당히 낮다는 것을 알 수 있으나, 국·공립대학교를 구분하여 분석하였을 때는 상대적으로 높은 효율성을 보이는 것으로 나타났다. 그러나 전반적인 효율성이 낮아 H대학도서관은 비효율성을 개선하기 위한 노력이 필요하다는 것을 알 수 있다.

따라서 H대학도서관은 최적의 준거집단과 대등한 효율성을 달성하기 위해서는 현재의 투입수준에서 연면적 / 열람석 / 장서수 / 연속간행물 / 직원수 41.13%, 비도서수 53.08%, 연간증가책수 50.23%, 예산액 60.75%를 감소시켜야 하고, 연간이용자수를 1182.16% 증가시켜야 한다. 그러나 이러한 투입요소의 감소는 현실적으로 곤란하기 때문에 산출을 증가시키는 대안을 선택해야 한다.

<표 4-246>에서 산출지향의 BCC분석을 실시한 결과, 투입요소에서 열람석 16.62%, 연간증가책수 37.17%, 예산액 24.74%를 각각 감소시켜야 하고, 산출요소에서 연간이용자수 2925.30%, 연간대출책수 58.35% 증가시켜야 하는 것으로 나타났다. 하지만 이러한 산출지향의 BCC분석을 투입지향의 BCC분석과 마찬가지로 현실에 적용하는 것은 매우 어렵다. 왜냐하면 열람석, 직원수, 예산액 등의 조정은 장기적인 관점에서 이루어져야 하고, 효율성 분석에 필요한 모든 자료를 수치화하는 데도 한계가 있기 때문이다. 또한 장

서수, 연속간행물수, 비도서수 등은 현실적으로 감소시키는 것이 어렵고, 연면적의 변화는 거의 불가능하기 때문이다. 따라서 각 도서관마다 통제하기 어려운 투입요소(uncontrolled inputs)를 결정하고 여기에 맞는 분석이 필요할 것이다. 하지만 이러한 분석은 각 도서관마다의 여건이 상이하기 때문에 각 도서관별로 이루어져야 할 것이다.

<표 4 - 246> H대학도서관의 DEA 평가결과표

Variable		Actual	Target		Potential Improvement	
			투입지향	산출지향	투입지향	산출지향
Inputs	연면적	7,462	4,392.60	7,462.00	-41.13%	0.00%
	열람석	1,542	907.72	1,285.78	-41.13%	-16.62%
	장서수	314,287	185,009.13	314,287.00	-41.13%	0.00%
	연속간행물수	751	442.09	751.00	-41.13%	0.00%
	비도서수	5,597	2,625.89	5,597.00	-53.08%	0.00%
	연간증가책수	32,226	16,040.35	20,246.74	-50.23%	-37.17%
	직원수	16	9.42	16.00	-41.13%	0.00%
	예산액	871,711	342,122.26	656,036.85	-60.75%	-24.74%
Ouputs	연간이용자수	6,090	78,083.27	184,240.71	1,182.16%	2,925.30%
	연간대출책수	80,929	80,929.00	128,148.72	0.00%	58.35%

1) 효율치(efficiency) : **58.87%**(투입지향), **63.15%**(산출지향)
2) 준거집단(투입지향) : 공군사관학교(2003), 여수대학교(2003), 상주대학교(2003), 진주교육대학교(2003), 충주대학교(2004), 목포대학교(2005)
3) 준거집단(산출지향) : 공군사관학교(2003), 충북대학교(2003), 한국교원대학교(2003), 여수대학교(2003), 전남대학교(2005), 목포대학교(2005)

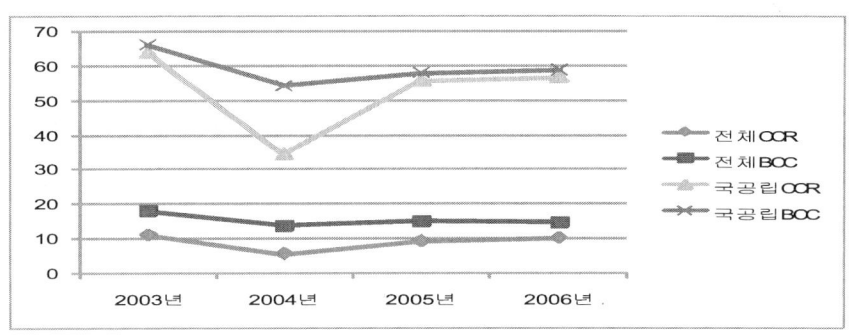

<그림 4 - 66> H대학도서관(2006)의 DEA분석별 효율성 점수 변화

이러한 효율성의 극대화를 위해 H대학도서관이 참조할 수 있는 준거집단들을 각 산출 부문별로 살펴보면 <그림 4-67>과 같다. 구체적인 내용을 살펴보면, 연면적, 열람석, 연간이용자수는 여수대학교(2003)를 벤치마킹하고, 직원수, 장서수, 연속간행물, 연간증가책수, 예산액, 연간대출책수 등은 목포대학교(2005)를 벤치마킹하고, 비도서수는 충주대학교(2004)를 벤치마킹하여 효율성을 높이는 방안을 마련해야 할 것이다.

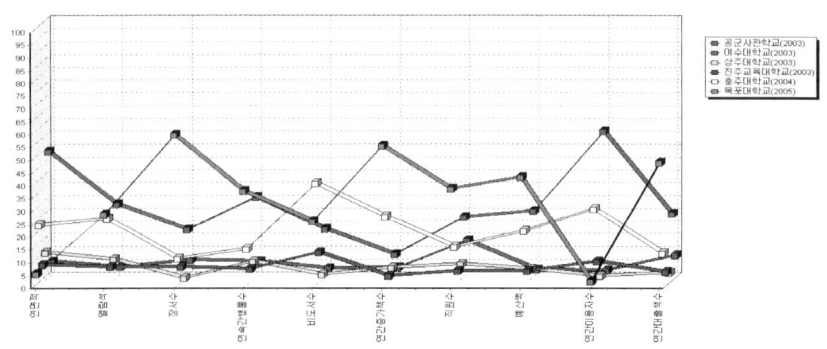

<그림 4-67> H대학도서관(2006)의 최적 준거집단과의 참조 비교(투입지향)

B시 Y구에 위치한 H대학교는 2007년 현재 학부생 6,059명, 대학원생 1,128명으로 인문사회, 자연공학, 공학, 예체능으로 대학이 구성되어 있다. 2007년 12월 31일(H대학교 홈페이지) 현재 단행본 276,664권, 연속간행물 51,254권, 학위논문 11,356권, 비도서 6,738개, 전자자료 5개(약 13,523종) 등이 있으며 연면적 7,462 m^2, 전자정보실 292.5 m^2 등의 시설을 갖추고 있다. 이러한 H대학도 서관은 2003년부터 2006년까지 전체 평균이 연면적 8,008 (m^2), 열람석 1,448석, 장서수 342,732권, 비도서수는 27,444권이고, 국공립대학교 도서관의 2003년부터 2006년까지의 평균이 연면적 10,056 m^2, 열람석 1,743석, 장서수 412,279권, 비도서수 29,329권인 점을 감안하면 상대적으로 규모가 작은 대학도서관이라 할 수 있으며, 특히 비도서수는 매우 큰 차이가 있음을 알 수 있다.

H대학교는 지리적으로 섬(영도)이라는 특수한 지역에 위치하고 있기 때문

에 접근이 용이하지 않고, 내륙까지는 약 7킬로미터의 거리가 존재하고 B시립중앙도서관이 가까운 내륙의 중심에 자리하고 있다. 이러한 이들로 인해 H대학도서관은 도서관회원제도 등을 통해 일반 시민들에게 문호를 개방하고 있지만 접근이 용이하지 않다는 단점을 가지고 있다. 따라서 H대학교 도서관의 이용자수와 대출책수를 늘리기 위해서는 접근의 용이성을 높이는 다양한 전략을 구사할 필요성이 있으며, 21세기의 흐름에 맞게 전자도서를 더욱 강화하고 다양한 편의시설 등을 갖춤으로써 대학교 학생뿐만 아니라 일반 시민의 접근을 유도할 필요성이 있을 것이다.

3.2 K대학도서관

K대학도서관의 시계열적 관점의 상대적 효율성은 64.02이다. K대학도서관은 산출보다는 투입요소에서 잠재적 개선치가 크다고 할 수 있으며, 투입지향의 BCC분석에서 5개의 준거집단을 가지는 것으로 분석되었다.

분석결과 나타난 준거집단(투입지향) 5개의 대학도서관은 투입과 산출의 구조가 K대학도서관과 유사한 것으로 나타났으며, K대학도서관보다 효율성이 높아 K대학도서관의 효율성을 개선하는 데 있어 준거로 참조할 대상 도서관이다.

<그림 4-68>에서 K대학도서관의 DEA분석별 효율성의 점수 변화를 살펴보면 대학교 전체적으로 효율성의 정도가 계속적으로 향상되고 있는 것으로 나타났다. 그러나 전반적인 효율성이 낮아 K대학도서관은 비효율성을 개선하기 위한 노력이 필요하다는 것을 알 수 있다.

따라서 K대학도서관은 최적의 준거집단과 대등한 효율성을 달성하기 위해서는 현재의 투입수준에서는 연면적 35.98%, 열람석 46.19%, 장서수 51.48%, 연속간행물 35.98%, 비도서수 66.08%, 연간증가책수 36.50%, 직원수 45.01%, 예산액 35.98%를 각각 감소시켜야 하는 것으로 분석되었다. 그러나 이러한 투입요소의 감소는 현실적으로 곤란하기 때문에 산출을 증가시키는 대안을 선택해야 한다.

<표 4-247>에서 산출지향의 BCC분석을 실시한 결과, 투입요소에서 열

람석 14.56%, 장서수 23.40%, 비도서수 45.38%, 직원수 15.45%를 각각 감소시켜야 하고, 산출요소에서 연간이용자수와 연간대출책수를 각각 61.19%씩 증가시켜야 하는 것으로 나타났다. 하지만 이러한 산출지향의 BCC분석을 투입지향의 BCC분석과 마찬가지로 현실에 적용하는 것은 매우 어렵다. 왜냐하면 열람석, 직원수, 예산액 등의 조정은 장기적인 관점에서 이루어져야 하고, 효율성 분석에 필요한 모든 자료를 수치화하는 데도 한계가 있기 때문이다. 또한 장서수, 연속간행물수, 비도서수 등은 현실적으로 감소시키는 것이 어렵고, 연면적의 변화는 거의 불가능하기 때문이다. 따라서 각 도서관마다 통제하기 어려운 투입요소(uncontrolled inputs)를 결정하고 여기에 맞는 분석이 필요할 것이다. 하지만 이러한 분석은 각 도서관마다의 여건이 상이하기 때문에 각 도서관별로 이루어져야 할 것이다

<표 4-247> K대학도서관의 DEA 평가결과표

Variables		Actual	Target		Potential Improvement	
			투입지향	산출지향	투입지향	산출지향
Inputs	연면적	5,419	3,469.47	5,419.00	-35.98%	0.00%
	열람석	1,476	794.25	1,261.05	-46.19%	-14.56%
	장서수	528,547	256,475.58	404,886.15	-51.48%	-23.40%
	연속간행물수	867	555.09	867.00	-35.98%	0.00%
	비도서수	21,902	7,429.84	11,962.23	-66.08%	-45.38%
	연간증가책수	23,600	14,986.49	23,600.00	-36.50%	0.00%
	직원수	15	8.25	12.68	-45.01%	-15.45%
	예산액	1,178,700	754,651.86	1,178,700.00	-35.98%	0.00%
Outputs	연간이용자수	648,938	648,938.00	1,046,011.80	0.00%	61.19%
	연간대출책수	154,912	154,912.00	249,699.94	0.00%	61.19%

1) 효율치(efficiency) : 64.02%(투입지향), 62.04%(산출지향)
2) 준거집단(투입지향) : 장로회신학대학교(2003), 신라대학교(2003), 복음신학대학원대학교(2003), 경성대학교(2004), 동국대학교(2005)
3) 준거집단(산출지향) : 고려대학교(2003), 장로회신학대학교(2003), 신라대학교(2003), 복음신학대학원대학교(2003), 경성대학교(2004), 동국대학교(2005)

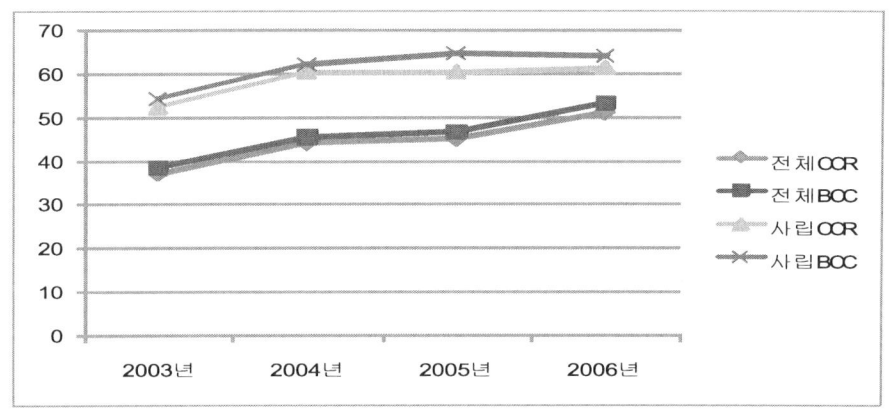

<그림 4-68> K대학도서관(2006)의 DEA분석별 효율성 점수 변화

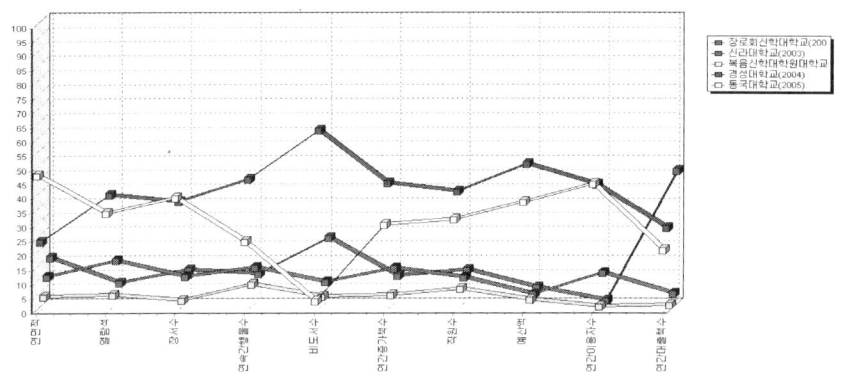

<그림 4-69> K대학도서관(2006)의 최적 준거집단과의 참조 비교(투입지향)

이러한 효율성의 극대화를 위해 K대학도서관이 참조할 수 있는 준거집단들을 각 산출 부문별로 살펴보면 <그림 4-69>와 같다. 구체적인 내용을 살펴보면, 연면적, 장서수, 연간이용자수는 동국대학교(2005)를 벤치마킹하고, 열람석, 직원수, 비도서수, 연속간행물, 연간증가책수, 예산액은 경성대학교(2004)를 벤치마킹하고, 연간대출책수는 장로회신학대학(2003)을 벤치마킹하여 효율성을 높이는 방안을 마련해야 할 것이다.

S시 N구에 위치한 K대학교는 2007년 현재 학부생 7,055명, 대학원생 2,265명으로 인문사회, 자연공학, 공학, 예체능으로 대학이 구성되어 있다. 2008년(K대학교 홈페이지) 현재 일반도서 316,389권, 소형도서 7,465권, 정

기간행물 65,423권, 학위논문 27,300권, 참고도서 59,128권 등 총 508,139권의 문헌자료가 있으며, 총 19,566점의 멀티미디어 자료를 소장하고 있고, 도서관의 연면적은 5,418 m^2, 열람석 1,476석이다. 이러한 K대학도서관은 대학도서관의 2003년부터 2006년까지 전체 평균이 연면적 8,008 m^2, 열람석 1,448석, 장서수 342,732권, 비도서수는 27,444권이고, 사립대학교 도서관의 2003년부터 2006년까지의 평균이 연면적 10,589 m^2, 열람석 1,936석, 장서수 485,326권, 비도서수 41,622점, 연속간행물 1,905종인 점을 감안하면 어느 정도 규모가 있는 도서관인 것을 알 수 있다.

K대학교는 반경 3킬로미터 이내에 6개의 대학이 인접하고 있으며, S시 내에서는 비교적 인구밀도가 낮은 지역에 위치하고 있다. 또한 주변의 대규모 아파트 단지나 주거 밀집지역에는 대규모 대학들이 밀집하고 있어, 이용자들을 유인하기 상대적으로 힘든 위치에 자리 잡고 있다. 따라서 도서관의 이용자수와 대출책수 등을 늘리기 위해서 단순히 장서수를 늘리거나 연면적을 더 많이 확보하는 것보다 더 많은 대학생들이 도서관을 이용할 수 있는 방안을 마련하고, 지역 시민들을 유인할 수 있는 방안을 함께 마련해야 할 것으로 보인다. 따라서 시민 및 대학생들을 위한 복합문화센터로서의 기능을 강화하고, 다양한 홍보활동을 강화해야 할 것으로 생각된다.

3.3 K2대학도서관

K2대학도서관의 시계열적 관점의 상대적 효율성은 52.33이다. K2대학도서관은 산출보다는 투입요소에서 잠재적 개선치가 크다고 할 수 있으며, 투입지향의 BCC분석에서 6개의 준거집단을 가지는 것으로 분석되었다.

따라서 K2대학도서관은 최적의 준거집단과 대등한 효율성을 달성하기 위해서는 현재의 투입수준에서 연면적 66.36%, 열람석 47.67%, 장서수 53.62%, 연속간행물 47.67%, 비도서수 66.07%, 연간증가책수 47.67%, 직원수 67.12%, 예산액 47.67%를 각각 감소시켜야 하는 것으로 나타났다. 그러나 이러한 투입요소의 감소는 현실적으로 곤란하기 때문에 산출을 증가시키는 대안을 선택해야 한다.

<표 4-248> K2대학도서관의 DEA 평가결과표

Variables		Actual	Target		Potential Improvement	
			투입지향	산출지향	투입지향	산출지향
Inputs	연면적	7,791	2,620.50	5,712.02	-66.36%	-26.68%
	열람석	1,047	547.85	784.94	-47.67%	-25.03%
	장서수	153,336	71,123.46	153,336.00	-53.62%	0.00%
	연속간행물수	341	178.43	229.40	-47.67%	-32.73%
	비도서수	10,116	3,432.53	7,406.26	-66.07%	-26.79%
	연간증가책수	3,919	2,050.64	3,919.00	-47.67%	0.00%
	직원수	9	2.96	4.19	-67.12%	-53.39%
	예산액	310,695	162,573.26	197,047.95	-47.67%	-36.58%
Outputs	연간이용자수	126,084	126,084.00	244,160.92	0.00%	93.65%
	연간대출책수	34,072	34,072.00	65,980.23	0.00%	93.65%

1) 효율치(efficiency) : **52.33%**(투입지향), **51.64%**(산출지향)
2) 준거집단(투입지향) : 대전보건대학**(2004)**, 군장대학**(2004)**, 적십자간호대학**(2005)**, 서강정보대학**(2005)**, 계명문화대학**(2006)**, 양산대학**(2006)**
3) 준거집단(산출지향) : 대전보건대학**(2004)**, 인덕대학**(2005)**, 양산대학**(2005)**, 계명문화대학**(2006)**

<표 4-248>에서 산출지향의 BCC분석을 실시한 결과, 투입요소에서 연면적 26.68%, 열람석 25.03%, 연속간행물 32.73%, 비도서수 26.79%, 직원수 53.39%, 예산액 36.58%를 각각 감소시켜야 하고, 산출요소에서 연간이용자수, 연간대출책수를 각각 93.65% 증가시켜야 하는 것으로 나타났다. 하지만 이러한 산출지향의 BCC분석을 현실에 적용하는 것은 매우 어렵다. 왜냐하면 열람석, 직원수, 예산액 등의 조정은 장기적인 관점에서 이루어져야 하고, 효율성 분석에 필요한 모든 자료를 수치화하는 데도 한계가 있기 때문이다. 또한 연속간행물수, 비도서수를 현실적으로 감소시키는 것이 어렵고, 연면적의 변화는 거의 불가능하기 때문이다. 따라서 각 도서관(여기서는 K2대학도서관)마다 통제하기 어려운 투입요소(uncontrolled inputs)를 결정하고 여기에 맞는 분석이 필요할 것이다. 하지만 이러한 분석은 각 도서관마다의 여건이 상이하기 때문에 각 도서관별로 이루어져야 할 것이다.

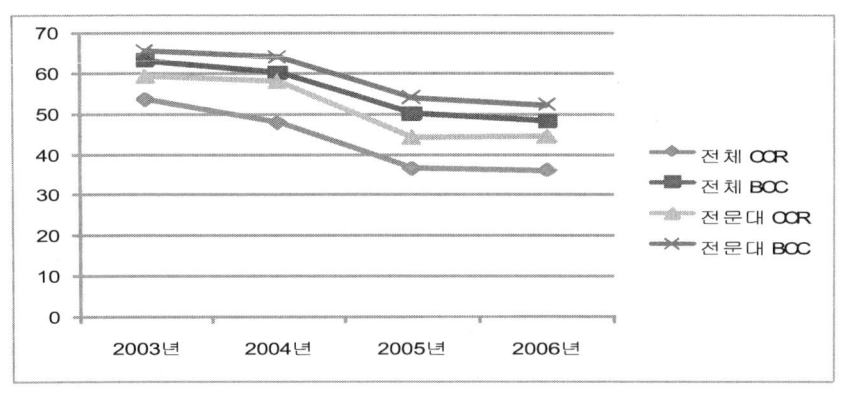

<그림 4-70> K2대학도서관(2006)의 DEA분석별 효율성 점수 변화

이러한 효율성의 극대화를 위해 K2대학도서관이 참조할 수 있는 준거집단들을 각 산출 부문별로 살펴보면 <그림 4-71>과 같다. 구체적인 내용을 살펴보면, 연면적, 장서수, 비도서수 등은 계명문화대학(2006)을 벤치마킹하고, 열람석, 직원수, 연속간행물, 예산액 등은 대전보건대학(2004)을 벤치마킹하고, 연간대출책수는 양산대학(2006)을 벤치마킹하여 효율성을 높이는 방안을 마련해야 할 것이다.

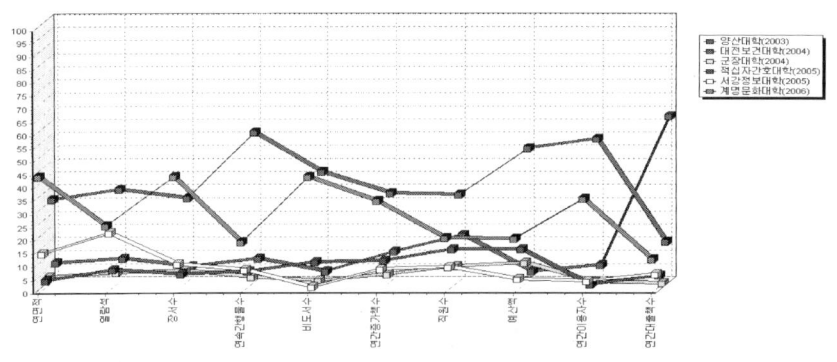

<그림 4-71> K2대학도서관(2006)의 최적 준거집단과의 참조 비교(투입지향)

비교적 오랜 역사를 가지고 있는 K2대학은 1979년 K공업전문대학으로 개편한다. K2대학도서관은 일반적인 대학이 제공하는 서비스를 충실히 제공하고 있다. 그러나 효율성의 측면에서 많은 개선의 여지를 가지고 있다. 따라

서 K2대학도서관은 구체적인 서비스 분야별 준거집단의 사례를 통해 점진적이고 장기적인 계획하에 도서관서비스의 개선을 통한 효율성 증대라는 목표를 달성할 필요성이 있을 것이다.

3.4 S대학도서관

<표 4-249>는 S대학도서관의 연도별 투입요소와 산출요소를 나타낸 표이다. <그림 4-72>와 같이 S대학도서관은 4년간 시계열적 관점의 CCR분석과 BCC분석, 각 연도별 CCR분석과 BCC분석, 그리고 사립대학교 도서관을 대상으로 하는 CCR분석과 BCC분석 모두에서 '효율적'으로 분석되었다. 이러한 결과는 투입요소에 비해 산출요소에 해당하는 연간이용자수, 연간대출책수가 비교대상의 도서관에 비해 상대적으로 그 값이 매우 크기 때문인 것으로 생각된다. 또한 <표 4-249>에서 보는 바와 같이 각 연도별로 투입요소와 산출요소가 전혀 변화가 없는 것을 알 수 있다. 우선은 효율적인 구조를 계속적으로 유지하고 있다고 할 수 있으나 투입요소·산출요소가 계속적으로 동일한 것은 현실적인 문제점이 있다. 자료포락분석의 한계점이 효율적으로 분석된 도서관에 대해서는 효율성을 높일 수 있는 준거집단이 존재하지 않아, 투입요소와 산출요소에 대한 개선점을 제시하지 않는다는 단점이 존재한다는 것이다.

<표 4-249> S대학도서관의 연도별 투입·산출요소

요인 Actual = Target		2003년	2004년	2005년	2006년
Inputs	연면적	1,301	1,301	1,301	1,301
	열람석	2,526	2,526	2,526	2,526
	장서수	179,809	179,809	179,809	179,809
	연속간행물수	270	270	270	270
	비도서수	247	247	247	247
	연간증가책수	3,430	3,430	3,430	3,430
	직원수	3	3	3	3
	예산액	297,000	297,000	297,000	297,000
Outputs	연간이용자수	16,240	16,240	16,240	16,240
	연간대출책수	81,200	81,200	81,200	81,200

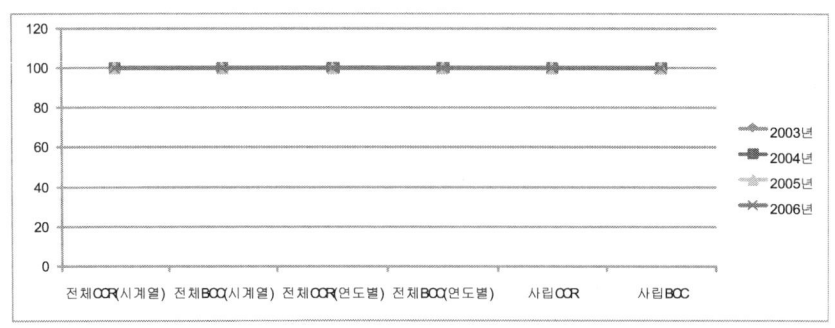

<그림 4-72> S대학도서관의 분석방법별 DEA분석별 효율성 점수 변화

S대학교는 인문사회, 자연과학, 공학, 예체능, 의학대학으로 구성되어 있으며, 2007년 기준으로 학부생 8,530명(편제)과 대학원생 646(편제)명이 있다. 대학교의 위치는 시내와 직선거리로 약 3.5킬로미터 떨어져 있는 곳에 위치하고 있다. 도서관 현황은 위의 <표 4-249>와 같으며, 시내에 N교육문화회관이 위치하고 있다. N교육문화회관은 연면적 1,473 m^2, 열람석 454석, 장서수 60,282권, 연간이용자수 172,971명, 연간대출책수 138,098권 등으로 비교적 활성화되어 있는 공공도서관이다. 여기서 S대학교는 지리적으로 시내와 거리가 있고, N교육문화회관이 근처에 자리 잡고 있기 때문에 시민들의 접근을 유도하기는 현실적으로 어려울 것이다. 그리고 4년간 투입요소와 산출요소의 변화가 거의 없다는 측면에서 데이터의 수집과정에서 일부 문제점이 있거나, 데이터 수집 체계나 인력의 부족 등으로 정확한 조사가 이루어지지 않았을 가능성이 있다. 이러한 근거는 지리적인 위치뿐만 아니라 학생의 숫자(2,887명)가 실제 편제보다 매우 부족하다는 측면에서도 이해될 수 있다. 실제적인 학생 숫자와 교원의 숫자를 연간대출책수와 비교하여 보면 1인당 연간 약 27권의 도서를 대출한 통계결과가 산출되지만, 이러한 결과는 다른 대학교의 현실을 적용하더라도 현실적으로 이해되기 어렵다. 따라서 S대학도서관은 실제적인 데이터를 확보할 수 있는 시스템을 구축하는 것이 선행되어야 하며, 정확한 데이터에 의한 정확한 효율성 개선 방안을 도출하기 위해 노력해야 할 것이다. 따라서 정확한 통계조사를 위해 정부와 각 대학교들은 함께 노력해 나가야 할 것이다.

4. 전문·특수도서관의 사례연구

4.1 H전문·특수도서관

H전문·특수도서관의 시계열적 관점의 상대적 효율성은 35.56이다. H전문·특수도서관은 산출보다는 투입요소에서 잠재적 개선치가 크다고 할 수 있으며, 투입지향의 BCC분석에서 2개의 준거집단을 가지는 것으로 분석되었다.

따라서 H전문·특수도서관은 최적의 준거집단과 대등한 효율성을 달성하기 위해서는 현재의 투입수준에서 연면적 83.21%, 열람석 64.44%, 장서수 87.40%, 연속간행물수 89.61%, 연간증가책수 64.44%, 직원수 79.45%, 예산액 91.88%를 각각 감소시키고, 연간이용자수 6.12%, 연간대출책수 29.53%를 증가시켜야 하는 것으로 나타났다. 그러나 이러한 투입요소의 감소는 현실적으로 곤란하기 때문에 산출을 증가시키는 대안을 선택해야 한다.

<표 4-250>에서 산출지향의 BCC분석을 실시한 결과, 투입요소에서 연면적 79.30%, 연속간행물수 78.34%, 직원수 83.07%, 예산액 84.68%를 감소시키고, 연간이용자수 4642.84%, 연간대출책수 1,222.30%를 증가시켜야 하는 것으로 나타났다. 하지만 이러한 산출지향의 BCC분석 또한 현실에 적용하기는 매우 어렵다. 왜냐하면 직원수, 예산액 등의 조정은 장기적인 관점에서 이루어져야 하고, 효율성 분석에 필요한 모든 자료를 수치화하는 데도 한계가 있기 때문이다. 또한 연속간행물수 등은 현실적으로 감소시키는 것이 어렵고, 연면적의 변화는 거의 불가능하기 때문이다. 따라서 각 도서관(여기서는 H도서관)마다 통제하기 어려운 투입요소(uncontrolled inputs)를 결정하고 여기에 맞는 분석이 필요할 것이다. 하지만 이러한 분석은 각 도서관마다의 여건이 상이하기 때문에 각 도서관별로 이루어져야 할 것이다.

<표 4 - 250> H전문 · 특수도서관의 DEA 평가결과표

Variables		Actual	Target		Potential Improvement	
			투입지향	산출지향	투입지향	산출지향
Inputs	연면적	625	104.91	129.36	- 83.21%	- 79.30%
	열람석	24	8.53	24.00	- 64.44%	0.00%
	장서수	13,736	1,730.06	13,736.00	- 87.40%	0.00%
	연속간행물수	595	61.84	128.88	- 89.61%	- 78.34%
	연간증가책수	1,193	424.23	1,193.00	- 64.44%	0.00%
	직원수	12	2.47	2.03	- 79.45%	- 83.07%
	예산액	308,930	25,079.39	47,325.29	- 91.88%	- 84.68%
Outputs	연간이용자수	1,125	1,193.90	53,356.92	6.12%	4,642.84%
	연간대출책수	1,858	2,406.73	24,568.42	29.53%	1,222.30%

1) 효율치(efficiency) : 35.56%(투입지향), 7.56%(산출지향)
2) 준거집단(투입지향) : 국군의무사령부(2003), 광주점자도서관(2006)
3) 준거집단(산출지향) : 강남성심병원(2005), 특허청참고자료실(2006), 해병대사령부(2006)

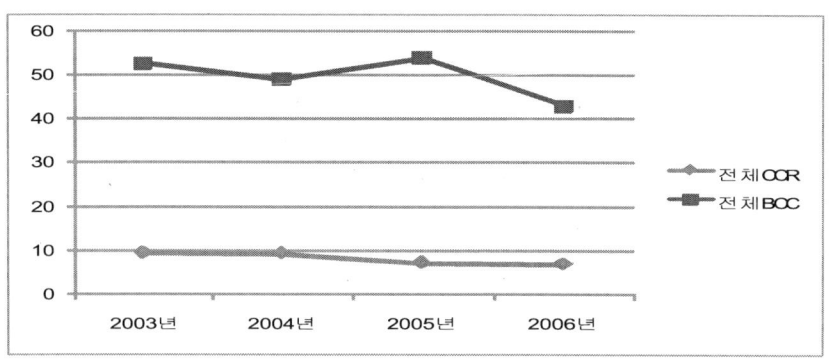

<그림 4 - 73> H전문 · 특수도서관(2006)의 DEA분석별 효율성 점수 변화

이러한 효율성의 극대화를 위해 H특수 · 전문도서관이 참조할 수 있는 준거집단들을 각 산출 부문별로 살펴보면 <그림 4 - 74>와 같다. 구체적인 내용을 살펴보면, 연면적, 열람석, 직원수, 연간증가책수, 예산액, 연간대출책수, 연간이용자수 등은 광주점자도서관(2006)을 벤치마킹하고, 장서수와 연속간행물수 등은 국군의무사령부(2003)를 벤치마킹하여 효율성을 높이는 방안을 마련해야 할 것이다.

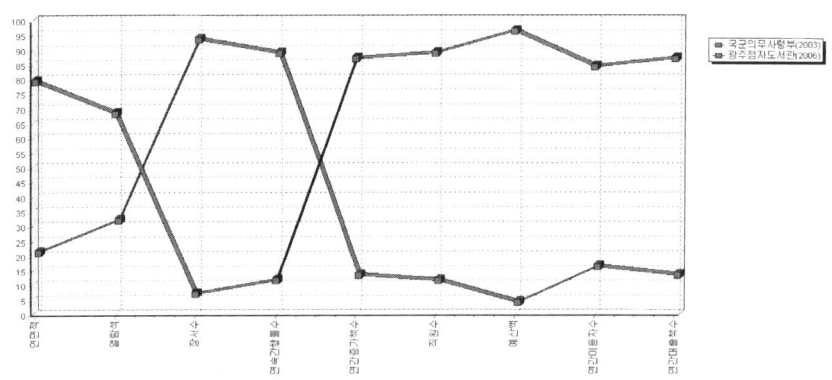

<그림 4-74> H전문·특수도서관(2006)의 최적 준거집단과의 참조 비교(투입지향)

H전문·특수도서관은 국토와 주변 해역 및 해외의 지질조사와 부존자원 관련 연구를 통하여 과학기술과 국가경제발전 및 삶의 질 향상에 기여하기 위해 만들어진 조직이다. 전문·특수도서관인 H전문·특수도서관은 이러한 목적에 따라 다양한 장서들을 보유하고 있다. H전문·특수도서관은 평균적으로 2003년부터 2006년까지 연면적 1,280 m^2, 열람석 58석, 직원수 5명, 장서수 34,943권, 비도서수 5,462점 등이고 산출요소로는 연간대출책수 11,034, 연간이용자수 25,964명 등이다. 이러한 점에서 H전문·특수도서관은 비교적 소규모 도서관으로 분류될 수 있을 것이다.

전문·특수도서관은 그 성격상 일반 시민들의 접근이 어렵거나 불가능하기 때문에 전문가나 관련자들만이 접근할 수 있다는 특성이 있다. 따라서 공공도서관이나 대학도서관의 투입요소와 산출요소의 구조에 차이가 있을 수 있다. 즉, 전문·특수도서관은 전문도서관과 특수도서관의 적합한 분석방법이 병행되어야만 올바른 결과를 도출할 수 있을 것이다.

4.2 J전문·특수도서관

<표 4-251>은 J전문·특수도서관의 연도별 투입요소와 산출요소를 나타낸 표이다. <그림 4-75>와 같이 J전문·특수도서관은 2003년 연도별 CCR분석과 전체 CCR분석 등에서 효율성이 낮게 나타났으나 이후 2004년

이후 급격히 상승하여 2006년 이후에는 모든 분석방법에서 효율적인 것으로 분석되었다. 이러한 결과는 투입요소에 비해 산출요소에 해당하는 연간이용 자수, 연간대출책수가 비교대상의 도서관에 비해 상대적으로 그 값이 매우 높고, 매해마다 산출요소 중에서 연간대출책수가 뚜렷한 증가세를 보이고 있기 때문이다. 또한 <표 4-196>에서 보는 바와 같이 각 연도별로 장서수가 꾸준히 증가하고 이에 대한 예산액 또한 꾸준한 증가세를 보이고 있다. 다만 연간이용자수는 유지되거나 오히려 감소하는 경향을 보이고 있어 상반된 결과를 보여 주고 있다. 열람석의 추이를 보면 2003년과 2004년에는 20석이던 열람석이 이후 2005년과 2006년에는 감소하는 경향을 보이고 있어, J전문·특수도서관은 기존의 도서관 공간을 다른 용도로 사용하거나, 대출을 유도하는 방향으로 도서관 이용을 장려하고 있는 것을 알 수 있다.

<표 4-251> J전문·특수도서관의 연도별 투입·산출요소

요소	Actual = Target	2003년	2004년	2005년	2006년
Inputs	연면적	123	123	123	123
	열람석	20	20	10	10
	장서수	17,909	27,155	27,771	27,786
	연속간행물수	20	14	15	15
	연간증가책수	1,381	8,184	1,523	1,450
	직원수	1	1	1	1
	예산액	46,073	44,100	43,300	51,500
Outputs	연간이용자수	11,779	10,000	10,000	10,000
	연간대출책수	2,377	9,143	8,916	11,100

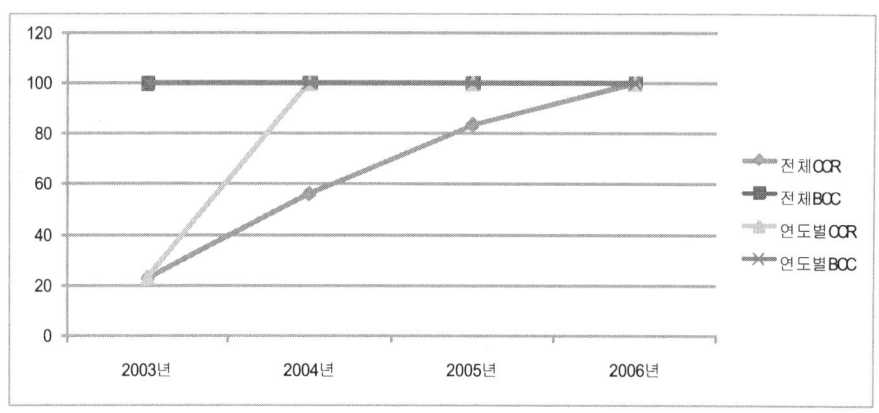

<그림 4-75> J전문·특수도서관의 분석방법별 DEA분석별 효율성 점수 변화

J전문·특수도서관에 대한 계속적인 투자와 좁은 공간적 한계에도 불구하고 도서관 이용에 대한 다양한 활동을 통해 대출을 늘려 나감으로써 전체적인 효율성을 증대시켜 나가고 있음을 알 수 있다. 이러한 점은 도서관이 단순히 물리적인 공간의 확충 등을 통해서만 효율성이 증대되는 것이 아니라 대출의 장려와 같은 다양한 활동을 통해 효율성을 높일 수 있다는 것을 보여 주고 있다고 할 것이다.

4.3 G전문·특수도서관

<표 4-252>는 G전문·특수도서관의 연도별 투입요소와 산출요소를 나타낸 표이다. <그림 4-76>과 같이 G전문·특수도서관은 4년간 시계열적 관점의 CCR분석과 BCC분석, 각 연도별 CCR분석과 BCC분석, 그리고 전문·특수도서관을 대상으로 하는 CCR분석과 BCC분석 모두에서 '효율적'으로 분석되었다. 이러한 결과는 투입요소에 비해 산출요소에 해당하는 연간이용자수, 연간대출책수가 비교대상의 도서관에 비해 상대적으로 그 값이 매우 크기 때문인 것으로 생각된다. 또한 <표 4-197>에서 보는 바와 같이 각 연도별로 투입요소와 산출요소가 전혀 변화가 없는 것을 알 수 있다. 우선은 효율적인 구조를 계속적으로 유지하고 있다고 할 수 있으나 투입요소·산출요소가 계속적으로 동일한 것에는 현실적인 문제점이 있다. 자료포락분석의

한계점이 효율적으로 분석된 도서관에 대해서는 효율성을 높일 수 있는 준거집단이 존재하지 않아, 투입요소와 산출요소에 대한 개선점을 제시하지 않는다는 단점이 존재한다는 것이다.

<표 4-252> G전문·특수도서관의 연도별 투입·산출요소

요소 \ Actual = Target		2003년	2004년	2005년	2006년
Inputs	연면적	278	278	278	278
	열람석	15	15	15	15
	장서수	29,050	29,050	29,050	29,050
	연속간행물수	228	228	228	228
	연간증가책수	3,179	3,179	3179	3,179
	직원수	2	2	2	2
	예산액	21,400	21,400	21,400	21,400
Outputs	연간이용자수	1,475	1,475	1,475	1,475
	연간대출책수	25,489	25,489	25,489	25,489

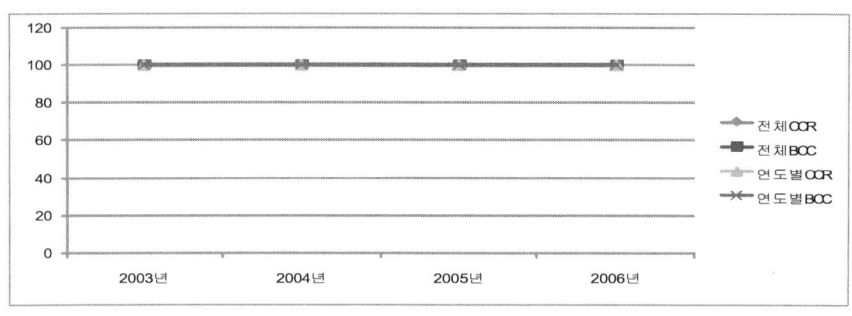

<그림 4-76> G전문·특수도서관의 분석방법별 DEA분석별 효율성 점수 변화

따라서 G전문·특수도서관은 실제적인 데이터를 확보할 수 있는 시스템을 구축하는 것이 선행되어야 하며, 정확한 데이터에 의한 정확한 효율성 개선방안을 도출하기 위해 노력해야 할 것이다. 따라서 정확한 통계조사를 위해 함께 노력해 나가야 할 것이다.

본 연구는 기존의 선행 연구의 토대로 각 관종별 도서관서비스의 효율성을 제고하기 위하여 다음과 같은 구체적인 목표를 수립하였다. 구체적으로 첫째, 도서관 관종별로 공공도서관, 대학도서관, 전문·특수도서관의 효율성에 대한 기초자료를 제공한다. 둘째, 도서관의 효율성 분석에 있어 보다 다양한 투입요소 및 산출요소를 산출한다. 셋째, 도서관 관종별로 4년간의 시계열 분석을 실시하여 흐름을 파악한다. 넷째, 최종적으로 효율성이 떨어지는 분야에 대한 효율성 제고 방안을 제시하고자 하였다.

이에 따라 본 연구에서는 전국 도서관의 서비스 유형에 따른 효율성을 측정하기 위해 사용된 연구방법은 다음과 같다. 첫째, 본 연구의 수행을 위한 기초자료는 산출과 투입요소의 선정이 선행 연구에서 나타난 효율성 이론을 토대로 한다는 점에서 최대한 많은 선행 연구를 수집·확보하고자 하였다. 둘째, 자료포락분석(DEA: Data Envelopment Analysis) 모형을 사용하였다. 셋째, 상대적 효율성의 비교를 위해 Frontier Analyst Professional Edition과 EMS를 사용하였다. 또한 수집된 자료를 사전 정리(Data Preparation)를 위해 Microsoft사의 Excel 2007을 추가적으로 사용하였으며, 기초적인 빈도분석(Frequency Analysis), 기술통계분석(Descriptive Analysis), 시각화(Visualization)를 위해 SPSS PC + 13.0 Ver.을 사용하였으며, 전문가를 대상으로 하는 AHP분석을 위해 Expert Choice S / W를 추가적으로 사용하였다.

공공도서관의 투입요소로는 부지, 연면적, 열람석, 장서수, 연속간행물, 비도서수, 연간증가책수, 직원수, 인건비, 도서구입비, 예산액 등 총 11개 요소를 사용하였고, 산출요소로는 연간이용자수, 연간열람책수, 연간대출책수 등의 3가지 요소를 사용하였다. 대학도서관의 투입요소로는 연면적, 열람석, 장서수, 비도서수, 연속간행물, 연간증가책수, 직원수, 예산액 등 8개 요소를 선정하였고, 산출요소로는 연간이용자수, 연간대출책수 등 2개 요소를 선정하였다. 그리고 전문·특수도서관의 투입요소로는 연면적, 열람석, 장서수, 연속간행물, 연간증가책수, 직원수, 예산액 등의 7개 요소를 선정하였고, 산출요소로는 연간이용자수와 연간대출책수 등의 2개 요소를 선정하여 분석에 사용하였다. 이러한 분석을 통해 도출된 결과는 다음과 같다.

첫째, 전문가를 대상으로 하는 AHP분석을 실시하여 다음과 같은 결론을 얻었다. 공공도서관의 투입요소에는 도서서비스(.391), 운영서비스(.367), 공간적 서비스(.241) 순으로 중요한 것으로 분석되었고, 11개의 구체적인 투입요소에서는 장서수(.155), 예산액(.145), 도서구입비(.143) 등의 순서로 분석되었으며, 공공도서관의 산출요소에는 연간이용자수(.401), 연간대출책수(.303), 연간열람책수(.295)의 순서로 중요하게 인식하고 있는 것으로 나타났다. 대학도서관의 투입요소에는 도서서비스(.549), 운영서비스(.291), 공간적 서비스(.160) 순으로 중요한 것으로 분석되었고, 8개의 구체적인 투입요소에서는 연간증가책수(.246), 장서수(.224), 예산액(.131) 등의 순서로 분석되었으며, 대학도서관의 산출요소에는 연간이용자수(.580), 연간대출책수(.420)의 순서로 중요하게 인식하고 있는 것으로 나타났다. 전문·특수도서관의 투입요소는 도서서비스(.495), 운영서비스(.339), 공간적 서비스(.166) 순서로 분석되었으며, 7개의 구체적인 투입요소에서는 연간증가책수(.253), 장서수(.234), 예산액(.173) 등의 순서로 분석되었으며, 전문·특수도서관의 산출요소로는 연간이용자수(.636), 연간대출책수(.364) 등의 순서로 나타났다.

둘째, 관종별 투입·산출요소의 기초통계량 분석에서 상관관계분석을 실시하여 다음과 같은 결론은 얻었다. 공공도서관의 투입요소와 산출요소 간에는 전체적으로는 인건비와 연간대출책수, 2003년과 2004년에는 예산액과 연간이용자수, 2005년에는 직원수와 연간열람책수, 2006년에는 직원수와 연간이용자수가 가장 높은 상관관계가 있는 것으로 나타났다. 대학도서관의 투입요소와 산출요소 간에는 전체적으로는 장서수와 연간대출책수, 2003년에는 예산액과 연간이용자수, 2004년과 2005년에는 장서수와 연간대출책수, 2006년에는 직원수와 연간대출책수가 가장 높은 상관관계가 있는 것으로 나타났다. 전문·특수도서관의 투입요소와 산출요소 간에는 전체적으로 열람석과 연간대출책수, 2003년에는 열람석과 연간대출책수, 2004년·2005년·2006년에는 열람석과 연간이용자수가 가장 높은 상관관계가 있는 것으로 나타났다.

셋째, 관종별 전체 선정도서관을 대상으로 CCR분석과 BCC분석을 실시한 결론은 다음과 같다. 공공도서관의 경우, 2003년 관악문화도서관이 가장 많은 준거집단으로 이용되었으며, CCR분석에서 비효율적인 도서관 중에서 41개가 BCC분석에서 효율적으로 분석되었으며, 2004년과 2005년에는 양천도서관이 가장 많이 준거집단으로 이용되었으며, CCR분석에서 비효율적인 도서관 중에서 연도별로 각각 32개, 38개 도서관이 BCC분석에서 효율적으로 분석되었으며, 2006년에는 해운대반여도서관이 가장 많이 준거집단으로 활용되었으며, CCR분석에서 비효율적인 도서관 중에서 23개 도서관이 BCC분석에서는 효율적으로 분석되었다. 대학도서관의 경우, 준거집단으로 가장 활용된 도서관은 양산대학이었으며, 2003년에서 2006년까지 각각 14개, 10개, 13개, 15개 도서관이 BCC분석결과 효율적으로 분석되었다. 전문·특수도서관은 강남성심병원도서관이 준거집단으로 가장 많이 활용되었으며, 2003년에서 2006년까지 각각, 16개, 13개, 13개, 16개 전문·특수도서관이 CCR분석에 비해 BCC분석에서 효율적으로 분석되었다.

넷째, 관종별로 시계열 분석을 실시한 결론은 다음과 같다. 공공도서관의 시계열적 관점(윈도 분석)의 CCR분석에서 14개(약 7.7%)의 공공도서관은 4년간 꾸준히 효율성이 증가하고, 5개(약 2.7%) 공공도서관은 꾸준히 효율성이 감소하는 것으로 분석되었다. 가장 많이 참조된 공공도서관은 양천도서관(2005), 용운도서관(2004) 등으로 나타났으며, 효율성 점수 분포를 살펴보면 전체 728개 공공도서관 가운데 60개 공공도서관(약 8.2%)이 효율성 100으로 나타났다. 공공도서관의 시계열적 관점(윈도 분석)의 BCC분석에서 18개(약 9.8%)의 공공도서관은 4년간 꾸준한 효율성 증가를 보이는 것으로 나타났으며, 5개(약 2.7%) 공공도서관은 효율성이 점차 감소하고 있는 것으로 분석되었다. 또한 효율성을 4년간 계속적으로 100을 유지하는 공공도서관은 4곳이었다. 효율성 점수 분포를 살펴보면 145개 공공도서관(약 19.9%)이 효율성 100을 나타내고 있으며, 가장 많이 참조된 공공도서관은 양천도서관(2005), 용운도서관(2004) 등으로 나타났다. 대학도서관의 시계열적 관점(윈도 분석)

의 CCR분석에서 7개(약 7.2%)의 대학도서관은 4년간 꾸준한 효율성 증가를 보이는 것으로 나타났으며, 17개(약 17.5%) 대학도서관은 시계열적 관점의 CCR분석에서 효율성이 점차 감소하고 있는 것으로 분석되었다. 또한 효율성을 4년간 계속적으로 100을 유지하는 공공도서관은 2곳이었다. 효율성 점수 분포를 살펴보면 24개 대학도서관(약 6.2%)이 효율성 100을 나타내고 있으며, 가장 많이 참조된 대학도서관은 양산대학교(2003－2006), 충북대학교(2006) 등으로 나타났다. 대학도서관의 시계열적 관점(윈도 분석)의 BCC분석에서 효율성의 추이를 검토한 결과 5개(약 5.2%)의 대학도서관은 4년간 꾸준한 효율성 증가를 보이는 것으로 나타났으며, 11개(약 11.3%) 대학도서관은 시계열적 관점의 BCC분석에서 효율성이 점차 감소하고 있는 것으로 분석되었다. 또한 효율성을 4년간 계속적으로 100을 유지하는 대학도서관은 7개 대학도서관으로 분석되었으며, 가장 많이 참조된 대학도서관은 복음신학대학원대학교(2003, 2004, 2005, 2006), 수원과학대학(2003) 등으로 나타났다. 그리고 62개 대학도서관(약 16.0%)이 효율성 100을 나타내는 것으로 나타났다.

다섯째, 공공도서관을 5개 권역, 대학도서관을 3개 대학구분에 의해 CCR분석과 BCC분석을 시계열 관점에서 실시한 결과는 다음과 같다. 수도권에 위치한 공공도서관을 대상으로 4년간 CCR분석과 BCC분석을 통틀어 한 번도 '효율적'으로 분석된 적이 없는 공공도서관은 13개로 나타났으며, 광진정보도서관은 4년간 CCR분석과 BCC분석에서 효율적으로 분석되었다. 충청권은 4년간 CCR분석과 BCC분석을 통틀어 한 번도 '효율적'으로 분석된 적이 없는 충청권에 포함된 공공도서관은 4개로 나타났으며, 안산도서관은 4년간 CCR분석과 BCC분석에서 효율적으로 분석되었다. 강원권에 위치한 공공도서관은 춘천평생교육정보관(전), 속초평생교육정보관(전), 정선 등은 4년간 CCR분석과 BCC분석 모두에서 '효율적'으로 분석되었다. 호남권은 4년간 CCR분석과 BCC분석을 통틀어 한 번도 '효율적'으로 분석된 적이 없는 호남권에 포함된 공공도서관은 점촌, 담양 등으로 총 16개 도서관 중에서 2개로 나타났다. 그리고 중앙, 광주학생교육문화회관, 북구일곡, 광양공공, 해남군립 등은 4년간 CCR분석과 BCC분석에서 효율적으로 분석되었다. 4년간 CCR분석과 BCC분석을 통틀어 한 번도 '효율적'으로 분석된 적이 없는 영남권에 포함된 공공도서관은 7개로 나타났으며, 4년간 CCR분석과 BCC분석에서 효율적으로 분석된 도서관은 없는 것으로 나타났다. 대학 분류에 따라 국공립 대학도서관을 대상으로 시계열적 관점에서 CCR분석과 BCC분석을 실시한 결과, 4년간 CCR분석과 BCC분석을 통틀어 한 번도 '효율적'으로 분석된 적이 없는 국공립 대학도서관은 H대학도서관으로 분석되었다. 사립 대학도서관에서 4년간 CCR분석과 BCC분석을 통틀어 한 번도 '효율적'으로 분석된 적이 없는 사립 대학도서관은 36개로 나타났으며, 서남대학도서관은 4년간 CCR분석과 BCC분석에서 효율적으로 분석되었다. 전문 대학도서관에서 4년간 CCR분석과 BCC분석을 통틀어 한 번도 '효율적'으로 분석된 적이 없는 전문대학도서관은 10개로 나타났으며, 양산대학은 4년간 CCR분석과 BCC분석에서 효율적으로 분석되었다.

여섯째, 관종을 통합하여 동일한 투입요소와 산출요소를 기준으로 하는 추가적인 분석을 실시하였다. 10만 권 이상의 장서를 소유한 도서관을 대상으로 2003년에 138개, 2004년 150개, 2005년 154개, 2006년 165개 도서관이 분석에 포함되었으며, 2005년까지 효율적인 도서관의 숫자가 줄어들다가 2006년에 증가하는 경향을 보였으며, 가장 많이 참조된 도서관은 연도별로 수원과학대학, 유성도서관, 광주가톨릭대학교, 유성도서관으로 나타났다. 1만 권－10만 권 미만의 장서를 소유한 도서관을 대상으로 2003년 170개, 2004년 155개, 2005년 152개, 2006년 144개의 도서관이 분석에 포함되었으며, 효율적인 도서관은 연도별로 유지되거나 감소되는 경향을 보이고 있으며, 대학도서관은 2006년에 크게 증가한 것으로 나타났으며, 가장 많이 참조된 도서관은 연도별로 대전시립연정국악연구원, 문화방송, 통영도서관, 대한주택공사로 나타났다. 1만 권 미만의 장서를 소유한 도서관을 대상으로 2003년 14개, 2004년 17개, 2005년 15개, 2006년 13개의 도서관이 분석에 포함되었으며, 대부분의 도서관이 효율적인 것으로 분석되었다.

일곱째, 관종을 통합한 분석을 통해 효율성 변화를 추적하였다. 전체 분석에 사용된 DMU는 공공도서관 182개, 대학도서관 97개, 전문·특수도서관

43개의 2003년부터 2007년까지의 투입과 산출요소로 구성된 1,288개 DMU
이다. BCC분석에서 총 728개의 공공도서관을 대상으로 18개 공공도서관(약
2.5%)이 효율적이라고 분석되었으며, 20개(약 10.9%)는 꾸준한 효율성 증가
를 보였으며, 3개(약 1.6%)는 효율성이 점차 감소하고 있는 것으로 분석되었
다. 또한 효율성의 점수가 큰 폭으로 변화하고 있는 도서관은 개포, 양천, 용
운, 울산울주 도서관 등으로 나타났다. BCC분석에서 총 388개의 대학도서관
을 대상으로 17개 대학도서관(약 4.4%)이 효율적이라고 분석되었으며, 14개
(약 14.4%)가 꾸준히 효율성이 증가하였으며, 13개(약 13.4%)는 감소하는 것
으로 나타났으며, 4년간 계속적으로 100을 유지하는 도서관은 3개로 분석되
었으며, 효율성의 점수가 큰 폭으로 변화하고 있는 도서관은 서울여자대학
교, 수원과학대학 등으로 나타났다. BCC분석에서 172개의 전문·특수도서관
을 대상으로 84개(약 48.8%) 도서관이 효율적으로 분석되었으며, 2개 도서관
이 꾸준한 증가세를 보이는 것으로 나타났으며, 3개 도서관은 효율성이 감소
하는 것으로 나타났으며, 효율성의 점수가 큰 폭으로 변화하는 도서관은 국
사편찬위원회로 나타났다.

제5장

결론

제 **5** 장 결 론

제1절 결론

본 연구는 각 도서관에서 행하는 특수 활동을 측정지표로 선정 시에 특수 활동 수행 도서관에 과점을 부여하게 될 우려에서 새로운 디지털도서관의 개념이 아니라 전통적인 도서관 개념에서 투입요소와 산출요소를 도서관 효율성 측정지표로 선정하여 논문을 작성하였다. 각 관종별 투입과 산출요소 측정지표로 효율과 비효율의 도서관으로 표현하였지만 비효율 도서관의 경우에 한 도서관 한 책 읽기, 장애인 무료택배 서비스, 지역학교와 연계한 독서지도 실시, 저소득층 자녀 대상 독서지도, 도서벽지학교 지원, 비도서자료 대출 등의 특색 사업을 행하는 도서관도 많은 것으로 조사되었다.

"정보 정책은 도서관 정책에서 발전하였다고 볼 수 있다. 컴퓨터의 발달로 종이 자료와 디지털 자료가 병행하여 이용되고 도서관 간에 정보가 흐르게 되면서 도서관 정책이 정보 정책이라는 개념으로 쓰이게 되었다고 볼 수 있다. 도서관 정책에 관해서는 많은 정의가 있으며 그중 몇 가지를 살펴보면 다음과 같다. 이봉순(1980)은 "정책은 정치적 용어로 국가의 국민복리를 증진시키려는 시책을 뜻한다. 도서관 정책은 도서관 봉사활동에 관하여 국가의 공권성을 배경으로 강행되는 기본 방침 내지 지침으로 도서관 제도와 운영에는 그 기본 방향을 제시한 도서관 행정에 있어서는 그 준거가 되고 원리가 되는 것이다."라고 하였다. 김두홍(1994)은 도서관 정책이라 함은 "일국의 도서관 장래에 관한 국가 차원의 계획을 뜻한다. 도서관 정책은 국가 또는 자치단체가 주민에게 지적, 문화적 욕구를 최대한으로 충족시킬 수 있는 도서관 봉사를 제공하기 위하여 성문화된 도서관 관계법규에 따라 행정을 수행함에 있어서 그 목표와 방향을 정하고 또한 실시과정을 획책한 기본방침이다."라고 하였다. 그러므로 정보정책은 미래지향적이며 국가와 관련되는 개념이라 할 수 있다. 이러한 정의에는 국가가 도서관의 운영에 방향을 결정하고 지침을 주는 것으로 나타나 있다(전명숙, 2002: 432 - 433)."

21세기를 지식정보화 사회 내지 지식기반경영 사회라 표현한다. 전통적인 도서관은 '인쇄매체'가 자료의 주종을 이루었지만 21세기 도서관은 Paperless library인 자료를 웹상에 올려놓아 전 세계 이용자들에게 자료를 제공하는 U - library로 변화되었다. 이러한 의미에서 본 연구의 결과, 사례연구와 선행 연구를 토대로 하는 관종별 정책방향은 다음과 같다.

첫째, 공공도서관은 지역 내 Community 기관으로서 지식정보센터, 평생교육센터, 문화센터, 레크리에이션센터, 생활편의센터로서의 기능 등이 요구된다. 2006년 새로이 개정된 『도서관법』에서는 중앙정부 차원에 대통령 소속 도서관정보정책위원회를 설립하였고, 문화체육관광부 내에 도서관 정보정책기획단, 국가대표도서관인 국립중앙도서관 내에 도서관연구소를 설치하여 국립중앙도서관의 역량과 역할을 강화하였다. 앞으로 도서관 역할의 사회적 기능은 우리 사회가 더욱 선진화될수록 증대될 것이다. 그 역할이 충실히 이행되게 하기 위해서는 국가 차원에서의 도서관에 대한 관심, 일관성 있는 정책, 지방자치단체장들의 관심, 사서직을 전문인으로 인정해 주는 신뢰로운 사회, 이에 더해 도서관 관계자들의 땀이 어우러졌을 때 도서관서비스가 시민에게 한 걸음 다가설 기회가 주어질 것이다. 지식화·정보화·국제화 사회에 유연하게 대비하기 위하여 공공도서관도 전통적인 도서관 개념에서 21세기 Ubiquitous Library 개념으로 변모되어 가고 있다. 인터넷의 발달로 이용자 개개인이 스스로 정보를 입수하게 되어 도서관이나 사서들의 역할은 정보서비스 제공 분야에서 축소되었다. 도서관과 사서들은 급변하는 시대 변화 흐름에 맞추어 하여야 할 일들을 미리 인식하여 이에 대비하는 것이 중요하다. 도서관 전문 직원들이 변화하는 환경에 적절히 대응하기 위하여 공공도서관의 정체성을 극복하고 전문성을 확보하고자 하는 확고한 신념이 필요하며 역량 있는 전문적인 직원을 배출코자 하는 지속적인 교육이 필요하다고 생각한다. 국가 차원에서 직원과 사서들의 도서관서비스에 대한 고민과 노력만이 이를 해결할 수 있을 것이다. 학습하는 도서관 조직의 분위기를 형성하여 항시 노력하는 도서관과 사서로서의 자세를 가져야만 사회의 흐름에 따라 변모하는 공공도서관을 구축해 나갈 수 있을 것이며 현재·미래·잠재적 이용자를 도서관으로 유인할 수 있을 것이다.

둘째, 대학도서관은 학문의 전당인 대학에서의 역할과 기능은 상당히 중요하며 존립목적은 '지식전파와 확산'에 있다. 대학도서관의 사명과 비전을 성공적으로 수행하기 위해서는 대학도서관의 발전이 먼저 선행되어야 할 것이다. 대학도서관이 자료를 교수와 학생, 교직원 외에 지역주민에게 공동 이용할 수 있게 개방한 시스템은 협력과 열림 정책의 한 부분이라 할 수 있다. 이러한 목적을 달성하기 위해서 대학도서관은 국가 지식강국화의 중추적 기능을 하여야 하고, 학술연구도서관으로서의 도서관 사명과 비전 수립 및 중·장기적 사업 시행을 계획·수립해야 하며, 도서관 정책의 혼선을 배제하기 위하여 국가적 차원에서 도서관 정책의 일원화를 추진하여야 할 것이다.

셋째, 특수·전문 도서관 정책은 그동안 소외되어 온 것이 사실이다. 전문도서관은 해당 소속 기관의 직원이 이용자가 되는 도서관으로서 전문적인 분야에 대한 도서관서비스를 제공하는 곳으로 해당 소속기관 소속구성원인 전문 도서관 이용자들의 수준이 점점 높아지는 정보 요구에 대비하기 위하여 도서관서비스가 심도 있게 연구되어야 하며, 향후 지식기반정보화 사회에 가장 중요한 도서관으로 자리매김해야 할 것이다. 또한 역량 있는 전문 사서 직원을 배치하고 업무에 대한 사서 직원들의 확고한 신념과 전문도서관 사서직 간의 네트워크 형성 등으로 인하여 도서관서비스 및 운영에 관한 정보 공유 네트워크를 형성해야 할 것이다.

넷째, 관종을 통틀어 모든 도서관들은 경쟁적 관점에서 도서관을 운영할 필요성이 있다. 본 연구에서 수행된 효율성 또한 상대적 관점에서의 접근인 점을 생각할 때, 인접한 대학, 공공, 전문·특수도서관 모두는 크게는 경쟁자적 입장에 있다고 할 수 있다. 이러한 측면에서 도서관은 이용자를 유인하고 더 많은 정보가 이용자에게 제공될 수 있도록 투입요소와 산출요소의 모든 측면에서 경쟁자와의 관계를 고민해야 할 시점에 있는 것이다. 다시 말해, 도서관은 과거와 같이 정체되어 있는 개념이 아니며 적극적으로 이용자에게 다가가는 동적인 개념으로 바뀌어 가고 있는 것이다. 어느 도서관이 이러한 경쟁적 관계에서 도태될지는 현재의 노력 여하에 따라 결정될 것이다.

도서관은 향후 나아갈 방향·사명·역할을 정립하기 위해 모든 지식정보는 이용자를 위해 도서관으로부터 나온다는 개념을 확립해야 하며, 이러한 의미에서 미래사회 도서관의 역할과 과제는 정부, 도서관 관련 기관, 도서관, 사서가 함께 고민하여 해결해야 할 문제인 것이다. 앞으로 도서관의 역할은 점점 증대될 것이며, 그 역할을 충실히 이행하기 위한 노력을 경주해야 할 것이다.

제2절 연구의 한계 및 향후 연구방향

본 연구는 2003년에서 2006년까지 4년간의 공공도서관, 대학도서관, 전문·특수도서관을 대상으로, 투입요소와 산출요소를 선정하고 시계열적 분석을 통해 비효율적으로 분석된 도서관의 효율성을 높이기 위한 방안을 마련하고자 진행되었다. 그러나 본 연구의 자료수집의 한계와 투입·산출 선정의 한계 등과 함께 다음과 같은 연구의 한계점이 있으며, 향후 연구자는 다음과 같은 부분에 대한 해결책을 제시할 필요성이 있다.

첫째, 2004년 이후 신설 도서관은 2003년부터 2004년까지의 시계열적 분석을 위해 분석에서 제외하였다. 이러한 측면은 새롭게 신설된 도서관의 효율성 증대방안을 제시하지 못하는 한계점으로 작용할 수 있다.

둘째, 2003년에서 2006년까지 공공도서관, 대학도서관, 전문·특수도서관 중에서 각 도서관별로 투입요소와 산출요소의 누락이 없는 도서관만을 대상으로 하였다. 따라서 모든 도서관을 분석대상에 포함시킬 수 없어, 일부 도서관은 분석에서 제외되었다. 누락된 요소에 대해서 일부 전화연락 등을 통해 자료를 수집하려고 하였으나 해당 도서관들도 과거의 투입요소와 산출요소에 대한 자료를 확보하지 못하는 경우가 많아, 수집이 가능한 데이터만을 분석에 사용하게 되었다.

셋째, 각 도서관들은 관종별로 본관, 분관, 이동도서관마다 그 기능이 상이하다. 그러나 본 연구에서는 데이터 수집의 한계 등에 의해 관종별로 그 기능에 따른 구분 없이 분석하였다.

넷째, 공공도서관은 인구 규모에 따라 도서관별로 그 기능이 상이할 수 있다. 또한 장서수와 직원수가 많은 대규모 도서관이라 할지라도 소규모 도서관보다 효율성이 낮을 수 있다. 본 연구에서는 이러한 분석을 실시하지 않았기 때문에 규모의 차이에 대한 분석결과를 제시하지 못하였다.

다섯째, 본 연구에서는 전통적인 개념의 투입요소와 산출요소만을 사용하였다. 전통적인 도서관의 기능은 도서의 대출 열람봉사였다. 그러나 현대 도서관은 유비쿼터스 도서관 운영 및 콘텐츠 서비스, 평생교육 기관, ILL(상호대차서비스), 전자 저널 컨소시엄 참여 및 국가라이센스 제공, 모바일 라이브러리 시스템, 도서관 특성화 및 참고정보원 구축(예: 세계여성문학관, 법률문헌색인서비스, 향토문학관, 헤세 도서관, 의병도서관 등)의 기능들로 변모되었으나 전통적인 도서관 측정지표 외에 각 도서관에서 특색 있게 개별적으로 행하여지는 21C 디지털도서관 개념의 측정지표는 개별 도서관에 과점수가 부여될 수 있는 관계로 제외하였다. 또한 분석의 대상이 되는 도서관들은 이러한 21세기 디지털도서관의 투입요소와 산출요소에 대한 자료를 축적하지 못하고 있다는 측면에서 분석의 한계가 있다.

여섯째, 시공간을 초월한 정보자원을 초월한 정보자원을 제공하는 21C 디지털도서관 개념의 유비쿼터스 도서관은 본 논문에서 전통적 지표로서 측정시 비효율로 평가될 수 있기 때문에 해석에 주의를 요한다.

일곱째, 도서관의 효율성에 대한 분석은 미래의 바람직한 도서관의 활동 시스템과 기능을 중심으로 이루어지는 것이 보다 의미 있는 결과를 도출할 수 있다. 그러나 본 연구는 자료수집의 한계와 다양한 도서관을 분석에 포함시키는 목적하에 이루어졌기 때문에 현재의 기능과 도서관이라는 유형의 건물 중심으로 분석이 이루어졌다는 한계점이 있다. 따라서 도서관 사서와 관련된 정책 방향들을 제시하지 못하고 있다.

여덟째, 본 연구는 투입요소와 산출요소를 통한 효율성 분석을 실시하였으나, 현실적인 경영의 다양화 측면에서의 비교분석을 하지 못하였다.*

본 연구는 연구목적, 연구모형, 분석결과, 결론을 통한 정책적 함의 도출 등을 통해 다양한 접근을 시도하였으나 여러 가지 연구의 한계로 인해 향후 연구자는 다음의 내용에 따라 추가적으로 연구를 수행할 필요성이 있을 것이다.

첫째, 본 연구에서는 학교도서관을 분석에서 제외하였다. 그러나 학교도서관은 다양한 측면에서 그 연구가치가 있다고 할 수 있다. 그동안의 연구자들은 학교도서관과 관련한 자료를 수집하기 힘들고 규모의 영세성 등으로 인해 학교도서관과 관련한 연구가 상대적으로 부족하였다. 따라서 향후 연구자는 다양한 측면에서 학교도서관의 효율성을 개선하기 위한 연구를 수행하여야 할 것이다.

둘째, 본 연구에서는 관종에 따라 다양한 투입요소와 산출요소를 대상으로 효율성 분석을 실시하였다. 그러나 본 연구에서 사용된 투입요소와 산출요소들은 일부 중복된 부분들이 존재하고, 현대적인 의미의 도서관 개념을 모두 포함하지 못한다는 단점을 가지고 있다. 따라서 향후 연구자는 투입·산출요소에 대한 보다 심도 있는 연구가 필요할 것이며, 투입요소와 산출요소의 가중값을 고려한 보다 타당한 연구를 시도하여야 할 것이다.

셋째, 도서관은 본관, 분관, 이동도서관 등에 따라 그 기능이 상이할 수 있으며, 국가 중앙도서관과 지방자치단체 중앙도서관의 목적과 위치에 따라 기능이 상이할 수 있다. 또한 도서관의 규모와 위치 등의 환경변수 등이 도서관의 효율성 분석에 영향을 미치게 된다. 따라서 향후 연구자는 도서관의 기능과 목적에 따라 보다 다양한 분석을 실시할 필요성이 있으며, 환경변수를

---

* 일본에 소재한 무사시노 도서관의 경우, 인근 도서관보다 규모와 직원수는 적지만 개관시간을 연장하거나 유료 자원봉사자, 맹인독서지도, 파트타임 근로자, 지역 내 문학평론가의 독서지도, 자원봉사자 클럽 운영 등 경영을 다각화하고 있다. 이러한 사례는 우리나라가 미래 지향적인 도서관을 만들어 가기 위해 벤치마킹할 수 있는 좋은 사례라 생각된다.

발굴하고 환경변수의 영향에 대한 연구를 수행하여야 할 것이다.

넷째, 효율성 분석은 각 도서관의 상대적인 비교에 의해 이루어진다. 따라서 효율성 분석에서 항상 효율성이 100인 도서관이 존재하고, 효율적으로 분석된 도서관이다 하더라도 '상대적 의미에서 효율적이다'라는 의미이다. 따라서 효율적으로 분석된 도서관에 대한 보다 심도 있는 연구와 함께, 도서관의 표준이 될 수 있는 도서관 모형의 개발이 필요할 것이다.

다섯째, 본 연구에서는 전문가를 대상으로 하는 AHP분석과 함께 DEA분석을 실시하였다. 그러나 이러한 두 가지 분석은 많은 제약을 가지고 있다. 따라서 향후 연구자는 보다 다양한 연구방법의 도입할 필요성이 있을 것이다.

여섯째, 본 연구에서 사용된 전문·특수도서관에 대한 분석은 7가지 투입요소와 2가지 산출요소에 의해 이루어졌다. 그러나 전문·특수도서관은 그 성격상 매우 상이한 투입·산출의 구조로 되어 있다. 따라서 향후 연구자가 전문·특수도서관에 대한 연구를 수행할 경우 보다 체계적이고 세분화된 효율적 분석이 이루어져야 할 것이다.

일곱째, 본 연구는 현재 도서관의 기능중심으로 논문 연구를 진행하였다. 그리고 현대는 정보기술에 의한 시대인 것은 분명하나, 주민과 직접적으로 접촉하여 문화향유 및 문화인프라를 구축하는 기능이 계속적으로 도서관의 중요한 기능인 점을 감안할 때, 향후 바람직한 기능에 대한 연구가 이루어져야 할 것이다.

본 연구의 위에서 제시한 연구의 제한점에도 불구하고 다음과 같은 시사점이 있다.

첫째, 본 연구는 공공도서관, 대학도서관, 전문·특수도서관을 모두 분석함으로써 도서관 관종별 상대적 비교를 가능하게 한다.

둘째, 본 연구는 투입요소와 산출요소의 선정에 있어 기존에 제공되는 자료의 한계를 파악할 수 있도록 하였다.

셋째, 본 연구는 시계열적 분석을 통해 관종별 효율성의 추이를 파악하고 계속적인 효율성의 증대방안에 대한 직관적인 견해를 제공한다는 측면에서 의의가 있다.

참 고 문 헌

1. 국내도서

1) 단행본

강형기(2001). 향부론. 서울: 비봉출판사.

교육인적자원부·서울특별시교육청(2003). 학교도서관운영편람. 서울: 서울인적자
　　　원부·서울특별시교육청.

교육인적자원부·한국교육학술정보원(2003). 교수학습센터 가이드북: 교수학습지
　　　원센터. 서울: 한국교육학술정보원.

권일찬(2006). 하버드 예일대보다 미아리 철학관이 더 위대하다. 서울: 한솜미디어.

국립중앙도서관(2006). 국립중앙도서관 2006 연보. 서울: 국립중앙도서관.

김성국(1996). 조직과 인간행동. 서울: 박영사.

김성호·최태성·이동원(2007). 효율성 분석 이론과 활용. 서울: 서울경제경영.

김세익(1992). 도서·인쇄 도서관사. 서울: 아세아문화사.

김세훈(2007). 도서관정책 추진체계 개선방안. 서울: 한국문화관광연구원.

김종서·황종건·김신일·한승희(2000). 평생교육개론. 서울: 교육과학사.

노문자·정옥경·양재한·서휘·박재혁·김태문·황금숙(2007). 문헌정보학개론.
　　　서울: 태일사.

문화관광부(2005). 2004 문화산업백서. 서울: 문화관광부.

박광덕(2001). 사회 복지 정책의 평가 지표 체계 구성 사례연구. 21세기 한국 행
　　　정 및 행정학회 비전. 서울: 한국행정학회.

사공철 등 편(1996). 문헌정보학 용어사전. 서울: 한국도서관협회.

서울특별시교육청(2001). 학교도서관 길잡이. 서울: 서울특별시교육청.

안운석·장형섭·박종원·강도원·최동춘(2005). 서비스 마케팅. 서울: 도서출판 두남.

오석홍(1993). 조직이론. 서울: 박영사.

이성근(1994). AHP기법을 이용한 마케팅의사결정. 서울: 도서출판 석정.

이진영(2001). 공공도서관 운영론. 서울: 아세아문화사.

이희수(2002). 학교도서관 활성화 대책 수립 계획 연구. 서울: 한국교육개발원.

정동열·조찬식(2007). 문헌정보학총론. 서울, 한국도서관협회.

조근태(2003). 계층분석적 의사결정. 동현출판사.

조근태(2005). 계층분석적 의사결정. 동현출판사.

최성진(1988). 도서관학통론. 서울: 아세아문화사.

최성진(1997). 도서관학총론. 서울: 아세아문화사.

최영출·김병식·김보흠·배정환·안성호·엄태석·이정주(2006). 지역경쟁력 강화와 로컬 거버넌스. 서울: 대영문화사.

한국도서관협회(2004). 2004 한국도서관연감. 서울: 한국도서관협회.

한국도서관협회(2005). 2005 한국도서관연감. 서울: 한국도서관협회.

한국도서관협회(2006). 2006 한국도서관연감. 서울: 한국도서관협회.

한국도서관협회(2007). 2007 한국도서관연감. 서울: 한국도서관협회.

한국도서관협회(1996). 도서관정보관리편람. 서울: 한국도서관협회.

한국도서관협회(2003). 한국도서관 기준. (사)한국도서관협회 도서관기준작성특별위원회 편.

한국도서관협회 학교도서관위원회(1994). 학교도서관 활성화 방안. 서울: 한국도서관협회.

한국문헌정보학회 문헌정보학의 이해 편집위원회(2004). 문헌정보학의 이해. 서울: 한국도서관협회.

한국문화정책개발원(2002). 2001 주요국가문화산업통계. 서울: 한국문화정책개발원.

2) 연구논문

강진백(1994). 대학도서관의 조직구조의 개편방안. 도서관, 49(1), 94 – 112.

고상순(1996). 자료포락분석을 이용한 대학도서관의 효율성 평가. 산경논총, 13(1), 39 – 79.

고세향(2003). 전문도서관 간의 정보자원공유 활성화에 관한 연구. 한양대학교 교육대학원 석사학위논문.

곽동철(2005). 공공도서관의 평생교육적 역할에 관한 고찰. 한국문헌정보학회지, 36(2), 75.

곽영진(1999). DEA를 이용한 공공도서관의 효율성 평가: 충청지역 공공도서관을 대상으로. 회계연구.

권영찬(2000). 해방 이후 통치시기별 도서관 정책과 공공도서관 발전에 대한 연구. 계명대학교 대학원 석사학위논문.

김건위(2003). DEA를 통한 지방정부 정보화의 상대적 효율성 측정: 기초자치단체를 중심으로. 명지대학교 대학원 박사학위논문.

김선애(2005). DEA를 이용한 공공도서관의 효율성 평가. 한국문헌정보학회지, 39(1), 221 – 239.

김세훈(2003). 문화정책 연구를 통해 본 국가와 공공 영역 발전의 관계: 도서관 관련 정책을 중심으로. 연세대학교 대학원 박사학위논문.

김영석(2007). 우리나라의 효율적인 공공도서관 확충방안 연구. 한국도서관정보학회지, 38(1), 29 – 48.

김용근(2001). 소규모 전문도서관에서의 정보관리. 한국도서관정보학회지, 32(3), 4 – 7.

김포옥(1992). 광복 이후 한국 공공도서관사 연구. 전북문헌정보, 4(1).

김형각(2001). 평생교육기관으로서의 공공도서관 위상정립에 관한 연구. 충남대학교 대학원 석사학위논문.

김형각(2002). 공공도서관 명칭변경에 관한 일고찰. 문헌정보학논집, 8.

김희선(2007). 공공도서관과 평생학습관의 운영체제 비교 연구: 서울특별시교육청 산하기관을 중심으로. 한국교원대학교 교육정책대학원 석사학위논문.

남궁근・하혜수(2004). DEA에 의한 공공서비스 투입자원 재배분방안 연구: 경기도의 소방서비스를 중심으로. 한국조직학회보, 1(1), 1 – 24.

노동조(2004). 시나리오기법을 통한 도서관서비스의 미래예측에 관한 연구. 한국도서관정보학회지, 35(4), 368.

노동조(2006). 도서관의 장기발전계획 수립에 관한 연구. 상명대학교 사회과학연구, 23(1), 1 – 14.

박기관(2001). 지방정부의 행정 성과 평가 및 적용 모형에 관한 연구: 시・군성과 및 노력도 지표를 중심으로. 한국지방자치학회보, 13(1), 63 – 84.

박애진(2007). 초등학교 도서관 운영 활성화 방안 연구: 경기도 의정부교육청 관내 학교를 중심으로. 대진대학교 교육대학원 석사학위논문.

배정환(2007). 도시공공서비스의 효율성 측정에 관한 연구: DEA기법에 의한 지방정부 성과를 중심으로. 충북대학교 대학원 행정학박사학위논문.

서재원(2006). 대학 간 M&A가 대학도서관 운영효율성에 미치는 효과 연구: DEA를 이용한 실증분석. 서울대학교 행정대학원 석사학위논문.

손승태・안태식・이남주(1993). 일반적으로 인정된 변수집합을 이용한 국내 은행의 생산성 측정. 한국경영학회, 93년 추계학술연구발표논문집, 709 – 744.

윤경준(2003). 공공 부문 효율성 측정을 위한 DEA의 활용: 평가와 제언. 고려대학교 정부학연구, 9(2), 7 – 31.

윤경준・최신융・강정석(2004). 벤치마킹을 통한 공공 부문 생산성 향상 방안. 한국행정연구원 KIPA연구보고, 1 – 147.

윤희윤(1996). 평생교육과 공공도서관 함수관계. 사회과학연구, 10(1).

이연(2006). 정보환경 변화에 따른 대학도서관 조직개선에 관한 연구. 충남대학교 행정대학원 석사학위논문.

이상엽(1997). 공공 부문에서의 생산성 분석에 관한 연구: 공교육부문의 인적 자원을 중심으로. 한국인간관계학회보, 12(1), 125 – 148.

이소연(2003). 지역사회주민을 위한 공공도서관의 문화서비스 활성화 방안. 한국문헌정보학회지, 38(3), 23.

이철민(2003). 전문도서관 직원의 직무만족도 연구: 정부 산하기관 자료실을 중심으로. 대구대학교 대학원 석사학위논문.

이혜원(2008). 현황분석을 통한 학교도서관의 개선방향에 관한 연구. 경북대학교 대학원 석사학위논문.

장혜숙(2001). DEA를 이용한 국내 통신서비스업에서의 경영효율성 평가 모형에 관한 연구. 이화여자대학교 경영대학원 석사학위논문.

전명숙(2002). 대학도서관정책의 반성과 과제. 한국도서관정보학회지, 33(3), 431 - 444.

전충곤(1994). 전문도서관의 문제점과 나아갈 방향 - 기업체 자료실을 중심으로. 전국사서협회소식, 4(3), 17.

조은숙(2004). 공공도서관과 평생학습관의 기능 비교 연구. 중앙대학교 대학원 석사학위논문.

조진화(1995). 학교도서관 운영의 활성화 방안. 경북대학교 행정대학원 석사학위논문.

최영출(2002). 행정서비스 헌장제 평가지표개선 연구: AHP 방법론의 적용. 한국지방자치학회보, 14(2), 77 - 95.

최영출(2004). 로컬 거버넌스의 성공적 구현을 위한 정책과제: AHP 방법론의 적용. 자치행정연구, 18(1). 19 - 50.

최홍식(2006). 유사지역공공도서관 비교분석을 통한 전주시립도서관 발전방안모색. 전주대학교 사회과학논총, 21(1), 163 - 178.

한두완 · 홍봉영(2002). DEA를 이용한 도서관의 효율성 평가. 한국문헌정보학회지, 36.

한상완(1998). 디지털 시대의 도서관 환경 변화와 그 대응 연구. 한국문헌정보학회지, 32(2), 97 - 120.

홍명근(2008). AHP를 이용한 CG 업종별 2D 라이팅과 3D 라이팅의 선호도 비교. 홍익대학교 산업대학원 석사학위논문.

황주승(1984). 계층분석 과정에 의한 의사결정: 전산 시스템 평가 모형을 중심으로. 고려대학교 경영연구, 기업경영연구소, 18(1), 92 - 93.

황주승(1989). AHP기법의 신뢰성에 관한 연구. 고려대학교 경영논총, 32(1), 83.

細野公男(1993). 김경수(역). 정보기술의 변화에 따른 전문도서관의 과제. 도서관문화, 34(1), 15 - 20.

인터넷 사이트

http://nl.go.kr(국립중앙도서관)
http://www.hri.co.kr(현대경제연구원)
http://www.kctpi.re.kr(한국문화관광연구원)
http://www.keris.or.kr(학국교육학술정보원)
http://www.cafe.daum.net/tourebiz
http://www.encyber.com(두산백과사전)

2. 외국도서

Aigner, D., and S. F. Chu(1968). On Estimating the Industry Production Function. *American Economics Review,* 53(4), 826 – 839.

AMA(1985). Marketing News, March 1.

Ashworth, Alfred(1979). Special Librarianship. London: Clive Bingley.

Charnes, A., Lewin, A., Cooper, W. W., and Seiford, L. M(1994). *Data envelopment analysis: theory, methodology and application.* Boston: Kluwer Academic Publishers.

Charnes, A., W. W. Cooper, and E. Rhodes(1978). Measuring Efficiency of Decision Making Units. *European Journal Operation Research,* 2, 429 – 444.

Chen, T. Y(1997). A Measurement of the Resource Utilization Efficiency of University Libraries. *International Journal of Production Economics,* 53(1), 71 – 80.

Debreu, G(1951). The Coefficient of Resource Utilization. *Econometrica,* 19, 273 – 292.

D. N. Ammons(1995). Overcoming the inadequacies of performance in local government: The case of libraries and leisure services. *Public Administration Review,* 51(1), 37~47.

Easun, S(1994). Beginner's Guide to Efficiency Measurement: An Application of Data Envelopment Analysis to Selected School Libraries in California. *School Library Media Quarterly,* 22(2), 103 – 106.

Farrell, M. J(1957). The Measurement of Productive Efficiency. *Journal of the Royal Statistical Society, Series A, General,* 120(3), 253 – 281.

Kao, C., AND S. T. Liu(2000). Data Envelopment Analysis with Missing Data: An Application to University Libraries in Taiwan. *Journal of the Operational Research Society,* 51(8), 897 – 905.

Kao, C., AND S. T. Liu(2003). A Mathematical Programming Approach to Fuzzy Efficiency Ranking. *International Journal of Production Economics,* 86(2), 145 – 154.

Knight, F. H(1993). *The Economic Organization, Harper & Row,* New York.

Kopp, R. J., V. K. Smith, and W. J. Vaughan(1982). *Stochastic Cost Frontiers and Perceived Technical Inefficiency. In Advances in Applied Micro – economics(V. K. Smith, Ed.),* 2, JAI Press, Greenwich, Conn.

Kotler, P(1998). *Marketing Management, 9th ed.* Englewood Cliffs, NJ: Prentice – Hall.

Lehtinen, J(1983). *Quality Oriented Services Marketing,* University of Tampere, Finland.

Lovell, C. A. K(1993). *Production Frontiers and Productive Efficiency. In The Measurement of Productive Efficiency: Techniques and Applications*(H. O. Fried, C. A. K. Lovell, and S. S. Schmidt, eds.), 3 – 67. Oxford University Press, Oxford.

M. J. Farrell(1957). The Measurement of Productivity Efficiency. *Journal of the Royal Statistical Society,* 120, 253 – 290.

Reichmann, G., and M. S. Reichmann(2006). University Library Benchmarking: An International Comparison Using DEA. *International Journal of Production Economics,* 100(1), 131 – 147.

Scheel, H(2000). *EMS: Efficiency Measurement System User's Manual.*

Shim, W(2003). Appling DEA Technique to Library Evaluation in Academic Research Libraries. *Library Trends,* 51(3), 312 – 332.

Smith, P. and Mayston, D(1987). Measuring Efficiency in the Public Sector. *Omega: The International Journal of Sciency,* 15, 181 – 189.

Stigler, G. J(1976). The Xistence of X – Efficiency. *American Economic Review,* 66(1), 213 – 216.

Thomas L. Satty(1980). *The Analytic Hierarchy Process.* Mc Graw Hill.

Tichy, Noel & Sherman, Statford(1992). *Control Your Destiny of Someone Else Will.* New York: Doubleday Currency.

Vitaliano, D. F(1998). Assessing Public Library Efficiency Using Data Envelopment Analysis. *Annals of Public and Cooperative Economics,* 69(1), 107 – 122.

Worthington, A(1999). Performance Indicators and Efficiency Measurement in Public Libraries. *The Australian Economic Review,* 32(1), 331 – 42.

宮川隆泰(2002). この２０年を振り返って: 活動の推移. 専門圖書館, 193, 9 – 10.

부록 1 : 설문지

도서관서비스 지표에 관한 설문지

안녕하십니까?

바쁘신 가운데 어려운 부탁을 드려 대단히 죄송합니다. 그러나 잠시만 시간을 내시어 설문에 응답해 주시면 감사하겠습니다. 이 설문지는 우리나라 도서관서비스(공공도서관, 대학도서관, 전문·특수도서관) 측정을 위한 지표체계를 연구하고, 지표를 바탕으로 한 도서관의 상대적 효율성을 측정하기 위한 학술조사입니다.

아울러 본 설문지는 통계법에 의하여 익명으로 처리되며 응답한 내용에 대해서는 비밀이 보장되며 연구자료 목적이외에는 사용하지 않을 것입니다. 시간이 걸리더라도 성의껏 응답해 주시면 고맙겠습니다. 감사합니다.

2008. 4. 21.

다음의 질문은 관종별(공공도서관, 대학도서관, 전문·특수도서관) 도서관들이 도서관서비스를 제공하기 위하여 수행하는 여러 가지 활동의 결과들을 가지고 도서관의 효율성을 측정하기 위하여 어떤 지표들이 실제로 도서관의 서비스를 측정하는 데 중요하게 고려되어야 하는지를 파악하기 위한 것입니다. 도서관의 효율성을 증진시키기 위한 지표 간에는 상대적 중요도를 파악하기 위하여, 계층적 분석방법(AHP: Analytic Hierarchy Process) 기법을 사용하고자 합니다. 문항에서 제시될 비교항목 간의 상대적 중요도를 다음의 척도에 따라 점수로 부여하여 주십시오.

〈상대적 중요도에 대한 척도〉

척도	정의	설명
1	동등하게 중요	두 개의 요소가 상위 목표에 비해 동등하게 중요
3	약간 중요	한 요소가 다른 요소보다 약간 더 중요
5	강하게 중요	한 요소가 다른 요소보다 강하게 중요
7	명백하게 중요	한 요소가 다른 요소보다 강하고도 명백하게 중요
9	극단적으로 중요	한 요소가 다른 요소와 비교가 안 될 만큼 절대적으로 중요
2, 4, 6, 8	위 값들의 중간 값	1, 3, 5, 7 척도의 중간 값으로 이용

〈설문과 응답의 예〉

문항	평가부문	중요 ← 동등 → 중요	평가부문
(1)	직원수	9 8 7 6 5 4 3 2 1 2 3 4 5 6 ⑦ 8 9	예산액

도서관서비스의 효율성 제고를 위한 지표에서 예산액이 직원수보다 명백하게 중요하다고 생각할 때, 예산액 쪽의 7번 동그라미(○)를 표시.

〈도서관서비스 효율성 측정 지표 체계〉

■ **투입관련 지표** – 도서관서비스를 제공하기 위한 인력, 예산 등의 지표

관종	1단계	2단계	설명
공공도서관	공간적 서비스	부지	도서관에 쓰이는 땅의 넓이
		연면적	도서관 각층의 바닥 면적을 합한 전체 면적
		열람실	도서관에서 책을 열람하는 장소
	도서 서비스	장서수	직접 열람이 가능한 유형의 책, 그림 등(서적)의 숫자
		연속간행물	정기적 혹은 비정기적으로 연속해서 간행되는 도서
		비도서수	도서 이외에 열람이 가능한 자료의 숫자
		연간증가책수	1년간 증가된 도서의 숫자
	운영 서비스	직원수	사서직, 행정직, 기타 직원을 합한 숫자
		인건비	1년간 직원에게 지출되는 경비
		도서구입비	1년간 도서구입을 위한 지출된 경비
		예산액	1년간 사용된 인건비, 도서구입비, 기타 경비의 합계
대학도서관	공간적 서비스	연면적	건물 각층의 바닥 면적을 합한 전체 면적
		열람석	도서관 내에서 열람이 가능한 좌석의 숫자
	도서 서비스	장서수	도서관에서 보유하고 있는 도서의 숫자
		연속간행물	정기적 혹은 비정기적으로 연속해서 간행되는 도서
		비도서수	도서 이외에 열람이 가능한 자료의 숫자
		연간증가책수	1년간 증간된 도서의 숫자
	운영 서비스	직원수	사서직, 행정직, 기타 직원을 합한 숫자
		예산액	1년간 사용된 인건비, 도서구입비, 기타경비의 합계
전문·특수도서관	공간적 서비스	연면적	건물 각층의 바닥 면적을 합한 전체 면적
		열람석	도서관 내에서 열람이 가능한 좌석의 숫자
	도서 서비스	장서수	도서관에서 보유하고 있는 도서의 숫자
		연속간행물	정기적 혹은 비정기적으로 연속해서 간행되는 도서
		연간증가책수	1년간 증가된 도서의 숫자
	운영 서비스	직원수	사서직, 행정직, 기타 직원을 합한 숫자
		예산액	1년간 사용된 인건비, 도서구입비, 기타 경비의 합계

■ 산출관련 지표 – 투입된 인력, 예산 등에 의해 산출된 도서관 서비스 결과

관종	산출 지표	설명
공공도서관	연간이용자수	1년간 도서관을 방문한 이용자의 숫자
	연간열람책수	1년간 도서관의 도서를 열람한 숫자
	연간대출책수	1년간 도서관의 도서를 대출한 숫자
대학도서관	연간이용자수	1년간 도서관을 방문한 이용자의 숫자
	연간대출책수	1년간 도서관의 도서를 대출한 숫자
전문·특수도서관	연간이용자수	1년간 도서관을 방문한 이용자의 숫자
	연간대출책수	1년간 도서관의 도서를 대출한 숫자

■ 아래의 문항(**관종별 투입요소**)에 응답하여 주시기 바랍니다.

> **주의!!!** 응답의 일관성을 유지하여 주시기 바랍니다. 응답의 일관성이란 만일 A가 B보다 중요하고, B가 C보다 중요하다고 응답하셨을 경우, 당연히 A가 C보다 중요하다고 응답되어야 함을 의미합니다.

공공도서관 서비스(투입요소)

〈공공도서관 서비스(투입요소) : 1단계〉

문항	평가부문	중요 ← 동등 → 중요	평가부문
(1)	공간적 서비스	9 8 7 6 5 4 3 2 1 2 3 4 5 6 7 8 9	도서 서비스
(2)	공간적 서비스	9 8 7 6 5 4 3 2 1 2 3 4 5 6 7 8 9	운영 서비스
(3)	도서 서비스	9 8 7 6 5 4 3 2 1 2 3 4 5 6 7 8 9	운영 서비스

〈공공도서관 서비스(투입요소) : 2단계〉

문항	문항	평가부문	중요 ← 동등 → 중요	평가부문
공간적 서비스	(1)	부지	9 8 7 6 5 4 3 2 1 2 3 4 5 6 7 8 9	연면적
	(2)	부지	9 8 7 6 5 4 3 2 1 2 3 4 5 6 7 8 9	열람실
	(3)	연면적	9 8 7 6 5 4 3 2 1 2 3 4 5 6 7 8 9	열람실
도서 서비스	(1)	장서수	9 8 7 6 5 4 3 2 1 2 3 4 5 6 7 8 9	연속간행물
	(2)	장서수	9 8 7 6 5 4 3 2 1 2 3 4 5 6 7 8 9	비도서수
	(3)	장서수	9 8 7 6 5 4 3 2 1 2 3 4 5 6 7 8 9	연간증가책수
	(4)	연속간행물	9 8 7 6 5 4 3 2 1 2 3 4 5 6 7 8 9	비도서수
	(5)	연속간행물	9 8 7 6 5 4 3 2 1 2 3 4 5 6 7 8 9	연간증가책수
	(6)	비도서수	9 8 7 6 5 4 3 2 1 2 3 4 5 6 7 8 9	연간증가책수
운영 서비스	(1)	직원수	9 8 7 6 5 4 3 2 1 2 3 4 5 6 7 8 9	인건비
	(2)	직원수	9 8 7 6 5 4 3 2 1 2 3 4 5 6 7 8 9	도서구입비
	(3)	직원수	9 8 7 6 5 4 3 2 1 2 3 4 5 6 7 8 9	예산액
	(4)	인건비	9 8 7 6 5 4 3 2 1 2 3 4 5 6 7 8 9	도서구입비
	(5)	인건비	9 8 7 6 5 4 3 2 1 2 3 4 5 6 7 8 9	예산액
	(6)	도서구입비	9 8 7 6 5 4 3 2 1 2 3 4 5 6 7 8 9	예산액

대학도서관 서비스(투입요소)

〈대학도서관 서비스(투입요소) : 1단계〉

문항	평가부문	중요 ← 동등 → 중요	평가부문
(1)	공간적 서비스	9 8 7 6 5 4 3 2 1 2 3 4 5 6 7 8 9	도서 서비스
(2)	공간적 서비스	9 8 7 6 5 4 3 2 1 2 3 4 5 6 7 8 9	운영 서비스
(3)	도서 서비스	9 8 7 6 5 4 3 2 1 2 3 4 5 6 7 8 9	운영 서비스

〈대학도서관 서비스(투입요소) : 2단계〉

문항	문항	평가부문	중요 ← 동등 → 중요	평가부문
공간적 서비스	(1)	연면적	9 8 7 6 5 4 3 2 1 2 3 4 5 6 7 8 9	열람석
도서 서비스	(1)	장서수	9 8 7 6 5 4 3 2 1 2 3 4 5 6 7 8 9	비도서수
	(2)	장서수	9 8 7 6 5 4 3 2 1 2 3 4 5 6 7 8 9	연속간행물수
	(3)	장서수	9 8 7 6 5 4 3 2 1 2 3 4 5 6 7 8 9	연간증가책수
	(4)	비도서수	9 8 7 6 5 4 3 2 1 2 3 4 5 6 7 8 9	연속간행물수
	(5)	비도서수	9 8 7 6 5 4 3 2 1 2 3 4 5 6 7 8 9	연간증가책수
	(6)	연속간행물수	9 8 7 6 5 4 3 2 1 2 3 4 5 6 7 8 9	연간증가책수
운영 서비스	(1)	직원수	9 8 7 6 5 4 3 2 1 2 3 4 5 6 7 8 9	예산액

전문·특수도서관 서비스(투입요소)

〈전문·특수도서관 서비스(투입요소) : 1단계〉

문항	평가부문	중요 ← 동등 → 중요	평가부문
(1)	공간적 서비스	9 8 7 6 5 4 3 2 1 2 3 4 5 6 7 8 9	도서 서비스
(2)	공간적 서비스	9 8 7 6 5 4 3 2 1 2 3 4 5 6 7 8 9	운영 서비스
(3)	도서 서비스	9 8 7 6 5 4 3 2 1 2 3 4 5 6 7 8 9	운영 서비스

〈전문·특수도서관 서비스(투입요소) : 2단계〉

문항	문항	평가부문	중요 ← 동등 → 중요	평가부문
공간적 서비스	(1)	연면적	9 8 7 6 5 4 3 2 1 2 3 4 5 6 7 8 9	열람석
도서 서비스	(1)	장서수	9 8 7 6 5 4 3 2 1 2 3 4 5 6 7 8 9	연속간행물
	(2)	장서수	9 8 7 6 5 4 3 2 1 2 3 4 5 6 7 8 9	연간증가책수
	(3)	연속간행물	9 8 7 6 5 4 3 2 1 2 3 4 5 6 7 8 9	연간증가책수
운영 서비스	(1)	직원수	9 8 7 6 5 4 3 2 1 2 3 4 5 6 7 8 9	예산액

■ 아래의 문항(**관종별 산출요소**)에 응답하여 주시기 바랍니다.

주의!!! 응답의 일관성을 유지하여 주시기 바랍니다. 응답의 일관성이란 만일 A가 B보다 중요하고, B가 C보다 중요하다고 응답하셨을 경우, 당연히 A가 C보다 중요하다고 응답되어야 함을 의미합니다.

관종	평가부문	중요 ← 동등 → 중요	평가부문
공공도서관	연간이용자수	9 8 7 6 5 4 3 2 1 2 3 4 5 6 7 8 9	연간열람책수
	연간이용자수	9 8 7 6 5 4 3 2 1 2 3 4 5 6 7 8 9	연간대출책수
	연간열람책수	9 8 7 6 5 4 3 2 1 2 3 4 5 6 7 8 9	연간대출책수
대학도서관	연간이용자수	9 8 7 6 5 4 3 2 1 2 3 4 5 6 7 8 9	연간대출책수
전문·특수도서관	연간이용자수	9 8 7 6 5 4 3 2 1 2 3 4 5 6 7 8 9	연간대출책수

다음은 자료의 통계적 분석에 필요한 몇 가지 기본 사항입니다. 해당되는 사항에 체크(√)하여 주시기 바랍니다.

1. 귀하의 직업은?

① 교수 ② 연구소 연구원 ③ 도서관 관련 공무원 ④ 일반시민

2. 귀하의 성별은?

① 남자 ② 여자

3. 귀하의 연령은?

① 20대 ② 30대 ③ 40대 ④ 50대 ⑤ 60대 이상

♣ 기타 의견 사항(지표와 관련된 기타 조언과 의견을 부탁드립니다.)

끝까지 협조해 주셔서 대단히 감사합니다!

부록 2 : 전국 도서관 현황

<표 1> 연도별 도서관 현황(1993년 - 2006년)

연도	도서관수	열람석수	열람석수 (만 명당)	장서수 (천 권)	장서수 (만 명당)	정기 간행물 종수	비도서 자료수	연간이용자수 (천 명)	예산액 (백만 원)	연간증가 책수	연간이용책수
1993	7,694	880,695	196	76,387	16,974	–	–	148,278	258,512	5,027,361	84,708,760
1994	7,758	913,315	201	81,909	18,035	–	–	151325	286524	6,315,244	94,252,785
1995	8,785	971,602	212	95,839	20,899	–	–	145328	376135	11,384,626	99,325,116
1996	9,291	1,038,315	224	99,011	21,400	–	–	128735	454182	7,846,477	144,541,424
1997	9,361	1,018,575	218	107,524	23,032	–	–	144548	414,223	8,525,103	160,671,225
1998	10,037	1,223,813	260	130,444	27,759	–	–	168789	484520	9,660,148	216,969,366
1999	9,468	1,240,913	262	142,050	30,009	–	–	167100	451131	9,021,753	261,707,870
2000	9337	1,266,842	265	154,169	32,298	–	–	196,598	544031	8,969,508	260,224,349
2001	9,872	1,219,791	254	165,964	34,560	–	–	184,727	561,713	8,795,633	262,642,911
2002	10,543	1,225,047	254	181,362	37,604	–	–	205,005	640,199	9,804,967	245,219,524
2003	11,104	1,237,834	256	195,949	40,496	–	–	235,098	743,639	10,477,484	288,774,638
2004	11,793	1,242,469	256	215,190	44,293	666,109	22,941,536	262,581	733,554	11,318,449	298,718,460
2005	11,691	1,272,124	261	235,040	48,181	780,984	24,900,492	301,347	783,608	11,326,788	347,087,489
2006	11,754	1,271,194	259	260,405	53,153	–	18,157,933	367,103	845,991	12,678,702	442,391,801

<표 2> 문화 기반 지수의 주요국 비교

항목	한국		미국	프랑스	일본
	'2002	'2004			
문화 관련 지출 규모	61	98	100	206	80
인구 1인당 도서관수	27	27	100	84	63
인구 1인당 도서관 장서수	28	28	100	59	85
인구 10만 명당 박물관수	29	29	100	129	141
문화기반지수	*34*	*46*	*100*	*120*	*92*

자료 : 문화관광부(2005). 2004 문화산업백서. 서울: 문화관광부.
　　　한국문화정책개발원(2002). 2001 주요국가문화산업통계. 서울: 한국문화정책개발원
　　　www.kctpi.re.kr(한국문화관광연구원).
　　　www.hri.co.kr(현대경제연구원).
인구 1인당 장서수, 인구 1인당 도서관수는 한국, 미국, 프랑스, 일본 순으로 **2000, 1996, 1997, 1999**년도 자료이다.

<표 3> 연도별/관종별 도서관 현황(2003년-2006년)

예산 (단위: 천 원)

연도	관종별	도서관수	직원수	좌석수	연간 증가책수	장서수	연간이용책수	연간이용자수	예산
2003	합 계	11,104	15,144	1,237,834	10,477,484	195,949,015	288,774,638	235,098,233	743,639,440
	국립중앙도서관	1	212	1,202	287,378	4,077,220	6,612,526	1,171,208	30,453,284
	공공도서관	471	5,539	235,364	4,303,125	34,467,396	179,667,507	117,610,594	354,575,606
	대학도서관	435	3,831	413,279	5,164,784	90,099,891	32,801,051	67,866,690	234,792,750
	학교도서관	9,649	3,269	570,494		55,095,242	62,836,058	44,188,730	47,794,498
	전문·특수도서관	548	2,293	17,495	722,197	12,209,266	6,857,496	4,261,011	76,023,302
2004	합 계	11,793	15,531	1,242,469	11,318,449	215,190,337	298,718,460	262,580,660	733,554,363
	국립중앙도서관	1	213	1,081	355,179	4,432,399	5,162,455	1,331,982	39,768,513
	공공도서관	487	5,664	247,792	4,766,129	38,423,789	172,698,406	133,207,591	345,623,534
	대학도서관	438	3,791	417,329	5,365,791	94,464,376	33,126,504	57,361,648	214,006,897
	학교도서관	10,297	3,726	558,639		64,777,980	81,225,680	65,932,886	52,565,426
	전문·특수도서관	570	2,137	17,628	831,350	13,091,793	6,505,415	4,746,553	81,589,993
2005	합 계	11,691	16,414	1,272,079	11,326,788	235,039,647	347,087,489	301,347,128	783,608,471
	국립중앙도서관	1	215	1,202	343,318	4,775,717	4,003,399	1,127,890	47,212,040
	공공도서관	514	5,842	257,438	4,674,824	42,474,082	213,428,746	154,711,539	359,378,104
	대학도서관	438	3,728	422,925	5,509,085	101,198,639	31,842,564	59,965,009	236,933,905
	학교도서관	10,149	4,127	570,998		72,026,826	90,313,282	79,891,634	59,292,895
	전문·특수도서관	589	2,502	19,516	799,561	14,564,383	7,499,498	5,651,056	80,791,527
2006	합 계	11,754	15,576	1,271,194	11,781,702	260,405,188	442,391,801	367,102,880	845,991,195
	국립중앙도서관	1	302	1,572	585,438	5,349,687	2,137,581	697,891	50,113,070
	공공도서관	564	6,223	256,889	5,584,310	49,343,467	265,500,510	173,833,574	418,714,289
	대학도서관	516	3,704	409,933	5,512,329	108,379,487	29,709,639	74,746,565	212,744,871
	학교도서관	10,010	3,077	585,225		82,718,083	138,169,659	111,003,802	75,955,737
	전문·특수도서관	663	2,270	17,575	99,625	14,614,464	6,874,412	6,821,048	88,463,228

<표 4> 연도별 공공도서관 현황(1993년 - 2006년)

연도	도서관수	직원수	좌석수	연간 증가책수	장서수	연간이용책수	연간이용자수	예산 (단위 : 천 원)
1993	279	4,229	161,207	1,357,336	9,484,966	28,049,488	34,638,074	87,115,205
1994	304	4,440	172,532	1,736,696	11,222,029	34,392,627	37,254,689	105,784,330
1995	304	4,776	193,973	2,142,814	13,020,023	36,464,627	40,175,412	127,919,550
1996	319	4,862	197,310	1,879,232	14,812,497	46,956,172	43,434,731	144,564,609
1997	330	5,112	205,712	1,980,168	16,794,758	54,760,410	53,301,386	156,716,890
1998	370	5,001	230,969	2,051,258	18,527,579	82,244,891	67,337,456	140,825,378
1999	400	4,932	233,290	2,343,069	21,932,297	98,662,310	80,913,864	164,226,025
2000	420	4,768	240,252	2,823,635	25,163,436	101,608,141	84,740,414	186,448,500
2001	437	4,968	247,185	3,027,545	26,971,393	108,727,305	87,876,706	231,516,023
2002	462	5,368	245,735	3,484,673	30,970,151	110,074,308	97,606,246	300,714,801
2003	471	5,539	235,364	4,303,125	34,467,396	179,667,507	117,610,594	354,575,606
2004	487	5,664	247,792	4,766,129	38,423,789	172,698,406	133,207,591	345,623,534
2005	514	5,842	257,438	4,674,824	42,474,082	213,428,746	154,711,539	359,378,104
2006	564	6,223	256,889	5,584,310	49,343,467	265,500,510	173,833,574	418,714,289

<표 5> 세계 주요국의 공공도서관수 및 1관당 인구수

국가	공공도서관수	1관당 인구수
노르웨이	1,010	4,506
핀란드	1,117	4,618
스웨덴	1,592	5,596
독일	10,932	7,520
스페인	5,209	7,591
이탈리아	6,003	9,636
캐나다	2,750	11,409
영국	4,614	13,068
프랑스	3,884	15,310
미국	16,491	16,726
일본	2,680	47,565
대한민국	514(2005년)	94,000
	564(2006년)	87,000

(김영석, 2007: 5; 국립중앙도서관, 2006: 109)

<표 6> 연도별 대학도서관 현황(1993년 – 2006년)

연도별	도서관수	직원수	좌석수	연간 증가책수	장서수	연간이용책수	연간이용자수	예산 (단위 : 천 원)
1993	343	3,579	288,177	2,720,499	37,152,952	33,412,097	93,441,125	102,889,384
1994	378	3,766	308,091	3,608,002	40,023,787	35,278,856	93,583,915	107,106,516
1995	385	3,883	331,491	4,761,400	47,860,971	33,788,192	85,634,333	169,101,031
1996	388	3,883	349,578	5,330,914	52,718,721	71,159,370	68,386,596	224,933,591
1997	399	3,967	366,052	5,797,472	57,950,055	75,136,218	74,160,418	171,206,291
1998	408	3,919	398,846	6,792,585	65,839,838	92,124,483	78,608,922	249,369,184
1999	416	3,802	408,828	5,824,738	71,371,263	110,528,109	56,845,599	174,889,476
2000	420	3,925	408,496	5,130,573	75,837,882	106,986,736	60,525,449	240,502,480
2001	436	3,866	410,653	4,916,769	81,612,498	88,108,530	62,649,284	215,255,771
2002	438	3,814	422,859	5,266,903	86,152,907	69,883,517	67,504,544	203,802,864
2003	435	3,831	413,279	5,164,784	90,099,891	32,801,051	67,866,690	234,792,750
2004	438	3,791	417,329	5,365,791	94,464,376	33,126,504	57,361,648	214,006,897
2005	438	3,728	422,925	5,509,085	101,198,639	31,842,564	59,965,009	236,933,905
2006	516	3,704	409,933	5,512,329	108,379,487	29,709,639	74,746,565	212,744,871

<표 7> 연도별 학교도서관 현황(1993년 – 2006년)

연도별	도서관수	직원수	좌석수	장서수	연간이용책수	연간이용자수	예산 (단위 : 천 원)
1993	6,656	660	409,419	19,647,301	13,986,424	13,480,726	12,393,995
1994	6,656	660	409,419	19,647,301	13,986,424	13,480,726	12,393,995
1995	7,656	660	422,070	23,093,254	16,242,353	12,399,534	10,451,578
1996	8,140	660	472,340	21,654,233	15,353,829	12,424,992	10,285,018
1997	8,140	660	427,340	21,654,233	15,353,829	12,424,990	10,285,018
1998	8,716	902	574,207	33,173,416	22,283,266	17,116,803	9,745,103
1999	8,060	1,521	576,038	36,526,948	31,493,520	23,546,379	17,346,149
2000	7,918	2,009	597,194	39,694,885	32,642,899	45,691,539	26,345,689
2001	8,426	2,432	544,106	42,797,923	43,758,177	29,568,916	26,852,574
2002	9,080	2,868	539,556	48,735,431	50,967,022	34,891,681	31,936,911
2003	9,649	3,269	570,494	55,095,242	62,836,058	44,188,730	47,794,498
2004	10,297	3,726	558,639	64,777,980	81,225,680	65,932,886	52,565,426
2005	10,149	4,127	570,998	72,026,826	90,313,282	79,891,634	59,292,895
2006	10,010	3,077	585,225	82,718,083	138,169,659	111,003,802	75,955,737

<표 8> 연도별 전문·특수도서관 현황(1993년 - 2006년)

연도별	도서관수	직원수	좌석수	연간 증가책수	장서수	연간이용책수	연간이용자수	예산 (단위 : 천 원)
1993	414	1,705	17,269	645,669	7,445,841	5,031,186	4,553,018	38,741,225
1994	418	1,736	18,614	705,017	8,141,132	5,526,795	4,861,556	41,572,819
1995	438	1,859	19,335	746,250	8,582,872	5,681,778	4,764,660	44,238,991
1996	443	1,623	14,684	447,793	7,434,540	5,778,124	2,908,996	52,115,431
1997	491	1,736	15,068	541,124	8,527,675	6,030,654	3,236,975	56,054,020
1998	542	2,030	17,669	550,284	10,069,216	8,011,360	4,142,483	61,774,806
1999	591	2,058	20,471	662,246	10,053,426	9,929,572	4,862,829	63,323,865
2000	578	2,056	19,698	668,403	10,106,518	9,700,366	4,685,499	63,063,771
2001	572	2,083	16,646	504,066	11,113,122	11,634,462	3,497,779	58,113,404
2002	562	1,997	15,695	697,919	11,713,242	5,969,550	3,880,554	73,230,218
2003	548	2,293	17,495	722,197	12,209,266	6,857,496	4,261,011	76,023,302
2004	570	2,137	17,628	831,350	13,091,793	6,505,415	4,746,553	81,589,993
2005	589	2,502	19,516	799,561	14,564,383	7,499,498	5,651,056	80,791,527
2006	663	2,270	17,575	996,625	14,614,464	6,874,412	6,821,048	88,463,228

<표 9> 연도별 / 지역별 도서관 현황(2003년 - 2006년)

구분	2003년				2004년			
	도서관수	직원수	장서수	좌석수	도서관수	직원수	장서수	좌석수
서울	1,654	4,289	50,785,350	213,085	1,545	4,313	54,488,436	216,841
부산	621	1,164	12,233,445	91,766	658	1,078	13,622,438	94,513
대구	404	506	9,035,511	53,386	440	593	9,650,166	53,341
인천	417	546	5,526,087	42,175	443	597	6,260,179	41,017
광주	287	582	7,029,375	53,008	294	640	7,431,343	53,000
대전	331	788	8,492,247	47,815	364	790	9,018,200	46,581
울산	161	202	2,193,626	18,804	175	192	2,449,169	19,831
경기	1,926	2,217	29,642,887	208,552	2,128	2,712	33,737,789	211,690
강원	468	707	8,029,750	48,666	594	695	8,322,889	50,121
충북	450	628	7,243,273	53,781	584	596	7,957,288	42,165
충남	738	729	12,273,089	79,127	793	706	13,794,433	76,704
전북	693	634	9,026,785	67,981	749	640	10,209,574	74,238
전남	892	621	9,021,425	70,558	923	594	10,179,348	67,892
경북	1,011	751	13,175,071	92,112	1,068	743	15,669,860	97,102
경남	904	576	9,737,559	80,902	879	645	9,633,727	81,103
제주	147	204	2,503,535	16,116	156	177	2,765,498	16,330
합계	11,104	15,144	195,949,015	1,237,834	11,793	15,711	215,190,337	1,242,469

구분	2005년				2006년			
	도서관수	직원수	장서수	좌석수	도서관수	직원수	장서수	좌석수
서울	1,553	4,348	58,403,611	217,903	1,639	4,449	65,148,788	221,508
부산	663	1,081	14,310,493	95,898	658	1,184	16,090,710	102,861
대구	441	594	10,038,697	53,809	451	548	11,544,026	51,654
인천	443	589	6,419,213	41,485	444	471	7,920,995	43,127
광주	296	632	7,762,678	50,401	294	652	8,750,376	49,999
대전	367	787	9,896,786	48,278	357	612	10,077,122	46,788
울산	176	196	2,595,481	21,328	201	213	3,072,557	21,528
경기	2,141	2,916	35,562,866	213,318	2,158	2,956	41,746,232	224,873
강원	595	684	9,156,040	52,847	596	555	10,289,439	51,712
충북	586	579	8,507,201	42,404	490	596	11,164,408	40,387
충남	794	703	15,134,108	77,066	767	666	16,904,075	82,601
전북	753	695	10,654,228	74,529	711	509	11,478,181	70,451
전남	926	639	10,457,005	69,222	874	531	11,708,234	72,921
경북	1,068	760	15,994,459	102,018	1,035	633	18,031,607	92,977
경남	880	5,694	10,699,182	82,439	896	795	12,939,626	78,980
제주	157	163	2,244,754	16,807	183	206	3,538,812	18,827
합계	11,839	21,060	227,836,802	1,259,752	11,754	15,576	260,405,188	1,271,194

▶ 2005년도 – 한국도서관협회 담당 직원과 전화 인터뷰한 결과 조사절차과정에서 2005년도 수치가 데이터상 오류가 있어 원천 data가 실제 수치와 차이를 보이고 있다고 조사되었다.

부록 3 : 분석결과

<표 10> 2003년 관종 통합 CCR 분석(장서수 : 10만 권 이상, 효율성 : 99.99 이하)

DMU	CCR	준거집단
공공 - 동부	99.33	공공 - 효목, 공공 - 서부, 공공 - 성남시중원문화정보센터
공공 - 안양시립평촌	97.24	공공 - 고척, 공공 - 창원시립, 공공 - 송파, 공공 - 주안, 공공 - 천안중앙, 공공 - 유성
공공 - 울산남부	97.05	공공 - 양천, 공공 - 도봉, 공공 - 창원시립, 공공 - 송파, 공공 - 천안중앙
공공 - 속초평생교육정보관(전)	96.37	공공 - 도봉, 공공 - 고덕평생학습관, 공공 - 김해, 공공 - 천안중앙, 대학 - 수원과학대학
공공 - 도립과천	95.32	대학 - 고려대학교, 공공 - 고척, 공공 - 송파, 공공 - 천안중앙
공공 - 두류	93.13	공공 - 효목, 공공 - 창원시립, 공공 - 주안, 공공 - 유성
공공 - 개포	92.82	공공 - 도봉, 대학 - 장로회신학대학교, 공공 - 고척
공공 - 반송	91.22	공공 - 고척, 공공 - 해운대
대학 - 상지대학교	90.99	대학 - 신라대학교, 공공 - 양천, 대학 - 장로회신학대학교, 대학 - 수원과학대학
공공 - 제주	90.45	공공 - 효목, 공공 - 김해, 공공 - 유성
공공 - 북부	89.89	공공 - 효목, 공공 - 고척, 공공 - 창원시립, 공공 - 김해
대학 - 계명문화대학	89.70	대학 - 수원과학대학
공공 - 부천시립 중앙	88.17	공공 - 창원시립, 공공 - 송파, 공공 - 성남시중원문화정보센터
공공 - 부전	87.76	공공 - 고척, 공공 - 송파, 공공 - 해운대
공공 - 강남	86.99	공공 - 도봉, 대학 - 장로회신학대학교, 공공 - 고척
공공 - 중계평생학습관	85.32	공공 - 도봉, 공공 - 고척, 공공 - 송파, 공공 - 천안중앙
공공 - 울산중부	84.22	공공 - 양천, 공공 - 창원시립, 공공 - 송파, 공공 - 유성
공공 - 중앙	84.21	공공 - 효목, 공공 - 서부, 공공 - 송파, 공공 - 성남시중원문화정보센터
공공 - 용인시립	82.90	공공 - 김해, 공공 - 성남시중원문화정보센터, 대학 - 수원과학대학, 공공 - 유성
공공 - 서구	82.30	공공 - 도봉, 공공 - 고척, 공공 - 창원시립, 공공 - 송파, 공공 - 천안중앙, 공공 - 유성
공공 - 강동	81.86	공공 - 도봉, 대학 - 장로회신학대학교, 공공 - 고척, 공공 - 송파, 공공 - 해운대
대학 - 홍익대학교	81.80	대학 - 고려대학교, 공공 - 창원시립
공공 - 구덕	81.17	대학 - 고려대학교, 공공 - 고척, 공공 - 창원시립
공공 - 도립중앙	81.06	대학 - 목포대학교, 공공 - 창원시립, 공공 - 유성
공공 - 화도진	78.84	대학 - 고려대학교, 공공 - 고척, 공공 - 창원시립, 공공 - 송파, 공공 - 천안중앙
공공 - 광명하안	77.99	공공 - 효목, 공공 - 서부, 공공 - 창원시립, 공공 - 송파, 공공 - 김해, 공공 - 성남시중원문화정보센터, 공공 - 유성
공공 - 인천시립	77.42	공공 - 고척, 공공 - 주안, 공공 - 성남시중원문화정보센터, 공공 - 유성
공공 - 대전학생교육문화원	75.96	공공 - 효목, 공공 - 서부, 공공 - 송파, 공공 - 김해, 공공 - 천안중앙
공공 - 부평	75.09	공공 - 고척, 공공 - 창원시립, 공공 - 천안중앙, 공공 - 유성
공공 - 마포평생학습관	74.80	공공 - 양천, 공공 - 송파, 공공 - 천안중앙, 대학 - 수원과학대학
공공 - 동대문	74.63	공공 - 양천, 공공 - 도봉, 공공 - 고척, 공공 - 성남시중원문화정보센터, 공공 - 유성
공공 - 수원시선경	74.03	공공 - 창원시립, 공공 - 성남시중원문화정보센터, 공공 - 천안중앙, 공공 - 유성

DMU	CCR	준거집단
공공 – 춘천평생교육정보관(전)	74.01	공공 – 효목, 공공 – 고척, 공공 – 김해, 공공 – 유성
전특 – 한국과학기술원	72.80	대학 – 고려대학교, 공공 – 고덕평생학습관
대학 – 경성대학교	72.63	대학 – 고려대학교, 공공 – 창원시립, 공공 – 천안중앙
대학 – 홍익대학교조치원캠퍼스	72.18	대학 – 고려대학교, 대학 – 신라대학교, 공공 – 창원시립, 공공 – 성남시중원문화정보센터
공공 – 남부	71.31	공공 – 송파, 공공 – 성남시중원문화정보센터, 공공 – 천안중앙, 공공 – 유성
공공 – 강릉평생교육정보관(전)	70.56	공공 – 김해, 공공 – 유성
공공 – 경주시립	65.59	대학 – 장로회신학대학교, 공공 – 천안중앙, 공공 – 유성
공공 – 명장	64.92	공공 – 도봉, 대학 – 장로회신학대학교, 공공 – 고척, 공공 – 송파, 공공 – 해운대
공공 – 금호교육문화회관	64.08	공공 – 효목, 공공 – 서부, 공공 – 유성
공공 – 광주광역시립도서관	63.77	공공 – 서부, 공공 – 송파, 공공 – 김해, 공공 – 유성
공공 – 도립성남	62.32	대학 – 고려대학교, 공공 – 고척, 공공 – 창원시립, 공공 – 천안중앙
공공 – 진주연암	61.18	대학 – 장로회신학대학교, 공공 – 유성
공공 – 김포시립	60.78	공공 – 창원시립, 공공 – 주안, 공공 – 성남시중원문화정보센터
대학 – 청주대학교	58.96	대학 – 고려대학교, 대학 – 신라대학교, 공공 – 도봉, 대학 – 수원과학대학
공공 – 강서	55.08	공공 – 양천, 공공 – 도봉, 공공 – 고척, 공공 – 창원시립, 공공 – 송파, 공공 – 성남시중원문화정보센터
공공 – 대봉	55.02	공공 – 효목, 공공 – 창원시립, 공공 – 김해, 공공 – 성남시중원문화정보센터, 공공 – 유성
대학 – 호원대학교	54.42	대학 – 신라대학교, 공공 – 양천, 공공 – 성남시중원문화정보센터, 대학 – 수원과학대학
대학 – 서울여자대학교	54.38	대학 – 고려대학교, 대학 – 신라대학교, 공공 – 양천, 공공 – 도봉, 대학 – 장로회신학대학교
대학 – 강남대학교	54.09	대학 – 신라대학교, 공공 – 양천, 공공 – 성남시중원문화정보센터, 대학 – 수원과학대학
공공 – 중앙	54.07	공공 – 효목, 공공 – 고척, 공공 – 송파, 공공 – 주안, 공공 – 성남시중원문화정보센터, 공공 – 유성
대학 – 대구대학교	53.99	대학 – 고려대학교, 대학 – 장로회신학대학교, 공공 – 창원시립, 공공 – 천안중앙, 대학 – 수원과학대학
대학 – 공군사관학교	53.43	대학 – 신라대학교, 대학 – 장로회신학대학교, 대학 – 수원과학대학
공공 – 시민	50.71	공공 – 도봉, 대학 – 장로회신학대학교, 공공 – 송파
대학 – 명지대학교자연캠퍼스	49.94	대학 – 신라대학교, 공공 – 도봉, 대학 – 수원과학대학
대학 – 울산대학교	49.86	대학 – 신라대학교, 대학 – 장로회신학대학교, 공공 – 창원시립, 공공 – 유성
대학 – 광운대학교	49.79	대학 – 고려대학교, 대학 – 신라대학교, 공공 – 도봉, 대학 – 장로회신학대학교, 공공 – 송파, 공공 – 성남시중원문화정보센터
공공 – 광주학생독립운동기념회관	49.24	공공 – 양천, 공공 – 송파, 공공 – 김해
공공 – 충북중앙	48.53	공공 – 서부, 공공 – 송파, 공공 – 김해, 공공 – 유성
공공 – 남산	47.49	대학 – 고려대학교, 공공 – 양천, 공공 – 도봉, 공공 – 송파, 공공 – 성남시중원문화정보센터
대학 – 세명대학교	47.4	대학 – 신라대학교, 공공 – 양천

DMU	CCR	준거집단
공공 - 정독	46.4	공공 - 양천, 공공 - 고덕평생학습관, 공공 - 송파
대학 - 서남대학교	45.73	대학 - 고려대학교, 대학 - 신라대학교, 대학 - 장로회신학대학교, 공공 - 창원시립, 공공 - 유성
공공 - 마산	45.70	대학 - 고려대학교, 공공 - 양천, 공공 - 창원시립, 공공 - 송파, 대학 - 수원과학대학
대학 - 전남대학교	45.39	대학 - 고려대학교, 대학 - 신라대학교, 공공 - 양천, 대학 - 수원과학대학
공공 - 중앙	44.44	공공 - 창원시립, 공공 - 송파, 공공 - 주안, 공공 - 북구, 공공 - 성남시중원문화정보센터, 공공 - 천안중앙
대학 - 여수대학교	42.87	대학 - 고려대학교, 대학 - 신라대학교, 공공 - 양천, 공공 - 도봉, 대학 - 수원과학대학
공공 - 중앙	42.36	공공 - 양천, 공공 - 고척, 공공 - 창원시립, 공공 - 송파, 공공 - 김해, 공공 - 유성
공공 - 용산	40.93	공공 - 양천, 공공 - 도봉, 대학 - 장로회신학대학교, 공공 - 성남시중원문화정보센터
대학 - 동의대학교	40.64	대학 - 고려대학교, 대학 - 신라대학교, 공공 - 성남시중원문화정보센터, 대학 - 수원과학대학
대학 - 충남대학교	39.67	대학 - 고려대학교, 대학 - 신라대학교, 공공 - 양천, 공공 - 성남시중원문화정보센터, 대학 - 수원과학대학
대학 - 대구가톨릭대학교	39.62	대학 - 고려대학교, 대학 - 장로회신학대학교, 공공 - 고척, 공공 - 송파, 공공 - 천안중앙
대학 - 경남정보대학	39.54	대학 - 고려대학교, 대학 - 신라대학교, 공공 - 도봉
대학 - 창원전문대학	39.51	공공 - 도봉
공공 - 한밭	37.96	공공 - 효목, 공공 - 서부, 공공 - 송파, 공공 - 김해
전특 - 국사편찬위원회	37.35	대학 - 장로회신학대학교, 공공 - 해운대
공공 - 송정	37.18	공공 - 양천, 공공 - 도봉, 공공 - 창원시립, 대학 - 수원과학대학, 공공 - 유성
대학 - 배재대학교	37.02	대학 - 고려대학교, 대학 - 신라대학교, 공공 - 양천, 공공 - 성남시중원문화정보센터, 대학 - 수원과학대학
대학 - 가톨릭대학교성심교정	36.12	대학 - 고려대학교, 대학 - 신라대학교, 공공 - 양천, 대학 - 장로회신학대학교, 대학 - 수원과학대학
대학 - 삼척대학교	35.08	대학 - 고려대학교, 대학 - 신라대학교, 공공 - 성남시중원문화정보센터, 대학 - 수원과학대학
대학 - 전주대학교	33.70	대학 - 고려대학교, 대학 - 신라대학교, 공공 - 성남시중원문화정보센터, 대학 - 수원과학대학
대학 - 혜천대학	32.69	대학 - 고려대학교, 공공 - 송파, 공공 - 성남시중원문화정보센터
공공 - 우당	32.54	공공 - 양천, 공공 - 송파, 공공 - 성남시중원문화정보센터, 대학 - 수원과학대학, 공공 - 유성
대학 - 계명대학교	32.47	대학 - 고려대학교, 대학 - 신라대학교, 공공 - 성남시중원문화정보센터, 대학 - 수원과학대학
대학 - 진주교육대학교	32.35	대학 - 고려대학교, 대학 - 신라대학교, 공공 - 양천, 공공 - 도봉, 대학 - 수원과학대학
대학 - 충북대학교	29.91	대학 - 고려대학교, 대학 - 신라대학교, 공공 - 양천, 대학 - 장로회신학대학교, 공공 - 성남시중원문화정보센터, 대학 - 수원과학대학
대학 - 경북전문대학	29.81	대학 - 신라대학교, 공공 - 양천, 공공 - 성남시중원문화정보센터, 대학 - 수원과학대학
공공 - 삼척평생교육정보관(전)	29.09	공공 - 양천, 공공 - 고척, 공공 - 송파, 공공 - 김해
대학 - 창원대학교	29.08	대학 - 고려대학교, 공공 - 도봉, 공공 - 고덕평생학습관, 대학 - 수원과학대학
대학 - 가톨릭대학교성신교정	28.09	대학 - 수원과학대학
대학 - 조선대학교	26.50	대학 - 고려대학교, 대학 - 신라대학교, 공공 - 도봉, 대학 - 수원과학대학

DMU	CCR	준거집단
대학 – 충주대학교	26.44	대학 – 고려대학교, 대학 – 신라대학교, 공공 – 성남시중원문화정보센터, 대학 – 수원과학대학
대학 – 명지대학교	24.51	대학 – 고려대학교, 대학 – 신라대학교, 공공 – 양천, 공공 – 도봉, 대학 – 장로회신학대학교, 대학 – 수원과학대학
대학 – 경희대학교	24.44	대학 – 신라대학교, 공공 – 양천, 대학 – 장로회신학대학교, 공공 – 창원시립, 대학 – 수원과학대학, 공공 – 유성
대학 – 고려대학교서창캠퍼스	23.07	대학 – 고려대학교, 공공 – 성남시중원문화정보센터, 공공 – 천안중앙, 대학 – 수원과학대학
대학 – 상명대학교	21.95	대학 – 고려대학교, 대학 – 신라대학교, 공공 – 도봉, 대학 – 장로회신학대학교, 공공 – 창원시립, 대학 – 수원과학대학
대학 – 경기대학교	21.34	대학 – 장로회신학대학교, 대학 – 수원과학대학, 공공 – 유성
대학 – 성결대학교	20.10	대학 – 장로회신학대학교, 공공 – 천안중앙, 대학 – 수원과학대학
대학 – 한림대학교	17.22	대학 – 장로회신학대학교, 공공 – 천안중앙, 공공 – 유성
대학 – 덕성여자대학교	16.89	대학 – 신라대학교, 공공 – 양천, 대학 – 장로회신학대학교, 대학 – 수원과학대학
대학 – 동국대학교	16.53	대학 – 장로회신학대학교, 공공 – 유성
대학 – 한국교원대학교	15.36	대학 – 장로회신학대학교, 대학 – 수원과학대학, 공공 – 유성
대학 – 금오공과대학교	15.23	대학 – 고려대학교, 대학 – 신라대학교, 대학 – 장로회신학대학교, 공공 – 성남시중원문화정보센터, 대학 – 수원과학대학, 공공 – 유성
대학 – 포항공과대학교	14.43	공공 – 도봉, 대학 – 장로회신학대학교, 대학 – 수원과학대학
대학 – 광주보건대학	14.16	대학 – 장로회신학대학교, 공공 – 해운대
대학 – 인덕대학	12.56	대학 – 고려대학교, 공공 – 천안중앙, 대학 – 수원과학대학
대학 – 한세대학교	12.29	대학 – 장로회신학대학교, 공공 – 유성
대학 – 협성대학교	11.64	대학 – 장로회신학대학교, 공공 – 유성
대학 – 대진대학교	11.35	대학 – 고려대학교, 대학 – 장로회신학대학교, 공공 – 성남시중원문화정보센터, 공공 – 천안중앙, 대학 – 수원과학대학
대학 – 대전대학교	11.07	대학 – 고려대학교, 대학 – 장로회신학대학교, 공공 – 성남시중원문화정보센터, 공공 – 천안중앙, 대학 – 수원과학대학
대학 – 한국해양대학교	10.20	대학 – 장로회신학대학교, 대학 – 수원과학대학, 공공 – 유성
대학 – 세종대학교	9.11	대학 – 장로회신학대학교, 공공 – 천안중앙, 대학 – 수원과학대학
대학 – 우석대학교	8.54	공공 – 도봉, 대학 – 장로회신학대학교, 공공 – 김해, 대학 – 수원과학대학
대학 – 대불대학교	8.36	대학 – 장로회신학대학교, 공공 – 김해, 공공 – 유성
대학 – 관동대학교	7.69	대학 – 장로회신학대학교, 공공 – 김해, 공공 – 성남시중원문화정보센터, 대학 – 수원과학대학, 공공 – 유성
대학 – 경주대학교	6.60	대학 – 장로회신학대학교, 공공 – 천안중앙, 대학 – 수원과학대학

<표 11> 2003년 관종 통합 BCC 분석(장서수 : 10만 권 이상, 효율성 : 99.99 이하)

DMU	BCC	준거집단
공공 - 중앙	99.70	공공 - 효목, 공공 - 서부, 공공 - 송파, 공공 - 성남시중원문화정보센터
대학 - 협성대학교	99.21	대학 - 목포대학교, 전특 - 국사편찬위원회, 대학 - 서남대학교, 대학 - 가톨릭대학교성신교정, 공공 - 인천시립
공공 - 개포	99.07	공공 - 도봉, 대학 - 장로회신학대학교, 공공 - 고덕평생학습관, 공공 - 고척, 공공 - 송파, 공공 - 강남, 공공 - 천안중앙, 공공 - 구덕
공공 - 부천시립 중앙	98.65	대학 - 신라대학교, 대학 - 경북전문대학, 공공 - 창원시립, 공공 - 송파, 공공 - 성남시중원문화정보센터, 공공 - 유성
공공 - 중계평생학습관	98.29	공공 - 도봉, 공공 - 고덕평생학습관, 공공 - 강남, 대학 - 창원전문대학, 공공 - 구덕, 공공 - 유성
대학 - 여수대학교	97.71	공공 - 송파, 공공 - 성남시중원문화정보센터, 대학 - 수원과학대학, 대학 - 창원전문대학
공공 - 두류	97.46	공공 - 효목, 공공 - 창원시립, 공공 - 주안, 공공 - 김해, 공공 - 인천시립, 공공 - 유성
공공 - 김포시립	96.29	공공 - 성남시중원문화정보센터, 공공 - 유성, 공공 - 울산동부, 공공 - 금호교육문화회관, 대학 - 광주보건대학
대학 - 공군사관학교	96.03	공공 - 도봉, 대학 - 장로회신학대학교, 전특 - 국사편찬위원회, 대학 - 가톨릭대학교성신교정, 대학 - 수원과학대학, 대학 - 창원전문대학
공공 - 울산중부	93.48	공공 - 창원시립, 공공 - 송파, 공공 - 성남시중원문화정보센터, 대학 - 수원과학대학, 공공 - 구덕, 공공 - 울산동부
공공 - 강동	93.43	공공 - 도봉, 공공 - 송파, 공공 - 강남, 공공 - 구덕, 공공 - 해운대
공공 - 도립중앙	93.12	대학 - 목포대학교, 공공 - 유성, 공공 - 해운대
공공 - 북부	92.36	공공 - 효목, 공공 - 고척, 공공 - 김해, 공공 - 인천시립
대학 - 경남정보대학	92.19	대학 - 고려대학교, 공공 - 도봉, 공공 - 송파, 대학 - 수원과학대학, 대학 - 창원전문대학
공공 - 화도진	92.08	공공 - 창원시립, 공공 - 송파, 공공 - 천안중앙, 공공 - 구덕, 공공 - 유성
대학 - 계명문화대학	92.01	대학 - 가톨릭대학교성신교정, 대학 - 수원과학대학
공공 - 부전	91.12	대학 - 고려대학교, 공공 - 고척, 공공 - 창원시립, 공공 - 송파, 공공 - 해운대
공공 - 마산	90.85	공공 - 성남시중원문화정보센터, 공공 - 구덕, 공공 - 해운대, 공공 - 울산동부, 대학 - 광주보건대학
공공 - 남부	90.17	공공 - 송파, 공공 - 성남시중원문화정보센터, 공공 - 구덕, 공공 - 유성, 공공 - 울산동부
공공 - 춘천평생교육정보관(전)	89.76	공공 - 효목, 공공 - 고척, 공공 - 김해, 공공 - 인천시립
대학 - 홍익대학교	88.75	대학 - 고려대학교, 대학 - 신라대학교, 대학 - 경북전문대학, 대학 - 가톨릭대학교성신교정, 공공 - 구덕
공공 - 대전학생교육문화원	88.26	공공 - 송파, 공공 - 주안, 공공 - 김해, 공공 - 동부, 공공 - 유성
공공 - 동대문	87.64	공공 - 도봉, 공공 - 고척, 공공 - 인천시립, 대학 - 창원전문대학
공공 - 서구	86.08	공공 - 고척, 공공 - 창원시립, 공공 - 송파, 공공 - 구덕, 공공 - 유성, 공공 - 해운대, 공공 - 울산동부
대학 - 대불대학교	85.84	대학 - 경북전문대학, 공공 - 인천시립, 대학 - 창원전문대학, 공공 - 용인시립
공공 - 송정	84.57	대학 - 창원전문대학, 공공 - 구덕, 공공 - 유성, 공공 - 해운대, 공공 - 삼척평생교육정보관(전)

DMU	BCC	준거집단
공공 − 광주학생독립운동기념회관	84.46	공공 − 고척, 공공 − 김해, 공공 − 인천시립, 대학 − 창원전문대학
대학 − 홍익대학교 조치원캠퍼스	83.47	대학 − 신라대학교, 대학 − 경북전문대학, 대학 − 서남대학교, 공공 − 창원시립, 공공 − 성남시중원문화정보센터, 공공 − 유성
대학 − 경성대학교	83.21	대학 − 고려대학교, 대학 − 신라대학교, 대학 − 서남대학교, 공공 − 창원시립, 공공 − 구덕
대학 − 경주대학교	80.85	대학 − 경북전문대학, 대학 − 서남대학교, 대학 − 가톨릭대학교성신교정, 대학 − 수원과학대학
공공 − 광명하안	79.92	공공 − 서부, 공공 − 창원시립, 공공 − 주안, 공공 − 김해, 공공 − 인천시립, 공공 − 성남시중원문화정보센터, 공공 − 유성
전특 − 한국과학기술원	78.76	대학 − 고려대학교, 공공 − 고덕평생학습관, 공공 − 송파, 대학 − 창원전문대학
공공 − 마포평생학습관	78.66	공공 − 송파, 대학 − 수원과학대학, 대학 − 창원전문대학, 공공 − 속초평생교육정보관(전), 공공 − 울산동부
공공 − 대봉	77.90	공공 − 김해, 공공 − 인천시립, 공공 − 동부, 공공 − 제주, 공공 − 유성
공공 − 부평	75.93	공공 − 고척, 공공 − 창원시립, 공공 − 천안중앙, 공공 − 유성, 공공 − 해운대, 공공 − 울산동부
공공 − 수원시선경	74.82	공공 − 창원시립, 공공 − 주안, 공공 − 성남시중원문화정보센터, 공공 − 천안중앙, 공공 − 유성
공공 − 우당	73.99	공공 − 구덕, 공공 − 유성, 공공 − 울산동부, 공공 − 삼척평생교육정보관(전), 대학 − 광주보건대학
대학 − 삼척대학교	72.40	대학 − 고려대학교, 대학 − 가톨릭대학교성신교정, 공공 − 송파, 공공 − 성남시중원문화정보센터, 대학 − 수원과학대학
공공 − 강서	71.35	공공 − 도봉, 공공 − 고척, 공공 − 창원시립, 공공 − 송파, 공공 − 인천시립, 대학 − 창원전문대학, 공공 − 구덕
대학 − 강남대학교	71.29	대학 − 신라대학교, 대학 − 호원대학교, 대학 − 경북전문대학, 전특 − 국사편찬위원회, 대학 − 서남대학교, 공공 − 용인시립
대학 − 금오공과대학교	68.49	대학 − 경북전문대학, 대학 − 가톨릭대학교성신교정, 공공 − 인천시립, 대학 − 진주교육대학교, 대학 − 수원과학대학, 대학 − 창원전문대학, 대학 − 광주보건대학
대학 − 명지대학교자연캠퍼스	67.59	대학 − 신라대학교, 공공 − 도봉, 대학 − 가톨릭대학교성신교정, 대학 − 수원과학대학
공공 − 중앙	67.17	공공 − 고척, 공공 − 송파, 대학 − 창원전문대학, 공공 − 구덕, 공공 − 유성, 공공 − 속초평생교육정보관(전)
대학 − 세명대학교	66.97	대학 − 신라대학교, 대학 − 호원대학교, 대학 − 경북전문대학, 전특 − 국사편찬위원회, 대학 − 진주교육대학교
대학 − 청주대학교	66.45	대학 − 고려대학교, 대학 − 신라대학교, 대학 − 서남대학교, 대학 − 가톨릭대학교성신교정, 대학 − 수원과학대학
공공 − 도립성남	66.07	대학 − 고려대학교, 공공 − 고척, 공공 − 창원시립, 공공 − 천안중앙, 공공 − 해운대
대학 − 성결대학교	65.82	대학 − 경북전문대학, 대학 − 장로회신학대학교, 대학 − 가톨릭대학교성신교정, 대학 − 수원과학대학, 대학 − 창원전문
공공 − 광주광역시립도서관	65.16	공공 − 서부, 공공 − 송파, 공공 − 김해, 공공 − 성남시중원문화정보센터, 공공 − 유성
대학 − 서울여자대학교	64.69	대학 − 신라대학교, 공공 − 도봉, 대학 − 장로회신학대학교, 대학 − 가톨릭대학교성신교정, 공공 − 성남시중원문화정보, 터, 대학 − 수원과학대학
공공 − 중앙	64.02	공공 − 송파, 공공 − 유성, 공공 − 속초평생교육정보관(전), 공공 − 울산동부

DMU	BCC	준거집단
대학 – 광운대학교	60.68	대학 – 고려대학교, 대학 – 신라대학교, 대학 – 경북전문대학, 대학 – 가톨릭대학교성신교정, 공공 – 송파, 공공 – 성남시중원문화정보센터, 대학 – 수원과학대학
대학 – 충주대학교	60.28	대학 – 고려대학교, 대학 – 신라대학교, 대학 – 경북전문대학, 대학 – 가톨릭대학교성신교정, 대학 – 진주교육대학교, 공공 – 성남시중원문화정보센터, 대학 – 수원과학대학
공공 – 용산	59.90	공공 – 도봉, 대학 – 진주교육대학교, 공공 – 성남시중원문화정보센터, 대학 – 수원과학대학, 대학 – 창원전문대학
공공 – 중앙	58.68	공공 – 고척, 공공 – 송파, 공공 – 주안, 공공 – 김해, 공공 – 인천시립, 공공 – 유성
공공 – 충북중앙	56.16	공공 – 송파, 공공 – 김해, 공공 – 성남시중원문화정보센터, 대학 – 창원전문대학, 공공 – 유성
대학 – 울산대학교	55.82	대학 – 고려대학교, 대학 – 장로회신학대학교, 공공 – 창원시립, 공공 – 천안중앙
대학 – 대구대학교	55.49	대학 – 고려대학교, 공공 – 도봉, 대학 – 장로회신학대학교, 공공 – 천안중앙, 대학 – 수원과학대학
대학 – 포항공과대학교	54.83	대학 – 장로회신학대학교, 대학 – 가톨릭대학교성신교정, 대학 – 수원과학대학, 대학 – 창원전문대학
대학 – 배재대학교	54.00	대학 – 고려대학교, 대학 – 경북전문대학, 대학 – 장로회신학대학교, 대학 – 진주교육대학교, 공공 – 성남시중원문화정, 센터, 대학 – 수원과학대학
대학 – 대구가톨릭대학교	50.91	대학 – 고려대학교, 대학 – 장로회신학대학교, 대학 – 가톨릭대학교성신교정, 공공 – 송파, 공공 – 인천시립, 공공 – 해운
대학 – 명지대학교	50.87	대학 – 고려대학교, 대학 – 경북전문대학, 대학 – 가톨릭대학교성신교정, 공공 – 송파, 대학 – 수원과학대학, 공공 – 구덕
공공 – 시민	50.83	공공 – 도봉, 대학 – 장로회신학대학교, 전특 – 국사편찬위원회, 공공 – 송파
공공 – 남산	49.36	대학 – 고려대학교, 공공 – 도봉, 전특 – 국사편찬위원회, 공공 – 송파, 공공 – 성남시중원문화정보센터
대학 – 우석대학교	49.33	대학 – 경북전문대학, 대학 – 가톨릭대학교성신교정, 대학 – 수원과학대학, 대학 – 창원전문대학
대학 – 가톨릭대학교성심교정	48.34	대학 – 신라대학교, 공공 – 도봉, 대학 – 가톨릭대학교성신교정, 대학 – 진주교육대학교, 공공 – 성남시중원문화정보센터, 대학 – 수원과학대학
대학 – 고려대학교서창캠퍼스	46.78	대학 – 경북전문대학, 대학 – 진주교육대학교, 공공 – 성남시중원문화정보센터, 대학 – 수원과학대학, 공공 – 용인시립
공공 – 정독	46.43	공공 – 양천, 공공 – 고덕평생학습관, 공공 – 송파, 공공 – 김해
대학 – 동의대학교	46.19	대학 – 고려대학교, 대학 – 신라대학교, 대학 – 경북전문대학, 공공 – 성남시중원문화정보센터, 대학 – 수원과학대학
대학 – 상명대학교	46.17	대학 – 경북전문대학, 대학 – 가톨릭대학교성신교정, 공공 – 송파, 공공 – 천안중앙, 대학 – 수원과학대학, 공공 – 해운대
대학 – 전남대학교	45.75	대학 – 고려대학교, 대학 – 신라대학교, 대학 – 상지대학교, 공공 – 양천, 대학 – 수원과학대학
대학 – 창원대학교	45.71	대학 – 고려대학교, 공공 – 도봉, 대학 – 장로회신학대학교, 공공 – 송파, 대학 – 수원과학대학, 대학 – 창원전문대학
대학 – 전주대학교	44.38	대학 – 고려대학교, 대학 – 신라대학교, 대학 – 경북전문대학, 대학 – 진주교육대학교, 공공 – 성남시중원문화정보센터, 대학 – 수원과학대학
대학 – 한국해양대학교	43.06	대학 – 한세대학교, 대학 – 수원과학대학, 대학 – 창원전문대학, 공공 – 반송, 대학 – 광주보건대학

DMU	BCC	준거집단
대학 – 한림대학교	41.32	대학 – 경북전문대학, 대학 – 장로회신학대학교, 대학 – 가톨릭대학교성신교정, 공공 – 인천시립, 대학 – 한세대학교
대학 – 충남대학교	40.17	대학 – 고려대학교, 대학 – 신라대학교, 공공 – 양천, 공공 – 송파, 공공 – 성남시중원문화정보센터, 대학 – 수원과학대학
대학 – 대진대학교	39.43	대학 – 고려대학교, 대학 – 경북전문대학, 대학 – 장로회신학대학교, 대학 – 가톨릭대학교성신교정, 대학 – 진주교육대, 교, 대학 – 수원과학대학
대학 – 한국교원대학교	38.55	대학 – 장로회신학대학교, 전특 – 국사편찬위원회, 대학 – 가톨릭대학교성신교정, 공공 – 인천시립, 대학 – 수원과학대, 공공 – 해운대, 대학 – 광주보건대학
공공 – 한밭	38.08	공공 – 효목, 공공 – 서부, 공공 – 송파, 공공 – 주안, 공공 – 김해, 공공 – 성남시중원문화정보센터
대학 – 대전대학교	33.97	공공 – 성남시중원문화정보센터, 대학 – 수원과학대학, 공공 – 유성, 대학 – 인덕대학, 대학 – 광주보건대학
대학 – 충북대학교	33.40	대학 – 고려대학교, 대학 – 신라대학교, 공공 – 도봉, 대학 – 가톨릭대학교성신교정, 대학 – 진주교육대학교, 공공 – 성남, 중원문화정보센터, 대학 – 수원과학대학
대학 – 계명대학교	32.71	대학 – 고려대학교, 대학 – 신라대학교, 대학 – 장로회신학대학교, 공공 – 성남시중원문화정보센터, 대학 – 수원과학대
대학 – 덕성여자대학교	31.63	대학 – 장로회신학대학교, 전특 – 국사편찬위원회, 대학 – 가톨릭대학교성신교정, 공공 – 성남시중원문화정보센터, 대, – 수원과학대학, 공공 – 해운대, 대학 – 광주보건대학
대학 – 조선대학교	30.97	대학 – 고려대학교, 대학 – 신라대학교, 공공 – 도봉, 대학 – 서남대학교, 대학 – 수원과학대학, 대학 – 창원전문대학
대학 – 경기대학교	27.67	대학 – 장로회신학대학교, 대학 – 가톨릭대학교성신교정, 공공 – 인천시립, 대학 – 수원과학대학, 공공 – 반송, 대학 – 광주보건대학
대학 – 관동대학교	26.10	대학 – 경북전문대학, 대학 – 가톨릭대학교성신교정, 대학 – 진주교육대학교, 대학 – 수원과학대학, 대학 – 창원전문대, 대학 – 광주보건대학
대학 – 경희대학교	24.88	대학 – 신라대학교, 대학 – 경북전문대학, 대학 – 장로회신학대학교, 공공 – 창원시립, 공공 – 성남시중원문화정보센터, 대학 – 수원과학대학, 공공 – 유성
대학 – 세종대학교	22.56	대학 – 가톨릭대학교성신교정, 대학 – 수원과학대학, 대학 – 광주보건대학
대학 – 동국대학교	20.15	대학 – 경북전문대학, 대학 – 장로회신학대학교, 공공 – 인천시립, 대학 – 수원과학대학, 대학 – 창원전문대학

<표 12> 2003년 관종 통합 CCR 분석(장서수: 1만 권 – 10만 권 미만, 효율성: 99.99 이하)

DMU	CCR	준거집단
공공 – 함안	98.09	공공 – 시흥시립, 전특 – 광주점자도서관, 전특 – 해병대사령부, 전특 – 대전시립연정국악연구원
대학 – 신흥대학	97.67	공공 – 의왕시립, 전특 – 대전시립연정국악연구원
전특 – 영화진흥위원회	97.29	공공 – 의왕시립, 전특 – 대전시립연정국악연구원
공공 – 마산시립합포	93.34	공공 – 시흥시립, 공공 – 당진, 공공 – 남지, 전특 – 대전시립연정국악연구원
전특 – 문화방송	91.83	전특 – 경기도청, 전특 – 광주점자도서관, 전특 – 해병대사령부, 전특 – 대전시립연정국악연구원
공공 – 경북교육정보(전)	90.66	공공 – 의왕시립, 공공 – 북구일곡, 대학 – 양산대학, 전특 – 대전시립연정국악연구원
공공 – 거제	86.58	공공 – 사하, 공공 – 울산울주, 공공 – 시흥시립, 대학 – 양산대학, 전특 – 해병대사령부
공공 – 통영	84.92	공공 – 안산, 공공 – 시흥시립, 공공 – 당진, 전특 – 대전시립연정국악연구원
공공 – 보령공공	84.12	공공 – 당진, 공공 – 남지, 전특 – 대전시립연정국악연구원
대학 – 대구보건대학	83.96	공공 – 의왕시립, 대학 – 양산대학, 전특 – 대전시립연정국악연구원
공공 – 진영	82.75	공공 – 울산울주, 공공 – 안산, 공공 – 시흥시립, 대학 – 양산대학, 전특 – 해병대사령부, 전특 – 대전시립연정국악연구원
공공 – 광주학생교육문화회관	81.78	공공 – 사하, 공공 – 시흥시립, 전특 – 광주점자도서관, 전특 – 대전시립연정국악연구원
공공 – 연산	80.93	공공 – 사하, 공공 – 울산울주, 공공 – 시흥시립, 전특 – 광주점자도서관, 전특 – 해병대사령부, 전특 – 대전시립연정국악연구원
공공 – 밀양시립	79.68	공공 – 시흥시립, 대학 – 양산대학, 공공 – 남지, 전특 – 해병대사령부, 전특 – 대전시립연정국악연구원
공공 – 관악문화도서관	77.60	공공 – 사하, 공공 – 울산울주, 공공 – 시흥시립, 대학 – 양산대학, 전특 – 해병대사령부, 전특 – 대전시립연정국악연구원
공공 – 성동문화	77.54	공공 – 의왕시립, 대학 – 양산대학, 전특 – 대전시립연정국악연구원
대학 – 대전보건대학	77.34	공공 – 의왕시립, 대학 – 양산대학, 전특 – 대전시립연정국악연구원
공공 – 부안	77.20	공공 – 당진, 공공 – 남지
전특 – 국립수의과학검역원	75.03	공공 – 사하, 전특 – 경기도청
공공 – 사천	72.87	공공 – 안산, 공공 – 시흥시립, 공공 – 당진, 전특 – 대전시립연정국악연구원
공공 – 김천시립	71.02	전특 – 대전시립연정국악연구원, 공공 – 김해칠암
공공 – 해남군립	69.94	공공 – 북구일곡, 대학 – 양산대학, 공공 – 남지, 전특 – 대전시립연정국악연구원
공공 – 합천	69.76	공공 – 사하, 공공 – 울산울주, 대학 – 양산대학, 전특 – 대전시립연정국악연구원
공공 – 남해	68.19	공공 – 사하, 전특 – 광주점자도서관, 전특 – 해병대사령부, 전특 – 대전시립연정국악연구원
공공 – 송악	67.92	공공 – 시흥시립, 공공 – 당진, 공공 – 남지
공공 – 성북정보	64.34	공공 – 광진정보, 대학 – 양산대학, 전특 – 대전시립연정국악연구원, 공공 – 김해칠암
공공 – 함양	63.66	공공 – 사하, 공공 – 양주시립, 대학 – 양산대학, 전특 – 해병대사령부, 전특 – 대전시립연정국악연
공공 – 영도	62.95	공공 – 안산, 공공 – 시흥시립, 공공 – 당진, 대학 – 양산대학, 전특 – 대전시립연정국악연구원
공공 – 갈마	62.53	공공 – 안산, 공공 – 시흥시립, 공공 – 당진, 전특 – 대전시립연정국악연구원

DMU	CCR	준거집단
공공 – 하남시립	59.80	공공 – 사하, 공공 – 울산울주, 대학 – 양산대학, 전특 – 해병대사령부, 전특 – 대전시립연정국악연
공공 – 광양공공	59.77	공공 – 안산, 대학 – 양산대학, 전특 – 해병대사령부, 전특 – 대전시립연정국악연구원
공공 – 성남시수정문화정보센터	59.71	공공 – 의왕시립, 대학 – 양산대학, 전특 – 대전시립연정국악연구원
공공 – 충주학생	59.70	공공 – 시흥시립, 공공 – 당진, 대학 – 양산대학, 전특 – 대전시립연정국악연구원
대학 – 조선이공대학	58.83	공공 – 시흥시립, 대학 – 양산대학, 공공 – 남지, 전특 – 대전시립연정국악연구원
공공 – 통영산양	58.51	공공 – 시흥시립, 공공 – 당진, 공공 – 남지
공공 – 서귀포시립(전)	58.43	공공 – 의왕시립, 공공 – 북구일곡, 대학 – 양산대학, 전특 – 대전시립연정국악연구원
공공 – 예산	58.13	공공 – 의왕시립, 대학 – 양산대학, 전특 – 대전시립연정국악연구원
공공 – 양산웅상	57.82	공공 – 시흥시립, 대학 – 양산대학, 공공 – 남지, 전특 – 대전시립연정국악연구원
공공 – 중원	57.65	공공 – 시흥시립, 공공 – 당진, 공공 – 남지, 공공 – 밀양, 전특 – 대전시립연정국악연구원
공공 – 성남시중앙문화정보	55.19	공공 – 시흥시립, 대학 – 양산대학, 전특 – 대전시립연정국악연구원, 공공 – 김해칠암
공공 – 창녕	55.03	공공 – 시흥시립, 대학 – 양산대학, 공공 – 남지, 전특 – 대전시립연정국악연구원
공공 – 영월	54.84	공공 – 시흥시립, 공공 – 당진, 공공 – 남지
공공 – 서동	54.84	공공 – 사하, 공공 – 울산울주, 공공 – 시흥시립, 전특 – 광주점자도서관, 전특 – 해병대사령부, 전특 – 대전시립연정국악연구원
공공 – 금왕	54.42	공공 – 시흥시립, 공공 – 당진, 대학 – 양산대학, 전특 – 대전시립연정국악연구원
전특 – 육군교육사령부	54.21	공공 – 울산울주, 대학 – 양산대학, 전특 – 대한주택공사, 전특 – 해병대사령부, 전특 – 대전시립연정국악연구원
공공 – 용운	53.12	공공 – 안산, 공공 – 시흥시립, 공공 – 당진, 대학 – 양산대학, 전특 – 대전시립연정국악연구원
공공 – 마산회원	53.06	공공 – 안산, 공공 – 시흥시립, 전특 – 해병대사령부, 전특 – 대전시립연정국악연구원
공공 – 가오	52.98	공공 – 시흥시립, 대학 – 양산대학, 공공 – 남지, 전특 – 대전시립연정국악연구원
공공 – 구포	52.66	공공 – 사하, 공공 – 울산울주, 공공 – 시흥시립, 대학 – 양산대학, 전특 – 해병대사령부, 전특 – 대전시립연정국악연구원
공공 – 단양	51.84	공공 – 안산, 대학 – 양산대학, 전특 – 해병대사령부, 전특 – 대전시립연정국악연구원
공공 – 장성	51.61	공공 – 안산, 공공 – 시흥시립, 공공 – 당진, 대학 – 양산대학, 전특 – 대전시립연정국악연구원
대학 – 한라대학교	51.44	공공 – 의왕시립, 전특 – 대전시립연정국악연구원
공공 – 기장도서관	50.62	공공 – 시흥시립, 공공 – 남지, 전특 – 대전시립연정국악연구원
공공 – 의성	50.18	대학 – 양산대학, 전특 – 대전시립연정국악연구원
공공 – 달성	49.91	공공 – 안산, 공공 – 시흥시립, 전특 – 해병대사령부, 전특 – 대전시립연정국악연구원
공공 – 홍성	48.35	공공 – 안산, 공공 – 시흥시립, 공공 – 당진, 전특 – 대전시립연정국악연구원
공공 – 해운대반여	48.02	공공 – 시흥시립, 대학 – 양산대학, 공공 – 남지, 전특 – 대전시립연정국악연구원
대학 – 김천대학	47.52	공공 – 의왕시립, 대학 – 양산대학, 전특 – 대전시립연정국악연구원
공공 – 논산강경	47.33	공공 – 시흥시립, 공공 – 당진, 공공 – 남지, 전특 – 대전시립연정국악연구원

DMU	CCR	준거집단
공공 – 안성시립	47.21	공공 – 사하, 공공 – 울산울주, 공공 – 시흥시립, 전특 – 해병대사령부, 전특 – 대전시립연정국악연구원
공공 – 고흥평생교육관	47.10	공공 – 안산, 공공 – 시흥시립, 공공 – 당진, 전특 – 대전시립연정국악연구원
공공 – 서천	46.38	공공 – 안산, 공공 – 시흥시립, 공공 – 당진
공공 – 제천시립	46.29	공공 – 안산, 전특 – 대전시립연정국악연구원
공공 – 증평	46.21	공공 – 시흥시립, 대학 – 양산대학, 공공 – 남지, 전특 – 대전시립연정국악연구원
공공 – 장흥	43.88	공공 – 시흥시립, 대학 – 양산대학, 공공 – 남지, 전특 – 대전시립연정국악연구원
공공 – 시흥시종합복지회관	43.33	공공 – 시흥시립, 전특 – 광주점자도서관, 전특 – 해병대사령부, 전특 – 대전시립연정국악연구원
공공 – 보은	42.95	공공 – 의왕시립, 대학 – 양산대학, 전특 – 해병대사령부, 전특 – 대전시립연정국악연구원
공공 – 군위	42.82	공공 – 사하, 공공 – 양주시립, 대학 – 양산대학, 전특 – 해병대사령부, 전특 – 대전시립연정국악연구원
공공 – 화성시립태안	42.53	공공 – 시흥시립, 대학 – 양산대학, 전특 – 해병대사령부, 전특 – 대전시립연정국악연구원
공공 – 은평구립	41.23	공공 – 의왕시립, 대학 – 양산대학, 전특 – 대전시립연정국악연구원
전특 – 한국화학연구소	40.69	공공 – 사하, 공공 – 울산울주, 전특 – 경기도청, 전특 – 해병대사령부
대학 – 동우대학	40.27	공공 – 안산, 대학 – 양산대학, 전특 – 대전시립연정국악연구원
공공 – 영동	40.21	공공 – 의왕시립, 대학 – 양산대학, 전특 – 대전시립연정국악연구원
공공 – 고성(경남)	40.17	공공 – 사하, 공공 – 시흥시립, 전특 – 광주점자도서관, 전특 – 해병대사령부, 전특 – 대전시립연정국악연구원
공공 – 삼천포	39.85	공공 – 의왕시립, 대학 – 양산대학, 전특 – 해병대사령부, 전특 – 대전시립연정국악연구원
대학 – 서강정보대학	39.49	공공 – 의왕시립, 대학 – 양산대학, 전특 – 대전시립연정국악연구원
공공 – 영일	39.19	공공 – 안산, 대학 – 양산대학, 전특 – 해병대사령부, 전특 – 대전시립연정국악연구원
전특 – 특허청특허참고자료실	38.57	공공 – 사하, 공공 – 울산울주
공공 – 옥천	37.18	공공 – 의왕시립, 공공 – 북구일곡, 대학 – 양산대학, 전특 – 대전시립연정국악연구원
공공 – 신탄진	37.05	공공 – 시흥시립, 대학 – 양산대학, 전특 – 대전시립연정국악연구원, 공공 – 김해칠암
대학 – 경북과학대학	36.12	공공 – 안산, 대학 – 양산대학, 전특 – 대전시립연정국악연구원
공공 – 서귀포시동부	35.92	공공 – 북구일곡, 공공 – 시흥시립, 대학 – 양산대학, 공공 – 남지, 전특 – 대전시립연정국악연구원
공공 – 금산	35.75	공공 – 사하, 공공 – 양주시립, 대학 – 양산대학, 전특 – 해병대사령부, 전특 – 대전시립연정국악연구원
공공 – 동두천시립	35.60	공공 – 의왕시립, 대학 – 양산대학, 전특 – 해병대사령부, 전특 – 대전시립연정국악연구원
전특 – 통계청	35.43	전특 – 경기도청, 전특 – 해병대사령부, 전특 – 대전시립연정국악연구원
공공 – 태백	35.05	공공 – 안산, 대학 – 양산대학, 전특 – 대전시립연정국악연구원
공공 – 괴산	34.62	공공 – 의왕시립, 대학 – 양산대학, 전특 – 대전시립연정국악연구원
공공 – 음성	34.24	공공 – 시흥시립, 공공 – 당진, 대학 – 양산대학, 전특 – 대전시립연정국악연구원
공공 – 제천학생(전)	32.99	공공 – 시흥시립, 공공 – 당진, 공공 – 남지, 전특 – 대전시립연정국악연구원

DMU	CCR	준거집단
전특 – 서울특별시 종합자료관	32.61	공공 – 사하, 전특 – 경기도청, 전특 – 광주점자도서관, 전특 – 해병대사령부, 전특 – 대전시립연정국악연구원
공공 – 의성군립안계	31.52	공공 – 사하, 공공 – 시흥시립, 전특 – 광주점자도서관, 전특 – 해병대사령부, 전특 – 대전시립연정국악연구원
전특 – 서울시정개발연구원	31.38	공공 – 사하, 전특 – 경기도청, 전특 – 광주점자도서관, 전특 – 대전시립연정국악연구원
대학 – 제주산업정보대학	31.30	공공 – 의왕시립, 대학 – 양산대학, 전특 – 대전시립연정국악연구원
공공 – 성주	31.20	공공 – 시흥시립, 공공 – 당진, 대학 – 양산대학, 전특 – 대전시립연정국악연구원
공공 – 산청	30.78	공공 – 사하, 공공 – 울산울주, 전특 – 경기도청, 전특 – 해병대사령부, 전특 – 대전시립연정국악연구원
공공 – 서귀포학생	30.64	공공 – 시흥시립, 전특 – 해병대사령부, 전특 – 대전시립연정국악연구원
전특 – 공주문화원도서관	30.42	공공 – 의왕시립, 공공 – 북구일곡, 전특 – 대전시립연정국악연구원
대학 – 장안대학	29.91	공공 – 시흥시립, 대학 – 양산대학
공공 – 철원	29.70	공공 – 울산울주, 대학 – 양산대학, 전특 – 대한주택공사, 전특 – 해병대사령부, 전특 – 대전시립연정국악연구원
공공 – 춘성	29.10	공공 – 사하, 공공 – 시흥시립, 대학 – 양산대학, 전특 – 해병대사령부, 전특 – 대전시립연정국악연구원
공공 – 고성(강원도)	27.13	공공 – 의왕시립, 대학 – 양산대학, 전특 – 해병대사령부, 전특 – 대전시립연정국악연구원
공공 – 정읍시립	26.92	공공 – 시흥시립, 공공 – 당진, 대학 – 양산대학, 전특 – 대전시립연정국악연구원
공공 – 탐라	26.88	공공 – 의왕시립, 전특 – 대전시립연정국악연구원
공공 – 남구	24.92	공공 – 의왕시립, 공공 – 북구일곡, 대학 – 양산대학, 전특 – 대전시립연정국악연구원
공공 – 예천	24.86	공공 – 안산, 공공 – 시흥시립, 대학 – 양산대학, 전특 – 해병대사령부, 전특 – 대전시립연정국악연구원
공공 – 제남	24.71	공공 – 시흥시립, 공공 – 당진, 공공 – 남지, 전특 – 대전시립연정국악연구원
대학 – 상주대학교	24.22	공공 – 시흥시립, 대학 – 양산대학
전특 – 전남교육연수원	23.87	공공 – 의왕시립, 전특 – 대한주택공사, 전특 – 해병대사령부, 전특 – 대전시립연정국악연구원
공공 – 서귀포종합(전)	23.67	공공 – 의왕시립, 대학 – 양산대학, 전특 – 대전시립연정국악연구원
전특 – 국토연구원	23.35	공공 – 사하, 전특 – 경기도청
전특 – 문화관광부	23.24	공공 – 사하, 전특 – 경기도청
대학 – 마산대학	22.36	공공 – 의왕시립, 대학 – 양산대학, 전특 – 대한주택공사
공공 – 정선	22.35	공공 – 안산, 대학 – 양산대학, 전특 – 해병대사령부, 전특 – 대전시립연정국악연구원
대학 – 한국정보통신대학교	22.31	공공 – 울산울주, 공공 – 시흥시립, 전특 – 해병대사령부, 전특 – 대전시립연정국악연구원
전특 – 한국자원연구소	22.12	공공 – 울산울주, 전특 – 경기도청, 전특 – 광주점자도서관, 전특 – 해병대사령부
대학 – 용인송담대학	21.97	공공 – 시흥시립
공공 – 양양	21.95	공공 – 시흥시립, 공공 – 당진, 대학 – 양산대학, 전특 – 대전시립연정국악연구원
대학 – 부산가톨릭대학교	20.97	공공 – 시흥시립, 대학 – 양산대학, 전특 – 해병대사령부
공공 – 점촌	20.05	공공 – 울산울주, 공공 – 안산, 공공 – 시흥시립, 대학 – 양산대학, 전특 – 해병대사령부, 전특 – 대전시립연정국악연구원

DMU	CCR	준거집단
공공 – 울진	19.38	공공 – 안산, 공공 – 시흥시립, 대학 – 양산대학, 전특 – 해병대사령부, 전특 – 대전시립연정국악연구원
공공 – 진동	19.34	공공 – 사하, 공공 – 울산울주, 공공 – 시흥시립, 대학 – 양산대학, 전특 – 해병대사령부, 전특 – 대전시립연정국악연구원
대학 – 창신대학	19.01	공공 – 의왕시립, 대학 – 양산대학, 전특 – 해병대사령부, 전특 – 대전시립연정국악연구원
공공 – 청원	18.71	공공 – 의왕시립, 대학 – 양산대학, 전특 – 해병대사령부, 전특 – 대전시립연정국악연구원
공공 – 밀양하남	18.43	공공 – 안산, 공공 – 시흥시립, 대학 – 양산대학, 전특 – 해병대사령부, 전특 – 대전시립연정국악연구원
공공 – 청송	18.30	공공 – 안산, 공공 – 시흥시립, 대학 – 양산대학, 전특 – 해병대사령부, 전특 – 대전시립연정국악연구원
공공 – 도계	16.47	공공 – 의왕시립, 대학 – 양산대학, 전특 – 해병대사령부, 전특 – 대전시립연정국악연구원
대학 – 안동과학대학	16.15	공공 – 시흥시립, 대학 – 양산대학
대학 – 광주가톨릭대학교	15.70	전특 – 경기도청, 전특 – 해병대사령부
공공 – 담양	15.65	공공 – 안산, 대학 – 양산대학
전특 – 한국지질자원연구원	15.53	공공 – 울산울주, 대학 – 양산대학
대학 – 유한대학	15.30	공공 – 시흥시립, 대학 – 양산대학
대학 – 여주대학	15.11	공공 – 시흥시립, 대학 – 양산대학
전특 – 국민체육진흥공단 체육과학연구원	14.96	전특 – 대한주택공사, 전특 – 대전시립연정국악연구원
공공 – 신안군립	14.67	공공 – 안산, 공공 – 시흥시립, 전특 – 해병대사령부, 전특 – 대전시립연정국악연구원
전특 – 대한상공회의소	14.03	공공 – 의왕시립, 전특 – 대한주택공사, 전특 – 대전시립연정국악연구원
대학 – 울산과학대학	13.59	공공 – 시흥시립
대학 – 적십자간호대학	11.80	공공 – 안산, 공공 – 시흥시립, 대학 – 양산대학, 전특 – 해병대사령부, 전특 – 대전시립연정국악연구원
대학 – 동주대학	10.75	공공 – 시흥시립, 대학 – 양산대학
대학 – 군산간호대학	10.40	공공 – 시흥시립, 대학 – 양산대학
대학 – 주성대학	10.16	공공 – 의왕시립, 대학 – 양산대학, 전특 – 해병대사령부, 전특 – 대전시립연정국악연구원
전특 – 중앙선거관리위원회	9.66	공공 – 의왕시립, 전특 – 대한주택공사
대학 – 부산여자대학	7.51	공공 – 시흥시립, 공공 – 당진, 대학 – 양산대학
대학 – 군장대학	7.00	공공 – 의왕시립, 대학 – 양산대학, 전특 – 대전시립연정국악연구원
전특 – 서울특별시 과학교육원	6.20	공공 – 의왕시립, 대학 – 양산대학, 전특 – 해병대사령부, 전특 – 대전시립연정국악연구원
전특 – 광주전남발전연구원	5.22	공공 – 울산울주, 전특 – 광주점자도서관, 전특 – 해병대사령부
대학 – 진주국제대학교	5.17	공공 – 안산, 대학 – 양산대학, 전특 – 대전시립연정국악연구원
대학 – 한영신학대학교	5.07	공공 – 사하, 공공 – 울산울주, 대학 – 양산대학, 전특 – 해병대사령부
전특 – 농업환경관 (농업과학기술원)	4.81	공공 – 사하, 공공 – 양주시립, 대학 – 양산대학, 전특 – 해병대사령부
전특 – 한국건설기술연구원	4.72	공공 – 사하, 전특 – 경기도청

DMU	CCR	준거집단
대학 - 복음신학대학원 대학교	4.07	공공 - 울산울주, 공공 - 시흥시립, 대학 - 양산대학, 전특 - 해병대사령부, 전특 - 대전시립연정국악연구원
전특 - 한국고등교육재단	2.32	공공 - 울산울주, 대학 - 양산대학, 전특 - 대전시립연정국악연구원
전특 - 육군제3158부대	1.20	공공 - 의왕시립, 전특 - 대전시립연정국악연구원

<표 13> 2003년 관종 통합 BCC 분석(장서수: 1만 권 - 10만 권 미만, 효율성: 99.99 이하)

DMU	BCC	준거집단
공공 - 마산시립합포	95.40	공공 - 시흥시립, 공공 - 당진, 공공 - 밀양, 전특 - 해병대사령부, 전특 - 대전시립연정국악연구원
전특 - 특허청특허참고자료실	93.33	대학 - 양산대학, 전특 - 국립수의과학검역원, 전특 - 해병대사령부, 전특 - 영화진흥위원회, 전특 - 대전시립연정국악연구원, 전특 - 한국지질자원연구원
공공 - 통영	93.17	공공 - 안산, 공공 - 시흥시립, 공공 - 당진, 전특 - 해병대사령부, 전특 - 대전시립연정국악연구원, 전특 - 농업환경관(농업과학기술원)
전특 - 육군교육사령부	93.16	전특 - 대한주택공사, 전특 - 문화방송, 전특 - 국립수의과학검역원, 전특 - 영화진흥위원회
대학 - 대구보건대학	91.80	대학 - 신흥대학, 전특 - 해병대사령부, 전특 - 영화진흥위원회, 전특 - 대전시립연정국악연구원
공공 - 밀양시립	91.19	공공 - 시흥시립, 공공 - 당진, 공공 - 밀양, 전특 - 해병대사령부, 전특 - 대전시립연정국악연구원, 전특 - 농업환경관(농업과학기술원)
공공 - 경북교육정보(전)	91.03	공공 - 의왕시립, 공공 - 북구일곡, 대학 - 양산대학, 전특 - 대전시립연정국악연구원
대학 - 적십자간호대학	89.78	전특 - 해병대사령부, 전특 - 전남교육연수원, 전특 - 대전시립연정국악연구원, 전특 - 농업환경관(농업과학기술원), 전특 - 공주문화원도서관, 대학 - 복음신학대학원대학교
공공 - 중원	89.10	공공 - 시흥시립, 공공 - 당진, 공공 - 밀양, 공공 - 부안, 전특 - 해병대사령부, 전특 - 대전시립연정국악연구원
공공 - 연산	88.82	공공 - 사하, 공공 - 울산울주, 공공 - 시흥시립, 전특 - 해병대사령부, 전특 - 대전시립연정국악연구원
전특 - 국민체육진흥공단체육과학연구원	88.02	전특 - 국립수의과학검역원, 전특 - 영화진흥위원회, 전특 - 농업환경관(농업과학기술원)
공공 - 거제	87.85	공공 - 사하, 공공 - 울산울주, 공공 - 시흥시립, 대학 - 양산대학, 전특 - 해병대사령부, 전특 - 대전시립연정국악연구원
공공 - 논산강경	86.06	공공 - 당진, 공공 - 부안, 공공 - 통영산양, 전특 - 해병대사령부, 전특 - 대전시립연정국악연구원, 전특 - 농업환경관(농업과학기술원), 전특 - 공주문화원도서관
대학 - 상주대학교	85.39	대학 - 양산대학, 대학 - 복음신학대학원대학교, 대학 - 군산간호대학, 공공 - 김해칠암
공공 - 송악	85.09	공공 - 당진, 공공 - 남지, 공공 - 부안, 공공 - 통영산양, 전특 - 해병대사령부, 전특 - 농업환경관(농업과학기술원)
공공 - 성동문화	84.71	공공 - 의왕시립, 공공 - 북구일곡, 공공 - 광진정보, 대학 - 양산대학, 전특 - 대전시립연정국악연구원
대학 - 동우대학	83.77	공공 - 당진, 대학 - 양산대학, 전특 - 영화진흥위원회, 전특 - 대전시립연정국악연구원, 전특 - 농업환경관(농업과학기술원)

DMU	BCC	준거집단
공공 – 진영	83.48	공공 – 울산울주, 공공 – 안산, 공공 – 시흥시립, 대학 – 양산대학, 전특 – 해병대사령부, 전특 – 대전시립연정국악연구원
공공 – 고흥평생교육관	82.86	공공 – 안산, 공공 – 당진, 전특 – 문화방송, 전특 – 대전시립연정국악연구원, 전특 – 농업환경관(농업과학기술원)
공공 – 광주학생교육문화회관	81.94	공공 – 시흥시립, 전특 – 광주점자도서관, 전특 – 대전시립연정국악연구원, 전특 – 한국자원연구소
공공 – 충주학생	80.80	공공 – 시흥시립, 공공 – 당진, 공공 – 밀양, 전특 – 해병대사령부, 전특 – 대전시립연정국악연구원, 전특 – 농업환경관
공공 – 장성	80.72	공공 – 안산, 공공 – 당진, 대학 – 양산대학, 전특 – 문화방송, 전특 – 대전시립연정국악연구원
대학 – 대전보건대학	79.97	공공 – 의왕시립, 대학 – 양산대학, 전특 – 해병대사령부, 전특 – 영화진흥위원회, 전특 – 대전시립연정국악연구원
공공 – 관악문화도서관	78.97	공공 – 사하, 공공 – 시흥시립, 대학 – 양산대학, 전특 – 대전시립연정국악연구원
공공 – 합천	78.10	공공 – 사하, 공공 – 울산울주, 대학 – 양산대학, 전특 – 국립수의과학검역원, 전특 – 대전시립연정국악연구원
전특 – 광주전남발전연구원	77.61	전특 – 문화방송, 전특 – 영화진흥위원회, 전특 – 대전시립연정국악연구원, 대학 – 복음신학대학원대학교
공공 – 해운대반여	77.19	공공 – 시흥시립, 공공 – 밀양, 전특 – 대전시립연정국악연구원, 전특 – 농업환경관(농업과학기술원), 전특 – 공주문화원도서관
공공 – 사천	76.84	공공 – 안산, 공공 – 시흥시립, 공공 – 당진, 전특 – 해병대사령부, 전특 – 대전시립연정국악연구원, 전특 – 농업환경관(농업과학기술원)
공공 – 홍성	75.85	공공 – 당진, 공공 – 남지, 공공 – 부안, 공공 – 통영산양, 전특 – 해병대사령부, 전특 – 대전시립연정국악연구원, 전특 – 농업환경관(농업과학기술원)
공공 – 영도	75.24	공공 – 안산, 공공 – 시흥시립, 공공 – 당진, 전특 – 해병대사령부, 전특 – 대전시립연정국악연구원, 전특 – 농업환경관(농업과학기술원)
공공 – 서귀포시동부	75.20	대학 – 양산대학, 전특 – 해병대사령부, 전특 – 대전시립연정국악연구원, 전특 – 농업환경관(농업과학기술원), 전특 – 공주문화원도서관, 대학 – 복음신학대학원대학교, 공공 – 김해칠암
공공 – 서천	74.90	공공 – 당진, 공공 – 밀양, 전특 – 문화방송, 전특 – 해병대사령부, 전특 – 농업환경관(농업과학기술원)
공공 – 의성군립안계	74.13	공공 – 시흥시립, 전특 – 해병대사령부, 전특 – 대전시립연정국악연구원, 전특 – 농업환경관(농업과학기술원), 전특 – 공주문화원도서관, 대학 – 복음신학대학원대학교
공공 – 금왕	72.05	공공 – 안산, 공공 – 당진, 대학 – 양산대학, 전특 – 문화방송, 전특 – 대전시립연정악연구원, 전특 – 농업환경관(농업과학기술원)
공공 – 해남군립	70.45	공공 – 북구일곡, 공공 – 시흥시립, 대학 – 양산대학, 공공 – 남지, 전특 – 해병대사령부, 전특 – 대전시립연정국악연구원
공공 – 의성	70.06	대학 – 양산대학, 전특 – 영화진흥위원회, 전특 – 대전시립연정국악연구원
공공 – 영월	70.04	공공 – 당진, 공공 – 남지, 공공 – 밀양, 전특 – 문화방송, 전특 – 농업환경관(농업과학기술원)
공공 – 남해	68.89	공공 – 사하, 전특 – 문화방송, 전특 – 광주점자도서관, 전특 – 해병대사령부, 전특 – 대전시립연정국악연구원
공공 – 성주	68.73	공공 – 당진, 공공 – 밀양, 공공 – 부안, 전특 – 문화방송, 전특 – 대전시립연정국악연구원

DMU	BCC	준거집단
전특 – 한국고등교육재단	66.07	전특 – 영화진흥위원회, 전특 – 대전시립연정국악연구원, 전특 – 한국지질자원연구원
공공 – 성남시수정문화정보센터	65.92	공공 – 의왕시립, 공공 – 광진정보, 대학 – 양산대학, 전특 – 대전시립연정국악연구원
공공 – 기장도서관	65.88	공공 – 시흥시립, 공공 – 밀양, 전특 – 해병대사령부, 전특 – 대전시립연정국악연구원, 전특 – 농업환경관(농업과학기술원), 전특 – 공주문화원도서관
공공 – 성북정보	64.96	공공 – 광진정보, 대학 – 양산대학, 전특 – 대전시립연정국악연구원, 공공 – 김해칠암
전특 – 서울특별시과학교육원	64.58	공공 – 시흥시립, 전특 – 해병대사령부, 전특 – 대전시립연정국악연구원, 전특 – 농업환경관(농업과학기술원), 전특 – 공주문화원도서관, 대학 – 복음신학대학원대학교
공공 – 서귀포시립(전)	64.38	공공 – 의왕시립, 대학 – 양산대학, 전특 – 해병대사령부, 전특 – 대전시립연정국악연구원, 전특 – 농업환경관(농업과학기술원)
공공 – 함양	63.75	공공 – 사하, 공공 – 시흥시립, 공공 – 양주시립, 대학 – 양산대학, 전특 – 해병대사령부, 전특 – 대전시립연정국악연구원
공공 – 장흥	63.73	공공 – 당진, 공공 – 남지, 공공 – 부안, 전특 – 문화방송, 전특 – 해병대사령부, 전특 – 대전시립연정국악연구원, 전특 – 농업환경관(농업과학기술원), 전특 – 공주문화원도서관
공공 – 구포	62.91	공공 – 울산울주, 공공 – 안산, 대학 – 양산대학, 전특 – 해병대사령부, 전특 – 대전시립연정국악연구원
공공 – 갈마	62.90	공공 – 안산, 공공 – 시흥시립, 공공 – 당진, 전특 – 대전시립연정국악연구원
대학 – 조선이공대학	62.25	공공 – 당진, 대학 – 양산대학, 전특 – 해병대사령부, 전특 – 대전시립연정국악연구원, 전특 – 농업환경관(농업과학기술원)
공공 – 하남시립	61.69	공공 – 사하, 대학 – 양산대학, 전특 – 국립수의과학검역원, 전특 – 해병대사령부, 전특 – 대전시립연정국악연구원
공공 – 예산	61.69	공공 – 의왕시립, 대학 – 양산대학, 전특 – 해병대사령부, 전특 – 영화진흥위원회, 전특 – 대전시립연정국악연구원
전특 – 한국화학연구소	61.41	전특 – 문화방송, 전특 – 국립수의과학검역원, 전특 – 해병대사령부, 전특 – 영화진흥위원회
공공 – 서귀포종합(전)	61.13	공공 – 당진, 전특 – 문화방송, 전특 – 영화진흥위원회, 전특 – 대전시립연정국악연구원, 전특 – 농업환경관(농업과학기술원)
공공 – 달성	60.96	공공 – 시흥시립, 공공 – 남지, 공공 – 밀양, 전특 – 해병대사령부, 전특 – 대전시립연정국악연구원, 전특 – 농업환경관(농업과학기술원)
공공 – 서동	60.66	공공 – 사하, 공공 – 울산울주, 공공 – 시흥시립, 대학 – 양산대학, 전특 – 해병대사령부, 전특 – 대전시립연정국악연구원
공공 – 광양공공	60.59	공공 – 안산, 대학 – 양산대학, 전특 – 해병대사령부, 전특 – 대전시립연정국악연구원
공공 – 음성	60.20	공공 – 당진, 공공 – 밀양, 공공 – 부안, 전특 – 해병대사령부, 전특 – 대전시립연정국악연구원, 전특 – 농업환경관(농업과학기술원), 전특 – 공주문화원도서관
공공 – 양산웅상	59.53	공공 – 안산, 공공 – 시흥시립, 대학 – 양산대학, 전특 – 해병대사령부, 전특 – 대전시립연정국악연구원
전특 – 문화관광부	59.51	전특 – 국립수의과학검역원, 전특 – 영화진흥위원회, 전특 – 대전시립연정국악연구원, 전특 – 한국지질자원연구원

DMU	BCC	준거집단
공공 – 가오	59.28	공공 – 시흥시립, 공공 – 당진, 공공 – 밀양, 전특 – 해병대사령부, 전특 – 대전시립연정국악연구원, 전특 – 농업환경관(농업과학기술원)
대학 – 한국정보통신대학교	58.74	공공 – 시흥시립, 전특 – 해병대사령부, 전특 – 대전시립연정국악연구원, 전특 – 농업환경관(농업과학기술원), 전특 – 한국자원연구소, 대학 – 복음신학대학원대학교
공공 – 용운	58.55	공공 – 안산, 공공 – 시흥시립, 공공 – 당진, 전특 – 해병대사령부, 전특 – 대전시립연정국악연구원, 전특 – 농업환경관(농업과학기술원)
공공 – 제남	56.70	공공 – 남지, 공공 – 부안, 공공 – 통영산양, 전특 – 문화방송, 전특 – 해병대사령부, 전특 – 대전시립연정국악연구원, 전특 – 농업환경관(농업과학기술원), 전특 – 공주문화원도서관
전특 – 육군제3158부대	55.93	전특 – 문화방송, 전특 – 대전시립연정국악연구원, 전특 – 한국자원연구소, 대학 – 복음신학대학원대학교
공공 – 창녕	55.17	공공 – 시흥시립, 대학 – 양산대학, 공공 – 남지, 전특 – 해병대사령부, 전특 – 대전시립연정국악연구원
대학 – 김천대학	54.39	공공 – 의왕시립, 대학 – 양산대학, 전특 – 해병대사령부, 전특 – 영화진흥위원회, 전특 – 대전시립연정국악연구원
공공 – 단양	53.60	공공 – 안산, 대학 – 양산대학, 전특 – 해병대사령부, 전특 – 대전시립연정국악연구원
공공 – 마산회원	53.07	공공 – 안산, 공공 – 시흥시립, 대학 – 양산대학, 전특 – 해병대사령부, 전특 – 대전시립연정국악연구원
대학 – 경북과학대학	52.44	전특 – 해병대사령부, 전특 – 영화진흥위원회, 전특 – 대전시립연정국악연구원
대학 – 한라대학교	51.59	공공 – 의왕시립, 전특 – 영화진흥위원회, 전특 – 대전시립연정국악연구원
대학 – 마산대학	51.59	공공 – 의왕시립, 전특 – 중앙선거관리위원회, 전특 – 문화방송, 전특 – 해병대사령부
공공 – 화성시립태안	51.36	공공 – 시흥시립, 대학 – 양산대학, 전특 – 해병대사령부, 전특 – 대전시립연정국악연구원, 전특 – 농업환경관(농업과학기술원), 전특 – 공주문화원도서관, 대학 – 복음신학대학원대학교
공공 – 서귀포학생	50.30	공공 – 밀양, 전특 – 문화방송, 전특 – 해병대사령부, 전특 – 대전시립연정국악연구원
대학 – 군장대학	50.06	전특 – 문화방송, 전특 – 전남교육연수원, 전특 – 영화진흥위원회, 전특 – 대전시립연정국악연구원, 전특 – 농업환경관(농업과학기술원)
대학 – 장안대학	50.00	전특 – 해병대사령부, 전특 – 전남교육연수원, 전특 – 영화진흥위원회
대학 – 동주대학	50.00	전특 – 해병대사령부
대학 – 광주가톨릭대학교	50.00	전특 – 중앙선거관리위원회, 전특 – 해병대사령부
공공 – 증평	49.66	공공 – 안산, 공공 – 시흥시립, 대학 – 양산대학, 전특 – 해병대사령부, 전특 – 대전시립연정국악연구원, 전특 – 농업환경관(농업과학기술원), 전특 – 공주문화원도서관
공공 – 안성시립	47.86	공공 – 사하, 공공 – 울산울주, 공공 – 시흥시립, 전특 – 해병대사령부, 전특 – 대전시립연정국악연구원
공공 – 제천학생(전)	47.53	공공 – 당진, 공공 – 밀양, 공공 – 부안, 전특 – 해병대사령부, 전특 – 대전시립연정국악연구원, 전특 – 농업환경관(농업과학기술원), 전특 – 공주문화원도서관
공공 – 제천시립	47.36	공공 – 안산, 전특 – 해병대사령부, 전특 – 대전시립연정국악연구원

DMU	BCC	준거집단
대학 - 서강정보대학	47.32	공공 - 의왕시립, 대학 - 양산대학, 전특 - 해병대사령부, 전특 - 영화진흥위원회, 전특 - 대전시립연정국악연구원, 전특 - 농업환경관(농업과학기술원)
전특 - 대한상공회의소	47.26	전특 - 문화방송, 전특 - 국립수의과학검역원, 전특 - 영화진흥위원회, 전특 - 대전시립연정국악연구원, 전특 - 농업환경관(농업과학기술원), 대학 - 복음신학대학원대학교
공공 - 영일	46.34	공공 - 당진, 대학 - 양산대학, 전특 - 문화방송, 전특 - 해병대사령부, 전특 - 대전시립연정국악연구원, 전특 - 농업환경관(농업과학기술원)
대학 - 제주산업정보대학	46.24	공공 - 당진, 대학 - 양산대학, 전특 - 문화방송, 전특 - 영화진흥위원회, 전특 - 대전시립연정국악연구원, 전특 - 농업환경관(농업과학기술원)
공공 - 고성(경남)	45.84	전특 - 해병대사령부, 전특 - 대전시립연정국악연구원, 전특 - 농업환경관(농업과학기술원), 전특 - 한국자원연구소, 대학 - 복음신학대학원대학교
전특 - 통계청	45.34	전특 - 경기도청, 전특 - 문화방송, 전특 - 해병대사령부, 전특 - 대전시립연정국악연구원
공공 - 군위	45.31	대학 - 양산대학, 전특 - 해병대사령부, 전특 - 영화진흥위원회, 전특 - 대전시립연정국악연구원, 전특 - 한국지질자원연구원, 전특 - 농업환경관(농업과학기술원), 대학 - 복음신학대학원대학교
공공 - 보은	44.97	대학 - 양산대학, 전특 - 해병대사령부, 전특 - 영화진흥위원회, 전특 - 대전시립연정국악연구원, 전특 - 한국지질자원연구원, 전특 - 농업환경관(농업과학기술원), 전특 - 한국자원연구소, 대학 - 복음신학대학원대학교
공공 - 신탄진	44.77	공공 - 시흥시립, 대학 - 양산대학, 전특 - 대전시립연정국악연구원, 전특 - 공주문화원도서관, 공공 - 김해칠암
공공 - 춘성	44.31	대학 - 양산대학, 전특 - 해병대사령부, 전특 - 대전시립연정국악연구원, 전특 - 농업환경관(농업과학기술원), 전특 - 공주문화원도서관, 대학 - 복음신학대학원대학교, 공공 - 김해칠암
공공 - 시흥시종합복지회관	43.43	공공 - 사하, 공공 - 시흥시립, 공공 - 함안, 전특 - 해병대사령부, 전특 - 대전시립연정국악연구원
공공 - 옥천	42.71	공공 - 의왕시립, 대학 - 양산대학, 전특 - 해병대사령부, 전특 - 대전시립연정국악연구원, 전특 - 공주문화원도서관
공공 - 도계	42.65	전특 - 해병대사령부, 전특 - 전남교육연수원, 전특 - 대전시립연정국악연구원, 전특 - 농업환경관(농업과학기술원), 전특 - 공주문화원도서관, 대학 - 복음신학대학원대학교
공공 - 예천	42.46	공공 - 안산, 공공 - 시흥시립, 대학 - 양산대학, 전특 - 해병대사령부, 전특 - 대전시립연정국악연구원, 전특 - 농업환경관(농업과학기술원), 전특 - 공주문화원도서관
공공 - 영동	42.02	공공 - 의왕시립, 대학 - 양산대학, 전특 - 해병대사령부, 전특 - 영화진흥위원회, 전특 - 대전시립연정국악연구원, 전특 - 공주문화원도서관
공공 - 은평구립	42.02	공공 - 의왕시립, 공공 - 광진정보, 대학 - 양산대학, 전특 - 대전시립연정국악연구원
공공 - 밀양하남	41.55	공공 - 시흥시립, 전특 - 해병대사령부, 전특 - 대전시립연정국악연구원, 전특 - 농업환경관(농업과학기술원), 전특 - 공주문화원도서관, 대학 - 복음신학대학원대학교
공공 - 금산	41.48	공공 - 안산, 대학 - 양산대학, 전특 - 문화방송, 전특 - 해병대사령부, 전특 - 대전시립연정국악연구원, 전특 - 농업환경관(농업과학기술원)

DMU	BCC	준거집단
공공 – 신안군립	41.18	대학 – 양산대학, 전특 – 해병대사령부, 전특 – 대전시립연정국악연구원, 전특 – 농업환경관(농업과학기술원), 전특 – 공주문화원도서관, 대학 – 복음신학대학원대학교, 공공 – 김해칠암
공공 – 삼천포	40.93	대학 – 양산대학, 전특 – 해병대사령부, 전특 – 영화진흥위원회, 전특 – 대전시립연정국악연구원, 전특 – 농업환경관(농업과학기술원)
공공 – 태백	39.56	공공 – 안산, 대학 – 양산대학, 전특 – 해병대사령부, 전특 – 대전시립연정국악연구원
공공 – 괴산	38.90	공공 – 의왕시립, 대학 – 양산대학, 전특 – 해병대사령부, 전특 – 영화진흥위원회, 전특 – 대전시립연정국악연구원, 전특 – 농업환경관(농업과학기술원)
공공 – 진동	38.84	대학 – 양산대학, 전특 – 해병대사령부, 전특 – 대전시립연정국악연구원, 전특 – 농업환경관(농업과학기술원), 전특 – 공주문화원도서관, 대학 – 복음신학대학원대학교, 공공 – 김해칠암
공공 – 양양	38.79	공공 – 시흥시립, 공공 – 밀양, 전특 – 해병대사령부, 전특 – 대전시립연정국악연구원, 전특 – 농업환경관(농업과학기술원), 전특 – 공주문화원도서관
공공 – 담양	38.38	대학 – 양산대학, 전특 – 문화방송, 전특 – 영화진흥위원회, 전특 – 대전시립연정국악연구원, 전특 – 농업환경관(농업과학기술원), 전특 – 공주문화원도서관
공공 – 산청	38.29	전특 – 광주점자도서관, 전특 – 국립수의과학검역원, 전특 – 해병대사령부, 전특 – 대전시립연정국악연구원, 전특 – 한국자원연구소
공공 – 철원	38.09	대학 – 양산대학, 전특 – 국립수의과학검역원, 전특 – 해병대사령부, 전특 – 영화진흥위원회, 전특 – 대전시립연정국악연구원, 전특 – 한국지질자원연구원, 전특 – 농업환경관(농업과학기술원)
전특 – 국토연구원	37.69	전특 – 문화방송, 전특 – 국립수의과학검역원
공공 – 점촌	36.82	공공 – 시흥시립, 대학 – 양산대학, 전특 – 해병대사령부, 전특 – 대전시립연정국악연구원, 전특 – 공주문화원도서관, 대학 – 복음신학대학원대학교, 공공 – 김해칠암
공공 – 청원	36.73	전특 – 해병대사령부, 전특 – 전남교육연수원, 전특 – 영화진흥위원회, 전특 – 대전시립연정국악연구원, 전특 – 농업환경관(농업과학기술원), 전특 – 공주문화원도서관, 대학 – 복음신학대학원대학교
공공 – 고성(강원도)	36.26	공공 – 의왕시립, 대학 – 양산대학, 전특 – 해병대사령부, 전특 – 대전시립연정국악연구원, 전특 – 농업환경관(농업과학기술원), 전특 – 한국자원연구소, 전특 – 공주문화원도서관
공공 – 동두천시립	36.06	공공 – 의왕시립, 대학 – 양산대학, 전특 – 해병대사령부, 전특 – 대전시립연정국악연구원
대학 – 용인송담대학	35.15	공공 – 시흥시립, 전특 – 해병대사령부, 대학 – 복음신학대학원대학교, 대학 – 군산간호대학
공공 – 정읍시립	33.73	공공 – 당진, 공공 – 밀양, 전특 – 해병대사령부, 전특 – 대전시립연정국악연구원, 전특 – 농업환경관(농업과학기술원), 전특 – 공주문화원도서관
대학 – 여주대학	33.33	전특 – 해병대사령부, 전특 – 전남교육연수원
대학 – 유한대학	33.33	전특 – 해병대사령부
공공 – 울진	33.22	대학 – 양산대학, 전특 – 문화방송, 전특 – 해병대사령부, 전특 – 대전시립연정국악연구원, 전특 – 농업환경관(농업과학기술원), 전특 – 공주문화원도서관

DMU	BCC	준거집단
대학 – 안동과학대학	33.01	대학 – 양산대학, 전특 – 문화방송, 전특 – 해병대사령부, 전특 – 영화진흥위원회, 전특 – 대전시립연정국악연구원, 전특 – 농업환경관(농업과학기술원), 전특 – 공주문화원도서관
전특 – 서울특별시종합자료관	32.86	공공 – 사하, 전특 – 경기도청, 전특 – 문화방송, 전특 – 광주점자도서관, 전특 – 해병대사령부, 전특 – 대전시립연정국악연구원
공공 – 정선	32.44	공공 – 시흥시립, 대학 – 양산대학, 전특 – 해병대사령부, 전특 – 대전시립연정국악연구원, 전특 – 공주문화원도서관, 대학 – 복음신학대학원대학교, 공공 – 김해칠암
공공 – 청송	31.33	대학 – 양산대학, 전특 – 문화방송, 전특 – 해병대사령부, 전특 – 대전시립연정국악연구원, 전특 – 농업환경관(농업과학기술원), 전특 – 공주문화원도서관
공공 – 남구	27.92	대학 – 양산대학, 전특 – 대전시립연정국악연구원, 전특 – 농업환경관(농업과학기술원), 전특 – 공주문화원도서관, 대학 – 복음신학대학원대학교, 공공 – 김해칠암
대학 – 창신대학	27.70	전특 – 해병대사령부, 전특 – 전남교육연수원, 전특 – 영화진흥위원회, 전특 – 대전시립연정국악연구원
대학 – 진주국제대학교	27.30	대학 – 양산대학, 전특 – 해병대사령부, 전특 – 영화진흥위원회, 전특 – 대전시립연정국악연구원, 전특 – 농업환경관(농업과학기술원), 전특 – 공주문화원도서관, 대학 – 복음신학대학원대학교
공공 – 탐라	27.03	공공 – 의왕시립, 전특 – 영화진흥위원회, 전특 – 대전시립연정국악연구원, 전특 – 공주문화원도서관
대학 – 부산가톨릭대학교	25.70	공공 – 시흥시립, 대학 – 양산대학, 전특 – 해병대사령부, 대학 – 복음신학대학원대학교, 대학 – 군산간호대학
대학 – 주성대학	25.61	전특 – 해병대사령부, 전특 – 전남교육연수원, 전특 – 영화진흥위원회, 전특 – 대전시립연정국악연구원, 전특 – 공주문화원도서관
대학 – 울산과학대학	25.00	전특 – 해병대사령부, 전특 – 전남교육연수원
대학 – 한영신학대학교	24.45	전특 – 문화방송, 전특 – 해병대사령부, 전특 – 전남교육연수원, 전특 – 대전시립연정국악연구원, 전특 – 농업환경관(농업과학기술원), 대학 – 복음신학대학원대학교
전특 – 한국건설기술연구원	22.35	전특 – 문화방송, 전특 – 국립수의과학검역원, 전특 – 대전시립연정국악연구원, 전특 – 농업환경관(농업과학기술원), 전특 – 한국자원연구소, 대학 – 복음신학대학원대학교
대학 – 부산여자대학	17.22	대학 – 양산대학, 전특 – 농업환경관(농업과학기술원), 전특 – 공주문화원도서관, 대학 – 복음신학대학원대학교, 공공 – 김해칠암

<표 14> 2003년 관종 통합 CCR 분석(장서수: 1만 권 미만, 효율성: 99.99 이하)

DMU	CCR	준거집단
전특 – 현대자동차	92.38	전특 – 강남성심병원, 전특 – 시설안전기술공단, 공공 – 양산
전특 – 전라북도교원연수원	85.37	공공 – 양산, 공공 – 고성동부
전특 – 전라북도시각장애인도서관	84.39	전특 – 강남성심병원, 공공 – 양산, 공공 – 고성동부
전특 – 대진의료재단분당제생병원	62.24	전특 – 강남성심병원, 공공 – 고성동부
전특 – 국제특허연수원	59.73	전특 – 강남성심병원, 공공 – 고성동부
전특 – 한국시설안전기술공단	39.12	전특 – 강남성심병원, 전특 – 시설안전기술공단
전특 – 경기도과학연구원	22.75	전특 – 강남성심병원, 공공 – 고성동부
전특 – 목포가톨릭병원	10.90	전특 – 강남성심병원, 전특 – 시설안전기술공단
전특 – 국군의무사령부	9.74	전특 – 강남성심병원, 전특 – 부산발전연구원, 공공 – 고성동부

<표 15> 2003년 관종 통합 BCC 분석(장서수: 1만 권 미만, 효율성: 99.99 이하)

DMU	BCC	준거집단
전특 – 현대자동차	95.48	전특 – 강남성심병원, 전특 – 시설안전기술공단, 공공 – 양산

<표 16> 2004년 관종 통합 CCR 분석(장서수: 10만 권 이상, 효율성: 99.99 이하)

DMU	CCR	준거집단
대학 – 청주대학교	97.77	대학 – 홍익대학교, 공공 – 송파, 공공 – 유성
대학 – 대구대학교	96.39	공공 – 송파, 공공 – 유성, 공공 – 성남시수정문화정보센터
대학 – 상지대학교	95.74	대학 – 계명문화대학, 공공 – 김해, 공공 – 송파, 공공 – 유성
공공 – 효목	95.46	공공 – 유성, 공공 – 김해칠암
공공 – 안양시립평촌	95.27	공공 – 송파, 공공 – 천안중앙, 공공 – 용인시립, 공공 – 유성
공공 – 부전	94.88	공공 – 서구, 공공 – 강남, 공공 – 유성, 공공 – 구덕
공공 – 북구	93.09	공공 – 김천시립, 공공 – 성남시중앙문화정보, 공공 – 천안중앙, 공공 – 유성, 공공 – 성남시수정문화정보센터
공공 – 도봉	92.37	공공 – 강남, 공공 – 유성, 공공 – 구덕
공공 – 광명하안	90.35	공공 – 송파, 공공 – 천안중앙, 공공 – 유성
공공 – 울산남부	90.34	공공 – 서구, 공공 – 송파, 공공 – 강남, 공공 – 유성
대학 – 동국대학교	90.15	대학 – 홍익대학교, 공공 – 송파, 공공 – 유성, 공공 – 성남시수정문화정보센터
대학 – 고려대학교	89.70	대학 – 홍익대학교, 공공 – 송파, 공공 – 유성, 공공 – 성남시수정문화정보센터
공공 – 동부	87.08	공공 – 송파, 공공 – 천안중앙, 공공 – 유성
공공 – 남부	85.91	공공 – 송파, 공공 – 천안중앙, 공공 – 유성, 공공 – 성남시수정문화정보센터
공공 – 울산동부	84.48	공공 – 송파, 공공 – 유성, 공공 – 성남시수정문화정보센터
공공 – 도립과천	83.77	공공 – 강남, 공공 – 유성, 공공 – 구덕
공공 – 고덕평생학습관	81.58	공공 – 서구, 공공 – 송파, 공공 – 강남, 공공 – 유성
공공 – 부평	81.48	공공 – 서구, 공공 – 송파, 공공 – 강남, 공공 – 유성

DMU	CCR	준거집단
대학 - 고려대학교서창캠퍼스	76.52	공공 - 김해, 공공 - 송파
공공 - 은평구립	76.36	공공 - 송파, 공공 - 강남, 공공 - 용인시립, 공공 - 유성, 공공 - 성남시수정문화정보센터
대학 - 배재대학교	75.66	공공 - 김해, 공공 - 송파
대학 - 목포대학교	75.56	공공 - 도립중앙, 공공 - 유성
공공 - 울산중부	75.39	공공 - 서구, 공공 - 송파, 공공 - 강남, 공공 - 유성
공공 - 구포	75.27	공공 - 도립중앙, 공공 - 강남, 공공 - 유성
공공 - 마포평생학습관	74.27	공공 - 송파, 공공 - 유성, 공공 - 성남시수정문화정보센터
공공 - 수원시선경	74.24	대학 - 홍익대학교, 공공 - 송파, 공공 - 김천시립, 공공 - 유성, 공공 - 성남시수정문화정보센터
공공 - 부천시립 중앙	74.10	공공 - 송파, 공공 - 유성, 공공 - 성남시수정문화정보센터
대학 - 서남대학교	73.17	대학 - 계명문화대학, 공공 - 김해, 공공 - 유성
공공 - 도립성남	73.02	공공 - 도립중앙, 공공 - 강남, 공공 - 유성
공공 - 중앙	71.82	공공 - 서구, 공공 - 송파, 공공 - 강남, 공공 - 유성
공공 - 해운대	71.60	공공 - 강남, 공공 - 유성, 공공 - 구덕
공공 - 화도진	70.87	공공 - 송파, 공공 - 유성, 공공 - 김해칠암
공공 - 두류	70.08	공공 - 서구, 공공 - 송파, 공공 - 유성
공공 - 성남시중원문화정보센터	69.52	공공 - 송파, 공공 - 김천시립, 공공 - 성남시중앙문화정보, 공공 - 유성
공공 - 반송	68.82	공공 - 강남, 공공 - 유성, 공공 - 구덕
공공 - 북부	67.02	공공 - 송파, 공공 - 유성, 공공 - 김해칠암
공공 - 시흥시립	65.39	공공 - 송파, 공공 - 김천시립, 공공 - 천안중앙, 공공 - 유성, 공공 - 성남시수정문화정보센터
공공 - 고척	64.53	공공 - 서구, 공공 - 송파, 공공 - 유성, 공공 - 구덕
공공 - 양천	64.53	공공 - 서구, 공공 - 송파, 공공 - 강남, 공공 - 유성
공공 - 금호교육문화회관	63.72	공공 - 서부, 공공 - 송파, 공공 - 유성
공공 - 중앙	62.87	공공 - 송파, 공공 - 유성, 공공 - 김해칠암
대학 - 전남대학교	62.58	공공 - 김해, 공공 - 송파
전특 - 한국과학기술원	62.15	공공 - 개포, 공공 - 송파, 공공 - 강동
공공 - 주안	61.25	공공 - 서구, 공공 - 송파, 공공 - 강남, 공공 - 유성
대학 - 경희대학교	61.08	대학 - 계명문화대학, 공공 - 유성
대학 - 광운대학교	60.96	대학 - 홍익대학교, 공공 - 송파, 공공 - 유성
공공 - 마산	60.48	공공 - 송파, 공공 - 유성, 공공 - 성남시수정문화정보센터
대학 - 강남대학교	57.77	대학 - 계명문화대학, 공공 - 김해, 공공 - 송파, 공공 - 유성
공공 - 광주광역시립도서관	55.07	공공 - 천안중앙, 공공 - 유성
공공 - 춘천평생교육정보관(전)	54.84	공공 - 송파, 공공 - 유성, 공공 - 김해칠암
대학 - 홍익대학교조치원캠퍼스	54.82	대학 - 홍익대학교, 대학 - 경성대학교, 공공 - 송파
공공 - 동대문	54.11	공공 - 송파, 공공 - 강동, 공공 - 강남, 공공 - 유성
공공 - 명장	54.05	공공 - 서구, 공공 - 강남, 공공 - 유성, 공공 - 구덕

DMU	CCR	준거집단
공공 - 강서	53.32	공공 - 서구, 공공 - 송파, 공공 - 강남, 공공 - 유성
대학 - 호원대학교	52.38	공공 - 김해, 공공 - 송파
공공 - 안성시립	51.57	대학 - 계명문화대학, 공공 - 김해, 공공 - 송파, 공공 - 유성
대학 - 한국교원대학교	50.38	공공 - 김해, 공공 - 송파
공공 - 대봉	50.04	공공 - 송파, 공공 - 천안중앙, 공공 - 유성
전특 - 국사편찬위원회	48.99	대학 - 계명문화대학, 공공 - 용인시립
공공 - 중앙	48.74	공공 - 송파, 공공 - 유성, 공공 - 김해칠암
공공 - 김포시립	44.79	공공 - 송파, 공공 - 김천시립, 공공 - 천안중앙, 공공 - 유성, 공공 - 성남시수 정문화정보센터
대학 - 경남정보대학	44.76	공공 - 김해, 공공 - 송파
공공 - 창원시립	44.25	공공 - 개포, 공공 - 송파, 공공 - 유성, 공공 - 김해칠암
공공 - 시민	43.73	공공 - 서구, 공공 - 송파, 공공 - 유성
대학 - 동의대학교	42.67	대학 - 홍익대학교, 공공 - 송파, 공공 - 유성
공공 - 탐라	42.28	공공 - 중앙, 공공 - 유성, 공공 - 성남시수정문화정보센터
공공 - 광주학생독립운동 기념회관	42.24	공공 - 송파, 공공 - 유성, 공공 - 김해칠암
공공 - 정독	42.04	공공 - 서구, 공공 - 송파, 공공 - 유성
대학 - 상명대학교	41.69	대학 - 계명문화대학, 공공 - 김해, 공공 - 유성
대학 - 계명대학교	41.34	대학 - 홍익대학교, 공공 - 송파, 공공 - 유성
대학 - 세종대학교	41.23	공공 - 유성, 공공 - 속초평생교육정보관(전)
대학 - 진주교육대학교	39.73	대학 - 계명문화대학, 공공 - 김해, 공공 - 송파
대학 - 충남대학교	39.45	대학 - 계명문화대학, 공공 - 송파, 공공 - 유성
대학 - 가톨릭대학교성심교정	38.70	대학 - 계명문화대학, 공공 - 김해, 공공 - 송파, 공공 - 유성
대학 - 관동대학교	38.46	공공 - 개포, 공공 - 송파, 공공 - 유성
대학 - 대전대학교	38.16	대학 - 홍익대학교, 공공 - 송파, 공공 - 유성
대학 - 성결대학교	38.03	대학 - 계명문화대학, 공공 - 유성
대학 - 명지대학교	37.75	대학 - 계명문화대학, 공공 - 김해, 공공 - 송파, 공공 - 유성
공공 - 인천시립	36.69	공공 - 도립중앙, 공공 - 강남, 공공 - 유성
대학 - 장로회신학대학교	36.65	대학 - 계명문화대학, 공공 - 김해, 공공 - 송파
대학 - 상주대학교	36.38	공공 - 김해, 공공 - 송파
공공 - 한밭	36.20	공공 - 송파, 공공 - 유성, 공공 - 김해칠암
공공 - 대전학생교육문화원	35.62	공공 - 중앙, 공공 - 유성, 공공 - 속초평생교육정보관(전)
공공 - 우당	35.46	공공 - 송파, 공공 - 천안중앙, 공공 - 유성
대학 - 공군사관학교	35.37	대학 - 계명문화대학, 공공 - 김해, 공공 - 용인시립, 공공 - 유성
대학 - 전주대학교	35.16	대학 - 계명문화대학, 공공 - 김해, 공공 - 유성
대학 - 울산대학교	34.77	대학 - 홍익대학교, 공공 - 김천시립, 공공 - 유성, 공공 - 성남시수정문화정보 센터
공공 - 남산	34.25	공공 - 송파, 공공 - 강동, 공공 - 강남, 공공 - 유성
공공 - 충북중앙	33.24	공공 - 개포, 공공 - 송파, 공공 - 유성, 공공 - 김해칠암

DMU	CCR	준거집단
공공 – 삼척평생교육정보관(전)	31.90	공공 – 송파, 공공 – 유성, 공공 – 속초평생교육정보관(전)
대학 – 한림대학교	31.41	공공 – 도립중앙, 공공 – 유성
대학 – 충주대학교	31.12	대학 – 계명문화대학, 공공 – 송파, 공공 – 유성
공공 – 강릉평생교육정보관(전)	30.76	공공 – 송파, 공공 – 유성, 공공 – 속초평생교육정보관(전)
대학 – 창원대학교	29.86	공공 – 김해, 공공 – 송파
공공 – 제주	29.72	대학 – 계명문화대학, 공공 – 유성
대학 – 충북대학교	29.57	대학 – 계명문화대학, 공공 – 김해, 공공 – 송파, 공공 – 유성
공공 – 송정	29.14	공공 – 서구, 공공 – 송파, 공공 – 강남, 공공 – 유성
대학 – 포항공과대학교	28.21	대학 – 계명문화대학, 공공 – 유성
대학 – 혜천대학	28.20	대학 – 경성대학교, 공공 – 송파, 공공 – 성남시수정문화정보센터
대학 – 경기대학교	27.93	대학 – 계명문화대학, 공공 – 유성
대학 – 대진대학교	27.84	대학 – 계명문화대학, 공공 – 성남시수정문화정보센터
공공 – 진주연암	27.71	공공 – 도립중앙, 공공 – 유성
대학 – 신라대학교	26.65	대학 – 계명문화대학, 공공 – 김해, 공공 – 송파, 공공 – 유성
공공 – 신탄진	25.62	공공 – 김해, 공공 – 송파
공공 – 용산	24.65	공공 – 송파, 공공 – 강동, 공공 – 강남, 공공 – 유성
대학 – 금오공과대학교	24.43	대학 – 계명문화대학, 공공 – 송파, 공공 – 유성
대학 – 여수대학교	23.41	대학 – 계명문화대학, 공공 – 김해, 공공 – 송파
대학 – 한세대학교	21.72	대학 – 계명문화대학, 공공 – 유성
대학 – 덕성여자대학교	21.62	대학 – 계명문화대학, 공공 – 김해, 공공 – 용인시립, 공공 – 유성
대학 – 대구가톨릭대학교	21.61	대학 – 계명문화대학, 공공 – 김해, 공공 – 유성
대학 – 명지대학교자연캠퍼스	20.89	대학 – 계명문화대학, 공공 – 유성, 공공 – 성남시수정문화정보센터
대학 – 창원전문대학	20.76	대학 – 계명문화대학, 공공 – 속초평생교육정보관(전)
대학 – 세명대학교	17.93	대학 – 계명문화대학, 공공 – 유성
대학 – 조선대학교	17.22	대학 – 계명문화대학, 공공 – 김해, 공공 – 유성
대학 – 인덕대학	16.91	공공 – 김천시립, 공공 – 유성, 공공 – 성남시수정문화정보센터
대학 – 경북전문대학	16.21	대학 – 계명문화대학, 공공 – 유성
대학 – 우석대학교	13.76	대학 – 계명문화대학, 공공 – 유성, 공공 – 속초평생교육정보관(전)
대학 – 광주가톨릭대학교	13.61	대학 – 계명문화대학, 공공 – 유성
대학 – 삼척대학교	13.35	대학 – 계명문화대학, 공공 – 유성
대학 – 경주대학교	12.06	대학 – 계명문화대학, 공공 – 유성
대학 – 협성대학교	10.48	대학 – 계명문화대학, 공공 – 김해, 공공 – 유성
공공 – 중계평생학습관	10.43	공공 – 송파, 공공 – 강동, 공공 – 강남, 공공 – 유성
대학 – 대불대학교	8.65	대학 – 계명문화대학, 공공 – 유성
대학 – 광주보건대학	7.38	공공 – 용인시립, 공공 – 유성
대학 – 가톨릭대학교성신교정	6.92	대학 – 계명문화대학, 공공 – 용인시립, 공공 – 유성
대학 – 한국해양대학교	6.92	대학 – 계명문화대학, 공공 – 김해, 공공 – 유성

<표 17> 2004년 관종 통합 BCC 분석(장서수: 10만 권 이상, 효율성: 99.99 이하)

DMU	BCC	준거집단
대학 – 인덕대학	99.68	대학 – 수원과학대학, 대학 – 창원전문대학, 대학 – 충주대학교, 공공 – 시흥시립
공공 – 울산동부	98.62	공공 – 유성, 공공 – 성남시수정문화정보센터, 공공 – 속초평생교육정보관(전), 공공 – 김해칠암, 공공 – 은평구립, 공공 – 구포, 공공 – 시흥시립
대학 – 대구대학교	98.21	대학 – 서남대학교, 공공 – 송파, 공공 – 유성, 공공 – 성남시수정문화정보센터
공공 – 안양시립평촌	97.66	전특 – 국사편찬위원회, 공공 – 송파, 공공 – 천안중앙, 공공 – 용인시립, 공공 – 유성
공공 – 도봉	96.16	공공 – 송파, 공공 – 강남, 공공 – 용인시립, 공공 – 유성, 공공 – 성남시수정문화정보센터
공공 – 명장	95.73	전특 – 국사편찬위원회, 대학 – 경북전문대학, 공공 – 유성, 대학 – 창원전문대학, 공공 – 해운대, 공공 – 구포
공공 – 부전	94.95	공공 – 서구, 공공 – 송파, 공공 – 강남, 공공 – 유성, 공공 – 구덕
공공 – 마산	91.82	공공 – 유성, 대학 – 창원전문대학, 공공 – 속초평생교육정보관(전), 공공 – 은평구립, 대학 – 충주대학교
대학 – 진주교육대학교	91.61	대학 – 서남대학교, 공공 – 송파, 대학 – 광주가톨릭대학교, 대학 – 수원과학대학, 공공 – 유성, 대학 – 창원전문대학
공공 – 광주학생독립운동기념관	91.29	전특 – 국사편찬위원회, 공공 – 김해칠암, 공공 – 금호교육문화회관
공공 – 광명하안	91.15	공공 – 송파, 공공 – 천안중앙, 대학 – 광주가톨릭대학교, 공공 – 유성, 공공 – 성남시수정문화정보센터
공공 – 울산남부	90.85	공공 – 송파, 공공 – 강남, 공공 – 유성, 공공 – 구덕, 공공 – 성남시수정문화정보센터
대학 – 동국대학교	90.69	대학 – 홍익대학교, 대학 – 서남대학교, 공공 – 송파, 공공 – 유성, 공공 – 성남시수정문화정보센터
공공 – 남부	90.06	공공 – 천안중앙, 공공 – 유성, 공공 – 성남시수정문화정보센터
대학 – 한세대학교	88.37	전특 – 국사편찬위원회, 대학 – 서남대학교, 대학 – 광주가톨릭대학교, 대학 – 경북전문대학, 대학 – 창원전문대학, 공공 – 안성시립
공공 – 제주	87.70	전특 – 국사편찬위원회, 공공 – 유성, 공공 – 시흥시립
대학 – 호원대학교	87.54	전특 – 국사편찬위원회, 공공 – 송파, 대학 – 광주가톨릭대학교, 대학 – 경북전문대학, 대학 – 수원과학대학
공공 – 부평	87.29	공공 – 개포, 공공 – 송파, 공공 – 강남, 공공 – 유성
공공 – 동부	87.25	공공 – 서부, 공공 – 송파, 공공 – 천안중앙, 공공 – 유성
대학 – 경희대학교	86.86	공공 – 중앙, 공공 – 유성
대학 – 공군사관학교	86.86	전특 – 국사편찬위원회, 대학 – 계명문화대학, 공공 – 용인시립, 대학 – 수원과학대학, 대학 – 창원전문대학
공공 – 송정	86.46	공공 – 유성, 대학 – 창원전문대학, 공공 – 구포, 공공 – 시흥시립
대학 – 여수대학교	86.07	대학 – 창원전문대학, 공공 – 성남시수정문화정보센터, 공공 – 경주시립, 공공 – 은평구립, 대학 – 충주대학교, 공공 – 시흥시립
공공 – 울산중부	86.01	공공 – 송파, 공공 – 유성, 공공 – 해운대, 공공 – 성남시수정문화정보센터, 공공 – 은평구립
공공 – 화도진	85.44	공공 – 개포, 공공 – 유성, 대학 – 창원전문대학, 공공 – 속초평생교육정보관(전), 공공 – 김해칠암
공공 – 김포시립	84.65	공공 – 유성, 대학 – 창원전문대학, 대학 – 광주보건대학, 공공 – 김해칠암, 공공 – 금호교육문화회관, 공공 – 시흥시
공공 – 고덕평생학습관	84.39	공공 – 개포, 공공 – 송파, 공공 – 강남, 공공 – 유성

DMU	BCC	준거집단
대학 – 협성대학교	83.17	전특 – 국사편찬위원회, 대학 – 서남대학교, 대학 – 창원전문대학, 공공 – 안성시립, 공공 – 구포
대학 – 경남정보대학	82.96	공공 – 송파, 대학 – 수원과학대학, 대학 – 창원전문대학, 대학 – 충주대학교
공공 – 부천시립 중앙	82.92	공공 – 송파, 공공 – 유성, 공공 – 성남시수정문화정보센터, 공공 – 김해칠암, 공공 – 은평구립
공공 – 대봉	82.75	공공 – 유성, 대학 – 창원전문대학, 대학 – 광주보건대학, 공공 – 김해칠암, 공공 – 금호교육문화회관, 공공 – 시흥시
공공 – 성남시중원문화정보센터	82.59	공공 – 송파, 공공 – 유성, 공공 – 성남시수정문화정보센터, 공공 – 은평구립, 공공 – 시흥시립
공공 – 강릉평생교육정보관(전)	82.12	대학 – 창원전문대학, 공공 – 경주시립, 공공 – 은평구립, 대학 – 충주대학교, 공공 – 삼척평생교육정보관(전)
대학 – 대불대학교	81.80	전특 – 국사편찬위원회, 공공 – 유성, 대학 – 창원전문대학, 공공 – 시흥시립
공공 – 도립성남	80.29	대학 – 경성대학교, 공공 – 도립중앙, 공공 – 도립과천, 공공 – 유성
공공 – 마포평생학습관	79.62	공공 – 송파, 공공 – 유성, 공공 – 성남시수정문화정보센터, 공공 – 속초평생교육정보관(전), 공공 – 김해칠암
대학 – 고려대학교서창캠퍼스	78.79	공공 – 김해, 공공 – 송파, 대학 – 수원과학대학
대학 – 배재대학교	78.74	공공 – 김해, 공공 – 송파, 대학 – 수원과학대학
대학 – 상주대학교	78.57	공공 – 송파, 대학 – 광주가톨릭대학교, 대학 – 수원과학대학, 대학 – 창원전문대학, 공공 – 시흥시립
대학 – 가톨릭대학교성신교정	78.12	전특 – 국사편찬위원회, 대학 – 광주가톨릭대학교, 대학 – 경북전문대학, 대학 – 창원전문대학, 공공 – 안성시립
대학 – 혜천대학	77.74	전특 – 국사편찬위원회, 대학 – 서남대학교, 대학 – 광주가톨릭대학교, 대학 – 경북전문대학, 공공 – 유성, 공공 – 성남시수정문화정보센터
공공 – 수원시선경	75.00	대학 – 경성대학교, 공공 – 송파, 공공 – 김천시립, 대학 – 광주가톨릭대학교, 공공 – 유성, 공공 – 성남시수정문화정보센터
공공 – 우당	74.78	공공 – 유성, 대학 – 창원전문대학, 대학 – 광주보건대학, 공공 – 금호교육문화회관, 공공 – 시흥시립
공공 – 고척	74.77	공공 – 송파, 공공 – 유성, 공공 – 해운대, 공공 – 김해칠암, 공공 – 은평구립
공공 – 춘천평생교육정보관(전)	73.46	전특 – 국사편찬위원회, 공공 – 유성, 대학 – 창원전문대학, 공공 – 김해칠암, 공공 – 금호교육문화회관
공공 – 두류	73.24	전특 – 국사편찬위원회, 공공 – 유성, 공공 – 구덕
전특 – 한국과학기술원	72.50	대학 – 서남대학교, 공공 – 송파, 공공 – 강동, 공공 – 강남, 대학 – 창원전문대학
공공 – 광주광역시립도서관	72.44	전특 – 국사편찬위원회, 공공 – 유성
대학 – 장로회신학대학교	72.33	전특 – 국사편찬위원회, 공공 – 송파, 공공 – 강남, 대학 – 광주가톨릭대학교, 대학 – 경북전문대학, 공공 – 용인시립, 대학 – 수원과학대학
공공 – 중앙	71.91	공공 – 서구, 공공 – 송파, 공공 – 유성, 공공 – 구덕
공공 – 중계평생학습관	71.26	공공 – 경주시립, 공공 – 속초평생교육정보관(전), 공공 – 구포, 공공 – 삼척평생교육정보관(전)
공공 – 중앙	70.18	전특 – 국사편찬위원회, 공공 – 유성, 대학 – 창원전문대학, 공공 – 금호교육문화회관
공공 – 주안	69.53	공공 – 송파, 공공 – 유성, 공공 – 성남시수정문화정보센터, 공공 – 은평구립, 공공 – 구포
공공 – 북부	68.51	공공 – 송파, 공공 – 유성, 대학 – 창원전문대학, 공공 – 김해칠암

DMU	BCC	준거집단
공공 – 창원시립	67.83	공공 – 송파, 공공 – 유성, 대학 – 창원전문대학, 공공 – 경주시립, 공공 – 속초평생교육정보관(전), 공공 – 김해칠암, 공공 – 은평구립
공공 – 대전학생교육문화원	67.43	대학 – 창원전문대학, 대학 – 광주보건대학, 공공 – 경주시립, 공공 – 속초평생교육정보관(전), 공공 – 은평구립, 공공 – 시흥시립, 공공 – 삼척평생교육정보관(전)
대학 – 광운대학교	66.23	대학 – 홍익대학교, 공공 – 송파, 공공 – 김천시립, 대학 – 광주가톨릭대학교, 대학 – 경북전문대학, 대학 – 수원과학대학, 공공 – 유성
공공 – 중앙	66.08	공공 – 효목, 공공 – 서부, 공공 – 송파, 공공 – 천안중앙, 공공 – 유성
대학 – 홍익대학교 조치원캠퍼스	65.85	대학 – 경성대학교, 전특 – 국사편찬위원회, 대학 – 서남대학교, 공공 – 송파, 대학 – 광주가톨릭대학교, 대학 – 경북
대학 – 강남대학교	65.08	대학 – 계명문화대학, 공공 – 김해, 공공 – 송파, 대학 – 수원과학대학, 공공 – 유성
공공 – 양천	64.98	공공 – 개포, 공공 – 송파, 공공 – 강남, 공공 – 유성
대학 – 경주대학교	63.67	전특 – 국사편찬위원회, 대학 – 서남대학교, 대학 – 광주가톨릭대학교, 대학 – 경북전문대학
대학 – 전남대학교	62.84	공공 – 김해, 공공 – 송파, 대학 – 수원과학대학
공공 – 강서	62.17	공공 – 개포, 공공 – 송파, 공공 – 유성, 공공 – 해운대, 공공 – 김해칠암
대학 – 한국교원대학교	61.41	전특 – 국사편찬위원회, 공공 – 김해, 공공 – 송파, 대학 – 수원과학대학, 대학 – 창원전문대학
대학 – 한림대학교	61.32	대학 – 목포대학교, 전특 – 국사편찬위원회, 대학 – 서남대학교, 공공 – 유성, 공공 – 구포
공공 – 동대문	60.67	전특 – 국사편찬위원회, 대학 – 서남대학교, 공공 – 개포, 공공 – 송파, 공공 – 강남, 공공 – 유성, 대학 – 창원전문대학
대학 – 성결대학교	60.64	대학 – 계명문화대학, 대학 – 서남대학교, 대학 – 광주가톨릭대학교, 대학 – 경북전문대학, 공공 – 유성
대학 – 금오공과대학교	55.16	대학 – 수원과학대학, 공공 – 유성, 대학 – 창원전문대학, 공공 – 성남시수정문화정보센터, 공공 – 경주시립, 공공 – 시흥시립
대학 – 삼척대학교	53.08	대학 – 광주가톨릭대학교, 대학 – 수원과학대학, 대학 – 창원전문대학, 공공 – 시흥시립
대학 – 관동대학교	52.54	공공 – 개포, 공공 – 송파, 대학 – 창원전문대학, 공공 – 경주시립
대학 – 포항공과대학교	50.39	대학 – 계명문화대학, 대학 – 광주가톨릭대학교, 공공 – 유성, 대학 – 창원전문대학
대학 – 상명대학교	49.56	전특 – 국사편찬위원회, 대학 – 계명문화대학, 공공 – 김해, 대학 – 수원과학대학, 공공 – 유성
공공 – 용산	48.61	대학 – 창원전문대학, 공공 – 해운대, 공공 – 경주시립, 공공 – 속초평생교육정보관(전), 공공 – 은평구립, 공공 – 구포
대학 – 세종대학교	47.07	대학 – 계명문화대학, 대학 – 서남대학교, 공공 – 경주시립
대학 – 대전대학교	47.03	대학 – 홍익대학교, 공공 – 송파, 공공 – 김천시립, 대학 – 광주가톨릭대학교, 대학 – 수원과학대학, 공공 – 유성
대학 – 명지대학교	47.00	전특 – 국사편찬위원회, 공공 – 송파, 대학 – 광주가톨릭대학교, 대학 – 경북전문대학, 대학 – 수원과학대학, 공공 – 유성
대학 – 동의대학교	45.43	대학 – 홍익대학교, 대학 – 계명문화대학, 공공 – 송파, 공공 – 김천시립, 대학 – 수원과학대학
대학 – 우석대학교	44.81	대학 – 서남대학교, 대학 – 광주가톨릭대학교, 대학 – 수원과학대학, 공공 – 유성, 대학 – 창원전문대학
공공 – 충북중앙	44.33	공공 – 유성, 대학 – 창원전문대학, 공공 – 성남시수정문화정보센터, 공공 – 경주시립, 공공 – 김해칠암, 공공 – 은평구립, 공공 – 시흥시립

DMU	BCC	준거집단
공공 - 시민	43.89	공공 - 서구, 공공 - 송파, 공공 - 유성
대학 - 가톨릭대학교 성심교정	43.29	전특 - 국사편찬위원회, 대학 - 계명문화대학, 공공 - 송파, 대학 - 광주가톨릭대학교, 공공 - 용인시립, 대학 - 수원과학대학, 공공 - 유성
공공 - 정독	42.12	공공 - 서구, 공공 - 송파, 공공 - 유성, 공공 - 구덕
대학 - 전주대학교	42.04	전특 - 국사편찬위원회, 대학 - 서남대학교, 대학 - 경북전문대학, 대학 - 수원과학대학, 공공 - 유성
대학 - 계명대학교	41.81	대학 - 홍익대학교, 대학 - 계명문화대학, 공공 - 송파, 공공 - 김천시립, 공공 - 유성
대학 - 한국해양대학교	40.62	대학 - 창원전문대학, 공공 - 경주시립, 대학 - 충주대학교, 공공 - 시흥시립
대학 - 대진대학교	40.09	대학 - 계명문화대학, 대학 - 광주가톨릭대학교, 대학 - 경북전문대학, 공공 - 성남시수정문화정보센터
대학 - 충남대학교	39.55	대학 - 홍익대학교, 대학 - 계명문화대학, 공공 - 송파, 공공 - 유성
대학 - 창원대학교	39.47	전특 - 국사편찬위원회, 공공 - 김해, 공공 - 송파, 공공 - 용인시립, 대학 - 수원과학대학, 대학 - 창원전문대학
대학 - 신라대학교	37.54	전특 - 국사편찬위원회, 대학 - 서남대학교, 공공 - 김해, 공공 - 송파, 대학 - 경북전문대학, 대학 - 수원과학대학, 공공 - 유성
공공 - 한밭	36.20	공공 - 송파, 공공 - 유성, 대학 - 창원전문대학, 공공 - 김해칠암
대학 - 울산대학교	36.19	대학 - 홍익대학교, 대학 - 계명문화대학, 대학 - 서남대학교, 공공 - 김천시립, 대학 - 광주가톨릭대학교, 공공 - 유성, 공공 - 성남시수정문화정보센터
공공 - 남산	35.99	전특 - 국사편찬위원회, 공공 - 개포, 공공 - 송파, 공공 - 강동, 공공 - 유성
대학 - 세명대학교	35.12	대학 - 계명문화대학, 대학 - 광주가톨릭대학교, 대학 - 수원과학대학, 공공 - 유성, 대학 - 창원전문대학
대학 - 명지대학교자연캠퍼스	34.52	대학 - 경성대학교, 전특 - 국사편찬위원회, 대학 - 서남대학교, 대학 - 광주가톨릭대학교, 대학 - 경북전문대학, 공공 - 유성, 공공 - 성남시수정문화정보센터
대학 - 경기대학교	33.31	대학 - 계명문화대학, 대학 - 서남대학교, 대학 - 광주가톨릭대학교, 대학 - 수원과학대학, 공공 - 유성, 대학 - 창원전문대학
대학 - 충북대학교	32.20	전특 - 국사편찬위원회, 대학 - 계명문화대학, 공공 - 김해, 공공 - 송파, 대학 - 수원과학대학, 공공 - 유성
대학 - 덕성여자대학교	30.49	전특 - 국사편찬위원회, 대학 - 계명문화대학, 대학 - 광주가톨릭대학교, 공공 - 용인시립, 대학 - 수원과학대학, 대학 - 창원전문대학
공공 - 신탄진	26.97	공공 - 김해, 공공 - 용인시립, 대학 - 수원과학대학
대학 - 대구가톨릭대학교	25.73	전특 - 국사편찬위원회, 대학 - 계명문화대학, 대학 - 광주가톨릭대학교, 대학 - 경북전문대학, 대학 - 수원과학대학, 공공 - 유성
대학 - 조선대학교	19.45	대학 - 계명문화대학, 대학 - 서남대학교, 대학 - 광주가톨릭대학교, 대학 - 경북전문대학, 대학 - 수원과학대학, 공공 - 유성

<표 18> 2004년 관종 통합 CCR 분석(장서수: 1만 권 - 10만 권 미만, 효율성: 99.99 이하)

DMU	CCR	준거집단
공공 - 마산시립합포	96.47	공공 - 용운, 공공 - 보령공공, 공공 - 함안
공공 - 안산	96.29	공공 - 관악문화도서관, 공공 - 합천, 공공 - 함안
공공 - 기장도서관	95.38	공공 - 관악문화도서관, 공공 - 보령공공
공공 - 양산	93.33	공공 - 관악문화도서관, 공공 - 합천
공공 - 서동	92.21	공공 - 관악문화도서관, 공공 - 합천
공공 - 밀양시립	92.14	공공 - 관악문화도서관, 공공 - 보령공공, 공공 - 함안
공공 - 성북정보	91.33	공공 - 관악문화도서관, 공공 - 합천
공공 - 해남군립	90.87	공공 - 관악문화도서관, 공공 - 합천
공공 - 광양공공	85.00	공공 - 관악문화도서관, 공공 - 합천, 공공 - 함안
공공 - 음성	83.24	공공 - 광진정보, 공공 - 관악문화도서관, 공공 - 장흥
공공 - 북구일곡	82.94	공공 - 용운, 공공 - 관악문화도서관, 공공 - 보령공공, 공공 - 해운대반여
공공 - 의왕시립	81.24	대학 - 대구보건대학, 공공 - 합천
공공 - 갈마	78.70	공공 - 관악문화도서관, 공공 - 합천
공공 - 서귀포시립(전)	76.65	공공 - 관악문화도서관, 공공 - 충주학생, 공공 - 합천
전특 - 공주문화원도서관	75.29	대학 - 대구보건대학, 공공 - 합천
공공 - 증평	74.98	공공 - 관악문화도서관, 공공 - 합천
공공 - 양주시립	72.85	공공 - 관악문화도서관, 공공 - 합천
공공 - 광주학생교육문화회관	71.36	공공 - 용운, 공공 - 관악문화도서관, 공공 - 함안
공공 - 단양	70.60	공공 - 관악문화도서관, 공공 - 충주학생, 공공 - 합천
공공 - 당진	69.44	공공 - 용운, 공공 - 보령공공, 공공 - 함안
대학 - 한라대학교	68.61	대학 - 대구보건대학, 대학 - 김천대학, 공공 - 합천
대학 - 동우대학	68.06	공공 - 제천시립, 공공 - 관악문화도서관, 공공 - 장흥, 공공 - 합천
공공 - 성동문화	65.42	공공 - 광진정보, 공공 - 관악문화도서관, 공공 - 합천
공공 - 제남	65.39	공공 - 충주학생, 공공 - 합천
공공 - 서천	62.29	공공 - 관악문화도서관, 공공 - 합천
공공 - 밀양	61.65	공공 - 용운, 공공 - 관악문화도서관, 공공 - 보령공공, 공공 - 함안
전특 - 경기도청	60.87	공공 - 용운
공공 - 하남시립	60.69	공공 - 용운, 공공 - 광진정보, 공공 - 관악문화도서관, 공공 - 장흥, 공공 - 합천
공공 - 장성	60.11	공공 - 관악문화도서관, 공공 - 충주학생, 공공 - 합천, 공공 - 해운대반여
공공 - 금왕	59.08	공공 - 용운, 공공 - 관악문화도서관, 공공 - 충주학생, 공공 - 합천
전특 - 문화방송	58.82	공공 - 용운, 공공 - 합천, 전특 - 해병대사령부
공공 - 보은	57.79	대학 - 대구보건대학, 대학 - 대전보건대학, 공공 - 합천
공공 - 군위	56.51	공공 - 용운, 공공 - 충주학생, 공공 - 합천, 공공 - 해운대반여
공공 - 사하	56.35	공공 - 용운, 공공 - 관악문화도서관, 공공 - 합천
공공 - 울산울주	55.70	공공 - 합천
공공 - 연산	55.47	공공 - 용운, 공공 - 관악문화도서관, 공공 - 합천
공공 - 옥천	53.20	공공 - 관악문화도서관, 공공 - 합천
공공 - 통영	53.08	공공 - 화성시립태안, 공공 - 합천
공공 - 마산회원	52.84	공공 - 관악문화도서관, 공공 - 충주학생, 공공 - 합천

DMU	CCR	준거집단
공공 – 논산강경	52.69	공공 – 용운, 공공 – 관악문화도서관, 공공 – 보령공공, 공공 – 함안
공공 – 서귀포시동부	52.51	공공 – 관악문화도서관, 공공 – 충주학생, 공공 – 합천
공공 – 진영	52.49	공공 – 용운, 공공 – 합천, 공공 – 함안
공공 – 영도	52.31	공공 – 화성시립태안, 공공 – 합천
공공 – 태백	52.02	공공 – 용운, 공공 – 화성시립태안, 공공 – 합천
공공 – 거제	51.73	공공 – 용운, 공공 – 화성시립태안, 공공 – 합천
공공 – 예산	51.17	대학 – 대전보건대학, 공공 – 화성시립태안, 공공 – 합천
공공 – 예천	50.31	공공 – 관악문화도서관, 공공 – 충주학생, 공공 – 합천
공공 – 남구	48.70	공공 – 용운, 공공 – 광진정보, 공공 – 관악문화도서관, 공공 – 합천
공공 – 양산웅상	48.23	공공 – 용운, 공공 – 합천, 공공 – 함안
공공 – 성주	47.80	공공 – 관악문화도서관, 공공 – 충주학생, 공공 – 합천, 공공 – 해운대반여
공공 – 영월	46.93	공공 – 용운, 공공 – 충주학생, 공공 – 합천
공공 – 시흥시종합복지회관	46.53	공공 – 관악문화도서관, 공공 – 합천
대학 – 서강정보대학	45.75	공공 – 합천, 대학 – 양산대학, 전특 – 영화진흥위원회
공공 – 괴산	45.23	공공 – 관악문화도서관, 공공 – 충주학생, 공공 – 합천
공공 – 정읍시립	43.56	공공 – 관악문화도서관, 공공 – 보령공공, 공공 – 함안
공공 – 가오	43.25	공공 – 용운, 공공 – 관악문화도서관, 공공 – 충주학생, 공공 – 합천, 공공 – 해운대반여
공공 – 정선	43.11	대학 – 김천대학, 공공 – 합천, 대학 – 양산대학, 전특 – 해병대사령부
공공 – 고성(강원도)	42.30	공공 – 용운, 공공 – 관악문화도서관, 공공 – 보령공공, 공공 – 함안
공공 – 제천학생(전)	42.08	공공 – 관악문화도서관, 공공 – 합천
공공 – 삼천포	40.74	공공 – 관악문화도서관, 공공 – 합천
공공 – 남지	39.50	공공 – 충주학생, 공공 – 합천
공공 – 금산	39.14	공공 – 용운, 공공 – 관악문화도서관, 공공 – 보령공공, 공공 – 함안
공공 – 달성	38.72	공공 – 용운, 공공 – 관악문화도서관, 공공 – 충주학생, 공공 – 합천, 공공 – 해운대반여
전특 – 대한주택공사	38.52	공공 – 용운, 전특 – 해병대사령부
공공 – 서귀포종합(전)	37.27	공공 – 광진정보, 공공 – 관악문화도서관, 공공 – 장흥
전특 – 한국시설안전기술공단	36.50	공공 – 합천, 전특 – 해병대사령부
전특 – 국립수의과학검역원	36.35	공공 – 용운, 공공 – 중원
대학 – 제주산업정보대학	34.63	공공 – 합천, 대학 – 양산대학, 전특 – 영화진흥위원회
공공 – 담양	33.73	공공 – 광진정보, 공공 – 관악문화도서관, 공공 – 합천
공공 – 사천	33.57	공공 – 용운, 공공 – 관악문화도서관, 공공 – 합천, 공공 – 함안
공공 – 창원	33.56	공공 – 관악문화도서관, 공공 – 합천
공공 – 함양	33.20	공공 – 용운, 공공 – 관악문화도서관, 공공 – 장흥, 공공 – 합천
공공 – 홍성	30.87	공공 – 용운, 공공 – 관악문화도서관, 공공 – 합천, 공공 – 함안
대학 – 경북과학대학	30.63	공공 – 용운, 공공 – 화성시립태안, 공공 – 합천
공공 – 울진	30.28	공공 – 용운, 공공 – 광진정보, 공공 – 관악문화도서관, 공공 – 합천
전특 – 전남교육연수원	29.59	공공 – 용운, 공공 – 관악문화도서관, 공공 – 합천
공공 – 부안	29.05	공공 – 용운, 공공 – 충주학생, 공공 – 보령공공
공공 – 통영산양	28.69	공공 – 용운, 공공 – 관악문화도서관, 공공 – 보령공공

DMU	CCR	준거집단
전특 – 서울특별시종합자료관	28.65	공공 – 용운, 공공 – 관악문화도서관, 공공 – 중원
공공 – 의성	27.35	공공 – 용운, 공공 – 관악문화도서관, 공공 – 보령공공, 공공 – 함안
공공 – 고성(경남)	27.14	공공 – 용운, 공공 – 관악문화도서관, 공공 – 중원
공공 – 서귀포학생	27.03	공공 – 용운, 공공 – 보령공공, 공공 – 함안
전특 – 육군교육사령부	26.59	공공 – 용운, 공공 – 합천, 전특 – 해병대사령부
공공 – 영일	26.57	공공 – 용운, 공공 – 화성시립태안, 공공 – 합천
공공 – 양양	24.07	공공 – 용운, 공공 – 관악문화도서관, 공공 – 합천, 공공 – 함안
대학 – 창신대학	23.48	대학 – 대구보건대학, 대학 – 김천대학, 공공 – 합천
공공 – 철원	23.26	대학 – 대전보건대학, 공공 – 화성시립태안, 공공 – 합천
전특 – 통계청	22.50	공공 – 용운, 공공 – 중원
공공 – 도계	22.45	대학 – 대구보건대학, 대학 – 김천대학, 공공 – 합천, 전특 – 해병대사령부
공공 – 점촌	22.45	공공 – 용운, 공공 – 화성시립태안, 공공 – 합천
공공 – 밀양하남	22.32	공공 – 관악문화도서관, 공공 – 충주학생, 공공 – 합천
전특 – 서울시정개발연구원	21.02	공공 – 용운, 공공 – 중원
공공 – 진동	20.57	공공 – 용운, 공공 – 관악문화도서관, 공공 – 합천, 공공 – 함안
공공 – 남해	20.39	공공 – 용운, 공공 – 관악문화도서관, 공공 – 중원
대학 – 장안대학	19.95	공공 – 용운
전특 – 대한상공회의소	19.83	공공 – 관악문화도서관, 공공 – 합천
공공 – 의성군립안계	19.14	공공 – 용운, 공공 – 관악문화도서관, 공공 – 합천, 공공 – 함안
전특 – 한국화학연구소	17.52	공공 – 용운, 공공 – 관악문화도서관, 공공 – 중원
공공 – 춘성	16.40	공공 – 용운, 공공 – 관악문화도서관, 공공 – 합천, 공공 – 함안
공공 – 고흥평생교육관	16.18	공공 – 용운, 공공 – 관악문화도서관, 공공 – 보령공공
대학 – 부산가톨릭대학교	15.81	공공 – 용운, 공공 – 화성시립태안, 공공 – 합천
공공 – 청송	15.37	공공 – 용운, 공공 – 관악문화도서관, 공공 – 합천, 공공 – 함안
전특 – 특허청특허참고자료실	15.15	공공 – 용운, 공공 – 중원
전특 – 국민체육진흥공단체육과학연구원	15.02	전특 – 영화진흥위원회
대학 – 주성대학	14.00	대학 – 대전보건대학, 공공 – 화성시립태안, 공공 – 합천
공공 – 신안군립	13.77	공공 – 용운, 공공 – 화성시립태안, 공공 – 합천
대학 – 신흥대학	13.61	대학 – 대구보건대학, 공공 – 용운, 공공 – 합천
전특 – 국토연구원	13.05	공공 – 용운, 공공 – 중원
대학 – 용인송담대학	12.87	공공 – 용운
전특 – 문화관광부	12.71	공공 – 용운, 공공 – 관악문화도서관, 공공 – 중원
전특 – 한국자원연구소	11.57	공공 – 용운, 공공 – 합천, 전특 – 해병대사령부
대학 – 한국정보통신대학교	11.35	공공 – 용운
대학 – 여주대학	10.98	공공 – 용운
대학 – 군장대학	10.94	대학 – 대전보건대학, 공공 – 장흥, 공공 – 합천
전특 – 중앙선거관리위원회	10.61	대학 – 김천대학, 대학 – 양산대학, 전특 – 해병대사령부
공공 – 송악	10.26	공공 – 용운
전특 – 육군제3158부대	10.06	대학 – 김천대학, 전특 – 영화진흥위원회
대학 – 마산대학	9.78	공공 – 용운, 공공 – 화성시립태안, 공공 – 합천

DMU	CCR	준거집단
공공 – 산청	9.33	대학 – 대구보건대학, 대학 – 김천대학, 공공 – 합천
대학 – 안동과학대학	9.27	공공 – 용운, 대학 – 양산대학
대학 – 울산과학대학	9.22	공공 – 용운
대학 – 동주대학	8.51	공공 – 용운, 공공 – 화성시립태안, 공공 – 합천
대학 – 유한대학	8.50	공공 – 용운, 공공 – 화성시립태안, 공공 – 합천
전특 – 대전시립연정국악연구원	8.37	공공 – 용운, 공공 – 합천, 전특 – 해병대사령부
대학 – 적십자간호대학	8.23	공공 – 용운, 공공 – 합천, 공공 – 함안
대학 – 군산간호대학	6.79	공공 – 용운
전특 – 서울특별시과학교육원	6.39	공공 – 합천, 대학 – 양산대학
대학 – 진주국제대학교	5.63	공공 – 화성시립태안, 공공 – 합천
전특 – 한국건설기술연구원	5.39	공공 – 용운, 공공 – 관악문화도서관, 공공 – 중원
대학 – 조선이공대학	4.45	공공 – 용운, 공공 – 화성시립태안, 공공 – 합천
전특 – 한국지질자원연구원	4.33	공공 – 용운, 공공 – 관악문화도서관, 공공 – 합천
전특 – 한국고등교육재단	3.54	공공 – 장흥, 공공 – 합천
전특 – 농업환경관 (농업과학기술원)	2.87	공공 – 용운, 공공 – 합천, 전특 – 해병대사령부
대학 – 한영신학대학교	2.79	공공 – 용운, 공공 – 화성시립태안, 공공 – 합천
전특 – 광주전남발전연구원	2.54	공공 – 용운, 공공 – 합천, 전특 – 해병대사령부
대학 – 부산여자대학	2.23	공공 – 용운

<표 19> 2004년 관종 통합 BCC 분석(장서수: 1만 권 – 10만 권 미만, 효율성: 99.99 이하)

DMU	BCC	준거집단
공공 – 음성	99.34	공공 – 관악문화도서관, 공공 – 장흥, 전특 – 문화방송, 전특 – 영화진흥위원회, 전특 – 농업환경관(농업과학기술원)
공공 – 해남군립	98.17	공공 – 화성시립태안, 공공 – 충주학생, 공공 – 합천, 전특 – 전남교육연수원, 전특 – 공주문화원도서관
공공 – 마산시립합포	96.94	공공 – 용운, 공공 – 관악문화도서관, 공공 – 보령공공, 공공 – 함안
공공 – 기장도서관	96.82	공공 – 관악문화도서관, 공공 – 충주학생, 공공 – 보령공공, 공공 – 합천
공공 – 안산	96.32	공공 – 관악문화도서관, 공공 – 보령공공, 공공 – 합천, 공공 – 함안
공공 – 양산	95.95	공공 – 관악문화도서관, 공공 – 합천, 전특 – 문화방송
전특 – 서울시정개발연구원	95.01	공공 – 용운, 전특 – 문화방송, 전특 – 농업환경관(농업과학기술원), 전특 – 한국시설안전기술공단
공공 – 서동	92.46	공공 – 관악문화도서관, 공공 – 합천, 전특 – 문화방송
공공 – 성북정보	92.33	공공 – 광진정보, 공공 – 관악문화도서관, 공공 – 합천, 전특 – 공주문화원도서관
전특 – 특허청특허참고자료실	91.85	공공 – 용운, 전특 – 국립수의과학검역원, 전특 – 영화진흥위원회, 전특 – 대전시립연정국악연구원, 전특 – 한국지질자원연구원, 전특 – 한국시설안전기술공단
대학 – 적십자간호대학	91.23	전특 – 문화방송, 전특 – 해병대사령부, 전특 – 대전시립연정국악연구원, 전특 – 농업환경관(농업과학기술원), 전특 – 공주문화원도서관, 전특 – 한국시설안전기술공단

DMU	BCC	준거집단
대학 – 동우대학	89.46	공공 – 용운, 공공 – 관악문화도서관, 공공 – 장흥, 공공 – 보령공공, 전특 – 문화방송, 전특 – 영화진흥위원회
전특 – 국민체육진흥공단체육과학연구원	87.86	전특 – 국립수의과학검역원, 전특 – 영화진흥위원회, 전특 – 농업환경관(농업과학기술원)
공공 – 광양공공	85.30	공공 – 화성시립태안, 공공 – 보령공공, 공공 – 합천, 공공 – 함안
공공 – 북구일곡	85.01	공공 – 용운, 공공 – 관악문화도서관, 공공 – 창녕, 공공 – 보령공공
공공 – 논산강경	84.97	공공 – 용운, 공공 – 보령공공, 공공 – 부안, 전특 – 공주문화원도서관
전특 – 육군교육사령부	82.43	공공 – 용운, 전특 – 문화방송, 전특 – 국립수의과학검역원, 전특 – 영화진흥위원회, 전특 – 농업환경관(농업과학기술원)
공공 – 증평	82.39	공공 – 화성시립태안, 공공 – 충주학생, 공공 – 보령공공, 공공 – 합천, 전특 – 공주문화원도서관
공공 – 의왕시립	81.95	대학 – 대구보건대학, 공공 – 합천
공공 – 양주시립	80.88	공공 – 충주학생, 공공 – 보령공공, 공공 – 합천, 전특 – 문화방송, 전특 – 해병대사령부
공공 – 갈마	79.87	공공 – 관악문화도서관, 공공 – 충주학생, 공공 – 보령공공, 공공 – 합천
공공 – 서귀포시립(전)	79.11	공공 – 관악문화도서관, 공공 – 충주학생, 공공 – 합천, 전특 – 공주문화원도서관
공공 – 단양	78.96	공공 – 관악문화도서관, 공공 – 충주학생, 공공 – 보령공공, 공공 – 합천, 전특 – 문화방송
전특 – 경기도청	77.74	공공 – 용운, 전특 – 문화방송
공공 – 군위	77.66	공공 – 충주학생, 공공 – 보령공공, 공공 – 해운대반여, 전특 – 전남교육연수원, 전특 – 문화방송
공공 – 밀양	75.95	공공 – 관악문화도서관, 공공 – 충주학생, 공공 – 보령공공, 공공 – 해운대반여, 전특 – 문화방송, 전특 – 해병대사령부, 전특 – 공주문화원도서관
대학 – 군장대학	75.51	공공 – 장흥, 전특 – 문화방송, 전특 – 영화진흥위원회, 전특 – 농업환경관(농업과학기술원)
공공 – 당진	75.39	공공 – 용운, 공공 – 보령공공, 전특 – 해병대사령부, 공공 – 함안
공공 – 서천	75.12	공공 – 충주학생, 공공 – 보령공공, 공공 – 합천, 전특 – 문화방송, 전특 – 해병대사령부
전특 – 대한주택공사	74.12	공공 – 용운, 전특 – 문화방송, 전특 – 국립수의과학검역원, 전특 – 영화진흥위원회, 전특 – 대전시립연정국악연구원
공공 – 성주	74.10	공공 – 관악문화도서관, 공공 – 충주학생, 공공 – 보령공공, 공공 – 해운대반여, 전특 – 문화방송
전특 – 광주전남발전연구원	73.30	전특 – 국립수의과학검역원, 전특 – 영화진흥위원회, 전특 – 대전시립연정국악연구원, 전특 – 한국지질자원연구원, 전특 – 한국시설안전기술공단
공공 – 광주학생교육문화회관	71.59	공공 – 용운, 공공 – 광진정보, 공공 – 관악문화도서관, 공공 – 함안
공공 – 고성(강원도)	71.29	공공 – 용운, 공공 – 보령공공, 공공 – 해운대반여, 공공 – 부안, 전특 – 전남교육연수원, 전특 – 문화방송, 전특 – 공주문화원도서관
공공 – 장성	70.01	공공 – 관악문화도서관, 공공 – 충주학생, 공공 – 합천, 공공 – 해운대반여, 전특 – 문화방송
공공 – 제남	69.80	공공 – 관악문화도서관, 공공 – 충주학생, 공공 – 보령공공, 전특 – 공주문화원도서관
대학 – 한라대학교	69.32	대학 – 대구보건대학, 대학 – 김천대학, 공공 – 합천, 전특 – 영화진흥위원회

DMU	BCC	준거집단
공공 - 서귀포시동부	69.27	공공 - 관악문화도서관, 공공 - 함안, 전특 - 농업환경관(농업과학기술원), 전특 - 한국자원연구소, 전특 - 공주문화원도서관
전특 - 육군제3158부대	67.75	전특 - 중앙선거관리위원회, 전특 - 문화방송, 전특 - 한국자원연구소, 전특 - 공주문화원도서관
공공 - 금왕	67.15	공공 - 관악문화도서관, 공공 - 충주학생, 공공 - 보령공공, 전특 - 전남교육연수원, 전특 - 문화방송, 공공 - 함안, 전특 - 농업환경관(농업과학기술원), 전특 - 공주문화원도서관
공공 - 보은	66.22	대학 - 대전보건대학, 공공 - 화성시립태안, 공공 - 합천, 전특 - 공주문화원도서관
전특 - 서울특별시과학교육원	66.17	공공 - 함안, 전특 - 농업환경관(농업과학기술원), 전특 - 공주문화원도서관, 전특 - 한국시설안전기술공단
공공 - 성동문화	65.42	공공 - 광진정보, 공공 - 관악문화도서관, 공공 - 장흥, 공공 - 합천
공공 - 금산	63.38	공공 - 용운, 공공 - 보령공공, 공공 - 중원, 공공 - 통영산양, 전특 - 전남교육연수원, 전특 - 문화방송, 전특 - 농업환경관(농업과학기술원)
공공 - 의성군립안계	62.28	전특 - 문화방송, 공공 - 함안, 전특 - 대전시립연정국악연구원, 전특 - 농업환경관(농업과학기술원), 전특 - 공주문화원도서관, 전특 - 한국시설안전기술공단
공공 - 옥천	62.00	공공 - 화성시립태안, 공공 - 충주학생, 공공 - 합천, 전특 - 전남교육연수원, 전특 - 공주문화원도서관
공공 - 하남시립	61.33	공공 - 용운, 공공 - 관악문화도서관, 공공 - 장흥, 공공 - 보령공공, 공공 - 합천, 전특 - 농업환경관(농업과학기술원)
공공 - 진영	59.99	공공 - 용운, 공공 - 합천, 전특 - 해병대사령부, 공공 - 함안, 전특 - 공주문화원도서관, 대학 - 군산간호대학
공공 - 예산	59.95	대학 - 대전보건대학, 공공 - 화성시립태안, 공공 - 합천, 전특 - 영화진흥위원회, 전특 - 공주문화원도서관
전특 - 문화관광부	59.71	전특 - 국립수의과학검역원, 전특 - 영화진흥위원회, 전특 - 대전시립연정국악연구원, 전특 - 한국지질자원연구원
공공 - 송악	58.44	공공 - 용운, 공공 - 부안, 전특 - 전남교육연수원, 전특 - 농업환경관(농업과학기술원), 전특 - 공주문화원도서관
공공 - 거제	58.27	공공 - 용운, 공공 - 합천, 전특 - 해병대사령부, 공공 - 함안
공공 - 통영	57.90	대학 - 대전보건대학, 공공 - 화성시립태안, 공공 - 합천, 전특 - 전남교육연수원, 전특 - 공주문화원도서관
공공 - 예천	57.76	공공 - 관악문화도서관, 공공 - 보령공공, 공공 - 합천, 전특 - 영화진흥위원회, 전특 - 농업환경관(농업과학기술원), 전특 - 공주문화원도서관
공공 - 도계	57.52	공공 - 장흥, 전특 - 문화방송, 전특 - 영화진흥위원회, 전특 - 농업환경관(농업과학기술원)
공공 - 태백	57.47	대학 - 대전보건대학, 공공 - 화성시립태안, 공공 - 합천, 전특 - 해병대사령부
공공 - 고흥평생교육관	57.32	공공 - 용운, 공공 - 보령공공, 공공 - 통영산양, 전특 - 문화방송, 전특 - 농업환경관(농업과학기술원)
공공 - 서귀포종합(전)	57.28	공공 - 관악문화도서관, 공공 - 장흥, 공공 - 보령공공, 전특 - 문화방송, 전특 - 대전시립연정국악연구원, 전특 - 농업환경관(농업과학기술원), 전특 - 공주문화원도서관
전특 - 한국고등교육재단	56.73	전특 - 국립수의과학검역원, 전특 - 영화진흥위원회, 전특 - 대전시립연정국악연구원, 전특 - 농업환경관(농업과학기술원)
공공 - 사하	56.49	공공 - 용운, 공공 - 관악문화도서관, 공공 - 합천, 전특 - 문화방송
공공 - 울산울주	56.11	공공 - 합천, 전특 - 문화방송, 전특 - 영화진흥위원회

DMU	BCC	준거집단
공공 – 연산	55.91	공공 – 용운, 공공 – 관악문화도서관, 공공 – 합천, 전특 – 문화방송
공공 – 괴산	55.60	공공 – 화성시립태안, 공공 – 충주학생, 공공 – 보령공공, 공공 – 합천, 전특 – 공주문화원도서관
공공 – 마산회원	55.30	공공 – 관악문화도서관, 공공 – 충주학생, 공공 – 합천, 전특 – 문화방송
대학 – 경북과학대학	54.96	대학 – 대전보건대학, 공공 – 화성시립태안, 전특 – 해병대사령부, 전특 – 영화진흥위원회
전특 – 한국화학연구소	54.55	공공 – 용운, 전특 – 문화방송, 전특 – 해병대사령부, 전특 – 영화진흥위원회
공공 – 제천학생(전)	54.06	공공 – 관악문화도서관, 공공 – 장흥, 공공 – 보령공공, 전특 – 영화진흥위원회, 전특 – 농업환경관(농업과학기술원), 전특 – 공주문화원도서관
공공 – 양산웅상	53.86	공공 – 용운, 공공 – 보령공공, 전특 – 해병대사령부, 공공 – 함안
공공 – 영도	53.84	공공 – 화성시립태안, 공공 – 충주학생, 공공 – 보령공공, 공공 – 합천, 전특 – 공주문화원도서관
공공 – 가오	53.26	공공 – 관악문화도서관, 공공 – 보령공공, 공공 – 해운대반여, 전특 – 문화방송, 전특 – 공주문화원도서관
공공 – 함양	52.70	공공 – 용운, 공공 – 관악문화도서관, 공공 – 장흥, 전특 – 문화방송, 전특 – 영화진흥위원회, 전특 – 대전시립연정국악연구원, 전특 – 농업환경관(농업과학기술원)
공공 – 서귀포학생	51.01	공공 – 용운, 공공 – 보령공공, 공공 – 통영산양, 공공 – 부안, 전특 – 전남교육연수원, 전특 – 농업환경관(농업과학기술원)
공공 – 남구	50.29	공공 – 용운, 공공 – 광진정보, 공공 – 관악문화도서관, 공공 – 장흥, 공공 – 합천, 전특 – 영화진흥위원회
공공 – 영월	50.13	공공 – 용운, 공공 – 관악문화도서관, 공공 – 충주학생, 공공 – 합천, 전특 – 공주문화원도서관
대학 – 장안대학	50.00	전특 – 해병대사령부, 전특 – 영화진흥위원회
대학 – 마산대학	50.00	전특 – 문화방송, 전특 – 해병대사령부, 전특 – 영화진흥위원회
대학 – 동주대학	50.00	전특 – 해병대사령부
대학 – 주성대학	50.00	전특 – 문화방송, 전특 – 해병대사령부, 전특 – 영화진흥위원회
대학 – 서강정보대학	49.77	대학 – 대구보건대학, 공공 – 합천, 전특 – 영화진흥위원회, 전특 – 공주문화원도서관
전특 – 대한상공회의소	49.51	공공 – 관악문화도서관, 전특 – 문화방송, 전특 – 국립수의과학검역원, 전특 – 영화진흥위원회, 전특 – 농업환경관(농업과학기술원), 전특 – 한국시설안전기술공단
공공 – 남지	49.21	공공 – 관악문화도서관, 공공 – 합천, 전특 – 영화진흥위원회, 공공 – 함안, 전특 – 공주문화원도서관, 전특 – 한국시설안전기술공단
공공 – 시흥시종합복지회관	48.69	공공 – 관악문화도서관, 공공 – 충주학생, 공공 – 합천, 전특 – 전남교육연수원, 공공 – 함안
공공 – 정읍시립	48.32	공공 – 용운, 공공 – 관악문화도서관, 공공 – 보령공공, 공공 – 합천, 전특 – 문화방송, 전특 – 해병대사령부
공공 – 고성(경남)	47.66	전특 – 문화방송, 공공 – 함안, 전특 – 대전시립연정국악연구원, 전특 – 농업환경관(농업과학기술원), 전특 – 공주문화원도서관, 전특 – 한국시설안전기술공단
공공 – 청원	47.59	공공 – 관악문화도서관, 공공 – 보령공공, 공공 – 합천, 전특 – 문화방송, 전특 – 영화진흥위원회, 전특 – 농업환경관(농업과학기술원), 전특 – 공주문화원도서관

DMU	BCC	준거집단
공공 – 신안군립	46.67	공공 – 용운, 전특 – 문화방송, 전특 – 영화진흥위원회, 전특 – 대전시립연정국악연구원, 전특 – 농업환경관(농업과학기술원), 전특 – 공주문화원도서관
공공 – 삼천포	46.38	공공 – 충주학생, 공공 – 보령공공, 공공 – 합천, 전특 – 문화방송, 전특 – 해병대사령부, 공공 – 함안, 전특 – 농업환경관(농업과학기술원)
공공 – 달성	45.98	공공 – 관악문화도서관, 공공 – 충주학생, 공공 – 보령공공, 공공 – 중원, 공공 – 해운대반여, 전특 – 문화방송
공공 – 정선	45.67	대학 – 김천대학, 공공 – 합천, 대학 – 양산대학, 전특 – 영화진흥위원회
공공 – 담양	44.99	공공 – 용운, 공공 – 관악문화도서관, 공공 – 장흥, 공공 – 보령공공, 공공 – 합천, 전특 – 영화진흥위원회, 전특 – 농업환경관(농업과학기술원)
대학 – 제주산업정보대학	44.44	공공 – 용운, 공공 – 관악문화도서관, 공공 – 합천, 전특 – 문화방송, 전특 – 영화진흥위원회, 전특 – 농업환경관(농업과학기술원), 전특 – 공주문화원도서관
공공 – 울진	44.37	공공 – 용운, 공공 – 관악문화도서관, 공공 – 보령공공, 공공 – 합천, 전특 – 영화진흥위원회, 전특 – 농업환경관(농업과학기술원), 전특 – 공주문화원도서관
대학 – 창신대학	43.21	대학 – 대전보건대학, 공공 – 화성시립태안, 공공 – 합천, 전특 – 전남교육연수원, 전특 – 해병대사령부
공공 – 춘성	41.21	공공 – 용운, 전특 – 해병대사령부, 전특 – 영화진흥위원회, 공공 – 함안, 전특 – 대전시립연정국악연구원, 전특 – 농업환경관(농업과학기술원), 전특 – 공주문화원도서관, 전특 – 한국시설안전기술공단
공공 – 사천	40.31	공공 – 용운, 공공 – 관악문화도서관, 공공 – 보령공공, 공공 – 합천, 전특 – 문화방송, 공공 – 함안, 전특 – 농업환경관(농업과학기술원), 전특 – 공주문화원도서관
전특 – 국토연구원	40.28	전특 – 문화방송, 전특 – 국립수의과학검역원
공공 – 밀양하남	40.10	공공 – 관악문화도서관, 전특 – 문화방송, 전특 – 영화진흥위원회, 공공 – 함안, 전특 – 대전시립연정국악연구원, 전특 – 농업환경관(농업과학기술원), 전특 – 공주문화원도서관
공공 – 홍성	39.89	공공 – 합천, 전특 – 해병대사령부, 전특 – 영화진흥위원회, 전특 – 농업환경관(농업과학기술원), 전특 – 공주문화원도서관
공공 – 점촌	39.56	공공 – 용운, 공공 – 광진정보, 전특 – 영화진흥위원회, 공공 – 함안, 전특 – 대전시립연정국악연구원, 전특 – 농업환경관(농업과학기술원), 대학 – 군산간호대학
공공 – 의성	39.40	공공 – 용운, 공공 – 관악문화도서관, 공공 – 보령공공, 전특 – 문화방송, 전특 – 대전시립연정국악연구원, 전특 – 공주문화원도서관
공공 – 영일	39.12	공공 – 용운, 공공 – 광진정보, 공공 – 합천, 전특 – 영화진흥위원회, 공공 – 함안, 전특 – 농업환경관(농업과학기술원), 대학 – 군산간호대학
공공 – 양양	38.95	공공 – 용운, 공공 – 관악문화도서관, 공공 – 장흥, 공공 – 보령공공, 전특 – 문화방송, 전특 – 영화진흥위원회, 전특 – 농업환경관(농업과학기술원), 전특 – 공주문화원도서관
공공 – 남해	38.82	공공 – 용운, 공공 – 관악문화도서관, 전특 – 문화방송, 전특 – 국립수의과학검역원, 전특 – 영화진흥위원회, 공공 – 함안, 전특 – 대전시립연정국악연구원, 전특 – 농업환경관(농업과학기술원)
대학 – 한국정보통신대학교	38.14	공공 – 용운, 공공 – 함안, 전특 – 공주문화원도서관, 전특 – 한국시설안전기술공단
전특 – 통계청	37.75	공공 – 용운, 전특 – 문화방송, 전특 – 해병대사령부

DMU	BCC	준거집단
공공 – 진동	37.34	공공 – 광진정보, 공공 – 관악문화도서관, 전특 – 영화진흥위원회, 공공 – 함안, 전특 – 대전시립연정국악연구원, 전특 – 농업환경관(농업과학기술원), 전특 – 공주문화원도서관, 전특 – 한국시설안전기술공단
공공 – 철원	36.52	공공 – 합천, 전특 – 영화진흥위원회, 전특 – 공주문화원도서관, 전특 – 한국시설안전기술공단
공공 – 청송	36.14	공공 – 용운, 공공 – 관악문화도서관, 공공 – 장흥, 전특 – 문화방송, 전특 – 영화진흥위원회, 전특 – 대전시립연정국악연구원, 전특 – 농업환경관(농업과학기술원), 전특 – 공주문화원도서관
대학 – 조선이공대학	34.58	공공 – 용운, 전특 – 문화방송, 전특 – 해병대사령부, 전특 – 영화진흥위원회, 전특 – 농업환경관(농업과학기술원)
대학 – 용인송담대학	33.33	전특 – 문화방송, 전특 – 해병대사령부, 전특 – 한국시설안전기술공단
대학 – 여주대학	33.33	전특 – 해병대사령부
전특 – 서울특별시종합자료관	31.11	공공 – 용운, 공공 – 관악문화도서관, 공공 – 중원, 전특 – 문화방송
대학 – 안동과학대학	30.39	공공 – 용운, 전특 – 문화방송, 전특 – 해병대사령부, 전특 – 영화진흥위원회, 전특 – 농업환경관(농업과학기술원), 전특 – 공주문화원도서관
공공 – 산청	29.25	공공 – 관악문화도서관, 전특 – 영화진흥위원회, 공공 – 함안, 전특 – 대전시립연정국악연구원, 전특 – 농업환경관(농업과학기술원), 전특 – 공주문화원도서관, 전특 – 한국시설안전기술공단
대학 – 진주국제대학교	27.53	공공 – 용운, 전특 – 영화진흥위원회, 공공 – 함안, 전특 – 대전시립연정국악연구원, 전특 – 농업환경관(농업과학기술원), 전특 – 공주문화원도서관, 전특 – 한국시설안전기술공단
대학 – 신흥대학	26.10	대학 – 대전보건대학, 공공 – 화성시립태안, 전특 – 해병대사령부, 전특 – 영화진흥위원회
대학 – 울산과학대학	25.00	전특 – 해병대사령부, 전특 – 영화진흥위원회
대학 – 유한대학	25.00	전특 – 해병대사령부
대학 – 부산가톨릭대학교	24.88	공공 – 용운, 전특 – 해병대사령부, 공공 – 함안, 전특 – 한국시설안전기술공단, 대학 – 군산간호대학
대학 – 한영신학대학교	22.76	전특 – 문화방송, 전특 – 해병대사령부, 전특 – 대전시립연정국악연구원, 전특 – 농업환경관(농업과학기술원), 전특 – 공주문화원도서관, 전특 – 한국시설안전기술공단
전특 – 한국건설기술연구원	20.93	공공 – 관악문화도서관, 전특 – 문화방송, 전특 – 국립수의과학검역원, 전특 – 농업환경관(농업과학기술원), 전특 – 한국시설안전기술공단
대학 – 부산여자대학	17.33	공공 – 용운, 전특 – 영화진흥위원회, 전특 – 대전시립연정국악연구원, 전특 – 농업환경관(농업과학기술원), 전특 – 공주문화원도서관, 전특 – 한국시설안전기술공단

<표 20> 2004년 관종 통합 CCR 분석(장서수: 1만 권 미만, 효율성: 99.99 이하)

DMU	CCR	준거집단
전특 – 국제특허연수원	74.27	전특 – 강남성심병원, 공공 – 고성동부
전특 – 대진의료재단분당제생병원	69.38	전특 – 강남성심병원, 공공 – 경북교육정보(전)
대학 – 복음신학대학원대학교	23.96	공공 – 동두천시립, 전특 – 부산발전연구원, 공공 – 고성동부
전특 – 경기도과학연구원	23.74	전특 – 강남성심병원, 공공 – 고성동부
전특 – 목포가톨릭병원	10.90	전특 – 강남성심병원, 전특 – 시설안전기술공단
전특 – 국군의무사령부	9.93	전특 – 강남성심병원, 전특 – 부산발전연구원, 공공 – 고성동부

<표 21> 2005년 관종 통합 CCR 분석(장서수: 10만 권 이상, 효율성: 99.99 이하)

DMU	CCR	준거집단
공공 – 안양시립평촌	98.80	공공 – 도립성남, 전특 – 국사편찬위원회, 공공 – 양천, 공공 – 광주광역시립도서관
공공 – 도봉	94.66	공공 – 도립성남, 전특 – 국사편찬위원회, 공공 – 양천
공공 – 시흥시립	94.09	공공 – 도립과천, 공공 – 양천
공공 – 김천시립	90.91	공공 – 도립과천, 공공 – 양천, 공공 – 광주광역시립도서관
공공 – 한밭	89.93	공공 – 도립성남, 전특 – 국사편찬위원, 공공 – 양천
대학 – 서남대학교	89.33	공공 – 도립성남, 공공 – 속초평생교육정보관(전)
공공 – 유성	88.55	공공 – 도립과천, 공공 – 양천, 공공 – 광주광역시립도서관
공공 – 중계평생학습관	86.78	공공 – 도립성남, 공공 – 도립과천, 공공 – 양천, 공공 – 광주광역시립도서관
공공 – 해운대	86.34	공공 – 도립성남, 전특 – 국사편찬위원회, 공공 – 양천, 공공 – 속초평생교육정보관(전)
대학 – 상명대학교	85.71	공공 – 도립성남, 공공 – 양천, 공공 – 속초평생교육정보관(전)
공공 – 도립중앙	84.89	공공 – 도립성남, 공공 – 양천
공공 – 울산남부	83.20	공공 – 도립과천, 공공 – 양천, 공공 – 광주광역시립도서관
공공 – 구덕	80.30	공공 – 도립성남, 공공 – 양천
대학 – 대진대학교	80.06	공공 – 도립성남
공공 – 부평	78.03	공공 – 도립과천, 공공 – 양천, 공공 – 광주광역시립도서관
대학 – 한세대학교	78.03	공공 – 도립성남
공공 – 동대문	77.29	공공 – 도립성남, 전특 – 국사편찬위원회, 공공 – 양천, 공공 – 속초평생교육정보관(전)
공공 – 고척	76.73	공공 – 도립성남, 공공 – 도립과천, 전특 – 국사편찬위원회, 공공 – 양천, 공공 – 광주광역시립도서관
공공 – 북구	74.37	공공 – 도립과천, 공공 – 양천, 공공 – 광주광역시립도서관, 공공 – 울산동부
공공 – 부전	73.99	공공 – 도립성남, 전특 – 국사편찬위원회, 공공 – 양천
공공 – 송파	72.62	공공 – 양천, 공공 – 광주광역시립도서관, 공공 – 성남시중앙문화정보, 공공 – 울산동부
공공 – 김해	71.89	공공 – 도립성남, 공공 – 도립과천, 공공 – 양천, 공공 – 광주광역시립도서관
공공 – 경주시립	71.37	공공 – 도립성남, 공공 – 도립과천
공공 – 남부	70.13	공공 – 양천, 공공 – 광주광역시립도서관, 공공 – 성남시중앙문화정보, 공공 – 울산동부
공공 – 울산중부	69.32	공공 – 양천, 공공 – 광주광역시립도서관, 공공 – 울산동부

DMU	CCR	준거집단
공공 – 수원시선경	69.02	공공 – 도립과천, 공공 – 양천, 공공 – 광주광역시립도서관
공공 – 개포	68.73	공공 – 도립성남, 전특 – 국사편찬위원회, 공공 – 양천, 공공 – 광주광역시립도서관
공공 – 사하	67.27	공공 – 도립성남, 공공 – 도립과천, 공공 – 양천
공공 – 강남	66.01	공공 – 도립성남, 전특 – 국사편찬위원회, 공공 – 양천
공공 – 효목	65.33	공공 – 도립성남, 전특 – 국사편찬위원회, 공공 – 양천, 공공 – 광주광역시립도서관
대학 – 청주대학교	64.42	공공 – 도립과천, 공공 – 양천
공공 – 김포시립	62.94	공공 – 도립성남, 공공 – 도립과천, 공공 – 양천
공공 – 탐라	61.50	공공 – 도립과천, 공공 – 양천, 공공 – 광주광역시립도서관
공공 – 구포	61.00	공공 – 도립성남, 전특 – 국사편찬위원회, 공공 – 양천
대학 – 동국대학교	60.24	공공 – 도립과천, 공공 – 양천
공공 – 강동	59.82	공공 – 도립성남, 전특 – 국사편찬위원회, 공공 – 양천, 공공 – 광주광역시립도서관
공공 – 서구	59.50	공공 – 도립성남, 공공 – 도립과천, 전특 – 국사편찬위원회, 공공 – 양천, 공공 – 광주광역시립도서관
공공 – 중앙	58.80	공공 – 도립과천, 공공 – 양천, 공공 – 광주광역시립도서관
대학 – 고려대학교	58.73	공공 – 도립과천, 공공 – 양천
공공 – 김해칠암	58.30	공공 – 도립과천, 공공 – 양천, 공공 – 광주광역시립도서관
공공 – 고덕평생학습관	57.84	공공 – 도립성남, 전특 – 국사편찬위원회, 공공 – 양천, 공공 – 광주광역시립도서관
공공 – 은평구립	57.65	공공 – 도립과천, 공공 – 양천, 공공 – 울산동부
공공 – 마포평생학습관	57.46	공공 – 양천, 공공 – 광주광역시립도서관, 공공 – 성남시중앙문화정보, 공공 – 울산동부
공공 – 주안	56.13	공공 – 도립과천, 공공 – 양천, 공공 – 광주광역시립도서관, 공공 – 울산동부
공공 – 성남시중원문화정보센터	54.34	공공 – 도립과천, 공공 – 양천, 공공 – 광주광역시립도서관, 공공 – 울산동부
대학 – 대구대학교	54.29	공공 – 도립과천, 공공 – 양천
공공 – 광명하안	52.85	공공 – 도립과천, 공공 – 양천
공공 – 성남시수정문화정보센터	52.50	공공 – 도립과천, 공공 – 양천, 공공 – 광주광역시립도서관, 공공 – 울산동부
공공 – 용인시립	51.84	공공 – 도립과천, 공공 – 양천
대학 – 목포대학교	51.59	공공 – 도립성남
공공 – 의왕시립	50.66	공공 – 도립과천, 공공 – 양천
대학 – 성결대학교	50.60	공공 – 도립성남
공공 – 대전학생교육문화원	50.47	공공 – 도립과천, 공공 – 양천, 공공 – 광주광역시립도서관, 공공 – 울산동부
공공 – 대봉	49.13	공공 – 도립과천, 공공 – 양천, 공공 – 광주광역시립도서관, 공공 – 울산동부
공공 – 천안중앙	48.99	공공 – 도립과천, 공공 – 양천
공공 – 두류	48.96	공공 – 도립성남, 전특 – 국사편찬위원회, 공공 – 양천, 공공 – 광주광역시립도서관
공공 – 동부	47.84	공공 – 도립성남, 전특 – 국사편찬위원회, 공공 – 양천, 공공 – 광주광역시립도서관
대학 – 홍익대학교	47.66	공공 – 도립과천, 공공 – 양천
공공 – 북부	46.25	공공 – 도립성남, 전특 – 국사편찬위원회, 공공 – 양천, 공공 – 광주광역시립도서관
공공 – 창원시립	45.69	공공 – 도립성남, 전특 – 국사편찬위원회, 공공 – 양천, 공공 – 광주광역시립도서관
공공 – 경북교육정보(전)	45.34	공공 – 양천, 공공 – 광주광역시립도서관, 공공 – 성남시중앙문화정보, 공공 – 울산동부

DMU	CCR	준거집단
대학 – 신흥대학	44.69	공공 – 도립성남
공공 – 안성시립	44.11	공공 – 도립성남, 전특 – 국사편찬위원회, 공공 – 양천
공공 – 제주	44.08	공공 – 도립과천, 공공 – 양천, 공공 – 속초평생교육정보관(전)
공공 – 진주연암	43.87	공공 – 도립성남, 공공 – 도립과천, 공공 – 광주광역시립도서관
대학 – 경성대학교	43.53	공공 – 도립성남
대학 – 경희대학교	43.20	공공 – 도립성남
공공 – 반송	42.79	공공 – 도립성남, 전특 – 국사편찬위원회, 공공 – 양천
대학 – 가톨릭대학교 성심교정	42.58	공공 – 도립성남, 공공 – 도립과천, 공공 – 양천
공공 – 화도진	41.34	공공 – 도립성남, 공공 – 도립과천, 공공 – 양천, 공공 – 광주광역시립도서관
공공 – 중앙	41.27	공공 – 도립성남, 공공 – 도립과천, 전특 – 국사편찬위원회, 공공 – 양천, 공공 – 광주광역시립도서관
대학 – 전주대학교	40.48	공공 – 도립성남, 공공 – 양천, 공공 – 속초평생교육정보관(전)
대학 – 홍익대학교 조치원캠퍼스	39.60	대학 – 서울여자대학교, 공공 – 양천, 공공 – 광주광역시립도서관
공공 – 강릉평생교육 정보관(전)	38.88	공공 – 도립성남, 전특 – 국사편찬위원회, 공공 – 양천, 공공 – 광주광역시립도서관
공공 – 금호교육 문화회관	38.69	공공 – 양천, 공공 – 광주광역시립도서관
대학 – 인덕대학	38.60	공공 – 도립과천, 공공 – 양천
공공 – 인천시립	38.41	공공 – 도립성남, 전특 – 국사편찬위원회, 공공 – 양천, 공공 – 광주광역시립도서관
대학 – 계명대학교	38.07	공공 – 도립성남
공공 – 서부	37.79	공공 – 도립과천, 공공 – 양천, 공공 – 광주광역시립도서관, 공공 – 울산동부
대학 – 광운대학교	37.37	공공 – 도립과천, 공공 – 양천
대학 – 포항공과대학교	36.97	공공 – 도립과천, 공공 – 광주광역시립도서관
공공 – 강서	36.96	공공 – 도립성남, 전특 – 국사편찬위원회, 공공 – 양천, 공공 – 광주광역시립도서관
대학 – 울산대학교	36.24	공공 – 도립성남, 공공 – 양천, 공공 – 속초평생교육정보관(전)
공공 – 중앙	36.19	공공 – 도립과천, 공공 – 양천, 공공 – 광주광역시립도서관, 공공 – 울산동부
공공 – 명장	35.95	공공 – 도립성남, 전특 – 국사편찬위원회, 공공 – 양천
대학 – 한국교원대학교	35.06	공공 – 도립성남, 공공 – 양천, 공공 – 속초평생교육정보관(전)
대학 – 명지대학교	35.04	공공 – 도립성남
대학 – 한림대학교	34.32	공공 – 도립성남, 공공 – 도립과천
대학 – 수원과학대학	33.99	공공 – 도립성남
공공 – 중앙	33.37	공공 – 도립성남, 전특 – 국사편찬위원회, 공공 – 양천, 공공 – 광주광역시립도서관
대학 – 전남대학교	33.28	공공 – 도립과천, 공공 – 양천
공공 – 우당	33.10	공공 – 도립과천, 공공 – 양천, 공공 – 광주광역시립도서관
대학 – 동의대학교	32.93	공공 – 도립성남, 공공 – 도립과천, 공공 – 양천
대학 – 신라대학교	32.84	공공 – 도립성남, 공공 – 속초평생교육정보관(전)
공공 – 부천시립 중앙	32.76	공공 – 도립과천, 공공 – 양천
대학 – 울산과학대학	31.73	공공 – 도립성남
대학 – 대전대학교	31.05	공공 – 도립과천, 공공 – 양천
대학 – 진주교육대학교	30.28	공공 – 도립성남, 공공 – 양천, 공공 – 속초평생교육정보관(전)

DMU	CCR	준거집단
공공 – 삼척평생교육 정보관(전)	30.20	공공 – 도립과천, 공공 – 양천, 공공 – 광주광역시립도서관, 공공 – 울산동부
대학 – 호원대학교	30.12	공공 – 도립성남, 공공 – 양천, 공공 – 속초평생교육정보관(전)
공공 – 시민	30.08	공공 – 도립성남, 전특 – 국사편찬위원회, 공공 – 양천, 공공 – 광주광역시립도서관
전특 – 한국과학기술원	29.97	대학 – 서울여자대학교, 전특 – 국사편찬위원회, 공공 – 양천, 공공 – 광주광역시립도 서관
대학 – 충남대학교	28.78	공공 – 도립성남, 공공 – 도립과천
대학 – 상지대학교	28.77	공공 – 도립과천, 공공 – 양천
대학 – 배재대학교	28.73	공공 – 도립과천, 공공 – 양천
대학 – 조선대학교	28.28	공공 – 도립성남, 공공 – 도립과천, 공공 – 양천
대학 – 덕성여자대학교	28.17	공공 – 도립성남, 공공 – 양천, 공공 – 속초평생교육정보관(전)
대학 – 대구가톨릭 대학교	28.08	공공 – 도립성남, 공공 – 속초평생교육정보관(전)
대학 – 명지대학교자연 캠퍼스	27.08	공공 – 도립성남
대학 – 충주대학교	26.72	공공 – 도립성남, 공공 – 양천, 공공 – 속초평생교육정보관(전)
대학 – 세종대학교	26.04	공공 – 도립성남, 공공 – 도립과천
공공 – 용산	25.73	공공 – 도립성남, 전특 – 국사편찬위원회, 공공 – 양천, 공공 – 광주광역시립도서관
대학 – 장로회신학 대학교	25.29	공공 – 도립성남, 공공 – 양천, 공공 – 속초평생교육정보관(전)
대학 – 창원대학교	24.74	공공 – 도립성남, 공공 – 양천, 공공 – 속초평생교육정보관(전)
대학 – 충북대학교	24.12	공공 – 도립성남, 공공 – 속초평생교육정보관(전)
대학 – 경북전문대학	24.05	공공 – 도립성남, 공공 – 속초평생교육정보관(전)
공공 – 남산	23.60	공공 – 도립성남, 전특 – 국사편찬위원회, 공공 – 양천, 공공 – 속초평생교육정보관(전)
공공 – 송정	23.55	공공 – 도립성남, 공공 – 도립과천, 전특 – 국사편찬위원회, 공공 – 양천, 공공 – 광주 광역시립도서관
대학 – 경기대학교	23.54	공공 – 도립성남
공공 – 마산	23.06	공공 – 도립성남, 공공 – 도립과천, 공공 – 양천, 공공 – 광주광역시립도서관, 공공 – 속초평생교육정보관(전)
대학 – 유한대학	22.71	공공 – 도립과천, 공공 – 광주광역시립도서관
공공 – 충북중앙	22.18	공공 – 도립과천, 공공 – 양천, 공공 – 광주광역시립도서관
공공 – 춘천평생교육 정보관(전)	21.50	공공 – 도립성남, 공공 – 도립과천, 공공 – 양천, 공공 – 속초평생교육정보관(전)
대학 – 부산가톨릭 대학교	21.31	공공 – 도립성남
대학 – 관동대학교	21.12	공공 – 도립성남, 공공 – 광주광역시립도서관, 공공 – 속초평생교육정보관(전)
공공 – 정독	21.00	공공 – 도립성남, 전특 – 국사편찬위원회, 공공 – 양천, 공공 – 광주광역시립도서관
대학 – 강남대학교	20.92	공공 – 도립성남
대학 – 고려대학교서창 캠퍼스	20.57	공공 – 도립성남
대학 – 우석대학교	20.55	공공 – 도립성남, 공공 – 도립과천
대학 – 세명대학교	20.09	공공 – 도립성남

DMU	CCR	준거집단
대학 – 삼척대학교	18.66	공공 – 도립성남
대학 – 여수대학교	18.63	공공 – 도립성남, 공공 – 양천, 공공 – 속초평생교육정보관(전)
대학 – 경남정보대학	18.08	공공 – 도립성남, 공공 – 양천, 공공 – 광주광역시립도서관, 공공 – 속초평생교육정보관(전)
대학 – 금오공과대학교	17.45	공공 – 도립성남, 공공 – 속초평생교육정보관(전)
대학 – 혜천대학	17.03	공공 – 도립과천, 공공 – 양천
공공 – 광주학생독립운동기념회관	16.99	공공 – 양천, 공공 – 광주광역시립도서관
대학 – 광주가톨릭대학교	16.87	공공 – 도립성남
대학 – 경주대학교	15.97	공공 – 도립성남
대학 – 협성대학교	15.85	공공 – 도립성남, 공공 – 속초평생교육정보관(전)
대학 – 상주대학교	15.79	공공 – 도립성남, 공공 – 양천, 공공 – 속초평생교육정보관(전)
대학 – 광주보건대학	14.79	공공 – 도립성남, 전특 – 국사편찬위원회
대학 – 한국해양대학교	13.96	공공 – 도립성남
대학 – 가톨릭대학교 성신교정	11.52	공공 – 도립성남, 공공 – 속초평생교육정보관(전)
대학 – 대불대학교	11.02	공공 – 도립성남
대학 – 창원전문대학	9.49	공공 – 도립성남, 공공 – 속초평생교육정보관(전)
대학 – 공군사관학교	6.30	전특 – 국사편찬위원회, 공공 – 속초평생교육정보관(전)

<表 22> 2005년 관종 통합 BCC 분석(장서수: 10만 권 이상, 효율성: 99.99 이하)

DMU	BCC	준거집단
공공 – 경북교육정보(전)	98.14	공공 – 사하, 대학 – 광주보건대학
공공 – 중계평생학습관	97.88	공공 – 양천, 공공 – 광주광역시립도서관, 공공 – 안양시립평촌, 공공 – 울산동부, 공공 – 속초평생교육정보관(전)
공공 – 김해칠암	97.04	공공 – 유성, 공공 – 속초평생교육정보관(전), 공공 – 시흥시립, 대학 – 유한대학, 공공 – 사하
대학 – 호원대학교	96.91	공공 – 양천, 대학 – 서남대학교, 대학 – 경북전문대학, 대학 – 광주가톨릭대학교, 대학 – 창원전문대학, 공공 – 속초평생교육정보관(전)
대학 – 수원과학대학	96.61	대학 – 한세대학교, 대학 – 경북전문대학, 대학 – 광주가톨릭대학교, 대학 – 신흥대학
대학 – 부산가톨릭대학교	96.54	대학 – 유한대학, 공공 – 사하, 대학 – 광주보건대학
대학 – 상명대학교	96.51	공공 – 도립성남, 공공 – 양천, 대학 – 서남대학교, 대학 – 경북전문대학, 대학 – 광주가톨릭대학교, 공공 – 속초평생교육정보관(전)
공공 – 광주학생독립운동기념회관	95.59	공공 – 광주광역시립도서관, 공공 – 중앙, 공공 – 제주, 공공 – 금호교육문화회관
대학 – 공군사관학교	93.75	전특 – 국사편찬위원회, 대학 – 경북전문대학, 대학 – 광주가톨릭대학교
공공 – 명장	92.97	대학 – 광주가톨릭대학교, 공공 – 구포, 대학 – 신흥대학, 공공 – 사하
공공 – 개포	92.27	공공 – 도립과천, 공공 – 양천, 공공 – 도봉, 공공 – 안양시립평촌, 공공 – 인천시립, 공공 – 강남, 공공 – 구포, 공공 – 속초평생교육정보관(전)
대학 – 경남정보대학	92.19	대학 – 홍익대학교조치원캠퍼스, 전특 – 국사편찬위원회, 공공 – 양천, 대학 – 서남대학교, 대학 – 광주가톨릭대학교, 대학 – 유한대학
대학 – 울산과학대학	92.04	대학 – 경북전문대학, 대학 – 광주가톨릭대학교, 공공 – 시흥시립, 대학 – 신흥대학, 대학 – 유한대학
공공 – 김포시립	91.51	공공 – 도립성남, 공공 – 양천, 대학 – 광주가톨릭대학교, 공공 – 경주시립, 공공 – 시흥시립, 공공 – 사하
공공 – 진주연암	91.38	대학 – 서남대학교, 대학 – 광주가톨릭대학교, 공공 – 유성, 공공 – 속초평생교육정보관(전), 공공 – 사하
공공 – 고척	90.37	전특 – 국사편찬위원회, 공공 – 양천, 공공 – 광주광역시립도서관, 공공 – 안양시립평촌, 대학 – 광주가톨릭대학교, 공공 – 유성, 공공 – 속초평생교육정보관(전)
대학 – 인덕대학	89.68	공공 – 양천, 대학 – 광주가톨릭대학교, 대학 – 신흥대학, 대학 – 유한대학
공공 – 동대문	89.24	공공 – 도립성남, 전특 – 국사편찬위원회, 공공 – 양천, 대학 – 광주가톨릭대학교, 공공 – 속초평생교육정보관(전), 공공 – 해운대
공공 – 탐라	89.18	공공 – 유성, 공공 – 속초평생교육정보관(전), 공공 – 시흥시립, 대학 – 유한대학, 공공 – 사하
공공 – 은평구립	88.53	공공 – 양천, 공공 – 시흥시립, 공공 – 사하
공공 – 울산남부	87.79	공공 – 도립과천, 공공 – 양천, 공공 – 광주광역시립도서관, 공공 – 안양시립평촌, 공공 – 유성, 공공 – 울산동부, 공공 – 속초평생교육정보관(전)
공공 – 부전	87.10	공공 – 도립성남, 공공 – 양천, 공공 – 도봉, 대학 – 광주가톨릭대학교, 공공 – 구포
공공 – 부평	86.94	공공 – 도립과천, 공공 – 양천, 대학 – 서남대학교, 공공 – 강남, 공공 – 구덕, 공공 – 유성, 공공 – 구포, 공공 – 속초평생교육정보관(전)
공공 – 삼척평생교육정보관(전)	86.67	공공 – 양천, 대학 – 유한대학, 공공 – 사하
공공 – 강동	85.75	공공 – 양천, 공공 – 도봉, 공공 – 안양시립평촌, 대학 – 광주가톨릭대학교, 공공 – 유성, 공공 – 구포, 공공 – 속초평생교육정보관(전)

DMU	BCC	준거집단
대학 – 대진대학교	84.90	공공 – 도립성남, 대학 – 서남대학교, 대학 – 한세대학교
대학 – 가톨릭대학교 성신교정	84.02	전특 – 국사편찬위원회, 대학 – 서남대학교, 대학 – 경북전문대학, 대학 – 광주가톨릭대학교
공공 – 서구	83.34	공공 – 도립과천, 공공 – 양천, 공공 – 광주광역시립도서관, 공공 – 유성, 공공 – 사하
공공 – 김해	82.26	공공 – 도립성남, 공공 – 도립과천, 공공 – 양천, 대학 – 서남대학교, 공공 – 속초평생교육정보관(전), 공공 – 시흥시립
공공 – 울산중부	81.37	공공 – 양천, 공공 – 광주광역시립도서관, 공공 – 울산동부, 공공 – 속초평생교육정보관(전), 공공 – 사하
공공 – 송파	81.33	공공 – 양천, 공공 – 울산동부, 공공 – 속초평생교육정보관(전), 공공 – 사하
공공 – 용인시립	80.64	공공 – 도립과천, 공공 – 제주, 대학 – 광주가톨릭대학교, 공공 – 시흥시립, 공공 – 사하
공공 – 남부	79.88	공공 – 양천, 공공 – 광주광역시립도서관, 공공 – 울산동부, 공공 – 시흥시립
공공 – 북구	79.78	공공 – 양천, 공공 – 광주광역시립도서관, 공공 – 유성, 공공 – 울산동부, 공공 – 시흥시립, 공공 – 사하
대학 – 여수대학교	79.63	공공 – 양천, 대학 – 경북전문대학, 공공 – 해운대, 대학 – 유한대학, 대학 – 광주보건대학
공공 – 강릉평생교육 정보관(전)	79.53	공공 – 양천, 대학 – 광주가톨릭대학교, 공공 – 속초평생교육정보관(전), 대학 – 유한대학, 공공 – 사하
공공 – 고덕평생학습관	79.50	공공 – 도봉, 공공 – 안양시립평촌, 공공 – 인천시립, 공공 – 강남, 대학 – 광주가톨릭대학교, 공공 – 구포, 공공 – 속초평생교육정보관(전)
공공 – 화도진	79.04	공공 – 양천, 공공 – 광주광역시립도서관, 공공 – 중앙, 공공 – 유성, 대학 – 창원전문대학, 공공 – 사하
공공 – 성남시수정문화 정보센터	78.10	공공 – 양천, 공공 – 구덕, 대학 – 광주가톨릭대학교, 공공 – 시흥시립, 공공 – 사하
공공 – 동부	77.92	공공 – 양천, 공공 – 광주광역시립도서관, 공공 – 속초평생교육정보관(전), 대학 – 유한대학, 공공 – 사하
공공 – 송정	77.01	공공 – 광주광역시립도서관, 공공 – 중앙, 대학 – 창원전문대학, 공공 – 금호교육문화회관, 공공 – 사하
대학 – 대불대학교	76.80	대학 – 경북전문대학, 대학 – 창원전문대학, 대학 – 신흥대학, 대학 – 유한대학, 공공 – 사하
공공 – 대봉	76.25	공공 – 양천, 대학 – 광주가톨릭대학교, 공공 – 속초평생교육정보관(전), 대학 – 유한대학, 공공 – 사하
대학 – 상주대학교	76.02	공공 – 양천, 대학 – 경북전문대학, 대학 – 유한대학
전특 – 한국과학기술원	73.90	대학 – 홍익대학교조치원캠퍼스, 공공 – 양천, 대학 – 서남대학교, 대학 – 광주가톨릭대학교, 공공 – 속초평생교육정보관(전), 대학 – 유한대학
공공 – 수원시선경	73.58	공공 – 도립과천, 공공 – 양천, 공공 – 광주광역시립도서관, 대학 – 서남대학교, 공공 – 유성
공공 – 효목	73.36	전특 – 국사편찬위원회, 공공 – 양천, 공공 – 안양시립평촌, 대학 – 광주가톨릭대학교, 공공 – 유성, 공공 – 속초평생교육정보관(전)
공공 – 대전학생교육 문화원	73.10	공공 – 양천, 공공 – 광주광역시립도서관, 공공 – 속초평생교육정보관(전), 대학 – 유한대학, 공공 – 사하
공공 – 우당	73.01	공공 – 광주광역시립도서관, 공공 – 제주, 대학 – 창원전문대학, 공공 – 시흥시립, 공공 – 사하
대학 – 경주대학교	71.45	대학 – 목포대학교, 대학 – 서남대학교, 대학 – 경북전문대학, 대학 – 광주가톨릭대학교

DMU	BCC	준거집단
공공 – 마포평생학습관	69.90	공공 – 양천, 공공 – 광주광역시립도서관, 공공 – 속초평생교육정보관(전), 대학 – 유한대학
대학 – 청주대학교	69.63	공공 – 양천, 대학 – 서남대학교, 대학 – 한세대학교, 공공 – 시흥시립
대학 – 성결대학교	69.32	공공 – 도립성남, 대학 – 서남대학교, 대학 – 한세대학교, 대학 – 광주가톨릭대학교
공공 – 성남시중원문화정보센터	69.30	공공 – 양천, 공공 – 울산동부, 공공 – 시흥시립, 공공 – 사하
공공 – 두류	68.41	공공 – 양천, 공공 – 도봉, 공공 – 인천시립, 대학 – 광주가톨릭대학교, 공공 – 유성, 공공 – 구포, 공공 – 사하
공공 – 주안	67.85	공공 – 양천, 공공 – 유성, 공공 – 울산동부, 공공 – 속초평생교육정보관(전), 공공 – 시흥시립, 공공 – 사하
공공 – 부천시립 중앙	67.57	공공 – 양천, 대학 – 창원전문대학, 공공 – 시흥시립, 대학 – 유한대학, 공공 – 사하
공공 – 중앙	67.04	공공 – 양천, 공공 – 광주광역시립도서관, 대학 – 서남대학교, 대학 – 광주가톨릭대학교, 공공 – 유성, 공공 – 속초평생교육정보관(전)
대학 – 경기대학교	66.29	공공 – 도립성남, 대학 – 목포대학교, 대학 – 서남대학교, 대학 – 경북전문대학, 대학 – 광주가톨릭대학교
대학 – 포항공과대학교	66.19	대학 – 서울여자대학교, 공공 – 광주광역시립도서관, 대학 – 서남대학교, 대학 – 광주가톨릭대학교
공공 – 광명하안	66.14	공공 – 양천, 공공 – 제주, 공공 – 유성, 대학 – 창원전문대학, 공공 – 시흥시립
공공 – 창원시립	66.02	공공 – 양천, 대학 – 광주가톨릭대학교, 공공 – 유성, 공공 – 속초평생교육정보관(전), 대학 – 유한대학, 공공 – 사하
대학 – 장로회신학대학교	65.47	공공 – 양천, 공공 – 인천시립, 대학 – 경북전문대학, 대학 – 광주가톨릭대학교, 공공 – 해운대, 공공 – 사하
공공 – 북부	64.37	공공 – 양천, 대학 – 서남대학교, 대학 – 광주가톨릭대학교, 공공 – 유성, 공공 – 속초평생교육정보관(전), 공공 – 사하
대학 – 동국대학교	61.84	공공 – 도립과천, 공공 – 양천, 대학 – 서남대학교, 공공 – 시흥시립
대학 – 혜천대학	61.78	공공 – 양천, 대학 – 경북전문대학, 대학 – 창원전문대학, 공공 – 시흥시립
공공 – 강서	61.07	공공 – 양천, 공공 – 인천시립, 대학 – 광주가톨릭대학교, 공공 – 구포, 공공 – 속초평생교육정보관(전), 대학 – 신흥대학
대학 – 고려대학교	59.09	공공 – 도립과천, 공공 – 양천, 대학 – 서남대학교
공공 – 춘천평생교육정보관(전)	58.69	공공 – 양천, 대학 – 광주가톨릭대학교, 대학 – 창원전문대학, 공공 – 사하
대학 – 충주대학교	58.21	공공 – 양천, 대학 – 서남대학교, 대학 – 경북전문대학, 대학 – 광주가톨릭대학교, 대학 – 창원전문대학, 공공 – 속초평생교육정보관(전)
대학 – 협성대학교	57.51	대학 – 서남대학교, 대학 – 경북전문대학, 대학 – 광주가톨릭대학교, 공공 – 속초평생교육정보관(전), 공공 – 해운대, 대학 – 신흥대학
공공 – 서부	57.42	공공 – 양천, 공공 – 울산동부, 공공 – 속초평생교육정보관(전), 공공 – 시흥시립, 공공 – 사하
공공 – 천안중앙	57.13	공공 – 도립과천, 공공 – 양천, 공공 – 안성시립, 대학 – 경북전문대학, 대학 – 광주가톨릭대학교, 공공 – 사하
대학 – 대구대학교	56.06	공공 – 도립과천, 공공 – 양천, 대학 – 서남대학교, 공공 – 시흥시립
공공 – 중앙	54.28	공공 – 양천, 공공 – 속초평생교육정보관(전), 공공 – 시흥시립, 대학 – 유한대학, 공공 – 사하
대학 – 금오공과대학교	52.23	대학 – 경북전문대학, 대학 – 광주가톨릭대학교, 공공 – 속초평생교육정보관(전), 공공 – 시흥시립, 대학 – 신흥대학, 대학 – 유한대학

DMU	BCC	준거집단
대학 – 전주대학교	50.58	공공 – 도립성남, 공공 – 양천, 대학 – 서남대학교, 대학 – 경북전문대학, 대학 – 광주가톨릭대학교, 공공 – 속초평생교육정보관(전)
대학 – 우석대학교	49.89	대학 – 서울여자대학교, 공공 – 광주광역시립도서관, 대학 – 서남대학교, 대학 – 광주가톨릭대학교, 대학 – 유한대학
대학 – 홍익대학교	49.42	공공 – 도립과천, 공공 – 양천, 대학 – 서남대학교
대학 – 삼척대학교	49.41	공공 – 양천, 대학 – 서남대학교, 대학 – 광주가톨릭대학교, 공공 – 유성, 공공 – 속초평생교육정보관(전), 대학 – 신흥대학, 대학 – 유한대학
대학 – 관동대학교	49.37	대학 – 홍익대학교조치원캠퍼스, 전특 – 국사편찬위원회, 공공 – 광주광역시립도서관, 대학 – 서남대학교, 공공 – 속초평생교육정보관(전), 대학 – 유한대학
대학 – 한국교원대학교	49.19	대학 – 홍익대학교조치원캠퍼스, 전특 – 국사편찬위원회, 공공 – 양천, 대학 – 서남대학교, 대학 – 광주가톨릭대학교, 공공 – 속초평생교육정보관(전)
대학 – 경성대학교	48.92	공공 – 도립성남, 대학 – 서남대학교, 대학 – 한세대학교, 대학 – 광주가톨릭대학교
대학 – 가톨릭대학교 성심교정	48.67	공공 – 도립성남, 공공 – 양천, 대학 – 서남대학교, 대학 – 경북전문대학, 대학 – 광주가톨릭대학교, 공공 – 속초평생교육정보관(전)
공공 – 용산	48.34	공공 – 양천, 대학 – 광주가톨릭대학교, 공공 – 속초평생교육정보관(전), 대학 – 유한대학, 공공 – 사하
대학 – 강남대학교	47.17	공공 – 도립성남, 대학 – 목포대학교, 대학 – 서남대학교, 대학 – 경북전문대학, 대학 – 광주가톨릭대학교
공공 – 마산	46.94	공공 – 양천, 공공 – 속초평생교육정보관(전), 대학 – 유한대학, 공공 – 사하
대학 – 명지대학교	44.98	공공 – 도립성남, 대학 – 서남대학교, 대학 – 한세대학교, 대학 – 광주가톨릭대학교
대학 – 경희대학교	44.87	공공 – 도립성남, 대학 – 서남대학교, 대학 – 한세대학교
대학 – 신라대학교	44.41	공공 – 도립성남, 대학 – 서남대학교, 대학 – 경북전문대학, 대학 – 광주가톨릭대학교, 공공 – 속초평생교육정보관(전)
대학 – 광운대학교	44.03	공공 – 도립과천, 공공 – 양천, 대학 – 서남대학교, 대학 – 한세대학교, 대학 – 광주가톨릭대학교
공공 – 충북중앙	41.62	공공 – 광주광역시립도서관, 공공 – 유성, 공공 – 속초평생교육정보관(전), 대학 – 유한대학, 공공 – 사하
대학 – 덕성여자대학교	41.52	공공 – 도립과천, 공공 – 양천, 대학 – 서남대학교, 대학 – 광주가톨릭대학교, 대학 – 창원전문대학, 공공 – 속초평생교육정보관(전), 공공 – 시흥시립
대학 – 한림대학교	41.52	공공 – 도립성남, 대학 – 서남대학교, 대학 – 한세대학교, 대학 – 광주가톨릭대학교, 공공 – 시흥시립
공공 – 중앙	41.34	전특 – 국사편찬위원회, 공공 – 양천, 공공 – 광주광역시립도서관, 공공 – 안양시립평촌, 대학 – 광주가톨릭대학교, 공공 – 유성
대학 – 계명대학교	40.02	공공 – 도립성남, 대학 – 서남대학교, 대학 – 한세대학교
대학 – 상지대학교	39.79	공공 – 도립성남, 대학 – 서남대학교, 대학 – 한세대학교, 대학 – 광주가톨릭대학교, 공공 – 시흥시립
대학 – 대전대학교	38.54	공공 – 양천, 대학 – 서남대학교, 대학 – 한세대학교, 대학 – 광주가톨릭대학교, 공공 – 시흥시립
대학 – 울산대학교	38.03	공공 – 도립성남, 공공 – 양천, 대학 – 서남대학교, 대학 – 경북전문대학, 대학 – 광주가톨릭대학교, 공공 – 속초평생교육정보관(전)
대학 – 배재대학교	37.62	공공 – 도립성남, 공공 – 양천, 대학 – 서남대학교, 대학 – 경북전문대학, 대학 – 광주가톨릭대학교, 공공 – 시흥시립
대학 – 한국해양대학교	37.61	대학 – 광주가톨릭대학교, 공공 – 유성, 공공 – 경주시립, 대학 – 신흥대학, 대학 – 유한대학, 공공 – 사하

DMU	BCC	준거집단
대학 – 동의대학교	37.61	공공 – 도립성남, 공공 – 양천, 대학 – 서남대학교, 대학 – 경북전문대학, 대학 – 광주가톨릭대학교, 공공 – 속초평생교육정보관(전)
대학 – 창원대학교	37.15	공공 – 도립성남, 공공 – 양천, 대학 – 서남대학교, 대학 – 경북전문대학, 대학 – 광주가톨릭대학교, 공공 – 속초평생교육정보관(전), 공공 – 시흥시립
대학 – 명지대학교자연캠퍼스	35.62	공공 – 도립성남, 대학 – 서남대학교, 대학 – 한세대학교, 대학 – 경북전문대학, 대학 – 광주가톨릭대학교, 공공 – 시흥시립
대학 – 대구가톨릭대학교	34.72	공공 – 도립성남, 대학 – 서남대학교, 대학 – 경북전문대학, 대학 – 광주가톨릭대학교, 공공 – 속초평생교육정보관(전)
대학 – 전남대학교	34.62	공공 – 도립과천, 공공 – 양천, 대학 – 서남대학교, 공공 – 시흥시립
공공 – 시민	34.05	공공 – 도립과천, 공공 – 양천, 공공 – 도봉, 공공 – 안양시립평촌, 대학 – 광주가톨릭대학교, 공공 – 사하
대학 – 고려대학교서창캠퍼스	33.68	대학 – 한세대학교, 대학 – 광주가톨릭대학교, 공공 – 시흥시립, 대학 – 신흥대학
공공 – 남산	32.16	공공 – 도립성남, 공공 – 양천, 공공 – 도봉, 대학 – 광주가톨릭대학교, 공공 – 속초평생교육정보관(전), 공공 – 해운대
대학 – 조선대학교	32.04	공공 – 도립성남, 공공 – 양천, 대학 – 서남대학교, 대학 – 경북전문대학, 대학 – 광주가톨릭대학교, 공공 – 속초평생교육정보관(전)
대학 – 세종대학교	31.82	공공 – 도립과천, 대학 – 서남대학교, 대학 – 한세대학교, 대학 – 광주가톨릭대학교, 공공 – 시흥시립
대학 – 세명대학교	30.56	공공 – 도립성남, 대학 – 서남대학교, 대학 – 한세대학교, 대학 – 광주가톨릭대학교, 공공 – 시흥시립
대학 – 충남대학교	30.39	공공 – 도립성남, 공공 – 도립과천, 대학 – 서남대학교, 대학 – 한세대학교, 공공 – 시흥시립
공공 – 정독	29.81	전특 – 국사편찬위원회, 공공 – 양천, 공공 – 광주광역시립도서관, 대학 – 광주가톨릭대학교, 공공 – 속초평생교육정보관(전), 대학 – 유한대학
대학 – 충북대학교	29.26	공공 – 도립성남, 대학 – 서남대학교, 대학 – 경북전문대학, 대학 – 광주가톨릭대학교, 공공 – 속초평생교육정보관(전), 공공 – 시흥시립

<표 23> 2005년 관종 통합 CCR 분석(장서수: 1만 권 – 10만 권 미만, 효율성: 99.99 이하)

DMU	CCR	준거집단
전특 – 대한주택공사	97.73	공공 – 양산, 전특 – 해병대사령부, 전특 – 대전시립연정국악연구원
공공 – 양산웅상	89.16	공공 – 마산시립합포, 공공 – 통영, 공공 – 예산, 대학 – 양산대학, 전특 – 해병대사령부
공공 – 충주학생	88.23	공공 – 통영, 공공 – 예산, 공공 – 해운대반여, 전특 – 해병대사령부, 전특 – 대전시립연정국악연구원
공공 – 기장도서관	87.88	공공 – 광진정보, 공공 – 북구일곡, 공공 – 광주학생교육문화회관, 공공 – 예산, 공공 – 해운대반여
공공 – 안산	87.44	공공 – 통영, 대학 – 양산대학, 전특 – 해병대사령부
공공 – 거제	86.34	공공 – 마산시립합포, 공공 – 통영, 대학 – 양산대학
공공 – 관악문화도서관	86.32	공공 – 북구일곡, 공공 – 광주학생교육문화회관, 공공 – 통영, 공공 – 해운대반여
공공 – 사천	85.54	공공 – 광주학생교육문화회관, 공공 – 예산, 공공 – 밀양시립, 전특 – 대전시립연정국악연구원
전특 – 전남교육연수원	85.19	공공 – 양산, 전특 – 경기도청, 전특 – 대전시립연정국악연구원
공공 – 연산	84.36	공공 – 양산, 전특 – 해병대사령부, 전특 – 대전시립연정국악연구원
공공 – 성북정보	83.62	공공 – 광진정보, 공공 – 광주학생교육문화회관, 공공 – 통영, 공공 – 양산
공공 – 서동	82.97	공공 – 통영, 공공 – 양산, 전특 – 해병대사령부, 전특 – 대전시립연정국악연구원
공공 – 갈마	79.59	공공 – 북구일곡, 공공 – 통영, 공공 – 예산, 대학 – 양산대학
전특 – 문화방송	78.93	공공 – 양산, 전특 – 경기도청, 전특 – 해병대사령부, 전특 – 대전시립연정국악연구원
공공 – 마산회원	76.90	공공 – 통영, 공공 – 예산, 공공 – 밀양시립, 공공 – 해운대반여
공공 – 광양공공	72.75	공공 – 통영, 공공 – 예산, 대학 – 양산대학, 전특 – 해병대사령부
공공 – 화성시립태안	72.29	공공 – 마산시립합포, 공공 – 통영, 공공 – 양산, 공공 – 예산, 대학 – 양산대학, 전특 – 해병대사령부
공공 – 울진	72.15	공공 – 성동문화, 공공 – 광주학생교육문화회관, 대학 – 양산대학
공공 – 고성(강원도)	71.44	공공 – 예산, 대학 – 양산대학, 전특 – 해병대사령부
공공 – 하남시립	71.27	공공 – 광진정보, 공공 – 광주학생교육문화회관, 공공 – 양산, 공공 – 예산, 대학 – 양산대학
전특 – 국립수의과학검역원	69.96	공공 – 양산, 전특 – 경기도청
공공 – 서천	69.94	공공 – 광진정보, 공공 – 광주학생교육문화회관, 공공 – 통영, 공공 – 양산
공공 – 군위	67.30	공공 – 통영, 공공 – 양산, 공공 – 예산, 공공 – 함안, 전특 – 해병대사령부
공공 – 당진	64.80	공공 – 통영, 공공 – 예산, 공공 – 함양, 공공 – 해운대반여
공공 – 홍성	64.53	공공 – 마산시립합포, 공공 – 통영, 대학 – 양산대학
공공 – 제천시립	64.12	공공 – 광진정보, 공공 – 북구일곡, 공공 – 통영, 공공 – 예산, 대학 – 양산대학
공공 – 삼천포	63.37	공공 – 광주학생교육문화회관, 공공 – 양산, 대학 – 양산대학, 전특 – 해병대사령부
공공 – 고성(경남)	62.91	공공 – 광주학생교육문화회관, 공공 – 예산, 공공 – 함안, 전특 – 해병대사령부
공공 – 시흥시종합복지회관	62.82	공공 – 광주학생교육문화회관, 공공 – 통영, 공공 – 양산, 공공 – 함안, 전특 – 해병대사령부, 전특 – 대전시립연정국악연구원
공공 – 용운	59.73	공공 – 북구일곡, 공공 – 광주학생교육문화회관, 공공 – 통영, 공공 – 예산, 공공 – 해운대반여
공공 – 해남군립	59.63	공공 – 마산시립합포, 공공 – 통영, 대학 – 양산대학
공공 – 춘성	59.29	공공 – 성동문화, 공공 – 통영, 대학 – 양산대학

DMU	CCR	준거집단
공공 - 장성	59.04	공공 - 통영, 공공 - 예산, 공공 - 해운대반여, 전특 - 해병대사령부
공공 - 남구	55.11	공공 - 광진정보, 공공 - 북구일곡, 공공 - 광주학생교육문화회관, 공공 - 통영, 공공 - 예산, 대학 - 양산대학
전특 - 육군교육사령부	55.00	공공 - 양산, 전특 - 경기도청, 전특 - 해병대사령부
공공 - 영도	52.03	공공 - 통영, 대학 - 양산대학, 전특 - 해병대사령부
공공 - 논산강경	50.67	공공 - 통영, 공공 - 예산, 공공 - 보령공공
공공 - 진영	49.30	공공 - 통영, 공공 - 양산, 대학 - 양산대학, 전특 - 해병대사령부, 전특 - 대전시립연정국악연구원
공공 - 신탄진	49.23	공공 - 광진정보, 공공 - 북구일곡, 공공 - 광주학생교육문화회관, 공공 - 통영
공공 - 영동	48.60	공공 - 성동문화, 공공 - 북구일곡, 공공 - 광주학생교육문화회관, 공공 - 통영, 대학 - 양산대학
공공 - 장흥	48.23	공공 - 통영, 공공 - 함양, 공공 - 보령공공, 공공 - 해운대반여
공공 - 정읍시립	47.95	공공 - 북구일곡, 공공 - 통영, 공공 - 예산, 대학 - 양산대학
공공 - 금산	47.20	공공 - 광주학생교육문화회관, 공공 - 통영, 공공 - 예산, 공공 - 함안, 공공 - 밀양시립
공공 - 부안	46.84	공공 - 예산, 공공 - 함양, 공공 - 해운대반여
공공 - 동두천시립	46.72	공공 - 통영, 공공 - 양산, 대학 - 양산대학, 전특 - 해병대사령부
공공 - 철원	45.77	공공 - 광주학생교육문화회관, 공공 - 통영, 공공 - 양산, 공공 - 예산, 공공 - 함안
공공 - 금왕	45.49	공공 - 북구일곡, 공공 - 통영, 공공 - 예산, 공공 - 해운대반여
공공 - 증평	44.91	공공 - 북구일곡, 공공 - 통영, 공공 - 예산, 대학 - 양산대학
공공 - 태백	44.29	공공 - 통영, 대학 - 양산대학, 전특 - 해병대사령부
공공 - 영일	43.42	공공 - 통영, 대학 - 양산대학, 전특 - 해병대사령부
공공 - 점촌	42.92	공공 - 성동문화, 공공 - 통영, 대학 - 양산대학
전특 - 통계청	42.81	공공 - 통영, 공공 - 양산, 전특 - 경기도청
전특 - 특허청특허참고자료실	42.52	공공 - 광주학생교육문화회관, 공공 - 양산
대학 - 동우대학	41.89	공공 - 통영, 공공 - 예산, 대학 - 양산대학, 전특 - 해병대사령부
공공 - 서귀포종합(전)	41.70	공공 - 성동문화, 공공 - 북구일곡, 공공 - 광주학생교육문화회관, 공공 - 통영, 대학 - 양산대학
공공 - 밀양	39.66	공공 - 통영, 공공 - 예산, 공공 - 해운대반여, 전특 - 대전시립연정국악연구원
전특 - 한국화학연구소	39.60	공공 - 양산, 전특 - 경기도청
대학 - 대구보건대학	39.42	공공 - 통영, 대학 - 경북과학대학, 대학 - 양산대학
공공 - 통영산양	39.16	공공 - 광주학생교육문화회관, 공공 - 예산, 공공 - 함안
공공 - 영월	38.38	공공 - 북구일곡, 공공 - 통영, 공공 - 예산, 대학 - 양산대학
전특 - 한국시설안전기술공단	37.30	공공 - 양산, 전특 - 경기도청, 전특 - 해병대사령부, 전특 - 대전시립연정국악연구원
공공 - 달성	36.99	공공 - 양산, 대학 - 양산대학, 전특 - 해병대사령부
대학 - 한라대학교	36.87	공공 - 성동문화, 공공 - 통영
전특 - 국민체육진흥공단체육과학연구원	36.39	대학 - 양산대학, 전특 - 해병대사령부
공공 - 송악	34.75	공공 - 통영, 공공 - 예산, 대학 - 양산대학
전특 - 영화진흥위원회	34.22	공공 - 성동문화, 공공 - 통영

DMU	CCR	준거집단
공공 – 옥천	33.95	공공 – 성동문화, 공공 – 광주학생교육문화회관, 공공 – 통영, 대학 – 양산대학
공공 – 의성	33.23	공공 – 통영, 공공 – 예산, 공공 – 해운대반여, 대학 – 양산대학, 전특 – 해병대사령부
공공 – 괴산	33.21	공공 – 성동문화, 공공 – 광주학생교육문화회관, 공공 – 통영, 대학 – 양산대학
공공 – 의성군립안계	32.97	공공 – 광주학생교육문화회관, 공공 – 통영, 공공 – 양산, 공공 – 예산, 전특 – 해병대사령부, 전특 – 대전시립연정국악연구원
대학 – 김천대학	32.87	공공 – 통영, 대학 – 경북과학대학, 대학 – 양산대학
전특 – 서울시정개발연구원	32.07	공공 – 양산, 전특 – 경기도청, 전특 – 대전시립연정국악연구원
대학 – 대전보건대학	31.83	공공 – 통영, 대학 – 양산대학
전특 – 서울특별시종합자료관	31.70	공공 – 양산, 전특 – 경기도청, 전특 – 대전시립연정국악연구원
공공 – 중원	31.27	공공 – 통영, 공공 – 예산, 대학 – 양산대학, 전특 – 해병대사령부
공공 – 단양	30.92	공공 – 광주학생교육문화회관, 공공 – 통영, 공공 – 예산, 전특 – 대전시립연정국악연구원
공공 – 제천학생(전)	30.86	공공 – 북구일곡, 공공 – 통영, 공공 – 해운대반여
공공 – 음성	30.53	공공 – 성동문화, 공공 – 북구일곡, 공공 – 광주학생교육문화회관, 공공 – 통영, 대학 – 양산대학
공공 – 진동	30.26	공공 – 광진정보, 공공 – 통영, 공공 – 양산, 공공 – 예산, 대학 – 양산대학, 전특 – 해병대사령부
공공 – 양양	30.18	공공 – 북구일곡, 공공 – 통영, 공공 – 해운대반여
공공 – 제남	29.71	공공 – 통영, 공공 – 예산, 대학 – 양산대학
공공 – 성주	29.32	공공 – 통영, 공공 – 예산, 대학 – 양산대학, 전특 – 해병대사령부
공공 – 산청	28.81	공공 – 광주학생교육문화회관, 공공 – 예산, 공공 – 함안, 공공 – 밀양시립, 전특 – 대전시립연정국악연구원
공공 – 고흥평생교육관	28.61	공공 – 광주학생교육문화회관, 공공 – 통영, 공공 – 예산, 공공 – 함안, 공공 – 밀양시립
공공 – 보은	28.03	공공 – 성동문화, 공공 – 광주학생교육문화회관, 공공 – 통영, 대학 – 양산대학
공공 – 신안군립	27.68	공공 – 통영, 공공 – 예산, 대학 – 양산대학, 전특 – 해병대사령부
전특 – 공주문화원도서관	27.17	공공 – 통영, 대학 – 경북과학대학, 대학 – 양산대학
전특 – 문화관광부	26.33	공공 – 양산, 전특 – 경기도청
공공 – 정선	25.92	공공 – 통영, 대학 – 양산대학, 전특 – 해병대사령부
공공 – 고성동부	25.65	공공 – 광주학생교육문화회관, 공공 – 예산, 대학 – 양산대학
공공 – 예천	25.12	공공 – 통영, 공공 – 예산, 공공 – 해운대반여, 대학 – 양산대학, 전특 – 해병대사령부
공공 – 서귀포학생	25.01	공공 – 통영, 공공 – 예산, 공공 – 보령공공
대학 – 장안대학	24.65	공공 – 통영, 대학 – 양산대학
공공 – 창녕	24.40	공공 – 광진정보, 공공 – 통영, 공공 – 예산, 공공 – 해운대반여, 대학 – 양산대학, 전특 – 해병대사령부
대학 – 제주산업정보대학	24.10	공공 – 성동문화, 공공 – 광주학생교육문화회관, 공공 – 통영, 대학 – 양산대학
공공 – 밀양하남	23.96	공공 – 광진정보, 공공 – 통영, 공공 – 양산, 공공 – 예산, 전특 – 해병대사령부, 전특 – 대전시립연정국악연구원
공공 – 서귀포시동부	23.41	공공 – 광진정보, 공공 – 북구일곡, 공공 – 통영, 공공 – 예산, 대학 – 양산대학

DMU	CCR	준거집단
대학 - 한국정보통신대학교	23.36	공공 - 통영, 대학 - 양산대학, 전특 - 해병대사령부
대학 - 서강정보대학	23.00	공공 - 통영, 대학 - 양산대학
전특 - 국토연구원	22.93	공공 - 양산, 전특 - 경기도청
공공 - 남해	22.65	공공 - 광진정보, 공공 - 예산, 공공 - 함안, 대학 - 양산대학, 전특 - 해병대사령부
대학 - 동주대학	21.80	대학 - 양산대학
전특 - 한국자원연구소	21.38	공공 - 양산, 전특 - 경기도청, 전특 - 해병대사령부, 전특 - 대전시립연정국악연구원
공공 - 남지	20.57	공공 - 통영, 공공 - 양산, 공공 - 예산, 대학 - 양산대학, 전특 - 해병대사령부
대학 - 용인송담대학	20.55	대학 - 양산대학
공공 - 청송	19.99	공공 - 통영, 공공 - 예산, 대학 - 양산대학, 전특 - 해병대사령부
공공 - 청원	19.48	공공 - 통영, 공공 - 예산, 대학 - 양산대학, 전특 - 해병대사령부
공공 - 도계	17.71	공공 - 광주학생교육문화회관, 공공 - 통영, 공공 - 예산, 공공 - 함안, 전특 - 해병대사령부, 전특 - 대전시립연정국악연구원
대학 - 마산대학	17.37	공공 - 통영, 대학 - 양산대학
대학 - 여주대학	16.69	공공 - 통영, 대학 - 양산대학
공공 - 서귀포시립(전)	16.41	공공 - 북구일곡, 공공 - 통영, 공공 - 예산, 공공 - 해운대반여
대학 - 안동과학대학	15.33	공공 - 예산, 대학 - 양산대학
대학 - 창신대학	14.84	공공 - 마산시립합포, 공공 - 통영, 대학 - 양산대학, 전특 - 해병대사령부
대학 - 적십자간호대학	14.47	공공 - 통영, 대학 - 양산대학, 전특 - 해병대사령부
공공 - 합천	12.11	공공 - 성동문화, 공공 - 통영
전특 - 대한상공회의소	11.73	공공 - 통영, 공공 - 양산, 전특 - 경기도청, 전특 - 대전시립연정국악연구원
공공 - 담양	11.42	공공 - 북구일곡, 공공 - 예산, 대학 - 양산대학
대학 - 한영신학대학교	11.18	공공 - 광주학생교육문화회관, 공공 - 양산, 대학 - 양산대학
전특 - 한국지질자원연구원	10.73	공공 - 광주학생교육문화회관, 공공 - 양산, 대학 - 양산대학
전특 - 중앙선거관리위원회	10.64	공공 - 통영, 대학 - 경북과학대학, 대학 - 양산대학
대학 - 군산간호대학	10.41	대학 - 양산대학
공공 - 양주시립	10.18	공공 - 통영, 공공 - 예산, 공공 - 함안, 전특 - 해병대사령부
대학 - 부산여자대학	8.36	공공 - 예산, 대학 - 양산대학
대학 - 조선이공대학	7.81	공공 - 통영, 대학 - 양산대학, 전특 - 해병대사령부
전특 - 서울특별시과학교육원	6.60	공공 - 통영, 대학 - 양산대학, 전특 - 해병대사령부
대학 - 주성대학	6.18	공공 - 마산시립합포, 공공 - 통영, 공공 - 예산, 대학 - 양산대학
전특 - 한국건설기술연구원	5.33	공공 - 양산, 전특 - 경기도청, 전특 - 대전시립연정국악연구원
전특 - 농업환경관(농업과학기술원)	4.91	공공 - 양산, 대학 - 양산대학, 전특 - 해병대사령부
전특 - 광주전남발전연구원	4.50	공공 - 양산, 전특 - 경기도청, 전특 - 해병대사령부, 전특 - 대전시립연정국악연구원
대학 - 복음신학대학원대학교	4.02	공공 - 양산, 대학 - 양산대학, 전특 - 해병대사령부

DMU	CCR	준거집단
대학 - 군장대학	3.94	공공 - 북구일곡, 공공 - 통영, 공공 - 예산, 대학 - 양산대학
대학 - 진주국제대학교	2.57	공공 - 통영, 대학 - 양산대학
전특 - 한국고등교육재단	2.09	공공 - 광주학생교육문화회관, 공공 - 통영, 공공 - 양산
전특 - 육군제3158부대	0.48	공공 - 통영

<표 24> 2005년 관종 통합 BCC 분석(장서수: 1만 권 - 10만 권 미만, 효율성: 99.99 이하)

DMU	BCC	준거집단
전특 - 육군교육사령부	99.97	대학 - 양산대학, 전특 - 대한주택공사, 전특 - 문화방송, 전특 - 영화진흥위원회
공공 - 울진	99.88	공공 - 성동문화, 공공 - 광주학생교육문화회관, 대학 - 양산대학, 전특 - 영화진흥위원회
공공 - 서동	99.02	공공 - 통영, 공공 - 양산, 전특 - 해병대사령부
공공 - 충주학생	98.15	공공 - 통영, 공공 - 예산, 공공 - 함양, 공공 - 해운대반여, 전특 - 문화방송, 전특 - 공주문화원도서관
전특 - 서울시정개발연구원	94.68	전특 - 문화방송, 전특 - 대전시립연정국악연구원, 전특 - 한국시설안전기술공단
공공 - 고성(강원도)	93.42	공공 - 광주학생교육문화회관, 공공 - 부안, 공공 - 예산, 전특 - 문화방송
대학 - 적십자간호대학	92.18	대학 - 양산대학, 전특 - 영화진흥위원회, 전특 - 농업환경관(농업과학기술원), 전특 - 공주문화원도서관, 대학 - 복음신학대학원대학교
공공 - 논산강경	91.94	공공 - 통영, 공공 - 부안, 공공 - 예산, 공공 - 함양, 전특 - 공주문화원도서관
공공 - 양산웅상	89.78	공공 - 마산시립합포, 공공 - 통영, 공공 - 양산, 공공 - 예산, 대학 - 양산대학, 전특 - 해병대사령부
공공 - 기장도서관	89.56	공공 - 북구일곡, 공공 - 광주학생교육문화회관, 공공 - 예산, 공공 - 해운대반여, 대학 - 양산대학, 전특 - 해병대사령부
공공 - 관악문화도서관	88.36	공공 - 북구일곡, 공공 - 광주학생교육문화회관, 공공 - 통영, 공공 - 해운대반여
공공 - 거제	86.41	공공 - 마산시립합포, 공공 - 통영, 대학 - 양산대학, 전특 - 해병대사령부
공공 - 사천	85.92	공공 - 광주학생교육문화회관, 공공 - 예산, 공공 - 밀양시립, 공공 - 함양, 전특 - 대전시립연정국악연구원
공공 - 성북정보	84.48	공공 - 광진정보, 공공 - 광주학생교육문화회관, 공공 - 통영, 공공 - 양산, 전특 - 대전시립연정국악연구원
공공 - 당진	82.97	공공 - 통영, 공공 - 부안, 공공 - 예산, 공공 - 함양, 전특 - 공주문화원도서관
전특 - 국민체육진흥공단 체육과학연구원	82.43	전특 - 대한주택공사, 전특 - 국립수의과학검역원, 전특 - 문화방송, 전특 - 특허청 특허참고자료실, 전특 - 영화진흥위원회
공공 - 서귀포종합(전)	82.24	공공 - 북구일곡, 공공 - 광주학생교육문화회관, 공공 - 통영, 전특 - 문화방송, 전특 - 영화진흥위원회
공공 - 마산회원	80.52	공공 - 광주학생교육문화회관, 공공 - 통영, 공공 - 예산, 공공 - 밀양시립, 공공 - 해운대반여
공공 - 서천	80.18	공공 - 광주학생교육문화회관, 공공 - 통영, 공공 - 양산, 대학 - 양산대학, 전특 - 해병대사령부, 전특 - 영화진흥위원회
공공 - 갈마	80.01	공공 - 마산시립합포, 공공 - 광진정보, 공공 - 북구일곡, 공공 - 통영, 공공 - 예산

DMU	BCC	준거집단
공공 – 장흥	79.54	공공 – 통영, 공공 – 부안, 공공 – 함양, 공공 – 해운대반여, 전특 – 문화방송, 전특 – 농업환경관(농업과학기술원), 전특 – 공주문화원도서관
공공 – 춘성	78.87	공공 – 성동문화, 공공 – 북구일곡, 공공 – 광주학생교육문화회관, 대학 – 양산대학, 전특 – 영화진흥위원회
공공 – 통영산양	75.34	공공 – 예산, 공공 – 함양, 전특 – 해병대사령부, 공공 – 고성동부, 전특 – 농업환경관(농업과학기술원), 전특 – 공주문화원도서관
공공 – 광양공공	75.05	공공 – 통영, 공공 – 예산, 대학 – 양산대학, 전특 – 해병대사령부, 전특 – 영화진흥위원회
전특 – 문화관광부	75.02	전특 – 국립수의과학검역원, 전특 – 문화방송, 전특 – 특허청특허참고자료실, 전특 – 영화진흥위원회, 전특 – 한국지질자원연구원
공공 – 금산	74.72	공공 – 북구일곡, 공공 – 광주학생교육문화회관, 공공 – 부안, 공공 – 예산, 공공 – 해운대반여, 전특 – 문화방송
공공 – 음성	74.05	공공 – 광주학생교육문화회관, 공공 – 통영, 전특 – 문화방송, 전특 – 영화진흥위원회
공공 – 용운	73.79	공공 – 북구일곡, 공공 – 광주학생교육문화회관, 공공 – 통영, 공공 – 부안, 공공 – 해운대반여, 전특 – 문화방송
공공 – 하남시립	72.60	공공 – 광진정보, 공공 – 광주학생교육문화회관, 공공 – 통영, 공공 – 양산, 대학 – 양산대학, 전특 – 해병대사령부
공공 – 화성시립태안	72.32	공공 – 마산시립합포, 공공 – 통영, 공공 – 양산, 공공 – 예산, 대학 – 양산대학, 전특 – 해병대사령부
공공 – 영동	71.62	공공 – 성동문화, 공공 – 북구일곡, 공공 – 광주학생교육문화회관, 공공 – 통영, 전특 – 영화진흥위원회
공공 – 군위	70.88	공공 – 마산시립합포, 공공 – 통영, 공공 – 양산, 공공 – 해운대반여, 대학 – 양산대학, 전특 – 해병대사령부
공공 – 고성(경남)	68.43	공공 – 광주학생교육문화회관, 공공 – 함양, 전특 – 전남교육연수원, 전특 – 해병대사령부
공공 – 금왕	68.14	공공 – 북구일곡, 공공 – 통영, 공공 – 부안, 공공 – 예산, 공공 – 함양, 공공 – 해운대반여, 전특 – 농업환경관(농업과학기술원)
공공 – 제천시립	67.15	공공 – 북구일곡, 공공 – 광주학생교육문화회관, 공공 – 통영, 공공 – 예산, 대학 – 양산대학, 전특 – 영화진흥위원회
공공 – 철원	67.12	공공 – 북구일곡, 공공 – 광주학생교육문화회관, 공공 – 예산, 대학 – 양산대학, 전특 – 문화방송
공공 – 서귀포시동부	67.09	공공 – 광주학생교육문화회관, 공공 – 통영, 전특 – 해병대사령부, 전특 – 영화진흥위원회, 전특 – 농업환경관(농업과학기술원), 전특 – 공주문화원도서관, 대학 – 복음신학대학원대학교
공공 – 영월	66.71	공공 – 북구일곡, 공공 – 광주학생교육문화회관, 대학 – 양산대학, 전특 – 문화방송, 전특 – 영화진흥위원회
공공 – 양양	66.27	공공 – 북구일곡, 공공 – 광주학생교육문화회관, 공공 – 통영, 공공 – 부안, 공공 – 해운대반여, 전특 – 공주문화원도서관
공공 – 홍성	66.21	공공 – 마산시립합포, 공공 – 통영, 대학 – 양산대학, 전특 – 해병대사령부
전특 – 서울특별시과학교육원	65.05	공공 – 광진정보, 공공 – 통영, 전특 – 대전시립연정국악연구원, 전특 – 공주문화원도서관, 대학 – 복음신학대학원대학교
대학 – 동우대학	64.53	공공 – 북구일곡, 공공 – 통영, 공공 – 예산, 전특 – 문화방송, 전특 – 영화진흥위원회

DMU	BCC	준거집단
공공 – 해남군립	64.33	공공 – 북구일곡, 공공 – 통영, 공공 – 예산, 대학 – 양산대학, 전특 – 해병대사령부
공공 – 삼천포	63.61	공공 – 광주학생교육문화회관, 공공 – 양산, 공공 – 함안, 대학 – 양산대학, 전특 – 해병대사령부
공공 – 증평	63.22	공공 – 북구일곡, 공공 – 광주학생교육문화회관, 공공 – 통영, 공공 – 예산, 대학 – 양산대학, 전특 – 문화방송, 전특 – 영화진흥위원회
공공 – 시흥시종합복지회관	63.16	공공 – 광주학생교육문화회관, 공공 – 통영, 공공 – 양산, 공공 – 예산, 공공 – 함안
공공 – 괴산	62.35	공공 – 광주학생교육문화회관, 공공 – 통영, 전특 – 문화방송, 전특 – 영화진흥위원회
전특 – 한국화학연구소	62.22	전특 – 대한주택공사, 전특 – 문화방송, 전특 – 해병대사령부, 전특 – 영화진흥위원회
공공 – 고흥평생교육관	62.18	공공 – 북구일곡, 공공 – 광주학생교육문화회관, 공공 – 통영, 공공 – 부안, 전특 – 문화방송
전특 – 한국고등교육재단	61.03	전특 – 문화방송, 전특 – 영화진흥위원회, 전특 – 한국지질자원연구원
공공 – 장성	61.02	공공 – 통영, 공공 – 예산, 공공 – 해운대반여, 전특 – 문화방송, 전특 – 해병대사령부
공공 – 의성군립안계	59.91	공공 – 통영, 전특 – 문화방송, 전특 – 해병대사령부, 전특 – 영화진흥위원회, 전특 – 대전시립연정국악연구원, 전특 – 농업환경관(농업과학기술원), 전특 – 공주문화원도서관
대학 – 서강정보대학	59.49	공공 – 통영, 대학 – 양산대학, 전특 – 해병대사령부, 전특 – 영화진흥위원회
전특 – 광주전남발전연구원	59.18	전특 – 문화방송, 전특 – 영화진흥위원회, 전특 – 대전시립연정국악연구원, 전특 – 한국자원연구소, 전특 – 한국시설안전기술공단, 대학 – 복음신학대학원대학교
공공 – 정읍시립	58.38	공공 – 북구일곡, 공공 – 통영, 공공 – 예산, 전특 – 문화방송, 전특 – 영화진흥위원회
공공 – 밀양	57.13	공공 – 통영, 공공 – 해운대반여, 전특 – 문화방송, 전특 – 대전시립연정국악연구원, 전특 – 농업환경관(농업과학기술원), 전특 – 공주문화원도서관
공공 – 남구	56.94	공공 – 광진정보, 공공 – 북구일곡, 공공 – 광주학생교육문화회관, 공공 – 통영, 대학 – 양산대학, 전특 – 해병대사령부, 전특 – 공주문화원도서관
공공 – 신탄진	56.88	공공 – 광진정보, 공공 – 광주학생교육문화회관, 공공 – 통영, 공공 – 해운대반여, 전특 – 대전시립연정국악연구원, 전특 – 공주문화원도서관
전특 – 국토연구원	55.76	전특 – 국립수의과학검역원, 전특 – 문화방송, 전특 – 영화진흥위원회, 전특 – 한국지질자원연구원
공공 – 송악	55.62	공공 – 함양, 전특 – 해병대사령부, 전특 – 공주문화원도서관
공공 – 도계	54.25	공공 – 광주학생교육문화회관, 공공 – 부안, 공공 – 해운대반여, 전특 – 문화방송, 전특 – 농업환경관(농업과학기술원), 전특 – 공주문화원도서관
대학 – 주성대학	53.83	공공 – 광주학생교육문화회관, 공공 – 통영, 전특 – 문화방송, 전특 – 영화진흥위원회, 전특 – 농업환경관(농업과학기술원)
대학 – 군장대학	53.80	공공 – 광주학생교육문화회관, 전특 – 문화방송, 전특 – 영화진흥위원회, 전특 – 농업환경관(농업과학기술원)
공공 – 영도	53.62	공공 – 통영, 공공 – 양산, 대학 – 양산대학, 전특 – 해병대사령부
공공 – 진영	52.87	공공 – 광진정보, 공공 – 통영, 공공 – 양산, 대학 – 양산대학, 전특 – 해병대사령부, 전특 – 대전시립연정국악연구원

DMU	BCC	준거집단
대학 – 대구보건대학	52.73	공공 – 통영, 전특 – 해병대사령부, 전특 – 영화진흥위원회
대학 – 대전보건대학	52.33	공공 – 통영, 전특 – 해병대사령부, 전특 – 영화진흥위원회
공공 – 단양	52.14	공공 – 통영, 공공 – 부안, 공공 – 예산, 공공 – 함양, 공공 – 해운대반여, 전특 – 농업환경관(농업과학기술원), 전특 – 공주문화원도서관
공공 – 중원	51.66	공공 – 북구일곡, 공공 – 광주학생교육문화회관, 공공 – 통영, 전특 – 문화방송, 전특 – 해병대사령부, 전특 – 영화진흥위원회, 전특 – 공주문화원도서관
공공 – 옥천	51.47	공공 – 광주학생교육문화회관, 공공 – 통영, 공공 – 예산, 대학 – 양산대학, 전특 – 해병대사령부, 전특 – 영화진흥위원회, 전특 – 농업환경관(농업과학기술원)
전특 – 육군제3158부대	51.35	전특 – 문화방송, 전특 – 영화진흥위원회, 전특 – 대전시립연정국악연구원, 전특 – 한국자원연구소, 전특 – 한국시설안전기술공단, 대학 – 복음신학대학원대학교
공공 – 산청	50.48	공공 – 예산, 공공 – 함양, 공공 – 해운대반여, 전특 – 해병대사령부, 공공 – 고성동부, 전특 – 공주문화원도서관
대학 – 장안대학	50.00	전특 – 해병대사령부
대학 – 마산대학	50.00	전특 – 해병대사령부
전특 – 통계청	49.76	전특 – 경기도청, 전특 – 전남교육연수원, 전특 – 문화방송
공공 – 동두천시립	49.38	공공 – 통영, 공공 – 양산, 대학 – 양산대학, 전특 – 해병대사령부
공공 – 점촌	48.53	공공 – 성동문화, 공공 – 북구일곡, 공공 – 통영, 대학 – 양산대학, 전특 – 영화진흥위원회
대학 – 제주산업정보대학	48.40	공공 – 광주학생교육문화회관, 공공 – 통영, 대학 – 양산대학, 전특 – 문화방송, 전특 – 영화진흥위원회, 전특 – 농업환경관(농업과학기술원), 전특 – 공주문화원도서관
공공 – 제천학생(전)	48.40	공공 – 북구일곡, 공공 – 광주학생교육문화회관, 공공 – 통영, 공공 – 부안, 공공 – 해운대반여, 전특 – 문화방송, 전특 – 공주문화원도서관
공공 – 제남	48.07	공공 – 통영, 공공 – 예산, 공공 – 함양, 전특 – 전남교육연수원, 전특 – 문화방송, 전특 – 공주문화원도서관
공공 – 신안군립	47.18	공공 – 북구일곡, 공공 – 통영, 대학 – 양산대학, 전특 – 해병대사령부, 전특 – 영화진흥위원회, 전특 – 공주문화원도서관
전특 – 대한상공회의소	47.15	공공 – 통영, 전특 – 문화방송, 전특 – 영화진흥위원회, 전특 – 한국지질자원연구원, 전특 – 한국시설안전기술공단
대학 – 한라대학교	46.37	공공 – 성동문화, 공공 – 통영, 전특 – 영화진흥위원회
공공 – 보은	46.18	공공 – 광주학생교육문화회관, 공공 – 통영, 대학 – 양산대학, 전특 – 해병대사령부, 전특 – 영화진흥위원회, 전특 – 농업환경관(농업과학기술원), 전특 – 공주문화원도서관
공공 – 태백	45.61	공공 – 통영, 대학 – 양산대학, 전특 – 해병대사령부
공공 – 서귀포학생	44.44	공공 – 예산, 공공 – 함양, 공공 – 보령공공, 전특 – 전남교육연수원, 전특 – 공주문화원도서관
공공 – 영일	43.69	공공 – 통영, 대학 – 양산대학, 전특 – 해병대사령부, 전특 – 영화진흥위원회
공공 – 청원	43.06	공공 – 북구일곡, 공공 – 광주학생교육문화회관, 공공 – 통영, 전특 – 문화방송, 전특 – 영화진흥위원회, 전특 – 공주문화원도서관
대학 – 김천대학	42.58	공공 – 통영, 대학 – 양산대학, 전특 – 문화방송, 전특 – 해병대사령부, 전특 – 영화진흥위원회
공공 – 청송	41.41	공공 – 북구일곡, 공공 – 광주학생교육문화회관, 대학 – 양산대학, 전특 – 문화방송, 전특 – 영화진흥위원회

DMU	BCC	준거집단
공공 – 밀양하남	40.47	공공 – 통영, 공공 – 해운대반여, 전특 – 문화방송, 전특 – 해병대사령부, 전특 – 대전시립연정국악연구원, 전특 – 농업환경관(농업과학기술원), 전특 – 공주문화원도서관
공공 – 진동	39.88	공공 – 광진정보, 공공 – 통영, 전특 – 해병대사령부, 전특 – 대전시립연정국악연구원, 전특 – 농업환경관(농업과학기술원), 전특 – 공주문화원도서관, 대학 – 복음신학대학원대학교
공공 – 의성	39.74	공공 – 북구일곡, 공공 – 통영, 공공 – 해운대반여, 전특 – 해병대사령부, 전특 – 대전시립연정국악연구원, 전특 – 공주문화원도서관
공공 – 성주	39.19	공공 – 북구일곡, 공공 – 통영, 전특 – 문화방송, 전특 – 해병대사령부, 전특 – 영화진흥위원회, 전특 – 공주문화원도서관
공공 – 남지	39.05	공공 – 통영, 전특 – 해병대사령부, 전특 – 영화진흥위원회, 전특 – 대전시립연정국악연구원, 전특 – 농업환경관(농업과학기술원), 전특 – 공주문화원도서관, 대학 – 복음신학대학원대학교
대학 – 한국정보통신대학교	38.92	공공 – 통영, 대학 – 양산대학, 전특 – 해병대사령부, 전특 – 공주문화원도서관, 전특 – 한국시설안전기술공단
공공 – 달성	38.11	공공 – 광진정보, 공공 – 광주학생교육문화회관, 공공 – 양산, 대학 – 양산대학, 전특 – 특허청특허참고자료실, 전특 – 해병대사령부, 전특 – 영화진흥위원회
공공 – 예천	37.23	공공 – 북구일곡, 공공 – 광주학생교육문화회관, 대학 – 양산대학, 전특 – 해병대사령부, 전특 – 영화진흥위원회, 전특 – 공주문화원도서관
대학 – 용인송담대학	36.18	대학 – 양산대학, 전특 – 해병대사령부, 전특 – 영화진흥위원회
공공 – 서귀포시립(전)	35.86	공공 – 광주학생교육문화회관, 공공 – 통영, 공공 – 부안, 전특 – 문화방송, 전특 – 농업환경관(농업과학기술원), 전특 – 공주문화원도서관
공공 – 합천	35.41	공공 – 통영, 전특 – 영화진흥위원회, 전특 – 대전시립연정국악연구원, 전특 – 농업환경관(농업과학기술원), 전특 – 공주문화원도서관, 대학 – 복음신학대학원대학
대학 – 조선이공대학	35.39	대학 – 양산대학, 전특 – 문화방송, 전특 – 해병대사령부, 전특 – 영화진흥위원회, 전특 – 농업환경관(농업과학기술원)
공공 – 창녕	34.80	공공 – 광진정보, 공공 – 광주학생교육문화회관, 공공 – 통영, 공공 – 해운대반여, 전특 – 해병대사령부, 전특 – 대전시립연정국악연구원, 전특 – 공주문화원도서관
공공 – 남해	34.34	공공 – 광진정보, 공공 – 통영, 전특 – 해병대사령부, 전특 – 대전시립연정국악연구원, 전특 – 농업환경관(농업과학기술원), 전특 – 공주문화원도서관, 대학 – 복음신학대학원대학교
공공 – 담양	34.21	공공 – 광주학생교육문화회관, 대학 – 양산대학, 전특 – 문화방송, 전특 – 영화진흥위원회, 전특 – 공주문화원도서관
공공 – 양주시립	34.00	공공 – 함양, 공공 – 해운대반여, 전특 – 문화방송, 전특 – 해병대사령부, 공공 – 고성동부, 전특 – 농업환경관(농업과학기술원), 전특 – 공주문화원도서관
대학 – 여주대학	33.85	공공 – 통영, 전특 – 해병대사령부, 전특 – 영화진흥위원회
대학 – 진주국제대학교	33.33	전특 – 해병대사령부, 전특 – 영화진흥위원회
대학 – 안동과학대학	33.32	공공 – 광주학생교육문화회관, 대학 – 양산대학, 전특 – 문화방송, 전특 – 해병대사령부, 전특 – 영화진흥위원회, 전특 – 농업환경관(농업과학기술원), 전특 – 공주문화원도서관
전특 – 서울특별시 종합자료관	32.73	공공 – 양산, 전특 – 경기도청, 전특 – 문화방송, 전특 – 대전시립연정국악연구원
공공 – 정선	32.31	공공 – 통영, 대학 – 양산대학, 전특 – 해병대사령부, 전특 – 영화진흥위원회, 전특 – 한국시설안전기술공단, 대학 – 복음신학대학원대학교, 대학 – 군산간호대학

DMU	BCC	준거집단
대학 – 한영신학대학교	29.70	공공 – 광주학생교육문화회관, 대학 – 양산대학, 전특 – 문화방송, 전특 – 영화진흥위원회, 전특 – 농업환경관(농업과학기술원)
대학 – 창신대학	27.29	공공 – 통영, 전특 – 해병대사령부, 전특 – 영화진흥위원회
전특 – 한국건설기술연구원	18.22	전특 – 문화방송, 전특 – 한국시설안전기술공단
대학 – 부산여자대학	18.00	공공 – 광주학생교육문화회관, 대학 – 양산대학, 전특 – 문화방송, 전특 – 영화진흥위원회, 전특 – 농업환경관(농업과학기술원), 전특 – 공주문화원도서관

<표 25> 2005년 관종 통합 CCR 분석(장서수: 1만 권 미만, 효율성: 99.99 이하)

DMU	CCR	준거집단
전특 – 현대자동차	96.74	전특 – 강남성심병원, 전특 – 시설안전기술공단, 공공 – 가오, 공공 – 울산울주
전특 – 국제특허연수원	65.87	전특 – 강남성심병원, 전특 – 전라북도교원연수원, 공공 – 가오
전특 – 대진의료재단분당제생병원	41.93	전특 – 강남성심병원, 공공 – 가오, 공공 – 울산울주
전특 – 경기도과학연구원	21.37	전특 – 강남성심병원, 전특 – 전라북도교원연수원, 공공 – 가오
전특 – 목포가톨릭병원	10.90	전특 – 강남성심병원, 전특 – 시설안전기술공단
전특 – 국군의무사령부	9.76	전특 – 강남성심병원, 전특 – 부산발전연구원, 공공 – 가오, 공공 – 울산울주

<표 26> 2005년 관종 통합 BCC 분석(장서수: 1만 권 미만, 효율성: 99.99 이하)

DMU	BCC	준거집단
전특 – 현대자동차	97.95	전특 – 강남성심병원, 전특 – 시설안전기술공단, 공공 – 가오, 공공 – 울산울주

<표 27> 2006년 관종 통합 CCR 분석(장서수: 10만 권 이상, 효율성: 99.99 이하)

DMU	CCR	준거집단
공공 - 제주	99.71	공공 - 갈마, 공공 - 경주시립, 공공 - 정선, 공공 - 제천학생(전), 공공 - 해남군립
공공 - 속초평생교육정보관(전)	98.23	공공 - 경주시립, 공공 - 해남군립, 대학 - 광주가톨릭대학교
전특 - 농업환경관 (농업과학기술원)	98.14	공공 - 정선, 공공 - 음성
전특 - 문화관광부	98.02	공공 - 마산회원, 공공 - 구포
공공 - 대봉	95.75	대학 - 협성대학교, 공공 - 경주시립, 공공 - 해남군립
대학 - 한라대학교	95.26	공공 - 영월, 공공 - 경주시립, 공공 - 정선, 공공 - 제천학생(전)
공공 - 철원	95.13	대학 - 부산가톨릭대학교, 공공 - 마산회원, 전특 - 광주전남발전연구원, 공공 - 달성
대학 - 양산대학	93.45	공공 - 서귀포시동부, 공공 - 경주시립, 공공 - 구포, 대학 - 광주가톨릭대학교
공공 - 부평	92.68	공공 - 영월, 대학 - 협성대학교, 공공 - 경주시립, 공공 - 제천학생(전)
대학 - 한국교원대학교	91.55	공공 - 충북중앙, 대학 - 부산가톨릭대학교, 대학 - 광주가톨릭대학교
공공 - 양주시립	91.15	대학 - 협성대학교, 공공 - 경주시립, 공공 - 해남군립, 공공 - 구포, 대학 - 광주가톨릭대학교
공공 - 보은	90.69	공공 - 서귀포시동부, 공공 - 안성시립, 공공 - 경주시립, 대학 - 광주가톨릭대학교
공공 - 괴산	87.83	대학 - 부산가톨릭대학교, 공공 - 영도, 공공 - 마산회원, 대학 - 안동과학대학
공공 - 동두천시립	87.70	공공 - 영월, 공공 - 정선, 공공 - 제천학생(전)
공공 - 옥천	87.38	공공 - 영월, 대학 - 협성대학교, 공공 - 정선, 공공 - 의왕시립
공공 - 정읍시립	86.27	공공 - 마산회원, 공공 - 구포
공공 - 도봉	85.73	공공 - 진동, 공공 - 경주시립, 공공 - 정선, 공공 - 구포, 대학 - 광주가톨릭대학교
공공 - 용운	84.57	공공 - 영월, 공공 - 정선, 공공 - 제천학생(전), 공공 - 해남군립
공공 - 반송	84.26	대학 - 부산가톨릭대학교, 공공 - 마산회원, 전특 - 광주전남발전연구원
공공 - 홍성	83.69	공공 - 경주시립, 공공 - 제천학생(전), 공공 - 부전
대학 - 김천대학	82.46	공공 - 마산회원, 대학 - 한국정보통신대학교
공공 - 북구일곡	82.34	대학 - 부산가톨릭대학교, 공공 - 달성
대학 - 한세대학교	82.09	공공 - 진동, 공공 - 경주시립, 공공 - 정선
공공 - 예산	81.60	대학 - 부산가톨릭대학교, 공공 - 정선, 대학 - 광주가톨릭대학교
전특 - 대한상공회의소	81.40	공공 - 경주시립, 공공 - 정선, 공공 - 제천학생(전), 공공 - 의왕시립
공공 - 고덕평생학습관	81.39	공공 - 영월, 공공 - 갈마, 공공 - 경주시립, 공공 - 제천학생(전), 공공 - 의왕시립
전특 - 강남성심병원	80.61	공공 - 마산회원, 전특 - 광주전남발전연구원, 공공 - 달성
공공 - 개포	78.83	공공 - 진동, 공공 - 경주시립, 공공 - 정선, 공공 - 구포, 대학 - 광주가톨릭대학교
대학 - 대구보건대학	78.70	공공 - 서귀포시동부, 공공 - 경주시립, 공공 - 구포, 대학 - 광주가톨릭대학교
대학 - 대전보건대학	78.29	공공 - 영월, 대학 - 협성대학교, 공공 - 정선, 공공 - 제천학생(전)
공공 - 서귀포학생	77.86	공공 - 서귀포시동부, 대학 - 협성대학교, 공공 - 경주시립, 공공 - 구포
공공 - 창원시립	75.54	공공 - 정선, 공공 - 음성, 대학 - 광주가톨릭대학교
공공 - 화성시립태안	74.70	대학 - 협성대학교, 공공 - 경주시립, 공공 - 해남군립, 공공 - 구포
공공 - 도립중앙	73.07	공공 - 영도, 공공 - 마산회원, 대학 - 안동과학대학
전특 - 목포가톨릭병원	72.51	공공 - 마산회원, 공공 - 구포
전특 - 육군교육사령부	71.39	대학 - 안동과학대학, 전특 - 광주전남발전연구원, 대학 - 광주가톨릭대학교
대학 - 부산여자대학	70.28	대학 - 부산가톨릭대학교, 공공 - 정선, 공공 - 달성

DMU	CCR	준거집단
공공 – 함양	68.89	공공 – 서귀포시동부, 공공 – 안성시립, 공공 – 경주시립, 공공 – 구포, 대학 – 광주가톨릭대학교
전특 – 한국지질자원연구원	67.86	공공 – 진동, 공공 – 정선, 공공 – 구포, 대학 – 광주가톨릭대학교
공공 – 양천	66.47	대학 – 부산가톨릭대학교, 공공 – 경주시립, 공공 – 정선
공공 – 유성	66.44	공공 – 경주시립, 공공 – 해남군립, 대학 – 광주가톨릭대학교
공공 – 논산강경	66.02	공공 – 정선, 대학 – 안동과학대학, 공공 – 구포, 대학 – 광주가톨릭대학교
공공 – 명장	64.16	대학 – 부산가톨릭대학교, 공공 – 영도, 공공 – 마산회원, 공공 – 안성시립
대학 – 세종대학교	63.68	공공 – 서귀포시동부, 공공 – 경주시립
전특 – 경기도과학연구원	63.30	공공 – 갈마, 공공 – 경주시립, 대학 – 안동과학대학, 대학 – 광주가톨릭대학교
공공 – 양산웅상	62.91	대학 – 부산가톨릭대학교, 공공 – 마산회원, 공공 – 안성시립, 대학 – 안동과학대학, 대학 – 광주가톨릭대학교
공공 – 영동	60.63	대학 – 협성대학교, 공공 – 경주시립, 공공 – 구포
공공 – 진주연암	60.54	공공 – 영월, 공공 – 갈마, 공공 – 경주시립, 공공 – 정선, 공공 – 제천학생(전), 공공 – 의왕시립
대학 – 계명문화대학	60.01	공공 – 정선, 공공 – 음성, 대학 – 광주가톨릭대학교
대학 – 광주보건대학	59.32	대학 – 부산가톨릭대학교, 공공 – 정선, 대학 – 광주가톨릭대학교
공공 – 하남시립	58.42	대학 – 부산가톨릭대학교, 공공 – 서귀포시동부, 공공 – 마산회원, 공공 – 구포, 대학 – 광주가톨릭대학교
공공 – 동대문	57.88	공공 – 정선, 공공 – 음성
공공 – 천안중앙	57.78	공공 – 고흥평생교육관, 공공 – 정선, 공공 – 달성
공공 – 통영	57.50	공공 – 정선, 공공 – 음성, 대학 – 광주가톨릭대학교
대학 – 가톨릭대학교 성신교정	55.43	공공 – 영월, 대학 – 협성대학교, 공공 – 제천학생(전)
대학 – 마산대학	54.62	공공 – 음성, 대학 – 광주가톨릭대학교
공공 – 강남	52.23	공공 – 마산회원, 대학 – 안동과학대학, 공공 – 달성, 공공 – 구포, 전특 – 현대자동차
공공 – 해운대	49.83	공공 – 정선
대학 – 광운대학교	49.64	공공 – 정선, 공공 – 음성
대학 – 성결대학교	49.62	대학 – 부산가톨릭대학교, 공공 – 고흥평생교육관, 공공 – 정선
대학 – 수원과학대학	49.48	대학 – 협성대학교, 공공 – 경주시립, 공공 – 정선, 공공 – 제천학생(전), 대학 – 광주가톨릭대학교
대학 – 강남대학교	48.81	공공 – 정선, 공공 – 음성
전특 – 국제특허연수원	48.75	공공 – 영월, 공공 – 정선, 대학 – 안동과학대학
대학 – 경주대학교	48.52	대학 – 협성대학교, 공공 – 경주시립, 공공 – 해남군립, 대학 – 광주가톨릭대학교
대학 – 여수대학교	48.48	대학 – 부산가톨릭대학교, 공공 – 정선, 대학 – 광주가톨릭대학교
공공 – 강릉평생교육정보관(전)	48.27	대학 – 부산가톨릭대학교, 공공 – 정선, 대학 – 광주가톨릭대학교
공공 – 광주광역시립도서관	47.40	대학 – 부산가톨릭대학교, 공공 – 경주시립, 공공 – 정선, 대학 – 광주가톨릭대학교
공공 – 사하	46.06	공공 – 영월, 대학 – 협성대학교, 공공 – 경주시립, 공공 – 제천학생(전)
공공 – 송파	45.97	공공 – 정선, 공공 – 음성
공공 – 마산시립합포	45.87	공공 – 영월, 대학 – 협성대학교, 공공 – 정선, 공공 – 구포

DMU	CCR	준거집단
공공 - 부천시립 중앙	45.79	공공 - 충북중앙, 대학 - 부산가톨릭대학교, 대학 - 광주가톨릭대학교
공공 - 연산	45.21	공공 - 서귀포시동부, 공공 - 안성시립, 공공 - 경주시립, 공공 - 구포, 대학 - 광주가톨릭대학교
공공 - 서구	45.15	공공 - 영월, 대학 - 협성대학교, 공공 - 해남군립, 공공 - 구포
공공 - 수원시선경	44.68	공공 - 정선, 공공 - 음성
공공 - 효목	44.10	공공 - 고흥평생교육관, 공공 - 정선
공공 - 시흥시종합복지회관	43.81	대학 - 부산가톨릭대학교, 공공 - 정선, 대학 - 광주가톨릭대학교
대학 - 한국해양대학교	41.19	대학 - 부산가톨릭대학교, 공공 - 정선, 대학 - 광주가톨릭대학교
대학 - 명지대학교자연캠퍼스	40.98	공공 - 정선, 공공 - 음성
공공 - 두류	40.72	대학 - 부산가톨릭대학교, 공공 - 고흥평생교육관, 공공 - 정선
공공 - 우당	40.41	대학 - 부산가톨릭대학교, 공공 - 정선, 대학 - 광주가톨릭대학교
공공 - 산청	40.26	공공 - 정선, 공공 - 음성, 대학 - 광주가톨릭대학교
대학 - 경북전문대학	39.77	대학 - 부산가톨릭대학교, 공공 - 마산회원
공공 - 금호교육문화회관	38.17	대학 - 부산가톨릭대학교, 공공 - 경주시립, 공공 - 정선, 대학 - 광주가톨릭대학교
공공 - 경북교육정보(전)	38.04	대학 - 부산가톨릭대학교, 공공 - 정선, 대학 - 광주가톨릭대학교
공공 - 밀양	37.52	대학 - 부산가톨릭대학교, 공공 - 정선, 공공 - 달성
공공 - 장성	37.47	공공 - 갈마, 공공 - 경주시립, 공공 - 정선, 공공 - 음성, 공공 - 의왕시립
공공 - 도립과천	37.45	공공 - 정선, 공공 - 음성
대학 - 유한대학	35.92	공공 - 정선, 공공 - 음성
공공 - 제남	35.18	공공 - 서귀포시동부, 공공 - 경주시립, 공공 - 정선, 공공 - 구포, 대학 - 광주가톨릭대학교
공공 - 거제	35.01	대학 - 협성대학교, 공공 - 경주시립, 공공 - 해남군립
전특 - 영화진흥위원회	34.69	대학 - 안동과학대학, 전특 - 광주전남발전연구원, 공공 - 달성
대학 - 상명대학교	34.45	공공 - 정선, 공공 - 음성
공공 - 양양	32.86	공공 - 갈마, 공공 - 경주시립, 공공 - 정선, 공공 - 해남군립
대학 - 진주교육대학교	32.80	대학 - 부산가톨릭대학교, 공공 - 고흥평생교육관, 공공 - 정선
공공 - 남산	32.54	공공 - 정선, 공공 - 음성
공공 - 주안	32.37	공공 - 정선, 공공 - 구포
대학 - 홍익대학교조치원캠퍼스	31.80	공공 - 정선, 공공 - 음성
공공 - 중앙	31.43	공공 - 정선, 공공 - 음성
대학 - 삼척대학교	30.89	공공 - 정선, 공공 - 음성
공공 - 삼척평생교육정보관(전)	30.82	대학 - 협성대학교, 공공 - 경주시립, 대학 - 광주가톨릭대학교
공공 - 송정	30.62	공공 - 경주시립, 공공 - 해남군립, 대학 - 광주가톨릭대학교
공공 - 광주학생독립운동기념회관	30.36	대학 - 부산가톨릭대학교, 공공 - 정선, 대학 - 광주가톨릭대학교
공공 - 서부	30.20	대학 - 부산가톨릭대학교, 공공 - 경주시립, 공공 - 정선
공공 - 중앙	29.76	공공 - 정선, 공공 - 음성

DMU	CCR	준거집단
공공 – 금산	29.69	공공 – 서귀포시동부, 공공 – 안성시립, 공공 – 경주시립, 대학 – 광주가톨릭대학교
공공 – 광명하안	28.86	공공 – 정선, 공공 – 음성, 대학 – 광주가톨릭대학교
전특 – 한국고등교육재단	28.64	공공 – 정선, 공공 – 음성
공공 – 북구	28.30	공공 – 정선, 공공 – 음성
공공 – 북부	28.27	공공 – 정선, 공공 – 음성
공공 – 탐라	27.33	대학 – 부산가톨릭대학교, 공공 – 정선, 대학 – 광주가톨릭대학교
대학 – 상주대학교	26.66	대학 – 부산가톨릭대학교, 공공 – 경주시립, 대학 – 광주가톨릭대학교
공공 – 김천시립	25.08	공공 – 고흥평생교육관, 공공 – 정선, 공공 – 달성
공공 – 동부	24.52	공공 – 정선, 공공 – 음성
공공 – 성동문화	24.24	공공 – 정선, 공공 – 음성
공공 – 한밭	22.42	공공 – 정선, 공공 – 해남군립, 대학 – 조선이공대학
대학 – 관동대학교	21.93	공공 – 고흥평생교육관, 공공 – 정선, 공공 – 달성
공공 – 도립성남	21.39	대학 – 부산가톨릭대학교, 공공 – 고흥평생교육관, 공공 – 정선
공공 – 울산남부	20.23	공공 – 정선, 공공 – 음성
공공 – 용인시립	20.04	공공 – 정선, 공공 – 음성
공공 – 마산	19.97	공공 – 정선, 공공 – 음성, 대학 – 광주가톨릭대학교
공공 – 은평구립	19.66	공공 – 정선, 공공 – 음성
대학 – 장안대학	19.64	공공 – 정선, 공공 – 음성
공공 – 용산	19.26	공공 – 정독, 공공 – 달성
대학 – 상지대학교	18.69	공공 – 정선, 공공 – 음성
공공 – 남부	18.04	공공 – 정선, 공공 – 음성
대학 – 신라대학교	17.18	공공 – 정선, 공공 – 음성
공공 – 김해	15.08	대학 – 부산가톨릭대학교, 공공 – 고흥평생교육관, 공공 – 달성
공공 – 중앙	14.18	공공 – 고흥평생교육관, 공공 – 정선
공공 – 강서	12.92	공공 – 정선, 공공 – 음성
공공 – 서귀포시립(전)	11.43	공공 – 정선, 공공 – 음성
공공 – 고척	11.21	공공 – 정선, 공공 – 음성
공공 – 광진정보	10.97	공공 – 영월, 공공 – 정선
공공 – 시흥시립	8.84	공공 – 정선, 공공 – 음성
대학 – 배재대학교	8.17	공공 – 고흥평생교육관, 공공 – 정선, 공공 – 달성

<표 28> 2006년 관종 통합 BCC 분석(장서수: 10만 권 이상, 효율성: 99.99 이하)

DMU	BCC	준거집단
전특 – 강남성심병원	98.91	공공 – 영도, 공공 – 예천, 공공 – 달성, 공공 – 구포, 전특 – 영화진흥위원회, 공공 – 반송, 전특 – 현대자동차
공공 – 옥천	98.46	공공 – 안성시립, 전특 – 농업환경관(농업과학기술원), 대학 – 협성대학교, 공공 – 김해, 공공 – 구포, 대학 – 대전보건대학
대학 – 배재대학교	97.96	공공 – 김해, 대학 – 상지대학교
공공 – 서부	96.88	공공 – 서귀포시동부, 공공 – 경주시립, 공공 – 김해, 공공 – 구포, 공공 – 개포
대학 – 한라대학교	96.15	전특 – 농업환경관(농업과학기술원), 대학 – 협성대학교, 공공 – 경주시립, 공공 – 정선, 공공 – 제천학생(전), 공공 – 김해, 대학 – 대전보건대학
공공 – 대봉	96.01	대학 – 협성대학교, 공공 – 경주시립, 공공 – 해남군립, 공공 – 구포
공공 – 도봉	95.44	대학 – 부산가톨릭대학교, 공공 – 영월, 공공 – 진동, 공공 – 경주시립, 공공 – 정선
공공 – 부평	95.34	대학 – 협성대학교, 공공 – 정선, 공공 – 제천학생(전), 공공 – 구포, 대학 – 대전보건대학
공공 – 고척	94.62	전특 – 농업환경관(농업과학기술원), 공공 – 사하, 공공 – 김해, 공공 – 한밭
공공 – 진주연암	94.51	전특 – 농업환경관(농업과학기술원), 공공 – 김해, 대학 – 안동과학대학, 공공 – 부전, 전특 – 영화진흥위원회, 공공 – 용운, 대학 – 대전보건대학, 전특 – 현대자동차
전특 – 한국지질자원 연구원	92.89	공공 – 구포, 대학 – 광주가톨릭대학교, 전특 – 현대자동차, 공공 – 개포
공공 – 창원시립	92.33	전특 – 농업환경관(농업과학기술원), 공공 – 음성, 대학 – 광운대학교, 대학 – 상지대학교, 대학 – 광주가톨릭대학교
공공 – 괴산	92.27	공공 – 마산회원, 대학 – 안동과학대학, 공공 – 반송, 대학 – 광주가톨릭대학교, 전특 – 현대자동차
공공 – 양주시립	92.16	공공 – 영월, 공공 – 진동, 공공 – 경주시립, 공공 – 구포, 대학 – 광주가톨릭대학교
대학 – 세종대학교	91.08	공공 – 서귀포시동부, 전특 – 농업환경관(농업과학기술원), 공공 – 경주시립, 공공 – 김해
대학 – 홍익대학교 조치원캠퍼스	90.34	공공 – 음성, 공공 – 김해, 대학 – 상지대학교, 공공 – 서귀포시립(전), 전특 – 영화진흥위원회
공공 – 유성	90.02	공공 – 경주시립, 대학 – 광주가톨릭대학교, 대학 – 대전보건대학, 공공 – 개포
공공 – 고덕평생학습관	88.17	공공 – 경주시립, 공공 – 제주, 공공 – 김해, 공공 – 부전, 대학 – 대전보건대학, 전특 – 현대자동차
공공 – 정읍시립	86.98	공공 – 마산회원, 공공 – 구포, 전특 – 현대자동차
전특 – 목포가톨릭병원	86.18	공공 – 정독, 공공 – 마산회원, 공공 – 예천, 공공 – 달성, 대학 – 김천대학, 공공 – 반송, 전특 – 현대자동차
대학 – 경북전문대학	85.64	공공 – 김해, 대학 – 김천대학, 공공 – 구포, 전특 – 현대자동차
공공 – 화성시립태안	85.00	공공 – 경주시립, 공공 – 보은, 대학 – 상지대학교, 공공 – 구포, 대학 – 광주가톨릭대학교
대학 – 대구보건대학	84.97	공공 – 속초평생교육정보관(전), 공공 – 경주시립, 공공 – 보은, 공공 – 구포, 대학 – 광주가톨릭대학교
공공 – 명장	83.68	공공 – 영도, 공공 – 마산회원, 공공 – 김해, 공공 – 구포, 전특 – 현대자동차
공공 – 두류	83.48	공공 – 음성, 공공 – 김해, 대학 – 상지대학교, 공공 – 달성, 공공 – 북구일곡, 대학 – 광주가톨릭대학교
전특 – 대한상공회의소	82.20	공공 – 경주시립, 공공 – 정선, 공공 – 제천학생(전), 공공 – 의왕시립, 대학 – 대전보건대학

DMU	BCC	준거집단
공공 - 함양	82.13	대학 - 협성대학교, 공공 - 경주시립, 공공 - 보은, 공공 - 김해, 대학 - 상지대학교, 공공 - 구포, 대학 - 광주가톨릭대학교, 대학 - 대전보건대학
공공 - 양양	81.95	대학 - 광주가톨릭대학교, 대학 - 대전보건대학, 전특 - 현대자동차, 공공 - 개포, 공공 - 광진정보
공공 - 광명하안	81.78	공공 - 김해, 공공 - 서귀포시립(전), 공공 - 북구일곡, 전특 - 영화진흥위원회, 대학 - 광주가톨릭대학교
전특 - 육군교육사령부	81.00	공공 - 정독, 공공 - 김해, 대학 - 상지대학교, 대학 - 안동과학대학, 공공 - 구포, 전특 - 영화진흥위원회, 대학 - 광주가톨릭대학교, 전특 - 현대자동차
공공 - 강남	80.79	공공 - 마산회원, 공공 - 김해, 전특 - 광주전남발전연구원, 대학 - 김천대학, 공공 - 구포, 공공 - 반송, 전특 - 현대자동차
공공 - 도립성남	80.58	대학 - 상지대학교, 전특 - 영화진흥위원회, 대학 - 광주가톨릭대학교, 공공 - 산청, 공공 - 동부, 공공 - 용산, 공공 - 광진정보
공공 - 서귀포학생	79.86	공공 - 서귀포시동부, 전특 - 농업환경관(농업과학기술원), 공공 - 경주시립, 공공 - 보은, 공공 - 구포
공공 - 도립중앙	78.83	공공 - 영도, 공공 - 안성시립, 공공 - 김해, 대학 - 안동과학대학, 전특 - 현대자동차
전특 - 국제특허연수원	78.31	전특 - 농업환경관(농업과학기술원), 공공 - 음성, 공공 - 김해, 공공 - 구포, 공공 - 용운, 전특 - 현대자동차
공공 - 강서	78.29	공공 - 김해, 공공 - 북구일곡, 전특 - 영화진흥위원회, 공공 - 용산, 전특 - 현대자동차
공공 - 양산웅상	75.78	공공 - 안성시립, 공공 - 경주시립, 공공 - 보은, 대학 - 광주가톨릭대학교, 전특 - 현대자동차
공공 - 주안	75.54	전특 - 농업환경관(농업과학기술원), 대학 - 광운대학교, 공공 - 김해, 공공 - 구포
공공 - 영동	74.87	공공 - 서귀포시동부, 공공 - 경주시립, 공공 - 구포, 대학 - 대전보건대학, 공공 - 개포
대학 - 부산여자대학	74.57	대학 - 부산가톨릭대학교, 공공 - 양천, 전특 - 농업환경관(농업과학기술원), 공공 - 경주시립, 공공 - 정선, 공공 - 달성
대학 - 광주보건대학	69.48	전특 - 농업환경관(농업과학기술원), 공공 - 김해, 공공 - 달성, 공공 - 북구일곡, 대학 - 광주가톨릭대학교
공공 - 논산강경	69.00	공공 - 진동, 공공 - 정선, 대학 - 안동과학대학, 공공 - 구포, 대학 - 광주가톨릭대학교
공공 - 탐라	68.73	공공 - 양천, 전특 - 농업환경관(농업과학기술원), 대학 - 광운대학교, 공공 - 김해, 대학 - 상지대학교, 대학 - 광주가톨릭대학교
공공 - 삼척평생교육정보관(전)	68.39	공공 - 서귀포시동부, 공공 - 경주시립, 공공 - 김해, 대학 - 광주가톨릭대학교, 대학 - 대전보건대학
전특 - 경기도과학연구원	65.54	공공 - 경주시립, 대학 - 안동과학대학, 공공 - 부전, 대학 - 광주가톨릭대학교
대학 - 가톨릭대학교성신교정	65.20	공공 - 안성시립, 전특 - 농업환경관(농업과학기술원), 대학 - 협성대학교, 공공 - 제주, 공공 - 김해, 대학 - 대전보건대학
대학 - 관동대학교	65.10	공공 - 천안중앙, 공공 - 정선, 공공 - 김해, 대학 - 상지대학교, 공공 - 한밭
공공 - 부천시립 중앙	64.86	전특 - 농업환경관(농업과학기술원), 공공 - 김해, 공공 - 북구일곡, 대학 - 광주가톨릭대학교
공공 - 통영	64.45	대학 - 조선이공대학, 공공 - 구포, 대학 - 광주가톨릭대학교, 전특 - 현대자동차
전특 - 한국고등교육재단	63.96	공공 - 서귀포시동부, 대학 - 광운대학교, 공공 - 김해, 공공 - 구포

DMU	BCC	준거집단
대학 – 경주대학교	63.09	공공 – 경주시립, 공공 – 보은, 대학 – 상지대학교, 공공 – 구포, 대학 – 광주가톨릭대학교
공공 – 서구	62.96	공공 – 보은, 공공 – 김해, 대학 – 상지대학교, 공공 – 구포, 대학 – 대전보건대학
대학 – 강남대학교	62.18	전특 – 농업환경관(농업과학기술원), 공공 – 음성, 대학 – 광운대학교, 공공 – 김해, 대학 – 조선이공대학
공공 – 시흥시종합복지회관	61.16	공공 – 양천, 공공 – 경주시립, 공공 – 김해, 공공 – 북구일곡, 대학 – 광주가톨릭대학교
대학 – 계명문화대학	61.16	공공 – 고흥평생교육관, 전특 – 농업환경관(농업과학기술원), 공공 – 정선, 대학 – 광주가톨릭대학교
공공 – 장성	60.91	공공 – 북구일곡, 대학 – 광주가톨릭대학교, 대학 – 대전보건대학, 공공 – 산청, 공공 – 용산
공공 – 해운대	60.39	공공 – 구포, 대학 – 광주가톨릭대학교, 공공 – 개포
공공 – 동대문	60.07	전특 – 농업환경관(농업과학기술원), 공공 – 정선, 공공 – 음성, 대학 – 광운대학교
공공 – 하남시립	59.83	대학 – 부산가톨릭대학교, 공공 – 서귀포시동부, 공공 – 마산회원, 전특 – 광주전남발전연구원, 대학 – 광주가톨릭대학교
공공 – 연산	59.68	공공 – 서귀포시동부, 공공 – 김해, 공공 – 구포, 대학 – 광주가톨릭대학교, 공공 – 개포
대학 – 성결대학교	58.98	전특 – 농업환경관(농업과학기술원), 공공 – 정선, 공공 – 김해, 공공 – 달성, 대학 – 광주가톨릭대학교
공공 – 성동문화	58.77	공공 – 서귀포시동부, 대학 – 광운대학교, 공공 – 김해, 공공 – 구포
공공 – 광주광역시립도서관	58.66	전특 – 농업환경관(농업과학기술원), 공공 – 경주시립, 공공 – 김해, 공공 – 부전, 공공 – 예산, 대학 – 광주가톨릭대학교
대학 – 마산대학	57.23	대학 – 한국교원대학교, 공공 – 충북중앙, 공공 – 정선, 대학 – 광주가톨릭대학교
공공 – 중앙	56.62	공공 – 김해, 대학 – 상지대학교, 공공 – 달성, 대학 – 조선이공대학, 공공 – 북구일곡, 공공 – 용산
공공 – 송파	55.03	전특 – 농업환경관(농업과학기술원), 공공 – 정선, 공공 – 음성, 대학 – 상지대학교
공공 – 시흥시립	55.00	공공 – 음성, 공공 – 김해, 대학 – 상지대학교, 공공 – 한밭
공공 – 수원시선경	52.61	전특 – 농업환경관(농업과학기술원), 공공 – 정선, 공공 – 김해, 대학 – 상지대학교
공공 – 강릉평생교육정보관(전)	51.49	전특 – 농업환경관(농업과학기술원), 공공 – 정선, 공공 – 김해, 공공 – 달성, 대학 – 광주가톨릭대학교
공공 – 마산시립합포	51.39	전특 – 농업환경관(농업과학기술원), 대학 – 협성대학교, 공공 – 정선, 공공 – 제천학생(전), 공공 – 구포
대학 – 수원과학대학	49.92	공공 – 영월, 공공 – 갈마, 공공 – 경주시립, 공공 – 정선, 공공 – 제천학생(전), 대학 – 광주가톨릭대학교
대학 – 여수대학교	48.75	대학 – 부산가톨릭대학교, 공공 – 고흥평생교육관, 전특 – 농업환경관(농업과학기술원), 대학 – 광주가톨릭대학교
공공 – 광주학생독립운동기념회관	47.10	공공 – 양천, 전특 – 농업환경관(농업과학기술원), 대학 – 광운대학교, 대학 – 상지대학교, 대학 – 광주가톨릭대학교
공공 – 밀양	45.06	대학 – 부산가톨릭대학교, 공공 – 양천, 공공 – 정선, 공공 – 김해, 공공 – 달성
공공 – 북부	44.95	공공 – 정선, 대학 – 광운대학교, 공공 – 김해, 공공 – 구포
공공 – 효목	44.38	공공 – 고흥평생교육관, 전특 – 농업환경관(농업과학기술원), 공공 – 정선, 대학 – 광주가톨릭대학교
대학 – 진주교육대학교	43.88	대학 – 부산가톨릭대학교, 공공 – 김해, 대학 – 상지대학교, 공공 – 달성, 대학 – 광주가톨릭대학교

DMU	BCC	준거집단
공공 – 경북교육 정보(전)	43.83	전특 – 농업환경관(농업과학기술원), 공공 – 정선, 공공 – 음성, 공공 – 김해, 대학 – 광주 가톨릭대학교
공공 – 거제	43.48	공공 – 서귀포시동부, 공공 – 속초평생교육정보관(전), 공공 – 경주시립, 공공 – 보은, 공 공 – 구포
대학 – 한국해양대학교	43.13	대학 – 부산가톨릭대학교, 공공 – 고흥평생교육관, 전특 – 농업환경관(농업과학기술원), 공공 – 달성, 대학 – 광주가톨릭대학교
공공 – 중앙	42.37	전특 – 농업환경관(농업과학기술원), 공공 – 정선, 공공 – 음성, 대학 – 광운대학교, 대학 – 상지대학교
대학 – 명지대학교자연 캠퍼스	42.23	공공 – 영월, 전특 – 농업환경관(농업과학기술원), 공공 – 정선, 공공 – 음성, 공공 – 김해
공공 – 금산	42.06	공공 – 경주시립, 공공 – 김해, 공공 – 구포, 대학 – 광주가톨릭대학교, 대학 – 대전보건 대학, 전특 – 현대자동차, 공공 – 개포
공공 – 송정	42.01	공공 – 경주시립, 공공 – 보은, 대학 – 상지대학교, 대학 – 광주가톨릭대학교, 대학 – 대 전보건대학
공공 – 금호교육 문화회관	41.35	대학 – 부산가톨릭대학교, 공공 – 양천, 전특 – 농업환경관(농업과학기술원), 공공 – 경주 시립, 공공 – 정선, 대학 – 광주가톨릭대학교
공공 – 도립과천	41.13	전특 – 농업환경관(농업과학기술원), 공공 – 정선, 공공 – 음성, 대학 – 상지대학교
공공 – 우당	40.84	대학 – 부산가톨릭대학교, 공공 – 고흥평생교육관, 전특 – 농업환경관(농업과학기술원), 대학 – 광주가톨릭대학교
대학 – 삼척대학교	40.23	전특 – 농업환경관(농업과학기술원), 공공 – 정선, 공공 – 음성, 대학 – 광운대학교
대학 – 유한대학	39.95	전특 – 농업환경관(농업과학기술원), 공공 – 정선, 공공 – 음성, 대학 – 상지대학교
공공 – 용인시립	39.75	전특 – 농업환경관(농업과학기술원), 공공 – 정선, 대학 – 광운대학교, 공공 – 김해, 공공 – 구포
공공 – 마산	39.08	공공 – 정선, 공공 – 음성, 대학 – 광운대학교, 공공 – 김해, 대학 – 상지대학교, 대학 – 광 주가톨릭대학교
공공 – 남부	37.67	대학 – 상지대학교, 공공 – 달성, 공공 – 예산, 공공 – 북구일곡, 전특 – 영화진흥위원회, 대학 – 광주가톨릭대학교
공공 – 김천시립	36.06	공공 – 고흥평생교육관, 전특 – 농업환경관(농업과학기술원), 공공 – 정선, 공공 – 김해
대학 – 장안대학	36.03	전특 – 농업환경관(농업과학기술원), 공공 – 정선, 공공 – 음성, 대학 – 광운대학교, 공공 – 김해, 대학 – 상지대학교
공공 – 울산남부	35.85	공공 – 음성, 대학 – 광운대학교, 공공 – 서귀포시립(전), 공공 – 북구일곡, 대학 – 광주가 톨릭대학교
공공 – 제남	35.62	공공 – 서귀포시동부, 공공 – 경주시립, 공공 – 정선, 공공 – 김해, 공공 – 구포, 대학 – 광 주가톨릭대학교
대학 – 신라대학교	32.76	공공 – 정선, 대학 – 광운대학교, 공공 – 김해, 대학 – 상지대학교
공공 – 북구	32.72	전특 – 농업환경관(농업과학기술원), 공공 – 정선, 공공 – 음성, 대학 – 광운대학교
공공 – 남산	32.58	전특 – 농업환경관(농업과학기술원), 공공 – 정선, 공공 – 음성
공공 – 중앙	29.85	전특 – 농업환경관(농업과학기술원), 공공 – 정선, 공공 – 음성

<표 29> 2006년 관종 통합 CCR 분석(장서수: 1만 권 - 10만 권 미만, 효율성: 99.99 이하>

DMU	CCR	준거집단
전특 - 중앙선거관리위원회	96.63	공공 - 울진, 전특 - 대한주택공사, 대학 - 동주대학
전특 - 부산발전연구원	96.04	전특 - 대한주택공사, 전특 - 육군제3158부대, 대학 - 동주대학
대학 - 적십자간호대학	94.58	공공 - 제천시립, 대학 - 신흥대학, 전특 - 대한주택공사, 공공 - 군위
공공 - 증평	89.16	공공 - 울진, 전특 - 대한주택공사, 대학 - 동주대학
공공 - 서귀포종합(전)	87.77	전특 - 대한주택공사, 대학 - 복음신학대학원대학교, 대학 - 가톨릭대학교성심교정
공공 - 영일	87.73	공공 - 제천시립, 대학 - 신흥대학, 대학 - 주성대학, 공공 - 군위
공공 - 의성	87.02	공공 - 제천시립, 전특 - 대한주택공사, 대학 - 주성대학, 대학 - 복음신학대학원대학교, 대학 - 동주대학
전특 - 국민체육진흥공단체육과학연원	77.51	대학 - 동주대학
공공 - 청송	77.28	공공 - 제천시립
공공 - 서동	72.75	공공 - 성북정보, 대학 - 복음신학대학원대학교, 대학 - 인덕대학, 대학 - 울산대학교
공공 - 기장도서관	72.23	공공 - 울진, 전특 - 대한주택공사, 대학 - 동주대학
대학 - 서울여자대학교	72.17	공공 - 성북정보, 대학 - 복음신학대학원대학교
공공 - 점촌	71.88	공공 - 제천시립, 공공 - 울진
공공 - 밀양하남	71.46	공공 - 울진, 공공 - 밀양시립, 대학 - 동주대학
공공 - 울산울주	69.65	대학 - 복음신학대학원대학교, 대학 - 인덕대학, 대학 - 가톨릭대학교성심교정, 대학 - 울산대학교
공공 - 단양	69.04	공공 - 제천시립, 공공 - 울진, 대학 - 동주대학
공공 - 해운대반여	67.35	공공 - 울진
대학 - 홍익대학교	66.69	전특 - 대한주택공사, 대학 - 가톨릭대학교성심교정
전특 - 전라북도시각장애인도서관	65.54	공공 - 제천시립, 대학 - 신흥대학, 전특 - 대한주택공사, 공공 - 군위
전특 - 문화방송	63.95	공공 - 제천시립, 전특 - 대한주택공사, 대학 - 복음신학대학원대학교, 대학 - 인덕대학, 대학 - 울산대학교
대학 - 전주대학교	63.10	공공 - 성북정보, 전특 - 대한주택공사
전특 - 대전시립연정국악연구원	62.66	대학 - 복음신학대학원대학교, 공공 - 밀양시립, 대학 - 울산대학교
공공 - 함안	62.27	공공 - 울진, 전특 - 대한주택공사, 공공 - 밀양시립, 대학 - 동주대학
공공 - 가오	61.62	공공 - 제천시립, 공공 - 울진, 대학 - 동주대학
공공 - 금왕	60.10	공공 - 울진, 전특 - 대한주택공사, 대학 - 동주대학
공공 - 신탄진	59.38	공공 - 제천시립
전특 - 통계청	58.47	공공 - 제천시립, 대학 - 인덕대학
대학 - 제주산업정보대학	56.85	공공 - 강동, 공공 - 제천시립, 전특 - 대한주택공사, 대학 - 동주대학
공공 - 삼천포	56.39	대학 - 창원전문대학, 공공 - 제천시립, 공공 - 울진
대학 - 서남대학교	55.67	공공 - 제천시립, 전특 - 대한주택공사, 대학 - 주성대학, 대학 - 복음신학대학원대학교
공공 - 남지	54.61	전특 - 대한주택공사, 대학 - 복음신학대학원대학교, 공공 - 밀양시립
공공 - 서천	53.22	공공 - 제천시립, 전특 - 대한주택공사, 대학 - 복음신학대학원대학교, 공공 - 밀양시립

DMU	CCR	준거집단
공공 – 의성군립안계	52.92	공공 – 제천시립, 공공 – 울진, 공공 – 밀양시립
공공 – 광양공공	50.28	공공 – 제천시립, 공공 – 울진, 전특 – 대한주택공사, 대학 – 동주대학
공공 – 관악문화도서관	49.68	공공 – 성북정보, 전특 – 대한주택공사, 대학 – 복음신학대학원대학교
공공 – 통영산양	48.98	공공 – 울진, 전특 – 대한주택공사, 대학 – 복음신학대학원대학교, 공공 – 밀양시립, 대학 – 동주대학
대학 – 포항공과대학교	48.08	전특 – 대한주택공사, 대학 – 복음신학대학원대학교, 대학 – 가톨릭대학교성심교정
전특 – 서울특별시과학교육원	47.95	전특 – 대한주택공사, 대학 – 주성대학, 공공 – 군위
공공 – 구덕	46.45	공공 – 제천시립, 전특 – 대한주택공사, 대학 – 복음신학대학원대학교, 공공 – 밀양시립
전특 – 한국건설기술연구원	46.18	공공 – 강동, 공공 – 제천시립, 전특 – 대한주택공사, 대학 – 동주대학
공공 – 김포시립	44.67	대학 – 복음신학대학원대학교, 공공 – 밀양시립, 대학 – 울산대학교
공공 – 인천시립	44.58	공공 – 제천시립, 대학 – 신흥대학, 전특 – 대한주택공사
전특 – 서울시정개발연구원	43.27	공공 – 제천시립, 대학 – 주성대학, 대학 – 복음신학대학원대학교, 대학 – 동주대학
전특 – 특허청특허참고자료실	43.19	대학 – 복음신학대학원대학교, 대학 – 동주대학
공공 – 창녕	42.67	공공 – 제천시립, 전특 – 대한주택공사, 대학 – 주성대학, 대학 – 복음신학대학원대학교
대학 – 혜천대학	41.68	전특 – 대한주택공사, 대학 – 가톨릭대학교성심교정
대학 – 경북과학대학	41.54	전특 – 대한주택공사, 공공 – 밀양시립, 공공 – 부안
대학 – 경기대학교	41.02	대학 – 복음신학대학원대학교, 대학 – 가톨릭대학교성심교정
전특 – 대진의료재단분당제생병원	40.82	공공 – 제천시립, 대학 – 주성대학, 대학 – 복음신학대학원대학교, 대학 – 동주대학
공공 – 고성(강원도)	38.36	공공 – 제천시립, 전특 – 대한주택공사, 대학 – 주성대학, 대학 – 동주대학
전특 – 시설안전기술공단	38.27	공공 – 제천시립, 공공 – 울진
대학 – 대구가톨릭대학교	38.06	전특 – 대한주택공사
대학 – 군산간호대학	37.82	공공 – 제천시립, 전특 – 대한주택공사, 대학 – 주성대학, 공공 – 군위
전특 – 한국시설안전기술공단	37.43	공공 – 제천시립, 공공 – 울진, 대학 – 동주대학
공공 – 고성동부	36.83	공공 – 울진, 전특 – 대한주택공사, 공공 – 밀양시립, 공공 – 부안, 대학 – 동주대학
전특 – 경기도청	36.66	전특 – 대한주택공사, 대학 – 주성대학, 대학 – 복음신학대학원대학교
대학 – 여주대학	36.60	전특 – 대한주택공사, 대학 – 주성대학, 공공 – 군위
공공 – 신안군립	36.17	공공 – 강동, 공공 – 제천시립, 전특 – 대한주택공사, 대학 – 동주대학
전특 – 전남교육연수원	35.65	공공 – 울진, 전특 – 대한주택공사, 대학 – 동주대학
전특 – 국립수의과학검역원	35.32	대학 – 신흥대학, 대학 – 주성대학, 대학 – 동주대학
공공 – 양산	34.72	공공 – 제천시립, 전특 – 대한주택공사, 대학 – 복음신학대학원대학교, 공공 – 밀양시립, 대학 – 울산대학교
공공 – 울산동부	34.23	공공 – 제천시립, 전특 – 대한주택공사, 대학 – 복음신학대학원대학교, 공공 – 밀양시립, 대학 – 울산대학교

DMU	CCR	준거집단
대학 – 군장대학	33.66	공공 – 강동, 전특 – 대한주택공사, 대학 – 복음신학대학원대학교, 대학 – 동주대학
공공 – 청원	33.10	전특 – 대한주택공사, 대학 – 주성대학, 공공 – 군위
공공 – 당진	32.39	공공 – 제천시립, 공공 – 울진, 전특 – 대한주택공사, 대학 – 복음신학대학원대학교, 공공 – 밀양시립, 대학 – 동주대학
대학 – 조선대학교	31.22	전특 – 대한주택공사, 대학 – 가톨릭대학교성심교정
공공 – 장흥	30.99	공공 – 제천시립, 공공 – 울진, 대학 – 복음신학대학원대학교, 공공 – 밀양시립
전특 – 공주문화원 도서관	30.85	공공 – 울진, 전특 – 대한주택공사, 대학 – 동주대학
대학 – 경남정보대학	29.96	전특 – 대한주택공사, 대학 – 복음신학대학원대학교
공공 – 중원	29.91	공공 – 제천시립, 공공 – 울진, 전특 – 대한주택공사, 공공 – 밀양시립
공공 – 춘성	29.82	공공 – 제천시립, 공공 – 울진, 대학 – 복음신학대학원대학교, 공공 – 밀양시립, 대학 – 동주대학
대학 – 대전대학교	29.67	공공 – 제천시립
대학 – 장로회신학 대학교	29.62	대학 – 복음신학대학원대학교, 대학 – 가톨릭대학교성심교정
공공 – 안산	29.52	전특 – 대한주택공사, 대학 – 복음신학대학원대학교, 대학 – 동주대학
전특 – 전라북도교원 연수원	29.27	공공 – 제천시립, 전특 – 대한주택공사, 대학 – 주성대학, 공공 – 군위
공공 – 울산중부	28.36	전특 – 대한주택공사, 공공 – 밀양시립
대학 – 한영신학대학교	27.19	공공 – 울진, 전특 – 대한주택공사, 공공 – 부안
공공 – 성주	26.61	공공 – 제천시립, 대학 – 신흥대학, 전특 – 대한주택공사, 전특 – 육군제3158부대, 대학 – 동주대학
공공 – 합천	26.08	공공 – 제천시립, 공공 – 울진, 공공 – 밀양시립
대학 – 창신대학	25.83	공공 – 울진, 대학 – 복음신학대학원대학교, 공공 – 밀양시립, 대학 – 동주대학
공공 – 도계	25.01	공공 – 제천시립, 공공 – 울진, 전특 – 대한주택공사, 공공 – 밀양시립, 대학 – 동주대학
공공 – 대전학생교육 문화원	24.53	전특 – 대한주택공사
공공 – 보령공공	24.24	공공 – 제천시립, 공공 – 울진, 전특 – 대한주택공사, 대학 – 복음신학대학원대학교, 공공 – 밀양시립, 대학 – 동주대학
전특 – 해병대사령부	24.20	전특 – 대한주택공사, 공공 – 밀양시립
공공 – 안양시립평촌	22.48	공공 – 성북정보, 전특 – 대한주택공사, 대학 – 복음신학대학원대학교, 대학 – 가톨릭대학교성심교정
공공 – 남해	22.39	공공 – 제천시립, 공공 – 울진, 전특 – 대한주택공사, 공공 – 밀양시립, 대학 – 동주대학
공공 – 고성(경남)	21.47	공공 – 울진, 전특 – 대한주택공사, 공공 – 밀양시립
공공 – 충주학생	20.87	공공 – 울진, 전특 – 국군의무사령부, 전특 – 대한주택공사, 공공 – 부안, 대학 – 동주대학
전특 – 한국화학연구소	19.19	공공 – 제천시립, 대학 – 신흥대학, 전특 – 대한주택공사, 공공 – 군위, 전특 – 육군제3158부대
대학 – 동우대학	19.16	공공 – 울진, 전특 – 대한주택공사, 대학 – 복음신학대학원대학교, 공공 – 밀양시립, 대학 – 동주대학
공공 – 진영	19.08	전특 – 대한주택공사, 대학 – 주성대학, 공공 – 군위

DMU	CCR	준거집단
전특 – 광주점자도서관	16.21	공공 – 제천시립, 공공 – 울진, 전특 – 대한주택공사, 공공 – 밀양시립, 대학 – 동주대학
대학 – 전남대학교	15.90	공공 – 제천시립, 대학 – 주성대학, 대학 – 복음신학대학원대학교
공공 – 광주학생교육문화회관	15.30	전특 – 대한주택공사, 대학 – 가톨릭대학교성심교정
공공 – 태백	14.86	공공 – 강동, 공공 – 제천시립, 전특 – 대한주택공사, 대학 – 동주대학
대학 – 대구대학교	14.24	전특 – 대한주택공사
대학 – 용인송담대학	14.02	공공 – 강동, 공공 – 제천시립, 전특 – 대한주택공사, 대학 – 동주대학
대학 – 한림대학교	13.50	전특 – 대한주택공사
전특 – 한국자원연구소	13.34	공공 – 제천시립, 전특 – 대한주택공사, 대학 – 복음신학대학원대학교, 공공 – 밀양시립, 대학 – 동주대학
공공 – 춘천평생교육정보관(전)	12.64	대학 – 인덕대학
대학 – 동국대학교	11.96	전특 – 대한주택공사
공공 – 화도진	11.92	전특 – 대한주택공사, 대학 – 인덕대학
대학 – 명지대학교	11.76	공공 – 성북정보, 대학 – 인덕대학, 대학 – 가톨릭대학교성심교정
공공 – 김해칠암	11.44	전특 – 대한주택공사
공공 – 중계평생학습관	10.07	전특 – 대한주택공사, 대학 – 인덕대학
공공 – 송악	9.55	공공 – 제천시립, 전특 – 대한주택공사, 대학 – 복음신학대학원대학교
공공 – 남구	9.46	전특 – 대한주택공사, 대학 – 인덕대학
대학 – 울산과학대학	9.28	공공 – 제천시립, 공공 – 밀양시립
대학 – 호원대학교	9.20	전특 – 대한주택공사, 대학 – 인덕대학
전특 – 한국과학기술원	8.55	전특 – 대한주택공사
대학 – 충북대학교	8.38	전특 – 대한주택공사, 대학 – 복음신학대학원대학교, 대학 – 가톨릭대학교성심교정
대학 – 충남대학교	8.16	전특 – 대한주택공사
공공 – 성남시중원문화정보센터	6.99	전특 – 대한주택공사
전특 – 국사편찬위원회	5.82	공공 – 제천시립, 전특 – 대한주택공사, 대학 – 복음신학대학원대학교
대학 – 대불대학교	5.16	전특 – 대한주택공사
대학 – 계명대학교	5.08	공공 – 성북정보, 전특 – 대한주택공사, 대학 – 복음신학대학원대학교
대학 – 공군사관학교	4.98	공공 – 제천시립, 전특 – 대한주택공사, 대학 – 인덕대학, 대학 – 울산대학교
대학 – 진주국제대학교	4.88	공공 – 성북정보, 대학 – 복음신학대학원대학교, 대학 – 인덕대학, 대학 – 울산대학교
대학 – 고려대학교	4.50	공공 – 제천시립, 전특 – 대한주택공사, 대학 – 복음신학대학원대학교, 공공 – 밀양시립, 대학 – 울산대학교
공공 – 성남시중앙문화정보	3.20	전특 – 대한주택공사, 대학 – 가톨릭대학교성심교정
공공 – 성남시수정문화정보센터	3.05	전특 – 대한주택공사, 대학 – 가톨릭대학교성심교정
대학 – 고려대학교서창캠퍼스	2.50	전특 – 대한주택공사, 대학 – 복음신학대학원대학교, 대학 – 가톨릭대학교성심교정
대학 – 금오공과대학교	2.34	전특 – 대한주택공사, 공공 – 군위
대학 – 청주대학교	2.14	전특 – 대한주택공사
공공 – 중앙	1.41	대학 – 복음신학대학원대학교, 대학 – 가톨릭대학교성심교정

<표 30> 2006년 관종 통합 BCC 분석(장서수: 1만 권 - 10만 권 미만, 효율성: 99.99 이하>

DMU	BCC	준거집단
공공 - 대전학생교육문화원	97.19	전특 - 대한주택공사, 대학 - 포항공과대학교, 대학 - 울산대학교, 대학 - 충북대학교
대학 - 적십자간호대학	95.72	공공 - 제천시립, 대학 - 신흥대학, 전특 - 대한주택공사, 공공 - 군위, 대학 - 포항공과대학교
공공 - 점촌	95.60	공공 - 울진, 공공 - 밀양시립, 공공 - 해운대반여, 대학 - 울산대학교
대학 - 대구대학교	95.17	전특 - 대한주택공사, 대학 - 포항공과대학교, 대학 - 경기대학교
전특 - 전남교육연수원	93.93	전특 - 중앙선거관리위원회, 대학 - 여주대학, 전특 - 광주점자도서관
공공 - 영일	93.19	공공 - 제천시립, 대학 - 신흥대학, 대학 - 주성대학, 공공 - 군위, 대학 - 포항공과대학교
전특 - 국민체육진흥공단 체육과학연구원	89.45	대학 - 여주대학, 전특 - 광주점자도서관
공공 - 청송	89.18	공공 - 제천시립, 공공 - 울진, 공공 - 밀양시립, 대학 - 울산대학교
공공 - 서귀포종합(전)	87.80	전특 - 대한주택공사, 대학 - 복음신학대학원대학교, 대학 - 가톨릭대학교성심교정
대학 - 조선대학교	87.63	전특 - 대한주택공사, 대학 - 인덕대학, 대학 - 포항공과대학교, 대학 - 울산대학교
공공 - 의성	87.50	공공 - 제천시립, 전특 - 대한주택공사, 대학 - 주성대학, 대학 - 복음신학대학원대학교, 대학 - 동주대학, 대학 - 포항공과대학교
공공 - 단양	87.01	공공 - 울진, 공공 - 밀양시립, 대학 - 울산대학교, 대학 - 충북대학교
대학 - 청주대학교	86.82	대학 - 고려대학교, 대학 - 경기대학교, 공공 - 중계평생학습관
공공 - 밀양하남	84.38	전특 - 중앙선거관리위원회, 공공 - 밀양시립, 대학 - 동주대학, 공공 - 해운대반여, 전특 - 광주점자도서관
대학 - 경북과학대학	81.99	전특 - 대한주택공사, 공공 - 밀양시립, 공공 - 부안, 전특 - 광주점자도서관
대학 - 경남정보대학	81.67	공공 - 제천시립, 대학 - 동주대학, 대학 - 울산대학교, 대학 - 충북대학교, 대학 - 서울여자대학교, 대학 - 경기대학교
대학 - 홍익대학교	81.64	전특 - 대한주택공사, 대학 - 포항공과대학교, 대학 - 가톨릭대학교성심교정
공공 - 신탄진	80.18	공공 - 울진, 전특 - 대한주택공사, 공공 - 해운대반여, 대학 - 울산대학교, 대학 - 충북대학교
대학 - 혜천대학	79.13	전특 - 대한주택공사, 대학 - 포항공과대학교, 대학 - 울산대학교, 대학 - 충북대학교
전특 - 통계청	78.21	공공 - 제천시립, 전특 - 대한주택공사, 대학 - 인덕대학, 대학 - 울산대학교
공공 - 함안	77.43	전특 - 대한주택공사, 전특 - 중앙선거관리위원회, 공공 - 밀양시립, 대학 - 동주대학, 공공 - 해운대반여, 전특 - 광주점자도서관
공공 - 금왕	77.11	전특 - 대한주택공사, 전특 - 중앙선거관리위원회, 공공 - 밀양시립, 대학 - 동주대학, 공공 - 해운대반여, 대학 - 여주대학, 전특 - 광주점자도서관
대학 - 대구가톨릭대학교	77.00	전특 - 대한주택공사, 대학 - 포항공과대학교, 대학 - 울산대학교, 대학 - 충북대학교
대학 - 충남대학교	76.34	전특 - 대한주택공사, 대학 - 포항공과대학교, 대학 - 울산대학교, 대학 - 충북대학교
공공 - 의성군립안계	75.50	공공 - 울진, 공공 - 밀양시립, 대학 - 동주대학, 공공 - 해운대반여, 공공 - 성남시중앙문화정보, 대학 - 서울여자대학교
대학 - 전주대학교	73.23	전특 - 대한주택공사, 대학 - 울산대학교
공공 - 서동	73.21	공공 - 성북정보, 대학 - 복음신학대학원대학교, 대학 - 인덕대학, 대학 - 울산대학교

DMU	BCC	준거집단
공공 – 기장도서관	72.51	공공 – 울진, 전특 – 대한주택공사, 공공 – 부안, 대학 – 동주대학, 전특 – 광주점자도서관
전특 – 한국시설안전기술공단	72.07	공공 – 제천시립, 공공 – 울진, 대학 – 동주대학, 대학 – 충북대학교, 공공 – 성남시중앙문화정보, 대학 – 서울여자대학교
공공 – 울산울주	69.76	대학 – 복음신학대학원대학교, 대학 – 인덕대학, 대학 – 가톨릭대학교성심교정
공공 – 가오	69.38	전특 – 대한주택공사, 공공 – 밀양시립, 대학 – 동주대학, 공공 – 해운대반여, 대학 – 포항공과대학교, 대학 – 울산대학교, 대학 – 충북대학교, 공공 – 성남시중앙문화정보
전특 – 전라북도시각장애인도서관	68.86	공공 – 제천시립, 대학 – 신흥대학, 전특 – 대한주택공사, 공공 – 군위, 대학 – 포항공과대학교
전특 – 국사편찬위원회	66.72	공공 – 제천시립, 공공 – 성남시중앙문화정보, 대학 – 서울여자대학교, 대학 – 경기대학교
대학 – 서남대학교	65.87	전특 – 대한주택공사, 대학 – 주성대학, 대학 – 복음신학대학원대학교, 대학 – 동주대학, 대학 – 서울여자대학교, 대학 – 경기대학교
전특 – 대전시립연정국악연구원	64.58	공공 – 제천시립, 대학 – 복음신학대학원대학교, 공공 – 밀양시립, 대학 – 울산대학교, 대학 – 서울여자대학교
공공 – 고성동부	64.05	전특 – 대한주택공사, 공공 – 밀양시립, 공공 – 부안, 공공 – 해운대반여, 대학 – 여주대학, 대학 – 서울여자대학교
전특 – 문화방송	63.99	공공 – 제천시립, 전특 – 대한주택공사, 대학 – 복음신학대학원대학교, 대학 – 인덕대학, 대학 – 울산대학교
공공 – 삼천포	63.41	공공 – 제천시립, 대학 – 동주대학, 대학 – 충북대학교, 공공 – 성남시중앙문화정보, 대학 – 서울여자대학교
전특 – 한국건설기술연구원	60.20	공공 – 울진, 전특 – 대한주택공사, 공공 – 밀양시립, 공공 – 해운대반여, 대학 – 울산대학교, 대학 – 충북대학교
전특 – 시설안전기술공단	59.97	공공 – 울진, 공공 – 밀양시립, 공공 – 해운대반여, 대학 – 울산대학교, 대학 – 충북대학교
전특 – 한국화학연구소	59.54	공공 – 제천시립, 대학 – 포항공과대학교, 대학 – 가톨릭대학교성심교정, 전특 – 광주점자도서관, 대학 – 충북대학교, 공공 – 성남시중앙문화정보, 대학 – 경기대학교
대학 – 고려대학교 서창캠퍼스	59.19	대학 – 포항공과대학교, 대학 – 울산대학교, 대학 – 고려대학교, 대학 – 경기대학교
공공 – 광양공공	59.14	공공 – 울진, 전특 – 대한주택공사, 공공 – 밀양시립, 공공 – 해운대반여, 대학 – 울산대학교, 대학 – 충북대학교
공공 – 통영산양	58.65	공공 – 밀양시립, 대학 – 동주대학, 공공 – 해운대반여, 대학 – 포항공과대학교, 대학 – 울산대학교, 공공 – 성남시중앙문화정보, 대학 – 서울여자대학교
전특 – 공주문화원도서관	58.11	전특 – 대한주택공사, 전특 – 중앙선거관리위원회, 대학 – 동주대학, 공공 – 해운대반여, 대학 – 포항공과대학교, 전특 – 광주점자도서관
전특 – 국립수의과학검역원	58.07	공공 – 밀양시립, 대학 – 동주대학, 대학 – 여주대학, 대학 – 포항공과대학교, 전특 – 광주점자도서관
공공 – 남지	57.54	공공 – 제천시립, 전특 – 대한주택공사, 대학 – 복음신학대학원대학교, 공공 – 밀양시립, 대학 – 포항공과대학교, 대학 – 울산대학교, 공공 – 성남시중앙문화정보, 대학 – 서울여자대학교
대학 – 제주산업정보대학	57.06	공공 – 강동, 공공 – 제천시립, 전특 – 대한주택공사, 대학 – 동주대학, 대학 – 울산대학교
공공 – 관악문화도서관	56.90	전특 – 대한주택공사, 대학 – 가톨릭대학교성심교정, 대학 – 울산대학교, 대학 – 서울여자대학교

DMU	BCC	준거집단
대학 – 울산과학대학	56.80	공공 – 밀양시립, 공공 – 해운대반여, 대학 – 포항공과대학교, 대학 – 울산대학교, 공공 – 성남시중앙문화정보
전특 – 서울특별시 과학교육원	56.07	공공 – 제천시립, 대학 – 신흥대학, 전특 – 대한주택공사, 공공 – 군위, 대학 – 포항공과대학교
공공 – 서천	55.59	전특 – 대한주택공사, 공공 – 밀양시립, 대학 – 동주대학, 대학 – 울산대학교
공공 – 고성(강원도)	53.99	전특 – 대한주택공사, 대학 – 동주대학, 대학 – 가톨릭대학교성심교정, 대학 – 울산대학교, 공공 – 성남시중앙문화정보, 대학 – 서울여자대학교
전특 – 특허청특허 참고자료실	53.49	대학 – 동주대학, 대학 – 포항공과대학교, 대학 – 가톨릭대학교성심교정, 대학 – 울산대학교, 대학 – 충북대학교, 대학 – 서울여자대학교
공공 – 중원	53.36	전특 – 대한주택공사, 대학 – 동주대학, 공공 – 해운대반여, 대학 – 포항공과대학교, 대학 – 울산대학교, 대학 – 충북대학교, 공공 – 성남시중앙문화정보, 대학 – 서울여자대학교
공공 – 안양시립평촌	53.33	전특 – 대한주택공사, 대학 – 가톨릭대학교성심교정, 대학 – 울산대학교
전특 – 서울시정개발연구원	52.60	공공 – 제천시립, 대학 – 주성대학, 대학 – 동주대학, 대학 – 포항공과대학교, 대학 – 충북대학교, 대학 – 서울여자대학교
공공 – 중앙	52.46	대학 – 포항공과대학교, 대학 – 울산대학교, 대학 – 고려대학교, 공공 – 광주학생교육문화회관
대학 – 동국대학교	52.19	전특 – 대한주택공사, 대학 – 여주대학, 대학 – 포항공과대학교, 대학 – 가톨릭대학교성심교정, 대학 – 울산대학교
전특 – 대진의료재단분당 제생병원	52.06	공공 – 제천시립, 대학 – 주성대학, 대학 – 동주대학, 대학 – 포항공과대학교, 대학 – 울산대학교, 대학 – 경기대학교
공공 – 구덕	51.12	공공 – 제천시립, 전특 – 대한주택공사, 대학 – 동주대학, 대학 – 울산대학교, 대학 – 서울여자대학교, 공공 – 중계평생학습관
공공 – 인천시립	51.00	공공 – 제천시립, 대학 – 신흥대학, 전특 – 대한주택공사, 대학 – 주성대학, 대학 – 동주대학, 대학 – 포항공과대학교
공공 – 장흥	50.43	공공 – 제천시립, 대학 – 동주대학, 대학 – 포항공과대학교, 대학 – 울산대학교, 대학 – 충북대학교, 공공 – 성남시중앙문화정보, 대학 – 서울여자대학교
공공 – 창녕	50.40	공공 – 제천시립, 전특 – 대한주택공사, 대학 – 주성대학, 대학 – 동주대학, 대학 – 서울여자대학교
공공 – 울산중부	50.12	전특 – 대한주택공사, 대학 – 울산대학교
전특 – 한국과학기술원	50.00	대학 – 포항공과대학교, 대학 – 가톨릭대학교성심교정
대학 – 대불대학교	50.00	대학 – 가톨릭대학교성심교정
대학 – 계명대학교	50.00	대학 – 포항공과대학교, 대학 – 울산대학교
공공 – 태백	49.50	전특 – 대한주택공사, 공공 – 해운대반여, 대학 – 포항공과대학교, 대학 – 울산대학교, 대학 – 충북대학교, 공공 – 성남시중앙문화정보, 대학 – 서울여자대학교
공공 – 당진	49.24	전특 – 대한주택공사, 대학 – 동주대학, 대학 – 가톨릭대학교성심교정, 대학 – 울산대학교, 공공 – 성남시중앙문화정보, 대학 – 서울여자대학교, 대학 – 경기대학교
전특 – 해병대사령부	49.21	공공 – 밀양시립, 공공 – 부안, 대학 – 포항공과대학교, 전특 – 광주점자도서관
대학 – 전남대학교	48.98	공공 – 제천시립, 대학 – 포항공과대학교, 대학 – 울산대학교, 대학 – 충북대학교, 대학 – 경기대학교
대학 – 군장대학	48.18	공공 – 제천시립, 대학 – 주성대학, 대학 – 동주대학, 대학 – 포항공과대학교, 대학 – 가톨릭대학교성심교정, 대학 – 울산대학교, 대학 – 충북대학교, 대학 – 경기대학교

DMU	BCC	준거집단
공공 – 남해	47.87	전특 – 대한주택공사, 대학 – 동주대학, 공공 – 해운대반여, 대학 – 포항공과대학교, 대학 – 충북대학교, 공공 – 성남시중앙문화정보, 대학 – 서울여자대학교
공공 – 성주	46.31	전특 – 대한주택공사, 대학 – 동주대학, 대학 – 여주대학, 대학 – 포항공과대학교, 전특 – 광주점자도서관
공공 – 김포시립	46.26	공공 – 제천시립, 전특 – 대한주택공사, 대학 – 복음신학대학원대학교, 대학 – 울산대학교, 공공 – 중계평생학습관
공공 – 울산동부	46.22	공공 – 제천시립, 전특 – 대한주택공사, 대학 – 인덕대학, 대학 – 울산대학교, 대학 – 충북대학교, 공공 – 성남시중앙문화정보, 대학 – 서울여자대학교
공공 – 성남시중원문화정보센터	46.02	대학 – 포항공과대학교, 대학 – 울산대학교, 대학 – 충북대학교
공공 – 충주학생	45.13	전특 – 대한주택공사, 공공 – 밀양시립, 공공 – 부안, 대학 – 동주대학, 공공 – 해운대반여, 대학 – 서울여자대학교
공공 – 신안군립	45.01	공공 – 제천시립, 전특 – 대한주택공사, 대학 – 동주대학, 대학 – 울산대학교, 대학 – 충북대학교, 대학 – 서울여자대학교, 대학 – 경기대학교
공공 – 양산	44.26	전특 – 대한주택공사, 대학 – 동주대학, 대학 – 울산대학교, 대학 – 서울여자대학교, 공공 – 중계평생학습관
대학 – 한영신학대학교	43.86	전특 – 대한주택공사, 공공 – 부안, 공공 – 해운대반여, 대학 – 여주대학
대학 – 창신대학	43.79	공공 – 제천시립, 대학 – 동주대학, 대학 – 포항공과대학교, 전특 – 광주점자도서관, 대학 – 충북대학교, 대학 – 서울여자대학교
공공 – 고성(경남)	43.57	공공 – 제천시립, 대학 – 동주대학, 대학 – 포항공과대학교, 전특 – 광주점자도서관, 대학 – 충북대학교, 공공 – 성남시중앙문화정보, 대학 – 서울여자대학교
공공 – 합천	42.84	공공 – 제천시립, 공공 – 울진, 대학 – 동주대학, 대학 – 울산대학교, 대학 – 충북대학교, 공공 – 성남시중앙문화정보, 대학 – 서울여자대학교
전특 – 전라북도교원연수원	42.45	공공 – 제천시립, 대학 – 신흥대학, 전특 – 대한주택공사, 대학 – 포항공과대학교, 대학 – 경기대학교
공공 – 진영	42.26	공공 – 제천시립, 전특 – 대한주택공사, 대학 – 동주대학, 대학 – 포항공과대학교, 대학 – 가톨릭대학교성심교정, 전특 – 광주점자도서관, 대학 – 충북대학교
대학 – 군산간호대학	42.19	공공 – 제천시립, 대학 – 신흥대학, 전특 – 대한주택공사, 대학 – 포항공과대학교, 대학 – 경기대학교
전특 – 경기도청	41.43	공공 – 제천시립, 전특 – 대한주택공사, 대학 – 주성대학, 대학 – 복음신학대학원대학교, 대학 – 동주대학, 대학 – 포항공과대학교, 대학 – 경기대학교
공공 – 안산	41.40	전특 – 대한주택공사, 공공 – 부안, 대학 – 동주대학, 대학 – 여주대학, 대학 – 포항공과대학교, 대학 – 서울여자대학교
공공 – 도계	41.19	공공 – 밀양시립, 대학 – 동주대학, 대학 – 포항공과대학교, 전특 – 광주점자도서관, 대학 – 서울여자대학교
공공 – 청원	39.97	공공 – 제천시립, 대학 – 신흥대학, 전특 – 대한주택공사, 대학 – 포항공과대학교, 대학 – 경기대학교
공공 – 송악	38.69	대학 – 동주대학, 대학 – 포항공과대학교, 대학 – 가톨릭대학교성심교정, 대학 – 울산대학교, 공공 – 성남시중앙문화정보, 대학 – 서울여자대학교
공공 – 춘성	38.42	공공 – 제천시립, 대학 – 복음신학대학원대학교, 대학 – 동주대학, 대학 – 충북대학교, 대학 – 서울여자대학교, 대학 – 경기대학교

DMU	BCC	준거집단
공공 – 보령공공	35.80	공공 – 제천시립, 전특 – 대한주택공사, 대학 – 동주대학, 대학 – 가톨릭대학교성심교정, 전특 – 광주점자도서관, 공공 – 성남시중앙문화정보, 대학 – 서울여자대학교
공공 – 남구	35.68	전특 – 대한주택공사, 대학 – 가톨릭대학교성심교정, 대학 – 울산대학교, 공공 – 성남시중앙문화정보
대학 – 명지대학교	35.09	전특 – 대한주택공사, 대학 – 인덕대학, 대학 – 포항공과대학교, 대학 – 울산대학교, 공공 – 성남시중앙문화정보
대학 – 장로회신학대학교	34.68	대학 – 복음신학대학원대학교, 대학 – 포항공과대학교, 대학 – 가톨릭대학교성심교정, 대학 – 울산대학교
대학 – 한림대학교	34.09	전특 – 대한주택공사, 대학 – 여주대학, 대학 – 포항공과대학교, 대학 – 가톨릭대학교성심교정
대학 – 진주국제대학교	33.33	대학 – 포항공과대학교, 대학 – 울산대학교
대학 – 공군사관학교	33.33	대학 – 가톨릭대학교성심교정, 대학 – 울산대학교
공공 – 김해칠암	32.91	전특 – 대한주택공사, 대학 – 가톨릭대학교성심교정, 대학 – 충북대학교, 공공 – 성남시중앙문화정보, 대학 – 서울여자대학교, 대학 – 경기대학교
대학 – 동우대학	32.79	공공 – 제천시립, 대학 – 동주대학, 대학 – 포항공과대학교, 전특 – 광주점자도서관, 대학 – 충북대학교, 대학 – 서울여자대학교
공공 – 화도진	31.61	전특 – 대한주택공사, 대학 – 포항공과대학교, 대학 – 울산대학교, 대학 – 충북대학교, 공공 – 성남시중앙문화정보, 대학 – 서울여자대학교
전특 – 한국자원연구소	30.71	공공 – 제천시립, 전특 – 대한주택공사, 대학 – 포항공과대학교, 대학 – 가톨릭대학교성심교정, 대학 – 울산대학교, 대학 – 충북대학교, 공공 – 성남시중앙문화정보, 대학 – 서울여자대학교
대학 – 용인송담대학	27.95	공공 – 제천시립, 전특 – 대한주택공사, 대학 – 인덕대학, 대학 – 울산대학교, 대학 – 충북대학교, 대학 – 고려대학교, 대학 – 서울여자대학교
공공 – 성남시수정문화정보센터	25.00	대학 – 여주대학, 대학 – 가톨릭대학교성심교정, 대학 – 울산대학교
대학 – 금오공과대학교	18.23	대학 – 포항공과대학교, 대학 – 경기대학교

<표 31> 2006년 관종 통합 CCR 분석(장서수: 1만 권 미만, 효율성: 99.99 이하)

DMU	CCR	준거집단
전특 – 국제특허연수원	77.50	전특 – 강남성심병원, 전특 – 전라북도교원연수원, 전특 – 광주점자도서관
대학 – 복음신학대학원대학교	46.25	전특 – 강남성심병원, 전특 – 부산발전연구원, 전특 – 전라북도시각장애인도서관, 전특 – 광주점자도서관
전특 – 대진의료재단분당제생병원	28.68	전특 – 강남성심병원, 전특 – 부산발전연구원, 전특 – 광주점자도서관
전특 – 경기도과학연구원	23.80	전특 – 강남성심병원, 전특 – 전라북도교원연수원
전특 – 목포가톨릭병원	10.90	전특 – 강남성심병원, 전특 – 시설안전기술공단
전특 – 국군의무사령부	9.97	전특 – 강남성심병원, 전특 – 부산발전연구원, 전특 – 광주점자도서관

조정원 趙貞媛

▌약 력

건국대학교 인문과학대학 도서관학과 졸업
건국대학교 사회과학대학원 기업경영학과 국제무역학 졸업(경영학 석사)
충북대학교 일반대학원 행정학과 졸업(행정학 박사)
충주시립도서관 사서

▌주요논문 및 저서

조정원·최영출(2007). 공무원 범죄동향과 부패인식지수(CPI)와의 관계.
한국부패학회보, (12－3), 21－44.

도서관서비스의 효율성
어떻게 측정할 것인가

초판인쇄 | 2009년 2월 10일
초판발행 | 2009년 2월 10일

지은이 | 조정원
펴낸이 | 채종준
펴낸곳 | 한국학술정보㈜
주 소 | 경기도 파주시 교하읍 문발리 513-5 파주출판문화정보산업단지
전 화 | 031) 908-3181(대표)
팩 스 | 031) 908-3189
홈페이지 | http://www.kstudy.com
E-mail | 출판사업부 publish@kstudy.com

등 록 | 44,000원
가 격 |

ISBN 978-89-534-1123-4 93110 (Paper Book)
      978-89-534-1124-1 98110 (e-Book)